國家社科基金
GUOJIA SHEKE JIJIN HOUQI ZIZHU XIANGMU
後期資助項目

路史校注

The Collation and Annotation of *Lu Shi*

五

王彦坤　撰

中華書局
ZHONGHUA BOOK COMPANY

路史卷三十

國名紀七

雜國上

貫　鄭也。貫鼎,貫所重[一]。齊、宋盟處[二]。預云:蒙縣西北有貫城[三]。水經注:俗曰薄城[四]。按定陶有貫城,今在濟陰,名蒙澤城,即古貫國。有貫氏。國事,齊有貫珠[五]。

郮[六]　盟會圖疏云:郮侯國,在慈州[七]。鄭伯卒處[八]。襄七。鄭地。杜闕[九]。音躁。集音驗,非[一〇]。

炎　兩制擬封,皆用古國[一一]。有炎,見金坡遺事。

桑　秦昭襄二年,桑君爲亂,誅[一二]。

藍　梁惠王三年,秦子向命爲藍君[一三]。紀年。今之藍田。

襄　今襄陽,古襄國,黃帝時襄城小童者[一四]。代爲重鎮,非襄邑。在汴,乃春秋襄牛地[一五]。

棘　陽翟有上棘城。

虢　燕地,與齊境[一六]。昭七年[一七]。

沙　魏之黎陽有牽城是[一八]。相臺志云:古沙侯國。一音瑣。今元城西南有沙亭。

瑣[一九]　鄭也。開封宛陵西北有瑣侯亭[二〇]。記:河南鄭亭也[二一]。一云瑣澤。成十二,鄭地[二二]。與璅異[二三]。昭五,楚地〔二四〕。有瑣氏。奚傳有瑣高〔二五〕。唐書〔二六〕。

厥　班志云:無鹽、東平陸,古厥國〔二七〕。玉篇:澱,國名。丘月切〔二八〕。隨之唐城,魏爲澱西〔二九〕,忢一作“厥”〔三〇〕。孔子所宰〔三一〕。今鄆之中都有厥亭〔三二〕。有厥氏。漢衡陽妾厥氏賜〔三三〕。

棣　伯也。爲棣氏。王莽大司空棣並〔三四〕。鄭城棣。襄五〔三五〕。酸棗西南有棣城〔三六〕。非棣州〔三七〕。又有南棣城,北棣城〔三八〕。寰宇記,陽武縣北十里〔三九〕。

曠　鄺是。字書:鄺,古國。有鄺氏〔四〇〕。音荒。又有荒氏。見姓苑。鄺,廬江人。千姓編:臨淮人〔四一〕。

湛　河陽、軹有湛水,傍有湛城〔四二〕。襄十六年有湛阪,以爲襄城之昆陽北有湛水〔四三〕。後有湛氏。

限〔四四〕　玉篇:國名。諧眼切。

郢　玉篇:國名。阻生切。

郎〔四五〕　國名。見玉篇。

郖〔四六〕　古國。宛丘西南四十有郖亭是。宣十一辰陵,杜云:長平東南有辰亭〔四七〕。陳州地。後有郖氏。姓苑。

鄑　古國。後有鄑氏。亦見左傳〔四八〕。

鄭　莫也,鄭州文安郡〔四九〕。漢河間鄭縣〔五〇〕。開元十三改州〔五一〕。有鄭故城,在鄭縣東北三里,邢子勵三郡記云顓頊造者〔五二〕。景雲二“鄭”始去“邑”〔五三〕。有莫氏。河南莫氏出代北。姓書云出莫敖,非〔五四〕。

鄩〔五五〕　景王十三年,魯伐莒,取鄩〔五六〕。在琅邪,“梗”音。然晉自有梗陽〔五七〕。瓛云:晉陽西南十榆次界,入陽〔五八〕。

臨　趙稷奔臨,弦施墮之,晉邑〔五九〕。有臨氏。姓書:大臨後〔六〇〕。非。

牆　廥也。昭二十三有廥人、直人,周地〔六一〕。

眭

竺　　故國。今沛之竹〔六二〕。

梧　　故國。本鄭地，襄十〔六三〕。晉取之。漢陽成延爲梧侯者，
　　　今彭城〔六四〕。

騏　　古國。漢有騏侯，國在河東〔六五〕。

衛　　預云：奉高西北有衛亭〔六六〕。昭八年"商、衛"者〔六七〕。
譙無〔六八〕。

闐　　陝之閺鄉有闐亭，在今汝南西平。

安　　一作郔。當陽里也〔六九〕。或云即六安國，非〔七〇〕。

維　　東萊之邑〔七一〕。晏嬰，萊夷維人〔七二〕。漢爲夷安〔七三〕。
　　　今高密夷安城有維水，今作"濰"〔七四〕。

延郔〔七五〕　鄭地。與楚郔二〔七六〕。宣十二，楚伐鄭，師次于郔〔七七〕。

貞　　郎也。貞氏宜出此。

著　　在濟南〔七八〕。與晉著二。襄二十一〔七九〕。

盼　　楚世家云："盼子必用矣"〔八〇〕。亦見國事〔八一〕。

郫　　晉地。盾殺公子樂處〔八二〕。有郫氏。

酈　　力朱切。南陽穰有酈鄉〔八三〕。

賈　〔八四〕　鄧也。今明之鄧縣有賈氏、酈氏〔八五〕。隸爲"貿"。

郫　　漢鄧邯爲郫侯，即此〔八六〕。

茌　　泰山茌縣，即地志東郡茌平也〔八七〕。有茌氏。社疑切〔八八〕。

蔦　　東周大夫子國，食邑蔦，謂之蔦國〔八九〕。

斯　　後有斯氏。

麥　　麥丘也〔九〇〕。昔麥丘人年八十三，祝齊桓公，公封之麥
　　　丘〔九一〕。漢有麥侯，即此〔九二〕。有麥氏、麥丘氏。

尸　　"召伯逆王于尸"〔九三〕，昭〔九四〕。周邑也，在鞏西南故偃師
　　　之尸鄉，即尸氏〔九五〕。齊相尸臣〔九六〕。晉有尸佼，爲商
　　　君師，著尸子〔九七〕。

靳　　楚地，靳尚先封[九八]。

毗　　魯邑，哀五年"城毗"者[九九]。

菑　　鄑也。漢濟南郡，隨爲淄州。

鹹文十一[一〇〇]　澶之濮陽西南有鹹城，杜云濮陽東[一〇一]。僖十三。續志云：古鹹國也[一〇二]。

苗　　晉地。今垣縣軹關南，逯苗亭西[一〇三]。亭本周之苗邑。賈皇采[一〇四]。

均　　均國，近庸，蓋均州也[一〇五]。

池　　後有池氏。池仲魚[一〇六]。

眭　　後有眭氏。漢眭孟[一〇七]。許遜師眭子烈[一〇八]。

郟　　隰郟之郟，今懷之武陟[一〇九]。

稅　　蜀王以稅氏五十遺稟君者，盛荆州記云建平信陵[一一〇]。今有稅氏。

良二[一一一]　幽之良鄉，漢之良縣[一一二]。又鄆之壽張，宋之良邑，漢初之壽良，今下邳北六十古良城[一一三]。晉、吳會處，宋地[一一四]。

淯　　育也。金之洵陽淯陽故城，漢育陽縣，在育水之陽[一一五]。應云：育水出弘農[一一六]。後人加"水"[一一七]。蘇秦云韓東有穰、洧者，今鄧之南陽，亦漢育陽也[一一八]。仁壽爲淯州，唐爲縣[一一九]。有育氏。集一作"毓"[一二〇]。

鱉[一二一]　鱉令國[一二二]。蜀王相。本用"鼈"[一二三]。故牂柯鱉縣[一二四]。有鱉水。

娀[一二五]　見玉篇，云：國名，德紅切。韻無[一二六]。地理志東郡有鰊館，宜是[一二七]。集並收東[一二八]。

鄲　　在沛[一二九]。十三州志音"多"。漢周應爲鄲侯者[一三〇]。佑云：亳之鹿邑，漢鄲也[一三一]。

郮　　即郮氏，定十三齊、衞境垔葭也[一三三]。諸樊入郮，取楚夫人[一三四]。昭二十三[一三五]。預云：鉅野西有郮氏亭[一三六]。

巨野，今濟治〔一三七〕。若“郹陽封人”，則蔡邑也〔一三八〕。

昭十九。有貝氏〔一三九〕。韻譜，古賢貝獨坐〔一四〇〕。今吴越多此姓。

右雜國上。

朱、兒、豐、匽、貞、會、云、員、婁、童、曹、費，古或從人，以爲侏、倪、僼、偃、偵、儈、伝、傊、僂、僮、傮、𧸘〔一四一〕。亦猶優、傿、侻、伾、偊、偝、傷、佶、侏、傽、㒰、傗之類，本不從邑；其爲鄸、鄢、郲、邳、鄙、鄁、鄉、郜、郴、鄣、䣁、鄱者，凡出後世〔一四二〕。部、𨚗、郇、邵、邯、鄓、鄩、郎、邦、郶、郕、邴、郮、鄘、邡、郇、郲、鄉、郾、郵、郁、鄃、鄸、鄹、酆、郫、郄、郯、郹、鄍、鄭、邻、郅、鄔、鄐、郷、鄾、鄰、鄝、鄣、邾，古只單作邑，管、蔡、魯、衛、晉、楚、秦、齊、騶、驛、駘、雝、毛、韓、絺、紀、梁、蔣、樊、祭、滕、莒、竆、穰、崔、汲、熊、張、詹、祈、薛、謝、州、較、燕、密，何嘗必從邑邪〔一四三〕？即如國名，姓氏嫚、嫣、姺、伾、妘、嫃、㜸、姞、嬙、嘍、嬞、嬉，每亦從女，蓋取生生繁衍，祝爾；以故親名女字，姣嬥、妖妙、嫖姚、婹嫋、嬋娟、嫽嬈、嬉、嬿、奵、嬠、嬛、嬗、嫈、娩，亦皆從人〔一四四〕。聖人之意，惟可得矣。鄘、郃、鄰、邵、鄍、鄜、鄚、鄗、郄、鄸、郇、郱、郚、邦、郲、邬、邪、郴、邜、郟、郿、郏、郁、邲，何等俗繆，而顧不能削邪？故必知其要，而後天下之僞可息。余顧漫勞心哉！

【校注】

〔一〕貫鼎，貫所重：貫鼎見禮記明堂位：“崇鼎、貫鼎、大璜、封父龜，天子之器也。”鄭玄注：“崇、貫、封父皆國名。……古者伐國，遷其重器以分同姓。”

〔二〕春秋僖公二年：“秋九月，齊侯、宋公、江人、黄人盟于貫。”

〔三〕預云：蒙縣西北有貫城：彦按：貫城當作貰城。此預云見春秋僖公二年“齊侯、宋公、江人、黄人盟于貫”注。原文爲：“貫，宋地。梁國蒙縣西北有貰城。貰與貫，字相似。”貫城之與貰城，字相似耳，並非同地，路史混而同之，謬矣。楊伯峻春秋左傳注以爲：“貫，宋地，當在今山東省曹縣南十里。”

〔四〕水經注：俗曰薄城：見水經注卷二三汳水，文曰：“汳水又東逕貰城南。俗謂之薄城,非也。”

〔五〕國事,齊有貫珠:見戰國策齊策六。吳本“有”作“有有”,衍一字。

〔六〕郳:音 cáo。

〔七〕盟會圖疏云:郳侯國,在慈州:清徐文靖以爲郳侯乃鄏侯之誤,曰:“按世本,唐叔虞居鄏。宋衷曰:鄏地今在大夏。括地志:故鄏城在慈州昌寧縣東二里。隱六年傳:逆晉侯於隨,納諸鄏,是爲鄏侯。是也。郳、鄏字近而譌,路史妄引之。”(見管城碩記卷一〇春秋二)

〔八〕鄭伯卒處:春秋襄公七年十二月:“鄭伯髡頑……卒于郳。”

〔九〕杜闕:杜預注但謂“郳,鄭地”,未言具體所在,故稱。

〔一〇〕集音驂:見集韻覃韻。驂,喬本、洪本作“騾”,吳本作“騾”,四庫本作“騾”,乃“驂”字俗體或譌體,今從備要本。

〔一一〕兩制:内制(由翰林學士所掌的皇帝詔令)和外制(由中書舍人或知制誥所掌的皇帝誥命)的合稱。

〔一二〕見史記六國年表。

〔一三〕梁惠王三年,秦子向命爲藍君:見水經注卷一九渭水引竹書紀年,“梁惠王”作“梁惠成王”,同。今本竹書紀年在周顯王元年,實同一年。

〔一四〕黃帝時襄城小童者:襄城小童,見水經注卷二一汝水:“汝水又東南逕襄城縣故城南。……黃帝嘗遇牧童于其野,故嵇叔夜讚曰‘奇矣難測,襄城小童!倦遊六合,來憩兹邦’也。”又太平御覽卷六七九引金簡玉字經曰:“黃帝受襄城小童步六紀之法。”雲笈七籤卷六三洞經教部三洞并序引玉緯云:“襄城小童授軒轅黃帝七元六紀飛步天綱之經。”

〔一五〕在汴:吳本譌“古亦”。汴,州名,治所在今河南開封市。　乃春秋襄牛地:左傳僖公二十八年:“衛侯出居于襄牛。”杜預注:“襄牛,衛地。”楊伯峻注:“據江永考實謂襄牛當在今山東省范縣境,衛之東鄙。”彦按:范縣 1964年後改屬河南省,而原轄金堤以北地區連同縣城則劃屬山東莘縣。又史爲樂中國歷史地名大辭典以襄牛地“在今河南睢縣”。

〔一六〕境:交界。

〔一七〕左傳昭公七年:“癸巳,齊侯次于虢。”杜預注:“虢,燕竟。”

〔一八〕魏之黎陽:魏,郡名。黎陽,縣名,治所在今河南濬縣東。

〔一九〕瑣:同"璅"。備要本作"璅"。下"瑣侯亭"、"瑣澤"、"瑣氏"及羅
苹注"瑣高"之"瑣"同。

〔二〇〕開封宛陵西北有瑣侯亭:開封宛陵,見國名紀二少昊後偃姓國注
〔五〇〕。瑣侯亭,春秋鄭地。左傳襄公十一年"右還次于瑣"杜預注則曰:"熒
陽宛陵縣西有瑣(候)[侯]亭。"

〔二一〕記:河南鄻亭也:記,不詳所指,待考。河南,郡、縣名,治所在今河
南洛陽市。

〔二二〕成十二,鄭地:春秋成公十二年:"夏,公會晉侯、衛侯于瑣澤。"楊
伯峻注:"瑣澤,彙纂據晉地道記,謂在今河北大名縣境。王夫之稗疏以爲今
河北涉縣地。據傳當是晉地。王説較可信。"彦按:楊説謂晉地當是,羅氏謂鄭
地蓋非。

〔二三〕與瓅異:彦按:"瓅"即"瑣"字異體。集韻果韻:"瑣,或作瓅。"羅
氏强生分別,非是。

〔二四〕昭五,楚地:左傳昭公五年:"越大夫常壽過帥師會楚子于瑣。"杜
預注:"瑣,楚地。"然今本傳文作"瑣",豈羅氏所見本作"瓅"字歟?

〔二五〕奚傳有瑣高:奚傳,指舊唐書卷一九九下北狄奚國傳。又新唐書
逆臣史思明傳曰:"奚有部將瑣高者,名聞國中。"

〔二六〕唐書:吴本"書"譌"言"。

〔二七〕班志云:無鹽、東平陸,古厥國:彦按:"無鹽"二字不當有。考漢書
地理志下,東平國有縣七:無鹽、任城、東平陸、富城、章、亢父、樊。顔師古於
"東平陸"下注引應劭曰:"古厥國,今有厥亭是。"所謂之古厥國,乃就東平陸
言,無關於無鹽也。又,以東平陸爲古厥國者,乃應劭,或可稱顔注,此稱班志,
亦非。

〔二八〕丘月切:各本"丘"均作"後"。彦按:玉篇實作"丘"。蓋先誤"丘"
爲"后",又轉而作"後"耳。今訂正。

〔二九〕魏爲溠西:魏,指北魏。溠西,縣名,治所在今湖北隨縣唐縣鎮。

〔三〇〕忎一作"厥":見輿地廣記卷八隨州唐城縣,其文云:"後魏曰厥
西。"忎,吴本、四庫本譌"志"。

〔三一〕孔子所宰:指春秋魯邑中都。孔子家語相魯:"孔子初仕,爲中

都宰。”

〔三二〕郫之中都：郫，州名。中都，縣名，治所在今山東汶上縣。

〔三三〕漢衡陽妾厥氏賜：吳本、四庫本無此七字，疑由刪去。彥按：衡陽，當作衡山，指漢衡山王劉賜。古今姓氏書辯證卷三七月韻厥曰：“漢衡陽王賜妾厥氏，謂之厥姬。”當即羅氏所本，然理解有誤。而通志卷二九氏族略五入聲厥氏則曰：“漢文帝賜衡山王宮人厥氏。”今謂劉賜爲衡山王，史記、漢書均有其傳，並載賜有“美人厥姬”，正相吻合。古今姓氏書辯證以衡山爲衡陽，固誤。通志謂厥姬姓由漢文所賜，似亦無據，頗疑其誤解衡山王賜之名爲動詞矣。路史乃不幸獨襲二書之譌而傳之，未免令人欷歔。

〔三四〕王莽大司空棣並：吳本、四庫本無此七字。廣韻霽韻棣則曰：“又姓。王莽司馬棣並。”通志卷二九氏族略五去聲棣氏亦曰：“王莽時有司馬棣立。”

〔三五〕襄五：洪本作“襄六”，喬本、備要本作“襄十”，吳本、四庫本無此二字注文。彥按：當作“襄五”。左傳襄公五年：“十一月甲午，會于城棣以救之。”杜預注：“城棣，鄭地。陳留酸棗縣西南有棣城。”今據以訂正。

〔三六〕酸棗西南有棣城：酸棗，縣名，治所在今河南延津縣西南。各本“棣”均譌“隸”，今據左傳襄公五年杜注訂正。見上注。

〔三七〕棣州：治所在今山東惠民縣。各本“棣”均譌“隸”，吳本“州”又譌“川”，今並訂正。

〔三八〕又有南棣城，北棣城：吳本、四庫本兩“棣”字均譌“隸”。

〔三九〕太平寰宇記卷二開封府陽武縣：“南棣城、北棣城，二城並在縣北十里。”　陽武縣：治所在今河南原陽縣。

〔四〇〕鄺氏：四庫本如此，餘諸本“鄺”作“酈”。彥按：“酈”非姓氏，當“鄺”字形譌，今從四庫本。

〔四一〕千姓編：宋吳可幾撰。吳本、備要本“千”譌“于”。　臨淮：縣名，治所在今江蘇泗洪縣臨淮鎮。

〔四二〕河陽、軹有湛水，傍有湛城：河陽、軹，二縣名。河陽縣治所在今河南孟州市南。軹縣治所在今河南濟源市軹城鎮。水經注卷六湛水云：“湛水出軹縣南”，又云：“湛水自向城東南逕湛城東，……後漢郡國志曰河陽縣有湛城,是也。”

〔四三〕以爲襄城之昆陽北有湛水:襄城,郡名。昆陽,縣名,治所在今河南
葉縣。彦按:“以爲”前疑脱“預”字。左傳襄公十六年:“楚公子格帥師及晉師
戰于湛阪。”杜預注:“襄城昆陽縣北有湛水,東入汝。”

〔四四〕限:喬本、洪本、吳本、四庫本作“隁”,備要本作“陽”。彦按:據下
文“玉篇:國名。諧眼切”語,知其爲“限”字之譌,今訂正。玉篇阜部:“限,諧
眼切。國也。”

〔四五〕郹:音 jū。各本均作“郘”。彦按:宋本玉篇未見“郘”字,且作“郘”
則與下條重出,可知其當爲譌字也。考玉篇邑部釋義爲“國名”諸字,唯“郹”
字與“郘”形最爲相近,今姑訂作“郹”。

〔四六〕郴:音 chén。

〔四七〕杜云:長平東南有辰亭:見春秋宣公十一年“夏,楚子、陳侯、鄭伯
盟于辰陵”注。長平,縣名,治所在今河南西華縣東北。辰亭,各本均譌“屈
亭”,今訂正。

〔四八〕亦見左傳:彦按:今左傳未見有鄅國或鄅氏,路史此説可疑。

〔四九〕莫也,鄚州文安郡:治所在今河北任丘市鄚州鎮。舊唐書地理志
二河北道莫州云:“本瀛州之鄚縣。景雲二年,於縣置鄚州。……開元十三年,
以‘鄚’字類‘鄭’字,改爲莫。天寶元年,改爲文安郡。乾元元年,復爲莫州。”
亦見于太平寰宇記卷六六莫州。

〔五〇〕漢河間鄭縣:河間,封國名。鄭縣,喬本、洪本、吳本、四庫本“鄭”
譌“鄭”,今據備要本訂正。

〔五一〕開元十三改州:吳本作“開十三年改州”,脱“元”字,有“年”字。
彦按:開元十三年乃改鄚州爲莫州(見上注〔四九〕),羅注表述並不準確。

〔五二〕見太平寰宇記卷六六莫州鄚縣廢鄚縣城。　邢子顯:生平不詳。
邢,同“邢”。喬本作“邴”,備要本作“邢”,並誤,此從餘本。

〔五三〕景雲二“鄚”始去“邑”:景雲,唐睿宗李旦年號。彦按:此説誤。鄚
州之“鄚”去“邑”作“莫”,在開元十三年(見上注〔四九〕)。

〔五四〕姓書云出莫敖:莫敖,先秦楚國官名,掌軍政。古今姓氏書辯證卷
三八鐸韻莫云:“其先楚人,以大爲莫,故其官謂之莫敖,後以官氏。”

〔五五〕郠:音 gěng。

〔五六〕景王十三年,魯伐莒,取郠:郠,春秋莒邑。彦按:左傳昭公十年云:“秋,七月,平子伐莒,取郠。”平子,魯國正卿季平子。魯昭公十年,時當周景王十三年。

〔五七〕晉自有梗陽:梗陽,縣名,春秋晉置,治所在今山西清徐縣。

〔五八〕璠云:晉陽西南十榆次界,入陽:彦按:此所引璠語有誤。水經注卷六汾水引京相璠曰,作:“梗陽,晉邑也。今太原晉陽縣南六十里榆次界有梗陽城。”

〔五九〕趙稷奔臨,弦施墮之,晉邑:趙稷,春秋晉趙氏臣。弦施,春秋齊臣。各本“施”譌“陁”,今訂正。左傳哀公四年:“冬十一月,⋯⋯趙稷奔臨。十二月,弦施逆之,遂墮臨。”杜預注:“臨,晉邑。”孔穎達正義曰:“稷初奔臨,欲據臨距國。今弦施逆稷,欲納之他邑,以臨險固,故毀之。”

〔六〇〕姓書:大臨後:古今姓氏書辯證卷一九侵韻臨云:“出自高陽氏,才子八人,其一曰大臨,子孫以王父字爲氏。”

〔六一〕昭二十三有廧人、直人:見是年左傳,“廧”作“牆”。

〔六二〕沛之竹:沛,郡名。竹,縣名,治所在今安徽宿州市埇橋區符離鎮。

〔六三〕左傳襄公十年:“晉師城梧及制。”杜預注:“梧、制皆鄭舊地。”

〔六四〕漢陽成延爲梧侯者:史記呂太后本紀:“少府延爲梧侯。”裴駰集解引徐廣曰:“姓陽成也。”

〔六五〕漢有騏侯:見漢書景武昭宣元成功臣表及百官公卿表下。喬本、洪本、備要本“有”作“者”非,今據吳本、四庫本訂正。　國在河東:河東,郡名,治所在今山西夏縣禹王鄉。

〔六六〕預云:奉高西北有衛亭:見春秋釋例卷五土地名第四十四之一魯地昭公八年商衛。奉高,縣名,治所在今山東泰安市岱岳區范鎮。

〔六七〕昭八年“商、衛”者:左傳昭公八年:“秋,大蒐于紅,自根牟至于商、衛,革車千乘。”

〔六八〕樵無:吳本、四庫本無此二字。

〔六九〕當陽里也:當陽,縣名,治所即今湖北當陽市。里,古代民衆聚居之基層單位名。玉篇邑部:“郟,當陽里。”

〔七〇〕六安國：漢侯國名，治所在今安徽六安市金安區城北鄉。

〔七一〕東萊：郡名，治所在今山東萊州市。

〔七二〕晏嬰，萊夷維人：晏嬰，即春秋齊國著名政治家晏子。萊，古國名，春秋時爲齊所滅。夷維，地在今山東高密市。

〔七三〕夷安：縣名。

〔七四〕今高密夷安城有維水：高密，郡名。夷安城，指夷安縣城。各本夷安均誤倒作“安夷”，今訂正。

〔七五〕郪：喬本、備要本無此注文，蓋脱。今據餘本補。

〔七六〕楚郪：春秋楚地，在今河南項城市南。

〔七七〕宣十二，楚伐鄭，師次于郔：吳本“伐”譌“戍”。是年左傳：“楚子北師次於郔。”杜預注：“郔，鄭北地。”楊伯峻注：“郔在今鄭州市北。”史爲樂中國歷史地名大辭典則以爲“在今河南鄭州市南。一説在今延津縣北”。

〔七八〕濟南：郡名。彦按：濟南之著，在今山東濟陽縣。

〔七九〕襄二十一：二十一，各本均作“二十二”。彦按：襄二十二年未見著地，當二十一年之譌，今訂正。左傳襄公二十一年：“懷子爲下卿，宣子使城著而遂逐之。”杜預注：“著，晉邑。”

〔八〇〕盼子必用矣：盼子，戰國齊名將田盼。盼，同“盻”。史記楚世家：“（威王）七年，齊孟嘗君父田嬰欺楚，楚威王伐齊，敗之於徐州，而令齊必逐田嬰。田嬰恐，張丑僞謂楚王曰：‘王所以戰勝於徐州者，田盼子不用也。盼子者，有功於國，而百姓爲之用。嬰子弗善而用申紀。申紀者，大臣不附，百姓不爲用，故王勝之也。今王逐嬰子，嬰子逐，盼子必用矣。復搏其士卒以與王遇，必不便於王矣。’楚王因弗逐也。”

〔八一〕見齊策一。

〔八二〕盾殺公子樂處：盾，趙盾，又稱趙孟，春秋晉正卿。公子樂，晉文公子。左傳文公六年，晉襄公卒，趙孟欲立公子雍，賈季欲立公子樂，“趙孟……使先蔑、士會如秦逆公子雍。賈季亦使召公子樂于陳，趙孟使殺諸郪。”杜預注：“郪，晉地。”楊伯峻注：“郪……即今河南省濟源縣西一百里之邵源鎮。”彦按：濟源縣今稱濟源市，邵源鎮今作邵原鎮。

〔八三〕見國名紀四夏后氏後注〔二二二〕。

〔八四〕賈:各本均作"賈"。彦按:"賈"不得釋"鄽也",當爲"賈"字形譌,"賈"即"貿"字也。今訂正。

〔八五〕今明之鄽縣有賈氏、鄽氏:"賈氏、鄽氏",各本均譌"賈氏、鄽氏",今訂正。

〔八六〕漢鄧邯爲鄽侯:後漢書鄧彪傳:"父邯,中興初以功封鄽侯。"又水經注卷三〇淮水:"溮水逕鄽縣故城南,建武中,世祖封鄧邯爲鄽侯。"彦按:鄽縣治所在今河南羅山縣西南。

〔八七〕東郡茌平:茌平,縣名,今屬山東省。

〔八八〕社疑切:吴本作"杜鄽切疑",餘諸本作"杜疑切"。彦按:吴本固誤甚,餘諸本"杜"字亦當"社"字譌文。考廣韻之韻茌曰:"丘名。又士疑切。亦姓。"社疑切之音正與士疑切相合;若作杜疑切,則相遠矣。今訂正。

〔八九〕東周大夫子國,食邑蔦,謂之蔦國:子國,洪本、吴本、四庫本作"子因",喬本、備要本作"因"。蔦國,喬本、洪本、吴本、備要本作"蔦固",四庫本作"蔦因"。彦按:諸本皆誤。古今姓氏書辯證卷二一紙韻蔦曰:"東周時周大夫子國食邑於蔦,謂之蔦國。"當即路史所本。今據以訂正。又,左傳莊公十六年:"蔦國請而免之。"杜預注:"蔦國,周大夫。"當即其人。蔦,在今河南孟津縣東北。

〔九〇〕麥丘:春秋、戰國時齊邑,在今山東商河縣西北。

〔九一〕見新序雜事四。亦見於晏子春秋內篇諫上及韓詩外傳卷一〇,文字不盡相同。

〔九二〕漢有麥侯:漢書王子侯者表上有城陽頃王子麥侯昌。

〔九三〕召伯逆王于尸:見左傳昭公二十六年。召伯,即召簡公,春秋召國國君,伯爵,名盈。王,指周敬王姬匄。喬本奪末筆作"于",今據餘諸本訂正。

〔九四〕昭:吴本、四庫本無此"昭"字。

〔九五〕在鞏西南故偃師之尸鄉,即尸氏:地在今河南偃師市西。左傳昭公二十六年"五月戊午,劉人敗王城之師于尸氏"杜預注:"尸氏在鞏縣西南偃師城。"

〔九六〕齊相尸臣:見元和姓纂卷二脂韻尸。四庫本"相"譌"桓"。

〔九七〕晉有尸佼,爲商君師,著尸子:尸佼,戰國思想家,晉人,一説魯人。

各本“佼”均譌“侯”，今訂正。彦按：元和姓纂卷二脂韻尸云：“漢書，尸佼，晉人，爲商君師，著尸子。”蓋即路史所本。然今本漢書藝文志“尸子二十篇”注則曰：“名佼，魯人。”

〔九八〕靳尚：戰國楚懷王幸臣。

〔九九〕春秋哀公五年：“春，城毗。”

〔一〇〇〕春秋文公十一年：“冬，十月甲午，叔孫得臣敗狄于鹹。”

〔一〇一〕杜云濮陽東：彦按：“東”當作“東南”。春秋僖公十三年“公會齊侯、宋公、陳侯、衛侯、鄭伯、許男、曹伯于鹹”杜預注：“鹹，衛地。東郡濮陽縣東南有鹹城。”

〔一〇二〕續志云：古鹹國也：見後漢書郡國志三兖州東郡濮陽，原文爲：“古昆吾國，……有鹹城，或曰古鹹國。”

〔一〇三〕今垣縣軹關南，逕苗亭西：軹關，在今河南濟源市西北。逕，至。苗亭，在今河南濟源市西。水經注卷四河水：“瀿水西屈，逕關城南，歷軹關南，逕苗亭西。亭，故周之苗邑也。”

〔一〇四〕賁皇：春秋楚令尹鬭椒子。鬭椒作亂失敗，賁皇奔晉，食邑于苗地，故又稱苗賁皇。參見左傳宣公十七年“苗賁皇使，見晏桓子”杜預注。

〔一〇五〕近庸，蓋均州也：庸，古國名，在今湖北竹山縣西南。均州，治所在今湖北丹江口市西北。各本均作“州均”，當爲“均州”誤倒，今訂正。

〔一〇六〕元和姓纂卷二支韻池云：“魏有城門侯池仲魚。”

〔一〇七〕眭孟：西漢經學家，擅春秋公羊説。名弘，字孟，而以字行。漢書卷七十五有傳。

〔一〇八〕許遜師眭子烈：許遜，晉末方士。眭子烈，其人不詳，待考。

〔一〇九〕隰郕之郕，今懷之武陟：隰郕，地名，見左傳隱公十一年。懷，州名。武陟，縣名，今屬河南省。各本均作“武涉”。彦按：懷州有武陟縣無武涉縣（見宋史地理志二），“涉”當“陟”字之譌，今訂正。

〔一一〇〕蜀王以稅氏五十遺廩君者，盛荆州記云建平信陵：廩君，古代巴郡、南郡氏族首領。建平，郡名。信陵，縣名，治所在今湖北秭歸縣西北。元和姓纂卷八霽韻税引盛弘之荆州記云：“建平信陵縣有税氏。昔（蜀王樂）君王巴蜀，蜀王見廩君兵强，結好飲宴，以税氏五十人遺廩君。”

〔一一一〕二:備要本作"三",非。

〔一一二〕幽之良鄉:幽,州名。良鄉,縣名,治所在今北京市房山區良鄉鎮。　漢之良縣:彦按:據漢書地理志上、後漢書郡國志五,兩漢亦稱良鄉(唯屬涿郡),不稱良縣,路史説誤。

〔一一三〕又鄆之壽張,宋之良邑,漢初之壽良,今下邳北六十古良城:宋,指春秋之宋國。壽張、壽良、下邳,並縣名。彦按:後漢書郡國志三兗州東平國云:"壽張,春秋曰良,漢曰壽良,光武改曰壽張。"又太平寰宇記卷一七淮陽軍下邳縣云:"古良城,在今縣北六十里良城。是即春秋'晉侯會吳子于良',在此。"蓋即路史所本。然郡國志稱"春秋曰良",極爲籠統,今路史坐實爲"宋之良邑"、"今下邳北六十古良城",恐非是,因其地與兗州東平國(治所在今山東東平縣東南)相距甚遠也。今謂"鄆之壽張"與"漢初之壽良"爲一地,縣治在今山東東平縣西南;"宋之良邑"與"今下邳北六十古良城"爲一地,故址在今江蘇睢寧縣古邳鎮東:不得混爲一談。又,此所謂"宋之良邑",據下羅苹注,乃指左傳昭公十三年"秋,晉侯會吳子于良"之良,以良爲宋之邑,不知何據,可疑。考杜預注但稱"下邳有良城縣",不言其爲宋邑,楊伯峻春秋左傳詞典亦但稱"地名"不言"宋地",而史爲樂中國歷史地名大辭典則稱"春秋吳邑"。

〔一一四〕見上注。

〔一一五〕金之洵陽淯陽故城,漢育陽縣,在育水之陽:金,州名。吳本、四庫本作"今",誤。洵陽,縣名,治所在今陝西旬陽縣北洵河北岸。淯陽故城,各本"淯陽"均作"育淯"。彦按:"育淯"費解。"育淯"當作"淯陽"。宋史地理志一京西南路金州洵陽縣云:"乾德四年,廢淯陽縣入焉。"是洵陽得有淯陽之故城也。今據以訂正。漢育陽縣,治所在今河南南陽市城區南。育水,即今河南西南部之白河。陽,水之北邊。彦按:洵陽淯陽故城之故淯陽縣,乃唐天寶元年(742)改黄土縣置,本漢洵陽縣地(見太平寰宇記卷一四一金州洵陽縣廢淯陽縣),與漢之育陽縣,乃異地而同名,路史混爲一談,謬甚。

〔一一六〕應云:育水出弘農:見漢書地理志上南陽郡育陽縣顏師古注引應劭曰,原文作:"育水出弘農盧氏,南入于沔。"

〔一一七〕後人加"水":吳本、四庫本"人"譌"入"。

〔一一八〕蘇秦云韓東有穰、淯者:彦按:"淯"當作"洧",路史誤引。戰國策韓策一云：“蘇秦爲(楚)〔趙〕合從，説韓王曰：‘韓北有鞏、洛、成皋之固，西有宜陽、常阪之塞，東有宛、穰、洧水，南有陘山。’”史記蘇秦列傳載其言，亦作洧水。

　　〔一一九〕仁壽爲淯州：仁壽，各本均作“有壽”。彦按：“有壽”不可解。考隋書地理志中豫州淯陽郡曰：“西魏置蒙州。仁壽中，改曰淯州。”今據以訂正。　唐爲縣：彦按：據史爲樂中國歷史地名大辭典，隋仁壽中改稱之淯州，至大業初復改名爲淯陽郡（見淯州條義項①），而此淯陽郡至隋末即廢（見淯陽郡條義項②），頗疑此稱唐爲縣者，乃由黄土縣改置之淯陽縣也，非其地矣（見上注〔一一五〕）。然其誤可追溯至歐陽修。修之集古録跋尾卷五隋蒙州普光寺碑曰：“蒙州者，漢南陽郡之育陽縣也。應劭曰：‘育水出弘農盧氏，南入于沔。’故後人於‘育’加‘水’，爲淯陽。西魏置蒙州，隋仁壽中改爲淯州，又爲淯陽郡。唐爲縣，屬金州。碑，仁壽元年建，猶曰蒙州，既而遂改淯州矣。”今謂隋仁壽中改爲淯州之蒙州，治所在今河南南召縣東南，與唐屬金州之淯陽縣並非一地，歐陽氏已不能分辨矣。

　　〔一二〇〕集一作“毓”：見集韻屋韻育。

　　〔一二一〕鷩：音 bì。

　　〔一二二〕鷩令：見前紀四蜀山氏注〔一四〕。

　　〔一二三〕本用“鱉”：本，吴本譌“木”。鱉，喬本、四庫本、備要本作“鷩”非，此從洪本、吴本。

　　〔一二四〕牂柯鷩縣：牂柯，郡名。鷩縣，治所在今貴州遵義市紅花崗區。

　　〔一二五〕湅：音 dōng。喬本、洪本、備要本譌“湅”，吴本譌“湅”，今據四庫本及玉篇訂正。

　　〔一二六〕韻：指廣韻。

　　〔一二七〕地理志東郡有湅館：湅，喬本、洪本、吴本譌“湅”，備要本譌“湅”，今從四庫本。廣韻東韻：“湅，地理志云：‘東郡館名。’”

　　〔一二八〕集並收東：謂集韻將湅、湅二字並收入東韻中。

　　〔一二九〕沛：漢郡、國名，治所在今安徽淮北市相山區。

　　〔一三〇〕漢周應爲鄲侯者：漢書周緤傳：“景帝復封緤子應爲鄲侯。”顔注引蘇林曰：“音‘多’，屬沛國。”

〔一三一〕佑云：亳之鹿邑，漢鄲也：亳，州名。鹿邑，縣名，治所在今河南鹿邑縣試量鎮。鄲，縣名。洪本字殘，喬本、備要本譌“鄆”，今據吳本、四庫本訂正。通典卷一七七州郡七亳州鹿邑云：“漢鄲縣地。”

〔一三二〕郰：音jú。各本皆譌“郲”，今據春秋、左傳訂正。下“郰氏”、“入郰”、“郰氏亭”、“郰陽”之“郰”同。

〔一三三〕定十三齊、衛境垂葭也：垂葭，春秋衛邑。垂，“垂”字俗體。備要本作“𫝀”，誤。左傳定公十三年：“春，齊侯、衛侯次于垂葭，實郰氏。”杜預注：“垂葭改名郰氏。高平鉅野縣西南有郰亭。”

〔一三四〕諸樊入郰，取楚夫人：左傳昭公二十三年：“楚大子建之母在郰，召吳人而啟之。冬十月甲申，吳大子諸樊入郰，取楚夫人與其寶器以歸。”杜預注：“（楚）平王娶秦女，廢太子建，故母歸其家。”又云：“諸樊，吳王僚之大子。”楊伯峻注則曰：“此時吳王爲僚，其伯父爲諸樊，魯襄二十五年死，則僚之太子不得名諸樊。史記吳世家云：‘吳使公子光伐楚，敗楚師，迎楚故太子建母於居巢以歸。’雖情節與傳有不同，而作公子光，較確。”

〔一三五〕昭二十三：各本“二十三”譌“二十二”，今訂正。

〔一三六〕預云：鉅野西有郰氏亭：彥按：“西”當作“西南”，“郰氏亭”當作“郰亭”。見上注〔一三三〕。

〔一三七〕濟：指濟州。

〔一三八〕郰陽封人：見左傳昭公十九年：“楚子之在蔡也，郰陽封人之女奔之，生大子建。”杜預注：“郰陽，蔡邑。”楊伯峻注以爲：“當在今河南新蔡縣境。”

〔一三九〕有貝氏：彥按：此條路史據郰之譌字“郲”以推貝氏之得姓，殊爲荒謬。

〔一四〇〕古賢貝獨坐：喬本、備要本“古”作“右”誤，今據餘本訂正。宋王應麟姓氏急就篇卷上：“蟲、蟜、蛾、蛚、蚳、貝、魚。”注：“貝氏出清河貝丘。姓苑：古有賢者貝獨坐。”

〔一四一〕豐：吳本作“豊”。　曹：各本作“曺”，當即“曹”字俗體，今訂作“曹”。　僐：吳本作“偆”。　僂：喬本、備要本譌“樓”，此從餘本。　傮：各本作“傁”，當即“傮”字俗體，今訂作“傮”。

〔一四二〕僑：喬本、備要本譌“焉”，今據餘本訂正。　　其爲：吳本譌“僞偕”。　　凡出後世：凡，一概，皆。

〔一四三〕邤：吳本、四庫本作“邟”。　　邢：四庫本作“邘”。　　郇：吳本作“邠”。　　郰：各本均作“郰”，與下一字重。彥按：上“郰”字當“郰”字之譌。郰、郰二字形近，且説文、玉篇此二字均依次比鄰，今訂作“郰”。　　鄿：吳本作“鄿”，蓋“鄿”字俗譌。　　郞：吳本作“郎”。彥按：郞、郎二字不見於字書，疑“郞”爲“廊”字異體，“郎”則“廊”字形譌。　　鄋：吳本作“郋”，誤。　　郶：彥按：“郶”字已見於上文，此重出，疑爲“鄑”字之譌。　　古只單作邑：只，吳本、四庫本作“則”。邑，洪本闕文，喬本爲墨丁，此從餘諸本補。　　韓：同“韓”。喬本、洪本如此，餘諸本作“韓”。　　何嘗必從邑邪：吳本、四庫本“邪”作“耶”。

〔一四四〕嫗：字書未見。姓本作“匽”，俗或加“女”旁，遂成“嫗”。下“嬞”字類此。　　姑：四庫本譌“姑”。　　姣嬈、妖妙：並妖嬈美好貌。　　嫖姚：輕盈美好。　　婀嬾：同“婀嬢”，婀娜柔美貌。　　嬋娟：姿態美好貌。　　嫽嬈：俊俏妍媚貌。　　嬕：此仍當作“善”視，美好，俗加“女”旁耳。　　嬔：音 rǎn。廣韻獮韻：“嬔，女姿態。”　　奵：音 tiǎn。集韻銑韻：“奵，嬹奵，好皃。”　　嬅：音 cháo。女子人名用字。集韻爻韻：“嬅，女字。”　　嬽：音 yuān，通“嬽”，美好。

嬗：音 dǎn，廣韻旱韻：“嬗，媛也。”而説文女部：“媛，美女也。”　　嫟：字書未見。蓋俗於“奕”字加“女”旁耳，仍當作“奕”字視。方言卷二云：“自關而西，凡美容謂之奕，或謂之僷。宋衛曰僷，陳楚汝潁之間謂之奕。”　　婉：音 wǎn，容貌美好。

雜國下

徵〔一〕　　衜〔二〕，玉〔三〕。北徵。廣韻：衜，古國〔四〕。漢徵縣，屬馮翊；今同之澄城西南二十二故徵城〔五〕。地志馮翊徵，韋音懲，“秦伐晉，取北徵”者〔六〕，文十〔七〕。故元魏曰澄城。

牽　　　衛地。魏之内黄西南三十故牽城〔八〕。樵云十二里〔九〕。杜云在黎陽東北〔一〇〕。定十四年牽，脾、上梁之間者〔一一〕。

弁　　　一作郱。吕氏攷古圖有郱敦銘，云：王格于宣榭，呼太史策命郱〔一二〕。宣榭,宣王之廟。有弁氏〔一三〕。劉曜太史弁廣明〔一四〕。

盍　　盍公先國〔一五〕。王驩爲大夫,齊地,在沂水西八十〔一六〕。陳仲子兄戴,盍〔一七〕。注:盍,齊邑〔一八〕。王信爲盍侯,即此〔一九〕。音蛤。景帝封后兄。鄐也。記並作“蓋”、“鄐”,乃音冠蓋。蓋,去聲;盍,入聲。王篇“鄐”音閣,“鄐”丘蓋切,集並音閣,俱非〔二〇〕。

陘三　　文十六年傳〔二一〕。集云:陘,國名〔二二〕。預云潁川召陵南陘亭〔二三〕。今許之郾城。又晉有陘庭,翼南鄙邑〔二四〕。今曲沃西北有陘古城。又定有陘邑〔二五〕。

隰　　師叔曰:合而後進,先君所以服隰陘者〔二六〕。二國近楚〔二七〕。

郪二　　梓之郪縣南八里,臨江有郪王城址,漢初郪縣〔二八〕。寰宇:故郪王城在飛烏縣北三十五〔二九〕。然潁自有郪,有郪丘城〔三〇〕。魏安釐十一年,秦拔郪丘,九域志云:即此〔三一〕。云齊地,非〔三二〕。

劇　　遽也。漢爲遽侯國〔三三〕。有遽鄉,在常山〔三四〕。

郔　　管城東六里有郔故城,韓厥敗此〔三五〕。宣十二〔三六〕。鄭地〔三七〕。

圁〔三八〕　圁陽縣,在西河,音銀〔三九〕。

黨　　黨氏也。莊二十四:築臺,臨黨氏〔四〇〕。説文鄝地〔四一〕。

褎〔四二〕　宋地。預在沛國相縣西南〔四三〕。未詳。宜即那。楚有那處,預云南郡沛縣東南那國〔四四〕。南郡,今江陵。

蟲　　邾地。昭十九年〔四五〕。後有蟲氏。

牢　　姓書,古牢子國。後有牢氏。

圉　　圉侯,爲衛邑〔四六〕。成二十六〔四七〕。今雍丘南五十有圉城〔四八〕,杜闕。鄭伯勞韓宣子于圉者〔四九〕。昭五。楚有圉陽,圉公邑。昭二十四〔五〇〕。而周地有東、西圉。東圉乃洛陽東南圉鄉。西圉未證。昭二十二〔五一〕。

薛　　　淄州南四十,謂之大薛,非滕南之薛^{〔五二〕}。

頯黃^{〔五三〕}　預云:頯黃氏,吳地^{〔五四〕}。見哀十六年。

狐駱　　魯地。今徐之滕縣,本隸邾^{〔五五〕}。

侯麗　　晉人濟涇,及侯麗;秦地^{〔五六〕}。

秣陽　　姓書云,秣陽國^{〔五七〕}。後有秣氏、末氏。

高梁　　春秋高梁之虛^{〔五八〕}。僖九^{〔五九〕}。又郡國志^{〔六〇〕}。今臨汾東北三十有故城,河北圖云,三十七里^{〔六一〕}。有高梁亭、高梁堰^{〔六二〕}。春秋屬晉。杜云,平陽楊縣西南有高梁城^{〔六三〕}。楊縣,今洪洞。

高黎　　東陽有故高黎城,俗呼高黎郭^{〔六四〕}。

摯疇^{〔六五〕}　風俗通云,古之諸侯。後有摯疇氏、摯氏、疇氏。或即任姓之摯,以國爲氏^{〔六六〕}。

商密^{〔六七〕}　楚邑。有商密氏。或云,商密本都邑,水經南陽丹水西南密陽鄉^{〔六八〕},亦謂之三戶^{〔六九〕}。今在鄧之穰。

平都　　簡子立^{〔七〇〕}。今遼之平城^{〔七一〕}。開皇於此城立縣。

烏程　　烏程氏國。秦爲縣,今隸湖^{〔七二〕}。郡國志云:古烏程氏善醞^{〔七三〕}。

赤烏　　穆傳有赤烏氏,在春山西^{〔七四〕}。

留昆　　穆傳:留昆氏歸玉^{〔七五〕}。紀年云:國名^{〔七六〕}。

陵翟^{〔七七〕}　音俊。致賂于王,即陵子壽胡也^{〔七八〕}。郭云,隗姓國。

石窌^{〔七九〕}　齊之長清地名。預云:濟北盧縣東^{〔八〇〕}。

濁繇　　穆傳四,濁繇氏食滔水^{〔八一〕}。

鶉韓^{〔八二〕}　穆傳二,鶉韓氏有樂野^{〔八三〕}。

剞閭^{〔八四〕}　穆傳剞閭氏,音"倚"^{〔八五〕}。

闕胡　　穆傳闕胡氏,音"遏"^{〔八六〕}。

諸飦^{〔八七〕}　衣被胥谷^{〔八八〕}。

巨蒐　　巨蒐氏,即夏貢之渠搜^{〔八九〕}。

西夏	西夏氏，在河首，至今爲國[九〇]。
珠余	珠余氏，去西夏千五百里，又皆西征所次[九一]。
柏人	趙郡柏人縣[九二]。
甲父	傳有"甲父之鼎"。預云："古小國名。昌邑東南有甲父亭[九三]。"今甲父城在單[九四]。姓纂云："古諸侯，以國爲氏[九五]。"竇苹云，在濟州南[九六]。
黄父	晉地。一曰黑壤[九七]。
莒父	
武父二。桓十二[九八]	在河南。預云：陳留濟陽東北有武父亭[九九]。今隸開封。然定四年傳"封略武父以南"，則衛之北境，非河南矣[一〇〇]。
陭氏	今晉之冀氏。居義切。
泫氏[一〇一]	紀年：梁惠九年，晉取泫氏。即汲書"趙獻子城泫氏"者[一〇二]。地在上黨澤之高平，漢之泫氏[一〇三]。有泫谷水。
冠氏	齊爲衛，伐冠氏[一〇四]。春秋晉邑，今爲縣，隸大名。
函氏	許地[一〇五]。襄十六年[一〇六]。
懿氏	戚城西北五十有懿氏城，襄二十六"壇戚田。取衛西鄙懿氏六十與孫氏"，因姓也[一〇七]。風俗通出齊懿公，妄，父桓公時已有懿氏云[一〇八]。
輔氏	晉地，秦師敗處[一〇九]。宣十五。凡地名帶"人"與"氏"者，皆古國。是年有黎氏，乃黎侯國[一一〇]。亦晉大夫采。
乘氏	在兗州。風俗記云：濟陰乘氏，故宋乘丘邑也[一一一]。寰宇記：前乘氏，今巨野西南五十七乘氏故城[一一二]。
元氏	鎮之元氏[一一三]。趙孝成築元氏[一一四]。漢爲縣。云趙公子元邑[一一五]。明帝生于此[一一六]。今真定[一一七]。

輪氏　故登封西南、今洛之告成西南有輪氏城，漢輪氏
縣[一一八]。開皇十八曰輪氏[一一九]。寰宇記作“綸”，誤[一二〇]。

寪氏　魯大夫邑[一二一]。廣、集二韻有闈姓，姓源引“闈大夫”，
誤[一二二]。

尉氏　鄭大夫邑[一二三]。今開封尉氏[一二四]。或云，古獄官[一二五]。

菟和　與陰戎境。今上洛有菟和山。或云菟氏。今尉氏西北
四十有菟氏城，野菟陂南。昭五鄭勞屈生處[一二六]。

翟柤[一二七]　晉獻公田，見翟柤之氛，歸，寢不寐[一二八]。郤叔虎朝，公
語之[一二九]。出，遇士蒍，曰：“翟柤之君，好專利而不
忌，其臣競諂以求媚，伐可亡也[一三〇]。”蒍以告，公悅，
伐翟柤，克之。釐王十一年也[一三一]。

休　在潁川。或云介休。介在膠西[一三二]。

廉　今北地有故廉城，漢廉縣[一三三]。

蘄[一三四]　秦虜負芻于蘄[一三五]。今徐之蘄縣，周秦之故邑。陳涉走
蘄[一三六]。今蘄州北有蘄水[一三七]。吳蘄春郡有蘄氏，姓
苑云：以國爲氏[一三八]。從𣲖[一三九]。說文從艸，誤[一四〇]。

鄸　曹邑。昭二十[一四一]。今濟陰乘氏西北大享城，寰宇記：古
鄸城也[一四二]。

尢[一四三]　所謂姑、尢二水，在即墨。有尢氏[一四四]。代作“姑
尤”[一四五]。姓苑有尤氏，乃別出[一四六]。

蜀　一作鄋。成二[一四七]。預云：“泰山博平西北有蜀
亭[一四八]。”今兗之奉符。故濟陽有蜀山[一四九]。

賁　今沂之臨沂南襄賁故城，漢襄賁縣。音肥。漢賁赫亦
音肥[一五〇]。姓書有墳、奔二音。云懸賁父後，妄[一五一]。

蔽　史伯云鄢、蔽[一五二]。一作“弊”。

畫　故畫城在西安城南，有澅水，耿弇進軍畫中者[一五三]。胡

麥切。或云臨淄畫邑水,誤。臨淄乃畫〔一五四〕。

畫 齊大夫之封,見風俗通。有畫氏。孟子宿畫者〔一五五〕。

郟 鄭地。鄭有郟張;姓苑云,所封邑〔一五六〕。今汝之襄城有故郟城。亦楚邑:今許之郟縣,子瑕城郟者〔一五七〕。漢屬潁川。魏龍見郟之摩陂,改曰龍城〔一五八〕。

鄗 趙之高邑有古柏鄉城,故鄗也〔一五九〕。哀四齊伐晉,取鄗〔一六〇〕。光武即位,改曰高邑〔一六一〕。或云會齊侯之處,非也〔一六二〕。桓十五年會于艾,公羊作"鄗",穀梁作"蒿"〔一六三〕。啖氏不知時方定許,何得在此〔一六四〕。

瓠哀四〔一六五〕 壺也。有壺氏、瓠氏。壺子,壺丘子〔一六六〕。後有瓠巴〔一六七〕。

籍〔一六八〕 上邽有籍水,一曰洋水〔一六九〕。又哀十七年籍圃,衛地〔一七〇〕。

穀 隰州有穀城。非姬姓穀〔一七一〕。

商鄔 紀年:秦封衛鞅于鄔,改曰商〔一七二〕。梁惠成三十年。記謂故下博縣有商城,今鉅鹿故城是〔一七三〕。然鞅封商於,乃商洛。九域志:上洛,商君之邑〔一七四〕。張儀以商於地賂秦者,此也〔一七五〕。

郵 今高陵有郵鄉。許徒力切〔一七六〕。本屬扶風。集音毒〔一七七〕。篇韻音攸,失之。

垂 隱八宋、衛遇處〔一七八〕。曹之濟陰北有垂亭,即犬丘〔一七九〕。非上黨桀居之垂與垂隴、郵棠〔一八〇〕。垂隴在滎陽東,鄭地〔一八一〕。襄十八郵棠,齊地〔一八二〕。

厝 甘陵,故厝也〔一八三〕。秦昔,漢厝城,七亦切,桓帝曰甘陵〔一八四〕。今貝之清陽東南三十有故厝城〔一八五〕。土人曰雎城〔一八六〕。有厝氏。燕有厝壽〔一八七〕。春秋後語。

潛灊 楚邑,在廬之廬江〔一八八〕。南二里,有古潛城,漢之灊〔一八九〕。吳伐夷,侵潛、六,沈尹戌救潛,遷灊于南岡者[一九〇],昭二十七,吳使公子掩餘、燭庸圍潛,楚救潛[一九一]。注:"楚邑,在廬江六縣西南[一九二]。"盍閭四年伐楚圍灊者[一九三],史記。非魯盟戎處[一九四]。

郲葵　葵也。紀年梁惠成元年,趙成侯偃、韓懿侯若伐我郲者[一九五]。郡國志,山陽有郲城[一九六]。京相璠云,在山陽西北六十。今河東臨汾[一九七]。

充　寰宇記:充國故城在閬中西南九十四,今在新井東北二十八[一九八]。又有西充,今果州南充郡治西九十五,唐西充縣[一九九]。武德四[二〇〇]。有西充山。大曆四爲充州[二〇一]。寰宇記:以古充國爲名[二〇二]。有充氏。孟子充虞[二〇三]。

常　傳言郲、常之境,——郲國在淮陽;常在南陽,田文之封[二〇四]。

瑕　水經:山菜縣有瑕城,詹嘉之故邑[二〇五]。山菜,故亳之蒙城。璠云:解西南五里故瑕城。酈云:在故解城東北二十四,猗氏故城西北,俗名郇城[二〇六]。預云猗氏東南[二〇七],僖三十,文十二[二〇八]。故酈視爲孤證[二〇九]。成十六,楚地;昭二十四,周地[二一〇]。

右雜國下

失之乎數,求之乎信,疑[二一一]。失之乎勢,求之乎國,危[二一二]。權鈞則不能相使,勢等則不能相併,治亂齊則不能以相正。故小大、輕重、少多、治亂不可不察,此禍福之門也[二一三]。

冠帶之國,舟車所至,不用象譯狄鞮,而通者方三千里[二一四]。古之王者,擇天下之中而立國,擇國之中而立宮,擇宮之中而立廟[二一五]。天下之地,方千里以爲國,所以極治任也[二一六]。非不能大也,其大不若小,其多不若少。衆封建,非以私賢也,所以便勢全威而博義也[二一七]。義博利則無敵,無敵者安[二一八]。故嘗觀於上世矣,其封建衆者,其福長,其名彰。神農七十世有天下,與天下同之也〔二一九〕。

王者之封建也,彌近彌大,彌遠彌小,海上有十里之侯〔二二〇〕。以大使小,以重使輕,以衆使寡,此王者所以家且室也〔二二一〕。故曰:以滕、費則勞,以鄒、魯則逸,以宋、鄭則倍日而馳,以齊、楚則舉加綱旆而已〔二二二〕。所用彌大,所欲彌易。湯無郼,武無岐,賢雖十,不能成功〔二二三〕。以湯、武之賢,而猶藉之乎勢,況不及湯、武者乎〔二二四〕?故以大畜小,吉;以小畜大,滅;以重使輕,從;以輕使重,凶〔二二五〕。今欲濟一世,安黔首,功名著于槃盂,銘篆垂乎壺監,其勢不厭尊,其實不厭多〔二二六〕。水用舟,陸用車,泥用楯,沙用鳩,山用樏,因其勢也〔二二七〕。因其勢者令行。是故位尊而教受,威立而姦止,此畜人之道也。故以萬乘令千乘易,以千乘令一家易,以一家令一人易〔二二八〕。嘗識及此,雖堯、舜不能〔二二九〕。諸侯非欲臣人,而不得已,其勢不便,則奚以易臣〔二三〇〕?權輕重,審小大,多封建,所以便其勢也。王也者,勢無敵也;勢有敵則王者廢矣〔二三一〕。故有知小之愈於大,少之賢於多,則知無敵矣〔二三二〕。知無敵,則似類嫌疑之道遠矣〔二三三〕。

故先王之法,立天子不使諸侯疑焉,立諸侯不使大夫疑焉,立嫡子不使庶孽疑焉〔二三四〕。疑生爭,爭生亂。是故諸侯失位則天下亂,大夫無等則朝廷亂,妻妾不分則家室亂,嫡孽無別則宗族亂〔二三五〕。彭蒙曰:雉兔在野,衆皆逐之;積兔在市,莫有志者〔二三六〕。尹文子〔二三七〕。慎子曰:“一兔走街,百人逐之。非一兔足爲百人分也,繇未定分。未定,堯且屈力,況衆人乎?積兔在市,過者不顧。非不欲兔也,分已定。分已定,雖鄙不爭。故治天下國家者,定其分而已矣〔二三八〕。”

熊侶圍宋九月,熊招圍宋五月,熊當圍宋十月,凡楚三圍宋矣，而不能亡〔二三九〕。非不可亡也，以宋攻楚，無時止也〔二四〇〕。故功之立也，賢不肖、彊弱、治亂異也〔二四一〕。齊簡公有臣曰諸御鞅，諫於簡公曰：“陳成常與宰予，之二臣者甚相憎也，臣恐其相攻也。相攻則危上。願君之去一人也〔二四二〕。”公曰：“非若細人之所議也〔二四三〕。”居無何，陳常攻予於庭，即公于廟〔二四四〕。公喟焉曰：“余不用鞅言，以至此也！”失其數，無其勢，雖悔無聽鞅也，奚益？此不知恃可恃而不恃也〔二四五〕。

【校注】

〔一〕徵：洪本、吳本、四庫本作“徵”，同。下“北徵”之“徵”同。

〔二〕鄧：喬本、洪本、備要本作“鄧”，吳本、四庫本作“徵”，並誤。今訂正。

〔三〕玉：指玉篇。吳本、四庫本脱“玉”字。

〔四〕廣韻：鄧，古國：見廣韻蒸韻，原文作：“鄧，古國名。”吳本“鄧”譌“徵”。

〔五〕今同之澄城西南二十二故徵城：喬本、洪本、吳本、備要本此句末字“城”及下文首字“地”闌入注文，今從四庫本移出爲正文。

〔六〕地志馮翊徵，韋音懲，“秦伐晉，取北徵”者：各本末句作“秦反晉北徵者”，誤，今據左傳訂正。元和郡縣圖志卷二同州澄城縣云：“漢徵縣也。韋昭云‘徵，音懲’。懲、澄同聲，後人誤爲‘澄’。魯文公十年，秦伐晉，取北徵，即此城是也。後魏太平真君七年，分郃陽縣置。”太平寰宇記卷二八同州澄城縣説大同。又，漢書地理志上左馮翊徵顏師古注：“徵，音‘懲’，即今之澄城縣是也。左傳所云‘取北徵’，謂此地耳。”

〔七〕文十：諸本均作“文十八”，誤，今訂正。左傳文公十年：“夏，秦伯伐晉，取北徵。”

〔八〕魏之内黄西南三十故牽城：魏，郡名。内黄，縣名，治所在今河南湯陰縣東北。各本皆譌“四黄”，今據清秦蕙田五禮通考卷二〇八、高士奇春秋地名攷略卷七、江永春秋地理考實卷三所引路史訂正。

〔九〕樵云十二里：彦按：通志查無此文，所出不詳。而太平寰宇記卷五四魏州内黄縣曰：“牽城，在今縣西南十二里。”疑此樵當作史，羅氏誤記。

〔一〇〕杜云在黎陽東北:春秋定公十四年"公會齊侯、衛侯于牽"杜預注:
"魏郡黎陽縣東北有牽城。"

〔一一〕定十四年牽,脾、上梁之間者:春秋定公十四年:"公會齊侯、衛侯
于牽。"楊伯峻注:"牽,今河南浚縣北十餘里之地。"左傳則作:"公會齊侯、衛
侯于脾、上梁之間。"杜預注曰:"脾、上梁間即牽。"

〔一二〕吕氏:指宋代金石學家吕大臨。 王格于宣榭,呼太史策命邾:見
考古圖卷三,原文"格"作"各"(讀"格",至),"榭"作"射"(讀"榭"),"呼"作
"乎"(讀"呼"),"太史"作"内史"("太"爲譌字),"策"作"册"(策、册通)。

〔一三〕有弁氏:吴本、四庫本"弁"作"邾",非。

〔一四〕劉曜太史弁廣明:見晉書劉曜載記,"太史"當作"太史令"。

〔一五〕盇公:即蓋公,漢初膠西(今山東高密市)人,善治黄老言,相國曹
參曾向其請教治道。盇(gě),通"蓋"。盇公見史記曹相國世家。

〔一六〕王驩爲大夫,齊地:王驩,戰國齊蓋邑大夫。孟子公孫丑下:"孟子
爲卿於齊,出弔於滕,王使蓋大夫王驩爲輔行。"趙岐注:"蓋,齊下邑也。" 在
沂水西八十:沂水,縣名,今屬山東省。

〔一七〕陳仲子兄戴,盇:彦按:孟子滕文公下云:"(陳)仲子,齊之世家也。
兄戴,蓋禄萬鍾。"趙岐注:"孟子言:仲子,齊之世卿大夫之家,兄名戴,爲齊
卿,食采於蓋,禄萬鍾。"羅注所言即出孟子此文,然而割裂如此,令人費解。

〔一八〕注:蓋,齊邑:彦按:此所引注,並非承上指"陳仲子兄戴,盇"之趙
注,乃出公孫丑下"王使蓋大夫王驩爲輔行"之趙注,原文爲:"蓋,齊下邑也。"
羅氏注文參差雜亂,多類此。

〔一九〕王信:漢景帝王皇后兄。史記外戚世家王太后:"卒立王夫人爲皇
后,……封皇后兄信爲蓋侯。"

〔二〇〕玉篇"鄐"音閣,"郃"丘蓋切:吴本"閣"譌"閤"。彦按:今考宋本
玉篇,則:鄐,居大切;郃,胡蠟切。 集並音閣:吴本"閣"譌"閤"。彦按:今考
集韻盇韻,鄐、郃爲一字異體,音谷盇切;閣則見於合韻,音葛合切:音近耳。

〔二一〕左傳文公十六年:"彼驕我怒,而後可克,先君蚡冒所以服陘隰
也。"杜預注:"陘隰,地名。"孔穎達疏:"言'服陘隰',則陘隰本是他國,蚡冒始
服之也。"

〔二二〕集云：巠，國名：見集韻青韻。四庫本"巠"作"陘"，非。

〔二三〕預云潁川召陵南陘亭：見春秋僖公四年"遂伐楚，次于陘"注，文作："陘，楚地。潁川召陵縣南有陘亭。"潁川，郡名。召陵，縣名，治所在今河南漯河市召陵區召陵鎮。

〔二四〕晉有陘庭，翼南鄙邑：翼，春秋晉都，在今山西翼城縣東南。左傳桓公二年："哀侯侵陘庭之田。"杜預注："陘庭，翼南鄙邑。"楊伯峻注："陘庭在今翼城縣東南七十五里，舊有熒庭城。"

〔二五〕定有陘邑：定，州名。陘邑，縣名，唐天寶元年改唐昌縣置（見舊唐書地理志二河北道定州上陘邑縣），治所在今河北定州市邢邑鎮。各本"陘"均譌"涇"，今訂正。

〔二六〕師叔曰：合而後進，先君所以服陘隰者：師叔，春秋楚大夫潘尪。彥按：此師叔語當取自左傳文公十六年，然而路史隨意割裂勦取傳文，已與原意大相逕庭。左傳原文爲："（子揚窻）曰：'庸師衆，羣蠻聚焉，不如復大師，且起王卒，合而後進。'師叔曰：'不可。姑又與之遇以驕之。彼驕我怒，而後可克，先君蚠冒所以服陘隰也。'"

〔二七〕彥按：自晉杜預至今人楊伯峻，均以左傳文公十六年之陘隰爲一地，羅氏分之爲隰、陘二地，疑非是。

〔二八〕梓之郪縣南八里，臨江有郪王城址：梓，州名。郪縣，治所在今四川三臺縣。八里，太平寰宇記卷八二梓州郪縣作"九里"，云："舊縣在今縣南九里。臨江，郪王城基址見存。"

〔二九〕寰宇：故郪王城在飛烏縣北三十五：見太平寰宇記卷八二梓州飛烏縣。飛烏縣，治所在今三臺縣郪江鎮。四庫本路史"三十五"下有"里"字。

〔三〇〕潁自有郪，有郪丘城：潁，州名。郪丘城，戰國魏邑，在今安徽太和縣倪邱鎮。

〔三一〕魏安釐十一年，秦拔郪丘：魏安釐十一年，公元前266年。史記魏世家："（安釐王）十一年，秦拔我郪丘。" 九域志云：即此：見元豐九域志卷一潁州古迹。

〔三二〕云齊地：春秋文公十六年"六月戊辰，公子遂及齊侯盟于郪丘"杜預注："郪丘，齊地。"楊伯峻春秋左傳詞典亦以爲"齊國地名"。清顧棟高春秋大事表謂在今山東東阿縣境,史爲樂中國歷史地名大辭典從其説,而江永春秋地理考實駁之,云:“是年公使公子遂納賂于齊侯,因及齊侯盟于郪丘,其地當近國都,豈遠至東阿而與之盟乎?”楊伯峻春秋左傳注然之,以爲“郪丘當在臨淄附近”。唯沈欽韓春秋左氏傳地名補注以漢之新郪縣當之,實同羅氏此説。要之,其地確址不詳,尚有待進一步之考證。

〔三三〕漢書景武昭宣元成功臣表有遽侯横。

〔三四〕常山:漢郡、國名,治所在今河北元氏縣西北。

〔三五〕管城:縣名,治所在今河南鄭州市管城區。　韓厥:春秋晉司馬。

〔三六〕宣十二:吴本脱“二”字。

〔三七〕春秋宣公十二年:“夏,六月乙卯,晉荀林父帥師及楚子戰于邲,晉師敗績。”杜預注:“邲,鄭地。”

〔三八〕圁:音 yín。

〔三九〕圁陽縣,在西河,音銀:洪本、吴本此八字整條失落。圁陽縣,治所在今陝西神木縣南禿尾河北岸。西河,郡名。

〔四○〕莊二十四:築臺,臨黨氏:彦按:“二十四”當作“三十二”。左傳莊公三十二年:“初,公築臺,臨黨氏。”楊伯峻注:“黨氏猶言黨家。……據方輿紀要,莊公臺在曲阜縣(彦按:今稱曲阜市)東北八里。”

〔四一〕説文邑部:“郎,地名。”清邵英説文解字羣經正字:“郎本古鄉黨字。自以黨爲鄉黨,而郎字遂不見經典矣。”

〔四二〕袤:音 chǐ。

〔四三〕預在沛國相縣西南:相縣,治所在今安徽淮北市相山區。春秋桓公十五年“公會宋公、衛侯、陳侯于袤”杜預注:“袤,宋地,在沛國相縣西南。”

〔四四〕預云南郡沛縣東南那國:彦按:預語出自左傳莊公十八年“(楚武王)遷權於那處”注,原文爲:“那處,楚地。南郡編縣東南有那口城。”編縣治所在今湖北荆門市西北。路史“編縣”作“沛縣”誤。

〔四五〕左傳昭公十九年:“二月,宋公伐邾,圍蟲。”杜預注:“蟲,邾邑。”

〔四六〕圉侯,爲衛邑:左傳襄公二十六年:“遂從衛師,敗之圉。”杜預注:“圉,衛地。”

〔四七〕成二十六:“成”當作“襄”,蓋羅氏誤記。見上注。

〔四八〕太平寰宇記卷一開封府雍丘縣云："圉城,在縣南五十里。"

〔四九〕鄭伯勞韓宣子于圉者:鄭伯,指春秋鄭簡公。韓宣子,即春秋晉卿大夫韓起。氏韓,名起,謚宣。左傳昭公五年:"晉韓宣子如楚送女,……韓起反,鄭伯勞諸圉。"杜預注:"圉,鄭地名。"

〔五〇〕左傳昭公二十四年:"楚子爲舟師以略吳疆。……王及圉陽而還。"杜預注:"圉陽,楚地。"楊伯峻注:"顧祖禹大事表七之四謂圉陽應在今安徽巢縣(彥按:即今巢湖市)南境。"

〔五一〕昭二十二:各本"二十二"均譌"二十三",今訂正。左傳昭公二十二年:"辛未,伐東圉。"杜預注:"洛陽東南有圉鄉。"

〔五二〕參見國名紀一黃帝之宗薛。

〔五三〕頯:音 kuí。

〔五四〕預云:頯黃氏,吳地:見左傳哀公十六年"王孫燕奔頯黃氏"注,杜注原文無"氏"字。

〔五五〕徐之滕縣:徐,州名。滕縣,治所即今山東滕州市。

〔五六〕晉人濟涇,及侯麗;秦地:侯麗,在今陝西禮泉縣東。左傳成公十三年:"(晉)師遂濟涇,及侯麗而還。(迓晉侯于新楚。)"杜預注:"侯麗、新楚皆秦地。"

〔五七〕古今姓氏書辯證卷三七末韻秣云:"古秣陽國,或曰秣陵,以國爲氏。"

〔五八〕春秋高梁之虛:春秋晉邑。地在今山西臨汾市堯都區東北。左傳僖公十五年:"姪其從姑,六年其逋,逃歸其國,而棄其家,明年其死於高梁之虛。"

〔五九〕僖九:左傳僖公九年曰:"齊侯以諸侯之師伐晉,及高梁而還。"彥按:此當以作"僖十五"爲愈。見上注。

〔六〇〕後漢書郡國志一河東郡楊(縣)云:"有高梁亭。"

〔六一〕見太平寰宇記卷四三晉州臨汾縣高梁城。

〔六二〕有高梁亭、高梁堰:高梁亭,見上注〔六〇〕。高梁堰,見新唐書地理志三晉州平陽郡臨汾(縣):"東北十里有高梁堰。"

〔六三〕杜云,平陽楊縣西南有高梁城:見左傳僖公十五年"明年其死於高

梁之虚"注,"楊縣"作"楊氏縣",文曰:"高梁,晉地,在平陽楊氏縣西南。"彥
按:楊氏縣爲春秋時之叫法,至西漢改置楊縣,實同地異時之稱。

〔六四〕東陽有故高黎城,俗呼高黎郭:東陽,縣名,治所在今江蘇盱眙縣
東南。水經注卷五河水云:"(屯氏別河)又東北逕東陽縣故城南。……俗人
謂之高黎郭,非也。"

〔六五〕彥按:路史以"摯疇"爲一國,韋昭則以爲二國。國語周語中"昔
摯、疇之國也由大任",韋昭注曰:"摯、疇二國,任姓,奚仲、仲虺之後,大任之
家也。大任,王季之妃、文王之母也。"韋説當是,後世學者多從之,路史蓋非。

〔六六〕任姓之摯:周文王母家之國。詩大雅大明:"摯仲氏任,自彼殷商,
來嫁于周,曰嬪于京。乃及王季,維德之行。"毛亨傳:"摯國任姓之中女
也。……王季,大王之子、文王之父也。"鄭玄箋:"摯國中女曰大任,從殷商之
畿内嫁爲婦於周之京,配王季,而與之共行仁義之德,同志意也。"

〔六七〕商密:喬本、洪本、四庫本、備要本並作"密商",吳本又作"密商"。
彥按:"密商"當"商密"倒文,"商"又"商"字形譌。元和姓纂陽韻商密云:"楚
大夫,以地爲氏。"是也。古今姓氏書辯證陽韻下引之,亦作"商密"。又通志
卷二七氏族略三以邑爲氏楚邑有商密氏,云:"楚大夫食采之邑,其地在今鄧州
穰縣。"均足爲證,今訂正。下"商密氏"、"商密"同。

〔六八〕商密本都邑:左傳僖公二十五年:"楚鬭克、屈禦寇以申、息之師戍
商密。"杜預注:"商密,鄀別邑,今南鄉丹水縣。"參見國名紀二少昊後國都。
水經南陽丹水西南密陽鄉:南陽,郡名。彥按:本書國名紀二少昊後國都有
"水經云南鄉丹水縣西密陽鄉"語,則作南鄉。今考水經注卷二〇丹水云:"漢
建安中割南陽右壤爲南鄉郡。"蓋南陽、南鄉爲丹水縣異時所屬之郡。

〔六九〕亦謂之三户:各本"三户"均作"二户"。彥按:"二"當作"三"。水
經注卷二〇丹水云:"丹水又逕丹水縣故城西南,縣有密陽鄉,古商密之地,昔
楚申、息之師所戍也。春秋之三户矣。杜預曰'縣北有三户亭',竹書紀年曰
'壬寅,孫何侵楚,入三户郛'者是也。"今據以訂正。

〔七〇〕簡子:即春秋晉卿大夫趙簡子。

〔七一〕遼之平城:遼,州名。平城,縣名,治所在今山西和順縣橫嶺鎮。

〔七二〕湖:湖州,治所在今浙江湖州市城區。

〔七三〕太平寰宇記卷九四湖州烏程縣:“按郡國志云:‘古烏程氏居此,能醞酒,故以名縣。’”

〔七四〕穆傳有赤烏氏,在舂山西:舂山,清丁謙以爲即葱嶺(見穆天子傳地理攷證凡例)。各本均作“泰山”,誤,今訂正。穆天子傳卷四:“自舂山以西,至于赤烏氏三百里。”

〔七五〕穆傳:留昆氏歸玉:歸,通“饋”,贈送,進獻。見穆天子傳卷五,原文爲:“留昆歸玉百枝。”郭璞注:“留昆國,見紀年。”

〔七六〕紀年云:國名:彦按:穆天子傳卷五“留昆歸玉百枝”郭璞注:“留昆國,見紀年。”是也。所指即竹書紀年卷下周穆王十五年:“春,正月,留昆氏來賓。”路史作如此説,則非其實。

〔七七〕陵翟:各本均作“陵澤”。彦按:“陵澤”當穆天子傳陵翟之誤。“陵”、“陵”形近,“翟”、“澤”音同(廣韻陌韻並場伯切),故譌。穆天子傳卷五:“陵翟致賂。”郭璞注:“陵翟,隗姓國也。”今據以訂正。下“陵子”之“陵”同。

〔七八〕即陵子壽胡也:穆天子傳卷五:“陵子嵩胡□東牡。”郭璞注,“嵩胡”作“疇胡”,云:“夷狄有德者稱子。疇胡,名。”彦按:“嵩”同“壽”,見集韻宥韻,蓋此讀爲“疇”,故郭注作“疇”。

〔七九〕窌:音 liù。

〔八〇〕左傳成公二年:“予之石窌。”杜預注:“石窌,邑名。濟北盧縣東有地名石窌。”

〔八一〕濁繇氏食滔水:穆天子傳卷四:“庚辰,至于滔水,濁繇氏之所食。”滔水,衛挺生以爲“地在今錫爾河中游塔什干以北,蘇聯可薩克斯坦”(見王貽樑、陳建敏穆天子傳匯校集釋)。塔什干,即今烏茲別克斯坦共和國首都。可薩克斯坦,即今哈薩克斯坦共和國。

〔八二〕鶉:音 zhān。

〔八三〕鶉韓氏有樂野:穆天子傳卷二:“丙午,至于鶉韓氏。爰有樂野温和,稌麥之所草,犬馬牛羊之所昌,寶玉之所□。”王天海全譯注:“鶉韓氏:西域部族名。劉師培:‘鶉韓之地,以地望審之,疑即撒馬爾干。’丁謙:西出葱嶺,‘抵今布哈爾部地,即傳鶉韓氏國。’衛挺生:‘此鶉韓當在今安集延城一帶。’

王貽樑案：‘此據刉闓氏又四、五日行程，大約在今敦煌至羅布泊一綫上。或稍準確些説，約在科什庫都克與庫木庫都克附近，邊上正庫姆塔格沙漠北緣，即下文之“平衍”。’”又：“樂野：意即歡樂的原野。……陳逢衡：‘此樂野猶樂土，樂郊也。’”

〔八四〕刉闓：各本“刉”均譌“刔”，今據穆天子傳訂正。

〔八五〕穆傳刉闓氏：吳本、四庫本“刉”譌“刔”。穆天子傳卷二：“辛丑，至于刉闓氏。”郭璞注：“音‘倚’。”錢伯泉以爲：“‘刉闓’當是‘伊犂’的不同音譯。”（先秦時期的“絲綢之路”——穆天子傳的研究，載新疆社會科學 1982 年 3 期）。

〔八六〕穆傳閼胡氏：閼胡氏，今本穆天子傳卷三作“閼氏、胡氏”，文云：“己亥，至于瓜纑之山，三周若城，閼氏、胡氏之所保。”郭璞注：“閼音‘遏’。”王天海全譯注：“閼氏、胡氏：西域部族名。翟雲昇：‘路史七國名紀作“閼胡氏”，當從之。’海按：‘閼’下‘氏’字疑衍，翟説可參。”

〔八七〕諸飦：飦，音 jiān。彥按：諸飦見穆天子傳卷三：“諸飦獻酒于天子，天子賜之黃金之罍，貝帶、朱丹七十襄。諸飦乃膜拜而受之。”然郭璞注：“諸飦亦人名。”又與下文所云“衣被胥谷”無干，疑有誤。詳下注。

〔八八〕衣被胥谷：胥，通“疏”。谷，通“綌”（音 xì），粗葛布。穆天子傳卷四：“癸未，至于蘇谷，骨飦氏之所衣被。”郭璞注：“言谷中有草木皮，可以爲衣被。”王天海全譯注：“蘇谷，地名。具體所在未詳。”彥按：穆天子傳此文，蓋即路史所據。然此云“衣被胥谷”者，疑羅氏所見本“谷骨”作“胥谷”，而讀“胥谷，飦氏之所衣被”，又以飦氏即諸飦。

〔八九〕巨蒐氏，即夏貢之渠搜：夏貢，指夏書禹貢。巨蒐見穆天子傳卷四，渠搜見夏書禹貢，古西戎國名。

〔九〇〕河首：指我國西北之陝甘寧及青海東北部、内蒙古西部一帶地區，以在黃河上游，故稱。

〔九一〕珠余氏，去西夏千五百里：穆天子傳卷四：“庚辰，天子大朝于宗周之廟，乃里西土之數。曰：……自西夏至于珠余氏及河首，千又五百里。” 又皆西征所次：又，吳本譌“人”。次，至。

〔九二〕柏人縣：治所在今河北隆堯縣西北。

〔九三〕見左傳昭公十六年“徐子及郯人、莒人會齊侯,盟于蒲隧,賂以甲父之鼎”注。原文爲:“甲父,古國名。高平昌邑縣東南有甲父亭。”

〔九四〕單:音 shàn,指單州。

〔九五〕古諸侯,以國爲氏:見元和姓纂卷一〇狎韻甲父,原文“氏”作“姓”。

〔九六〕寶苹:喬本、洪本、吴本、備要本“苹”譌“平”。此從四庫本。　　濟州:治所在今山東巨野縣南。

〔九七〕左傳文公十七年:“晉侯蒐于黄父。”杜預注:“一名黑壤,晉地。”楊伯峻注:“其地即今山西省翼城縣東北六十五里之烏嶺,接沁水縣界。”

〔九八〕十二:喬本作“士”,備要本作“土”,俱誤。今據餘本訂正。

〔九九〕預云:陳留濟陽東北有武父亭:見春秋桓公十二年“丙戌,公會鄭伯,盟于武父”注,“武父亭”作“武父城”。楊伯峻注:“武父,鄭地,在今山東省東明縣西南。”

〔一〇〇〕定四年傳“封略武父以南”:左傳定公四年原文爲:“封畛土略,自武父以南及圃田之北竟,取於有閻之土以共王職。”杜預注:“武父,衛北界。”楊伯峻注:“封畛即封疆。土略亦此義,土即封土,略,界也。”

〔一〇一〕泫氏:泫音 juān。

〔一〇二〕趙獻了城泫氏:見竹書紀牛卷卜周威烈王七年。趙獻子,名浣,戰國時期晉國趙氏宗族領袖。

〔一〇三〕地在上黨澤之高平,漢之泫氏:上黨,郡名。澤,州名。高平,縣名,治所即今山西高平市。泫氏,縣名。

〔一〇四〕齊爲衛,伐冠氏:左傳哀公十五年:“昔晉人伐衛,齊爲衛故,伐晉冠氏。”杜預注:“冠氏,陽平館陶縣。”楊伯峻注:“冠氏地有今河北館陶縣及山東冠縣。據清一統志,冠氏故城址在今冠縣北。”

〔一〇五〕許:周分封諸侯國名。

〔一〇六〕左傳襄公十六年:“夏六月,……庚寅,伐許,次于函氏。”楊伯峻注:“函氏亦許地,在今(河南)葉縣北。”

〔一〇七〕戚城西北五十有懿氏城:戚城,春秋衛邑,地在今河南濮陽市華龍區西北。四庫本作“戚縣”非。彦按:此當據左傳襄公二十六年杜注爲説,其文曰:“戚城西北五十里有懿城。因姓以名城。”　壃戚田:壃,同“疆”,劃分疆界。　取衛西鄙懿氏六十與孫氏:六十,杜預注以爲“六十井也”。孔穎達正義是其説,曰:“服虔云:六十邑。劉炫以服言爲是。今知非者,此六十之文摠屬懿氏,懿氏不見經傳,則卑細可知,既非卿大夫,何得廣有土地,分六十之邑而與孫氏?且直言‘六十’,本無‘邑’文,故杜以爲六十井。劉從服説以規杜氏,非也。”而楊伯峻注則曰:“六十,服虔云六十邑,可信。昭五年傳‘取東鄙三十邑以與南遺’可證。邑有大小,……周禮小司徒‘四井爲邑’,里宰‘掌比其邑之衆寡’,鄭注:‘邑猶里也’,則是居民點或鄙野聚落,此六十邑亦是也。”孫氏,指春秋衛卿大夫孫林父。

〔一〇八〕齊懿公:春秋齊國君吕商人,公元前612—前609年在位。　風俗通出齊懿公,妄:吴本、備要本“妄”誤爲“妾”。　父桓公時已有懿氏云:彦按:左傳莊公二十二年云:“初,懿氏卜妻敬仲。”杜預注:“懿氏,陳大夫。”時當齊桓公十四年,故路史有此語。

〔一〇九〕秦師敗處:左傳宣公十五年:“秋七月,秦桓公伐晉,次于輔氏。……(晉)魏顆敗秦師于輔氏。”楊伯峻注:“據朝邑縣志,朝邑西北十三里有輔氏城,則在今陝西省大荔縣東不足二十里。朝邑縣今已廢,併入大荔縣。”

〔一一〇〕參見國名紀四商氏後黎。

〔一一一〕風俗記:指漢應劭地理風俗記。水經注卷八濟水亦引此文,即作地理風俗記。　濟陰乘氏,故宋乘丘邑也:水經注引此文,“乘氏”作“乘氏縣”。清全祖望云:乘丘非乘氏,乘丘亦非宋地,乃魯地。楊守敬云:“按:漢志濟陰乘氏下,應劭曰:‘春秋“敗宋師于乘丘”,是也。’又續漢志引博物記:乘氏,古乘丘。是以乘氏爲乘丘,非應劭一人之説。酈氏不引杜預‘魯地’,而引應劭宋邑,是不以杜説爲然也。全氏則專主杜説,觀左傳先言‘齊師、宋師次于郎’,後言‘敗宋師’,郎爲魯邑,是師已入魯境,敗亦當以魯地爲是,況明明有泰山之乘丘,何庸牽涉濟陰之乘氏?”(見水經注疏)彦按:全、楊二氏説是。濟陰郡乘氏縣,治所在今山東巨野縣西南。魯乘丘邑在今山東濟寧市兗州區西南。

〔一一二〕寰宇記:前乘氏,今巨野西南五十七乘氏故城:見太平寰宇記卷一三曹州乘氏縣,原文作:“本漢舊縣也,屬濟陰郡。至晉同。按此前乘氏縣,在今鉅野西南五十七里乘氏故城是也。”羅氏此條注文原在下元氏條羅注“明帝生于此”下，當爲錯簡，今回移至此。又各本“前乘氏”、“乘氏故城”之“乘氏”均作“元氏”，則當由誤入元氏條下之後所竄改，今並訂正。

〔一一三〕鎮之元氏：鎮，州名。元氏，縣名，今屬河北省。

〔一一四〕趙孝成築元氏：趙孝成，指戰國趙孝成王。名丹，公元前265—前245年在位。元氏，趙邑名。史記趙世家：“（孝成王）十一年，城元氏。”

〔一一五〕云趙公子元邑：漢書地理志上常山郡元氏縣顏師古注：“闞駰云：趙公子元之封邑，故曰元氏。”

〔一一六〕明帝生于此：明帝，指漢明帝。後漢書顯宗孝明帝紀：“上生於元氏。”各本此下原尚有“寰宇記前元氏今巨野西南五十七元氏故城”一十八字，乃爲錯簡而兼譌文，今訂正並移至前乘氏條末。參見上注〔一一二〕。

〔一一七〕真定：府名。元氏縣宋代屬真定府。

〔一一八〕洛之告成：洛，州名。告成，縣名，治所在今河南登封市告成鎮。

〔一一九〕隋書地理志中豫州河南郡嵩陽縣：“後魏置，曰潁陽。……開皇六年改曰武林，十八年改曰輪氏，大業元年改曰嵩陽。”

〔一二〇〕寰宇記作“綸”：見該書卷五河南府潁陽縣。

〔一二一〕左傳隱公十一年：“十一月，公祭鍾巫，齊于社圃，館于寪氏。”杜預注：“寪氏，魯大夫。”

〔一二二〕廣、集二韻：指廣韻、集韻二書。

〔一二三〕左傳襄公十五年有鄭尉氏。

〔一二四〕開封尉氏：開封，府名。尉氏，縣名，今屬河南省。

〔一二五〕或云，古獄官：漢書地理志上陳留郡尉氏縣顏師古注：“應劭曰：‘古獄官曰尉氏，鄭之別獄也。’臣瓚曰：‘鄭大夫尉氏之邑，故遂以爲邑。’師古曰：鄭大夫尉氏亦以掌獄之官故爲族耳。應説是也。”

〔一二六〕昭五鄭勞屈生處：屈生，春秋楚莫敖（楚官名）。左傳昭公五年：“鄭伯……勞屈生于菀氏。”

〔一二七〕翟柤：各本“柤”均譌“祖”，今據國語訂正。下“翟柤”之“柤”同。

〔一二八〕晉獻公田，見翟柤之氛，歸，寢不寐：自此而下至“克之”，見國語晉語一。田,打獵。氛,古代迷信指預示吉凶的雲氣。此指凶象之氣。寢,吳本、四庫本作“寑”,同。寐,吳本作“寙”,同。

〔一二九〕郤叔虎:晉國大夫,名豹。四庫本“郤”作“卻”,誤。

〔一三〇〕專利:獨占利益。　詔:吳本、四庫本譌“謟”。

〔一三一〕釐王十一年也:彦按:據史記周本紀,釐王在位五年而崩,不得有“十一年”。資治通鑑外紀卷四周紀二載其事,在惠王十一年,當是。蓋羅氏誤記。

〔一三二〕介在膠西:介,周代東夷國名。膠西,縣名,治所在今山東膠州市。彦按:此連及而言介,乃彰其別,非謂其同。

〔一三三〕今北地有故廉城,漢廉縣:北地,郡名。各本均作“京兆”。彦按:考漢書地理志下及後漢書郡國志五,廉縣均屬北地郡,不在京兆地。水經注卷二河水亦云:“(高平川)川水又北逕廉城東。按地理志,北地有廉縣。”可知今本路史京兆乃北地之譌。蓋“北”、“兆”形近,而京兆名著,刻工粗心走神,遂有魯魚亥豕之失。漢廉縣,治所在今寧夏賀蘭縣西北暖泉附近。

〔一三四〕蘄:羅氏以爲“蘄”之正字。

〔一三五〕秦虜負芻于蘄:負芻,戰國末代楚王。蘄,同“蘄”,戰國楚邑,在今安徽宿州市埇橋區蘄縣鎮。史記楚世家:“王負芻……四年,秦將王翦破我軍於蘄,而殺將軍項燕。五年,秦將王翦、蒙武遂破楚國,虜楚王負芻,滅楚名爲郡云。”

〔一三六〕陳涉走蘄:陳涉,即秦末農民起義領袖陳勝(字涉)。彦按:“走”疑“起”字之誤。史記高祖本紀:“陳勝等起蘄。”同書張耳陳餘列傳:“陳涉起蘄。”又曰:“陳王起蘄。”

〔一三七〕蘄州:治所在今湖北蘄春縣西北。

〔一三八〕吳蘄春郡有蘄氏:吳,指三國時吳國。蘄春郡,治所在今湖北蘄春縣西北。吳本、四庫本“春”字譌“秦”。通典卷一八一州郡十一蘄州云:“春秋以來皆楚地。秦屬九江郡。二漢屬江夏郡。吳爲蘄春郡。”

〔一三九〕扸:即“㫃”字,音yǎn。説文㫃部:“㫃,旌旗之游,㫃蹇之皃。”

〔一四〇〕説文從艸:喬本、洪本、吳本、備要本“艸”作“草”,今從四庫本。

〔一四一〕昭二十:吳本、四庫本“二十”作“十二”,乃誤倒。春秋昭公二十年:"夏,曹公孫會自鄸出奔宋。"杜預注:"鄸,曹邑。"

〔一四二〕今濟陰乘氏西北大亯城,寰宇記:古鄸城也:見寰宇記卷一三曹州乘氏縣,"大亯城"作"大饗城",其文曰:"大饗故城,在縣西北三里。故老云古之鄸城也。後改名大饗城。"吳本"鄸"作"部",當爲譌字。

〔一四三〕冘:備要本作"尤"。下諸"冘"字同。彥按:羅氏以此字爲姑水、尤水之"尤"正字,未必可信。

〔一四四〕有冘氏:喬本、洪本、備要本"冘"作"尤",此從吳本及四庫本。

〔一四五〕代作"姑尤":代,世。

〔一四六〕姓苑有尤氏:吳本"尤"作"冘",當非其舊。

〔一四七〕春秋成公二年:"十有一月,公會楚公子嬰齊于蜀。"

〔一四八〕泰山博平西北有蜀亭:見左傳宣公十八年"楚于是乎有蜀之役"注,"博平"作"博縣"。泰山,郡名。博平,縣名,北魏改博縣置,與博縣爲同地異時之稱,治所在今山東泰安市東南。吳本、四庫本作"北平",誤。

〔一四九〕故濟陽有蜀山:濟陽,郡名,即濟州。太平寰宇記卷一四濟州云:"後魏泰常八年于此立濟州,又爲濟北郡,……隋初置濟州,煬帝初復爲濟北郡。唐武德四年平王世充,改爲濟州,或爲濟陽郡,皆此。"是也。本書國名紀六上世妃后之國蜀山云"今濟有蜀山",與此稱"故濟陽有蜀山",意思相同。

〔一五〇〕賁赫:西漢期思侯。見史記黥布列傳。裴駰集解引徐廣曰:"賁,音肥。"

〔一五一〕云懸賁父後:懸賁父,禮記檀弓上作縣賁父,春秋魯莊公御者。通志卷二七氏族略三以字爲氏周人字云:"賁氏,縣賁父之後。"

〔一五二〕史伯云鄢、蔽:鄢,西周封國,春秋爲鄭邑,故址在今河南鄢陵縣西北。蔽,亦作"弊",西周邑,春秋爲鄭地,故址在今河南鄭州市東。國語鄭語載周太史史伯對鄭桓公曰:"若克二邑,鄢、弊、補、舟、依、騾、歷、華,君之土也。"公序本、四庫全書本國語"鄢、弊"作"鄢、蔽"。

〔一五三〕故畫城在西安城南,有漯水,耿弇進軍畫中者:西安城,指西安縣縣城,在今山東淄博市臨淄區西北。南,當作"東南"。耿弇,東漢開國名將,封好畤侯。後漢書耿弇傳:"弇進軍畫中。"李賢注:"畫中,邑名也。畫音胡麥反。故城在今西安城東南。有漯水,因名焉。"

〔一五四〕臨淄乃畫：畫，各本均作“晝”。彦按：作“晝”不可解，當爲“畫”字形譌，謂乃畫邑而非晝邑也。今訂正。

〔一五五〕孟子宿晝者：晝，戰國齊邑，在今山東淄博市臨淄區西南。孟子公孫丑下：“孟子去齊，宿於晝。”

〔一五六〕鄭有郂張：左傳哀公九年：“二月甲戌，宋取鄭師于雍丘，使有能者無死，以郂張與鄭羅歸。”杜預注：“鄭之有能者。”

〔一五七〕今許之郟縣，子瑕城郟者：許，指許昌郡。郟縣，治所即今河南郟縣。子瑕，春秋楚令尹。左傳昭公十九年：“令尹子瑕城郟。”楊伯峻注：“郟本鄭邑，後屬楚。”彦按：楊氏説是。此路史所謂“今汝之襄城”之故郟城，與“今許之郟縣”，地實無異。考宋史地理志一曰：“潁昌府，次府，許昌郡，忠武軍節度，本許州。”又於其下“郟（縣）”注：“元隸汝州，崇寧四年來隸。”故路史稱郟，一曰“汝之”，一曰“許之”也。

〔一五八〕魏龍見郟之摩陂，改曰龍城：郟，喬本、洪本、吳本作“陝”，四庫本作“陜”，備要本作“陜”，俱誤，今訂正。龍城，當作龍陂。三國志魏志明帝紀：“青龍元年春正月甲申，青龍見郟之摩陂井中。二月丁酉，幸摩陂觀龍，於是改年，改摩陂爲龍陂。”

〔一五九〕趙之高邑：趙，州名。高邑，縣名，治所在今河北柏鄉縣固城店鎮。

〔一六〇〕哀四齊伐晉，取鄑：見是年左傳。

〔一六一〕光武即位，改曰高邑：元和郡縣圖志卷一七趙州柏鄉縣云：“後漢光武帝即位於鄗南千秋亭五成陌，因改曰高邑。”

〔一六二〕或云會齊侯之處：會齊侯，指魯桓公十五年，與齊侯會面事。見下注。

〔一六三〕桓十五年會于艾：喬本、洪本作“桓六年會于文”，吳本作“桓六年會子文”，四庫本、備要本作“桓六年會于文”。彦按：各本皆有誤，今據春秋訂正。左氏春秋文作：“公會齊侯于艾。”

〔一六四〕啖氏不知時方定許，何得在此：啖氏，指啖子，即唐代經學家啖助。“時方定許”者，左傳桓公十五年云：“公會齊侯于艾，謀定許也。”宋沈棐春秋比事卷一三經書公會一國者十有八云：“蓋魯以隱十一年鄭伯及齊侯入

許,許莊公奔衞,至是而許叔入,故公會齊侯以謀定之也。”唐陸淳春秋集傳纂
例卷九三傳經文差繆略第三十七引啖子云:“若是艾,不應誤爲蒿;若從蒿而
誤,則得爲鄢,不得爲艾也。”

〔一六五〕哀四:彦按:春秋經、傳哀四年未見有瓠,唯傳曰:“國夏伐晉,取
邢、任、欒、鄗、逆畤、陰人、盂、壺口。”豈壺口即瓠歟?

〔一六六〕壺子,壺丘子:壺子即壺丘子,又稱壺丘子林,戰國鄭人,列子老
師。見列子黃帝篇。

〔一六七〕瓠巴:春秋楚國著名琴師。列子湯問:“瓠巴鼓琴,而鳥舞魚
躍。”荀子勸學:“昔者瓠巴鼓瑟,而沉魚出聽。”

〔一六八〕籍:彦按:下所舉例,“籍”皆當作“藉”字,此亦似以作“藉”
爲宜。

〔一六九〕上邽有籍水,一曰洋水:見水經注卷一七渭水,“籍水”作“藉
水”。

〔一七〇〕哀十七年籍圃:見是年左傳,“籍圃”作“藉圃”,曰:“春,衞侯爲
虎幄於藉圃。”清惠棟補注:“藉圃,圃名。”楊伯峻注:“證之以二十五年傳‘衞
侯爲靈臺于藉圃’,惠説是也。”

〔一七一〕姬姓穀:見國名紀五周氏周之餘族可見者穀。

〔一七二〕紀年:秦封衞鞅于鄔,改曰商:見竹書紀年卷下周顯王二十八年
(水經注卷一〇濁漳水引竹書紀年,在梁惠成王三十年),“商”作“尚”。彦按:
“尚”當作“商”。衞鞅,即商鞅,又稱商君,乃封商邑故稱;又水經注引竹書紀
年,亦作“商”。于,喬本、洪本譌“干”,今據餘諸本訂正。鄔,戰國秦邑,在今
陝西陝洛市商州區東南。

〔一七三〕記謂故下博縣有商城:記,四庫本作“紀”。下博縣,治所在今河
北深州市榆科鎮。

〔一七四〕上洛:各本皆作“止洛”。彦按:作“止洛”誤,今據元豐九域志卷
三永興軍路商州古迹訂作“上洛”。

〔一七五〕張儀以商於地賂秦:彦按:“秦”當作“楚”。張儀爲秦相,欲絶
齊、楚聯盟,游説楚王,詐稱秦願獻商於之地六百里于楚;謀成而負言。事載史
記張儀列傳。是非“賂秦”,乃爲“賂楚”,且非真賂,而爲假賂。今路史文如

此,大有問題。

〔一七六〕許徒力切:彦按:大徐本説文"邨"字注音爲"徒歷切",非"徒力切"。又,其音切乃徐鉉所附孫愐唐韻音,路史視爲許音,亦不確。

〔一七七〕見集韻渓韻。

〔一七八〕隱八宋、衛遇處:隱,各本均作"引"。八,備要本誤"入"。遇,各本均作"遏"。彦按:"引"乃"隱"字音誤,"遏"當"遇"字形誤,今並訂正。春秋隱公八年:"春,宋公、衛侯遇于垂。"即此路史所本。

〔一七九〕曹之濟陰北有垂亭,即犬丘:曹,州名。濟陰,縣名,治所在今山東曹縣西北。犬丘,備要本"犬"誤"大"。春秋隱公八年"宋公、衛侯遇于垂",左傳作:"遇于犬丘。"杜預注:"犬丘,垂也。地有兩名。"

〔一八〇〕上黨桀居之垂:上黨,郡名。垂,在今山西澤州縣高都鎮。參見後紀十四帝復癸。

〔一八一〕垂隴在滎陽東,鄭地:滎陽,備要本如此,是,今從之。餘諸本"滎"誤"榮"。春秋文公二年"公孫敖會宋公、陳侯、鄭伯、晉士穀盟于垂隴"杜預注:"垂隴,鄭地。滎陽縣東有隴城。"

〔一八二〕襄十八郵棠,齊地:郵棠,在今山東平度市東南。喬本、洪本、吳本、備要本"地"作"也"非,今據四庫本改。左傳襄公十八年:"齊侯駕,將走郵棠。"杜預注:"郵棠,齊邑。"

〔一八三〕甘陵:縣名,治所在今山東臨清市東北。

〔一八四〕秦昔,漢厝城,七亦切,桓帝曰甘陵:桓帝,備要本"桓"誤"相"。彦按:路史此文有誤。"昔"當作"厝","厝城"當作"信成","七亦切"亦宜前移置"秦厝"後作爲"厝"字之注音。太平寰宇記卷五八貝州清河縣云:"秦爲厝(趨亦切)縣;漢爲信成縣,屬清河郡;後漢桓帝改爲甘陵縣。"可爲參照。"七亦切"與"趨亦切"音同。

〔一八五〕今貝之清陽東南三十有故厝城:貝,州名。各本均誤"見",今訂正。清陽,縣名,治所在今河北清河縣西北。太平寰宇記卷五八貝州清陽縣:"故厝城,在縣東南三十里。"

〔一八六〕土人曰雗城:土人,各本均誤作"上人",今據太平寰宇記訂正。雗城,太平寰宇記作"鵲城","雗""鵲"字同。

〔一八七〕燕有厝壽：燕，指戰國時燕國。彥按：厝壽，疑當作厝毛壽。史記燕召公世家：“鹿毛壽謂燕王：‘不如以國讓相子之。’”裴駰集解引徐廣曰：“（鹿毛）一作‘厝毛’。”又司馬貞索隱曰：“春秋後語亦作‘厝毛壽’，又韓子作‘潘壽’。”

〔一八八〕廬之廬江：廬，州名。廬江，縣名，今屬安徽省。

〔一八九〕灊：縣名。

〔一九〇〕吳伐夷，侵潛、六，沈尹戍救潛，遷潛于南岡者：見左傳昭公三十一年。夷、六，亦楚邑。夷在今安徽亳州市譙城區城父鎮，六在今安徽六安市金安區城北鄉。楊伯峻春秋左傳注：“灊本在今安徽霍山縣南，南岡則在霍山縣北，蓋距沈較近也。”

〔一九一〕見是年左傳。

〔一九二〕在廬江六縣西南：廬江，郡名。六縣，治所在今安徽六安市金安區城北鄉。西南，四庫本如此，是，今從之。餘本“南”譌“面”。

〔一九三〕盍閭四年伐楚圍灊者：盍閭，即闔閭。吳本、四庫本如此，今從之。史記作“闔廬”，同。喬本、洪本、備要本作“盍問”誤。灊，備要本作“潛”。史記吳太伯世家王闔廬四年：“伐楚，取六與灊。”

〔一九四〕魯盟戎處：彥按：“盟”當作“會”。春秋隱公二年：“春，公會戎于潛。”同年左傳曰：“春，公會戎于潛，脩惠公之好也。戎請盟，公辭。”潛，春秋魯地，在今山東濟寧市任城區西南。

〔一九五〕紀年梁惠成元年，趙成侯偃、韓懿侯若伐我葵者：自此而下至“在山陽西北六十”，見水經注卷九沁水。趙成侯偃、韓懿侯若，戰國時趙、韓二國之君。葵，即葵，水經注及竹書紀年卷下周烈王六年並作“葵”。戰國魏邑。在今河南博愛縣西北。

〔一九六〕山陽：縣名，治所在今河南焦作市山陽區。

〔一九七〕今河東臨汾：河東，郡名。臨汾，縣名，治所在今山西襄汾縣趙康鎮晉城村。

〔一九八〕見太平寰宇記卷八六閬州閬中縣。　新井：縣名，治所在今四川南部縣大橋鎮。

〔一九九〕南充郡：治所在今四川南充市順慶區北。

〔二〇〇〕舊唐書地理志四劍南道果州:“西充,武德四年分南充置。”

〔二〇一〕大曆四爲充州:彥按:太平寰宇記卷八六果州云:“大曆四年改爲充州。”當即羅氏所本。而新、舊唐書所載則在大曆六年。舊唐書代宗紀大曆六年云:“(四月)丁丑,改果州爲充州。”新唐書地理志四果州南充郡亦云:“大曆六年更名充州。”

〔二〇二〕以古充國爲名:見太平寰宇記卷八六果州南充縣,文曰:“隋開皇十八年,改安漢爲南充縣,以古充國爲名。”喬本“古”譌“克”,今據餘諸本訂正。

〔二〇三〕充虞:孟子弟子。見孟子公孫丑下。

〔二〇四〕傳言郯、常之境,——郯國在淮陽;常在南陽,田文之封:淮陽,指宋淮陽軍,治所在今江蘇睢寧縣古邳鎮東。南陽,指今山東泰山以南、汶河以北地區。田文,見後紀十二帝舜有虞氏注〔九五六〕。史記越王句踐世家:“願齊之試兵南陽莒地,以聚常、郯之境。”司馬貞索隱:“常,邑名,蓋田文所封邑。郯,故郯國。二邑皆齊之南地。”又云:“此南陽在齊之南界,莒之西。”

〔二〇五〕水經:山桑縣有瑕城,詹嘉之故邑:山桑縣,“桑”同“桑”。四庫本作“乘”(同“乘”),備要本作“乘”,俱誤。下“山桑”之“桑”同。詹嘉,吳本、四庫本“嘉”字譌“家”。彥按:路史此説有誤,詳見國名紀五周氏注〔六三四〕。

〔二〇六〕酈云:在故解城東北二十四,猗氏故城西北,俗名郇城:見水經注卷六涑水。彥按:酈氏這裏説的是郇城方位,並未視之爲瑕地,路史引之,不知意欲何爲,令人費解。

〔二〇七〕預云猗氏東南:彥按:“東南”當作“東北”。預春秋釋例卷六土地名第四十四之二晉地文公十二年瑕曰:“河東猗氏縣東北有瑕城。”

〔二〇八〕僖三十:是年左傳言:“許君焦、瑕,朝濟而夕設版焉。”杜預注:“焦、瑕,晉河外五城之二邑。” 文十二:是年左傳曰:“(秦師)復侵晉,入瑕。”預注見前條注。洪本“文”譌“支”。

〔二〇九〕故酈視爲孤證:水經注卷六涑水云:“杜元凱春秋釋地云:今解縣西北有郇城。服虔曰:郇國在解縣東,郇瑕氏之墟也。……考服虔之説,又與俗符,賢于杜氏單文孤證矣。”楊守敬疏曰:“服言在解東,俗所指則在解東北,謂之符者,以東可以該東北也。”又曰:“董增齡晉語疏:‘懷公遣距重耳之師,由東嚮西,今聽秦伯納重耳之命,故退而東還,由盧柳越解而東,則郇當在解東。若如杜氏之言,郇在解西北,則當言晉師進及郇,不當言退矣。服義優於杜也。'說極明透。酈意蓋以杜言解西北,既與情事不符,且無他證,故不取。"彥按:酈氏此處所討論者郇地,路史將之與瑕地混爲一談,非也。

〔二一〇〕成十六,楚地:左傳成公十六年:"楚師還,及瑕。"杜預注:"瑕,楚地。"此瑕在今安徽蒙城縣東北。　昭二十四,周地:左傳昭公二十四年:"六月壬申,王子朝之師攻瑕及杏,皆潰。"杜預注:"瑕、杏,敬王邑。"此瑕今地不詳。

〔二一一〕失之乎數,求之乎信,疑:自此而下直至段末,大抵撮取自呂氏春秋慎勢篇。數,指權術。疑,通"擬",比擬,此謂僭擬。陳奇猷呂氏春秋新校釋:"此文謂失於治臣之術,而求之於臣下之誠信以爲治,則必有臣擬君之患。"

〔二一二〕失之乎勢,求之乎國,危:高誘注:"失居上之勢,以恃有國,故危也。"

〔二一三〕此禍福之門也:洪本"此"譌"比"。

〔二一四〕冠帶之國:猶言文明之邦。冠帶,戴帽子束腰帶。　象譯狄鞮:泛稱翻譯。禮記王制:"五方之民,言語不通,嗜欲不同。達其志,通其欲,東方曰寄,南方曰象,西方曰狄鞮,北方曰譯。"

〔二一五〕擇天下之中而立國,擇國之中而立宮:國,國都。宮,指王宮。各本均譌"官",今據呂氏春秋訂正。下"擇宮"之"宮"同。

〔二一六〕所以極治任也:極治任,謂最大程度地承擔治理責任。

〔二一七〕衆封建,非以私賢也,所以便勢全威而博義也:衆,多,大量。私,偏愛。便勢,有利於權勢。全威,保全威嚴。各本"全"均譌"令",今據呂氏春秋訂正。博義,廣施恩義。

〔二一八〕義博利則無敵:呂氏春秋文同。陳奇猷新校釋曰:"此承上文,'義博利則無敵'當作'義博、威全、勢便則無敵'。'利'字爲'則'字譌衍,又脱'威全勢便'四字耳。"

〔二一九〕神農七十世有天下,與天下同之也:七十,呂氏春秋作"十七"。同之,備要本作"同本"誤。

〔二二〇〕海上有十里之侯:海上,海邊,海島。十里,備要本"十"譌"千"。

〔二二一〕此王者所以家且室也：今本吕氏春秋此句作"此王者之所以家以完也"。舊校云："'完'一作'室'。"高誘注："家，室也。王者以天下爲家，故所以天下爲國。"楊樹達曰："此句當云'此王者之家所以完也'。'所以'二字，'所'字當在下'以'字之上，'所'下'以'字衍。"陳奇猷曰："高注雖不可通，但其所見本，正文必有'國'字。……竊疑此文當作'此王者之所以家，而國之所以完也'，寫者於中間漏脱'而國之所'四字耳。謂王者之所以爲家，而其國之所以全也。"（見吕氏春秋新校釋）

〔二二二〕以滕、費則勞，以鄒、魯則逸：滕、費、鄒、魯，並先秦國名。滕在今山東滕州市西南。喬本、洪本譌"縢"，今據餘諸本訂正。費在今山東費縣西北。鄒在今山東鄒城市東南。高誘吕氏春秋注："滕、費小，故勞也。鄒、魯大，故逸也。" 以宋、鄭則倍日而馳：倍日而馳，吕氏春秋作"猶倍日而馳也"。陳奇猷新校釋云："猶言二日之路程僅以一日馳之，極言其達於其目的之速也。"

以齊、楚則舉加綱斿而已：舉加綱斿而已，吕氏春秋作"舉而加綱斿而已矣"。高誘注："齊、楚最大，舉綱紀加之於小國，無大勞，故曰'而已矣'。"陳奇猷新校釋曰："據高注，當作'以齊、楚則舉綱加斿而已矣'，上'而'字衍，'綱'字又誤倒在'加'字下耳。"吴本、四庫本"加"譌"如"。喬本、洪本"綱斿"二字誤入注文，今從餘諸本訂正移出。斿，之。

〔二二三〕湯無郼，武無岐，賢雖十，不能成功：吕氏春秋作："湯其無郼，武其無岐，賢雖十全，不能成功。"高誘注："郼、岐，湯、武之本國。假令無之，賢雖十倍，不能以成功業。"

〔二二四〕而猶藉之乎勢：之，洪本作"知"，蓋由音譌；吴本作"加"，則當"知"字形譌。

〔二二五〕故以大畜小，吉：畜，牧養，謂統治。 以重使輕，從：從，順。

〔二二六〕功名著于槃盂，銘篆垂乎壺監：著，記載，銘刻。槃盂，古代二種器皿（此指青銅製者）。槃以盛食物，盂以盛水。銘篆，鑴刻在器物上的銘文。垂，流傳。壺監，古代二種器物（此指青銅製者）。壺以盛酒漿，監即鏡子。吴本、四庫本"壺"作"壷"，譌；"監"作"鑒"，通。 其勢不厭尊，其實不厭多：不厭，不滿足，謂"越……越好"。陳奇猷吕氏春秋新校釋："實猶言實利，此指威權、國土言。"

〔二二七〕泥用楯,沙用鳩,山用樏:鳩,通"䀾"。馬敍倫曰:"案汪繼培曰:
'四載之名,最爲參錯。……文子自然篇云"水用舟,沙用䀾,泥用輴,山用
樏",淮南修務訓則云"水之用舟,沙之用鳩,泥之用輴,山之用蔂",其齊俗訓
又云"舟車輴䀾"。……䀾、鳩於他書無徵,淮南兩見,各用其一。吕氏以鳩與
舟、車、楯、樏爲五,浮於四載之數,豈後人有所增竄耶'。……倫謂此當先明䀾、
鳩二字之謂何?'䀾'字説文不收,然以朱得聲可知也。朱聲、九聲,並在幽類,
故或作'鳩',或作'䀾'。九聲之字與求聲之字,古多通假。詩關雎'君子好
逑',釋文'逑,本亦作仇',書'旁鳩僝功',説文'逑'字下引虞書曰'旁逑孱
功'('僝'字下引作'旁救'),並其證也。朱聲、求聲亦同部,自可通用,故説文
'茅'下云'菜也',此以同部之音相訓,而菜非茅也。説文'捄'下云'盛土於梩
中也','梩'下云'一曰徙土輂',段玉裁謂'一曰徙土輂,謂梩即樏。"樏"下
云"山行所乘者"',然則䀾、鳩皆捄之借。捄之本義爲抒(捄下'一曰抒也',實
捄字本義),訓盛土於梩中,與'梩'下'一曰徙土輂',並借捄爲樏也(之、脂、幽
古通)。沙用鳩,説自尸子始。史記河渠書集解引尸子曰'行塗以輴,行險以
撮,行沙以軌',軌即鳩也。"陳奇猷曰:"馬説是也。'䀾'從朱聲,'朱'即'株'
之本字,與鳩皆屬幽類,則䀾、鳩當可通假。田鳩亦作田俅,亦可爲馬説求聲鳩
聲相通之證。"(見吕氏春秋新校釋)參見後紀十三帝禹夏后氏注〔一二六〕。

〔二二八〕故以萬乘令千乘易,以千乘令一家易.萬乘,謂擁有萬輛兵車,喻
指大國。令千乘,各本"千"均譌"十",今據吕氏春秋訂正。千乘,謂擁有千輛
兵車,喻指小國。家,指卿大夫。

〔二二九〕嘗識及此,雖堯、舜不能:今本吕氏春秋文同。畢沅曰:"嘗識及
此,疑是'嘗試反此'。"陳奇猷云:"畢説是。"(見吕氏春秋新校釋)

〔二三〇〕諸侯非欲臣人:吕氏春秋作"諸侯不欲臣於人"。　其勢不便,
則奚以易臣:其,若。易臣,輕易使之(諸侯)臣服。

〔二三一〕勢無敵也:敵,匹敵,抗衡。洪本作"敵",同。下諸"敵"字同。

〔二三二〕故有知小之愈於大,少之賢於多,則知無敵矣:小之,喬本、洪本
作"小之之",衍一"之"字。今據餘諸本刪去。賢,勝。陳奇猷吕氏春秋新校
釋云:"此'小之愈於大,少之賢於多',承上文'以萬乘令乎千乘易,以千乘令
乎一家易,以一家令乎一人易'言之,謂封建諸侯,國小愈於大,地少賢於多。"

〔二三三〕則似類嫌疑之道遠矣：似類嫌疑，仿效比擬，謂僭越。嫌，近似。疑，通"擬"。下諸"疑"同。道，行爲，做法。

〔二三四〕立嫡子不使庶孽疑焉：嫡，洪本作"嫡"，乃俗體。下"嫡孽"之"嫡"同。庶孽，妃妾所生之子。洪本、吳本"孽"作"孼"。

〔二三五〕大夫無等則朝廷亂：等，等級。　嫡孽無別則宗族亂：喬本、洪本、吳本"孽"作"孼"，乃俗字，今改從四庫本、備要本。

〔二三六〕彭蒙曰：雉兔在野，衆皆逐之；積兔在市，莫有志者：見尹文子大道上，原文彭蒙語作："雉兔在野，衆人逐之，分未定也。雞豕滿市，莫有志者，分定故也。"彭蒙，戰國哲學家。主張"齊萬物以爲首"，思想與老莊有相通之處。志，記，惦記。彥按：此所引尹文子語，不見於吕氏春秋。

〔二三七〕尹文子：戰國齊稷下道家學派代表人物尹文撰。

〔二三八〕未定，堯且屈力：未定，吳本、四庫本作"分未定"。屈力，用盡氣力。屈，音 jué，竭盡。　分已定，雖鄙不爭：鄙，淺薄，此指淺薄之人。

〔二三九〕熊侶圍宋九月，熊招圍宋五月，熊當圍宋十月：熊侶，春秋楚莊王，吕氏春秋作"莊王"。熊招，春秋楚康王，吕氏春秋作"康王"。熊當，戰國楚聲王，吕氏春秋作"聲王"。

〔二四〇〕以宋攻楚，無時止也：吕氏春秋作："以宋攻楚，奚時止矣？"高誘注："宋無德，楚亦無德，故曰'以宋攻楚'也。"陳昌齊正誤："據注意，當作'以宋攻宋'，與孟子'以燕伐燕'同一句法。"彥按：陳說在理，可從。

〔二四一〕賢不肖、彊弱、治亂異也：各本均脱"弱"字，今據吕氏春秋補。

〔二四二〕齊簡公：春秋末齊國君，名壬，公元前 484—前 481 年在位。陳成常與宰予，之二臣者甚相憎也：陳成常，下文稱陳常，即田恒。春秋齊大臣，田氏家族首領。於前 481 年殺害齊簡公，擁立齊平公，自任相國，從此齊國由田氏專權。梁玉繩曰："'成'是謚，當衍。以'恒'爲'常'，後人所改。"（見吕子校補卷二）宰予，孔子學生。之，此。

〔二四三〕非若細人之所議也：若，第二人稱代詞，你，你們。細人，小人，地位卑微之人。

〔二四四〕即公于廟：吕氏春秋作"即簡公于廟"。陳奇猷新校釋云："'即'爲'賊'之借字。'賊'從則聲，則通即，皆隷之部。故即假爲賊。"彥按：

陳氏説是,賊謂殺害。

〔二四五〕此不知恃可恃而不恃也:呂氏春秋作"是不知恃可恃而恃不恃也"。陳奇猷新校釋:"數與勢爲可恃以御下者,今去其數與勢,是無所恃,故曰不恃。'恃不恃',謂恃於無所恃。"

漢國

惡呼!秦爲不道,喪亂先王之法制,墮封建,廢井田,凡先王之所以維持兹世,立經常簡易之法者,一切壞之矣〔一〕。漢室隆興,四方旋定,宜求遺書,召故老,講明王制,取封建而首正之;修禮法,立親賢,使遠近、大小咸適其宜;而後廢阡陌,還井田,以惠其子孫、天下、後世;推二帝三王所以公天下之心而廣之,使子孫、天下、後世必來取法,顧不偉歟〔二〕!當是時,其去秦之世爲未遠,經界封略必猶可攷,城邑郊遂必有存者〔三〕。奈何高帝不知稽古,除嬴威項而志願已滿〔四〕。故雖懲秦孤立,分建同姓,而割地亡制,擇立亡法,封三庶孽,一日而辰天下之半;苟且一時,使子孫、天下、後世受其敝,而不得見二帝三王所以公天下之心,豈不惜哉〔五〕?

雖然高帝之智固不足以知此,而子房之流亦樂因循,亡有爲之長慮者,何邪?豈非王迹當熄,霸道當興,天不啓其衷邪〔六〕?不然,渠若是而止也〔七〕?

漢之封列,初亡足道,比之晉、唐,則爲近古,因録之以備采監〔八〕。

酇屬沛	平陽河東
宣平	絳河南〔九〕
舞陽潁川	曲周廣平
魯魯國	汝陰汝南
潁陰潁川	陽陵馮翊。楚漢春秋作"陰陵"。

信武　　　　　　　安國_{中山}

棘蒲　　　　　　　清陽_{史記、楚漢春秋同。固作“清河”；清河郡清陽縣也，云郡非是〔一〇〕。}

廣平_{臨淮}　　　　　汾陰_{河東}

陽都_{地道記云，屬臨淮。}　曲成_{涿〔一一〕}

博陽_{汝南}　　　　　梁鄒_{濟南}

郱〔一二〕_{薄梅反。屬扶風。楚漢春秋作“憑城”〔一三〕。志闕〔一四〕。地道記在北地。索隱芳尤切〔一五〕。}

都昌　　　　　　　武陽

猒次〔一六〕_{地道記：屬平原，後屬樂陵國〔一七〕。}

成_涿　　　　　　　城父_{沛。史故城〔一八〕。}

阿陵_{涿。固作“河陵”〔一九〕。}　廣_{地道記，廣縣屬東莞。史、漢表作“廣嚴”，誤。召歐謚壯，壯爲嚴爾〔二〇〕。}

河陽_{河内。}　　　　　蓼_{六安。}

費_{東海。}　　　　　　聊城_{位次，聊城侯；史、漢並作平侯〔二一〕。}

高苑〔二二〕_{千乘。史第四十一，固第四十二〔二三〕。}

隆慮_{河内。}　　　　　臺_{臨淄臺鄉縣〔二四〕。}

貰〔二五〕_{鉅鹿。}　　　　海陽_{南越。}

東茅_{固作東茆〔二六〕。史、漢皆作四十八。}

柳丘_{勃海〔二七〕。}　　　斥丘_{魏。}

東武_{琅琊。}　　　　　樂成

宣曲_{闕。先封武侯，索隱云〔二八〕}魏其_{琅琊〔二九〕。}

昌武　　　　　　　絳陽_{固作“終陵”，闕〔三〇〕。}

曲逆_{如字。在中山〔三一〕。以水曲而西流爲名〔三二〕。章帝惡之，改曰蒲陰。五臣注陸機功臣頌音“去遇”，非〔三三〕。按：別有曲遇，在河南，本音“舉隅”，見高紀，明作“遇”〔三四〕。}

菌_{求隕切〔三五〕。固作“鹵”，闕〔三六〕。按：先得南陽侯，則南陽地〔三七〕。}

復陽南陽。應劭云：在桐柏山下復水之陽〔三八〕。

猗氏河東。　　　　　　祁太原〔三九〕。

偃陵　　　　　　　　　博陽彭城〔四〇〕。

平定　　　　　　　　　故市河南。

高梁闕〔四一〕。史、漢皆在六十六。按：肥如已六十六〔四二〕。

什邡〔四三〕廣漢。　　　柏至

辟陽信都。　　　　　　高京〔四四〕

安平〔四五〕涿。宜是長沙安平，惟宜封長沙孝王者屬涿〔四六〕。

留彭城。　　　　　　　南安犍爲。又隸建安〔四七〕。

平棘常山。　　　　　　北平中山。

肥如遼西。　　　　　　安丘北海〔四八〕。

襄平臨淮。　　　　　　朝陽南陽。

彭東海。　　　　　　　清東郡。

彊　　　　　　　　　　甯陵〔四九〕陳留。

祝阿平原。　　　　　　煮棗宛朐〔五〇〕。

梧〔五一〕彭城。　　　　堂陽鉅鹿。

甯濟南甯陽〔五二〕。　　張廣平。

紀信　　　　　　　　　棘陽南陽。

高胡　　　　　　　　　陽阿上黨。

龍盧江龍舒，恐非〔五三〕。當是大山龍也〔五四〕。表龍陽〔五五〕。

下相臨淮。　　　　　　堂邑臨淮。

新陽汝南。固作“陽信”〔五六〕。營陵北海。

廣阿鉅鹿。　　　　　　戚地道記屬東海。

鏺〔五七〕扶風。固作“枸”〔五八〕。磨固作“歷”，非。歷在信都〔五九〕。

武原　　　　　　　　　吳房汝南。故房子國〔六〇〕。

繁魏郡繁陽。固作“平”〔六一〕。汾陽大原〔六二〕。

高陵琅邪〔六三〕。史、漢皆在九十二，按：磨侯已九十二〔六四〕。

深澤_{中山}。　　　　　宋子_{鉅鹿}。

閼氏_{安定}。　　　　　中水_{志屬涿}。應云："易、滱二水之中。"地道記屬
河間。

杜衍_{南陽}。　　　　　赤泉_{司馬正以爲南陽丹水},謬〔六五〕。

涅陽_{南陽}。　　　　　穀陽_{史作"穀陵"}〔六六〕。

甘泉_{固作"景侯"}〔六七〕。　　　須昌_{東郡}。

長脩_{河東}。位次作"信平侯"〔六八〕。

昌_{琅邪}〔六九〕。　　　　　成陽_{汝南}。

平州_{地道記屬巴郡}〔七○〕。　　　壯_{或作"莊"}〔七一〕。

邔_{南郡}。按周成雜字解詁,音跽〔七二〕。

恭〔七三〕_{河内}。　　　　　開封_{河南}。

臨轅　　　　　　　禾成

東陽_{臨淮}。　　　　　陽羨_{丹陽}。

軑〔七四〕_{江夏}。　　　　　平皋_{河内}。

土軍〔七五〕_{位次信成侯也}〔七六〕。　包愷云,西河土軍縣〔七七〕。

汲_{河内}。　　　　　橐_{山陽}。

中牟_{河南}。　　　　　戴_{甾也}〔七八〕。章帝曰考城。

德_{志闕},表在濟南〔七九〕。　　上邳_王〔八○〕。

朱虛_{王琅邪}〔八一〕。　　　　衍

震陽〔八二〕_{汝南}。續漢書作"滇陽"

期思_{汝南}。　　　　　便_{桂陽}。音"鞭"。

義陵_{一作"義陽"}。義陽在汝南。桃_{信都}。

沅陵_{武陵}。　　　　　陸量〔八三〕_{如淳以爲江南陸梁地}。

平都_{東海}。按永和中平都國乃安平也,屬長沙〔八四〕。漢表在百十,史無次第。

躭陽〔八五〕_{臨淮}。即貰陽〔八六〕。陽夏_{淮陽}。

淮陰_{臨淮}。　　　　　芒沛。

任_{廣平}。　　　　　棘丘

江邑　　　　　　　離鄧弱封。史失其始末,固去之[八七]。

羑頡[八八]音夏。固作"頡羑",非[八九]。詳史表、世家[九○]。

合陽馮翊。　　　　　沛沛。

周呂應云:周呂,國。索隱云"周及呂",非[九一]。濟陰有呂都縣[九二]。又封令[九三]。

建成沛。　　　　　　平河南。史漢一有此[九四]。次三十二,在費之下[九五]。

　　高皇帝五年,威項,趣定功行封[九六]。六年十二月甲申,始剖符封列十八侯之位次[九七]。訖十二年,侯者百四十有三。高后二年,詔丞相平盡差列侯之功,録第下竟,臧之宗廟,副在有司[九八]。今以其次録之。史、漢表、傳,互有不同。其侯國,本百三十有七,又有周呂、建城在外戚,合陽、羑頡、沛、德四人在王子侯,實百四十有三[九九]。然按平定、梧、軑、上邳、朱虚、便、沅陵、平都八國,非高帝所封,固表末云百四十七,又云百五十三,皆誤多十[一○○]。

　　夫封功勞,建賢德,所以崇國基,勸天下也。是故功必稱地,位必稱德,然後庶人不議而天下定[一○一]。按留侯良、曲逆侯平,勳業之具,在漢亡以出其右者,乃不得豫於十八位之中;張敖者何人,而反危然顯據第三[一○二]。及后敘定,良居六十二,平次四十七,而淮陰信且絀于列[一○三]。噫!論功定封,而以私意行之,可乎?唐之裴度,平淮之功固非李愬下也,韓愈氏評之,得其槩矣[一○四]。而憲宗乃以愬妻皇族,命段文昌改立碑頌,歸功於愬,於是議者鑾午[一○五]。夫以度之功,議固不可掩;而一時所屈,亦足以銷志士功名之念,而沮忠臣事上之心[一○六]。憲宗可謂失君人之道矣。抑嘗言之,惟天下之亡私者,可以爲天下。漢之封,法既不善矣,而又行之以私意,欲不擾且亂,顧可得乎?

筑陽　　　　　　　　武陽

蕭鄉右三,鄧之屬[一○七]。一更有紹陽[一○八]。

南宮　　　　　　　　信平

睢陽〔一〇九〕

樂昌右四,宣平之屬〔一一〇〕。

脩〔一一一〕史,漢作"條",音同〔一一二〕。

平曲高城〔一一三〕。右二,絳之屬〔一一四〕。

繆曲周之屬〔一一五〕。

重平魯之屬〔一一六〕。

臨汝潁陰之屬〔一一七〕。

安陽汾陰之屬〔一一八〕。

夜東萊。

垣河東。右二,曲成之屬〔一一九〕。

塞桃林〔一二〇〕。博陽之屬〔一二一〕。

鄲沛。十三州志音"多"。鄗成之屬〔一二二〕。

池陽鄜之初封〔一二三〕。

節氏右,成之屬〔一二四〕。

南河陵之屬〔一二五〕。

巢費之屬〔一二六〕。

發婁宣曲之屬〔一二七〕。

繩高京之屬〔一二八〕。

埠山〔一二九〕陽河之屬〔一三〇〕。

江鄒汾陽之屬〔一三一〕。

叓〔一三二〕深澤之屬〔一三三〕。

臨汝赤泉之屬〔一三四〕。

陽平長脩之屬〔一三五〕。

泰山德之屬〔一三六〕。

張芒之屬〔一三七〕。

令滎陽〔一三八〕。見地道記。舊云謚,非〔一三九〕。羑頡之屬〔一四〇〕。

吳合陽之屬〔一四一〕。

酈〔一四二〕一作"鄜"〔一四三〕。周呂之屬。

胡陵建成之屬〔一四四〕。

　　右,百四十三國之後分封者。

　　惡呼!漢之諸侯,可謂真不幸矣。方高帝之封也,其封券之誓曰:"使河如帶,泰山如礪。國以永寧,爰及苗裔〔一四五〕。"申以丹書之信,重之白馬之盟,可謂惠矣〔一四六〕。柰何高帝不學面牆,不能講禮制度與爲長久計〔一四七〕。上亡道揆,下亡法守〔一四八〕。功臣子弟,亦復不閑有家,一旦得國,正猶鄜人之驟獲,放意酒色,而不知所興起〔一四九〕。迨文景時,民歸户息,富厚什伯于前矣,爲子孫者,惟宜講禮修樂以樂其生,而乃驕忘其先,亡兢兢於苛世之禁,隕命亡國,匹匹相繼〔一五〇〕。洎武後元,異姓耗矣〔一五一〕。耗音毛,無也。或絕失姓,或乏亡主;朽骨孤于墓,苗裔流於道;生爲慭隸,而死爲之傳尸〔一五二〕。傳,音轉。即是胗之,豈惟在下之不教哉〔一五三〕!亦上之人,不知所以惠之之道,亡制以保之也。

　　唐有天下,子孫蕃衍,其初咸有封爵。至世遠親盡,亦隨賢愚與異姓雜仕,或流困民間。繇此而言,開國之君,其可不知所以惠之之道,而爲之善後者乎〔一五四〕?

博成　　　　　　　扶柳信都。

中邑　　　　　　　樂平

山都　　　　　　　松兹〔一五五〕廬江。固作“祝兹”,非。別有吕瑩,八年爲祝兹侯〔一五六〕。

成陶固作成陰〔一五七〕。　俞

勝〔一五八〕沛。　　　　吕成一作“昌成”。

祝兹琅邪〔一五九〕。　　建陵東海〔一六〇〕。

醴陵長沙。　　　　腄〔一六一〕東萊。史作“錘”。

東平東平。　　　　浽〔一六二〕沛。

不其　　　　　　　漢陽

信都〔一六三〕　　　　樂昌

　　右高后封。

陽信勃海〔一六四〕。固作“信陽”,在新野〔一六五〕。

壯武膠東。　　　　樊東平。

泳陵〔一六六〕史作“波陵”。　南䣙〔一六七〕河南有䣙亭。音程。

黎〔一六八〕東郡。　　鉼琅邪〔一六九〕。

弓高營陵〔一七〇〕。　按道〔一七一〕濟〔一七二〕。又龍額後分按道〔一七三〕。

襄城魏。一云潁川,非〔一七四〕。　故安涿。清〔一七五〕。

軹河内。　　　　　章武勃海。

南皮勃海。

郮史作“清都”,固作“鄑”〔一七六〕。鄑,太原邑,非也〔一七七〕。按史古本爲“靖郭”,則齊封田嬰者〔一七八〕。

周陽上郡。

　　　右文帝封。

俞

逴鄉名，在常山〔一七九〕。

商陵臨淮。

建平沛。

山陽或作"陽山"。

垣河東。固作"桓"，非〔一八〇〕。

容成涿〔一八一〕。

范陽涿。

亞谷漢表在河内〔一八二〕。

魏其琅邪〔一八三〕。

隆慮河内。

周陽上郡。

江陽東海。

新市鉅鹿。

建陵東海。

平曲高城。

安陵

逎涿。

易涿。

翁内黄。

塞

蓋勃海〔一八四〕。

武安魏。

　　　右景帝封。

長平汝南。

冠軍南陽。漢表在東郡〔一八五〕。

樂通高平。一云臨淮〔一八六〕。

富民蘄。

南奅〔一八八〕茂陵中書同〔一八九〕。此本字，匹孝反。衛青傳作"窌"，説文柳宥反〔一九〇〕。

葛繹〔一九一〕

陰安魏。

南陽

冠陽〔一九三〕

特轅南陽。史作"持裝"〔一九四〕。

平津高城。

周長社。

牧丘〔一八七〕平原。

龍額汝南，非豫章者〔一九二〕。

發干東郡。

樂平

翁内黄。

親陽武陽〔一九五〕。

若陽〔一九六〕平氏。　　平陵武當。

岠頭〔一九七〕皮氏。　　涉安

昌武舞陽。　　襄武〔一九八〕隴西,襄垣〔一九九〕。

樂安〔二〇〇〕琅邪〔二〇一〕。漢表在昌縣。

合騎高城。　　涉軹〔二〇二〕齊。漢表軹在西安〔二〇三〕。

從平樂昌邑〔二〇四〕。　　隨成〔二〇五〕千乘。

博望平陽〔二〇六〕。　　衆利在陽城姑莫〔二〇七〕。

潦舞陽。　　宜冠昌縣。

煇渠魯陽。鄉名。　　泜野

下麋在猗氏。固作“摩”〔二〇八〕　漯陰平原。

順梁〔二〇九〕韋昭作“渾渠”,云皆魯陽鄉名〔二一〇〕。班固作“煇渠”。然上二年僕多方侯,故孔文祥以爲一邑封二〔二一一〕。

河綦濟南。　　常樂濟南。

符離在沛朱虛〔二一二〕。固作“邔離”。

義陽平氏。　　壯東平〔二一三〕。固作“杜”,非。

衆利爲諸縣。　　湘成陽成〔二一四〕。

散陽城〔二一五〕。　　臧馬朱虛。

膫〔二一六〕南陽,舞陽〔二一七〕。　　術陽下邳。

龍亢〔二一八〕譙〔二一九〕。蕭該云:廣德所封止曰龍,有“亢”者誤〔二二〇〕。龍乃魯城〔二二一〕。

成安陳留。漢表在郟〔二二二〕。　　昆鉅鹿。

騏河東北屈。　　梁期魏。

將梁　　安道南陽。

隨桃南陽〔二二三〕。　　相成〔二二四〕堵陽。

海常琅邪〔二二五〕。　　北石濟南〔二二六〕。固作“外石”。

下酈南陽。固作“酈”,非〔二二七〕　繚嫈

御兒越〔二二八〕。　　開陵臨淮。

臨蔡河內。　　東成〔二二九〕九江。

亡錫〔二三〇〕會稽。　　涉都南陽。

平州梁父　　荻苴勃海〔二三一〕。音"狄蛆"〔二三二〕。

潳清〔二三三〕齊。音同畫〔二三四〕。　　索隱音獲,非。

騠兹琅邪〔二三五〕。　　浩

瓠讘〔二三六〕河東。即狐讘,今隰之永和縣〔二三七〕。瓠,一作"瓠",徐作"執",俱非〔二三八〕。

幾河東。　　涅陽南陽。漢表作"齊"〔二三九〕。

海西　　新時齊。

承父東萊。　　秅〔二四〇〕濟陰。

重合勃海〔二四一〕。　　德濟南。

題鉅鹿。　　邘〔二四二〕河內。

轑陽清河。　　當塗九江。

蒲琅邪〔二四三〕。　　富民蘄。

　　　　右武帝封。

博陸漁陽〔二四四〕。文穎云"無此縣",失之。

安陽汝南。　　桑樂千乘。

宜春汝南。　　安平汝南。志屬涿。

富平平原。　　陽平東郡。

秅濟陰。今成陽有秅亭〔二四五〕。　　建平濟陽。

宜城濟陰。　　弋陽汝南。

商利徐。　　成安潁川。

平陵武當。　　義陽平氏。

　　　　右昭帝封。

營平濟南。　　平丘陳留。漢表在肥城〔二四六〕。

昌水於陵。　　陽城漢表在濟陰〔二四七〕。濟陰乃成陽〔二四八〕。陽城屬潁川、汝南二郡〔二四九〕。

爰氏單父。　　扶陽在沛之蕭。

平恩魏。　　　　　　　　　　高平在臨淮〔二五〇〕。

平昌琅邪〔二五一〕。　　　　　樂昌汝南〔二五二〕。

陽城汝南。與潁川陽城別。　　邛成濟陰。本屬濟南〔二五三〕。

安平〔二五四〕長沙〔二五五〕。　　將陵

平臺常山。　　　　　　　　博望平陽〔二五六〕。

樂成平氏。一云南陽城〔二五七〕。　博陽汝南南頓。

建成沛。　　　　　　　　　西平臨淮。

長羅陳留。　　　　　　　　爰戚山陽。

鄲河南〔二五八〕。何之玄孫封〔二五九〕。本紀名係〔二六〇〕。

博成淮陰〔二六一〕。　　　　　高昌千乘。

平通博陽。　　　　　　　　都成潁川。

合陽平原。　　　　　　　　安遠在慎縣。

歸德汝南。　　　　　　　　信成細陽。

義陽　　　　　　　　　　　陽都

樂平　　　　　　　　　　　冠陽

　　右宣帝封。

陽平東郡。　　　　　　　　樂安僮。

義成　　　　　　　　　　　安平〔二六二〕見上。

　　右元帝封。

安昌汝南。　　　　　　　　高陽東莞。

安陽平原〔二六三〕。　　　　　成陽新息。

高陵琅邪〔二六四〕。　　　　　定陵汝南。

殷沛。韋昭云，河內〔二六五〕。　宜鄉

氾鄉南陽。　　　　　　　　博山順陽。

安成汝南。　　　　　　　　武陽鄭。

平阿沛。　　　　　　　　　成都山陽。

紅陽_{南陽}。　　　曲陽_{九江}。

高平_{臨淮}。　　　新都_{南陽}。

馴望_{琅邪}〔二六〕。　　延鄉

新山　　　　　童鄉

樓虛

　　右成帝封。

陽安　　　　　孔鄉_{夏丘}。

平周_{湖陽}。　　　高樂_{新野}。

義陽〔二六七〕_{東海}。　高武_{杜衍}。

楊鄉_{湖陵}。　　　新甫_{新野}。

汝昌_{陽穀}。　　　陽新〔二六八〕_{新野}。

高安_{朱扶}。　　　方陽_{龍亢}。

宜陵_{杜衍}。　　　長平〔二六九〕_{濟南}。

　　右哀帝封。

扶德_{贛榆}〔二七〇〕。　扶平_{臨淮}。

廣陽_{南陽}。　　　承陽_{汝南}。

襃魯_{南陽平}〔二七一〕。　襃成_{瑕丘}。

賞都〔二七二〕

　　右孝惠以來侯者，凡二百四十三〔二七三〕。間有附在前者，又不數焉。<u>太平御覽</u>：孝平時郡國百三十二，侯國二百四十有一〔二七四〕。元始五年而後，雖稍封繼，亡足紀者。其如<u>孝武</u>所封<u>冠軍</u>、<u>博望</u>、<u>從驃</u>之類，名亦詭矣〔二七五〕，自高帝以<u>侯生</u>爲<u>平國君</u>、<u>婁敬</u>爲<u>奉春君</u>，而後有<u>劉胡子</u>，光武亦有<u>鐫胡侯</u>〔二七六〕。其有功德侯者，爲朝侯〔二七七〕。自通者，爲徹侯，通侯也〔二七八〕。其侍祠無朝位者，爲侍祠侯〔二七九〕。食關內者，爲關內侯〔二八〇〕。又有倫侯，若<u>建成侯趙亥</u>、<u>昌武侯成</u>、<u>武信侯馮毋擇</u>者，但有封名，無食邑〔二八一〕。<u>霍光</u>之封<u>博陸</u>，亦取"博，大；陸，平"〔二八二〕。其後<u>曹操</u>遂至立名號"侯、鄉公、亭侯、亭伯"之類〔二八三〕。故<u>樊子蓋</u>以功濟

天下,遂有濟公之號〔二八四〕。皆不足法。且多匈奴、方士雜篏其間,封法壞焉〔二八五〕。膫、秅、開陵、博望、成安、宜春、安陽、冠陽、陽平、博成、周陽、俞、樂安、高平、建平、富民、承父、衆利、煇渠、翕皆兩封,樂平、義陽三封〔二八六〕。

惡呼!高帝封功臣,信誓之辭,事關宗廟,豈後世臣子所得輕議哉?武帝乃以酎金文致奪之,不數年間而見侯者四,不亦悲乎〔二八七〕!太初之年,異姓漸盡,封咸紹絕時也〔二八八〕。不幸帝且殘忍,動以法繩;猲雞意鹿,一切删除;或一歲誅,或再歲斬;籃雞胥悸,圈兔交驚〔二八九〕。吾何以觀之哉?憘,有國家者,其母以若所爲也〔二九〇〕!

漢魏春秋云,高祖封許負爲明雌亭侯〔二九一〕。裴松之疑時列侯無鄉亭之爵,孔衍之謬〔二九二〕。然劉備傳謂中山勝之子貞亦元狩六年封陸城亭侯〔二九三〕。按貞封乃元鼎二年,此亦誤〔二九四〕。

【校注】

〔一〕井田:見後紀五黃帝有熊氏注〔六七〕。 經常:正常,常規。

〔二〕使遠近、大小咸適其宜:大小,洪本、吳本、四庫本作“小大”。適,洪本譌“適”。 阡陌:田界。田間南北嚮的小路稱阡,東西嚮的小路稱陌。 推二帝三王所以公天下之心而廣之:二帝,指堯、舜。三王,指夏禹、商湯、周之文王或武王。公天下,以天下爲公。

〔三〕經界封略:泛稱土地、疆域的分界。經界、封略同義疊用。 城邑郊遂:泛稱城鎮與郊野。遂,遠郊。

〔四〕除嬴威項:嬴,秦王族之姓,借代秦。項,指西楚霸王項羽。

〔五〕封三庶孽,一日而辰天下之半:辰,“派”之古字,分配出。備要本譌“瓜”。史記吳王濞列傳載鼂錯説漢景帝曰:“昔高帝初定天下,昆弟少,諸子弱,大封同姓,故王孽子悼惠王(彥按:即劉肥)王齊七十餘城,庶弟元王(彥按:即劉交)王楚四十餘城,兄子濞王吳五十餘城:封三庶孽,分天下半。”

〔六〕豈非王迹當熄,霸道當興,天不啓其衷邪:王迹,猶王道,儒家提出的一種以仁義治天下的政治主張。霸道,與“王道”相對的政治概念,指君主憑藉武力、刑法、權勢等進行統治。啓,開導。衷,心,心思。

〔七〕渠:音 jù,通"詎",怎麽。

〔八〕漢之封列:列,列侯,泛指諸侯。　　以備采監:采監,采用借鑒。

〔九〕河南:彦按:"河南"當作"河東"。漢書地理志上,絳在河東郡。又史記高祖功臣侯者年表"絳",司馬貞索隱亦云:"縣名,屬河東。"

〔一〇〕固作"清河":四庫本"河"作"和",蓋由音譌。漢書諸侯王表:宣帝子中山哀王竟,"初元二年二月丁巳,立爲清河王。"　　清河郡清陽縣也:史記高祖功臣侯者年表"清陽",司馬貞索隱:"漢表'清河'。地理志清陽縣屬清河郡。"

〔一一〕涿:彦按:據漢書地理志上,曲成屬東萊郡。此謂在涿,當誤。

〔一二〕鄌:吳本、四庫本作"蒯",同。

〔一三〕楚漢春秋作"憑城":"憑"字洪本闕文,餘本脱落。彦按:漢書周緤傳"十二年,更封緤爲鄌城侯"顔師古注:"楚漢春秋作憑城侯。"今據以補"憑"字。

〔一四〕志闕:志,蓋指漢書地理志。

〔一五〕索隱芳尤切:喬本、洪本、吳本、備要本皆無"尤"字,今據四庫本補。彦按:史記太史公自序"作傳靳蒯成列傳第三十八"司馬貞索隱云:"蒯成,上音裴,其字音從崩邑,又音浮。"芳尤切即"浮"字之音。

〔一六〕猷次:四庫本"猷"作"厭",與史記高祖功臣侯者年表、漢書高惠高后文功臣表同。

〔一七〕樂陵國:封國名,治所在今山東樂陵市花園鎮。

〔一八〕史故城:史記高祖功臣侯者年表"故城",司馬貞索隱:"漢表作'城父',屬沛郡。"

〔一九〕固作"河陵":史記高祖功臣侯者年表有阿陵頃侯郭亭,漢書高惠高后文功臣表作河陵頃侯。

〔二〇〕召歐謚壯,壯爲嚴爾:召歐,各本"召"均譌"吕",今訂正。歐爲西漢將軍,封廣侯。漢書高惠高后文功臣表則稱"廣嚴侯召歐"。史記高祖功臣侯者年表亦作"廣嚴",司馬貞索隱曰:"晉書地道記,廣縣在東莞。嚴,謚也,下又云'壯',班、馬二史並誤也。"彦按:召歐本謚壯,漢書避漢明帝劉莊諱,故改作"嚴"。史記亦作"嚴",則當是後人追改。

〔二一〕位次，聊城侯；史、漢並作平侯：漢書高惠高后文功臣表有平悼侯工師喜，位次第三十二，而曰：“位次曰聊城侯。”史記高祖功臣侯者年表國名作平。

〔二二〕高苑：史記高祖功臣侯者年表同，漢書高惠高后文功臣表作“高宛”。

〔二三〕史第四十一，固第四十二：第四十一、第四十二，指該侯位次。今考史記高祖功臣侯者年表及漢書高惠高后文功臣表，該侯位次並爲第四十一，羅氏所言與今本漢書不符。

〔二四〕臨淄臺鄉縣：各本“淄”均作“災”。彦按：“災”當“淄”字之譌。史記高祖功臣侯者年表“臺”，司馬貞索隱：“案：臨淄郡有臺鄉縣。”今據以訂正。臺鄉縣，治所在今山東壽光市東北。

〔二五〕賚：四庫本、備要本譌“貫”。

〔二六〕固作東茆：今本漢書高惠高后文功臣表亦作東茆，不作東茆。

〔二七〕勃海：四庫本“勃”作“渤”。史記高祖功臣侯者年表“柳丘”，司馬貞索隱：“縣名，屬渤海。”

〔二八〕先封武侯，索隱云：彦按：今考史記高祖功臣侯者年表“宣曲”，司馬貞索隱但稱“漢志闕”，並無“先封武侯”語，不知羅氏何據。

〔二九〕琅瑘：洪本、吳本“瑘”作“邪”。

〔三〇〕固作“終陵”：終陵，吳本、四庫本作“終陜”，誤。　闕：謂漢書地理志失載。史記高祖功臣侯者年表“絳陽”，司馬貞索隱：“漢志闕，漢表作‘終陵’也。”下文各條羅注“闕”字，例多類此。

〔三一〕在中山：喬本、洪本、備要本“在”譌“杜”，今據吳本、四庫本訂正。

〔三二〕漢書地理志下中山國曲逆縣，顏師古注引張晏曰：“濡水於城北曲而西流，故曰曲逆。章帝醜其名，改曰蒲陰，在蒲水之陰。”

〔三三〕五臣注陸機功臣頌音“去遇”：五臣注，指唐吕向、吕延濟、劉良、張銑、李周翰合注之文選。彦按：今考文淵閣四庫全書本及中華書局1987年版之六臣注文選，“曲”注音“區”，不作“去”。

〔三四〕在河南：喬本、洪本“在”譌“杜”，今據餘諸本訂正。　本音“舉隅”：謂音“舉隅”之“隅”。喬本、洪本“本”譌“木”，今據餘諸本訂正。洪本

“舉”作“牽”。　見高紀:史記高祖本紀、漢書高帝本紀並有“又戰曲遇東,大破之”語。

〔三五〕求隕切:切,喬本作“功”,吳本作“㓛”,並誤。今據餘本訂正。

〔三六〕固作“鹵”:漢書高惠高后文功臣表有鹵嚴侯張平,是也。吳本、四庫本、備要本“鹵”誤“卣”。　闕:史記高祖功臣侯者年表“菌”,司馬貞索隱:“漢志闕。”

〔三七〕先得南陽侯:史記高祖功臣侯者年表載菌侯之功曰:“以擊籍、布、燕王綰,得南陽,侯。”

〔三八〕應劭云:四庫本“劭”作“邵”,非。　在桐柏山下復水之陽:喬本、洪本“在”誤“杜”,今據餘諸本訂正。彥按:此文有誤。漢書地理志上南陽郡復陽縣,顔師古注引應劭曰,作:“在桐柏大復山之陽。”(文淵閣四庫全書本漢書如此,中華書局1962年版漢書“大復山”作“下復山”。)水經注卷三〇淮水亦曰:“闞駰言:復陽縣,胡陽之樂鄉也。元帝元延二年置,在桐柏大復山之陽,故曰復陽也。”桐柏,縣名。大復山,在今河南桐柏縣東。

〔三九〕太原:喬本、洪本“太”作“大”,此從餘諸本。

〔四〇〕彭城:彥按:史記高祖功臣侯者年表“博陽”,司馬貞索隱:“縣名,屬彭城。”蓋即羅氏所本。然漢書地理志上,博陽侯國在汝南郡。

〔四一〕史記高祖功臣侯者年表“高梁”,司馬貞索隱:“漢志闕。”

〔四二〕史記高祖功臣侯者年表及漢書高惠高后文功臣表,于高梁共侯酈疥與肥如敬侯蔡寅,侯第(位次)並在第六十六,其中當有失誤。

〔四三〕什邡:史記高祖功臣侯者年表作“汁方”。司馬貞索隱:“什邡。縣名,屬廣漢。”

〔四四〕高京:史記高祖功臣侯者年表“高京”,裴駰集解引徐廣曰:“一作‘景’。”彥按:史記周昌傳作“高景”,漢書高惠高后文功臣表亦作“高景”。

〔四五〕安平:此二字各本均脱,今據下羅注推求補出。史記高祖功臣侯者年表有安平國,司馬貞索隱:“縣名,屬涿郡。”

〔四六〕宜是長沙安平:長沙安平,蓋指長沙孝王子安平釐侯習(見漢書王子侯表下)。　惟宜封長沙孝王者屬涿:宜封,本謂宣讀詔命以封之,此但取“封”義。

〔四七〕史記高祖功臣侯者年表“南安”，司馬貞索隱：“縣名，屬犍爲。建安亦有此縣。”

〔四八〕北海：洪本“北”譌“比”。

〔四九〕甯陵：史記高祖功臣侯者年表作“寧陵”，同。

〔五〇〕宛朐：縣名，治所在今山東曹縣西北。亦作“宛句”。史記高祖功臣侯者年表“煮棗”，司馬貞索隱引徐廣云：“在宛句。”

〔五一〕梧：吴本譌“捂”。

〔五二〕濟南甯陽：濟南，郡名。甯陽，侯國名。彦按：史記高祖功臣侯者年表“甯”，司馬貞索隱：“漢表甯陽，屬濟南也。”蓋即羅氏所本。然恐有誤。史表之甯，乃莊侯魏(選)〔遬〕封國。至於漢表之甯陽(僅見於王子侯表)，則爲魯共王子寧陽節侯劉恬封國。二者全不相干。又據漢書地理志上，甯陽屬泰山郡，亦不在濟南也。

〔五三〕盧江龍舒：洪本闕文。盧江，即廬江，郡名。龍舒，縣名，治所在今安徽舒城縣西南。史記高祖功臣侯者年表“龍”，司馬貞索隱：“盧江有龍舒縣，蓋其地也。”

〔五四〕大山龍：大山，即泰山，指泰山郡。大，讀“太”。龍，在今山東泰安市泰山區邱家店鎮。左傳成公二年“齊侯伐我北鄙，圍龍”杜預注：“龍，魯邑，在泰山博縣西南。”即其地。

〔五五〕表龍陽：表指漢書高惠高后文功臣表。該表有龍陽敬侯陳署，即是。

〔五六〕固作“陽信”：各本“陽信”均誤倒作“信陽”，今訂正。史記高祖功臣侯者年表“新陽”，司馬貞索隱：“漢表作‘陽信’。縣名，屬汝南。”彦按：漢表指漢書高惠高后文功臣表，中有陽信胡侯吕青。

〔五七〕鎨：今本漢書高惠高后文功臣表作“挏”。顏師古注：“挏音詢，又音旬。”史記高祖功臣侯者年表作“枸”。

〔五八〕固作“枸”：彦按：此蓋誤記。作“枸”者史遷，非班氏也。見上注。

〔五九〕史記高祖功臣侯者年表“磿”，司馬貞索隱：“磿，漢志闕，表作‘歷’。歷縣在信都。”

〔六〇〕故房子國：各本“房子”均誤倒作“子房”，今訂正。漢書地理志上汝南郡吳房,顏師古注引孟康曰:"本房子國。楚靈王遷房於楚。吳王闔閭弟夫槩奔楚,楚封於此,爲堂谿氏。以封吳,故曰吳房。"

〔六一〕固作"平":即漢書高惠高后文功臣表之平嚴侯張瞻師。

〔六二〕大原:四庫本、備要本作"太原",同。

〔六三〕琅邪:吳本作"瑯邪",四庫本作"琅琊",同。

〔六四〕史、漢皆在九十二,按:磨侯已九十二:吳本、四庫本無此一十四字注文。洪本"在"譌"杜"。

〔六五〕司馬正以爲南陽丹水:司馬正,即史記索隱作者唐司馬貞,路史以避宋仁宗趙禎嫌名改。史記項羽本紀:"封楊喜爲赤泉侯",司馬貞索隱:"南陽有丹水縣,疑赤泉後改。"

〔六六〕史作"穀陵":史,各本均作"史漢"。彥按:"漢"字爲衍文,今删去。漢書高惠高后文功臣表作"穀陽"不作"穀陵"。作"穀陵"者,史記高祖功臣侯者年表也。

〔六七〕固作"景侯":史記高祖功臣侯者年表"甘泉",司馬貞索隱:"漢表作'景侯'也。"彥按:即漢書高惠高后文功臣表之景嚴侯王競。

〔六八〕位次作"信平侯":各本"信平"均誤倒作"平信"。彥按:漢書高惠高后文功臣表長脩平侯杜恬云:"位次曰信平侯。"今據以訂正。

〔六九〕琅邪:吳本作"瑯邪",四庫本作"琅琊",同。

〔七〇〕地道記屬巴郡:見史記高祖功臣侯者年表"平州(國)"司馬貞索隱,"地道記"作"晉書地道記"。

〔七一〕或作"莊":史記高祖功臣侯者年表涅陽"莊侯吕勝",司馬貞索隱云:"壯侯。案:五侯斬項籍,皆謚'壯'。漢表以爲'莊',皆避諱改作'嚴',誤也。"

〔七二〕按周成雜字解詁,音踃:吳本無"按周成雜字解詁"七字,而"音踃"上有"言"字。周成,魏掖庭右丞。雜字解詁,喬本、洪本作"誰字解詁",四庫本作"難字解詁",備要本作"誰字解話",並誤。史記高祖功臣侯者年表"邟",司馬貞索隱曰:"周成雜字解詁云:'邟音踃。'"今據以訂正。

〔七三〕恭:史記高祖功臣侯者年表作"共",司馬貞索隱:"縣名,屬河内。"漢書高惠高后文功臣表稱之爲共嚴侯,顏師古注:"共,音恭。"

〔七四〕軑：音 dài。四庫本作“軚”，餘本皆作“軟”。彥按：軟、軚皆“軑”
譌字。史記惠景閒侯者年表“軑”，司馬貞索隱：“軑音大，縣名，在江夏也。”今
據以訂正。

〔七五〕土軍：洪本“土”譌“上”。

〔七六〕位次信成侯也：各本“信成”均誤倒作“成信”，今據漢書高惠高后
文功臣表及史記高祖功臣侯者年表“土軍”司馬貞索隱訂正。

〔七七〕包愷：隋國子博士，精究漢書，學者宗之。

〔七八〕甾也：彥按：“甾也”費解，疑有誤。史記高祖功臣侯者年表“戴”司
馬貞索隱：“戴，地名，音再。應劭云：‘章帝改曰考城，在故留縣也。’”蓋即羅
氏所本，則此似當作“留也”。留、甾二字形近，因譌。

〔七九〕志闕，表在濟南：見史記高祖功臣侯者年表“德”司馬貞索隱，“志”
作“漢志”。

〔八〇〕王：彥按：考漢書高惠高后文功臣表於醴陵侯越之後稱：“右高后
十二人。……上邳、朱虛、東牟三人在王子，凡三十一人。”王子，謂王子侯表，
羅注意蓋在此。

〔八一〕琅邪：吳本作“瑯邪”，四庫本作“瑯琊”。

〔八二〕震陽：彥按：史記高祖功臣侯者年表、漢書高惠高后文功臣表俱作
“慎陽”。司馬貞史記索隱云：“慎陽，屬汝南。如淳曰：‘音震’。闞駰云：‘合
作“滇陽”，永平五年，失印更刻，遂誤以“水”爲“心”。續漢書作“滇陽”也。’”
顏師古漢書注亦云：“如淳曰：‘慎音震。’師古曰：字本作滇，音真，後誤作慎
耳。滇陽，汝南縣名也。”是此侯國首字如淳讀“震”音耳，路史徑改作“震”誤。

〔八三〕陸量：亦作陸梁。秦漢時稱五嶺以南地區。漢書高惠高后文功臣
表如此，顏師古注引如淳曰：“秦始皇本紀所謂‘陸梁地’也。”史記高祖功臣侯
者年表作“陸梁”，司馬貞史記索隱云：“陸量。……案：今在江南也。”

〔八四〕按永和中平都國乃安平也，屬長沙：永和，東漢順帝年號。安平，
縣名，治所在今江西安福縣東南。彥按：此說疑有誤。太平寰宇記卷一〇九吉
州安福縣云：“安福縣，漢安成縣新茨亭，屬長沙國。今縣［西〕六十里有安成
故城存，即漢安成侯張普所理也。后漢永元中改安平縣爲平都縣。吳寶鼎二
年置安成郡，而縣屬焉。”王文楚等校勘記引原校曰：“按兩漢安成縣屬長沙

國,安平縣屬豫章郡,後漢改安平爲平都。吳寶鼎中分豫章、廬陵、長沙立安成郡,平都、安成皆屬焉。晉太康中更安成爲安復,自宋至南齊,二縣屬安成郡不改。隋平陳,始廢安成郡,以安復屬廬陵,而無平都。平都廢縣在今安福縣南百步,則平都當是梁陳以後併入安復,但不見于史耳。今記既不載廢平都入安復之故,而安福縣總序忽出後漢改安平爲平都事,頗爲牴牾。"所述平都與安平關係及沿革甚爲詳悉。是羅注"永和"當作"永元"(東漢和帝年號),"長沙"當作"豫章"也。後漢書郡國志四平都侯國亦在豫章郡,而云:"故安平。"可爲佐證。

〔八五〕躲陽:史記高祖功臣侯者年表、漢書高惠高后文功臣表並作"射陽"。躲,同"射"。陽,各本原脱,今據史記、漢書訂補。

〔八六〕貰陽:各本均作"貫陽"。彦按:漢地名無貫陽,"貫"當"貰"字形譌。史記高祖功臣侯者年表"射陽"司馬貞索隱:"縣名,屬臨淮。射,一作'貰'。"今據以訂正。

〔八七〕史失其始末:史記高祖功臣侯者年表離云:"失此侯始所起及所絶。"司馬貞索隱:"漢表成帝時光禄大夫滑堪日旁占驗,曰'鄧弱以長沙將兵侯',是所起也。"

〔八八〕羹頡:四庫本"羹"作"羹",皆爲"羹"字俗體。

〔八九〕固作"頡羹":今漢書王子侯表、高惠高后文功臣表、楚元王傳並作"羹頡",羅氏所見,蓋爲誤本。

〔九〇〕史表、世家:指史記高祖功臣侯者年表及楚元王世家。

〔九一〕索隱云"周及吕":史記高祖功臣侯者年表"周吕"司馬貞索隱:"應劭云:'周吕,國也。'案:周及吕,皆國名。濟陰有吕都縣。"

〔九二〕吕都縣:治所在今山東菏澤市牡丹區吕陵鎮。

〔九三〕又封令:史記高祖功臣侯者年表周吕"令武侯吕澤元年"司馬貞索隱:"又改封令。令,縣名,在滎陽,出晉地道記。"

〔九四〕史漢一有此:"史漢"二字原爲闕文,今據意補。一,皆。漢平侯國分別見於史記高祖功臣侯者年表及漢書高惠高后文功臣表。

〔九五〕在費之下:據漢書高惠高后文功臣表,費侯陳賀位次在三十一,而平悼侯工師位次在三十二,故居其下。

〔九六〕高皇帝五年，威項，趣定功行封：自此而下至“副在有司”，主要撮取自漢書高惠高后文功臣表，而不盡相同。趣（cù），急於。

〔九七〕六年十二月甲申，始剖符封列十八侯之位次：漢書高帝本紀六年：“（十二月）甲申，始剖符封功臣曹參等爲通侯。”剖符，古代帝王分封諸侯、功臣時，以竹符爲信證，剖分爲二，一給本人，一留朝廷，相當於後來的委任狀。十八侯，漢書高惠高后文功臣表“又作十八侯之位次”顏師古注：“謂蕭何、曹參、張敖、周勃、樊噲、酈商、奚涓、夏侯嬰、灌嬰、傅寬、靳歙、王陵、陳武、王吸、薛歐、周昌、丁復、蟲達，從第一至十八也。”

〔九八〕詔丞相平盡差列侯之功，録第下竟，臧之宗廟，副在有司：平，陳平。差（cī），分別等級。録第，記録名次。下竟，謂直至最末一名。竟，終，盡。臧，“藏”之古字，四庫本作“藏”。副，指副本，副册。

〔九九〕其侯國，本百三十有七，又有周呂、建城在外戚，合陽、羹頡、沛、德四人在王子侯，實百四十有三：吴本、四庫本“實”作“寔”。漢書高惠高后文功臣表“建城”作“建成”；至侯國數，亦多十人。其於卤嚴侯張平後云：“右高祖百四十七人。周呂、建成二人在外戚，羹頡、合陽、沛、德四人在王子，凡百五十三人。”

〔一〇〇〕軑：各本均誤“軼”，今訂正。　又云百五十三：吴本“三”誤“二”。　皆誤多丨：洪本、吴本、四庫本如此，喬本、備要本“十”作“矣”。前者義長，今從之。

〔一〇一〕功必稱地：地，指封土。

〔一〇二〕按留侯良、曲逆侯平，勛業之具，在漢亡以出其右者，乃不得豫於十八位之中；張敖者何人，而反危然顯據第三：留侯良，即張良。曲逆侯平，即陳平。亡以，四庫本作“亡有”。張敖，漢高祖劉邦長女魯元公主之夫，襲父爵爲趙王。危然，高高地。

〔一〇三〕及后敘定：敘，次序，次第，此指諸侯位次。　而淮陰信且絀于列：淮陰信，即淮陰侯韓信。絀，通“黜”，排斥。史記高祖功臣侯者年表、漢書高惠高后文功臣表未言信之侯第（位次）。

〔一〇四〕唐之裴度，平淮之功固非李愬下也，韓愈氏評之，得其椉矣：裴度，中唐政治家，數度出鎮拜相，官終中書令，封晉國公。李愬，中唐名將，歷官至魏博節度使、太子少保職,封涼國公。平准,指唐憲宗元和十二年(817)平定淮西藩鎮吳元濟的戰事。是戰,裴濟爲唐軍總統領,而李愬率部於雪夜突襲蔡州生擒吳元濟,從此結束了蔡州前後長達52年的割據局面。韓愈有平淮西碑文叙其事。樑,洪本、吳本作“凡”,詞異而義同。

〔一〇五〕而憲宗乃以愬妻皇族,命段文昌改立碑頌,歸功於愬,於是議者蠭午:段文昌,備要本如此,是,今從之。餘諸本均譌作“叚文昌”。蠭午,猶紛紛。蠭,同“蜂”。午,縱橫交錯貌。新唐書吳元濟傳:“始(裴)度之出,太子右庶子韓愈爲行軍司馬,帝美度功,即命愈爲平淮西碑。……愈以元濟之平,繇度能固天子意,得不赦,故諸將不敢首鼠,卒禽之,多歸度功。而愬特以入蔡功居第一。愬妻,唐安公主女也,出入禁中,訴愈文不實。帝亦重牾武臣心,詔斷其文,更命翰林學士段文昌爲之。”

〔一〇六〕夫以度之功,議固不可掩:功,洪本、吳本、四庫本作“公”,當爲音譌。掩,壓制。

〔一〇七〕鄼:謂鄼侯蕭何。

〔一〇八〕一更有紹陽:史記、漢書均未見有紹陽,此疑有誤。

〔一〇九〕睢陽:備要本作“雎陽”誤。

〔一一〇〕宣平:謂宣平侯張敖。

〔一一一〕脩:通“條”。

〔一一二〕史、漢作“條”:吳本、四庫本“條”譌“餘”。彦按:漢書高惠高后文功臣表絳武侯周勃作“修”,不作“條”。顔師古注:“修讀曰條。”

〔一一三〕高城:彦按:史記惠景閒侯者年表“平曲”,司馬貞索隱云:“案:漢表在高城。”蓋即羅氏所本。然今本漢書景武昭宣元成功臣表,作平曲,不云在高城。

〔一一四〕絳:謂絳侯周勃。

〔一一五〕曲周:謂曲周侯酈商。各本“曲周”均譌“曲成”,今據史記高祖功臣侯者年表訂正。

〔一一六〕魯:謂魯侯奚涓。

〔一一七〕潁陰:謂潁陰侯灌嬰。

〔一一八〕汾陰:謂汾陰侯周昌。

〔一一九〕曲成：謂曲成侯蟲達。

〔一二〇〕桃林：各本均作“臨洮”。彥按：史記高祖功臣侯者年表博陽“塞”，司馬貞索隱：“塞在桃林也。”疑羅注先口誤讀桃林爲“林桃”，進而又筆誤書“林桃”作“臨洮”。今訂正。

〔一二一〕博陽：謂博陽侯陳濞。

〔一二二〕酈成：謂酈成侯周緤。史記高祖功臣侯者年表則作“蒯成”。“酈”字喬本、洪本作“鄜”，備要本作“酈”，俱譌，此從吳本及四庫本。“成”字各本俱脱，今據漢書高惠高后文功臣表訂補。

〔一二三〕酈之初封：酈，指酈成侯周緤。漢書周緤傳：“周緤，沛人也。以舍人從高祖起沛。至霸上，西入蜀漢，還定三秦，常爲參乘，賜食邑池陽。”

〔一二四〕成：謂成侯董渫。

〔一二五〕河陵：謂河陵侯郭亭。

〔一二六〕費：謂費侯陳賀。

〔一二七〕宣曲：謂宣曲侯丁義。

〔一二八〕高京：謂高京侯周成。

〔一二九〕埤山：各本“埤”均作“崥”。彥按：“崥”爲“埤”字俗體。而據史記高祖功臣侯者年表，字實作“埤”，今訂正。

〔一三〇〕陽河：謂陽河侯其石。各本皆誤倒作“河陽”，今據史記高祖功臣侯者年表、漢書高惠高后文功臣表訂正。

〔一三一〕汾陽：謂汾陽侯靳彊。

〔一三二〕叓：“叓”字俗體。備要本作“叓”。

〔一三三〕深澤：謂深澤侯趙將夕。深，喬本、洪本作“㴱”、“㴱”，吳本作“㴱”，備要本作“㴱”，皆誤。此從四庫本。

〔一三四〕赤泉：謂赤泉侯楊喜。

〔一三五〕長脩之屬：吳本此四字脱。長脩，謂長脩侯杜恬。

〔一三六〕德：謂德侯劉廣。

〔一三七〕芒之屬：吳本無此三字。芒，謂芒侯昭跖。

〔一三八〕榮陽：吳本、四庫本“榮”作“滎”，非是。

〔一三九〕舊云謐：史記高祖功臣侯者年表周呂“令武侯吕澤元年”，司馬貞索隱：“令武，謚也。一云‘令，邑；武，謚也。’又改封令。令，縣名，在滎陽，出晉地道記。”

〔一四〇〕美頡之屬：據史記高祖功臣侯者年表，“美頡”當作“周吕”。此蓋誤記。周吕謂周吕侯吕澤。

〔一四一〕合陽之屬：吴本無此四字。合陽，謂合陽侯劉喜。

〔一四二〕酈：各本均譌“鄺”，今訂正。説詳下注。

〔一四三〕一作“鄺”：各本“鄺”均作“酈”。彦按：路史正文“鄺”當作“酈”，羅苹注文“酈”當作“鄺”。史記高祖功臣侯者年表周吕：“（高祖）九年，子台封酈侯元年。”司馬貞索隱：“酈音歷。一作‘鄺’，音敷，皆縣名。”蓋路史“酈”字譌“鄺”，又誤與注文“鄺”字易位。今並訂正。

〔一四四〕建成之屬：吴本無此四字。建成，謂建成侯吕釋之。

〔一四五〕封券：封侯之憑證。漢高祖創用鐵製的契券上用丹砂書寫誓詞，從中剖開，朝廷和受封者各保存一半，稱爲丹書鐵券。　使河如帶，泰山如礪。國以永寧，爰及苗裔：見史記高祖功臣侯者年表，“如礪”作“若厲”。帶，衣帶。礪，磨刀石。洪本、吴本作“厲”，乃“礪”之古字。

〔一四六〕申以丹書之信，重之白馬之盟：申，表明。丹書，用朱筆寫的文書，特指帝王賜給功臣世襲的享有免罪等特權的證件。信，符契，憑證。重，加上。白馬之盟，古代重大盟誓殺白馬作犠牲，稱“白馬之盟”。

〔一四七〕不學面牆：謂不學而無知。典出書周官“不學牆面，莅事惟煩”。孔穎達疏：“人而不學，如面向牆，無所覩見。”　不能講禮制度：制度，制訂法度。

〔一四八〕上亡道揆，下亡法守：道揆，依道義而立之準則。法守，依法度履行之職守。孟子離婁上：“上無道揆也，下無法守也。”

〔一四九〕功臣子弟，亦復不閑有家，一旦得國，正猶鄺人之驟獲：閑有家，典出易家人初九“閑有家，悔亡”。高亨今注：“閑，防也。有猶于也。閑其家，如築垣榤户以防盗賊，曲突徙薪以防火災，男女有别以防淫亂等是。如此，則悔亡。”鄺人，市井小民。驟，吴本譌“鄹”。

〔一五〇〕民歸户息：百姓返鄉，户口增長。息，滋息。漢書高惠高后文功臣表序：“逮文、景四五世間，流民既歸，户口亦息，列侯大者至三四萬户，小國自倍,富厚如之。"　惟宜講禮修樂以樂其生:惟,吳本、四庫本作"唯"。　而乃驕忘其先,亡兢兢於苟世之禁,隕命亡國,匹匹相繼:兢兢,小心謹慎貌。喬本、備要本作"競競",非其本字,此從餘本。匹匹,猶言一個又一個。漢書高惠高后文功臣表序:"子孫驕逸,忘其先祖之艱難,多陷法禁,隕命亡國,或亡子孫。"

〔一五一〕洎武後元,異姓耗矣:漢書高惠高后文功臣表序:"訖於孝武後元之年,靡有孑遺,耗矣。"

〔一五二〕或絕失姓,或乏亡主;朽骨孤于墓,苗裔流於道;生爲愍隸,而死爲之傳尸:見漢書高惠高后文功臣表序,文字略異。乏,廢缺。愍隸,猶氓隸,賤民、奴僕。傳尸,漢書作"轉屍",義通,謂死無葬身之地。

〔一五三〕胗:通"診",視,察。

〔一五四〕其可不知所以惠之之道:吳本"可"譌"何"。

〔一五五〕松兹:各本"兹"譌"滋",今據史記惠景閒侯者年表訂正。

〔一五六〕別有吕瑩,八年爲祝兹侯:見漢書外戚恩澤侯表。史記惠景閒侯者年表祝兹"吕瑩"作"吕榮"。

〔一五七〕固作成陰:見漢書高惠高后文功臣表。

〔一五八〕勝:彦按:今本史記惠景閒侯者年表作"滕"。司馬貞索隱本作"勝",而云:"勝侯。一作'滕'。劉氏云:作'勝',恐誤。今案:滕縣屬沛郡,'勝'未聞。"漢書外戚恩澤侯表亦稱"滕侯吕更始",不知路史何以以"勝"立目而不以"滕"。

〔一五九〕琅邪:吳本作"瑯邪",四庫本作"瑯琊"。

〔一六〇〕東海:彦按:史記惠景閒侯者年表"建陵",司馬貞索隱云:"漢表作'東海'。"羅氏蓋取意於此。然今漢書外戚恩澤侯表作"建陵侯",不作"東海"也,豈所見本異邪?

〔一六一〕腄:音zhuì。漢書外戚恩澤侯表如此,史記惠景閒侯者年表作"錘"。

〔一六二〕洨:音xiáo。漢書王子侯表如此,史記惠景閒侯者年表作"郊"。

〔一六三〕信都:本條及下條"樂昌"四字,各本原爲上條"漢陽"注文。彦按:漢書高惠高后文功臣表醴陵侯越後云:"右高后十二人。……洨、沛、信都、樂昌、東平五人隨父,……凡三十一人。"是此"信都、樂昌"當由正文闌入注文者,今訂正。

〔一六四〕勃海:史記惠景閒侯者年表"陽信",司馬貞索隱:"表在新野,志屬勃海,恐有二縣。"

〔一六五〕固作"信陽":今本漢書高惠高后文功臣表亦作"陽信",不作"信陽"。

〔一六六〕沶陵:沶音 chí。

〔一六七〕南鄖:各本"鄖"均譌"湞",今據史記惠景閒侯者年表、漢書高惠高后文功臣表訂正。下羅注"鄖亭"之"鄖"同。

〔一六八〕黎:漢書高惠高后文功臣表如此,史記惠景閒侯者年表作"犂"。

〔一六九〕琅邪:四庫本作"瑯琊"。

〔一七〇〕營陵:史記惠景閒侯者年表"弓高",司馬貞索隱:"漢表在營陵。"羅氏蓋據此立說。然今考漢書高惠高后文功臣表弓高壯侯韓隤當,並未見所謂之"在營陵"。

〔一七一〕按道:彦按:按道侯見漢書高惠高后文功臣表弓高壯侯韓隤當,爲韓隤當孫,然其封在武帝元封元年,入此(文帝封)不妥。

〔一七二〕濟:此以按道在濟,不知何據。存疑,待考。

〔一七三〕又龍額後分按道:彦按:此說疑有誤。史記衛將軍驃騎列傳:"將軍韓説,弓高侯庶孫也。以校尉從大將軍有功,爲龍額侯,坐酎金失侯。元鼎六年,以待詔爲橫海將軍,擊東越有功,爲按道侯。"漢書韓王信傳記載大同。是龍額與按道爲一人異時之封,非所謂"後分"也。唯漢書高惠高后文功臣表以龍額爲侯讔,按道爲慭侯説,顏師古於漢書韓王信傳注曰:"史記年表并衛青傳載韓説初封龍(雒)〔額〕侯,後爲按道侯,皆與此傳同。而漢書功臣侯表乃云龍額侯名讔,按道侯名説,列爲二人,與此不同,疑表誤。"當是。又,漢代唯封韓説爲按道侯,此稱"又……",似別有同侯號者,亦未妥。

〔一七四〕一云潁川:史記惠景閒侯者年表"襄成",司馬貞索隱:"襄城,志屬潁川。"

〔一七五〕清:彦按:據漢書高惠高后文功臣表,故安節侯申屠嘉孫臾,於武帝元狩三年更封清安侯。疑此當作"清安",今下脫一"安"字。

〔一七六〕史作“清都”：見史記惠景閒侯者年表。　　固作“鄃”：見漢書外戚恩澤侯表。

〔一七七〕鄃，太原邑：漢書曹參傳“因從韓信擊趙相國夏説軍於鄃東”顔師古注引蘇林曰：“鄃，太原縣也。”

〔一七八〕按史古本爲“靖郭”，則齊封田嬰者：田嬰，戰國齊相，封靖郭君。彦按：“靖郭”，今本史記惠景閒侯者年表作“清都”，司馬貞索隱本作“清郭”，云：“清郭侯馹鈞。齊封田嬰爲清郭君。”而漢書文帝紀則作“靖郭”，其於元年六月云：“封……齊王舅馹鈞爲靖郭侯。”顔師古注引如淳曰：“邑名也。六國時齊有靖郭君。”

〔一七九〕鄉名，在常山：見史記惠景閒侯者年表“遽（國）”司馬貞索隱。

〔一八〇〕固作“桓”：見漢書景武昭宣元成功臣表。

〔一八一〕容成：吳本、四庫本作“容城”。

〔一八二〕漢表在河内：彦按：今本漢書景武昭宣元成功臣表有亞谷簡侯盧它之，而未見有“在河内”之説。

〔一八三〕琅邪：吳本作“瑯邪”，四庫本作“瑯琊”。

〔一八四〕勃海：洪本、吳本、四庫本“勃”作“渤”。

〔一八五〕漢表在東郡：見漢書外戚恩澤侯表冠軍景桓侯霍去病。

〔一八六〕一云臨淮：彦按：此稱“一云”，不妥。史記建元以來侯者年表“樂通”，司馬貞索隱引韋昭云：“在臨淮高平。”是高平爲小名，臨淮爲大名，非平行之兩地也。今謂臨淮指臨淮郡；高平爲西漢侯國名，治所在今江蘇泗洪縣東南。

〔一八七〕牧丘：四庫本作“牧平”，誤。

〔一八八〕奅：音 pào。

〔一八九〕茂陵中書：佚書，作者不詳。宋高似孫緯略卷一茂陵中書云：“（晉）武帝遺詔以雜道書四十卷置棺中。元康二年，河東功曹李及入上黨抱犢山採藥，於巖室中得此書，——盛以金箱；卷後題日月，是武帝時也。河東太守張純以箱及書奏上之。武帝時左右見之，流涕曰：‘此是帝崩時殯物。’（宣）［惠］帝愴然，以書付茂陵。”

〔一九〇〕衛青傳作“窬”，説文柳有反：彦按：此説欠妥。史記建元以來侯

者年表"南奅",司馬貞索隱:"茂陵中書云'南奅侯',此本字也。衛青傳作
'窌'。説文以爲從穴,音柳宥反;從大,音疋孝反。"蓋即羅注所本。然其説與
事實不符。今考説文穴部云:"窌,窖也。从穴,卯聲。"又大部云:"奅,大也。
从大,卯聲。"是説文於"窌""奅"二字,釋義不同耳,故徐鉉音並匹兒(貌)切。
是索隱所謂"音柳宥反"、"音疋孝反"者,司馬氏對二字讀音之認識也,非許氏
説文本有之説也。

〔一九一〕葛繹:各本"繹"均譌"嶧",今據史記建元以來侯者年表及漢書
景武昭宣元成功臣表訂正。

〔一九二〕汝南,非豫章者:彦按:此説不知何據。考漢書地理志上,龍頟
侯國在平原郡。史記建元以來侯者年表"龍頟",司馬貞索隱亦云:"地理志縣
名,屬平原。"

〔一九三〕冠陽:彦按:據漢書外戚恩澤侯表,霍去病孫冠陽侯雲之封在宣
帝地節三年四月,入此(武帝封)不妥。

〔一九四〕史作"持裝":見史記建元以來侯者年表。四庫本"持"譌"特"。

〔一九五〕武陽:彦按:據漢書景武昭宣元成功臣表,親陽侯月氏封地在舞
陽。路史"武"乃"舞"字音譌。

〔一九六〕若陽:備要本"陽"譌"湯"。

〔一九七〕屽頭:屽,同"岸"。

〔一九八〕襄武:彦按:疑當作"襄城"。史記建元以來侯者年表"襄城",司
馬貞索隱:"漢表作'襄武侯乘龍',不同也。案:韓嬰亦封襄城侯,地理志襄城
在潁川,襄武在隴西也。"今考漢書景武昭宣元成功臣表,則作襄城侯桀龍,而
地在襄垣。

〔一九九〕隴西,襄垣:彦按:侯國之名若爲襄武,固在隴西;若爲襄城,則當
在潁川(從漢書地理志説)或襄垣(從漢書景武昭宣元成功臣表説)。今羅注
並出隴西與襄垣,自是不妥。

〔二〇〇〕樂安:彦按:疑當作"安樂"。史記建元以來侯者年表"樂安",司
馬貞索隱本作"安樂",云:"安樂,表在昌。地理志,昌縣在琅邪也。"表指漢書
景武昭宣元成功臣表,亦作"安樂"。

〔二〇一〕琅邪:四庫本作"瑯琊"。

〔二〇二〕涉軹：史記建元以來侯者年表如此，漢書景武昭宣元成功臣表無“涉”字。

〔二〇三〕漢表軹在西安：西安，縣名，西漢屬齊郡，治所在今山東淄博市臨淄區朱臺鎮。

〔二〇四〕樂昌邑：各本均脱“樂”字，今據漢書景武昭宣元成功臣表及史記建元以來侯者年表司馬貞索隱訂補。

〔二〇五〕隨成：漢書景武昭宣元成功臣表作“隨城”。

〔二〇六〕平陽：彦按：“平陽”乃“南陽”之誤。漢書地理志上，博望侯國在南陽郡。

〔二〇七〕在陽城姑莫：彦按：史記建元以來侯者年表司馬貞索隱：“衆利，表在陽城姑莫。”蓋即羅氏所本。然漢書景武昭宣元成功臣表衆利侯郝賢但言“姑莫”，未言“陽城”。今謂姑莫即姑幕，西漢縣名，屬琅玡郡（見漢書地理志上），治所在今山東諸城市西北。

〔二〇八〕固作“摩”：見漢書景武昭宣元成功臣表。

〔二〇九〕順梁：彦按：順梁見於史記衛將軍驃騎列傳“封……鷹庇爲煇渠侯”張守節正義：“煇渠，表作‘順梁’。”而今史記、漢書未見。

〔二一〇〕韋昭作“渾渠”，云皆魯陽鄉名：史記建元以來侯者年表“煇渠”司馬貞索隱引韋昭云：“僕多所封則作‘煇渠’，應庇所封則作‘渾渠’。二者皆鄉名，在魯陽。今並作‘煇’，誤也。”

〔二一一〕然上二年僕多方侯，故孔文祥以爲一邑封二：上二年，四庫本作“上三年”。彦按：據史記建元以來侯者年表，僕多封煇渠侯在元狩二年二月，扁訾（漢表作應庇）封煇渠侯在元狩三年七月，則此宜作“上年”，“二”、“三”字皆不當有。孔文祥，蓋南北朝時人，著有漢書音義鈔。史記建元以來侯者年表“煇渠”司馬貞索隱：“案：漢表及傳亦作‘煇’，孔文祥云‘同是元狩中封，則一邑分封二人也。’其義爲得。”

〔二一二〕在沛朱虛：史記建元以來侯者年表“符離”司馬貞索隱：“縣名，屬沛郡。”漢書景武昭宣元成功臣表作“邧離”，謂在朱虛。彦按：據漢書地理志上，朱虛屬琅邪郡，似不在沛。

〔二一三〕東平：彦按：史記建元以來侯者年表“壯”司馬貞索隱：“表在東

平"。蓋即羅氏所本。而今本漢書景武昭宣元成功臣表"壯"作"杜",謂在重

平。重平,縣名,西漢屬勃海郡,治所在今山東德州市陵城區東北。

〔二一四〕陽成:四庫本作"陽城"。

〔二一五〕陽城:史記建元以來侯者年表"散"司馬貞索隱:"表在陽城。"今

漢書景武昭宣元成功臣表作"陽成"。

〔二一六〕膫:漢書景武昭宣元成功臣表如此,史記建元以來侯者年表作

"膫"。

〔二一七〕南陽,舞陽:彦按:據漢書景武昭宣元成功臣表,膫侯有二,一爲

膫侯次公,於元鼎四年封,地在舞陽;一爲膫侯畢取,於元鼎六年封,地在南陽。

〔二一八〕龍亢:史記建元以來侯者年表如此,漢書景武昭宣元成功臣表

但作"龍"。

〔二一九〕譙:彦按:據漢書地理志上,龍亢於西漢屬沛郡。而晉書地理志

上豫州云:"魏武分沛立譙郡。"則此據後名以稱之也。

〔二二〇〕見史記建元以來侯者年表"龍亢"司馬貞索隱。　蕭該:隋國子

博士,著有漢書音義。

〔二二一〕龍乃魯城:史記建元以來侯者年表"龍亢"司馬貞索隱:"左傳

'齊侯圍龍',龍,魯邑。"彦按:所謂魯邑之龍,在今山東泰安市西南;沛郡之龍

亢爲漢縣名,治所在今安徽懷遠縣龍亢鎮。

〔二二二〕漢表在郟:漢表,指漢書景武昭宣元成功臣表。郟,縣名,今屬

河南省。

〔二二三〕南陽:史記建元以來侯者年表"隨桃"司馬貞索隱:"表在南陽。"

彦按:今漢書景武昭宣元成功臣表隨桃頃侯趙光未見有此。

〔二二四〕相成:彦按:"相"當作"湘"。史記建元以來侯者年表、漢書景武

昭宣元成功臣表均作"湘成"。

〔二二五〕琅邪:四庫本作"瑯琊"。史記建元以來侯者年表"海常"司馬貞

索隱:"表在琅邪。"彦按:今漢書景武昭宣元成功臣表海常嚴侯蘇弘未見

有此。

〔二二六〕濟南:彦按:史記建元以來侯者年表"北石"司馬貞索隱:"漢表

作'外石',在濟南。"蓋即羅氏所本。今本漢書景武昭宣元成功臣表外石侯吳

陽作“濟陽”。

〔二二七〕固作“鄜”：謂班固“酈”作“鄜”。見漢書景武昭宣元成功臣表。

〔二二八〕越：史記建元以來侯者年表“藥兒”司馬貞索隱引韋昭云：“在吳越界，今爲鄉也。”

〔二二九〕東成：史記建元以來侯者年表如此，漢書景武昭宣元成功臣表作“東城”。

〔二三〇〕亡錫：史記建元以來侯者年表、漢書景武昭宣元成功臣表均作“無錫”。

〔二三一〕勃海：四庫本“勃”作“渤”。

〔二三二〕音“狄蛆”：各本“狄”均作“秋”。彦按：“荻”無“秋”音。史記建元以來侯者年表“荻苴”，司馬貞索隱：“音‘狄蛆’。”今據以訂正。

〔二三三〕潳清：喬本、洪本、備要本“潳”譌“潎”，今據吳本、四庫本訂正。

〔二三四〕音同晝：同，各本均作“且”。彦按：作“且”不可解，“且”當“同”字之譌。廣韻、集韻“潳”音皆與“晝”同，可證。今訂正。晝，喬本、洪本譌“書”，今據餘本改。

〔二三五〕琅邪：四庫本作“瑯琊”。

〔二三六〕瓠讘：音 hú zhé。

〔二三七〕今隰之永和縣：隰，州名。永和縣，今屬山西省。

〔二三八〕瓠，一作“瓡”，徐作“執”：瓠，各本均譌“讘”，今訂正。徐，指晉徐廣。廣有史記音義。

〔二三九〕漢表作“齊”：見漢書景武昭宣元成功臣表。喬本、備要本“齊”譌“濟”，今從餘本改。

〔二四〇〕秺：音 dù。

〔二四一〕勃海：四庫本“勃”作“渤”。

〔二四二〕邧：備要本譌“邘”。

〔二四三〕琅邪：四庫本作“瑯琊”。

〔二四四〕漁陽：水經注卷一四鮑丘水：“（泇河）東南流逕博陸故城北，又屈逕其城東。世謂之平陸城，非也。漢武帝璽書封大司馬霍光爲侯國。文潁曰：‘博，大；陸，平。取其嘉名，而無其縣。食邑北海、河東。’薛瓚曰：‘按漁陽有博陸城,謂此也。’”

〔二四五〕今成陽有秅亭:彦按:成陽當“成武”之誤。漢書劉屈氂傳“其封……成爲秅侯”顏師古注引孟康曰:“秅音姹,在濟陰成武,今有亭。”是也。成武,縣名,今屬山東省。

〔二四六〕漢表在肥城:漢表,指漢書外戚恩澤侯表。

〔二四七〕漢表在濟陰:彦按:漢書外戚恩澤侯表,陽城侯國在濟陽,羅氏蓋誤記。

〔二四八〕濟陰乃成陽:濟陰,各本均無“濟”字。彦按:據文意“陰”上當有“濟”字,蓋偶脱,今訂補。又吳本“陰”字闕文。成陽,縣名。漢書地理志上濟陰郡有成陽縣。

〔二四九〕陽城屬潁川、汝南二郡:彦按:漢書地理志上,潁川郡有陽城縣,汝南郡有陽城侯國。此處羅氏本意蓋欲言此陽城在潁川(下文之陽城則在汝南),然未表達清楚。

〔二五〇〕在臨淮:喬本、洪本此下有一“柘”字,蓋衍文,此從餘本。

〔二五一〕琅邪:四庫本“邪”作“琊”。

〔二五二〕汝南:各本均作“汝昌”。彦按:“汝昌”當作“汝南”,蓋涉正文“樂昌”之“昌”字而誤,漢書外戚恩澤侯表樂昌共侯王武即作“汝南”,今據以訂正。

〔二五三〕本屬濟南:彦按:此以邛成本屬濟南,不知何據。存疑,待考。

〔二五四〕安平:彦按:漢書不載宣帝時有封安平侯事,此疑有誤。

〔二五五〕長沙:彦按:此以安平在長沙,不知何據。存疑,待考。

〔二五六〕平陽:彦按:“平陽”當作“南陽”。博望侯國在南陽郡,見漢書地理志上。

〔二五七〕一云南陽城:彦按:漢書地理志上,樂成侯國在南陽郡。

〔二五八〕河南:彦按:河南疑“南陽”之誤。漢書地理志上,鄭侯國在南陽郡。

〔二五九〕何:指漢丞相蕭何。

〔二六〇〕本紀名係:彦按:此説誤。蓋據漢書景帝本紀二年六月“封故相國蕭何孫係爲列侯”爲説也。然係之封侯在景帝時,此則宣帝所封者,非係明矣。漢書高惠高后文功臣表酇文終侯蕭何云：“地節四年，安侯建世以何玄孫紹封。”則其名乃建世也。

〔二六一〕淮陰：彦按：淮陰當“淮陽”之誤。漢書景武昭宣元成功臣表博成侯張章作“淮陽”。

〔二六二〕安平：此二字各本原均闌入注文，今訂正移出。

〔二六三〕平原：各本均作“平陽原”。彦按：“陽”蓋涉正文“安陽”而衍。史記建元已來王子侯者年表“安陽”，司馬貞索隱：“表在平原。”蓋即羅注所本，今據以訂正。然漢書地理志上，則安陽侯國在汝南郡。

〔二六四〕琅邪：四庫本“邪”作“瑘”。

〔二六五〕史記高祖本紀：“乃以宛守爲殷侯。”司馬貞索隱：“韋昭曰：‘在河内。’”

〔二六六〕琅邪：四庫本“邪”作“瑘”。

〔二六七〕義陽：各本均闌入注文，今據漢書外戚恩澤侯表訂正。

〔二六八〕陽新：各本均誤倒作“新陽”，今據漢書外戚恩澤侯表訂正。

〔二六九〕長平：各本均譌“長禹”，今據漢書外戚恩澤侯表訂正。

〔二七〇〕贛榆：吳本、備要本“榆”作“揄”，誤。

〔二七一〕南陽平：吳本“南”字譌“而”。

〔二七二〕彦按：依前例，此下似當有“右平帝封”四字，或偶脱。

〔二七三〕右孝惠以來侯者，凡二百四十三：彦按：若據上文統計，則爲二百四十五。

〔二七四〕見太平御覽卷一五七引漢書地理志。

〔二七五〕詭：怪異。

〔二七六〕高帝以侯生爲平國君、婁敬爲奉春君：侯生，史稱侯公，名成，字伯盛，秦末辯士。漢與楚戰，敗於彭城，劉邦父太公爲項羽所獲。劉邦遣辯士陸賈說項羽請太公，不允。後遣侯公，羽許之，遂歸太公。劉邦乃封侯公爲平國君，曰：“此天下辯士，所居傾國，故號爲平國君。”（見史記項羽本紀）。婁敬封奉春君事見史記劉敬傳。司馬貞索隱引張晏云：“春爲歲之始，以其首謀都關中，故號奉春君。”　而後有劉胡子：劉，同“剿”，滅絕。漢書西域傳下車師後國：“天鳳三年，乃遣五威將王駿、西域都４李崇將戊己校尉出西域。……焉耆詐降而聚兵自備。駿等將莎車、龜兹兵七千餘人，分爲數部入焉耆，焉耆伏兵要遮駿。及姑墨、尉犁、危須國兵爲反間，還共襲擊駿等，皆殺之。唯戊己校尉郭欽別將兵，後至焉耆。焉耆兵未還，欽擊殺其老弱，引兵還。莽封欽爲剼胡子。”　光武亦有鐫胡侯：東漢建武十二年，盧芳將隨昱率芳部衆至洛陽投降，光武乃“拜昱爲五原太守，封鐫胡侯。”（見後漢書盧芳傳）李賢注：“鐫謂琢鑿之，故以爲名。”

〔二七七〕其有功德侯者，爲朝侯：通典卷三一職官十三歷代王侯封爵：“漢興，設爵二等：曰王，曰侯。……列侯有功德，天子命爲諸侯者，謂之朝侯，其位次九卿下。”

〔二七八〕自通者，爲徹侯，通侯也：漢書百官公卿表：“爵：……二十（級）徹侯。”顔師古注：“言其爵位上通於天子。”又高帝本紀：“通侯諸將毋敢隱朕”，顔師古注引應劭曰：“舊曰徹侯，避武帝諱曰通侯。通亦徹也。通者，言其功德通於王室也。”

〔二七九〕其侍祠無朝位者，爲侍祠侯：侍祠，陪從祭祀。喬本、洪本“侍”譌“待”，今據餘諸本訂正。無，喬本、洪本、備要本譌“无”，此從吳本及四庫本。下“無食邑”之“無”同。通典卷三一職官十三歷代王侯封爵：“其稱侍祠侯者，但侍祠而無朝位。”

〔二八〇〕食關内者，爲關内侯：史記吕太后本紀“諸中宦者令丞皆爲關内侯”，裴駰集解引如淳曰：“列侯出關就國；關内侯但爵其身，有加異者，與關内之邑，食其租税也。”

〔二八一〕又有倫侯，若建成侯趙亥、昌武侯成、武信侯馮毋擇者，但有封名，無食邑：倫侯，秦爵名，與列侯相類而無封邑。各本“昌武侯成、武信侯馮毋擇者”作“昌武侯馬母（毋）擇者”。彦按：馬母擇乃“馮毋擇”之誤。又，此中有脱文。史記秦始皇本紀：“維秦王兼有天下，立名爲皇帝，乃撫東土，至于琅邪。列侯武城侯王離、列侯通武侯王賁、倫侯建成侯趙亥、倫侯昌武侯成、倫侯武信侯馮毋擇、丞相隗林、丞相王綰、卿李斯、卿王戊、五大夫趙嬰、五大夫楊樛從，與議於海上。”司馬貞索隱：“（倫侯，）爵卑於列侯，無封邑者。倫，類也，亦列侯之類。”當即路史所本，今據以訂補。

〔二八二〕霍光之封博陸，亦取“博，大；陸，平”：霍光，西漢政治家，武帝、昭帝、宣帝三朝重臣，官至大司馬、大將軍。漢書霍光傳："（武帝）遺詔封……光爲博陸侯。"顏師古注引文穎曰："博，大；陸，平。取其嘉名，無此縣也。"

〔二八三〕其後曹操遂至立名號"侯、鄉公、亭侯、亭伯"之類：彦按：曹操，疑當作曹丕。三國志魏志文帝紀黄初三年三月："初制封王之庶子爲鄉公，嗣王之庶子爲亭侯，公之庶子爲亭伯。"

〔二八四〕故樊子蓋以功濟天下，遂有濟公之號：樊子蓋，隋朝大臣。隋書樊子蓋傳："是日下詔，進爵爲濟公。言其功濟天下，特爲立名，無此郡國也。"

〔二八五〕雜簉：錯雜，混雜。簉，音 zào。

〔二八六〕膫：各本均譌"瞭"，今訂正。　秺：各本均譌"宅"，今訂正。　開陵：彦按：路史僅録其一（見武帝封）。然據漢書，武帝時封開陵者有三：二見於景武昭宣元成功臣表，即開陵侯（建成）［敖］與開陵侯成娩；一見於西域傳車師後國，即匈奴降者介和王所封。　承父：彦按：路史僅一録（見武帝封），漢書亦僅於景武昭宣元成功臣表一見，史記則闕如。此謂"兩封"，疑誤。　煇渠：史記於建元以來侯者年表兩見：一爲煇渠忠侯僕多，元狩二年封；一爲煇渠悼侯扁訾（他處或作鷹庇、應庀），元狩三年封。今路史僅録其一，一從史記衛將軍驃騎列傳"封……鷹庇爲煇渠侯"張守節正義"煇渠，表作'順梁'"之説作順梁。

〔二八七〕武帝乃以酎金文致奪之：文致，謂舞文弄法，致人於罪。參見後紀三炎帝神農氏注〔三七七〕。　不數年間而見侯者四：見，"現"之古字，現在，謂尚存。彦按：資治通鑑卷二一漢武帝太初三年："初，高祖封功臣爲列侯百四十有三人。……子孫驕逸，多抵法禁，隕身失國，至是見侯裁四人，罔亦少密焉。"蓋即路史所本。胡三省注："酇侯蕭壽成、繆侯酈世宗、汾陽侯靳石封并睢陵侯張昌爲四人耳。"而史記高祖功臣侯者年表則曰："漢興，功臣受封者百有餘人。……至太初百年之閒，見侯五，餘皆坐法隕命亡國，秏矣。"張守節正義："謂平陽侯曹宗、曲周侯酈終根、陽阿侯齊仁、戴侯祕蒙、穀陵侯馮偃也。"説殊不同。

〔二八八〕太初之年，異姓漸盡，封威紹絶時也：太初，喬本、備要本"太"作"大"，此從餘本。封威紹絶，謂封滅國、繼絶世。紹，承繼。

〔二八九〕猲雞意鹿，一切刪除：猲（hè），嚇唬。意，猜疑。刪除，削除，除去。喬本、洪本、吳本、四庫本作“耐除”,不辭,此從備要本。　籃雞胥悸,圈兔交驚:籃雞、圈兔,喻指擔驚受怕之諸侯。籃,籠子。圈,音 juàn,養牲畜之栅欄。胥、交,皆,俱。

〔二九〇〕母:“毋”之古字,不可,别。

〔二九一〕漢魏春秋:曾孔衍撰。　明雌亭侯:吳本、備要本“雌”譌“惟”。

〔二九二〕裴松之疑時列侯無鄉亭之爵,孔衍之謬:裴松之,南朝宋史學家,撰有三國志注。無,洪本作“旡”。三國志蜀志劉二牧傳評“昔魏豹聞許負之言則納薄姬於室”裴松之注:“孔衍漢魏春秋曰:許負,河内溫縣之婦人,漢高祖封爲明雌亭侯。臣松之以爲:今東人呼母爲負,衍以許負爲婦人,如爲有似,然漢高祖時封皆列侯,未有鄉亭之爵,疑此封爲不然。”

〔二九三〕然劉備傳謂中山勝之子貞亦元狩六年封陸城亭侯:中山勝,指漢景帝子中山靖王劉勝。陸城亭侯,各本均作“陸城侯”,無“亭”字。彦按:“亭”字當有,無則與上文不相呼應,蓋偶脱,今訂補。三國志蜀志先主傳:“勝子貞,元狩六年封涿縣陸城亭侯。”

〔二九四〕按貞封乃元鼎二年:彦按:據漢書王子侯表上,陸城侯貞之封在元朔二年。此謂元鼎,亦誤。

漢王子國

惡呼! 高帝封諸侯王,其子孫亡有與漢俱存者矣。

歐陽子云:周有天下,封國七十而同姓五十三,後世不以爲私也,蓋所以隆本枝,崇屏衛[一]。雖其敝也,有末大之患,而猶崇獎扶持,歷四百年而後亡[二]。蓋其德與力皆不足矣,而其勢或使然也。唐有天下,雖不封建,而其子孫咸列封爵。及世遠親盡,然後各隨賢愚與異姓雜仕,入居尚書,出爲督刺,故雖天下分列,而猶俞於它人[三]。

高帝時,梁、楚、燕、趙出入觖望,一皆異姓之憂,而所恃者惟宗族昆弟,是以兄仲奪國,伯子甫侯,而諸侯莫敢非[四]。末大之禍,固始謀之不善,而非封建之末敝,豈可芘焉而縱尋斧哉[五]?

文帝封梁王、城陽、甾川，景封河間、常山、長沙、中山，昭封廣陵、高密、廣陽諸國，比莽攝而廢矣[六]。宣帝所封，雖云有及莽世，又年淺亡足論。徐鄉、嚴鄉、武平、陵鄉之徒，忿然以誅莽，死亦足尚矣[七]。若夫東漢，王子百餘，亦亡有及建安末者，豈非天猒漢德，而先蔑其人邪[八]？抑人事之不既邪[九]？鄉使絕除輒續，與爲長久之計，雖不能驟以勝天，而漢祚亦未必既如此也[一〇]。詩云“懷德維寧，宗子維城”，修德而固宗子，何城如之[一一]？

襄城潁川。　　　　　　　　軹河南[一二]。

壺關上黨。　　　　　　　　昌平上谷。

　　右惠帝子封。

贅其[一三]臨淮。　　　　　　東牟[一四]東萊。

管滎陽[一五]。　　　　　　　斥丘魏。史“斥”作“氺”，固作“氏”，皆非[一六]。

營　　　　　　　　　　　　楊丘

楊虛　　　　　　　　　　　朸平原。

安都　　　　　　　　　　　平昌平原。

武城[一七]　　　　　　　　　白石金城。右齊之分[一八]。

阜陵九江。　　　　　　　　安陽馮翊

陽周　　　　　　　　　　　東城九江。右淮南之分[一九]。

　　以上文帝封[二〇]。

平陸西河。　　　　　　　　休

沈猷高苑。　　　　　　　　宛朐濟陰。

棘樂右楚之分[二一]。　　　　乘氏濟陰。

桓邑右梁之分[二二]。

　　以上景帝封[二三]。

茲琅邪，鄉名[二四]。右河間[二五]。安成豫章。

宜春豫章。

句容丹陽〔二六〕。

句陵長沙。固作“容陵”〔二七〕。

右長沙〔二八〕。

杏山

浮丘沛。右楚〔二九〕。

廣戚沛。右魯〔三〇〕。

丹陽〔三一〕蕪湖。

盱眙〔三二〕臨淮〔三三〕。

湖孰丹陽。

秣陵丹陽〔三四〕。史作“秩陽”〔三五〕。

睢陵固作“淮陵”〔三六〕。右江都〔三七〕。

張梁右梁〔三八〕。

龍丘琅邪〔三九〕。

劇北海。

壞固作“懷昌”〔四〇〕。

平望北海。

臨橐〔四一〕琅邪。史作“琅邪”〔四二〕。

葛魁北〔四三〕。

益都

平酧北海。固作“平的”〔四四〕。

劇魁北海。

壽梁壽樂。

平度東萊。

宜成平原。

臨朐東海。右菑川〔四五〕。

畾東海。

東莞琅邪〔四六〕。

辟東海。右城陽〔四七〕。

尉文〔四八〕南郡。

封斯常山。

榆丘

襄嚍〔四九〕廣平縣。

邯會魏。

朝朝歌。

東城九江。

陰城〔五〇〕右趙〔五一〕。

廣望涿。

將梁涿。

新館涿。

陸城〔五二〕涿。本作“陘”〔五三〕。

新處涿。右中山〔五四〕。

蒲領東海。

西熊

棗强清河。

卑梁〔五五〕魏。史、漢作“畢梁”〔五六〕。

房光魏。

距陽魏。

蔓安〔五七〕

阿武

參户渤海。

州鄉〔五八〕涿。

平成[五九]南皮。史作"成平"[六〇]。廣渤海。

蓋[六一]魏。一云"蓋胥"。志在泰山[六二]。右河間[六三]。

陪安魏。固作"陰安"[六四]。 榮簡茌平[六五]。固作"榮關"[六六]。

周望史作"周堅"[六七]。 陪漢表在平原[六八]。

菽[六九]平原。固作"前"[七〇]。 安陽平原。

五據泰山。 富

平河南。 羽平原。

胡毋泰山。右濟北[七一]。 離石西河。漢表在上黨[七二]。

邵山陽。 利昌齊。

藺西河。 臨河朔方。

隰成西河。固作"濕"[七三]。 土軍西河。

皋狼臨淮。 斥丘平原。斥,史作"千"、固作"千",非[七五]。右代共[七六]。

博陽汝南。右齊[七七]。 寧陽濟南[七八]。甯陽也。

瑕丘山陽。 公丘沛。

郁根[七九]盧黨切。韋昭云:"屬魯。"

西昌右魯[八〇]。

陸城在辛處[八一]。固作"陸地",是[八二]。劉備傳作"陸城亭侯"[八三]。右中山[八四]。

邯平廣平。 武始魏。

象氏韋昭云,鉅鹿縣[八五]。 易在鄚,屬涿[八六]。右趙[八七]。

路陵南陽。史作"洛陵"[八八]。 攸輿長沙攸縣是[八九]。表在南陽,無之[九〇]。

茶陵長沙。固云在桂陽,非[九一]。 建成豫章。

安眾南陽。右長沙定[九二]。 利鄉馮翊衙縣亭名[九三]。

有利東海。 東平東海。

運平東海。 山州[九四]

海常 鈞丘固作"驪丘"[九五]。

南城 廣陽頓丘。史、漢作"廣陵",非。

莊原固作"杜原"〔九六〕。右城陽共〔九七〕。

臨樂勃海〔九八〕。　　　　東野

高平平原。　　　　廣川右中山靖〔九九〕

千鍾固作"重侯",在平原〔一〇〇〕。右河間〔一〇一〕。

披陽千乘。　　　　定

稻琅邪〔一〇二〕。　　　　山勃海〔一〇三〕。

繁安　　　　柳

雲琅邪〔一〇四〕。　　　　牟平〔一〇五〕東萊牟平也。

柴泰山。右齊〔一〇六〕。

柏陽中山。樂史保州清苑引漢紀"柏陵",紀無之〔一〇七〕。表"柏暢",非〔一〇八〕。

鄗常山。右趙〔一〇九〕。　　　　乘丘深澤。一作"桑丘"〔一一〇〕。

高丘　　　　柳宿涿。

戎丘　　　　樊輿

曲成涿。　　　　安郭涿。

安險中山。　　　　安道一作"遥"。右中山〔一一一〕。

夫夷　　　　春陵〔一一二〕南陽。

都梁零陵。　　　　洮陽零陵。

永陵零陵。今永州。固作"泉陵",一作"泉陵"〔一一三〕。右長沙〔一一四〕。

終弋汝南。右衡山〔一一五〕。　　　　麥琅邪〔一一六〕。

鉅合平原。　　　　昌琅邪。

蕢琅邪。本作"蕢"〔一一七〕。　　　　雩葭〔一一八〕琅邪。

石洛琅邪。固作"原洛"〔一一九〕。扶滞琅邪。索隱音浸。固作"俠術"〔一二〇〕。

挾　　　　劮平原。

父城〔一二一〕遼西。漢表在東海挍〔一二二〕志闕。或云琅邪被縣〔一二三〕。

庸琅邪。　　　　翟東海。

鱣襄賁〔一二四〕。　　　　彭東海。

瓡北海〔一二五〕。注與"瓠"同,非〔一二六〕。按:韋昭諸嫳反〔一二七〕。

虚水琅邪。　　東淮北海。

拘千乘。史作"栒",非〔一二八〕。　　湆湆陽。漢表在東海,是〔一二九〕。按:南陽有湆陽縣〔一三〇〕。

陸壽光。　　廣饒齊。

缾琅邪。　　俞閭〔一三一〕

甘井鉅鹿。　　襄陵〔一三二〕河東鉅鹿〔一三三〕。

皋虞琅邪。　　魏其琅邪。

祝兹琅邪〔一三四〕。　　高樂濟南。右齊〔一三五〕。

参皺東海。　　沂陵〔一三六〕東海。右廣川〔一三七〕。

沈陽勃海〔一三八〕。右河間〔一三九〕。　　漳北魏。

南緣鉅鹿。　　南陵臨淮。

鄗常山。　　安檀魏。

爰戚濟南。　　栗沛。

洨　　猇〔一四〇〕鉅鹿〔一四一〕。

揤裴〔一四二〕東海。右趙〔一四三〕。　　澎右中山〔一四四〕。

以上武帝封〔一四五〕。

松兹〔一四六〕　　温水〔一四七〕

蘭淇〔一四八〕　　容丘

良成〔一四九〕　　蒲領

南曲〔一五〇〕　　高城〔一五一〕

成涿。右中山〔一五二〕。　　新市堂陽。右廣川〔一五三〕。

江陽東海。右城陽〔一五四〕。

以上昭帝封〔一五五〕。

朝陽濟南。　　平曲東海。

南利汝南〔一五六〕。右廣陵〔一五七〕。　　安定鉅鹿。右燕〔一五八〕。

利鄉常山。　　宣處右中山〔一五九〕。

修市勃海〔一六〇〕。　　東昌

新鄉

脩故清河。

東陽右清河〔一六一〕。

新昌涿。右燕〔一六二〕。

邯薵〔一六三〕魏。

都鄉東海〔一六四〕。

樂陽常山。

桑中

張常山。右趙〔一六五〕。

景成勃海。

陽興涿。

平隄鉅鹿。

樂鄉鉅鹿。

高郭河間鄭縣〔一六六〕。右河間〔一六七〕。

樂望北海。

成北海。

新利

柳泉南陽。右膠東〔一六八〕。

復陽南陽。

鍾武

高城右長沙〔一六九〕。

海昏豫章。右昌邑〔一七〇〕。

遽鄉常山。右真定〔一七一〕。

廣鄉鉅鹿。

成鄉廣平。

曲梁魏。

平利魏。

平鄉魏。

平纂平原。

成陵廣平。

陽城濟陰〔一七二〕。

祚陽廣平。右平干〔一七三〕。

東襄信都。

樂信鉅鹿。

昌成〔一七四〕信都。

武陶鉅鹿。

歷〔一七五〕鉅鹿。右廣川〔一七六〕。昌慮泰山。

平邑東海。

山鄉〔一七七〕東海。

建陵東海。

合陽東海。

東安東海。

承〔一七八〕東海。

建陽右魯〔一七九〕。

高鄉琅邪。

茲鄉琅邪。

藉陽東海。

都平東海。

棗原琅邪。

箕琅邪。

高廣琅邪。

即來琅邪。右城陽〔一八〇〕。

以上<u>宣帝</u>封〔一八一〕。

右<u>孝文</u>以來侯者二百七十有七,其後王者一十有五〔一八二〕,<u>東牟</u>,<u>楊虚</u>,<u>朸</u>,<u>安都</u>,<u>平昌</u>,<u>武成</u>,<u>白石</u>,<u>阜陵</u>,<u>安陽</u>,<u>陽周</u>,<u>乘氏</u>,<u>桓邑</u>,<u>武始</u>,<u>春陵</u>,<u>襄陵</u>〔一八三〕。別封者七。<u>休分紅</u>,<u>離石分涉</u>,<u>藺分武原</u>,<u>隰成分端氏</u>,<u>臨河分高俞</u>,<u>土軍分鉅乘</u>,<u>千章分夏丘</u>〔一八四〕。

<u>漢</u>自<u>元</u>、<u>成</u>,政出<u>王氏</u>〔一八五〕。其矯僞襃封者,蓋百有五十,見於<u>班</u>表。年淺制率,亡足紀〔一八六〕。洎<u>莽</u>攝据,封繼俞多,亡以述焉〔一八七〕。

惡呼!<u>武帝</u>發<u>主偃</u>之謀,令諸侯王得推恩分子弟,於是諸侯王子孫侯者百七十有七〔一八八〕,元朔二年,制詔御史:“諸侯王或欲推私恩分子弟邑者,令各條上,朕且臨定其號名。”自是,支庶畢侯。元光侯者七,元朔百二十有七,元狩二十五,元鼎五〔一八九〕。而王國遂弱。此<u>賈誼</u>之策也〔一九〇〕。故善爲計者,事立於亡形。

方<u>文帝</u>時,分<u>齊</u>爲五,以封<u>悼惠王</u>之子;<u>淮南</u>爲三,以封<u>厲王</u>之子:則<u>誼</u>之策略施行矣。<u>賈</u>曰:欲天下之治安,莫若衆建諸侯而少其力。割地定制,令<u>齊</u>、<u>楚</u>、<u>趙</u>各爲若干國,<u>燕</u>、<u>梁</u>他國皆然。<u>文帝</u>以<u>代</u>王即位後,分<u>代</u>爲二國。及思<u>賈生</u>言,乃分<u>齊</u>爲七,<u>淮南</u>爲三〔一九一〕。<u>淮南</u>、<u>廬江</u>、<u>衡山</u>,凡三〔一九二〕。<u>城陽</u>、<u>濟北</u>、<u>濟南</u>、<u>葘川</u>、<u>膠西</u>、<u>膠東</u>、<u>齊</u>,凡七國,云六誤〔一九三〕。及乎<u>景帝</u>,因<u>晁錯</u>計欲削七國,而<u>吴</u>、<u>楚</u>遂反〔一九四〕。豈可施之昔而不可行之今哉〔一九五〕?失於欲速而不得其道尒〔一九六〕。<u>錯</u>爲御史大夫,請諸侯之罪過,削其地,收其支郡〔一九七〕。三年,<u>楚</u>來朝,<u>錯</u>請誅之,詔削<u>東海郡</u>。因削<u>吴</u>之<u>豫章</u>、<u>會稽</u>;及前二年<u>趙</u>有罪,削其<u>河間郡</u>;<u>膠西</u>以賣爵有姦,削六縣〔一九八〕。<u>子</u>曰:“欲速則不達〔一九九〕。”<u>東漢</u>疾橫議而黨錮興,<u>文宗</u>急姦竄而<u>訓</u>、<u>注</u>起,同此轍也〔二〇〇〕。鄉使<u>孝景</u>沉思熟計,修禮教、正名分以迪之,則君君、臣臣、父父、子子,不勞而天下定矣,豈有“不削亦反”者〔二〇一〕?計非不臧,惜乎其爲説之鄙也〔二〇二〕。

王國自<u>高帝</u>至<u>孝平</u>,凡六十一;繼封十一〔二〇三〕。

　　親之欲其貴,愛之欲其富,此仁人於弟則然也。兄爲天子,弟爲匹夫,則不足以爲國矣〔二〇四〕。雖然,將以愛之,而不知所以愛之,適害之爾〔二〇五〕。

　　象至不仁,封之有庳,可謂親愛之矣〔二〇六〕。然封之而使吏治其國,象不得有爲於國,則制之亦有道矣〔二〇七〕。欲時時而見,斯使之源源而來,則處之亦有法矣〔二〇八〕。豈若後世燕安嘗試,率然而爲者乎〔二〇九〕?

　　孝武分王諸弟,其恩固已沃矣,然未幾何,衰淫並起,悉就夷威〔二一〇〕。豈教之不至者,適足以害之歟? 乃若孝景,非惟不能教,而又反縱其爲,及其有罪,然後從而誅之,若路人然,可謂親愛之乎〔二一一〕?

　　昔者成王封康叔衛,作書三篇,其所以告戒之者至矣,是以康叔卒能奉承王命,垂法將來,汔爲長世有道之國〔二一二〕。漢諸侯王以百千數,其保於令終者蓋尠,況敢祈永久乎〔二一三〕? 然則,爲之君者其可不知教,而有民社者其可以不知德邪?

【校注】

　　〔一〕歐陽子:謂宋歐陽修。　周有天下,封國七十而同姓五十三,後世不以爲私也,蓋所以隆本枝,崇屏衛:自此而下至“而其勢或使然也”,撮引自修與宋祁所撰新唐書之宗室世系表序。本枝,喻指同一家族之子孫。四庫本“枝”作“支”,同。崇,提高,增强。

　　〔二〕雖其敝也,有末大之患,而猶崇獎扶持:末大,樹木枝端粗大。喻指部屬勢力强大。崇獎,尊崇輔佐。

　　〔三〕入居尚書,出爲督刺:尚書,指尚書省,爲中央執行政務之總機構。督刺,都督、刺史,借代地方高級行政長官。　故雖天下分列,而猶俞於它人:列,“裂”之古字。洪本、吳本、四庫本作“裂”。俞,通“愈”,勝過。

　　〔四〕高帝時,梁、楚、燕、趙出入觖望:高帝,指漢高帝。梁,指梁王彭越。楚,指楚王韓信。燕,指燕王臧荼。趙,指趙王張敖。觖望,不滿,怨恨。　是以兄仲奪國，伯子甫侯：奪，取得。甫，開始。漢書楚元王傳：“高祖兄弟四人，長兄伯，次仲，伯蚤卒。……漢六年，……封次兄仲爲代王，長子肥爲齊王。初，高祖微時，常避事，時時與賓客過其丘嫂食。嫂厭叔與客來，陽爲羹盡，櫟釜，客以故去。已而視釜中有羹，繇是怨嫂。及立齊、代王，而伯子獨不得侯。太上皇以爲言，高祖曰：‘某非敢忘封之也，爲其母不長者。’七年十月，封其子信爲羹頡侯。”

〔五〕而非封建之末敝，豈可芘焉而縱尋斧哉：末敝，衰敗與弊端。芘，通“庇”，蔭庇。縱，放縱，隨意。尋，用。典出左傳文公七年：“此諺所謂‘庇焉而縱尋斧’者也，必不可。”芘焉而縱尋斧，謂一方面得到樹木之蔭庇，一方面又隨意用斧頭砍伐之。

〔六〕文帝封梁王、城陽、甾川：甾川，即菑川。各本“甾”字譌“災”，今訂正。史記孝文本紀二年：“三月，有司請立皇子爲諸侯王。……乃……以齊劇郡立（兄肥子）朱虛侯（章）爲城陽王，立……子揖爲梁王。”又據史記漢興以來諸侯王年表，文帝十六年，封兄肥子武城侯劉賢爲菑川王。　景封河間、常山、長沙、中山：漢書景帝本紀二年：“春三月，立皇子德爲河間王，……發爲長沙王。”又三年六月：“立皇子……勝爲中山王。”又中五年：“夏，皇子舜爲常山王。”　昭封廣陵、高密、廣陽諸國：彥按：此謂“昭封”，有誤。封廣陵者乃武帝，封高密、廣陽者乃宣帝，皆非昭帝所封。漢書武帝本紀元狩六年：“夏四月乙巳，廟立皇子……胥爲廣陵王。”史記三王世家：“宣帝初立，緣恩行義，以本始元年中，裂漢地，盡以封廣陵王胥四子，……最愛少子弘，立以爲高密王。”又：“宣帝初立，推恩宣德，以本始元年中盡復封燕王旦（彥按：漢武帝子）兩子，……立燕故太子建爲廣陽王，以奉燕王祭祀。”　比莽攝而廢矣：漢書王子侯表下松兹戴侯霸：“王莽篡位，絕者凡百八十一人。”

〔七〕徐鄉、嚴鄉、武平、陵鄉之徒，忿然以誅莽：漢書王子侯表下徐鄉侯炔云：“王莽建國元年，舉兵欲誅莽，死。”又嚴鄉侯信云：“（元始）六年，王莽居攝二年，東郡太守翟義舉兵，立信爲天子，兵敗死。”武平侯璜云：“居攝二年，舉兵死。”陵鄉侯曾云：“至王莽六年，舉兵欲誅莽，死。”　死亦足尚矣：尚，尊崇。

〔八〕豈非天猒漢德，而先蔑其人邪：猒，“厭”之古字，嫌棄，憎惡。喬本、洪本如此，餘本作“厭”。蔑，滅，拋棄。

〔九〕抑人事之不既邪：人事，指人世間事。不既，無定。方言卷六：“既，定也。”

〔一〇〕而漢祚亦未必既如此也：既，至。

〔一一〕詩云“懷德維寧，宗子維城”：見詩大雅板。鄭玄箋：“宗子，謂王之適子。”適，“嫡”之古字。

〔一二〕河南：彥按：據漢書地理志上，軹屬河内郡。此河南當是河内之誤。

〔一三〕贅其：彥按：史記惠景閒侯者年表贅其云：“吕后昆弟子，用淮陽丞相侯。”是則路史此入贅其於“文帝封”之國，誤。

〔一四〕東牟：彥按：史記吕太后本紀六年云：“封齊悼惠王子興居爲東牟侯。”齊悼惠王即漢高祖劉邦庶長子劉肥。是則路史此入東牟於“文帝封”之國，亦誤。

〔一五〕滎陽：此從四庫本，餘本“滎”作“榮”。

〔一六〕史“斥”作“𣲺”：今本史記惠景閒侯者年表作“瓜丘”，而索隱本作“斥丘”。　固作“氏”：見漢書王子侯表上。

〔一七〕武城：喬本、洪本、備要本作“武成”，此從吳本及四庫本，以與史記惠景閒侯者年表一致。

〔一八〕右齊之分：齊，指齊悼惠王劉肥。

〔一九〕右淮南之分：淮南，指漢高祖劉邦少子淮南厲王劉長。

〔二〇〕以上文帝封：吳本、四庫本作“右文帝子封”，誤。

〔二一〕右楚之分：楚，指漢高祖劉邦異母弟楚元王劉交。

〔二二〕右梁之分：梁，指漢景帝劉啓同母弟梁孝王劉武。

〔二三〕以上景帝封：吳本、四庫本作“右景帝子封”，誤。

〔二四〕琅邪：四庫本作“瑯琊”。彥按：漢書地理志上琅邪郡有兹鄉，注：“侯國。”

〔二五〕河間：指漢景帝劉啓次子河間獻王劉德。

〔二六〕丹陽：洪本作“丹楊”。彥按：據漢書王子侯表上，長沙定王子句容哀侯黨之封國在會稽。又，漢書地理志上，丹楊郡有句容縣。此似當作“會稽”爲是。

〔二七〕固作“容陵”：見漢書王子侯表上。

〔二八〕長沙：指漢景帝子長沙定王劉發。

〔二九〕右楚：四庫本此二字脱。楚，指楚元王劉交孫楚安王劉道。

〔三〇〕右魯：四庫本作“右魯之分”。魯，指漢景帝子魯共王劉餘。

〔三一〕丹陽：洪本、四庫本作“丹楊”，吳本作“丹揚”。

〔三二〕盱眙：洪本、吳本、四庫本“眙”作“台”，通。

〔三三〕臨淮：備要本“淮”譌“准”。

〔三四〕丹陽：彦按：漢書地理志上，秣陵屬丹揚郡，字作“揚”非作“陽”。

〔三五〕史作“秩陽”：見史記建元已來王子侯者年表。

〔三六〕固作“淮陵”：見漢書王子侯表上。吳本、四庫本“淮陵”作“淮臨”，誤。

〔三七〕江都：指漢景帝子江都易王劉非。

〔三八〕梁：指漢景帝同母弟梁孝王劉武子梁共王劉買。

〔三九〕琅邪：四庫本作“瑯琊”。

〔四〇〕固作“懷昌”：見漢書王子侯表上。

〔四一〕臨衆：漢書王子侯表上如此，史記建元已來王子侯者年表作“臨原”。彦按：似當以作“臨原”爲是。漢書地理志上有臨原（在琅邪郡）而無臨衆。

〔四二〕史作“琅邪”：彦按：“琅邪”疑當作“臨原”。史記建元已來王子侯者年表“臨原”，司馬貞索隱：“表作‘臨衆’。”

〔四三〕北：彦按：“北”下疑脱“海”字。

〔四四〕固作“平的”：見漢書王子侯表上。

〔四五〕菑川：指齊悼惠王劉肥子菑川懿王劉志。

〔四六〕琅邪：四庫本“邪”作“琊”。

〔四七〕右城陽：吳本、四庫本此三字脱。城陽，指齊悼惠王劉肥孫城陽共王劉喜。

〔四八〕尉文：各本“尉”均譌“辟”，今據史記建元已來王子侯者年表及漢書王子侯表上訂正。

〔四九〕㘬：音 chān。

〔五〇〕陰城：喬本、備要本作“陰成”，此從餘諸本，以與史記建元已來王子侯者年表、漢書王子侯表上一致。

〔五一〕趙：指漢景帝子趙敬肅王劉彭祖。

〔五二〕陸城：漢書王子侯表上如此，史記建元已來王子侯者年表作“陘城”。

〔五三〕本作“陘”：彥按：據羅注成例，“本”疑當作“史”。

〔五四〕中山：指漢景帝子中山靖王劉勝。

〔五五〕卑梁：彥按：據下羅注，疑“卑”爲“畢”字之譌。

〔五六〕史、漢作“畢梁”：吳本“漢”字譌“僕”。彥按：據史記建元已來王子侯者年表及漢書王子侯表上，上四國爲漢景帝子廣川惠王劉越之子所封，依前後注文例，此下宜有注文“右廣川”三字。

〔五七〕蔓安：舊本史記建元已來王子侯者年表如此，漢書王子侯表上無“安”字。

〔五八〕州鄉：備要本作“閭鄉”，非。

〔五九〕平成：漢書王子侯表上作“平城”。

〔六〇〕史作“成平”：見史記建元已來王子侯者年表。

〔六一〕蓋：史記建元已來王子侯者年表、漢書王子侯表上均作“蓋胥”。

〔六二〕志在泰山：見漢書地理志上泰山郡。喬本、洪本“泰山”作“太山”，同。

〔六三〕河間：指漢景帝子河間獻王劉德。

〔六四〕固作“陰安”：見漢書王子侯表上。

〔六五〕茌平：茌，吳本、四庫本譌“茬”，備要本譌“任”。

〔六六〕固作“榮關”：見漢書王子侯表上。

〔六七〕史作“周堅”：見史記建元已來王子侯者年表。

〔六八〕漢表在平原：見漢書王子侯表上。

〔六九〕蕺：史記建元已來王子侯者年表作“叢”，同。司馬貞索隱：“叢，音緅。”

〔七〇〕固作“前”：見漢書王子侯表上。

〔七一〕濟北：指淮南厲王劉長子濟北貞王劉勃及勃子濟北式王劉胡。

〔七二〕漢表在上黨:史記建元已來王子侯者年表"離石"司馬貞索隱:"表在上黨,志屬西河。"彥按:今漢書王子侯表上離石侯綰並未言在上黨,疑其文佚。

〔七三〕固作"濕":謂"隰"作"濕"。見漢書王子侯表上。喬本"濕"譌"隰",今據餘諸本訂正。

〔七四〕斥丘:吳本"斥"譌"斤"。下羅苹注"斥"字同。彥按:史記建元已來王子侯者年表及漢書王子侯表上並作"千章"。據下羅注但以"千"字爲非,而未言及"章"字,疑此下一字當從史、漢作"章";今作"丘"者,蓋偶誤。

〔七五〕史作"千"、固作"千":彥按:今本史、漢固俱作"千"。然羅氏此般表述,疑其所見之本,史、漢不同,此兩"千"字或有一爲譌文。

〔七六〕代共:指漢文帝孫代共王劉登。

〔七七〕齊:指齊悼惠王劉肥子齊孝王劉將閭。

〔七八〕濟南:喬本作"濟陽"誤,今從餘諸本改。史記建元已來王子侯者年表"寧陽",司馬貞索隱:"表在濟南。"

〔七九〕郁桹:四庫本"桹"字譌"根"。史記建元已來王子侯者年表作"郁狼"。

〔八〇〕魯:指漢景帝子魯共王劉餘。

〔八一〕辛處:即新處。縣名。漢書地理志下新處在中山國,治所在今河北定州市東北。

〔八二〕固作"陸地",是:史記建元已來王子侯者年表"陘城",司馬貞索隱:"漢表作'陸地'爲得。靖王子貞已封陘,二人不應重封。"

〔八三〕劉備傳:即三國志蜀志先主傳。文曰:"(中山靖王)勝子貞,元狩六年封涿縣陸城亭侯。"

〔八四〕中山:指漢景帝子中山靖王劉勝。

〔八五〕韋昭云,鉅鹿縣:見史記建元已來王子侯者年表"象氏"司馬貞索隱引韋昭云,原文作"在鉅鹿"。

〔八六〕在鄗,屬涿:彥按:此說有誤。史記建元已來王子侯者年表"易",司馬貞索隱云:"志屬涿郡,表在鄗。"是謂漢書地理志、王子侯表對於易地所在,解釋不同。今羅氏乃欲牽合志、表,以鄗屬涿,謬矣。鄗在常山郡(見漢書地理志上），不屬涿郡也。

〔八七〕趙:指漢景帝子趙敬肅王劉彭祖。

〔八八〕史作“洛陵”:見史記建元已來王子侯者年表。吴本、四庫本、備要本“洛陵”謁“洛陽”。

〔八九〕史記建元已來王子侯者年表“攸輿”,司馬貞索隱:“案:今長沙有攸縣,本名攸輿。”

〔九〇〕表在南陽:見漢書王子侯表上。　無之:喬本、洪本、備要本“無”作“无”,乃別字,此從吴本及四庫本。

〔九一〕固云在桂陽:見漢書王子侯表上。吴本、四庫本“桂陽”作“井陽”,誤。

〔九二〕長沙定:指漢景帝子長沙定王劉發。

〔九三〕衙縣:備要本謁“衞縣”。

〔九四〕山州:四庫本“州”謁“川”。

〔九五〕固作“驪丘”:見漢書王子侯表上。四庫本脱“丘”字。

〔九六〕固作“杜原”:見漢書王子侯表上。

〔九七〕城陽共:指齊悼惠王劉肥孫城陽共王劉喜。

〔九八〕勃海:四庫本“勃”作“渤”。

〔九九〕中山靖:指漢景帝子中山靖王劉勝。

〔一〇〇〕見漢書王子侯表上。

〔一〇一〕河間:指漢景帝子河間獻王劉德。

〔一〇二〕琅邪:四庫本作“瑯琊”。

〔一〇三〕勃海:四庫本“勃”作“渤”。

〔一〇四〕琅邪:四庫本作“瑯琊”。

〔一〇五〕牟平:各本“牟”均謁“牛”,今據史記建元已來王子侯者年表及漢書王子侯表上訂正。

〔一〇六〕齊:指齊悼惠王劉肥子齊孝王劉將閭。

〔一〇七〕樂史保州清苑引漢紀“柏陵”:見太平寰宇記卷六八保州清苑縣,文曰:“柏陵城,漢爲縣,前漢帝紀云‘孝武帝封趙敬肅王子終古爲柏陵侯’。”樂史,各本“樂”字錯置於注文末“非”字下;漢紀,各本均謁作“漢祀”:

今並訂正。柏陵,吳本、四庫本、備要本譌作"柏陽"。

〔一〇八〕表"柏暢":見漢書王子侯表上。柏暢,吳本作"伯陽",餘本作"伯暢",皆非。今訂正。

〔一〇九〕趙:指漢景帝子趙敬肅王劉彭祖。

〔一一〇〕一作"桑丘":四庫本脫"丘"字。

〔一一一〕中山:指漢景帝子中山靖王劉勝。

〔一一二〕春陵:喬本如此,餘本均譌"春陵"。

〔一一三〕固作"泉陵":見漢書王子侯表上。　一作"泉陵":今史記建元已來王子侯者年表作"泉陵"。

〔一一四〕長沙:指漢景帝子長沙定王劉發。

〔一一五〕衡山:指淮南厲王劉長子衡山王劉賜。喬本脫"山"字,今據餘諸本補。

〔一一六〕琅邪:四庫本作"瑯琊"。下諸"琅邪"同。

〔一一七〕本作"蕢":彥按:字書無"蕢"字,疑當作"費"。漢書王子侯表上"蕢侯方",顏師古注:"蕢音口怪反,字或作費,音扶未反。又音祕。"

〔一一八〕零葭:史記建元已來王子侯者年表作"零殷",漢書王子侯表上作"虖葭"。

〔一一九〕固作"原洛":見漢書王子侯表上。

〔一二〇〕固作"俠術":今漢書王子侯表上作"挾術"。

〔一二一〕父城:漢書王子侯表上作"文成"。

〔一二二〕挍:各本均作"校",今據史記建元已來王子侯者年表及漢書王子侯表上改。

〔一二三〕或云琅邪被縣:史記建元已來王子侯者年表"挍",司馬貞索隱:"說者或以爲琅邪被縣,恐不然也。"

〔一二四〕襄賁:賁,音féi,各本均譌"賢"。今據史記建元已來王子侯者年表及漢書王子侯表上訂正。

〔一二五〕北海:吳本、四庫本作"山海",誤。

〔一二六〕注與"瓠"同,非:漢書王子侯表上"瓠節侯息",顏師古注:"瓠即瓠字也。"吳本"同"作"司","非"作"兆",俱誤。

〔一二七〕按：吳本譌“授”。

〔一二八〕史作“枸”：見史記建元已來王子侯者年表。

〔一二九〕漢表在東海：見漢書王子侯表上。

〔一三〇〕南陽有淯陽縣：喬本、洪本、吳本、備要本均無“淯陽縣”三字。
彥按：無此三字則語意未完，今據四庫本補。又，據史記建元已來王子侯者年
表及漢書王子侯表上，此上二十國，皆城陽頃王（齊悼惠王劉肥曾孫劉延）諸
子所封，依前後注文例，此下宜有注文“右城陽”三字。

〔一三一〕俞閭：各本“俞”均譌“翕”，今據史記建元已來王子侯者年表及
漢書王子侯表上訂正。彥按：此上四國，皆菑川靖王（齊悼惠王劉肥孫劉建）
諸子所封，依前後注文例，此下宜有注文“右菑川”三字。

〔一三二〕襄陵：史記建元已來王子侯者年表如此，漢書王子侯表上作“襄
隄”。

〔一三三〕河東鉅鹿：彥按：此説有誤。史記建元已來王子侯者年表“襄
陵”，司馬貞索隱云：“表在鉅鹿，志屬河東。”是謂漢書王子侯表與地理志對於
襄陵之所在，解釋不同。今羅氏乃欲牽合表、志，以鉅鹿屬河東，謬矣。鉅鹿在
鉅鹿郡（見漢書地理志上），不屬河東郡也。又，此上二國，爲廣川繆王（漢景
帝孫劉齊）之子所封，依前後注文例，此下宜有注文“右廣川”三字。

〔一三四〕彥按：此上三國，爲膠東康王（漢景帝子劉寄）之子所封，依前後
注文例，此下宜有注文“右膠東”三字。

〔一三五〕齊：指齊悼惠王劉肥子齊孝王劉將閭。備要本譌“濟”。

〔一三六〕沂陵：喬本、洪本、吳本“沂”譌“沠”，今據四庫本及備要本訂正。

〔一三七〕廣川：指漢景帝子廣川惠王劉越。

〔一三八〕勃海：四庫本“勃”作“渤”。

〔一三九〕河間：指漢景帝子河間獻王劉德。

〔一四〇〕猇：音 xiāo。

〔一四一〕鉅鹿：彥按：據漢書地理志上，猇在濟南郡。羅氏以爲在鉅鹿，
誤。考漢書王子侯表上猇節侯起，其“玄孫”一欄云：“侯鉅鹿嗣。”此鉅鹿爲人
名，蓋羅氏誤作地名視矣。

〔一四二〕挹婓：音 jí fēi。

〔一四三〕趙:指漢景帝子趙敬肅王劉彭祖。

〔一四四〕中山:指漢景帝子中山靖王劉勝。

〔一四五〕以上武帝封:吳本、四庫本作"右武帝子封",誤。

〔一四六〕彥按:據漢書王子侯表下,松茲爲六安共王(膠東康王劉寄子劉慶)子劉霸所封國,依前後注文例,此下宜有注文"右六安"三字。

〔一四七〕彥按:據漢書王子侯表下,温水爲膠東哀王(膠東康王劉寄子劉賢)子劉安國所封國,依前後注文例,此下宜有注文"右膠東"三字。

〔一四八〕蘭淇:漢書王子侯表下作"蘭旗",同書地理志上東海郡作"蘭祺"。

〔一四九〕彥按:此上三國,爲魯安王(魯共王劉餘子劉光)之子所封,依前後注文例,此下宜有注文"右魯"二字。

〔一五〇〕彥按:此上二國,爲清河剛王(漢文帝曾孫劉義)之子所封,依前後注文例,此下宜有注文"右清河"三字。

〔一五一〕彥按:據漢書王子侯表下,高城爲長沙頃王(長沙定王劉發孫劉鮒鮈)子劉梁所封國,依前後注文例,此下宜有注文"右長沙"三字。

〔一五二〕中山:指中山靖王劉勝孫中山康王劉昆侈。

〔一五三〕廣川:指廣川繆王劉齊。

〔一五四〕城陽:指城陽共王劉喜曾孫城陽惠王劉武。

〔一五五〕以上昭帝封:吳本、四庫本作"右昭帝子封",誤。

〔一五六〕汝南:吳本脱"汝"字,四庫本"汝"譌"汶"。

〔一五七〕廣陵:指漢武帝子廣陵厲王劉胥。

〔一五八〕燕:指漢武帝子燕剌王劉旦。

〔一五九〕中山:指中山康王劉昆侈及其子中山頃王劉輔。利鄉爲頃王子劉安所封,宣處爲康王子劉章所封。

〔一六〇〕勃海:四庫本"勃"作"渤"。下"勃海"之"勃"同。

〔一六一〕清河:指清河剛王劉義。

〔一六二〕燕:指燕剌王劉旦。

〔一六三〕邯菁:各本"菁"字作"菁",乃俗譌字,今從漢書王子侯表下訂正。

〔一六四〕東海：吳本、四庫本作“東陽”，誤。

〔一六五〕趙：趙敬肅王劉彭祖子趙頃王劉昌。

〔一六六〕河間鄭縣：鄭縣，喬本、洪本、四庫本、備要本作“鄆縣”，吳本作“勤縣川”，皆誤，今據漢書王子侯表下訂正。彥按：據漢書地理志上，鄭屬涿郡，不在河間。至東漢始屬於河間國（見後漢書郡國志二）。

〔一六七〕河間：指河間獻王劉德及其玄孫河間孝王劉慶。上五國，除陽興爲孝王之子封國外，餘四國皆獻王之子所封國。

〔一六八〕膠東：指膠東康王劉寄孫膠東戴王劉通平。

〔一六九〕長沙：指長沙頃王劉鮒鮈。

〔一七〇〕昌邑：指漢武帝子昌邑哀王劉髆。

〔一七一〕真定：指漢景帝曾孫真定烈王劉偃。

〔一七二〕濟陰：彥按：據漢書地理志上，陽城在汝南郡。羅氏謂濟陰，疑誤。

〔一七三〕平干：指趙敬肅王劉彭祖子平干頃王劉偃。

〔一七四〕昌成：洪本、吳本、四庫本作“昌城”，非。

〔一七五〕歷：漢書王子侯表下作“歷鄉”。

〔一七六〕廣川：指廣川繆王劉齊。

〔一七七〕山鄉：各本均作“山陽”，今據漢書王子侯表下訂正。

〔一七八〕承：各本均作“丞”。彥按：漢書王子侯表下作“承鄉”。又，漢書地理志上東海郡亦作“承”。此“丞”當“承”字形譌，今訂正。

〔一七九〕魯：指魯共王劉餘孫魯孝王劉慶忌。

〔一八〇〕城陽：指城陽惠王劉武及其子城陽荒王劉順。上八國，高鄉爲惠王子劉休所封，餘七國爲荒王諸子所封。各本“城”作“成”，“陽”字脫，今據漢書王子侯表下訂補。

〔一八一〕以上宣帝封：吳本、四庫本作“右宣帝子封”，誤。

〔一八二〕右孝文以來侯者二百七十有七：洪本“來”作“徠”。彥按：今據上文所録（不計高后時封惠帝子之四國）統計，僅有二百七十二侯國。

〔一八三〕上注文凡二十九字，吳本、四庫本皆爲正文。　春陵：各本“春”譌“春”，今據漢書王子侯表上訂正。　襄陵：彥按：史記、漢書均不載襄陵侯或其後裔有封王事,疑此有誤。

〔一八四〕上注文凡三十一字,吴本、四庫本皆爲正文,所言之事,俱見於漢書王子侯表上。　隰成:漢書王子侯表上"隰"字作"濕",顔師古注:"濕音它合反。"　鉅乘:四庫本作"鉅乘丘",衍"丘"字。　千章:各本均譌"斥夏",今據漢書王子侯表上訂正。

〔一八五〕漢自元、成,政出王氏:元,指漢元帝劉奭。成,指漢成帝劉驁。王氏,指王莽。

〔一八六〕年淺制率:時間短暫,制度草率。

〔一八七〕洎莽攝据,封繼俞多:攝据,攝政掌權。俞,通"愈",更加。

〔一八八〕武帝發主偃之謀,令諸侯王得推恩分子弟:史記漢興以來諸侯王年表:"漢定百年之間,親屬益疎,諸侯或驕奢忕,邪臣計謀爲淫亂,大者叛逆,小者不軌于法,以危其命,殞身亡國。天子觀於上古,然後加惠,使諸侯得推恩分子弟國邑,故齊分爲七,趙分爲六,梁分爲五,淮南分三,及天子支庶子爲王,王子支庶爲侯,百有餘焉。"參見後紀三炎帝神農氏注〔三七七〕。

〔一八九〕元光:漢武帝年號。

〔一九〇〕漢書賈誼傳載賈誼之策曰:"欲天下之治安,莫若衆建諸侯而少其力。力少則易使以義,國小則亡邪心。令海内之勢如身之使臂,臂之使指,莫不制從,諸侯之君不敢有異心,輻湊並進而歸命天子,雖在細民,且知其安,故天下咸知陛下之明。割地定制,令齊、趙、楚各爲若干國,使悼惠王、幽王、元王之子孫畢以次各受祖之分地,地盡而止,及燕、梁它國皆然。其分地衆而子孫少者,建以爲國,空而置之,須其子孫生者,舉使君之。諸侯之地其削頗入漢者,爲徙其侯國及封其子孫也,所以數償之;一寸之地,一人之衆,天子亡所利焉,誠以定治而已,故天下咸知陛下之廉。地制壹定,宗室子孫莫慮不王,下無倍畔之心,上無誅伐之志,故天下咸知陛下之仁。法立而不犯,令行而不逆,貫高、利幾之謀不生,柴奇、開章之計不萌,細民鄉善,大臣致順,故天下咸知陛下之義。臥赤子天下之上而安,植遺腹、朝委裘而天下不亂,當時大治,後世誦聖。"

〔一九一〕自"賈曰"而下至此,大抵節引自漢書賈誼傳。　及思賈生言:吴本、四庫本"及"作"反",蓋形近而譌。　乃分齊爲七:賈誼傳文作:"乃分齊爲六國。”此蓋據漢書諸侯王表改“六”爲“七”。

〔一九二〕漢書諸侯王表“淮南分爲三”,顏師古注:“謂淮南、衡山、廬江。”

〔一九三〕漢書諸侯王表“齊分爲七”,顏師古注:“謂齊、城陽、濟北、濟南、淄川、膠西、膠東也。”

〔一九四〕晁錯:喬本、洪本“晁”作“晃”,乃別字,今從餘諸本改。

〔一九五〕豈可施之昔而不可行之今哉:四庫本“豈可”作“豈其”,非。

〔一九六〕失於欲速而不得其道尒:失,備要本譌“夫”。

〔一九七〕支郡:漢代諸侯國之屬郡。漢書鼂錯傳:“(錯)遷爲御史大夫,請諸侯之罪過,削其支郡。”

〔一九八〕自上文“三年”至“削六縣”,見史記吳王濞傳。　及前二年趙有罪:及,喬本、洪本、備要本譌“乃”,今從吳本、四庫本訂正。趙,吳本、四庫本作“越”,誤。

〔一九九〕見論語子路。

〔二〇〇〕東漢疾横議而黨錮興,文宗急姦窾而訓注起:横議,恣意議論。横,音hèng。黨錮,見前紀六栗陸氏注〔四五〕。文宗,指唐文宗李昂,公元827—840年在位。姦窾,猶姦詐。窾,通“巧”。訓注,指唐文宗時宰相李訓和鳳翔節度使鄭注。唐文宗即位後,深惡宦官專權亂政,乃與李訓、鄭注等謀除之。大和九年(835)十一月,訓、注詐言金吾仗舍石榴樹有甘露,請上觀之。内官先至金吾仗,見幕下伏甲,遽扶帝輦入内。中尉仇士良率兵誅訓、注及宰相王涯、賈餗、舒元輿等凡十餘家,皆族誅。朝列幾爲之一空,宦官更爲專横,文宗鬱鬱而死。史稱之爲“甘露之變”。宋范純仁論求治不可太急(熙寧二年)云:“所以景帝削七國而晁錯受戮,東漢疾横議而黨錮大興,宋襄公急於求霸以致喪師,唐文宗切於除姦而訓注禍作,此皆前世之明效而後王之龜鑑也。”(見范忠宣奏議卷上)　同此轍也:轍,猶道。

〔二〇一〕鄉使孝景沉思熟計,修禮教、正名分以迪之,則君君、臣臣、父父、子子,不勞而天下定矣:孝景,即漢景帝。熟計,洪本、吳本“熟”作“埶”;“埶”即“熟”之古字。迪,引導。論語顏淵:“齊景公問政於孔子。孔子對曰:‘君君,臣臣,父父,子子。’”　豈有“不削亦反”者:漢書吳王濞傳載鼂錯上書景帝曰:“今吳王……誘天下亡人謀作亂逆。今削之亦反,不削亦反。削之,其反亟,禍小;不削之,其反遲,禍大。"路史即針對此言。

〔二〇二〕臧:善。　鄙:膚淺。

〔二〇三〕孝平:即漢平帝劉衎,公元元年至五年在位。

〔二〇四〕孟子萬章上:"親之,欲其貴也;愛之,欲其富也。封之有庳,富貴之也。身爲天子,弟爲匹夫,可謂親愛之乎?"

〔二〇五〕適害之爾:洪本"適"譌"適"。下"適足以害之"之"適"同。

〔二〇六〕象至不仁,封之有庳:孟子萬章上語。象,帝舜弟。有庳,洪本、吴本"庳"作"昇"。

〔二〇七〕封之而使吏治其國,象不得有爲於國:孟子萬章上:"象不得有爲於其國,天子使吏治其國而納其貢税焉,故謂之放。"

〔二〇八〕欲時時而見,斯使之源源而來:源源,若水之相繼,連續不斷貌。孟子萬章上:"欲常常而見之,故源源而來。'不及貢,以政接于有庳。'此之謂也。"

〔二〇九〕豈若後世燕安嘗試,率然而爲者乎:燕安,心神安定,若無其事之貌。率然,輕率貌。

〔二一〇〕其恩固已沃矣:沃,美,盛。四庫本如此,是,今從之。餘本均作"汰",誤。　衰淫並起,悉就夷威:衰淫,積廢淫逸。洪本、吴本、備要本"衰"譌"哀"。就,受,被。

〔二一一〕乃若孝景,非惟不能教,而又反縱其爲,及其有罪,然後從而誅之,若路人然:洪本"又"字闕文,吴本、四庫本乃失落之。漢景帝有同母弟梁孝王武。初,王入朝,帝時未置太子,與王宴飲,許以"千秋萬歲後傳於王",而後立栗太子。吴、楚等七國反,孝王城守睢陽,拒敵有大功,賞賜不可勝道。乃於封國大治宫室苑囿,招延四方豪桀,出入儀從儗於天子。王入朝,"景帝使使持乘輿駟,迎梁王於關下。"既朝,因留,"入則侍帝同輦,出則同車遊獵上林中。梁之侍中、郎、謁者著引籍出入天子殿門,與漢宫官亡異。"及栗太子廢,太后欲立之爲帝嗣,因大臣袁盎等反對未果,遂使人刺殺袁盎及他議臣十餘人。帝由此疏王。(見史記梁孝王世家、漢書梁孝王武傳)

〔二一二〕作書三篇:即書之康誥、酒誥、梓材。　汔:終。

〔二一三〕令終:善終,謂人得以正常死亡。

東漢

易曰:"大君有命,開國承家,小人勿用[一]。"開國承家,王者之大業,惟不可匪其人[二]。比之匪人,如勿封也[三]。雖然,匪人,禍矣,懼其禍而遂至於不封,亦豈先王之意哉?

高皇帝時,韓、彭、黥、豨,販繒屠狗,咸據要會[四]。而光武之興,寇、鄧、耿、賈,高勳鴻烈,而所封食不過四縣,丁恭猶以不合古制[五]。嘗迹其故:高祖自謀則拙,自戰則敗,平秦夷楚,惟韓、彭是賴,故其爲報,不得而不厚;光武命將,咸繇指授,從令則捷,違教則北,故其爲報,不得而不薄[六]。高祖蓋知"承家"之義,而微"勿用"之文[七]。光武拘於"勿用"之文,而蔽"承家"之義[八]。亦可謂兩失矣。

嗟夫! 孝子慈孫者,善繼人之志,善述人之事者也[九]。固陵之會,韓、彭之徒召或不至,故子房嘔勸捐地,連城駢邑,蓋出一時求安反側,有非經久之計;而光武之心,亦欲一時未足其欲:固皆有待後之人者[一〇]。鄉使孝惠以來,修明禮制,日反于古;顯宗而後,稍正土宇,以漸合于中,——則三代之盛,且復見矣[一一]。惜乎就簡因陋而不知其要,既得之,復失之,以棲遲於短祚也[一二]!詩云:"萬邦之屏","之屏之翰"[一三]。大君有命,其可不思易之所以承家者乎!

同姓侯王

光武五十八	明帝二十八
章帝六十二	和帝九十七
安帝六十五	順帝五十六
沖帝六	質帝十
桓帝十五	靈帝十一

獻帝十二

右四百有二十,列縣、鄉、亭總焉。見熊方之表〔一四〕。紹興十五年進。按光武十三年,侯宗室及絶國百三十有七;十四年,十子始爲公〔一五〕。今可見者,此爾。續志,凡縣、道、國、邑千五百八十七〔一六〕。注:縣大者置令一人,千石;次置長,四百石;小者,二百石〔一七〕。

雖然,東京法:"蕞侯不分茅,長、相内租,列侯守寵而已;自列而降,位博士下,所謂猥諸侯也",亡以述焉〔一八〕。前漢非朝侯、侍祠侯,以下土小國,或以肺腑宿親若公主子孫奉墳墓在京師者,亦隨時見,謂之猥諸侯〔一九〕。中興循之,其列土、特進、朝侯,雖賀正執璧,治民如令、長而不臣,但納租,秩如本縣,無宮室〔二〇〕。其如朝侯,雖挺璧苴社,而土宇殺矣〔二一〕。光武十王,並列圻近;顯宗八子,不茈遠民:方之前朝,地裁十一〔二二〕。是以西漢之王,連城數十,或載黃屋;而東漢之末,四海潰敝,八方不能内侵,則衆建而少其地,真令典也〔二三〕。後志云:漢初立諸王,因項羽所立諸王制,地廣大,且至千里〔二四〕。

惡呼! 周與漢皆封建,其事固不同矣,而皆有諸侯之患。周之初基,諸侯述職,而周以之彊〔二五〕。及其末也,用兵争彊,而周以之弱。西漢之初,大啓九國,而叛者九起〔二六〕。及其末也,分國子弟,而諸侯之患遂消。故論者謂周得之始,而失之於終;漢失之前,而得之於後。

是不然。天下亡不敝之事,而人君有不敝之術。周之所以弱,特自弱爾〔二七〕。方千八百之建也,旦望之勛,不過百里〔二八〕。當此之時,豈得尾大患哉〔二九〕?成康諸侯而彊,平桓諸侯而弱,果侯罪邪〔三〇〕?吴、楚、齊、晉,固曰彊大,然猶迭主夏盟,崇獎夾輔,而不抵于速亡〔三一〕。及漢之興,急於矯枉,不思經久之計,於是大封同姓,周匝三垂,而天子之所有纔十五郡,列侯、公主頗食其中〔三二〕。故韓、黥、彭、豨,相繼叛逆。蓋其始者,既不善矣。及夫主偃策行,而諸侯已亡政;有茅土者,特亦不過食租税〔三三〕。是以哀、成之際,宗室弱極,而新莽得以高步雍容,坐移鼎祚〔三四〕。故予嘗謂:周得之始,而不制於終。漢則首尾兩皆失之。若光武者,雖亡侯王彊大之禍,而本枝之緩,終以少固,此董卓之徒之所以得肆行亡忌而漢遂亡也〔三五〕。然則劉昭致論謂"聖帝英君,欲返斯敗,必當更開同姓之國,置不增之約,然後可以還墜路而反全安之轍",信非譎説〔三六〕。

　　　　異姓侯

光武一百七十四　　　　明帝二十七

章帝二十一　　　　　　和帝二十七

安帝五十一　　　　　　順帝三十二

沖帝三　　　　　　　　桓帝四十五

靈帝四十七

　　右見熊方表。

　　按光武十三年三月,功臣增邑更封三百六十有五,其外戚恩澤封者四十五,不得盡見矣〔三七〕。續志:明、章至順,凡郡國一百五,爲十三郡〔三八〕。光武併省郡國十,凡縣、道、侯國四百餘,爲十三州理。至于末,加置郡國一百五,凡縣、道、侯千一百八十。

　　方桓帝時,封賞逾制,内寵猥盛,於是陳蕃亢疏,謂:古諸侯,上象四七,所以藩屏上國也〔三九〕。高祖之約,非有功不侯。而近習以非義授邑,左右以亡功傳賞,一門之内,侯至數人。是以緯象失度,陰陽繆序〔四〇〕。則封賞之失當,其禍乃如此也。

　　追獻帝時,政歸曹氏,然猶名在漢室。所封之侯,於曄書、壽志可見者百五十有一,名存實亡,兹用不録〔四一〕。

【校注】

　　〔一〕大君有命,開國承家,小人勿用:見易師上六。高亨大傳今注譯曰:"大君將有封賞之命令加于其人,或開國爲諸侯,或受邑爲大夫。"象辭曰:

“‘大君有命’，以正功也。‘小人勿用’，必亂邦也。”大君，天子。

〔二〕匪：通“非”。

〔三〕如：謂不如。此猶“好容易”實謂不容易。

〔四〕韓、彭、黥、狶，販繒屠狗，咸據要會：韓，指韓信。彭，指彭越。黥，指黥布。狶，指陳狶。販繒，指灌嬰，史記灌嬰傳：“灌嬰者，睢陽販繒者也。”屠狗，指樊噲。史記樊噲傳：“舞陽侯樊噲者，沛人也。以屠狗爲事。”上六人，均爲西漢開國功臣而封王、侯。要會，重要都會，要地。

〔五〕寇、鄧、耿、賈，高勳鴻烈，而所封食不過四縣：寇，指寇恂。鄧，指鄧禹。耿，指耿弇。賈，指賈復。上四人，均爲東漢開國功臣而得封侯。鴻烈，大功業。後漢書卷二二論曰：“故光武鑒前事之違，存矯枉之志，雖寇、鄧之高勳，耿、賈之鴻烈，分土不過大縣數四，所加特進、朝請而已。”　丁恭猶以不合古制：後漢書光武帝紀上建武二年：“（正月）庚辰，封功臣皆爲列侯，大國四縣，餘各有差。……博士丁恭議曰：‘古帝王封諸侯不過百里，故利以建侯，取法於雷，強幹弱枝，所以爲治也。今封諸侯四縣，不合法制。’”

〔六〕迹：追尋，推究。　指授：指示、授意。　北：敗。

〔七〕微：無。謂不知。

〔八〕蔽：不明白。

〔九〕孝子慈孫：泛稱孝敬父母、祖先的子孫後輩。　述：繼承。

〔一〇〕固陵之會，韓、彭之徒召或不至，故子房亟勸捐地，連城駢邑，蓋出一時求安反側，有非經久之計：固陵，縣名，治所在今河南太康縣南。駢，並列。反側，謂反側之間，即暫時、眼前。史記項羽本紀：“漢五年，漢王乃追項王至陽夏南，止軍，與淮陰侯韓信、建成侯彭越期會而擊楚軍。至固陵，而信、越之兵不會。楚擊漢軍，大破之。漢王復入壁，深塹而自守。謂張子房曰：‘諸侯不從約，爲之奈何？’對曰：‘楚兵且破，信、越未有分地，其不至固宜。君王能與共分天下，今可立致也。即不能，事未可知也。君王能自陳以東傅海，盡與韓信；睢陽以北至穀城，以與彭越：使各自爲戰，則楚易敗也。’漢王曰：‘善。’於是乃發使者告韓信、彭越曰：‘并力擊楚。楚破，自陳以東傅海與齊王，睢陽以北至穀城與彭相國。’使者至，韓信、彭越皆報曰：‘請今進兵。’”

〔一一〕鄉使孝惠以來，修明禮制，日反于古；顯宗而後，稍正土宇，以漸合于中：孝惠，漢惠帝劉盈，西漢第二位皇帝。修明，四庫本作“脩明”。顯宗，漢明帝劉莊，東漢第二位皇帝。正，治理。土宇，國土，此指諸侯封地。中，謂常規、正則。

〔一二〕就簡因陋：謂滿足於簡陋，因循苟且而不求進取。　棲遲於短祚：棲遲，逗留。短祚，短暫之帝位。

〔一三〕詩云：“萬邦之屏”，“之屏之翰”：見詩小雅桑扈。其文曰：“君子樂胥，萬邦之屏。之屏之翰，百辟爲憲。”鄭玄箋：“王者之德，樂賢知在位，則能爲天下蔽捍四表患難矣。”又云：“王者之德，外能捍蔽四表之患難，内能立功立事，爲之楨榦，則百辟卿士莫不修職而法象之。”屏，屏障。翰，通“榦”，骨幹，棟梁。

〔一四〕熊方之表：熊方，宋右迪功郎，權澧州司户參軍，撰有補後漢書年表十卷。

〔一五〕光武十三年，侯宗室及絶國百三十有七；十四年，十子始爲公：彦按：“光武”宜作“建武”。十四年乃“十五年”之誤。後漢書光武帝紀下建武十三年二月丙辰：“其宗室及絶國封侯者凡一百三十七人。”又建武十五年四月丁巳：“使大司空融告廟，封皇子輔爲右翊公，英爲楚公，陽爲東海公，康爲濟南公，蒼爲東平公，延爲淮陽公，荆爲山陽公，衡爲臨淮公，焉爲左翊公，京爲琅邪公。”

〔一六〕續志，凡縣、道、國、邑千五百八十七：彦按：考續漢書郡國志五交州曰：“漢書地理志承秦三十六郡，縣邑數百，後稍分析，至於孝平，凡郡、國百三，縣、邑、道、侯國千五百八十七。”是此所謂千五百八十七之數，乃西漢時事，非東漢之情。至於東漢，則當以其下文“世祖中興，惟官多役煩，乃命并合，省郡、國十，縣、邑、道、侯國四百餘所。至明帝置郡一，章帝置郡、國二，和帝置三，安帝又命屬國別領比郡者六，又所省縣漸復分置，至于孝順，凡郡、國百五，縣、邑、道、侯國千一百八十”爲據，羅氏蓋未細讀全文而遽引證，遂至張冠李戴，鑄成大錯。

〔一七〕縣大者置令一人：備要本“令”謁“十”。　小者，二百石：彦按：“二”當作“三”。後漢書光武帝紀上“吏不滿六百石，下至墨綬長、相，有罪先請”李賢注引續漢志，作“三百石”。同書百官志五亦曰：“屬官，每縣、邑、道，大者置令一人,千石;其次置長,四百石;小者置長,三百石。”

〔一八〕東京法:“蔑侯不分茅,長、相内租,列侯守寵而已;自列而降,位博士下,所謂猥諸侯也”:東京,指洛陽。東漢都此,因借代東漢。蔑,無,没有。分茅,古天子分封王、侯時,用代表方位的五色土築壇,按封地所在方嚮取一色土,包以白茅而授之,象徵授予土地與權力,謂之“分茅”。長,郡縣行政長官。相,王國、侯國行政長官。内,“納”之古字,交納。寵,恩寵。後漢書百官志五列侯云:“諸王封者受茅土,歸以立社稷,禮也。”劉昭注引胡廣曰:“至於列侯歸國者,不受茅土,不立宫室,各隨貧富,裁制黎庶,以守其寵。”百官志五列侯又云:“每國置相一人,其秩各如本縣。本注曰:主治民,如令、長,不臣也。但納租于侯,以户數爲限。”又云:“舊列侯奉朝請在長安者,位次三公。中興以來,唯以功德賜位特進者,次車騎將軍;賜位朝侯,次五校尉;賜位侍祠侯,次大夫。其餘以肺附及公主子孫奉墳墓於京都者,亦隨時見會,位在博士、議郎下。”劉昭注:“胡廣制度曰:‘是爲猥諸侯。’”

〔一九〕見通典卷三一職官十三歷代王侯封爵。　以下土小國:路史各本均作“以下士小”,誤。今據通典訂正。

〔二〇〕中興循之,其列土、特進、朝侯,雖賀正執璧,治民如令,長而不臣,但納租,秩如本縣,無宫室:中興,指劉秀恢復漢室,建立東漢王朝。列土,指受土封王者。特進,官名。漢代以賜列侯中有特殊地位者。朝侯,官名。漢代以賜有功德之列侯。列土、特進、朝侯三者,地位遞次下降。賀正,指歲首元旦之日,羣臣朝賀。各本均誤倒作“正賀”,今訂正。無宫室,洪本“無”作“无”。後漢書百官志五列侯:“列土、特進、朝侯賀正月執璧云。”彦按:羅氏此注大誤。據後漢書百官志五列侯及劉昭注(參見上注〔一八〕),“賀正執璧”者,諸侯王及列侯中之特進、朝侯也;“治民如令、長而不臣,但納租,秩如本縣”者,謂國相也;“無宫室”者,謂列侯也。今注文乃混爲一談,爲何?

〔二一〕雖挺璧苴社,而土宇殺矣:挺璧,謂持璧。挺,舉。苴社,猶茅社,指古天子分封諸侯,諸侯受茅土而歸國立社。殺,音 shài,減少。

〔二二〕裁:通“纔”,僅僅。

〔二三〕或載黄屋:載,乘坐。黄屋,古代帝王專用的黄繒車蓋,借指帝王之車。　四海潰斁:四海,謂天下。潰斁,破落衰敗。　令典:好的典章制度。

〔二四〕見後漢書百官志五王國。

〔二五〕初基:謂初定基業之時。　述職:古特指諸侯嚮天子陳述職守。孟子梁惠王下:"諸侯朝於天子曰述職。述職者,述所職也。"

〔二六〕西漢之初,大啓九國,而叛者九起:啓,謂啓土,即分封土地。九國,指燕、代、齊、趙、梁、楚、荆吳、淮南、長沙。漢書諸侯王表云:"漢興之初,海内新定,同姓寡少,懲戒亡秦孤立之敗,於是剖裂疆土,立二等之爵。功臣侯者百有餘邑,尊王子弟,大啓九國。"同書賈誼傳云:"高皇帝以明聖威武即天子位,割膏腴之地以王諸公,多者百餘城,少者乃三四十縣,惠至渥也,然其後十年之間,反者九起。"

〔二七〕特自弱爾:吴本"特"譌"恃"。

〔二八〕千八百:相傳周朝初期,封建諸侯千八百國。鹽鐵論輕重云:"周之建國也,蓋千八百諸侯。"　旦望:旦,指周公旦。望,吕望,即姜太公。

〔二九〕豈得尾大患哉:吴本"患"譌"忠"。

〔三〇〕成康:周成王與周康王的並稱。其時天下安寧,刑措不用,史稱至治之世。　平桓:周平王與周桓王的並稱。其時周室式微,政由方伯,史稱衰世。　果侯罪邪:吴本、四庫本"邪"作"耶"。

〔三一〕夏盟:古稱華夏諸侯國間的結盟。

〔三二〕周匝三垂:周匝,環繞。垂,通"陲",邊地。漢書諸侯王表:"漢興之初,海内新定,同姓寡少,懲戒亡秦孤立之敗,於是剖裂疆土,立二等之爵。功臣侯者百有餘邑,尊王子弟,大啓九國。……諸侯比境,周市三垂,外接胡越。天子自有三河、東郡、潁川、南陽,自江陵以西至巴蜀,北自雲中至隴西,與京師内史凡十五郡,公主、列侯頗邑其中。而藩國大者夸州兼郡,連城數十,宫室百官同制京師,可謂撟杠過其正矣。"顔師古注:"三垂,謂北、東、南也。"

〔三三〕茅土:指封地。參見上注〔一八〕。

〔三四〕是以哀、成之際,宗室弱極,而新莽得以高步雍容,坐移鼎祚:哀、成,指漢哀帝與漢成帝。高步雍容,大步而從容。鼎祚,皇位。

〔三五〕本枝之緩,終以少固:本枝,同一家族的嫡系和庶出子孫。緩,弱。固,吴本譌"因"。　董卓:漢末涼州軍閥。少帝昭寧元年(189),應大將軍何進之召進京誅滅宦官。領兵至洛陽而廢少帝,立獻帝。乃自爲相國,專擅朝政,凶恣暴虐,倒行逆施,招致羣雄聯合討伐。又脅獻帝遷都長安,焚燒洛陽宫室。後爲部將吕布所殺。董卓之禍,造成東漢政權日趨衰敗,終至滅亡。

〔三六〕劉昭致論謂"聖帝英君,欲返斯敗,必當更開同姓之國,置不增之約,然後可以還墜路而反全安之轍":見後漢書百官志五王國"太傅但曰傅"劉昭注,原文"然後可以還墜路而反全安之轍"作"乃可還嶮墜之路,反乎全安之轍也"。　讕説:誣妄之言。

〔三七〕按光武十三年三月,功臣增邑更封三百六十有五,其外戚恩澤封者四十五:見後漢書光武帝紀下建武十三年四月。此作"光武"不妥,作"三月"誤。

〔三八〕續志:指續漢書郡國志。

〔三九〕内寵猥盛,於是陳蕃亢疏:内寵,指帝王之姬妾。因是後宫中寵愛的人,故稱。猥盛,衆多。陳蕃,漢桓帝朝光禄勳。亢疏,謂嚮皇帝上書直言。　古諸侯,上象四七,所以藩屏上國也:自此而下至"陰陽繆序",爲陳蕃疏之内容,見後漢書陳蕃傳。諸侯,喬本"侯"譌"候",今據餘諸本訂正。四七,謂四、七相乘,即二十八,指二十八宿。上國,外藩對帝室或朝廷的稱呼。蕃疏原文作:"夫諸侯上象四七,垂燿在天,下應分土,藩屏上國。"李賢注:"上象四七,謂二十八宿各主諸侯之分野,故曰下應分土,言皆以輔王室也。"

〔四〇〕緯象:星象。

〔四一〕曄書、壽志:指南朝宋范曄後漢書及晉陳壽三國志。四庫本"曄"字作"㬢",同;喬本、洪本、吴本作"瞱",乃譌字。此從備要本。

跋

天下之事,欲其成也,常費辭;而其壞也,一言而已〔一〕。事固不可以言句索也。固有言之甚美,而姘於理者〔二〕。小人之言,未嘗不美於君子之言也,未嘗不宜聽於君子之言也,然而姘於理也。"將欲取之,必固予之",斯言信美矣,然謂小信而天下服,其禍不幾乎"一言而喪邦"乎〔三〕?是以聖明達識之主,必廣受謀謨,而常索其利姘於言句之外〔四〕。

　　蓋智以言昏,而事因説惑也,久矣。封建之事,有國之大利,三皇五帝之所以法上象而爲天下後世立簡易可久之法者也〔五〕。秦、漢而下,惟憂不得行之;一有行之,而以一言廢之,固將不勝也。柳子之論,吾固不患焉〔六〕。屬者披蘇文忠海外之篇,有曰:聖人不能爲時,亦不失時〔七〕。三代非不欲罷侯置守,而亡罪不可削也〔八〕。始皇立守宰,若冬裘而夏葛,此不失時也。是固柳子之説也。又曰:自書契以來,臣弑君,子弑父,無不出於襲封而争位者〔九〕。至漢而來,君臣父子相賊弑者,皆諸侯王子孫;其卿大夫不世襲者,未嘗有也〔一○〕。讀之至此,騂然寒而復汗,曰:東坡先生而爲是説也,牢其可摇乎〔一一〕?封建之論,其閣矣〔一二〕!

　　因竊稽之:禽獸奸義,蓋皆出於衰周之世〔一三〕。而諸侯之罷故者,一皆有亡道之資〔一四〕。其争襲者,蓋亡幾也。傳可攷焉。漢諸王國七十有二,其世百八十有六,以罪除者二十七,以法死者二十二;如上所説者,亡有焉。諸王子侯,爲國二百八十有五,其世七百八十有二,其王者十有八,以罪除者百四十六,以誅盡者三十二,而惟二死於奴;如上所説者,亡有焉〔一五〕。高帝功臣之國百四十有三,惠帝之世又倍於此者百國,凡世九百七十有七,以罪除者二百一十有一,不令終者百二十有八,而惟二死於賊,其餘皆以武帝淫刑自盡,或誅殺若弃狗者;而如上所説者,亡有焉〔一六〕。元、成而下,王子之國隨啓隨滅,莽篡而絶者百八十有一國,而如上所説者尤亡矣。東漢之侯,可見者六百餘世,其國除者纔二十數,其誅、其賊死若其建安之死者蓋八十,而惟一死於奴;如上所説者,尤亡矣〔一七〕。先生之言,豈非過論乎?故君子言不可以若是其幾也〔一八〕!

　　今夫世禄之家,不無此禍,余嘗聞之矣,特事不聲於吏,名不上於大夫,有不得而云爾,是豈繇於世襲乎〔一九〕?藉令實爾,而其制利于君,便於民,而惠于後,猶當右顧而行,矧無是邪,而曰李斯之言、柳宗元之論,當爲萬世法〔二〇〕！泌是以爲之解。

　　壬辰八朔書〔二一〕。

【校注】

　　〔一〕常費辭:吳本、四庫本“常”作“嘗”,通。下“常索其利妎”之“常”同。

　　〔二〕妎:音 hài,礙,妨害。

　　〔三〕將欲取之,必固予之:戰國策魏策一任章引周書曰:“將欲取之,必姑與之。”又韓非子喻老:“將欲取之,必固與之。”　然謂小信而天下服:謂,以爲。洪本、吳本、四庫本作“未”,蓋爲音譌。　一言而喪邦:語出論語子路。

　　〔四〕是以聖明達識之主,必廣受謀謨,而常索其利妎於言句之外:達識,學識淵博。謀謨,謀略,計謀。利妎,利害。

　　〔五〕上象:謂天象。

　　〔六〕柳子之論:指唐柳宗元封建論。其大旨云:“封建非聖人意也,勢也。”

　　〔七〕屬者披蘇文忠海外之篇:屬者,近來,近時。披,翻閱。海外之篇,指蘇軾謫居海南期間所作詩文篇章。　聖人不能爲時,亦不失時:自此而下至“此不失時也”,撮引自蘇軾論封建(見蘇軾文集卷五,中華書局 1986 年版)。

　　〔八〕守:守宰,地方長官。

　　〔九〕自書契以來:自此而下至“未嘗有也”,見蘇軾論封建。書契以來,謂有文字以來。書契,指文字。

　　〔一〇〕賊弒:殺害。

　　〔一一〕駭然:喫驚貌。駴,同“駭”。

　　〔一二〕閣:“擱”之古字。擱置,謂棄置不用。

　　〔一三〕奸義:姦邪,指姦詐邪惡之人。義,通“俄”。

　　〔一四〕罹故:遭遇變故。　資:品性。

　　〔一五〕以誅盡者三十二:洪本、吳本“誅”作“殊”。下“其誅、其賊死”之“誅”同。

　　〔一六〕賊:對作亂或起義者之貶稱。　淫刑:濫用刑罰。

　　〔一七〕其賊死若其建安之死者:賊死,謂爲作亂或起義者殺死。洪本“賊”譌“賦”。建安之死者,指漢末建安年間死於黃巾起義軍者。

〔一八〕故君子言不可以若是其幾也:典出論語子路:"定公問:'一言而可以興邦,有諸?'孔子對曰:'言不可以若是其幾也。'"楊伯峻譯注釋"幾"爲"拘執,拘泥"。

〔一九〕事不聲於吏,名不上於大夫:聲,稱説。大夫,借代朝廷高官。

〔二〇〕而其制利于君:吳本"制"譌"志"。　猶當右顧而行,矧無是邪:右顧,"笑"之歇後語。典出左傳昭公二十四年:"余左顧而欲,乃殺之;右顧而笑,乃止。"邪,吳本、四庫本作"耶"。　而曰李斯之言、柳宗元之論,當爲萬世法:蘇軾論封建:"吾以李斯、始皇之言,柳宗元之論,當爲萬世法也。"彥按:李斯、始皇之言,見於史記秦始皇本紀。其文曰:"秦王初并天下,……丞相綰等言:'諸侯初破,燕、齊、荊地遠,不爲置王,毋以填之。請立諸子,唯上幸許。'始皇下其議於羣臣,羣臣皆以爲便。廷尉李斯議曰:'周文武所封子弟同姓甚衆,然後屬疏遠,相攻擊如仇讎,諸侯更相誅伐,周天子弗能禁止。今海内賴陛下神靈一統,皆爲郡縣,諸子功臣以公賦税重賞賜之,甚足易制。天下無異意,則安寧之術也。置諸侯不便。'始皇曰:'天下共苦戰鬭不休,以有侯王。賴宗廟,天下初定,又復立國,是樹兵也,而求其寧息,豈不難哉!廷尉議是。'分天下以爲三十六郡,郡置守、尉、監。"

〔二一〕壬辰八朔:壬辰,指宋孝宗乾道八年(1172)。八朔,八月初一。

路史卷三十一

國名紀八

封建後論

惡呼！治古不可見矣。予嘗稽古之所以爲治之具，見其不可得而跂及，而爲後世之所輕毀，而至於慟矣[一]。

若古聖王，思建一事，立一法，必爲萬世不可易之計；其所周旋，必有不可容喙之處[二]。逮爲之也，不恤一身之勞，不憚百年之久，而必爲之長慮盡策，持之以定，期於成而後已，故或有跨數世而後始克有立焉者[三]。逮其立也，靡愆于素，自然蘊利而足世守，蓋以一勞永佚，豈使朝庚而夕改哉[四]？雖其中間或有損益，亦其小者；而其大者，終不可以少指也[五]。故孔子曰：殷因於夏，周因於殷[六]。因之而已，未聞有改，其所損益，固可知也。往者然矣，來者其有異乎？大者已足，因而不改；小有損益，救弊時生，豈難知哉[七]？又曰：其或繼周者，所損益，雖百世可知也[八]。何特百世，千世之至，可坐而知也。豈惟孔子知之，如泌之愚，亦可以豫知之也[九]。奈何後世不求其故，不知千世之利、百聖之勞，而見其一朝之害，則軒然肆毀，曾不遺疑，遂使萬世莫良之法，一朝而歸於甌壞，豈不哀哉[一〇]？

原昔先王之立法也，正朔、服色之外，自伏羲、神農、黃帝、堯、舜,歷夏、商、周,世世守之,未之有改[一一]。至於秦氏,世尚權謀,以變詐有爲、富國强兵而有天下,徂於故習,遂取先王之法一切變革而不之顧[一二]。其繼秦者,覩其有爲近利,而不知利近者禍急,若長慮者之可以久安也;更以有爲爲能,而以守常爲握蹄,循之爲常,争事改作[一三]。罷封建,廢井田,隳里選,除肉刑,先王良法掃地就盡,而爲治者猶云復古,交曰追治,殊不知本既拔矣而切切焉溉壅,欲以青其柯而握其枝,後難繼矣[一四]。顧常言之:萬事失理,皆繇封建之法弛也。

封建之事,自三皇建之於前,五帝承之於後,而其制始備;歷夏達商,爰周郅隆,而後其法始密:可謂勞矣[一五]。不幸後世,上失其制,諸侯僭天子,大夫僭諸侯;禮樂征伐,侵尋四潰,而王官方伯,相與黷貨,莫之或討;浸淫浸泆,以至亡而後已[一六]。故人皆曰:周以弱亡。論者徒見周之弱亡,則以爲建侯之罪,而不知其所以長者,正以國存也[一七]。鄉使上之人稍失制於郡縣之前,則夷、厲已失之矣,夷、厲不失,此封建之得也[一八]。

秦以險資,濫居天位,見周之亡以弱,而己之得以侯,又懲前日取之之難而用力之多者以六國也,於是罷侯置守,功臣宗室,尺地蔑有[一九]。當是時,秦固謂得計矣。然日未幾,劉項興於龍斷,惡在得土乃王哉[二〇]?

賈生之計諸侯,不過欲衆建而小其力,而柳子乃以爲郡縣之利,朝拜而不道則夕絀之,夕授而不法則朝斥之[二一]。是不以諸侯爲難制而郡縣爲易支歟?是何三代建國,無匹夫橫行之禍;秦、漢置守,羣盗並起而州郡莫有制者;東周雖萎,然猶侯伯相維而未遽亡;莽、卓盗漢,天下郡縣無一人敢議者[二二]?部刺史以六條問事,五爲二千石不法[二三]。而部刺史或不循守,與郡相迫促,則匹夫叫呼,不數十輩,歷十數郡,莫誰何者[二四]。斗筲穿窬,移國楗柘之間,莫之或阻,雖南郡一太守慷慨奮事,亦不旋踵而就夷滅,則郡縣之權素奪,陵遲至此而不足恃也〔二五〕。以唐明皇號能優假守刺,躬加勵擇,至於以侍從選,可謂重矣,而一禄山變起河北,二十四州靡然胥應:建國立郡,其事概可見矣〔二六〕。

方漢之初,首鑒秦轍,革土宇,建諸侯,計非不韙也〔二七〕。惟其法制不立,以故中有不掉之憂〔二八〕。漢之君臣不知乎此,而乃專專歸咎强大,于是極意以謀弱之〔二九〕。逮元、成時,宗國弱盡,而王氏之子孫已滿朝宁;王侯宗室,厥角稽首,至陳符命,上璽書,無一人焉爲之禦:其禍福亦明矣〔三〇〕。世祖隆興,仿鑒時弊,然而不原其本,元功碩德,一茅不建,故當靈、獻,奇禍迭作,而内外無援〔三一〕。曹氏懲之,宗賢雜置,而亦復隔千里,第存名號〔三二〕。是以元首致論而爽弗知思,及乎一旦浮梁奏泥,至求死而不得,魏之封圉亦自是不復國〔三三〕。晉復懲魏,倍開同姓,然而矯枉過正,置軍授職,卒致八王,禍不還踵:則制之失其道也〔三四〕。宋、齊之間,爰以晉戒,諸王宗國,護以典籤;而諸王之誅,悉以典籤〔三五〕。宇文懲之,復失孤弱。及隋文之混一,申鑒其事,夫何討究莫及,壞子介宗,悉援大鎮,即致驕奢不度,權侔帝室,而不得以令終〔三六〕?

嗟乎,天下果難制哉!繇秦汔魏,五百年間,下之所以翊翊而議,上之所以擾擾而治,悁呅斐亹之不一者,惟封建之不決也〔三七〕。繇晉汔隋,五百年間,下之所以翊翊而議,上之所以擾擾而治,悁呅斐亹之不一者,惟郡縣之不專也。時人失之東,後必西;鄉者誤之白,今必黑:此歷世寶臣揺議建國立郡之大較也〔三八〕。曶中憒憒,曷嘗只尺之或見哉〔三九〕?

有唐太宗,亦可謂英明不世出之主矣,方其有天下,感周官"惟王建國,辨方正位,體國經野,設官分職,以爲民極"之語,慨然以爲不封建、不井田而欲復周公之治不可得,于是奮然講封建事,而以陳就之事望之魏徵,可謂得獨見之高矣〔四〇〕。惜乎明之不至,不能斷之於己,其會直中書,徵不能定,而設爵之制遂興,建封國論汔不行於天下〔四一〕。而禮樂陙壞之象,帝尚閔焉〔四二〕。是以當時雖號大定,府兵方靖,然而武氏一亂,幾以不唐〔四三〕。改彍騎,變藩鎮,炰然蔓擾,而卒以亡唐〔四四〕。則天下之勢,不立,其禍正如此也〔四五〕。

即此語之,"封建"二字,千五六百年而議未定也,而暇大修政事邪? 故曰:天下之枉,未足以害理,而矯枉之枉常深;天下之弊,未足以害事,而救弊之弊常大。是皆率作興事,致慮不熟之所致也〔四六〕。

方至和之二年,范蜀公爲諫院〔四七〕,建言:"恩州自皇祐五年秋至去年冬,知州者凡七換。河北諸州大率如是。欲望兵馬練習,渠可得也? 伏見雄州馬懷德、恩州劉渙、冀州王德恭,皆材勇智慮,可責辨治,乞令久任。"然事勢非昔,今不從其大,而徒舉三二州爲之,以一簣障江河,徒無益也〔四八〕。名臣傳〔四九〕。

請以誰昔河東之折、靈武之李,與夫馮暉、楊重勛之事言之〔五〇〕。

馮暉節度靈武,而重勛世有新秦:藩屏西北〔五一〕。它日,暉卒,太祖武皇爰徙其子馮翊,而以近鎮付重勛,於是二方始費朝廷經略〔五二〕。折、李二姓,自五代來,世有其地,二虜威之〔五三〕。武皇於是俾其世襲,每謂:"虜寇内入,非世襲有不守。世襲則其子孫久遠,家物勢必愛吝,分外爲防。設或叛渙,自可理討。縱其反噬,原陝一帥禦之足矣。況復朝廷恩信不爽,奚自而它〔五四〕?"斯則聖人之深謀,有國之極筭,固非末垂窮谷、流俗淺近者之所知也〔五五〕。厥後議臣遽以世襲不便,折氏則以河東之功姑令仍世,而李氏遂移陝西兩鎮,因兹遂失靈、夏〔五六〕。國之與郡,其事固相遼矣。

高宗在御,范宗尹等會議,將以京畿東西、湖北、淮南並分爲鎮,以鎮撫使爲名;除茶鹽之利,國計所繫,歸之朝廷,依舊置提督官,其餘監司悉罷;財賦除上供外,並聽帥臣移用;州縣官許辟置,惟知通須奏朝廷審授;軍興許以便宜從事;帥臣非召擢不除代,捍寇有功則許世襲[五七]。上詔從之。既擬世襲,上曰:"若便世襲,恐事太重。當俟保守無虞,然後許之[五八]。"于是詔以河南、河陽、唐、汝授河南翟興,以楚、泗、漣水授楚州趙立,以滁、濠授滁州劉位,以光、黃授光州吳翊,以舒、蘄授舒州李成,海及淮陽授海州李彥先,承及天長授承州薛慶,和與無爲授和州趙霖,並爲鎮撫使[五九]。既而成以舒、蘄叛,擾江西,——此失於議臣輕舉而不知政也[六〇]。

　　李牧爲趙將,功以久而成[六一]。李勣守太原,威以久而立[六二]。將帥屢易,是乃昔人陰計中吳,使渾、濬成功者[六三]。責任不專與雖專而不久,欲其有成,那可得也?使數子者一時反噬,禦之原陝一帥誠足,何世襲不便之有[六四]?論者乃以武皇之懲唐末五季之事,而以鎮兵歸朝廷爲不可復封建,愚竊以爲不然。

　　夫武皇之不封建,特不隆封建之名;而封建之實,固已默圖而陰用之矣[六五]。李漢超,齊州防禦,監關南兵馬凡十七年,胡人不敢窺邊[六六]。郭進以洺州防禦守西山巡檢,累二十年[六七]。賀惟忠守易,李謙溥刺隰,姚內斌知慶,皆十餘載[六八]。韓令坤鎮常山,馬仁瑀守瀛,王彥昇居原,趙贊處延,董遵誨屯環,武守琪戍晉,何繼筠牧棣,若張美之守滄竟,咸累其任;管榷之利,賈易之權,悉以畀之;又使得自誘募驍勇以爲爪牙,軍中之政俱以便宜從事[六九]。是以二十年間,少無西北之虞[七〇]。深機密策,蓋使人舔之而不知爾。胡爲議者不原其故,遂以兵爲天子之兵,郡不得而有之[七一]。故自寶元、康定,以中國勢力而不能亢一偏方之元昊;靖康醜虜,長驅百舍,直擣梁師,蕩然無有藩籬之限;卒之橫潰,莫或支持[七二]。舔今日言之,奚啻冬冰之冰齒[七三]。

　　惡呼!欲治之君不世出,而大臣者,每病本務之不知。此予所以每咎徵、普，以爲唐室、我朝之不封建，皆鄭公、韓王之不知以帝王之道責難其主，而爲是尋常苟且之治也〔七四〕。

式觀昔之譔著，欲論定者衆矣〔七五〕。揚雄、王通，固無尤也〔七六〕。陸平原之論，所論據古驗今而反覆者，自時無或肥之〔七七〕。至李百藥始建“曆祚不緣封建”之説，而後好新奇者作，宗元於是孽孽文之，可謂不達國體者矣〔七八〕。下逮宋祚，惑於其説而誤於杜佑之言，遂遽以謂建侯置守，當如質文之遞救〔七九〕。夫朝庚夕改者，乃小家之錡釜、老媪之缾盆且猶不可，而兹何事邪〔八〇〕！

予爲國名記，愴先王之事，時而暢之，不能自已，因併著異時之肤論于後以俟〔八一〕。句〔八二〕。它日，必有能熟其制，詳其禮，濟之以必，而持之以久，容易行之如主父者〔八三〕。熟其制，則無嘗試之爲；詳其禮，則有可遵之法；濟之以必，則事無不成；持之以久，則事無不定矣〔八四〕。尸臣人牧，又奚患於作舍不成與尾大不掉之咎邪〔八五〕？

郭進爲洺州防禦使，充西山巡檢，以備并寇〔八六〕。太祖言：“進控扼西山十餘年，使我無北顧憂。”石林燕語云“知雄州”，“捍契丹”，皆誤〔八七〕。按建隆垂統録云，“充西山巡檢，前後二十年餘”，戰功居多而已〔八八〕。賀惟忠以儀鸞使知易州，威名震於北虜〔八九〕。李謙溥，隰州刺史，在郡十年，戎人不敢犯其境〔九〇〕。内斌以虢州爲慶州刺史，在郡十餘年，戎人不敢犯塞〔九一〕。遵誨以散員都虞候爲通遠軍使，後就拜羅州刺史兼靈州路都巡檢，在軍十四年，戎人悦附〔九二〕。

當景德初，陳貫建言：“李漢超守瀛，虜不敢視關南尺寸地。而今將帥大概用恩澤進，雖謹重有可信，然卒與敵遇則不知所爲，故虜勢益張，兵折於外者二十年〔九三〕。”此失得之機也〔九四〕。是年，以趙延祚爲雄州北關巡檢。延祚，州之大姓，自太宗朝以結虜中豪傑，多得其動静利便，故能久制戎虜〔九五〕。此皆世襲之利也。

【校注】

〔一〕予嘗稽古之所以爲治之具，見其不可得而跂及，而爲後世之所輕毁：具，謂具備之條件。跂及，猶企及。踮起腳來纔够得著，謂勉力做到。洪本、吴本"跂"譌"跋"。而爲，吴本、四庫本作"其爲"，非。

〔二〕其所周旋，必有不可容喙之處：周旋，謂籌謀策劃。容喙，插得上話，謂參與議論。吴本、四庫本"喙"譌"啄"。

〔三〕恤：憂慮，顧念。吴本、四庫本作"惜"。

〔四〕靡愆于素：靡愆，不違背。吴本"愆"字譌"德"。素，平生，本初。朝庚而夕改：庚，通"更"，更改，變易。

〔五〕指：直立，豎起。

〔六〕殷因於夏，周因於殷：論語爲政："子曰：'殷因於夏禮，所損益，可知也；周因於殷禮，所損益，可知也；其或繼周者，雖百世可知也。'"洪本、吴本二"殷"字皆作"郼"，詞異而義同。

〔七〕大者已足，因而不改：吴本"因"譌"自"。彦按："足"疑"定"字形譌。

〔八〕見上注〔六〕。

〔九〕豈惟：四庫本"惟"作"唯"。

〔一〇〕軒然：情緒高昂貌。　亟壞：敗壞。亟，通"極"，疲敗。

〔一一〕原：推究。

〔一二〕變詐：巧變詭詐。　徂於故習：徂，通"阻"，妨礙。喬本、洪本、四庫本、備要本作"狃"，吴本作"徂"。彦按：作"狃"不合此處文意。"徂"蓋"徂"字漏書二筆，今從之，訂作"徂"。

〔一三〕若長慮者之可以久安也：彦按："若"上當脱一字，若"孰""未"之類。　握齱：即齷齪，謂器量狹小。握，四庫本作"齷"。齱，同"齪"。

〔一四〕里選：古代選拔人才的一種方式。從鄉里中考察推薦。　就盡：將盡。　而爲治者猶云復古，交曰追治：吴本、四庫本"云"作"曰"。交，皆。追治，補救之治，補救措施。　切切焉溉甕：切切焉，急切貌。溉甕，以甕灌溉。甕，用於汲水之陶製容器。　欲以青其柯而揠其枝：柯，樹枝。揠（yà），拔起。　後難繼矣:難,災難。

〔一五〕爰周郅隆:爰,及,至。郅隆,昌盛,興隆。郅,大。　可謂勞矣:勞,謂費心。

〔一六〕諸侯僭天子,大夫僭諸侯:洪本“諸侯僭”譌“諸制僭”。公羊傳昭公二十五年:“子家駒曰:‘諸侯僭於天子,大夫僭於諸侯,久矣。’”　禮樂征伐,侵尋四潰:此謂禮樂征伐之制度漸漸毀壞。論語季氏:“孔子曰:‘天下有道,則禮樂征伐自天子出;天下無道,則禮樂征伐自諸侯出。’”　黷貨:貪污納賄。　浸淫浸洗:日漸淫洗。

〔一七〕則以爲建侯之罪:四庫本如此,是,今從之。餘本“之罪”作“之之罪”,當衍一“之”字。　正以國存也:國,指諸侯國。

〔一八〕則夷、厲已失之矣:夷、厲,指周夷王姬變與周厲王姬胡父子。失,謂失制。　夷、厲不失:不失,謂不失周祚。

〔一九〕秦以險資,濫居天位:險資,陰險之天性。濫,猶僭。　憛:同“憤”,怨恨。　尺地蔑有:吳本“尺地”譌“天地”。

〔二〇〕然日未幾,劉項興於龍斷:日,四庫本作“而”。劉項,劉邦、項羽的並稱。龍斷,即壟斷,山岡,喻指民間。

〔二一〕賈生之計諸侯,不過欲衆建而小其力:四庫本“小”作“少”。參見國名紀七漢王子國注〔一九○〕。　而柳子乃以爲郡縣之利,朝拜而不道則夕絀之,夕授而不法則朝斥之:見柳宗元封建論。原文作:“朝拜而不道,夕斥之矣;夕受而不法,朝斥之矣。”洪本、吳本“斥”譌“斤”。

〔二二〕萎:衰落,衰弱。　盜:謂篡權。

〔二三〕部刺史以六條問事,五爲二千石不法:部刺史,漢武帝元封五年(前106),分全國爲十三部(州),各置部刺史一人以督察郡國政治。後通稱刺史。六條,據漢書百官公卿表上“武帝元封五年,初置部刺史,掌奉詔條察州”顏師古注引漢官典職儀:“一條,强宗豪右田宅踰制,以强陵弱,以衆暴寡。二條,二千石不奉詔書遵承典制,倍公向私,旁詔守利,侵漁百姓,聚斂爲姦。三條,二千石不卹疑獄,風厲殺人,怒則任刑,喜則淫賞,煩擾刻暴,剝截黎元,爲百姓所疾,山崩石裂,祅祥訛言。四條,二千石選署不平,苟阿所愛,蔽賢寵頑。五條,二千石子弟恃怙榮勢,請託所監。六條,二千石違公下比,阿附豪强,通行貨賂,割損正令也。”二千石,漢制郡守、諸侯相俸禄爲二千石,因以指稱郡守及諸侯相。

〔二四〕迫促:逼迫。　匹夫叫呼,不數十輩,歷十數郡:叫,同“叫”,備要本作“叫”。輩,個(指人),喬本作“軰”譌,此從餘本。十數,四庫本作“數十”。

〔二五〕斗筲穿窬,移國梐枑之間:斗筲,斗與筲(竹器,容一斗二升),皆量小的容器,喻指小人。穿窬,挖牆洞、翻牆頭,謂偷竊。梐枑(bì hù),又稱“行馬”或“拒馬叉子”,古代官署前用於阻攔人馬通行之木架子。以木條兩兩交叉作爲支架,一木橫架貫串其上。彦按:此句以喻指王莽竊國。　雖南郡一太守慷慨奮事,亦不旋踵而就夷滅:彦按:南郡當作東郡。東郡一太守,指西漢翟義。漢書翟義傳:“徙爲東郡太守。數歲,平帝崩,王莽居攝,義心惡之,乃謂姊子上蔡陳豐曰:‘新都侯攝天子位,號令天下,故擇宗室幼稚者以爲孺子,依託周公輔成王之義,且以觀望,必代漢家,其漸可見。方今宗室衰弱,外無彊蕃,天下傾首服從,莫能亢扞國難。吾幸得備宰相子,身守大郡,父子受漢厚恩,義當爲國討賊,以安社稷。欲舉兵西誅不當攝者,選宗室子孫輔而立之。設令時命不成,死國埋名,猶可以不媿於先帝。今欲發之,乃肯從我乎?’”同書外戚恩澤侯表:“居攝元年,(翟宣)弟東郡太守義舉兵欲討莽,莽滅其宗。”又宣元六王傳東平思王宇亦曰:“王莽居攝,東郡太守翟義與嚴鄉侯信謀舉兵誅莽,立信爲天子。兵敗,皆爲莽所滅。”　則郡縣之權素奪:吳本“郡”譌“部”。

〔二六〕以唐明皇號能優假守刺,躬加勵擇:優假,優待照顧。守刺,太守與刺史。泛指地方長官。勵(lǜ),勉勵。　靡然胥應:靡然,草木順風而倒貌。比喻聞風而動。胥,皆。

〔二七〕革土宇:洪本“革”譌“華”。

〔二八〕不掉之憂:不掉,謂尾大不掉。比喻屬下勢强,不聽從調度指揮。掉,擺動、搖動。憂,禍患。

〔二九〕專專:專一,一味。　極意:盡心。

〔三〇〕朝宁:朝位,朝廷百官之列。宁,音 zhù,古代宫殿之門、屏間,爲國君視朝、人臣列位之處。也作“著”。洪本、吳本作“箸”,非。　厥角稽首:孟子盡心下“若崩厥角稽首”之省文。謂叩頭之聲響有如山崩。形容十分恭敬。角,指額角。　陳符命:符命,上天預示帝王受命的符兆。漢書王莽傳上:“前煇光謝囂奏武功長孟通浚井得白石,上圓下方,有丹書著石,文曰'告安漢公莽爲皇帝'。符命之起,自此始矣。"　上璽書:彥按:"書"疑當作"韍"或"綬"。璽韍(綬),古代印璽上所繫的彩色絲帶,借指印璽(皇帝之印信)。漢書諸侯王表:"王莽知漢中外殫微,本末俱弱,亡所忌憚,生其姦心;因母后之權,假伊周之稱,顓作威福廟堂之上,不降階序而運天下。……漢諸侯王厥角稽首,奉上璽韍,惟恐在後。"　無一人焉爲之禦:禦,抗拒。喬本、洪本、備要本作"籞",字非其義,此從吳本及四庫本。　其禍福亦明矣:禍,洪本作"祻"同,即"禍"字。吳本、四庫本、備要本作"禍";下"奇禍迭作"、"禍不還踵"之"禍"同。

〔三一〕世祖隆興,仍鑒時弊:世祖,指漢世祖,即東漢開國之君光武帝劉秀。仍,通"扔",盡力。　元功碩德:泛稱立大功、有大德之人。　一茅不建:猶言寸土不封。　靈獻:漢靈帝、漢獻帝之合稱。

〔三二〕宗賢雜置,而亦夐隔千里:宗賢,宗親與賢士。夐(xiòng),遠。

〔三三〕是以元首致論而爽弗知思,及乎一旦浮梁奏泥,至求死而不得:元首,指魏明帝曹叡。爽,指魏大將軍曹爽。浮梁指洛水浮橋。泥,音nì,阻滯。明帝臨終,詔曹爽與太尉、宣王司馬懿共輔少主。然及齊王即位,曹爽遂架空司馬懿而獨擅朝政,此所謂"元首致論而爽弗知思"也。魏正始十年正月,曹爽兄弟從車駕朝高平陵,司馬懿乘機發動兵變,出屯洛水浮橋,並上奏郭太后免曹爽職,"爽得宣王奏事,不通,迫窘不知所爲",此所謂"浮梁奏泥"也。爽"於是遣(許)允、(陳)泰詣宣王,歸罪請死",然終被控以"大逆不道"之罪而伏誅,夷三族,此所謂"至求死而不得"也。事備載三國志魏志曹爽傳。　魏之封圉亦自是不復國:封圉,封疆、國土。

〔三四〕倍開同姓:謂加倍設立同姓侯王。開,開創,設立。　卒致八王:八王,謂汝南王亮、楚王瑋、趙王倫、齊王冏、長沙王乂、成都王穎、河間王顒、東海王越。此指八王之亂。西晉初,司馬氏大封宗室,並使之掌握重兵實權。晉武帝死,惠帝立,惠帝妻賈后與外戚楊駿爭權,殺駿,用汝南王輔政。汝南王專權,賈后復使楚王殺汝南王,旋又殺害楚王,其後趙王、齊王起兵殺賈后。趙王僭位,以惠帝爲太上皇。成都王起兵殺趙王,長沙王殺齊王,河間王又殺長沙王,東海王起兵復殺河間王。諸王相互攻殺,至惠帝死,懷帝立,內訌長達十六年,史稱"八王之亂"。　　禍不還踵:形容災禍很快來臨。不還踵,來不及轉身。還,通"旋",旋轉。踵,脚跟。

〔三五〕典籤:官名。亦稱籤帥。原爲州、府掌管文書的佐吏。南朝宋時由於多以年幼的皇子出鎮,皇帝委派親信擔任此職協助處理政事。以後權勢漸重,即使年長皇子或其他人出任刺史,亦爲其所控制。乃至時人有"諸州唯聞有籤帥,不聞有刺史"之説。

〔三六〕及隋文之混一,申鑒其事:隋文,隋文帝,即隋朝開國皇帝楊堅。洪本、吴本"隋"作"隨"。下"縣晉汎隋"之"隋"同。混一,謂統一天下。申,重,再。　　夫何討究莫及,壤子介宗,悉援大鎮:討究,探討研究。壤子介宗,謂封皇子及宗室土地。壤,疆域。介,"界"之古字,疆界。援,取。大鎮,指軍事上占有重要地位的大城鎮。

〔三七〕玒玒:音 hóng hóng,猶哄哄,嘈雜貌。　　擾擾:紛亂貌。　　惛恢:繁亂駁雜貌。恢,通"恢",音 náo。詩大雅民勞"無縱詭隨,以謹惛恢"毛亨傳:"惛恢,大亂也。"　　斐亹:文彩絢麗貌。亹,音 wěi,美。

〔三八〕鄉者誤之白:四庫本如此,是,今從之。餘本"白"譌"自"。　　此歷世寶臣摺議建國立郡之大較也:寶臣,可器重信賴之臣。摺議,議論。摺,"措"字俗體。大較,大略,大概。

〔三九〕憒憒:糊塗。　　只尺:即咫尺。周制八寸爲咫,十寸爲尺。形容距離極近。

〔四〇〕有唐太宗:吴本、四庫本"太"作"大"。此下所述唐太宗講封建事,見隋王通中説録唐太宗與房魏論禮樂事。　　惟王建國,辨方正位,體國經野,設官分職,以爲民極:見周禮天官冢宰。體國經野,分割國都,丈量田野。極,準則。　　陳就之事:陳就,"陳力就列"之省文。指在所任職位上恪盡職守。語出論語季氏:"周任有言曰:'陳力就列,不能者止。'"

〔四一〕明之不至:明智之程度尚未達到。語出柳宗元天爵論:"故人有好學不倦而迷其道、撓其志者,明之不至耳。"　　其會直中書,徵不能定:會直,會議並值宿(實但謂留宿)。直,"值"之古字。中書,謂中書省。官署名。與尚書省、門下省合稱三省,共理軍國政務。掌草擬詔令,審閲羣臣進奏章表文書並草擬批答,而以中書令、中書侍郎爲長貳。中説録唐太宗與房魏論禮樂事稱:“因詔宿中書省會議數日,卒不能定,而徵尋請退。”　建封國論:喬本如此,餘本均作“封建國論”。

〔四二〕而禮樂陶壞之象,帝尚閔焉:陶,同“崩”,備要本作“崩”。“象”字,洪本闕文,喬本爲墨丁,今據餘諸本訂補。閔,憂慮。四庫本作“憫”。中説録唐太宗與房魏論禮樂事稱:“上雖不復揚言,而閒宴之次謂徵曰:‘禮壞樂崩,朕甚憫之。昔漢章帝眷眷於張純,今朕急急於卿等。有志不就,古人攸悲。’”

〔四三〕府兵方靖:府兵,指府兵制。起於西魏,至唐初整頓成爲兵農合一的軍事制度。府兵終身服役,徵發時自備兵器資糧,定期宿衛京師,戍守邊境。靖,善。洪本、吳本作“精”,誤。新唐書兵志云:“古之有天下國家者,其興亡治亂,未始不以德,而自戰國、秦、漢以來,鮮不以兵。夫兵豈非重事哉!然其因時制變,以苟利趨便,至於無所不爲,而考其法制,雖可用於一時,而不足施於後世者多矣,惟唐立府兵之制,頗有足稱焉。”又云:“蓋古者兵法起於井田,自周衰,王制壞而不復;至於府兵,始一寓之於農,其居處、教養、畜材、待事、動作、休息,皆有節目,雖不能盡合古法,蓋得其大意焉,此高祖、太宗之所以盛也。”　武氏一亂:指武則天篡位建立武周王朝事。

〔四四〕改彍騎,變藩鎮,枭然蔓擾,而卒以亡唐:彍騎,亦作“彍騎”。唐代宿衛兵名。玄宗開元十一年(723),因宿衛京師的府兵大量逃亡,用宰相張説的建議,以招募方式選京兆、蒲、同、岐、華等州府兵和白丁,每年宿衛兩個月,免除出征、鎮守負擔,稱“長從宿衛”。至開元十三年,改稱“彍騎”。藩鎮,唐初在邊地設立軍鎮,以鎮遏周邊游牧部族的侵擾。至玄宗天寶元年(742)統一規劃爲九節度一經略使,通稱“藩鎮”或“方鎮”。節度使總攬一方軍、政、財權,遂日漸發展爲割據勢力。枭然,同“咆哮”。猛獸怒吼,形容人囂張或暴怒。蔓擾,搔擾。新唐書兵志云:“蓋唐有天下二百餘年,而兵之大勢三變,其始盛時有府兵,府兵後廢而爲彍騎,彍騎又廢,而方鎮之兵盛矣。及其末也,彊臣悍將兵布天下,而天子亦自置兵於京師,曰禁軍。其後天子弱,方鎮彊,而唐遂以亡滅者,措置之勢使然也。”

〔四五〕不立:謂不封建諸侯。

〔四六〕是皆率作興事,致慮不熟之所致也:皆,吳本譌“百”。率作,草率從事。興事,引發事端。致慮,考慮。熟,洪本、吳本作“孰”。所致,洪本、吳本、四庫本作"所至"。

〔四七〕范蜀公爲諫院:范蜀公,北宋朝臣范鎮。爲,謂主持。諫院,諫官官署。參見國名紀五周氏注〔七三八〕。

〔四八〕三二州:四庫本作"二三州"。

〔四九〕名臣傳:即宋名臣傳,宋張唐英撰。

〔五〇〕請以誰昔河東之折、靈武之李,與夫馮暉、楊重勛之事言之:誰昔,猶疇昔,從前,往日。河東,在今山西永濟市一帶。靈武,在今在今寧夏靈武市一帶。馮暉,五代後周靈武節度使。楊重勛,五代後周麟州防禦使。

〔五一〕新秦:郡名,即後之麟州,治所在今陝西神木縣北。

〔五二〕太祖武皇爰徙其子馮翊,而以近鎮付重勛,於是二方始費朝廷經略:太祖武皇,即宋太祖趙匡胤。近鎮,與邊鎮相對,指接近內地之鎮。二方,指靈武與新秦。經略,經營治理。

〔五三〕二虜威之:吳本、備要本作"二虜威之",四庫本作"敵人滅之"。彥按:二虜指契丹與西夏。威,畏也。作"威"乃"威"字形譌,作"滅"又自"威"來。至于四庫本"二虜"作"敵人",則純屬館臣之蓄意竄改。

〔五四〕虜寇內入:四庫本改"虜寇"爲"外寇"。　家物勢必愛吝:家物,自己家中之物。愛吝,愛惜,捨不得。　設或叛渙,自可理討:叛渙,凶暴跋扈。洪本、吳本、四庫本作"叛換",同。理討,從道理上進行譴責。備要本"討"譌"計"。　縱其反噬,原陝一帥禦之足矣:反噬,反咬一口,比喻背叛。原陝,泛稱今之山西、陝西一帶地區。　況復朝廷恩信不爽:不爽,不差,沒有過失。

〔五五〕極筭:極筭,最佳謀劃。四庫本、備要本"筭"作"算",同。　末垂窮谷:末垂,猶末尾,謂落後。窮谷,深谷。窮,同"窮"。吳本、四庫本、備要本作"窮"。末垂則缺乏遠見,身處窮谷自不能高瞻遠矚,是末垂窮谷者猶井底之蛙也。　流俗淺近:平庸膚淺。

〔五六〕折氏則以河東之功姑令仍世:彥按:宋史卷二五三折御卿傳:"太宗征河東,命御卿與尹憲領屯兵同攻嵐州,又破岢嵐軍,擒其軍使折令圖以獻,遂下嵐州,又殺其憲州刺史霍翊,又擒其將馬延忠等七人。"羅氏所稱折氏河東之功,蓋指此。　而李氏遂移陝西兩鎮,因茲遂失靈、夏:移,謂移離。兩鎮,即下所言之"靈、夏"。靈,靈州,治所在今寧夏靈武市。夏,夏州,治所在今陝西靖邊縣西北。

〔五七〕高宗在御,范宗尹等會議:高宗,指宋高宗趙構。在御,指在帝位時。范宗尹,宋高宗朝宰相。會議,合議。　將以京畿東西、湖北、淮南並分爲鎮:京畿東西,指京畿路(治所在今河南開封市)、京東路(治所在今河南商丘市)與京西路(治所在今河南洛陽市)。湖北,湖北路,治所在今湖北荆州市荆州區。淮南,淮南路,治所在今江蘇揚州市。宋史高宗紀三建炎四年五月甲子云:“置京畿、淮南、湖北、京東西路鎮撫使。”　依舊置提督官,其餘監司悉罷:提督官,提調監督之官。監司,負有監察責任之官吏。　帥臣:宋代對諸路安撫司長官之尊稱。　州縣官許辟置,惟知通須奏朝廷審授:辟置,謂徵聘人才,置爲僚屬。辟(bì),徵召。知通,知州、知府(州、府行政長官)與通判(州、府行政副長官)之合稱。　軍興許以便宜從事:軍興,軍事行動開始。各本均譌“運興”,今據宋史范宗尹傳訂正。　帥臣非召擢不除代:召擢,謂召回朝廷,提拔使用。除代,撤換。

〔五八〕若便世襲:吴本、四庫本“若便”作“若使”,非是。　保守無虞:保守,指保疆守土。無虞,無憂,謂令人放心。

〔五九〕以河南、河陽、唐、汝授河南翟興:河南,府名,治所在今河南洛陽市。河陽,縣名,唐宋爲孟州治,治所在今河南孟州市西。宋史高宗紀三建炎四年五月乙丑記其事,作孟州。唐,唐州,治所在今河南唐河縣。汝,汝州,治所在今河南汝州市。　以楚、泗、漣水授楚州趙立:楚,楚州,治所在今江蘇淮安市淮安區。泗,泗州,治所在今江蘇盱眙縣。漣水,漣水軍,治所即今江蘇漣水縣。各本“漣”均作“連”,今據宋史高宗紀三訂正。　以滁、濠授滁州劉位:滁,滁州,治所即今安徽滁州市。濠,濠州,治所在今安徽鳳陽縣東北。劉位,各本均作“劉立”,蓋涉上文趙立而譌,今據宋史高宗紀三訂正。　以光、黃授光州吴翊:光,光州,治所在今河南潢川縣。黃,黃州,治所在今湖北黃岡市黃州區。　以舒、蘄授舒州李成:舒,舒州,治所在今安徽潛山縣。蘄,蘄州,治所在今湖北蘄春縣西北。　海及淮陽授海州李彦先:海,海州,治所在今江蘇連雲港市海州區。淮陽,淮陽軍,治所在今江蘇睢寧縣古邳鎮東。　承及天長授承州薛慶:承,承州,治所在今江蘇高郵市。天長,天長軍,治所即今安徽天長市。　和與無爲授和州趙霖:和,和州,治所在今安徽和縣。無爲,無爲軍,治所即今安徽無爲縣。彥按：上數人，翟興、劉位、趙霖本土豪，趙立、李彥先出身行伍，吳翊初爲小官吏，李成、薛慶起於羣盜。

〔六〇〕江西：長江在今安徽南部境内繞東北方向斜流，古人稱此段江道之西部地區爲江西。若依今人稱法，則爲江北。

〔六一〕李牧爲趙將，功以久而成：見國名紀五周氏注〔七三九〕。

〔六二〕李勣守太原，威以久而立：太原，舊唐書勣本傳作“并州”。彥按：唐并州於南宋爲太原府。見國名紀五周氏注〔七四〇〕。

〔六三〕是乃昔人陰計中吳，使渾、濬成功者：陰計，猶陰謀。中（zhòng），謂中傷。吳，指三國時之吳國。渾、濬，指西晉安東將軍王渾及龍驤將軍王濬。二人率軍伐吳，直接導致吳末帝孫皓投降，吳國滅亡。晉書杜預傳：“時帝密有滅吳之計，而朝議多違，唯預、羊祜、張華與帝意合。……及祜卒，（預）拜鎮南大將軍、都督荆州諸軍事，給追鋒車、第二駟馬。預既至鎮，繕甲兵，耀威武，乃簡精銳，襲吳西陵督張政，大破之。……政，吳之名將也，據要害之地，恥以無備取敗，不以所喪之實告于孫皓。預欲間吳邊將，乃表還其所獲之衆於皓。皓果召政，遣武昌監劉憲代之。故大軍臨至，使其將帥移易，以成傾蕩之勢。”

〔六四〕使數子者一時反噬，禦之原陝一帥誠足：各本“足”字作“是”。彥按：“是”當“足”字形譌。此句乃就上文武皇之語“縱其反噬，原陝一帥禦之足矣”而言，自當作“足”，方相呼應。今據文意訂正。

〔六五〕封建之實：吳本“實”字作“寔”。

〔六六〕李漢超，齊州防禦，監關南兵馬凡十七年，胡人不敢窺邊：防禦，謂防禦使。官名。設於州郡或要害之地，掌轄區之軍事防務。關南，指瓦橋、益津、淤口三關以南地區。約當今河北白洋淀以東的大清河流域以南至河間市一帶。胡人，四庫本改爲“敵人”。彥按：此所述李漢超及下諸人，均爲北宋初年將領。其事於宋人著作如張方平樂全集卷一八對詔策、范鎮東齋記事卷一、曾鞏元豐類藁卷三〇請西北擇將東南益兵劄子及卷四九本朝政要策任將、蘇轍欒城集卷二一上皇帝書等均有記載，亦見於宋史卷二七三論曰及卷二八五賈昌朝傳。

〔六七〕郭進以洺州防禦守西山巡檢：守，猶攝，謂暫時署理職務。巡檢，官名，爲巡檢司（宋代多設於邊塞及要地，掌一方治安事務）長官。西山巡檢司，蓋治邢州（今河北邢臺市）。

〔六八〕賀惟忠守易，李謙溥刺隰，姚内斌知慶：易，易州。隰，隰州。慶，慶州。

〔六九〕韓令坤鎮常山：常山，舊郡名，治所在今河北正定縣。　馬仁瑀守瀛：馬仁瑀，各本均譌作“馬仁珪”，今訂正。瀛，瀛州，治所在今河北河間市。

王彦昇居原：原，原州，治所在今甘肅鎮原縣。　趙贊處延：延，延州，治所在今陝西延安市。　董遵誨屯環：環，環州，治所即今甘肅環縣。　武守琪戍晉：武守琪，各本均譌作“武守琦”，今訂正。晉，晉州，治所在今山西臨汾市堯都區。　何繼筠牧棣：棣，棣州。　若張美之守滄竟，咸累其任：若，與，及。滄，滄州。竟，“境”之古字。各本均作“景”。彦按：據宋史卷二五九美本傳，未見有守景事，但有“乾德五年，移鎮滄州”之語，蓋“景”爲“竟”或“境”字音譌，今訂正。累，猶連。　管榷之利，賈易之權，悉以畀之：管榷，指官府對鹽、鐵、酒等的專賣。賈易，貿易。賈，音 gǔ。畀，給與。　又使得自誘募驍勇以爲爪牙：誘募，吸引招募。驍勇，勇猛之人。爪牙，謂衛士。

〔七〇〕是以二十年間，少無西北之虞：少無，猶略無，全無。宋史卷二七三論曰作：“二十年間無西北之憂。”

〔七一〕議者不原其故，遂以兵爲天子之兵，郡不得而有之：宋史陳亮傳載亮於宋孝宗淳熙五年（1178）詣闕上書，曰：“藝祖皇帝一興，而四方次第平定，藩鎮拱手以趨約束，……兵皆天子之兵，財皆天子之財，官皆天子之官，民皆天子之民，紀綱總攝，法令明備，郡縣不得以一事自專也。”

〔七二〕故自寶元、康定，以中國勢力而不能亢一偏方之元昊：亢，通“抗”，對抗，抵擋。偏方，謂偏居一隅。元昊，見後紀十四寒浞傳注〔六二〕。　靖康醜虜，長驅百舍，直擣梁師，蕩然無有藩籬之限：靖康，宋欽宗趙桓年號，公元1126—1127 年。醜虜，指金兵。百舍，即三百里。古代行軍以三十里爲一舍。梁師，指北宋國都汴京（今河南開封市），以汴京即後梁之京師大梁，故稱。蕩然，空無所有貌。限，阻隔。　卒之橫潰：卒之，終至。橫潰，河水決堤橫流，比喻大潰敗。宋欽宗靖康二年四月，金兵攻陷汴京，虜宋徽宗、欽宗二帝及后妃、皇子、宗室、貴卿等數千人北行，北宋遂亡。

〔七三〕奚啻冬水之氷齒：氷齒，凍齒。冬冰凍齒，必齒酸痛難開。比喻痛心疾首,難以啓齒。喬本作"奚旹冬水之氷齒",洪本、吳本、備要本作"奚旹冬氷(冰)之水齒",俱誤,今從四庫本訂正。

〔七四〕徵、普:指唐太宗宰臣魏徵及宋太祖、宋太宗二朝宰相趙普。魏徵封鄭國公,趙普死後追封韓王,故下文又稱"鄭公、韓王"。　責難:謂勉勵人做難爲之事。

〔七五〕式觀昔之譔著,欲論定者衆矣:式,語助詞。譔著,著作、著述。譔,通作"撰"。論定,謂對(封建之)功過是非作出評斷。

〔七六〕揚雄、王通,固無尤也:揚雄,喬本、洪本、吳本、備要本"揚"字作"楊",此從四庫本。無尤,沒有過失。此謂無可指摘,以二人並未論及封建。

〔七七〕陸平原之論:陸平原,指西晉文學家陸機。機曾任平原内史,故稱。機曾著五等論,以爲"聖王經國,義在封建"。見晉書陸機傳。　自時無或肥之:自時,於時,在當時。肥,勝,超過。

〔七八〕至李百藥始建"曆祚不緣封建"之説:曆祚,猶曆運,指天象運行所顯示的一個朝代的氣數、命運。各本均作"立祚"。彥按:"立"當"曆"字音譌。新唐書宗室傳贊曰:"始,唐興,疏屬畢王,至太宗,稍稍降封。時天下已定,帝與名臣蕭瑀等喟然講封建事,欲與三代比隆,而魏徵、李百藥皆謂不然。……百藥稱帝王自有命,曆祚之短長不緣封建。"今據以訂正。　宗元於是孳孳文之:孳孳,裝飾華麗貌。文之,將之寫成文章,此謂其撰封建論。

〔七九〕下逮宋祚,惑於其説而誤於杜佑之言:宋祚,宋代。杜佑之言,見通典卷三一職官十三王侯總敍。其言曰:"建國利一宗,列郡利萬姓,損益之理,較然可知。夫立法作程,未有不弊之者,固在度其爲患之長短耳。政在列國也,其初有維城磐石之固,其末有下堂中肩之辱。遠則萬國屠滅,近則鼎峙戰争,所謂其患也長。政在列郡也,其初有四海一家之盛,其末有土崩瓦解之虞。高、光及於國初,戡定之勳易集,所謂其患也短。豈非已然之證歟?"　遂邆以謂建侯置守,當如質文之遞救:四庫本"謂"作"爲"。新唐書宗室傳贊:"然建侯置守,如質文遞救,亦不可一槩責也。救土崩之難,莫如建諸侯;削尾大之勢,莫如置守宰。唐有鎮帥,古諸侯比也。故王者視所救爲之,勿及於敝則善矣。若乃百藥推天命、佑言郡縣利百姓而主祚促,乃臆論也。"

〔八〇〕乃小家之錡釜、老嫗之缾盆且猶不可:錡釜,古代之鍋。有足稱錡

(qí)，無足稱釜。喬本、洪本、備要本“釜”譌“金”，今據吳本、四庫本改。娸，同“婦”。吳本、四庫本作“婦”。

〔八一〕愴：悲傷。　暢：抒發。　異時之肤論：異時，往時，此前。肤論，膚淺議論。此爲自謙之説。

〔八二〕句：吳本、四庫本無此一字注文。洪本則闌入正文。

〔八三〕它日，必有能熟其制，詳其禮，濟之以必，而持之以久，容易行之如主父者：它，吳本、四庫本作“他”。熟，洪本、吳本作“孰”。下“熟其制”之“熟”同。濟，謂促成。主父，指漢武帝大臣主父偃。主父偃以上言漢武帝下推恩令，令諸侯各得分邑其子弟，從而削弱王侯勢力，有利天下安定。

〔八四〕持之以久：洪本“持”作“挮”。

〔八五〕尸臣人牧，又奚患於作舍不成與尾大不掉之咎邪：尸臣，主持政務之大臣。人牧，統治人民的君主。作舍不成，建不成房子，比喻辦不成事。典出詩小雅小旻：“如彼築室于道謀，是用不潰于成。”毛亨傳：“潰，遂也。”鄭玄箋：“如當路築室，得人而與之謀所爲，路人之意不同，故不得遂成也。”咎，弊病。

〔八六〕郭進爲洺州防禦使，充西山巡檢，以備并寇：自此而下至“此皆世襲之利也”，爲四庫本所無。并寇，指北漢政權。北漢建都太原，爲并州治，故稱。

〔八七〕石林燕語：宋葉夢得撰。

〔八八〕建隆垂統録：佚書。撰者不詳。

〔八九〕儀鸞使：官名。五代後梁改唐同和院使置，掌鹵簿儀仗，爲宮廷禮儀官。宋初沿置，多不領本職，僅作爲遷轉之階次。

〔九〇〕戎人不敢犯其境：洪本、吳本“戎人”作“并人”非。

〔九一〕内斌以虢州爲慶州刺史：宋史姚内斌傳：“從平李筠，改虢州刺史。西夏數犯西鄙，以内斌爲慶州刺史兼青、白兩池榷鹽制置使。”

〔九二〕遵誨以散員都虞候爲通遠軍使，後就拜羅州刺史兼靈州路都巡檢：散員都虞候，官名。屬宋代禁衛軍官員。“散員”爲宋代御前禁衛軍班直番號之一。候，同“候”。吳本作“候”。喬本、備要本譌“侯”。通遠軍，治所在今甘肅環縣。使，軍使，五代、宋地方行政區劃——軍之長官。羅州，治所不詳。靈州路,治所在今寧夏靈武市。都巡檢,負責要地治安事務之巡檢司官員。

〔九三〕陳貫:宋相州知州。　李漢超守瀛:李漢超,各本均脱"漢"字,今據宋史陳貫傳訂補。　雖謹重有可信,然卒與敵遇則不知所爲:謹重,謹慎穩重。遇,洪本、吳本譌"過"。

〔九四〕機:事物變化之因由或關鍵。

〔九五〕太宗:宋太宗趙光義,公元976—997年在位。

究言〔一〕 庚申歸自誠齋作〔二〕

天下萬事,必有其綱,一綱舉而衆目從矣。今夫一家之事,巨細百出,必大綱之正,而後事可爲;一郡之事,巨細千出,必大綱之正,而後事可理。況天下之大,萬務之繁,而可隨事帥意,嘗試而爲者乎〔三〕? 封建者,天下之大綱也。

始予論封建有大利十,郡縣有大害十。再十年後,論封建,則事蔑其非;郡縣,則事無其是。然前之論,知古之爲利,而未及乎今之利;知封建之未弊,而未明郡縣之終非。大拈封建、郡縣,正猶愚、智千慮之失得〔四〕。侯伯百十,豈無酷惡? 守令百十,亦豈無令德哉〔五〕? 説者徒見陳靈、衛宣、魯桓、齊穆,則以爲諸侯之失;見卓、魯、龔、黃、召、杜,則以爲守令之得,而乃不知漢四百載,守令萬數,循吏不數十;春秋二百四十二年,侯伯千輩,其不道亦正可數〔六〕。緇徒億萬,豈無遠、肇、奘、澄,而餘何不稱〔七〕? 賓進百千,豈無韓、范、文、富,而餘何不筭〔八〕? 三數百郡,縣邑千百,百年之中,宰牧萬計。三年大比,廷對千百,百年之中,登拔數萬〔九〕。豈不各有數百翹拔爲推首者,而稀疎寥落之若此,何其不知權輕重之如是邪〔一○〕!

大率人情習於目前,而昧於目之所不及。故爲人臣貪爵位,喪廉耻,特不過冀尊顯以爲身榮;圖世賞,陷贓墨,特亦不過爲私計以貽子孫爾〔一一〕。顧所以爲身榮、貽子孫者,豈必官高而地大哉？小國寡民，徒亦欲其久，欲其傳，欲其爲己物而已〔一二〕。今士大夫急資轉，事奔競，將以及子孫也，然不一再而微，子孫汔不承；廣田宅，事兼并，將以貽子孫也，然不一再而寠，子孫汔不保：則亦不知所以長久者而已〔一三〕。崇教化，而教化汔不行；興禮樂，而禮樂汔不立；却夷狄，而夷狄汔不享；振風俗，而風俗汔不厚；禁兼并、抑奔競，而兼并奔競汔不止〔一四〕。百千年間，論議洋溢，朝野紛糾，亦可謂劬勩矣〔一五〕。然説里選而不知里選之不可施，説宗法而不知宗法之不可設，語民兵而不知民兵之不可復，策井田而不知井田之不可行；省刑獄而刑獄汔不省，立家廟而家廟汔不立；以至劭農馭吏，澄冗清流，若清賦而裁俸者，爭談競議，動盈匧匱，而汔不見一説之得以通行〔一六〕。其或論建詳至，令布嚴肅，能遵而行之者，亦不過數十百郡邑中而五七遇，五七之中，又不過一二載而迍去，政亦何補於君民哉〔一七〕？抑乃不知不封建，則其勢不可得而行；而一封建，則其事不言而自復。大綱不是，區區講發，正亦擾擾徒勞煩舌而耗煤楮爾〔一八〕。

　　請試以百里之縣言之：東西南北，不過五十，吾之家也，游處朝夕，奚事不及〔一九〕？耳目所接，奚物不知？耆賢碩德，不過百輩，何得不審〔二〇〕？官師卿士，不過百數，何得不精？胥吏，吾民之蠹，何得不嚴〔二一〕？獄城，吾民之命，何得不詳〔二二〕？田萊不過百里，何得不闢〔二三〕？賦用不過一國，何得而不清哉〔二四〕？書大傳云："圻者，天子之境也；諸侯曰境。天子游不出封圻，諸侯非朝聘不出境。"〔二五〕齊桓公伐山戎，過燕，燕君送之，出境〔二六〕。公問管仲，對曰："非天子不出境。燕以畏，失禮也〔二七〕。"公乃割燕君所至地以與燕。諸侯聞之，皆朝於齊〔二八〕。漢之諸侯，擅出國界者，皆耐爲司寇，如楊丘侯、終陵侯之類是也〔二九〕。百里之内，得備游觀，乃無所限，故得熟其風俗人事爾〔三〇〕。今太守之出，限以二十五里，實無損益〔三一〕。燕之畏，齊之割，近義矣，然亦戰國之事〔三二〕。所貴者，猶知越境之非周禮也。國邑備，故生産紬；生産紬，故兼并絶〔三三〕。卿大夫既有家，各有采地，自無與民爭奪田産之弊〔三四〕。宮居具，故第宅省；第宅省，故民居寬〔三五〕。廨舍各具，即爲私家儀式具備〔三六〕。今士大夫罷官，乃營私第，掩奪閭巷，故苟貪財物，無有休歇〔三七〕。彊境定，故遠戍罷；遠戍罷，故民兵成〔三八〕。一國之内，民自爲守，如今土豪，四隣援助〔三九〕。亦不過數百里内，無復絶漠遠征，離鄉失井，生離死別之患，故人以樂爲也〔四〇〕。兵民擾，故戎狄畏；戎狄畏，故外侮却〔四一〕。藩籬勢成，重重拱衛，内外限隔，故有封建則無夷狄〔四二〕。土宇辨，故賢否見；賢否見，故鄉舉復〔四三〕。百里之間，百年鄉社，不待鄉里舉選，朝廷皆自可知，則不言可自復〔四四〕。今合天下而欲行鄉舉里選，是不通世務。鄉舉復，故士清修；士清修，故俗學止〔四五〕。必拔其材賢，而後試其實能，則無泛濫猥進無用之學〔四六〕。古選而後試，故精；今試而後選，故濫，漏自然之理〔四七〕。官職稱，故仕路澄；仕路澄，故奔競息。選而試之，以是能居是官，以是材居是職，材實兼副，自無僥倖之舉〔四八〕。今無賢否，惟資格、舉主是視，而欲不奔競，是不知人事〔四九〕。俸給散，故貢賦清；貢賦清，故鞭朴省〔五〇〕。甸方八里，丘方四里，邑方二里〔五一〕。三公五甸，得三萬二千畞。至下士，一丘，一邑，得二千畞〔五二〕。私田不預。國邑采地各足其禄，在王朝無復俸給。胥吏恒，故設心厚；設心厚，故法令守〔五三〕。胥吏亦有禄田。有常産而不數易，則自愛而守法令，枉濫自少，亦所以全其臀脊〔五四〕。四民安，故田野闢；田野闢，故賦税足。田歸於民，而賦入於卿大夫，無勢力兼并之患，田里既寬，而上又有常勸，則逐末者自少〔五五〕。宗廟立，故兄弟親；兄弟親，故風俗厚。有國斯有宗。宗廟立，故子孫孝；子孫孝，故宗族睦。有邑斯有廟。姦兇盜蠹，弱强難易，隨地區處，必獲其施；醯茗竹漆，有無多寡，任土增損，必得其宜〔五六〕。夫然，故遠近利害，少多治亂，各自爲政，有不煩於上之屑屑；京都内史，特亦不過勤卹畿甸，修其禮樂，謹方伯，慮刑政，以威懷督勸之，而天下治矣〔五七〕。

　　故予常謂：不封建，則鄉舉里選決不可行，均田井地決不可措，兼并決不可息，奔競決不可抑，官職決不可澄，胥吏決不可繩，姦宄決不可懲，士卒決不可精，教化決不可興，財賦決不可省；人無常主，刑無常辟，官無常事，吏無常畏，士無常守，民無常業；凡

百有爲,特亦不過苟且之中求少優異於行間則已矣[五八]。云爲注
措,每每失議,是豈苟且然哉[五九]? 蓋亦不知今古末弊,與夫利之
不利[六〇]。郡縣之勢,正如此也。是故必封建,而後宗法民兵可
以行之於天下;必諸侯,而後鄉舉里選可以施之於列國。誠使封
建朝復,及莫便無奔競詐譎、寡廉鮮恥之爲,爭奪自植、乾没兼并
之患;而逆送道途、奔走費匃之勞,試院攷官浮末濫號之弊,一皆
可以隨去[六一]。至於劭農馭吏,澄冗清流,若清賦而裁俸者,俱不
言而自正矣[六二]。下有貢而無賦,上有賜而無俸,事百循理,又孰
有朝更夕改而不可爲者? 興服成,妃子備,倉廩實而禮義興;姻好
結,朝聘講,刑罰省而盜賊息:則榮願亦滿矣[六三]。宗廟之美,百
官之富,既得自足其樂,而付子傳孫,榮世顯族,亦已各足其欲,則
亦惟時修其禮法以示後世,選其賢者能者而共理之,抑何至憧憧
役役相欺詐,互稽薄,胥洶湧而事剥取,以貽司敗之誅哉[六四]? 河
北州郡,古之畿服[六五]。定遠,東西八十,南北七十二里;寧邊,東
西八十二里,南北七十;文安,東西八十,南北六十;破虜,經緯皆
止三十;靖戎,經緯皆止四十五里:雖曰險劇,而得之者,目前時暫
咸以爲榮,一何至望望迷惑,而烘談四百五百里邪[六六]? 一國不
道,自取其滅;一帥不道,自速其絶:則亦奚至絃絃出出,疑其不可
圖哉[六七]?

　　是故立國之道,惟在乎勢。秦、楚之彊大,特彊大之弊
爾[六八]。而天下之勢,民俗之病,有不在乎此。世徒見晚周諸侯
之彊,而不知天下之勢合;見後世守令之弱,而不知天下之勢散。
故論封建失之弱,而實以彊;郡縣失之彊,而實以弱:皆率然之對
也。夏商之世,衆建諸侯,固非有兼并之弊也,禹初七千,至商三
千,至周而千八百,特其子孫不一二世輒不自振,廢退厭絶,以歸
於滅熄者,朝廷不修封,君上不留意,而致之於是爾[六九]。

　　竊又諗之:國壞之廢,必有餘貢[七〇]。餘貢之始,其勢必至於附近[七一]。附近歲久,廢積日多而會不能稽,則隣封之接者因以認而有之[七二]。逮其彊也,適周之亂,諼相侵據,而遂不可正爾[七三]。白公子張告楚虔曰:齊桓、晉文,其始入也,四封之内不備一同,而今至有幾田,屬諸侯[七四]。句踐之地,南至句無,北至禦兒,東至鄞溪,西至姑蔑,其廣運才百里[七五]。故曰:"鄲、岐之廣也,萬國之順也",顧豈其本爾邪[七六]? 今而曰"建國利一宗,列郡利百姓",豈知言邪[七七]? 東遷之前,二代之際,建國何嘗不利百姓? 桓、靈、惠、懷、肅、代、德、憲之世,列郡百姓,泥沙塵土,亦曷見其安且利哉[七八]? 吾故曰:建國利一宗,復利百姓;列郡不利百姓,復不利一宗。建封之時,一人縱以失德於上,而萬國之中各有政化聞者,德以興起;郡縣之世,一人失德則波頹瓦解,而四海共罹其禍:事固不可同日語[七九]。而説者猶以爲"公天下之端自秦始",其亦目夗邅盧偞匽,而不知泰帝清都琳宇之邃謐者乎[八〇]!

　　雖然,事亦難乎言矣! 世之主,計議及清賦,則曰未可輕議,姑循其舊;有及澄冗,則又曰幾苟安爾,毋庸生事[八一]。如此而欲以其封建之説進,不幾乎見瘃瘲之尫,而强之烏獲之任,其不折而死者,無矣[八二]!

　　辛寬有言:吾乃今知先君周公不若太公望封之知也[八三]。朱晦翁歎天下之事皆不是,未窮天下之大綱也[八四]。吕東萊懍天下之事不可爲,不明天下之大綱也[八五]。李泰伯刺萬事之不一行,而不知邦國之不興[八六]。兩程子知百事之無一是,而不知封建之不置惟失制也[八七]。先達賢德封建之説,大率不過率然爲之。魏徵、馬周、李百藥輩猶不過習紙上,至於侯、守實利實害,何嘗少究其略,而况柳、蘇文士,争衡册府,務爲新特之説者乎[八八]? 兹予

所以不憚耄志，喋喋疏寫，顧豈祈爲舉子誇哉〔八九〕？直欲謄申朝
野，人人傳而户議之，年深歲久，熟其利害之鄉，而博大高明者攸
然中作，一舉而施之天下，則豈惟區區之願得以少副，實天下之休
而萬世之幸也〔九〇〕。

【校注】

〔一〕究言：終究之言，結語。

〔二〕庚申歸自誠齋作：彦按：此注文蓋爲羅泌自注。庚申，當指庚申日。
據篇末所附必正劄子內容可知，羅泌曾將究言一文送周必正請益，而必正覆函
之劄子署“五月日”，則此庚申日當爲五月或其前某月之庚申日也。李裕民四
庫提要訂誤史部別史類路史以此庚申指庚申年，謂“必爲慶元六年”，並據以
推斷“路史國名紀之成書在慶元六年（1200）”，蓋誤。朱仙林博士學位論文羅
泌路史文獻學及神話學研究（第 20 頁）亦云：“據路史國名紀信中究言一篇下
之注文有‘庚申（1200）歸自誠齋（楊萬里號）作’句，則羅泌在 1200 年尚作究
言一篇。”則是襲用李氏誤説。誠齋，南宋愛國詩人、寶謨閣學士楊萬里書齋
名。羅泌與楊萬里爲吉州（今江西吉安市）同鄉。

〔三〕帥意：任意，隨便。帥，通“率”。

〔四〕大扺封建、郡縣，正猶愚、智千慮之失得：扺，同“抵”。吴本、四庫本、
備要本作“抵”。史記淮陰侯列傳載廣武君曰：“臣聞：智者千慮，必有一失；愚
者千慮，必有一得。”

〔五〕令德：美德。此指有高尚道德之人。

〔六〕陳靈、衛宣、魯桓、齊穆：彦按：齊無謚“穆”之君。齊穆，當作楚穆。
列子黄帝曰：“夏桀、殷紂、魯桓、楚穆，狀貌七竅，皆同於人，而有禽獸之心。”
亦魯桓與楚穆並稱，視爲同一類人。以上四人皆春秋無道之君。陳靈即陳靈
公，因通於大夫夏徵舒母夏姬，爲夏徵舒所殺（見史記陳杞世家）。衛宣即衛
宣公，以太子伋將娶之婦貌美，悦而自娶之，又令盗殺伋（見史記衛康叔世
家）。魯桓即魯桓公，讓公子揮殺庶兄隱公而自立爲君（見史記魯周公世家）。
楚穆，即楚穆王，知父成王欲絀己而立弟職，以宫衛兵圍令自絞殺而代立（見史
記楚世家）。　卓、魯、龔、黄、召、杜：六人皆爲循吏（守法循理之官吏）、良吏。
卓指東漢卓茂。茂爲密令，數年，教化大行，道不拾遺。平帝時，天下大蝗，河

南二十餘縣皆被其災，獨不入密縣界（見後漢書卓茂傳）。魯指東漢魯恭。恭拜中牟令，專以德化爲治，不任刑罰，吏民信服。建初七年，郡國螟傷稼，犬牙緣界，不入中牟（見後漢書魯恭傳）。龔指西漢龔遂。遂爲渤海太守，時渤海左右郡歲飢，盜賊並起，遂乃移書敕屬縣，諸持鉏鈎田器者皆爲良民，吏無得問，持兵者方爲盜賊；又開倉廩假貧民。盜賊於是悉平，民安土樂業。乃選用良吏，尉安牧養，躬率儉約，勸民農桑，由是郡中皆有畜積，吏民富實，獄訟止息（見漢書龔遂傳）。黃指西漢黃霸。霸爲潁川太守，使郵亭鄉官皆畜雞豚，以贍鰥寡貧窮者。鰥寡孤獨有死無以葬者，鄉部書言，霸具爲區處。又爲條教，班行民間，勸以爲善防姦之意，及務耕桑，節用殖財，種樹畜養，去食穀馬。霸識事聰明，又力行教化而後誅罰，外寬內明得吏民心，姦人去入它郡，盜賊日少，而戶口歲增，治爲天下第一（見漢書黃霸傳）。召指西漢召信臣。信臣歷官上蔡長、南陽太守、河南太守。其治視民如子，爲人勤力有方略，好爲民興利，務在富之。躬勸耕農，出入阡陌，止舍離鄉亭，稀有安居時。又開通溝瀆，以廣灌溉，至三萬頃。民得其利，蓄積有餘，乃爲民作均水約束，刻石立田畔，以防紛爭。又禁止嫁娶送終奢靡，務出於儉約。府縣吏家子弟好游敖，不以田作爲事，輒斥罷之，甚者案其不法，以示好惡。因而其化大行，郡中莫不耕稼力田，百姓歸之，戶口增倍，盜賊獄訟衰止。吏民親愛信臣，號之曰召父（見漢書召信臣傳）。杜指漢末杜畿。畿拜河東太守，是時天下郡縣皆殘破，而河東最先定。畿之治，崇寬惠，與民無爲。民嘗辭訟相告，畿親爲陳大義，遣令歸諦思之，若意有所不盡，更來詣府。鄉邑父老自相責怒曰：“有君如此，奈何不從其教？”自是少有辭訟。班下屬縣，舉孝子、貞婦、順孫，復其繇役，隨時慰勉之。漸課民畜牸牛、草馬，下逮雞豚犬豕，皆有章程。百姓勤農，家家豐實。畿乃曰：“民富矣，不可不教也。”於是冬月修戎講武，又開學宮，親自執經教授，郡中化之（見三國志魏志杜畿傳）。　守令萬數：洪本、吳本如此，餘本“萬數”作“數萬”。彥按：下言“侯伯千輩”，則此以作“守令萬數”爲長，今姑從之。　其不道亦正可數：正，祇，僅。可數，可數得清的若干個，形容數量少。

　　〔七〕緇徒：僧侶。以著緇衣（僧尼服裝），故稱。　遠、肇、奘、澄：指東晉慧遠、僧肇，唐代玄奘、澄觀，皆高僧。

　　〔八〕賓進：謂受官爵者。儀禮鄉飲酒禮有“賓進受爵”（客人進至席前接受爵——飲酒器）語,此斷章而取其歇後之義。　　韓、范、文、富:指韓琦、范仲淹、文彥博、富弼,皆北宋名相。　　而餘何不筭:四庫本、備要本"筭"作"算"。

〔九〕三年大比,廷對千百:大比,周代每三年對鄉吏進行考覈,選擇賢能,稱大比。隋唐以後泛指科舉考試。廷對,即廷試。科舉制度會試中式後,在殿廷上舉行復試,由皇帝親自策問。　　登拔:撰拔。

〔一〇〕豈不各有數百翹拔爲推首者:翹拔,出類拔萃。推首,選拔出來的頭頂人才。　　何其不知權輕重之如是邪:喬本、洪本"何其"譌"何且",今據餘本訂正。

〔一一〕圖世賞,陷贓墨:賞,褒揚,贊賞。贓墨,貪污受賄。

〔一二〕小國寡民:語出老子第八十章。

〔一三〕急資轉,事奔競,將以及子孫也,然不一再而微,子孫汔不承:資轉,謂轉入資財。奔競,奔走競争,追名逐利。一再,謂一傳再傳。汔,終竟。

〔一四〕却夷狄,而夷狄汔不享:却,抵禦,抗擊。不享,不進貢,謂不臣服。抑奔競:四庫本"競"譌"兢"。

〔一五〕紛糾:糾,同"糾",四庫本、備要本作"糾"。　　劬勩:音 qú yì,勞苦。

〔一六〕宗法:古代以家族爲中心,按血統、嫡庶來組織、統治社會的法則。　　民兵:古指鄉兵,列入兵籍,有戰事則徵召入伍。宋史兵志四:"鄉兵者,選自户籍,或土民應募,在所團結訓練,以爲防守之兵也。"　　家廟:祖廟,宗祠。　　劭農馭吏:劭農,猶勤農,鼓勵農業生産。馭吏,領導、指揮屬吏。　　澄冗清流:澄冗,謂裁減閑雜官員。清流,謂肅清貪腐。　　清賦而裁俸:清賦,整頓賦税。裁俸,裁減俸禄。　　匧匵:箱櫃。匧,"篋"之古字。匵,"櫃"之古字。

〔一七〕論建詳至,令布嚴肅:論建,建議。詳至,詳盡周到。令布,發布命令。　　又不過一二載而逌去:逌(yóu),遠。

〔一八〕區區講發,正亦擾擾徒勞煩舌而耗煤楮爾:區區,猶小小,形容微不足道。講發,謂提建議、發命令。此針對上文"其或論建詳至,令布嚴肅"而言。正,祇,僅。擾擾,煩亂貌。煩舌,猶口舌、唇舌。比喻言辭、議論。煤楮,墨和紙。煤爲製墨之煙灰,因借代墨。楮(一種落葉喬木)皮爲造紙之原料,因借代紙。

〔一九〕游處:出游和家居,泛稱相處。

〔二〇〕耆賢:上了年紀的賢達。　審:清楚了解。

〔二一〕胥吏,吾民之蠹:胥吏,官府中小吏。蠹,蛀虫,喻禍害者。備要本作"蠱",同。彦按:新五代史唐明宗紀論:"吏有犯贓,輒實之死,曰:'此民之蠹也!'"此蓋斷章以取其義。

〔二二〕獄城,吾民之命,何得不詳:獄城,監牢。詳,公正。

〔二三〕田萊:泛指田地。萊,境外休耕之田。

〔二四〕賦用:財政收支。賦,賦税。用,用度。

〔二五〕書大傳:喬本、洪本、吴本"大"作"太",今從四庫本、備要本。　圻者:洪本"圻"譌"坼"。下"封圻"之"圻"同。

〔二六〕齊桓公伐山戎:自此而下至"皆朝於齊",出韓詩外傳卷四。　燕君送之:洪本"君"譌"吾"。

〔二七〕燕以畏,失禮也:此句韓詩外傳爲桓公語,其文作:"桓公曰:'然畏而失禮也。'"

〔二八〕諸侯聞之:吴本"聞"譌"閒"。

〔二九〕皆耐爲司寇,如楊丘侯、終陵侯之類是也:耐,同"耏"。剃除頰鬚,古代一種刑罰。喬本、洪本如此,餘諸本作"削"。司寇,漢代刑罰名,稱受罰往邊地戍守防敵者。司,通"伺"。吴本"寇"譌"冠"。漢書王子侯表上,楊丘共侯安子——侯偃,"孝景四年,坐出國界,耐(景祐本、殿本作'削')爲司寇。"又同書高惠高后文功臣表,終陵齊侯華毋害孫——侯禄,"孝景四年,坐出界,耐爲司寇。"

〔三〇〕故得熟其風俗人事爾:喬本、洪本、吴本、備要本均無"爾"字,而下文"燕之畏"前則衍一"齊"字。彦按:彼處之"齊"即此處之"爾"譌且錯位者。今從四庫本訂正。

〔三一〕今太守之出,限以二十五里,實無損益:吴本、四庫本無此一十五字。洪本"實"譌"寶"。

〔三二〕燕之畏:喬本、洪本、吴本、備要本作"齊、燕之畏",誤。今從四庫本。參見上注〔三〇〕。　然亦戰國之事:戰國,彦按:當作"春秋"。事,備要本作"時",非。

〔三三〕國邑備,故生産絀:國邑,諸侯之封地。生産,增殖資産。絀,貶抑。此謂欲望降低。

〔三四〕田産:吴本"田"譌"日"。

〔三五〕宫居:宫居,宫中居所,指宫殿。喬本、備要本作"官居"。彦按:此稱侯王之居,當以"宫居"爲是。"官"乃"宫"字形譌。今據洪本、吴本、四庫本訂正。

〔三六〕廨舍各具,即爲私家儀式具備:廨舍,泛稱官署與府邸。私家,泛稱列侯。儀式,在禮制上之形式。

〔三七〕掩奪閭巷:掩奪,侵奪。閭巷,里巷,借指民間、平民。

〔三八〕彊境定:彊,通"疆"。四庫本、備要本作"疆"。

〔三九〕土豪:地方首領。

〔四○〕亦不過數百里内,無復絶漠遠征:數,洪本作"敉"。絶漠,穿越沙漠。

〔四一〕兵民擾:兵民,列入兵籍之民,即鄉兵。擾,調教,馴練。

〔四二〕藩籬勢成,重重拱衛,内外限隔,故有封建則無夷狄:籬,四庫本作"離"。拱衛,環衛,圍護。限隔,阻隔。吴本、四庫本作"隔限"。夷狄,四庫本作"戎狄"。

〔四三〕鄉舉:古代一種由鄉里薦舉人才之選拔制度。

〔四四〕百里之間,百年鄉社:洪本、吴本"間"譌"聞"。鄉社,猶鄉里,家鄉。

〔四五〕清修:(操行)潔美。

〔四六〕則無泛濫狠進無用之學:狠,謬,誤。進,吴本"進"譌"造"。

〔四七〕漏自然之理:漏,遺失。喬本、洪本、備要本"漏"字上重出"故濫"二字,當爲衍文,今删去。吴本、四庫本無"漏"字,蓋脱文。

〔四八〕材實兼副:實,指真實能力。吴本作"寔",非。

〔四九〕惟資格、舉主是視:資,洪本、吴本譌"賢"。舉主,指推薦人。

〔五○〕俸給散:俸禄之提供分散。

〔五一〕周禮地官小司徒"四井爲邑,四邑爲丘,四丘爲甸"鄭玄注:"四井爲邑,方二里。四邑爲丘,方四里。四丘爲甸,……甸方八里。"

〔五二〕得二千畞：吴本“二千”作“二十”，蓋誤。

〔五三〕胥吏恒，故設心厚：恒，常久，固定。設心，用心，居心。厚，寬厚，厚道。

〔五四〕有常産而不數易：洪本“數”作“数”。　　杜濫自少，亦所以全其臀脊：杜濫，枉法胡爲。全其臀脊，謂免遭鞭杖，臀脊可無皮開肉綻之苦。

〔五五〕兼并：備要本“并”作“併”。　　田里既寬：田里，鄉間，鄉民。吴本“田”譌“曰”。寬，謂生活寬鬆。　　逐末：逐末，指經商。古以農業爲本務，商賈爲末務，故稱。

〔五六〕姦兇盜蠹：姦邪、兇惡、竊財、害人之人。　　區處：區別處理。　　醝茗：醝（cuō），通“鹾”，鹽。茗，茶。

〔五七〕有不煩於上之屑屑：謂祇有用不着麻煩上司之瑣碎事務。　　京都内史，特亦不過勤卹畿甸，修其禮樂，謹方伯，慮刑政，以威懷督勸之：京都内史，官名。秦置，爲京師地方行政長官。卹，安撫。畿甸，京城地區，此指其百姓。謹方伯，謂認真履行地方長官之責。威懷，威德，恩威。四庫本“威”作“畏”非。督勸，督促、鼓勵。

〔五八〕故予常謂：四庫本“常”作“嘗”。　　均田井地決不可措：均田，漢代按等級分賜田地之制度。井地，即井田。措，施行。　　官職決不可澄，胥吏決不可繩，姦宄決不可懲：官職，官員。澄，謂使清白。繩，謂使受約束。宄，洪本作“冗”，吴本作“**宄**”，俱誤。　　人無常主，刑無常辟，官無常事，吏無常畏，士無常守：人，民。常，長久的，固定的。辟，法。畏，指敬畏之心。守，謂操守。　　凡百有爲，特亦不過苟且之中求少優異於行間則已矣：百，種種，一切。行，行列，謂同行、同類。

〔五九〕云爲注措：云爲，言論行爲。注措，安排措置。

〔六〇〕蓋亦不知今古末弊，與夫利之不利：末弊，弊端，弊病。之，與，和。

〔六一〕及莫便無奔競詐譎、寡廉鮮耻之爲：莫，“暮”之古字。詐譎，欺詐詭譎。耻，洪本譌“**胜**”。　　争奪自植、乾没兼并：自植，謂培植私人勢力。乾没（gān mò），侵吞公家或別人的財物。　　逆送道途、奔走費匃之勞，試院攷官浮末濫號之弊：逆送，迎送。吴本、四庫本“逆”作“迎”。匃，此字不見於字書，疑爲“句”字之譌。費句，説廢話（指無用的奉承話）。其詞見於隋書刑法志載梁武帝天監元年八月詔:"若遊辭費句,無取於實録者,宜悉除之。"浮末,泡沫,謂虚泛不實。末,通"沫"。濫號,胡亂稱舉。

〔六二〕俱不言而自正矣:吴本、四庫本"俱"作"但",非。

〔六三〕姻好:姻親。　則榮願亦滿矣:洪本"滿"譌"蒲"。

〔六四〕抑何至憧憧役役相欺詐,互稽薄,胥洶湧而事剥取,以貽司敗之誅哉:憧憧(chōng chōng),往來不絶貌。役役,勞苦不息貌。稽薄,算計逼迫。胥,皆。剥取,榨取,搜刮。貽,招致。司敗,春秋陳、楚主管司法之官。此泛指司法官。

〔六五〕畿服:指京師附近地區。

〔六六〕定遠:指定遠軍,治所在今河北東光縣。　寧邊:指寧邊軍,治所在今河北蠡縣。　文安:縣名,今屬河北省。　破虜:指破虜軍,治所在今河北霸州市信安鎮。　經緯:經謂南北走向。緯謂東西走向。　靖戎:彦按:"靖"當作"静",指静戎軍,治所在今河北保定市徐水區。　險劇:險要。　時暫:暫時。　而烘談四百五百里邪:烘談,猶夸談,大言。四百五百,吴本、四庫本作"四五百"。

〔六七〕絃絃出出:驚慌失措貌。絃絃即眩眩,頭暈目眩貌。出出即怵怵,恐懼不安貌。

〔六八〕秦、楚之彊大,特彊大之弊爾:洪本前"彊"字作"疆",同。吴本兩"彊"字均作"疆",下"諸侯之彊"之"彊"同。

〔六九〕廢退厭絶:貶黜嫌棄。　以歸於滅熄者:吴本、四庫本"熄"作"息"。　修封:謂修封疆,即整頓疆界。

〔七〇〕諗:音shěn,思念,考慮。　國壞之廢,必有餘貢:壞,衰敗。洪本作"壤",非。廢,謂功能喪失。餘貢,長久之潰亂。廣雅釋詁三:"餘,久也。"文選班固幽通賦"周賈盪而貢憒兮"李善注引曹大家曰:"周,莊周;賈,賈誼也。貢,潰也。憒,亂也。"

〔七一〕附近:謂依附鄰近之諸侯國。近,即下文所謂"鄰封之接者"。

〔七二〕廢積日多而會不能稽:積日,日復一日,一天天地。會不能稽,謂多得數不清。會,匯總。稽,計算。

〔七三〕適周之亂:洪本"適"譌"適"。　侵據:侵占,占據。

〔七四〕白公子張告楚虔曰：白公子張，春秋楚大夫。各本“白”均譌“曰”，今訂正。楚虔，即楚靈王。靈王名虔。其事見國語楚語上。　其始入也，四封之内不備一同，而今至有畿田，屬諸侯：國語文作：“是以其入也，四封不備一同，而至於有畿田，以屬諸侯，至于今爲令君。”入，謂回至國内（即位）。四封，四面封疆。又韋昭注：“備，滿也。地方百里曰‘同’。……方千里曰‘畿’。屬，會也。”

〔七五〕句踐之地，南至句無，北至禦兒，東至鄞溪，西至姑蔑，其廣運才百里：見國語越語上。句無，在今浙江諸暨市南。各本均作“句吴”，蓋由音譌，今據國語訂正。禦兒，在今浙江桐鄉市崇福鎮東南。鄞溪，國語作“鄞”，韋昭注：“今鄞縣是也。”地在今浙江寧波市奉化市區東北。姑蔑，在今浙江龍游縣北。廣運，猶廣袤，縱横。韋昭注：“東西爲廣，南北爲運。”

〔七六〕郼、岐之廣也，萬國之順也：語出吕氏春秋高義。高誘注：“郼，湯所居也。岐，武王所居也。”廣，擴大。順，歸順。　顧豈其本爾邪：吴本“邪”作“耶”。

〔七七〕建國利一宗，列郡利百姓：此爲唐杜佑語，新唐書宗室傳贊引如是。佑通典卷三一職官十三王侯總敍“百姓”作“萬姓”。

〔七八〕桓、靈、惠、懷、肅、代、德、憲：桓，指漢桓帝。靈，指漢靈帝。惠，指晉惠帝，懷，指晉懷帝。肅，指唐肅宗。代，指唐代宗。德，指唐德宗。憲，指唐憲宗。

〔七九〕建封之時：建封，洪本、吴本、四庫本作“封建”。　而萬國之中各有政化聞者，德以興起：政化，政治與教化。德，洪本、吴本、四庫本作“得”，非。　波頽瓦解：波濤頽落，陶器破碎，比喻迅速崩潰。

〔八〇〕公天下之端自秦始：柳宗元封建論語。　其亦目勢遝盧偋匽，而不知泰帝清都琳宇之邃謐者乎：勢，“熟”之古字，熟悉。四庫本作“熟”。遝盧，偪促簡陋的小屋。遝，偪促，狹小。盧，通“廬”，簡陋的房屋。偋匽，即屏匽（見戰國策燕策二），音 bìng yàn，廁所。喬本、備要本“偋”作“渖”。彦按：“渖”字不見於字書，今改從餘諸本。泰帝，即太帝，謂天帝。吴本、四庫本作“秦帝”，非。清都，神話傳説中天帝居住的宫闕。琳宇，猶玉宇，用玉建成的殿宇。邃謐，深廣清静。

〔八一〕幾苟安爾：幾，通“冀”，希望。苟安，暫且平安無事。

〔八二〕不幾乎見瘵燥之尪，而强之烏獲之任：瘵燥（chái sào），乾瘦。瘵，喬本、洪本作“瘵”，備要本作“瘵”，此從吳本及四庫本。彦按：玉篇疒部云：“瘵，瘦也。”而瘵字玉篇同“瘙”，釋爲“疥瘙”。其義與此上下文意不合。今謂“瘵”“燥”音近義通，燥則乾焦，爲病必乾瘦，故此“瘵燥”連文，義當相近也。尪（wāng），通“尪”，字彙補疒部：“瘦也。”此指瘦弱之人。烏獲，古之力士，力能移舉千鈞。任，負荷。

〔八三〕辛寬：戰國魯臣。　吾乃今知先君周公不若太公望封之知也：後“知”字讀“智”。吕氏春秋長利：“辛寬見魯繆公曰：‘臣而今而後知吾先君周公之不若太公望封之知也。昔者太公望封於營丘，之渚海阻山（高）險固之地也，是故地日廣，子孫彌隆。吾先君周公封於魯，無山林谿谷之險，諸侯四面以達，是故地日削，子孫彌殺。’”

〔八四〕朱晦翁歎天下之事皆不是：朱晦翁，南宋大儒朱熹（號晦翁）。朱子語類卷二七論語里仁下子曰參乎章：“問‘一貫’之説。曰：‘須是要本領是。本領若是，事事發出來皆是；本領若不是，事事皆不是也。’”　窮：徹底推求，深入鑽研。

〔八五〕吕東萊慨天下之事不可爲：吕東萊，南宋大儒吕祖謙。祖籍東萊（今山東龍口市），後世稱之“東萊先生”。慨（cè），痛，痛心。宋時瀾撰增修東萊書説卷二九立政録東萊講書語，有：“桀之時若不可爲矣，亦於成湯而遽如是焉。紂之時若不可爲矣，亦於文、武而遽如是焉。”

〔八六〕李泰伯刺萬事之不一行：李泰伯，北宋大儒李覯（字泰伯）。刺，指出，揭示。行，品性，表現。覯旴江集卷三四常語下云：“或問：‘聖人之道，固不容雜也，何吾子之不一也。’曰：‘天地之中，一物邪？抑萬物邪？養人者不一物，闕一則病矣。聖人之道，譬諸朝廷。朝廷也者，豈一種人哉？處之有禮，故能一也。女子在内，男子在外；貴者在上，賤者在下；親者在先，疏者在後；府史、徒胥、工賈、牧圉，各有攸居而不相亂也：夫所以謂之一也。他人之不一，則闠闤耳，終日紛紛而無有定次也。夫所以謂之雜也。世俗患其雜則拘於一，是欲以一物養天下之人也。白而不受采，則人皆縞素矣，何足以觀之哉！”　而不知邦國之不興：吳本、四庫本“不知”作“知”，脱“不”字。

〔八七〕兩程子知百事之無一是：兩程子，指北宋大儒程顥、程頤兄弟。知百事之無一是，疑指伊川先生（程頤）之語：“當知天下無一物是合少得者，不可惡也。”（見二程遺書卷三謝顯道記憶平日語）

〔八八〕馬周：唐太宗朝中書令。馬周反對實行世封制，曾上疏切諫，事備載新、舊唐書本傳。　柳、蘇文士，爭衡冊府：柳，柳宗元。蘇，蘇軾。爭衡，較量輕重，比試高低。冊府，古代帝王藏書之處，借指文壇、翰苑。

〔八九〕兹予所以不憚耄志，喋喋疏寫，顧豈祈爲舉子誇哉：不憚耄志，費解。“志”疑“老”字之譌。耄老謂老年，漢王褒四子講德論“閔耄老之逢辜”，宋葉適讀王德甫文卷因送省試詩“耄老終佐漢”，皆其用例。喋喋，嘮嘮叨叨。疏寫，逐條寫出。舉子，又稱舉人，隋、唐、宋三代稱被地方推舉而赴京都應科舉考試者。

〔九〇〕直欲謄申朝野：直，但，祇是。謄，抄寫。喬本、備要本作“騰”，誤。今據餘本訂正。申，告誠。　熟其利害之鄉：熟，洪本、吳本作“孰”。鄉，趨向。

而博大高明者攸然中作，一舉而施之天下，則豈惟區區之願得以少副，實天下之休而萬世之幸也：攸然，自然而然。中作，從中起來。副，實現。實，吳本作“寔”。休，喜慶，福禄。

附：必正劄子〔一〕

必正久不獲面，每切傾馳〔二〕。但時從仲威詢問，行李備聞〔三〕。盡屏外事，專意家學，神宇既定，氣兒益昌，——聞之矍然喜而不寐〔四〕。

過辱厚意，不棄其荒落墮廢之人，猶欲以著述開其茅塞，病中展省，過於昔聞〔五〕。蓋愚意病此久矣〔六〕。

古者以四海不可以一人專之，故分封藩屏，與之共治，使人人各愛其民，以爲永久不廢之業〔七〕。其爲之慮也長，爲之法也信，爲之惠也廣，爲之治也精；不復有後世苟且之弊，而復上古淳篤之風；民既信之，吏固畏之；無朝夕紛更之心，而有因續成功之利。爲之主者，亦不至信任之非人，而使天下嗷嗷然失其所守，俾四方萬里朝令夕改以狙狂失守,而在上者偃然各行其心[八]。柳子厚所謂"公天下之端自秦始",而不知私天下之端自秦始也[九]。今天下梯山航海以奉一人,改心易面以奉一吏,是豈聖人之心哉[一〇]?

　　大利有十,大害有十二,了然明白,不可枚數;姑以大綱言之,則振領而裘整矣[一一]。然此事誠難爲言,人亦不信,正由私天下之心在昔,則在下者安得舉而正之[一二]? 姑以俟後人之不惑可也。

　　倦甚,未能接論,草草[一三]。姑此以復來命崖略[一四]。皇恐[一五]!

　　右謹具呈長源承務賢友兄[一六]　　五月日[一七]

【校注】

　　[一]必正劄子:此四字,喬本、洪本、備要本原位劄子之末,今從吳本、四庫本移至篇前,另加"附"字,以與泌文區别。又吳本、四庫本"必正劄子"下尚有注文"五月日"三字,實亦由原劄子末移來者,今不從。必正,周必正,丞相、益國公周必大從兄,贛州知府,羅泌好友。劄子,書札,書信。彦按:此劄子當是周氏讀完泌所送致國名紀究言之後寫下之感言,而以爲覆函。

　　[二]久不獲面,每切傾馳:面,見面,會面。切,通"竊",私下。傾馳,傾心向往,思慕。

　　[三]但時從仲威詢問,行李備聞:仲威,胡仲威,羅泌同鄉好友。行李,行蹤。

　　[四]神宇既定,氣兒益昌:神宇,精神狀態。氣兒,氣度。昌,盛,好。 矍然:精神亢奮貌。矍,音 jué。

　　[五]荒落墮廢之人:荒落,荒村。墮廢,廢棄無用。吳本、四庫本"墮"作"隳"。人,洪本、吳本、四庫本誤"久"。 病中展省,過於昔聞:展省,披閲,翻看。過,勝於。昔聞,從前所知道的。

　　[六]蓋愚意病此久矣:病,猶疑惑。此,指前人封建之説。

　　[七]藩屏:藩籬屏障,喻指藩國諸侯。

　　[八]嗷嗷然:衆口愁聲之狀。 狙狂失守:狡黠狂妄,喪失操守。語出唐

柳宗元辯鬼谷子:"其言益奇,而道益陿,使人狙狂失守,而易於陷墜。" 偃然各行其心:偃然,安臥貌。行其心,謂修養其心性。

〔九〕柳子厚:即柳宗元(字子厚)。

〔一〇〕梯山航海:登山渡海,比喻歷盡艱辛。

〔一一〕振領而裘整:抖動皮衣之領則皮衣變得平整,比喻抓住事物關鍵則效果立見。

〔一二〕正由私天下之心在昔:正由,祇因。在昔,在先,在前。

〔一三〕未能接論,草草:接論,交談,彼此交換意見。草草,匆忙倉促貌。舊時每用於書信末,表示匆匆寫就。

〔一四〕來命:對人來信的敬稱。 崖略:梗概,大略。

〔一五〕皇恐:即惶恐。舊時每用於書信末,作爲表示謙恭之套語。

〔一六〕右謹具呈長源承務賢友兄:謹具,猶敬書。承務,即承務郎,官名。此但以爲尊稱,據清濮應台修、陸在新續修廬陵縣志卷二二人物志六文苑,"(羅泌)舉宋承務郎,不起",則實未赴任。

〔一七〕五月日:吴本、四庫本"五月日"三字本移至劄子前作爲篇題"必正劄子"注文,故此處無之。喬本、洪本、備要本"五月日"下原尚有"必正劄子"四字,今既已移劄子之前,此處不再重出。

國姓衍慶紀原〔一〕

氏族之興,所繇來遠矣。自一姓以上,推而至於有國有家者,均不可不原所自來也。不原所自來,而區區於五廟七廟,目前之奇偶、昭穆是講是究,則先公風化之所繇,前代甄陶之所致者,豈不因是泯没〔二〕?而後代之雲仍,更相承繼,將欲追尋族系於數千百年之上者,不知何所考信哉〔三〕!況國姓之淺深,尤有係於國脉之修短〔四〕,世運之盛衰,天命人心之去留者,而可以置而不論歟?昔秦皇燔簡編,薄姓系,君子竊歎其斁倫;魏帝捨托跋,紀元氏,君子深責其背祖〔五〕。太史公作堯、舜本紀,謂其源皆出於黄帝,後世目以爲良史〔六〕。唐史臣作世系表,先宗室而後宰相,後世指爲全書〔七〕。蓋祖宗積累之源，流千萬世，子孫享國之明驗，儻録其小而遺其大，詳於臣而略於君，豈不爲一代紀録之闕文耶〔八〕？

恭惟國家，列聖相承：太祖、太宗以英睿定大業；真宗、仁宗以忠厚守成憲；高宗、孝宗以謨斷成中興之功〔九〕。自開基至今日，甲子逾四周〔一〇〕。繼今日以往，固將傳之無窮。而趙氏得姓之因，歷諸儒討論，猶莫之核〔一一〕。議者徒見史記所載程嬰、杵臼之事，遂以爲趙氏得姓爲始於此，而不知其不止此也；又徒見左氏所記趙朔、趙武之事，遂以爲趙氏得姓或繇於是，而不知其不止是也；抑徒見史傳所謂造父以徐方功封於趙城，爲趙氏，及張說氏族對以韓、陳、魯、衛、許、鄭若魏，與趙氏並言，遂又以爲趙氏得姓以國，而不知其亦不止於國也〔一二〕。嗟乎！處劉漢之朝而不知劉氏之爲堯後，居李唐之世而不知李氏之爲少昊裔者，皆考訂有所未到，況居堂堂天朝，而不知天派之所自來，可乎〔一三〕？

我國家之有天下也，詔有司講求趙氏得姓之繇〔一四〕。大中祥符間，作玉清昭應宮，復詔儒臣講求趙氏得姓以來有名可知者三十六人，繪祠兩廡〔一五〕。元豐間，郎臣又以前星不曜，乞訪程嬰、杵臼墓而廟之〔一六〕。其於氏族，非不以爲重也。而副墨之子不能將明聖意，推而上之德厚功積、源深流遠之效，而獨安於淺見，溺於成説，例推援造父之後〔一七〕。抑不知夏氏之季，已有諱梁字者見於正史，則趙氏得姓，其不止於造父也明矣；商氏之初，亦有諱隱字者官爲牧師，則趙氏得姓，其不止於造父也審矣〔一八〕。戰國中，衛平嘗以名梁者言於宋元王；後魏中，李譜亦以諱隱者言於寇謙之曰，三六之上，有弘正真尊者，姓趙名道隱，得道於商初；及百家諜、風俗傳、易是類謀，俱言張、王、李、趙皆黃帝之所賜姓：抑又知趙氏得姓，其不止於造父也，亦校然矣〔一九〕。竊況程嬰、杵臼之事俱爲無有，同、括、屠岍事又皆不得其實，是尚得爲至論乎〔二〇〕？

　　大抵百尋之木,生于千仞之岡,其根之蟠於下者,與枝幹常相等〔二一〕。百川之水,朝于衆宗之海,決亦不自潢潦無根源者起〔二二〕。商有天下,六百餘載,蓋孕育於六百餘年之契。周有天下,卜年八百,亦固自夫八百餘年之后稷,有以肧胎於其先也〔二三〕。趙氏得姓,於今蓋歷肆千餘歲,而後太祖武皇帝始爲天下,根可謂深,源可謂遠,重之以明德,厚之以仁政,享年有永,奚必智者而後知之歟〔二四〕?

　　家國之壽,何以異於人?惟善攝者護嗇元氣,必長演而過之〔二五〕。道德以繕俗,仁義以膏本,則膺期過曆,固非客龜短筮之所能知也〔二六〕。僊源積慶,臣嘗於所述路史辨之詳矣〔二七〕。庸復纂載,以備史官之採擇〔二八〕。

【校注】

　　〔一〕此篇之前,喬本、洪本、吳本原有歸愚子大衍數圖四幅及大衍説、四象説文二篇。內容實無關乎國名與封建,今移至本書卷三二發揮一中。説詳發揮一大衍説注〔一〕。　衍慶:綿延吉慶。常作祝頌詞用。

　　〔二〕區區:拘泥,局限。　風化:教育感化。　甄陶:燒製陶器,比喻培養造就。

　　〔三〕雲仍:遠孫。爾雅釋親:"子之子爲孫,孫之子爲曾孫,曾孫之子爲玄孫,玄孫之子爲來孫,來孫之子爲晜孫,晜孫之子爲仍孫,仍孫之子爲雲孫。"郭璞注:"仍亦重也。(雲)言輕遠如浮雲。"四庫本"仍"作"礽",通。　考信:查考證實。

　　〔四〕修短:洪本"修"作"脩"。

　　〔五〕薄姓系,君子竊歎其斁倫:薄,輕視。姓系,姓氏宗族之源流系統。斁倫,敗壞倫常。斁,音dù。　魏帝捨托跋,紀元氏:托跋,複姓,北魏皇族之姓。魏書序紀:"黃帝以土德王,北俗謂土爲托,謂后爲跋,故以爲氏。"魏書高祖孝文帝紀太和二十年:"春正月丁卯,詔改姓爲元氏。"

　　〔六〕太史公作堯、舜本紀,謂其源皆出於黃帝:史記五帝本紀云:"帝嚳高辛者,黃帝之曾孫也。……帝嚳娶陳鋒氏女,生放勳。……是爲帝堯。"又云:

“帝顓頊高陽者,黄帝之孫而昌意之子也。……虞舜者,……名曰重華。重華父曰瞽叟,瞽叟父曰橋牛,橋牛父曰句望,句望父曰敬康,敬康父曰窮蟬,窮蟬父曰帝顓頊,顓頊父曰昌意:以至舜,七世矣。”

〔七〕唐史臣作世系表,先宗室而後宰相,後世指爲全書:全書,完美無瑕之書。彦按:此所謂“作世系表,先宗室而後宰相”之書,當指新唐書。然新唐書爲北宋歐陽修、宋祁等撰,而稱“唐史臣作”,謬矣。

〔八〕子孫享國之明驗:吴本、四庫本無“子孫”二字。　儻録其小而遺其大:吴本、四庫本“儻”作“倘”。

〔九〕恭惟:猶言“敬思”。　太祖、太宗:太祖,宋王朝開國之君趙匡胤(公元960—976年在位)。太宗,宋王朝第二任皇帝趙光義(公元976—997年在位)。　真宗、仁宗:真宗,宋王朝第三任皇帝趙恒(公元997—1022年在位)。仁宗,宋王朝第四任皇帝趙禎(公元1022—1063年在位)。　成憲:原有的法律、規章制度。　高宗、孝宗:高宗,宋王朝第十任皇帝、南宋王朝開國之君趙構(公元1127—1162年在位)。孝宗,南宋王朝第二任皇帝趙眘(公元1162—1189年在位)。　謨斷:謀略和決斷。

〔一〇〕自開基至今日,甲子逾四周:開基,開創基業,謂建國。宋太祖建立宋王朝之年在公元960年。甲子一周爲六十年,逾四周即超過240年,則時在公元1199年後也。

〔一一〕而趙氏得姓之因:吴本“因”譌“國”。

〔一二〕史記所載程嬰、杵臼之事:指春秋晉景公大夫屠岸賈欲誅滅趙氏,殺卿大夫趙朔、趙同、趙括等,趙朔友人程嬰及客杵臼捨命救趙朔遺腹子武之事。其事詳載於史記趙世家,而爲元雜劇趙氏孤兒所本。　遂以爲趙氏得姓或繇於是:四庫本“繇”作“由”。　史傳所謂造父以徐方功封於趙城,爲趙氏:史傳,吴本、四庫本作“史記”。徐方,指古徐國。參見後紀七小昊青陽氏注〔二三五〕。　張説氏族對以韓、陳、魯、衞、許、鄭若魏,與趙氏並言:新唐書張説傳:“(武)后嘗問:‘諸儒言氏族皆本炎、黄之裔,則上古乃無百姓乎?若爲朕言之。’説曰:‘古未有姓,若夷狄然。自炎帝之姜、黄帝之姬,始因所生地而爲之姓。其後天子建德,因生以賜姓,黄帝二十五子,而得姓者十四。德同者姓同,德異者姓殊。其後或以官,或以國,或以王父之字,始爲賜族,久乃爲姓。

降唐、虞,抵戰國,姓族漸廣。周衰,列國既滅,其民各以舊國爲之氏,下及兩漢,人皆有姓。故姓之以國者,韓、陳、許、鄭、魯、衛、趙、魏爲多。'"

〔一三〕況居堂堂天朝,而不知天派之所自來:喬本、備要本無"居"字,當脱文,今據餘諸本補。天派,猶皇枝。派,宗族的分支。

〔一四〕詔有司講求趙氏得姓之繇:四庫本"繇"作"由"。

〔一五〕玉清昭應宮:喬本"玉"譌"王",今據餘諸本訂正。　兩廡:宮殿或祠廟之東西兩廊。

〔一六〕元豐間,郎臣又以前星不曜:元豐,吳本"豐"作"豊"。郎臣,猶郎官,泛稱郎中、侍郎等朝廷官員。喬本"郎"譌"朗",今據餘諸本訂正。前星不曜,太子不吉之委婉語。漢書五行志下之下云:"心,大星,天王也。其前星,太子;後星,庶子也。"後因以前星指太子。宋神宗趙頊所生前五子均早夭,駕崩後由第六子趙煦(哲宗)繼位,年方九歲。故有此語。

〔一七〕副墨之子不能將明聖意,推而上之德厚功積、源深流遠之效:副墨之子,指拘泥於文字之人。語出莊子大宗師:"聞諸副墨之子。"陳鼓應注:"'副墨',指文字。……'聞諸副墨之子',謂聞道於文字之流傳(陳啓天説)。"路史此處但借用其文而未用其意。將明,理解並奉行。典出詩大雅烝民:"肅肅王命,仲山父將之;邦國若否,仲山父明之。"毛亨傳:"將,行也。"效,通"校",考覈,考查。廣雅釋言:"效,考也。"王念孫疏證:"效之言校也。"　推援:推斷並引用。

〔一八〕夏氏之季,已有諱梁字者見於正史:季,末期。諱,名。史記龜策列傳載宋元王曰:"桀有諛臣,名曰趙梁。"　商氏之初,亦有諱隱字者官爲牧師:彦按:隱,當作"道隱";牧,當作"牧土"。牧土,神人李譜文道號。魏書釋老志載李譜文爲北魏道士寇謙之言曰:"二儀之間有三十六天,中有三十六宮,宮有一主。……次洪正真尊,姓趙名道隱,以殷時得道,牧土之師也。"是也。今路史既稱牧土之師爲"牧師",又視之爲官號,謬矣!

〔一九〕戰國中,衛平嘗以名梁者言於宋元王:衛平,春秋宋博士。宋元王,莊子外物作宋元君,即春秋宋國君宋元公子佐。彦按:此條不但與上文"夏氏之季,已有諱梁字者見於正史"一條重複,且頗誤。其一,戰國當作春秋。其二,"以名梁者言"者爲宋元王而非衛平。　後魏中,李譜亦以諱隱者言於寇謙之曰,三六之上,有弘正真尊者,姓趙名道隱,得道於商初:李譜,魏書釋老志作李譜文。寇謙之,北魏道士。三六,謂三十六天。爲道教所稱神仙居住之天界,包括欲界六天、色界十八天、無色界四天、四梵天、三清天、大羅天,共三十六重,故稱。弘正真尊,道教所奉天神之尊號。各本均作"弘真正尊"。彥按:當作"弘正真尊"。魏書釋老志作"洪正真尊","弘"之作"洪",則因避北魏顯祖獻文皇帝拓跋弘諱。今訂正。又,此條亦與上"商氏之初,亦有諱隱字者官爲牧師"一條重複。蓋前條既誤趙道隱爲趙隱,遂謬將一人當成二人。　百家諜:諜,通"牒",譜牒。　校然:明顯貌。校,通"較"。

〔二〇〕竊況程嬰、杵臼之事俱爲無有,同、括、屠岍事又皆不得其實:況,推測,推斷。屠岍,當作屠岍賈。"程嬰、杵臼之事"與"同、括、屠岍事",見上注〔一二〕。

〔二一〕與枝幹常相等:吳本、四庫本"常"作"嘗"。

〔二二〕朝于衆宗之海,決亦不自潢潦無根源者起:宗,古諸侯夏見天子稱"宗",比喻(衆水)流嚮。決,水流衝破堤岸。潢潦,地上流淌的雨水。

〔二三〕肧胎:猶孕育。肧,同"胚",備要本作"胚"。

〔二四〕肆千餘歲:吳本、四庫本、備要本"肆"作"四"。　太祖武皇帝:吳本、四庫本無"帝"字。

〔二五〕惟善攝者護嗇元氣,必長演而過之:攝,調養。護嗇,保護愛惜。演,延。

〔二六〕道德以繕俗,仁義以膏本,則膺期過曆,固非客龜短筮之所能知也:繕,修補,謂整治。膏,滋潤,謂培養。膺期,承受期運,指受天命爲帝王。曆,年壽,年數。喬本作"歷",四庫本作"歷",此從洪本、吳本及備要本。客龜,指占卜之龜。典出水經注卷十九渭水引車頻秦書:"苻堅建元十四年,高陸縣民穿井得龜,大二尺六寸,背文負八卦古字。堅以石爲池養之,十六年而死,取其骨以問吉凶,名爲客龜。"

〔二七〕僭源積慶:成僭由於行善積福。

〔二八〕庸復纂載:庸,於是。纂載,纂集記述。

路史卷三十二

發揮一

大衍説〔一〕

五行顛倒,所謂逆數也〔二〕。一二三四五,參天兩地,五行備矣〔三〕。蓋五行之本者,二老之正,不假乎外,而一十有五之數衍〔四〕。一三五爲九,九爲老陽。二四爲六,六爲老陰。出於天者叁,出於地者兩〔五〕。九與六凡十五,而三分之,故洛書之數皆十有五,而三極備矣〔六〕。一十有五,雖橫斜取之〔七〕,而大要一五九而已:一挾六八,五統三七,九攜二四。而六府九疇之理得矣〔八〕。七八九六,火木金水之得乎土者也;二少二老,而三十之數衍〔九〕。一六爲七,而一始乎北,坎處之〔一〇〕。二七爲九,而九終乎南,离處之。六八二陰,附乎一。七九二陽,附乎二。而天地之理得矣。火之七,反乎西;金之九,反乎南:明金火之相代〔一一〕。

五行之本,不能自用,是故水火木金必假乎土,土之必假水火木金,明矣。一二三四既合五,而七八九六之數成。五又合乎一二三四,而一十有五之數具。此五十有五實也〔一二〕。五十有五,即五者之自乘也:一无乘,二二爲四,三三爲九,四四十六,五五二十五。

春夏秋冬,四季列而土不刑;七八九六,四象設而五不見:此大衍之實也〔一三〕。一六合於北,二七合於西,三八合於東,四九合於南。五位相得,各從其位,七八九六設而五不見矣〔一四〕。四象既設,則土無位,是故七九八六皆以四乘,而二篇之策盡〔一五〕。五有不用,由其分王四季,四季用而土不見也〔一六〕。雖然,水火木金,得土之全,其用乃備;而土於四者之假〔一七〕,則各取其一,有不全用,蓋全用則數多而本弱。是故一二三四,凡十而吾實用其四〔一八〕。此"其用四十有九"實也〔一九〕。水一,火一,木一,金一,用其德,不用其數也〔二〇〕。一三七九,四奇也,列於四正〔二一〕。二四六八,四偶也,布於四隅〔二二〕。四正列而五自見,四隅布而十自隱,大衍之數見矣〔二三〕。四正爲分至,四隅爲啓閉〔二四〕。四時設而上自行,四象設而極自立〔二五〕。

以生數自乘乘之,爲五十有六;而一无乘,爲五十五〔二六〕。以奇數自倍倍之,爲五十〔二七〕;而一无倍,爲四十九,此七七之合也。一无倍,倍三而六,倍五而十,倍七而十四,倍九而十八。四十有九,而一之本未嘗亡。一者,衆之主也。總之則一,而散之則四十九〔二八〕,非一之外爲四十九,而四十九之外有一也。一,體也;四十有九,用也。方其一也,兩儀四象未始不具;及其散也,太極亦未始亡。體用不相離也。

一與五爲六,二與五爲七,三與五爲八,四與五爲九;而五與十合,則不見其五〔二九〕。是故土以本數合,而爲二五氣遁,聖人之祕也〔三〇〕。月令"其數五",而素問土以二五,太玄本此〔三一〕。

龜書之本,橫縱斜直各十有五,合而六十;左右前後各十有五,合而六十。凡百二十。二老之合六十,句〔三二〕。二少之合六十,句〔三三〕。是故乾、坤之策三百六十,乾二百一十六,坤百四十四〔三四〕。六子之策亦三百六十〔三五〕。震、坎、艮百六十八,巽、離、兌百九十二。乾、坤舉而六子在矣〔三六〕。一畫之中,八卦已具〔三七〕。一卦之內,六十四卦已具。四卦之爻立,而二十四氣具〔三八〕。六十卦之爻立,而一歲之日具〔三九〕。蓋一畫之生,萬象皆備,有不待於三也〔四〇〕。乾一,兌二,离三,震四,總八卦之數三十有六,而廿四爻并其偶畫亦三十有六,此太極、七政、二十八宿之循環以成歲功者也〔四一〕。八卦之數,倍之爲七十二;小成之爻四十有八,并其偶畫,亦七十二〔四二〕。少不能成化,故不變。

或曰:大衍,天地之數異〔四三〕。不然。"成變化,行鬼神",豈此外復有數哉〔四四〕?"一曰水,二曰火",數之假也〔四五〕。天一,人一,地亦一也,而曰"地二"〔四六〕!今而曰"天數一,地數二,人數三",可乎〔四七〕?曰"象而滋,滋而數",亦不識乎數矣〔四八〕。吾固謂天无度，詩无正變，春秋无褒貶，易五行无生成，皆儒先之託也〔四九〕。

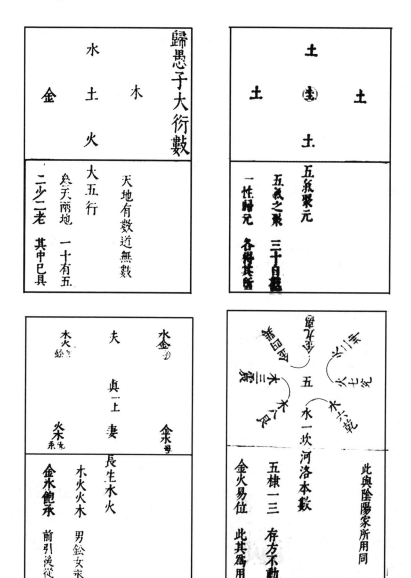

【校注】

〔一〕此篇及下篇四象説，爲四庫本所無。餘本有之，而喬本、洪本、吴本原皆作爲國名紀之組成部分位於國名紀末，而在發揮之前。四庫全書總目路史提要以爲,此二篇及今大衍説篇末之歸愚子大衍數,"與封建渺無所涉。考發揮第一卷之首有論太極一篇、明易彖象一篇、易之名一篇,與大衍等三篇(彦按:指歸愚子大衍數、大衍説及四象説)爲類,疑本發揮之文,校刊者以卷帙相連,誤竄入國名紀也。"所言極是。今據之將大衍説、四象説二篇移入發揮文中。又原大衍説篇目之前有歸愚子大衍數圖四幅。觀其内容,實爲大衍説示意圖,置於篇外自是未妥,今且作爲附圖移至大衍説篇末。

〔二〕顛倒:錯亂,謂運行失序。

〔三〕一二三四五,參天兩地:兩,吳本作"両",備要本作"兩",同。天,謂陽。地,謂陰。奇數爲陽,一、三、五皆奇數,凡三,是爲"參天"。偶數爲陰,二、四爲偶數,凡二,是爲"兩地"。

〔四〕二老之正,不假乎外,而一十有五之數衍:二老,指老陰、老陽,即易象六、九之數。唐柳宗元與劉禹錫論易書:"老陽數九,老陰數六。"宋沈括夢溪筆談象數一:"易象九爲老陽,七爲少;八爲少陰,六爲老。"正,純正。陰陽家以六爲純陰、九爲純陽,故稱。外,指六、九以外之數。一十有五,由六、九相加而得。衍,謂衍生,即推演産生。

〔五〕出於地者兩:洪本、吳本"兩"譌"四"。

〔六〕三極:指天、地、人。易繫辭上:"六爻之動,三極之道也。"高亨大傳:"屋上最高之梁稱極,引申爲至高之義。……天、地、人乃宇宙萬類之至高者,故曰三極。"

〔七〕横斜取之:謂横取之或斜取之,即無論以何種方式取之。

〔八〕而六府九疇之理得矣:六府,泛稱萬物。左傳文公七年:"水、火、金、木、土、穀,謂之六府。"九疇,泛稱治理天下之法。參見前紀八祝誦氏注〔七〕。

〔九〕七八九六,火木金水之得乎土者也:七八九六,分別爲五行中火木金水之成數。參見前紀六柏皇氏注〔五六〕。　二少:指少陰、少陽。即易象八、七之數。參見上注〔四〕。

〔一○〕對此下羅氏注文之理解,請參見篇末歸愚子大衍數第四圖。

〔一一〕火之七,反乎西;金之九,反乎南:五行與方位相配,火南而金西,今歸愚子大衍數示意圖乃火居西而金居南,故稱"反"。

〔一二〕實:謂實質,實情。

〔一三〕春夏秋冬,四季列而土不刑:四季,洪本、吳本作"四時"。刑,通"形",現。四時與五行相配,春屬木,夏屬火,秋屬金,冬屬水,未見有土,故稱。　七八九六,四象設而五不見:四象,指少陽、少陰、老陽、老陰四種爻象,即七八九六。　此大衍之實也:吳本"實"作"寔"。彥按:此羅氏據誤本易繫辭上"大衍之數五十"所作之誤説也。詳見前紀一初人皇注〔一一〕。

〔一四〕五位相得:五位,謂天數五(奇數一、三、五、七、九)和地數五(偶數二、四、六、八、十)。相得,相配。易繫辭上:"天數五,地數五,五位相得,而各有合。"韓康伯注:"天地之數各五,五數相配,以合成金、木、水、火、土。"

〔一五〕四象既設,則土無位:四象於五行代表金、木、水、火,而土於數則爲五。　是故七九八六皆以四乘,而二篇之策盡:二篇,指易經。古易經分上下篇,故稱。策,卜筮用的蓍草。據易繫辭上:"二篇之策萬有一千五百二十,當萬物之數也。"彥按:七九八六指少陽、少陰、老陽、老陰四種爻象,易卦皆由此四種爻構成。易經六十四卦,每卦六爻,共三百八十四爻,陽爻與陰爻各一百九十二。算卦時,一陽爻蓍草九揲,凡一千七百二十八揲;一陰爻蓍草六揲,凡一千一百五十二揲。每揲用四策以象四時,故皆以四乘,其和正得萬有一千五百二十之數。

〔一六〕五有不用,由其分王四季,四季用而土不見也:王,通"旺",旺盛。各本皆譌作"三",今訂正。唐李鼎祚云:"土居中宮,分王四季。"(見周易乾文言"貞固足以幹事"集解)土,喬本、洪本譌"上",今據吳本、備要本訂正。

〔一七〕假:憑藉,依靠。

〔一八〕凡十而吾實用其四:吳本"實"作"寔"。

〔一九〕其用四十有九:見易繫辭上:"大衍之數五十〔有五〕,其用四十有九。"

〔二〇〕德:泛指品性、功用、實質等。

〔二一〕一三七九,四奇也,列於四正:三,各本皆譌"二",今訂正。奇,指奇數。四正,指東、西、南、北四方位。

〔二二〕四偶:偶,指偶數。吳本"四"譌"十"。　四隅:指西南、東南、西北、東北四方位。

〔二三〕四正列而五自見,四隅布而十自隱,大衍之數見矣:列於四正者爲四奇,即一三七九;布於四隅者爲四偶,即二四六八。二者之和再加上自見之五、自隱之十,凡得五十有五,正好大衍之數。

〔二四〕啓閉:啓,指二十四節氣之立春、立夏。閉,指二十四節氣之立秋、立冬。

〔二五〕四時設而上自行,四象設而極自立:上,君上,人主。自行,謂自然而然地依四時行事。極,中正之準則。

〔二六〕以生數自乘乘之:生數,謂五行相生之數,即一、二、三、四、五。參見前紀六柏皇氏注〔五六〕。前"乘"字,即"乘除"之"乘"義。後"乘"字,計算。　爲五十有六:彥按:此數蓋自"(1+1)+(2×2)+(3×3)+(4×4)+(5×5)"計算得來。

〔二七〕以奇數自倍倍之:前"倍"字,取"照原數等加"義。後"倍"字,猶加。　爲五十:彥按:此數蓋自"(1×2)+(3×2)+(5×2)+(7×2)+(9×2)"計算得來。

〔二八〕散之則四十九:喬本、洪本無"之"字,此據吳本及備要本。

〔二九〕一與五爲六,二與五爲七,三與五爲八,四與五爲九:喬本、洪本諸"與"字作"舟",乃俗體。此從吳本及備要本。下"五與十合"之"與"同。彥按:此即上文"五行之本,不能自用,是故水火木金必假乎土,土之必假水火木金,明矣。一二三四既五合,而七八九六之數成"之意。　五與十合,則不見其五:"五與十合"者,即上文"五又合乎一二三四"之意。"則不見其五"者,一二三四皆與五合,而五則與一二三四合而非與五合,故有此語。

〔三〇〕土以本數合,而爲二五氣邉:氣邉,指五行運行所顯示之氣數、命運。邉,同"運"。吳本、備要本作"運"。土之本數五,以本數合,故稱其氣運爲"二五氣運"。

〔三一〕月令"其數五":禮記月令季夏之月:"是月也,……中央土,……其數五。"鄭玄注:"土生數五、成數十,但言五者,土以生爲本。"　而素問土以二五:今本黃帝內經素問未見有此,疑爲佚文。　太玄本此:太玄玄數:"五五爲土。"

〔三二〕句:吳本無此字。

〔三三〕句:吳本無此字。

〔三四〕易繫辭上:"乾之策二百一十有六,坤之策百四十有四。"韓康伯注:"(乾)陽爻六,一爻三十六策,六爻二百一十六策。(坤)陰爻六,一爻二十四策,六爻百四十四策。凡三百有六十,當期之日。"

〔三五〕六子:指震、巽、坎、离、艮、兑六卦。易以八卦中之乾、坤二卦爲父母,震、巽、坎、离、艮、兑六卦爲子女,以六卦皆由構成乾卦之陽爻與構成坤卦之陰爻組成,故稱。

〔三六〕舉:確立。

〔三七〕畫:指卦象之橫綫,謂爻。

〔三八〕四卦之爻立,而二十四氣具:四卦,指四方之正卦坎(北)、震(東)、離(南)、兑(西)。四卦各具六爻,爻生一氣,故得二十四氣。

〔三九〕六十卦之爻立,而一歲之日具:六十卦,六十四卦除去坎、震、離、兑四卦以外之卦。每卦六爻,六十卦凡三百六十爻,爻主一日,約當一歲之數。

〔四〇〕萬象皆備:喬本、備要本"皆"作"之",此從洪本及吳本。　有不待於三也:三,三畫,謂三爻,成一卦。

〔四一〕乾一,兑二,离三,震四,總八卦之數三十有六:乾一,兑二,离三,震四,巽五,坎六,艮七,坤八,即所謂八卦代數。將此八卦之代數相加,即得三十有六之數。　而廿四爻并其偶畫亦三十有六:八卦每卦三爻,凡得二十四爻。其中陽爻、陰爻各占十二。陽爻爲一長橫,陰爻爲二短橫(所謂偶畫),按畫數計,總共亦三十有六。　此太極、七政、二十八宿之循環以成歲功者也:太極,星名,即北極星。七政,指日、月和金、木、水、火、土五星。太極、七政與二十八宿三者之和亦三十有六。歲功,一年之時序。

〔四二〕小成之爻四十有八:小成,謂小成卦,八卦之別稱。易繫辭上:"十有八變而成卦,八卦而小成。"高亨大傳:"筮時,三變成一爻,一卦六爻,故十八變成一卦。……八卦僅能象各孤立之事物,不能象各種事物之關係,故爲小成。"

〔四三〕大衍,天地之數異:大衍之數五十有五,其中天數爲奇數一、三、五、七、九,相加得二十五;地數爲偶數二、四、六、八、十,相加得三十:天地之數並不相等。

〔四四〕成變化,行鬼神:易繫辭上:"天數二十有五,地數三十,凡天地之數五十有五。此所以成變化而行鬼神也。”

〔四五〕一曰水,二曰火:書洪範:“五行:一曰水,二曰火,三曰木,四曰金,五曰土。” 數之假也:假,借,謂借用。

〔四六〕人一:吳本作“神一”,誤。 而曰“地二”:易繫辭上:“天一,地二;天三,地四;天五,地六;天七,地八;天九,地十。”

〔四七〕今而曰“天數一,地數二,人數三”,可乎:彥按:羅氏以爲“天一,地二”之“一、二”爲序數而非基數,故有如此反問。

〔四八〕曰“象而滋,滋而數”:滋,滋生,生長繁衍。數,數字。左傳僖公十五年載晉大夫韓簡曰:“龜,象也;筮,數也。物生而後有象,象而後有滋,滋而後有數。”

〔四九〕天无度:度,常規,常則。 詩无正變:正變,分別指稱詩經風、雅中產生於西周王朝興盛時期之作品與西周王朝衰落時期之作品。前者稱爲“正風、正雅”,後者稱爲“變風、變雅”。其説始發自毛詩序,其文云:“至于王道衰,禮義廢,政教失,國異政,家殊俗,而變風、變雅作矣。” 春秋无褒貶:春秋寓褒貶之説,前人多有闡述,如春秋繁露威德所生云:“春秋采善不遺小,掇惡不遺大,諱而不隱,罪而不忽,□□以是非,正理以褒貶。”宋邢昺孝經注疏序引孝經緯,乃有:“孔子云:‘欲觀我褒貶諸侯之志,在春秋。’” 易五行无生成:易五行生成之説,出書洪範孔穎達疏。詳見前紀六柏皇氏注〔五六〕。

四象説〔一〕

七火,八木,九金,六水,此謂四象。

七九八六,固定數矣,然五行之中,一各具之〔二〕。是故老陽之數四其九,老陰之數四其六,少陽四其七,少陰四其八,此四象之實也〔三〕。四九三十六,四七二十八,四六二十四,四八三十二〔四〕。

七八,十有五;九六,十有五:凡三十,一象之數。四之,爲百有二十。各二少、二老合。二少、二老之策凡百二十,四之,而各爲三十〔五〕。皆四乘,合而分之。乾之策,二百一十有六;坤之策,百四十有四:凡三百有六十〔六〕。老陰、老陽各二十四乘。乾策六分,而分三十有六,四其九也。瘦九而六〔七〕,六之,亦三十六,故爲老陽。坤策六分,而分二十有四,四其六也。瘦六而三,八之,亦二十四,故爲老陰。策數純而乘有變也〔八〕。四九、六六同。四六、三八同〔九〕。震得乾畫二,爲七十二;坤畫四,爲九十六:凡百六十有八〔一〇〕。六分之,而分二十有八,故四七爲少陽。巽得坤畫二,爲四十八;乾畫四,爲百四十四:凡百九十有二〔一一〕。六分之,而分三十有二,故四八爲少陰。策數雜而乘數一也。二老,策三百六十。二少,策三百六十。

陽爲有餘,陰爲不足。有餘損之,不足補之。故自乾之策損之四十八爲震,自坤之策益之四十八爲巽,而四象立矣。震,少陽之策;巽,少陰之策。

損益之數,盡之凡九十有六〔一二〕。四分之而爲老陰;三分之而爲少陰;益之十二而三分之,則爲老陽;損之十二而三分之,則爲少陽〔一三〕。

益止於乾,損止於坤。是故六子異用,而變則四,固於乾、坤而爲之用,以成天地之能,應人物之變者,不能出也〔一四〕。

坎、艮之策同乎震,離、兌之策同乎巽,是故子惟六而象則二,并乾與坤,而四象著矣〔一五〕。乾一數,震、坎、艮一數,坤一數,巽、离、兌一數。

包羲之策,乾一百有八,坤七十有二,震八十四,巽九十六,坎、艮百六十有八〔一六〕,離、兌百九十有二,八卦之總凡七百有二十,二老二少之策同也。乾、坤策百八十,震、巽策百八十,凡三百六十。坎、艮同震,离、兌同巽,凡三百六十〔一七〕。總七百二十。

文王之策,乾二百一十有六;坤百四十有四;凡三百六十。自乾之策,十二損之,得小畜、履、同人、大有、夬、姤之策〔一八〕;凡六卦。又十二損之,得大過、离、家人、睽、革、鼎、巽、兌、中孚、需、訟、无妄、大畜、遯、大壯之策〔一九〕;十五卦。又十二損之,得否、泰、隨、蠱、噬嗑、賁、咸、恒、損、益、困、井、漸、歸妹、豐、旅、涣、節、既未濟之策〔二〇〕;二十卦。又十二損之,得屯、蒙、頤、坎、蹇、解、震、艮、小過、臨、觀、晉、明夷、萃、升之策^{〔二一〕}；十五卦。又十二損之，得師、比、謙、豫、剥、復之策^{〔二二〕}；凡六卦。又十二損之，得坤之策：凡一卦。凡六褰，萬物之數也^{〔二三〕}。小畜六卦，各二百四；大過十五卦，各百九十二；否、泰二十卦，各百八十；屯十五卦，各百六十八；師六卦，各百五十六；凡萬一千五百二十^{〔二四〕}。自坤之策，十二益之，反此。一益得師六卦，再益得屯十五卦，三益得否、泰二十卦，四益得大過十五卦，五益得小畜六卦，六益而得乾^{〔二五〕}。褰六而象四也。一陰爲小畜，一陽爲師，各六卦，爲二列。二陰爲大過，二陽爲屯，各十五卦，爲二列。凡四品。三陰、三陽，爲否、泰二十卦，以應皇極。乾，純陽卦；坤，純陰卦：以應福極^{〔二六〕}。

　　陽爻一百九十二，陰爻一百九十二，凡三百八十有四；往復取之，爲七百六十有八；以老少之數乘之，而四象之變極矣。以三十六乘陽爻，得六千九百一十二；以二十四乘陰爻，得四千六百八；凡萬一千五百有二十，二老之策也。以二十八乘陽爻，得五千三百七十六；以三十二乘陰爻，得六千一百四十四：亦萬一千五百二十，二少之策也。雖然，易之數有不盡，而不出乎易^{〔二七〕}。或曰有易外之數，此虛言以愒也^{〔二八〕}。易外豈有數哉！

【校注】

　　〔一〕參見上大衍説注〔一〕。

　　〔二〕然五行之中，一各具之：一，一概，全。之，指四象。

　　〔三〕實：吳本作"寔"。

　　〔四〕四七二十八：洪本"七"譌"十"。

　　〔五〕四之：謂四分之，即除以四。與前句"四之"（謂四倍之，即乘以四）之意思異。

　　〔六〕參見上大衍説注〔三四〕。

　　〔七〕褒：減少。

　　〔八〕純：單純，單一。

　　〔九〕四六、三八同：洪本、吳本"三八"作"六三"，誤。

　　〔一○〕震得乾畫二，爲七十二；坤畫四，爲九十六：乾畫二，吳本"二"作"三"，誤。乾畫，指陽爻▬。坤畫，指陰爻▬▬。震卦☳，包含二陽爻、四陰爻。

一陽爻三十六策,二陽爻故"爲七十二"。一陰爻二十四策,四陰爻故"爲九十六"。

〔一一〕巽:巽卦☴,包含二陰爻、四陽爻。

〔一二〕盍:合,謂相加。

〔一三〕四分之而爲老陰:四分之,即:96÷4＝24。亦即上文所稱"老陰之數四其六"也。　三分之而爲少陰:三分之,即:96÷3＝32。亦即上文所稱"少陰四其八"也。　益之十二而三分之,則爲老陽:益之十二而三分之,即:(96＋12)÷3＝36。亦即上文所稱"老陽之數四其九"也。　損之十二而三分之,則爲少陽:損之十二而三分之,即:(96－12)÷3＝28。亦即上文所稱"少陽四其七"也。

〔一四〕是故六子異用,而變則四:變則四,即下文所謂四象。就策數言,八卦祇有四種變化情況。

〔一五〕坎、艮之策同乎震:坎卦☵、艮卦☶,均包含二陽爻、四陰爻,與震卦同,故策數亦同。　離、兌之策同乎巽:離卦☲、兌卦☱,均包含二陰爻、四陽爻,與巽卦同,故策數亦同。　并乾與坤:喬本、洪本"與"字作"舟",此從吳本及備要本。

〔一六〕坎、艮百六十有八:各本"百六十有八"均作"百八十有八"。彥按:據上文稱"坎、艮之策同乎震"、"震八十四",可知此"八十"之"八"乃"六"字之謌。又,此唯有作"百六十有八",方與下文"八卦之總凡七百有二十"之數吻合。今訂正。

〔一七〕离、兑同巽:洪本"巽"字闕文。

〔一八〕自乾之策,十二損之,得小畜、履、同人、大有、夬、姤之策:乾之策二百一十有六,減去十二,得策二百零四。小畜☴、履☱、同人☲、大有☲、夬☱、姤☴六卦並五陽爻、一陰爻。以一陽爻三十六策,一陰爻二十四策計,正好得二百零四策。

〔一九〕得大過、离、家人、睽、革、鼎、巽、兑、中孚、需、訟、无妄、大畜、遯、大壯之策:睽,各本皆謌"暌",今訂正。大畜,各本皆作"大過"。彥按:大過已見上,此當作大畜,今訂正。大過☴、离☲、家人☲、暌☲、革☲、鼎☲、巽☴、兑☱、中孚☴、需☵、訟☵、无妄☴、大畜☶、遯☶、大壯☳十五卦皆爲四陽爻、二陰爻,有策一百九十二。

〔二〇〕得否、泰、隨、蠱、噬嗑、賁、咸、恒、損、益、困、井、漸、歸妹、豐、旅、渙、節、既未濟之策:豐,洪本、吳本作"豊"。既未濟,吳本、備要本作"既濟、未濟"。否䷋、泰䷊、隨䷐、蠱䷑、噬嗑䷔、賁䷕、咸䷞、恒䷟、損䷨、益䷩、困䷮、井䷯、漸䷴、歸妹䷵、豐䷶、旅䷷、渙䷺、節䷻、既濟䷾、未濟䷿二十卦皆爲三陽爻、三陰爻,有策一百八十。

〔二一〕得屯、蒙、頤、坎、蹇、解、震、艮、小過、臨、觀、晉、明夷、萃、升之策:喬本、備要本"震、艮"作"艮、震",此從洪本、吳本,以與卦序一致。屯䷂、蒙䷃、頤䷚、坎䷜、蹇䷦、解䷧、震䷲、艮䷳、小過䷽、臨䷒、觀䷓、晉䷢、明夷䷣、萃䷬、升䷭十五卦皆爲二陽爻、四陰爻,有策一百六十八。

〔二二〕得師、比、謙、豫、剝、復之策:師䷆、比䷇、謙䷎、豫䷏、剝䷖、復䷗六卦皆一陽爻、五陰爻,有策一百五十六。

〔二三〕襄:反覆。

〔二四〕凡萬一千五百二十:彥按:此上漏計乾、坤二卦之策,當補上乾之策二百一十有六、坤之策百四十有四,方得此數。

〔二五〕再益得屯十五卦:吳本"十五"作"一五"。

〔二六〕福極:禍福。書洪範有所謂"五福",即:"一曰壽,二曰富,三曰康寧,四曰攸好德,五曰考終命。"又有所謂"六極",即:"一曰凶短折,二曰疾,三曰憂,四曰貧,五曰惡,六曰弱。"

〔二七〕易之數有不盡:不盡,無窮。

〔二八〕愒:音 hè,嚇唬。

論太極

道不可以言知,言之愈希夷[一]。性不可以辨索,辨之益晦惑[二]。性與道,固非言與辨之所能竟也。

子貢曰:"子如不言,則小子奚述焉。"[三]其欲聞之也,可謂至矣,而性與天道,終不得而聞之[四]。豈非上焉者示其朕,已得於言辨之表,而下焉者不得其所以,言愈曉而愈瞀邪[五]?

"易有太極,是生兩儀。兩儀生四象,四象生八卦[六]。"夫太極之與兩儀、四象、八卦，析而語之則一十有五，盍而言之則一[七]。一即太極。而太極者，即太一也。有物之先，本已混成；有物之後，未嘗虧損，惟有性而無形。其與兩儀、四象、八卦，與我偕生，一時具備，而未嘗生、未嘗死者也。

蓋有中則有兩，有四方、八極，有太極則有兩儀、四象、八卦，大自天地，細臻萬彙，物物具之，而無餘欠[八]。有形有色，孰不具此極、此儀哉[九]！

傳曰：“太極元氣，含三爲一[一〇]。”曰“含三”者，一與一爲二，二與一爲三也[一一]。太極與兩儀即二，而兩儀與太極即三。一即三，三即一也。豈惟含三，五十有五莫不具焉[一二]。猶有形則有影，有一則有二，有三，以至於無窮焉爾。

是太極者，在天地之先而不爲先，在天地之後而不爲後，終天地而未嘗終，始天地而未嘗始。惟其有與天地萬彙融和合一而無所先後終始，是故道得之而爲太一，天得之而爲天一，帝得之而爲帝一。萬物無不稟而謂之命，無不本而謂之性，無不生則謂之天，無不主則謂之心。自古自今，無時而不存，亦無時而不有。固非今日有太極，而明日方有兩儀，後日而乃有四象、八卦也。又非今日有兩儀而太極遯，明日有四象而兩儀亡，後日有八卦而四象隱也。

今夫果核之未坼也，斯以謂太極也，方其未坼，固具兩儀[一三]。兩儀之間，兩芽自具[一四]。兩芽之具，即人字也，蓋所謂桃梅杏人者[一五]。三才之道，一時具足，於此見矣[一六]。

一生爲壬，壬與人同，所謂側壬[一七]。是故木之性仁，而善謂之穀，皆有生之理也[一八]。

方夫兩芽，以謂之人[一九]。迨其歪土，復生兩芽[二〇]。兩芽復生，則爲仌矣[二一]。仌者，人之箸者也[二二]。故孔子曰：“仁者，人也〔二三〕。"亾、壬皆古仁字〔二四〕。亾字後側之而爲"仁"〔二五〕。壬從人、土,物之出土者。方核未圻,人在其中,是以賜果君前,核則懷之,人存焉爾〔二六〕。繇此觀之,人雖一物,而與兩儀並生,其於萬物也殊矣〔二七〕。

　　故曰:"天地之性,人爲貴〔二八〕。"人爲萬物之靈,可不重邪〔二九〕?嗟乎! 子則不言,苟、揚之徒奚擇焉〔三〇〕? 後苟、揚者,可得而知矣。

　　始予默探於是,以謂可與易垺者,惟有字學,欲著成書,惜乎許叔重、王安石輩不足與言也〔三一〕。爰伸占畢,惟特立後起者與明焉〔三二〕。

【校注】

　　〔一〕希夷:玄虚。典出老子第十四章:"視之不見名曰夷,聽之不聞名曰希。"

　　〔二〕性不可以辨索,辨之益晦惑:吳本"性"譌"徃"。備要本"辨"作"辯"。下"言與辨"之"辨"同。

　　〔三〕子貢曰:"子如不言,則小子奚述焉":見論語陽貨,"奚"作"何"。述,謂傳述。

　　〔四〕論語公冶長:"子貢曰:'夫子之文章,可得而聞也;夫子之言性與天道,不可得而聞也。'"

　　〔五〕豈非上焉者示其朕,已得於言辨之表,而下焉者不得其所以,言愈曉而愈瞀邪:上焉者,即上智,指大智之人。朕,縫隙,喻細微。下焉者,即下愚,愚蠢之人,實泛指大智者之外的一般人。曉,解釋。瞀,糊塗。

　　〔六〕易有太極,是生兩儀。兩儀生四象,四象生八卦:見周易繫辭上。高亨大傳今注:"四象,四時也。四時各有其象,故謂之四象。天地生四時,故曰:'兩儀生四象。'"

　　〔七〕盇:合。

　　〔八〕蓋有中則有兩,有四方、八極,有太極則有兩儀、四象、八卦,大自天地,細臻萬彙,物物具之,而無餘欠:有中則有兩,謂有中間則當有兩旁。"有四方、八極"之"有",各本均作"位"。彥按:"位"當作"有",蓋音譌。此以"有中則有兩,有四方、八極"與"有太極則有兩儀、四象、八卦"相比照,作"位"則費解。今訂正。大，喬本作“太”，此從餘諸本。萬彙，萬物，萬類。餘欠，多餘或欠缺，此偏指欠。

〔九〕有形有色，孰不具此極、此儀哉：有形有色，借代人。朱子語類卷六〇孟子十盡心上形色天性章云：“人之有形有色，無不各有自然之理，所謂天性也。”具，吳本謁“其”。

〔一〇〕太極元氣，含三爲一：見漢書律曆志上，“含”作“函”。顔師古注：“函讀與含同。”

〔一一〕一與一爲二：洪本“與一”作“與言”，誤。

〔一二〕五十有五：周易據以推演世間萬事萬物之所謂大衍之數。參見前紀一初三皇紀注〔一一〕。

〔一三〕今夫果核之未坼也：吳本“今”謁“令”；“坼”謁“圻”，下“未坼”之“坼”同。

〔一四〕兩儀之間，兩芽自具：芽，喬本、吳本作“桑”，洪本作“枽”，四庫本、備要本作“枼”。彦按：枽同桑（見廣韻唐韻）。枼當同“枼”，即後世“葉”字。然“桑”、“葉”二字，於此義皆不通，蓋謁字也。今謂其字本當作“芽”。果核坼而萌芽，乃物理也。故宋俞琰周易集説卷一六象傳三云：“獨不觀果核中心一點其名曰仁者乎？當其氣候之蕭殺，寂然不動，无端倪之可見。迨夫氣候之發生，則其仁萌芽自核中而出。”元張理大易象數鈎深圖卷中解出坎險圖説亦有“若果核之仁變而爲芽也”之喻。是説易者每以果核與仁與芽爲比方也。今訂作“芽”。

〔一五〕兩芽之具，即人字也：芽，喬本謁“桑”，洪本、吳本謁“枽”，四庫本、備要本謁“枼”，今訂正。人，即後世“仁”字，所謂“果核中心一點”者。彦按：此視“人”字之撇、捺兩筆爲兩芽之未萌也。

〔一六〕三才之道，一時具足：三才，謂天、地、人。具足，皆備。易説卦：“是以立天之道曰陰與陽，立地之道曰柔與剛，立人之道曰仁與義。兼三才而兩之，故易六畫而成卦。”

〔一七〕一生爲㞢，㞢與人同：㞢，備要本如此，是，今從之。餘諸本均謁“㞢”，下“㞢”字同。集韻真韻“㞢”同“人”，云：“説文：‘天地之性最貴者也。’古作㞢，唐武后作㞢。”彦按：“一生”猶言“衆生”；“人”即“民”，唐避太宗李世民諱而改。　　所謂側㞷：側㞷，猶“下人”，即“民”。正字通人部：“側，卑隰也。”

〔一八〕是故木之性仁：禮記樂記孔穎達正義云：“若木性仁，金性義，火性禮，水性智，土性信，五常之行也。”宋劉牧易數鈎隱圖卷上人稟五行第三十三云：“五行者，木火土金水也。木性仁，火性禮，土性信，金性義，水性智。”宋蘇洵嘉祐集卷七洪範論下亦云：“先民之論五行也，水性智而事聽，火性禮而事視，木性仁而事貌，金性義而事言，土性信而事思。”　　而善謂之穀：爾雅釋詁上：“穀，善也。”　皆有生之理也：生，謂生物。彥按：羅氏就木本植物孕育之初果核含仁之事借題發揮，以爲生物之理，性本仁善，可謂東拉西扯，牽强附會。

〔一九〕方夫兩芽：芽，喬本、洪本、吳本、四庫本作“枲”（同枲，見康熙字典木部），備要本作“𦬊”，俱誤。今訂正。下諸“芽”字同。

〔二〇〕迫其至土：至，同“壬”，説文壬部：“壬，象物出地挺生也。”徐鉉注：“人在土上，壬然而立也。”彥按：此義後世作“挺”。喬本作“𡈼”，洪本、四庫本作“𡈼”，吳本作“𡈼”，備要本作“𡈼”，乃“至”字俗書。

〔二一〕兩芽復生，則爲从矣：初但兩芽，作“人”；今復生兩芽，故疊兩“人”作“从”。

〔二二〕从者，人之箸者也：箸，明顯。四庫本作“著”，通。

〔二三〕孔子曰：“仁者，人也”：見禮記中庸及表記。彥按：此“仁”爲仁慈、仁愛之仁，羅氏將之與果核中仁混爲一談，甚是不妥。

〔二四〕从、㞷皆古仁字：自此而下至“物之出土者”凡二十三字注文，但見於洪本，餘本無之，蓋脱文，今補出。又洪本“㞷”原譌“㢑”，今訂正。

〔二五〕从字後側之而爲“仁”：後側，朝後傾斜。

〔二六〕方核未坼，人在其中：洪本、吳本、四庫本“坼”作“𡉵”，同。　　是以賜果君前，核則懷之，人存焉爾：彥按：禮記曲禮上：“賜果於君前，其有核者懷其核。”鄭玄注：“嫌棄尊者物也。”是也。羅氏以爲“人（仁）存焉爾”，牽强附會，殊不可信。

〔二七〕繇此觀之，人雖一物，而與兩儀並生，其於萬物也殊矣：四庫本“繇”作“由”。人，此指“果核中心一點”之仁。

〔二八〕天地之性，人爲貴：孝經聖治章引孔子語。彥按：上句之“人”指果核之仁，此句之“人”乃指人類，今以“故曰”引出，不無偷換概念之嫌。

〔二九〕人爲萬物之靈：書泰誓：“惟天地，萬物父母；惟人，萬物之靈。”

〔三〇〕子則不言，荀、揚之徒奚擇焉：子，指孔子。則，若。荀，指戰國荀況（即荀子）。揚，指西漢揚雄。二人皆稱孔孟之後大儒。

〔三一〕可與易埒者，惟有字學：埒，等同，相提並論。

〔三二〕爰伸占畢：爰，於是。伸占畢，申述對所見古書文字之理解。典出禮記學記：“今之教者，呻其占畢，多其訊。”鄭玄注：“呻，吟也。占，視也。簡謂之畢。……言今之師，自不曉經之義，但吟誦其所視簡之文，多其難問也。”

明易彖象

易者，明象之書也〔一〕。昔者聖人之作易也，賾天下之故，窮造化之隱，而其妙有不得而言傳者，於是儗之形容，近而身，遠而物，一皆取而寓之於象以見焉〔二〕。兹聖人之大惠也〔三〕。

子曰：“八卦成列，象在其中矣〔四〕。”方三畫之未峙也，固已有是象也〔五〕。“天地定位，山澤通氣，雷風相薄，水火不相射”，此皆以象而告者也〔六〕。是故，八象立而八卦之義見矣〔七〕。

非惟八卦，而六十有四莫不皆有象也。澤中之火，山中之天，豈故爲是夸哉〔八〕？大腹白眼，豕塗鬼車，語譬淺鄙，而取類甚大〔九〕。蓋不求之顯則幽不得而闡，不取之近則遠無自而明；內外上下，遠近小大，是必交互反錯，遞相焕發，而後理無餘蘊也〔一〇〕。

抑又求三百八十四爻，一皆有象。而曰易、曰彖、曰象，是亦一象也。易者遏也，日月更遏而相貿者也〔一一〕。彖者，遂也，廈去匿遂而迹焉者也〔一二〕。至於象，則像此而已，景兆彷彿而未有形焉者也〔一三〕。遂與遯同。彖猶搏也，如玄之有測；象猶想也，如玄之有擬〔一四〕。曰遯甲者，起數藏匿法也〔一五〕。豚之放者，一起足而有隱去之意〔一六〕。

蓋形也者，象之著；而象也者，彖之章也〔一七〕。即而言之，則易與彖、象，亦以三物取名：易取於易，彖取於象，而象取於象〔一八〕。何謂也〔一九〕？易者，廬蠪之名，守宮是矣，身色無恒，日十二變〔二〇〕。是則易者本其變也。易即刺易、蜥蜴是也。亦曰石蜴，曰辟宮，曰龍子，曰蠑螈，曰蝘蜓，曰祝蜓，曰蝎虎，曰守宮，又曰蚖蠸〔二一〕。東齊曰蜓蚞〔二二〕。善治蛇疾，俗呼蛇師，一曰蛇舅母〔二三〕。一曰：十二時每時一變色，故正名曰易〔二四〕。餧以朱砂，則丹，漢武用之宮闈，爲守宮之術〔二五〕。與龍通氣，故禱雨者用之〔二六〕。又能嘔雹〔二七〕。與魚合〔二八〕。象者，茅犀之名，豨神是矣〔二九〕。犀形獨角，知幾知祥，是則象者取於幾也〔三〇〕。象亦曰茅犀，狀如犀而小，一角，善知吉凶。交廣諸山有之，土人謂之猪神〔三一〕。而象則直取其身形相象，遠近不變，脈有成位，膽應四時而已〔三二〕。韓子云：人希見生象也，而得死象之骨，按其圖以想其生，故諸所意想者皆謂之象〔三三〕。今諸獸之形，一各自別，惟象無巨細悉皆相類〔三四〕，又近視之與遠無異，是故謂之象。身具十二少肉，惟鼻其本肉，膽隨四季移於四足，五歲始乳，三年一產，亦能知吉凶〔三五〕。淳化中上苑馴象死，上命取其膽，不獲，問之姚鉉，得之前左足〔三六〕。

是故易者，象也；取諸物以爲象，聖人之意見矣。如乾之龍，坤之馬，小過之鳥，損、益之龜，姤、中孚之魚，解、未濟之狐，童牝之牛、豶羸之豕、虎豹莧狗、羊鼠豚豝，牲禽見鮒、隼、雉、鴻、雞、鳴鶴、鳳凰，咸取而象之〔三七〕。鳳凰見穆姜之筮〔三八〕。至於器，則取于牀，于几，于枕，于梐，于舟，于車，于鼓，于輿，于簀，于輻，于輪，于輹，于匕鬯，于資斧，于鉼、甕、缶，于匡、鼎、鯆、茀、幕、弧、矢，尊酒篹貳〔三九〕。於服，則取于簪，于圭，于衣，于繻，于屨，于履，于袂，于袽，于繩，于囊，赤紱、黃裳，于布，于帛，鞶帶、徽纆〔四〇〕。於居，則取于家，于室，于庭，于宮，于庖，于藩，于牖，于墉，于舍，于廬，蔀屋、王居，于次，于處，棟楒、門戶〔四一〕。於都，則取于邑，于國，于階，于衢，于城，于隍，于關，于虛，于廟，于巷，于比鄰、郊野〔四二〕。於物，則取于稊，于華，于杞，于瓜，于蘭，于竹，于葦，于木，于茅，于茹，于莽，于株，于葛藟，于枯楊，蒺藜、叢棘，碩果、包桑〔四三〕。在天，則取于月，于斗，于夜，于晝，于霝出入，于日中昃，風雲冥晦,雨霜堅冰,終朝幾望,先甲後庚,三歲旬朞,七日八月〔四四〕。在地,則取于田,于淵,于河,于川,于陂,于險,于泥,于干,于塗,于陰,于瞀,于磐,于菑畬,于丘園,于九陵,于岐山,于穴,于沛澤,于谷,于平陸,坎窞林鹿,剛鹵金玉,泉井沙石,東西南北〔四五〕。在人,則取于躬,于膚,于頂,于趾,于頄,于輔,于口,于鼻,于頰,于舌,于牙,于齒,于夤,于限,于陽,于尾,手足耳目,頤面須髮,腹背脢拇,腓臀汗血,股肱心脊,眇跛孕育,天劓荆刖,荷校桎梏,刑渥尸疾,婚娶慶譽,齎咨涕洟,歌號笑語,咥噬嗟泣,威儀志意,逋係闚盱,突來焚棄,靡不餚之,猶未離其類也〔四六〕。<u>高宗</u>、<u>文王</u>、王母、<u>箕子</u>、帝乙、<u>鬼方</u>、同人、弟子、康侯、大君、士夫、家人、元夫、大師、夫子、宮人、考妣、妾婦、壯耋、羣醜、臣子、童僕、主賓、朋友、丈夫、小子、<u>女須</u>、娣妹、邑人、行人、寇盜、戎介、仇衆、族類、史巫、商旅、武人、惡人、夷主、配主、金夫、後夫、老夫、女妻、不速、大首、建侯、行師、幽人、丈人、錫命、好爵、災眚、驅田、戰征、耕穫、憑涉、弋獲、盥薦、亨襘、元筮、失律、南狩、納約,以至臲卼黔喙,翰音鞏革,巢焚蹢躅,角牿羽翼,香臭甘苦,玄黃朱白,孚膏公辣,乾胏腊肉,飲食享餚,勿藥遇毒之類,一皆比配,曾無遺棄,謂不如是不足盡其意也〔四七〕。

是以象立而卦明,象設而爻顯,曾何凝滯之有!而後之學者,煩荒辭,溺章句,且不知易之爲義,何繇而詣其情哉〔四八〕? 雖然,是特一象也。若夫龍,非惟乾也,而坤亦爲龍;馬,非惟坤也,而乾亦爲馬。龍與馬,非惟乾與坤也,而坎、震亦取象焉〔四九〕。

是故觸類可爲其象,合義可爲其變。學者能因是以索之,則可以見<u>羲文</u>之心;見<u>羲文</u>之心,則能見天地之心矣。<u>羲文</u>之心,即天地之心;而天地之心,即吾心也。見吾心,則見易矣。今也,不因是以索之,徒覩代之人執象以迷易,而咎<u>伏羲</u>之費畫,以爲文王病,乃不先明於彖象,而欲深求於易,此負苓者之妄人也〔五〇〕。
舍蹄而索兔,舍杭而窮海,古今豈有是哉〔五一〕? 神而明之,則必有
在矣〔五二〕。

【校注】

〔一〕明象:謂通過形象闡明事理。

〔二〕賾天下之故,窮造化之隱:賾,探求。故,事理。窮,推究。微,玄
妙。　於是儗之形容:儗,比擬。備要本作"擬",字異而詞同。

〔三〕兹聖人之大惠也:惠,通"慧",智慧。

〔四〕八卦成列,象在其中矣:見易繫辭下。高亨大傳今注:"八卦象天地
雷風水火山澤等物,故曰'象在其中'。"

〔五〕方三畫之未峙也:畫指爻,三爻構成一卦(指最初之八單卦),"三畫
之未峙"指未有八卦之前。峙,立。

〔六〕天地定位,山澤通氣,靁風相薄,水火不相射:見易説卦。高亨大傳
今注:"此言八卦所象之天與地、山與澤、雷與風、水與火,皆矛盾對立也。薄借
爲搏。廣雅釋詁:'搏,擊也。'不字疑衍。射即射箭之射。射以殺傷對方,故
相射猶言相尅也。天地之位定,天上地下之矛盾見矣。山澤之氣通,山高澤卑
之矛盾見矣。雷風相搏,雷風之矛盾見矣。水火相射,水火之矛盾見矣。"

〔七〕八象:天、地、山、澤、雷、風、水、火之形象。

〔八〕澤中之火:易革象辭曰:"澤中有火,革。"高亨大傳今注:"革之外卦
爲兑,内卦爲離。兑爲澤,離爲火。然則革之卦象是澤中有火。澤中有火,乃
澤水已枯,火焚澤内之草木,此是澤之大變革,是以卦名曰'革'。"宋俞琰周易
集説卷一三象辭三引馮氏曰:"大澤之中,水落而有火,革故之象。'益烈山澤
而焚之'(彦按:見孟子滕文公上),澤中之火也。如雲夢跨江南北,霜降水落,
半爲平陸,火時有之。"　山中之天:易大畜象辭曰:"天在山中,大畜。"高亨大
傳今注:"大畜之内卦爲乾,外卦爲艮。乾爲天,艮爲山。然則大畜之卦象是
'天在山中',即天之光明照耀於山内。天之光明照耀於山内,則草木鳥獸皆遂
其生,成爲人之財富,其積蓄者大矣,是以卦名曰'大畜'。"宋俞琰周易集説卷
一二象辭二引漢上朱氏曰:"天在山中,以人所見爲象。聖人論天地日月,皆以
人所見言之。"宋馮椅厚齋易學卷四七易外傳説卦下引鄭少梅曰:"八物者,八

卦之物理也。八卦者,八物之義理也。未畫八卦之前,八物亦交錯也。此孔子之所以贊大象有‘山中之天’、‘澤中之火’之類。以常情觀之,豈不誕乎? 是聖人物理之學如此其妙也。”

〔九〕大腹白眼:易説卦云:“離爲火,……其於人也,爲大腹。”高亨大傳今注:“離之三爻齊均,中爻象腹部,與其上下兩部相等,是大腹矣,故曰:‘離……其於人也,爲大腹。’”説卦又云:“巽爲木,……其於人也,爲寡髮,爲廣額,爲多白眼。”高亨今注:“巽爲木。論語子路篇:‘剛毅木訥近仁。’集解引王注:‘木,質樸也。’蓋古代相面術謂此三種人性木樸。故曰:‘其於人也,爲寡髮,爲廣額,爲多白眼。’”　豕塗鬼車:易睽上九:“見豕負塗,載鬼一車。”高亨大傳今注:“負疑借爲伏。塗讀爲途,道路。”

〔一〇〕是必交互反錯,遞相焕發:反錯,易位。錯通“措”,置。焕發,輝映,映襯。

〔一一〕易者遏也,日月更遏而相貿者也:遏,疑借爲“替”。貿,變換,改變。

〔一二〕彖者,遂也,廋去匿遂而迹焉者也:喬本、洪本、吳本無“彖者”二字,當爲脱文。四庫本有之,然與下“遂也”一並闌入注文,亦誤。此從備要本。遂,同“遁”。廋去匿遂,藏匿隱遁,同義連文。廋,各本均作“瘦”。彦按:作“瘦”義不相洽,當爲“廋”字形謫。玉篇广部:“廋,隱匿也。”去(jǔ),音義同“弆”。集韻語韻:“弆,藏也。或作去。”迹,尋迹,追踪。

〔一三〕則像此而已,景兆彷彿而未有形焉者也:備要本“像”作“象”。景兆,景象。彷彿,大體相似。

〔一四〕彖猶搏也:彖,各本均作“遂”。彦按:字當作“彖”。上句已釋“遂”,此句乃轉而解釋正文之“彖”與“象”。作“遂”者,蓋涉上文而謫。今訂正。易乾“彖曰”孔穎達疏:“案褚氏、莊氏並云:彖,斷也。斷定一卦之義,所以名爲彖也。”又集韻僊韻云:“搏,擅也。……通作尃、專。”蓋“斷”終定於一己,故有“專”意,所謂專斷也。然以搏訓彖,總嫌牽強。　如玄之有測:玄,指揚雄所撰太玄。太玄仿周易而作,分八十一首(類似於易之六十四卦),首具九階(稱初一、次二、次三、次四、次五、次六、次七、次八、上九,類似於易之六爻),各有贊語(相當於易之爻辭),每條贊語之後半部分爲預測吉凶之辭,稱“測”。

全書有測辭凡七百二十九則。　　象猶想也:羅氏以象爲想像之形,故有此語。然亦濫用音訓,牽强不足信者。　　如玄之有擬:擬,比擬。太玄中運用比擬闡明事理之處甚多,乃至特撰玄捝一篇以解説之(捝即擬也),如稱"擬之經"、"擬之禍"、"擬之八風"、"擬之天元"云云,是也。

〔一五〕曰遁甲者,起數藏匿法也:遁甲,古代方士術數之一。後漢書方術傳序"遁甲"李賢注:"遁甲,推六甲之陰而隱遁也。"起數,占卜。藏匿,指避凶逃禍。

〔一六〕豚之放者,一起足而有隱去之意:放,逃逸。隱去,逃亡。

〔一七〕章:義同"著"。

〔一八〕則易與彖、象,亦以三物取名:易,指周易之"易"。彖,指易彖辭之"彖"。象,指易象辭之"象"。　　易取於易,象取於象,而彖取於彖:後"易"字取變易義。後"象"字取形象義。後"彖"字取判斷義。

〔一九〕何謂也:喬本"何"誤"之",此從餘諸本訂正。

〔二〇〕易者,盧蠳之名,守宮是矣:守宮即壁虎。方言卷八:"守宮,秦、晉、西夏謂之守宮,或謂之蘆蠳,或謂之蝘蜓。"

〔二一〕祝蜓:備要本"蜓"誤"螈"。　　蚵蠪:音 hé lóng。廣雅釋魚:"蚵蠪,蜥蜴也。"彥按:此上所言易(蜴)之諸名,蓋小類名,未必一物,唯其大類名稱"易"耳。故説文虫部蝘云"在壁曰蝘蜓,在艸曰蜥易",是也。

〔二二〕東齊曰螔蝚:螔蝚(sī hóu),吳本作"蛻蝚",餘本作"螖蝚",俱誤。今訂正。方言卷八:"守宮,……東齊、海、岱謂之螔蝚。"

〔二三〕善治蛇疾,俗呼蛇師:彥按:蛇師之名,蓋由蛇醫而來。方言卷八云:"守宮,……南楚謂之蛇醫。"清郝懿行以爲"蜥蜴,蛇醫,聲之轉耳"(見爾雅釋魚"蠑螈,……守宮也"義疏),當是。羅氏以爲得名自"善治蛇疾",又宋羅願爾雅翼卷三二釋魚蜥蜴云"舊説蛇體有傷,此蟲輒衘草傅之,故有醫之號。或曰:口常含苖,蛇若有病則以苖療之。今蛇遇冬入蟄,含土爲圜,至春出蟄,土堅如鐵石,謂之蛇黃。蓋毒烈之氣聚蓄所爲。蛇醫以苖治蛇病,似協於理",類皆傅會之辭。

〔二四〕一曰:十二時每時一變色,故正名曰易:彥按:太平御覽卷九五〇引嶺表録異曰:"十二時蟲,則虵師、蜥蜴之類也。土色者,身尾長尺餘,腦上連背有䘍鼠,草樹上行極迅速,亦多在人家籬落間,俗傳云一日隨十二時變色,因名之。"蓋同一物。

〔二五〕餧以朱砂,則丹,漢武用之宫闈,爲守宫之術:餧,"喂"之古字。宫闈,皇宫的門,借代宫人。晉張華博物志卷四戲術云:"蜥蜴或名蝘蜓。以器養之,食以朱砂,體盡赤,所食滿七斤,治擣萬杵,點女人支體,終年不滅。唯房室事則滅,故號守宫。傳云:'東方朔語漢武帝,試之有驗。'"

〔二六〕與龍通氣,故禱雨者用之:爾雅翼卷三二釋魚蜥蜴云:"其狀既如龍,故禱雨用之。古法:求雨,坊巷各以大甕貯水,插柳枝,泛蜥蜴,使青衣小兒環繞呼曰:'蜴蜥蜥蜴,興雲吐霧,降雨滂沱,放汝歸去。'此亦象龍致雨之義也。"明楊慎升菴集卷四一卦爻名義注:"守宫即蜥蜴也。與龍通氣,故可禱雨。"

〔二七〕又能嘔雹:嘔,吐。朱子語類卷二理氣下天地下:"伊川説:'世間人説雹是蜥蜴做,初恐無是理。'看來亦有之。只謂之全是蜥蜴做,則不可耳。自有是上面結作成底,也有是蜥蜴做底,某少見十九伯説親見如此。十九伯誠確人,語必不妄。又,此間王三哥之祖參議者,云嘗登五臺山,山極高寒,盛夏攜綿被去。寺僧曰:'官人帶被來少。'王甚怪之。寺僧又爲借得三兩條與之。中夜之間寒甚,擁數牀綿被,猶不煖。蓋山頂皆蜥蜴含水,吐之爲雹。少間,風雨大作,所吐之雹皆不見。明日下山,則見人言,昨夜雹大作。問,皆如寺中所見者。又,夷堅志中載劉法師者,後居隆興府西山修道。山多蜥蜴,皆如手臂大。與之餅餌,皆食。一日,忽領無限蜥蜴入菴,井中之水皆爲飲盡。飲訖,即吐爲雹。已而風雨大作,所吐之雹皆不見。明日下山,則人言所下之雹皆如蜥蜴所吐者。蜥蜴形狀亦如龍,是陰屬。是這氣相感應,使作得他如此。"

〔二八〕與魚合:合,交配。各本"合"下有"六"字,蓋衍文,今删去。爾雅翼卷三二釋魚蜥蜴引曹叔雅異物志曰:"魚跳躍,則蜥蜴從草中下,稍相依近,便共浮水上而相合。事竟,魚還水底,蜥還草中云。"

〔二九〕象者,茅犀之名,豨神是矣:明鄺露赤雅卷三象云:"象耳㵼㵼,其大如掌。行動鼓舞,目常帶笑,有歡悦發揚之意。狀似犀而角小,居草茅而知吉凶。生于兩粵,東曰茆犀,西曰豬神。遇之則吉,罔敢有害。"茆同茅,豬即豨。

〔三〇〕知幾知祥：幾，細微之迹象。祥，吉凶之預兆。易繫辭下：“知幾其神乎。……幾者，動之微，吉凶之先見者也。”

〔三一〕交廣：交州（治所在今越南河内市）、廣州（治所在今廣東廣州市）二州之合稱。

〔三二〕肵：音 hé，肉。

〔三三〕故諸所意想者皆謂之象：諸，喬本、吴本作“謂”，誤。此從洪本、四庫本及備要本。今本韓非子解老此句作：“故諸人之所以意想者，皆謂之象也。”

〔三四〕類：喬本作“顪”，吴本作“頯”，並譌，此從餘本。

〔三五〕身具十二少肉，惟鼻其本肉，膽隨四季移於四足：十二少，十二生肖，指鼠、牛、虎、兔、龍、蛇、馬、羊、猴、雞、狗、豬。“少”疑“生肖”之合音詞。宋陸佃埤雅卷四釋獸象曰：“體具十二少肉，唯鼻是其本肉。膽不附肝，隨月轉在諸肉。假令正月建寅，即膽在虎肉。……或曰膽隨四時在足，春在前膊左，夏在前膊右。”明張萱疑耀卷三象，“具十二少肉”作“具十二肖肉”。　五歲始乳，三年一産：“五歲始乳”謂五歲始具生殖能力。乳，生子，分娩。説文象部則曰：“象，……三年一乳。”埤雅亦曰：“三年一乳行孕。”

〔三六〕淳化中上苑馴象死，上命取其膽，不獲，問之姚鉉，得之前左足：馴象，馴養之象。姚鉉，北宋朝臣，官直史館。彦按：宋釋文瑩續湘山野録，宋王銍（一作王君玉）國老談苑則以爲徐鉉，後來著作如明何良俊語林、明蔡清易經蒙引、明彭大翼山堂肆考、清吴任臣十國春秋等均從之。似當以徐鉉爲是。徐鉉爲南唐、北宋初年文學家、書法家，入宋官至散騎常侍，曾奉詔校定説文解字，而以博洽聞。左足，喬本作“右足”，吴本作“尤足”，餘本均作“左足”。彦按：尤字同左（見玉篇零卷工部），諸書述及此事者亦皆作“左足”，今據以訂正。

〔三七〕乾之龍：如易乾初九：“潛龍，勿用。”九二：“見龍在田，利見大人。”坤之馬：如易坤：“元亨，利牝馬之貞。”彖辭：“牝馬地類，行地无疆。”　小過之鳥：易小過：“飛鳥遺之音，不宜上宜下。”　損、益之龜：易損六五、益六二並有“或益之十朋之龜，弗克違”語。　姤、中孚之魚：易姤九二：“包有魚，无咎。”又九四：“包无魚，起凶。”易中孚：“中孚，豚魚吉。”　解、未濟之狐：易解九二：“田獲三狐，得黃矢，貞吉。”易未濟：“小狐汔濟，濡其尾，无攸利。”　童牝之牛：易大畜六四：“童牛之牿，元吉。”易離：“亨，畜牝牛吉。”　豶羸之豕：豶（fén），去勢的豬。羸，通“纍”，繩索，此謂用繩索繫著（據高亨周易古經今注説）。易大畜六五：“豶豕之牙，吉。”（高亨今注以爲“牙”通“互”，“蓋交木爲闌以閑豕也”。）易姤初六：“羸豕孚蹢躅。”（高亨今注讀作“纍豕捊蹢躅”，云：“言將殺豕者，以索繫豕，强引而行，其行蹢躅不進也。”）　虎豹莧狗：易履：“履虎尾，不咥人，亨。”易革上六：“君子豹變。”莧，字當作“莧”，山羊細角者（見説文莧部）。易夬九五：“莧陸夬夬。”高亨今注：“亨按：莧當作莧，形近而譌。陸者，躍馳也。……夬借爲趹，趹趹，行疾之貌。”易説卦：“艮爲狗。”羊鼠豚羝：羝（dī），公羊。易説卦：“兌爲羊。”又晉九四：“晉如鼫鼠，貞厲。”中孚彖辭：“‘豚魚吉’，信及豚魚也。”大壯九三：“羝羊觸藩”。　牲禽見鮒、隼、雉、鴻、雞、鳴鶴、鳳凰：鮒，鯽魚。鴻，大雁。鶴，洪本、吳本作“雚”，同。鳳凰，喬本如此，餘諸本作“鳳皇”。下羅苹注“鳳凰”同。彥按：鳳凰（皇）不見於周易，羅氏蓋誤記。易井九二：“井谷射鮒”。又解上六：“公用射隼于高墉之上”。旅六五：“射雉一矢亡”。漸初六：“鴻漸于干”。説卦：“巽爲雞。”中孚九二：“鳴鶴在陰”。

〔三八〕鳳凰見穆姜之筮：穆姜，春秋魯宣公夫人。彥按：穆姜之筮，見於左傳襄公九年，然未言及鳳凰。而左傳莊公二十二年載：“初，懿氏（杜預注：“陳大夫。”）卜妻敬仲。其妻占之，曰：‘吉。是謂鳳皇于飛，和鳴鏘鏘。有嬀之後，將育于姜。五世其昌，並于正卿。八世之後，莫之與京。’”似宜指此，而羅氏誤栽之穆姜矣。

〔三九〕則取于牀：易剝初六：“剝牀以足”。　于几：今周易未見“几”字。　于枕：彥按：枕見於易坎六三“來之坎坎，險且枕”。清俞樾云：“枕當爲沈。釋文謂古文作‘沈’，是也。……險且沈者，險且深也。”（見羣經平議周易一）高亨周易古經今注然之，當是，則此枕非器矣，路史説蓋誤。　于梐：易姤初六：“繫于金梐”。　于舟：易中孚彖辭：“‘利涉大川’，乘木舟虛也。”　于車：易大有九二：“大車以載，有攸往，无咎。”　于鼓：易中孚六三：“得敵，或鼓或罷，或泣或歌。”彥按：此“鼓”用如動詞，謂擊鼓。　于輿：易剝上九：“君子得輿”。　于簀：今周易未見“簀”字。　于輻：輻，通“輹”，古代車子的部件，用於鈎連車箱底板和車軸，以固車。以形如蹲伏之兔，故又稱伏兔。易小畜九三：“輿説輹。”　于輪：易既濟初九：“曳其輪。”　于輹：易大畜九二：“輿説輹。”　于匕鬯：易震：“震驚百里，不喪匕鬯。”彦按：學者大抵以爲匕鬯代指宗廟祭祀。究其字義，則匕爲古代取食用之曲柄匙，鬯爲祭祀用之香酒。然但匕爲器耳，鬯則非器。　于資斧：易旅九四：“旅于處，得其資斧。”彦按：資斧指錢財，亦非器。　于鉼、甕、缶：鉼，同“瓶”。洪本、四庫本、備要本作“鉼”，亦同。鉼、甕同爲小口大腹之陶製汲水器，而甕大於鉼。易井：“羸其瓶。”又井九二：“甕敝漏。”缶，盆。易比初六：“有孚盈缶。”　于匡、鼎、鬴、髢、幕、弧、矢：匡，“筐”之古字。易歸妹上六：“女承筐无實”。鬴，同“釜”。鼎、鬴同爲烹煮器，而鼎有足，鬴無足。易鼎九四：“鼎折足，覆公餗。”又説卦：“坤爲地，……爲釜”。髢，婦人首飾，字亦作“髢”。高亨周易古經今注以爲“即今所謂假髮”。易既濟六二：“婦喪其髢。”幕，見於易井上六：“井收勿幕，有孚，元吉。”彦按：此幕乃動詞，未可以“器”視。魏王弼注：“幕猶覆也。”甚是。高亨古經今注云：“孚讀爲浮，罺也。蓋古人汲水既畢，必蓋其井，以防雨水穢物之侵入，若有不蓋者則罺之，所以保清潔而重衛生，因此食者無疾病，故曰‘井收勿幕，有孚，元吉’。”可從。弧，易睽上九：“先張之弧，後説之弧。”矢，易旅六五：“射雉一矢亡。”　尊酒簋貳：尊，古盛酒器，字亦作“樽”。易坎六四：“樽酒簋貳，用缶。”高亨大傳今注：“貳當作資，形似而誤。資借爲粢，米飯也。缶，瓦器也。王引之曰：‘用缶云者，以缶爲樽，又以缶爲簋也。’”

〔四〇〕則取于簪：簪，喬本、洪本、吳本作“瞀”，非是。此從四庫本及備要本。易豫九四：“勿疑朋盍簪。”高亨大傳今注：“朋，朋友。盍借爲嗑，多言也。簪，漢帛書周易作讒。按：簪借爲譖，爲讒，進惡言以毀人也。勿疑朋嗑譖，言筮遇此爻，勿疑友人多言而譖己。”彦按：高氏説似可從。則此簪非服飾之物矣。　于圭：易益六三：“中行告公用圭。”　于衣：易繫辭下：“黄帝、堯、舜垂衣裳而天下治。”　于繻：繻，通“襦”，短襖。易既濟六四：“繻有衣袽。”　于屨：易噬嗑初九：“屨校滅趾。”　于履：易履初九：“素履往，无咎。”　于袂：袂，衣袖，借代衣服。易歸妹六五：“帝乙歸妹，其君之袂不如其娣之袂良。”　于袽：袽，敗絮。見上“于繻”注。　于繩：易繫辭下：“作結繩而爲罔罟。”彦按：繩非服飾，廁此不妥。　于囊：易坤六四：“括囊，无咎无譽。”彦按：囊爲袋子，亦非服飾。　赤紱、黄裳：易困九五：“困于赤紱。”高亨大傳今注：“赤紱，赤色之蔽膝，大夫所服，此赤紱象徵服赤紱之大夫。”又坤六五：“黄裳，元吉。”　于布：易説卦：“坤爲地，爲母，爲布。”　于帛：易賁六五：“束帛戔戔。”　鞶帶、徽纆：鞶帶，皮革製成的腰帶，貴族、官員服飾，以繫佩玉。易訟上九：“或錫之鞶帶。”徽纆，繩索。易坎上六：“係用徽纆。”陸德明釋文引劉表云：“三股曰徽，兩股曰纆，皆索名。”

〔四一〕則取于家：易家人初九：“閑有家。”　于室：易繫辭下：“上古穴居而野處；後世聖人易之以宫室。”　于庭：易艮：“行其庭不見其人。”　于宫：宫，房屋，居室。易困六三：“入于其宫，不見其妻。”　于庖：彦按：“庖”未見於周易，蓋誤記。　于藩：藩，籬笆。易大壯九三：“羝羊觸藩。”　于牖：易坎六四：“納約自牖。”　于墉：備要本如此，洪本“墉”作“牖”，餘本無此二字。彦按：備要本是，今從之。蓋洪本誤“墉”爲“牖”，遂與上“于牖”重複，後來本子因删去之。墉，城牆。易同人九四：“乘其墉。”　于舍：彦按：周易中“舍”字凡十見，皆取“捨棄”之義，無作“屋舍”用者。此“于舍”二字宜不當有。　于廬：廬，簡陋小屋。易剥上九：“小人剥廬。”　蔀屋、王居：蔀屋，棚屋。蔀，席棚。易豐六二：“豐其蔀。”又上六：“豐其屋，蔀其家。”王居，王宫。易涣九五：“涣王居。”　于次：次，客舍。易旅六二：“旅即次。”　于處：易旅九四：“旅于次。”

棟桷、門户：棟，屋之正樑。易大過九四：“棟隆，吉。”桷（jué），方形的椽子。四庫本、備要本如此，是，今從之。喬本、吴本誤“桶”，洪本誤“捅”。易漸六四：“鴻漸于木，或得其桷。”易同人初九：“同人于門，无咎。”又豐上六：“闚其户。”

〔四二〕於都，則取于邑：都，大城市。此泛指城邑。易晉上九：“晉其角，維用伐邑。”　于國：易謙上六：“鳴謙，利用行師征邑國。”　于階：易升六五：“升階。”　于衢：衢，四通之大路。易大畜上九：“何天之衢，亨。”李鼎祚集解引虞翻曰：“何，當也。衢，四交道。”　于城，于隍：易泰上六：“城復于隍。”高亨大傳今注：“復讀爲覆，傾倒也。隍，城下溝。無水稱隍，有水稱池。”　于關：易復象辭：“先王以至日閉關。”　于虚：易升九三：“升虚邑。”高亨大傳今注：“虚，大丘也。虚邑，邑在大丘之上者也。”　于廟：易萃：“王假有廟。”　于巷：易睽九二：“遇主于巷。”　于比鄰、郊野：比鄰，即鄰。彦按：“比”與“都”義絕不相涉,此當視"比鄰"爲一詞。然周易中未見"比鄰"用例,今稱"比鄰"者,蓋爲湊足音節,以利誦讀也。易小畜九五:"富以其鄰。"又同人上九:"同人于郊。"又坤上六:"龍戰于野。"

〔四三〕則取于稊,于華:稊(tí),楊柳新生的枝葉。四庫本如此,是,今從之。餘諸本均譌"梯"。易大過九二:"枯楊生稊。"又九五:"枯楊生華。" 于杞,于瓜:易姤九五:"以杞包瓜。"高亨大傳今注:"杞借爲芑。芑,白苗嘉穀也,又名白粱粟。包,裹也。" 于蘭:易繫辭上:"同心之言,其臭如蘭。" 于竹,于葦:易説卦:"震爲雷,……爲蒼筤竹,爲萑葦。" 于木:易升象辭:"地中生木,升。" 于茅,于茹:茹,茅根。易泰初九:"拔茅茹以其彙,征吉。" 于莽:莽,同"莽",草叢。易同人九三:"伏戎于莽。" 于株:易困初六:"臀困于株木。"高亨大傳今注:"株木,木棍也,指官吏所用之刑杖。" 于葛藟:葛藟,藤本植物名。易困上六:"困于葛藟。" 于枯楊:見上"則取于稊,于華"注。 蒺藜、叢棘:易困六三:"據于蒺藜。"又坎上六:"寘于叢棘。"孔穎達疏:"謂囚執之處,以叢棘而禁之也。" 碩果、包桑:包,通"苞",茂密,茂盛。易剝上九:"碩果不食。"又否九五:"其亡其亡,繫于苞桑。"

〔四四〕則取于月:易豐象辭:"日中則昃,月盈則食。" 于斗:斗,指北斗星。易豐九四:"日中見斗。" 于夜:易夬九二:"莫夜有戎。" 于晝:易晉:"康侯用錫馬蕃庶,晝日三接。" 于需出入:出入,進進出出,謂涉及甚多。周易書中"雷"字凡 26 見,又有雷雨、雲雷、雷電、電雷、雷風、風雷、洊雷、雷霆種種説法。 于日中昃:日中昃,即日中、日昃。日中謂太陽正中,日昃謂太陽西斜。昃,洪本、吳本作"曼",喬本作"晐",四庫本作"昊",備要本作"昃"。彥按:昊與昃同。原本蓋作"昃",形近而譌"曼",因由譌爲"晐"。今從備要本。 風雲冥晦:易小畜象辭:"風行天上,小畜。"又小過六五:"密雲不雨。"又豫上六:"冥豫成,有渝无咎。"又明夷上六:"不明晦。" 雨霜堅冰:雨,見上"風雲冥晦"注。又易坤初六:"履霜,堅冰至。" 終朝幾望:終朝,過完一個早上,極言時間之短。易訟上九:"或錫之鞶帶,終朝三褫之。"幾望,指農曆月之十四日。幾,近;望,農曆每月之十五日。易中孚六四:"月幾望,馬匹亡,无咎。" 先甲後庚:易蠱:"元亨,利涉大川;先甲三日,後甲三日。"又巽九五:"先庚三日,後庚三日,吉。" 三歲旬季:季,各本均作"季"。彥按:周易無

"季"字,當"季"字形譌。"季"同"年"。今訂正。易同人九三:"三歲不興。"
又豐初九:"遇其配主,雖旬无咎。"又屯六二:"女子貞不字,十年乃字。"　七
日八月:喬本"日"譌"月",今據餘諸本訂正。易復:"反復其道,七日來復。"又
臨:"至于八月有凶。"

〔四五〕則取于田:易乾九二:"見龍在田。"　于淵:易乾九四:"或躍在
淵。"　于河:易泰九二:"包荒,用馮河。"　于川:易同人:"利涉大川。"　于
陂:見易泰九三:"无平不陂,无往不復。"彥按:此句爲對文,往與復對、平與陂
對,而義相反。是陂爲形容詞,宜音 bēi,取傾斜義,路史舉之不妥。　于險:易
坎彖辭:"行險而不失其信。"　于泥:泥,謂泥濘之地。易需九三:"需于泥,致
寇至。"　于干:干,岸。洪本、吳本譌"于"。易漸初六:"鴻漸于干。"　于塗:
易睽上九:"見豕負塗。"　于陰:易中孚九二:"鳴鶴在陰。"高亨大傳今注:"陰
借爲蔭,樹蔭也。"　于甃:甃(zhòu),用磚石等砌的井壁。亦作動詞用,謂用
磚石等砌井壁。易井六四:"井甃,无咎。"　于磐:磐,大石頭。易漸六二:"鴻
漸于磐。"　于菑畬:菑畬(zī shē),即"菑畲"。易无妄六二:"不耕穫,不菑
畲。"彥按:爾雅釋地云:"田,一歲曰菑,二歲曰新田,三歲曰畲。"蓋菑畲原指
新田與熟田,作動詞用,則爲耕種田地之義,易无妄實取後義。　于丘園:丘
園,猶家園。易賁六五:"賁于丘園,束帛戔戔。"　于九陵:九陵,重疊的山嶺。
易震六二:"躋于九陵。"　于岐山:易升六四:"王用亨于岐山,吉,无咎。"　于
穴:易需六四:"出自穴。"　于沛澤:沛澤,水草繁茂的沼澤。彥按:周易中未
見"沛澤",此實但謂"澤"。易履象辭:"上天下澤,履。"　于谷:易困初六:
"入于幽谷。"　于平陸:彥按:周易中未見"平陸",此實但謂"陸"。易漸九三:
"鴻漸于陸。"　坎窞林鹿:坎窞(dàn),坑穴。吳本"坎"譌"**坎**"。易坎初六:
"入于坎窞。"林鹿,猶山林。"鹿"通"麓"。彥按:周易中未見"林鹿",此實但
謂"林"。易屯六三:"即鹿无虞,惟入于林中。"　剛鹵金玉:剛鹵,堅硬的鹽碱
地。易說卦:"兌爲澤,……其于地也爲剛鹵。"又:"乾爲天,……爲玉,爲金。"
　泉井沙石:易井九五:"井洌寒泉,食。"又需九二:"需于沙。"又豫六二:"介
于石。"　東西南北:易蹇:"利西南,不利東北。"

〔四六〕則取于躬:易震上六:"震不于其躬于其鄰,无咎。"　于膚:易夬九
四:"臀无膚。"　于頂:頂,頭頂。洪本、吳本如此,喬本、四庫本、備要本作

“頂”。彥按:周易無“頂”字,今改訂作“頂”。易大過上六:“過涉滅頂。” 于趾:洪本“趾”作“止”,乃用古字。易大壯初九:“壯于趾。” 于頄:頄(kuí),顴骨。易夬九三:“壯于頄,有凶。” 于輔:輔,面頰。易咸上六:“咸其輔頰舌。”

于口:易説卦:“兑爲口。” 于鼻:吳本“鼻”譌“皇”。易噬嗑六二:“噬膚滅鼻,无咎。” 于頰,于舌:見上“于輔”注。 于牙,于齒:易大畜六五:“豶豕之牙,吉。”彥按:周易中未見“齒”字,此稱“于牙,于齒”者,意謂易所取象,及於牙齒耳。又,周易中“牙”亦僅此一見,然既是“豶豕之牙”,而作爲“在人,則取于”例,亦未妥。下“于尾”之“尾”也存在同樣的問題。 于夤,于限:夤,“膌”之古字,夾脊肉。限,腰部。易艮九三:“艮其限,列其夤。” 于陽:彥按:周易中“陽”字皆取“陰陽”之“陽”義,不合在此,疑有誤。 于尾:易履:“履虎尾。” 手足耳目:易説卦:“震爲足,巽爲股,坎爲耳,離爲目,艮爲手。” 頤面須髮:頤,腮。易噬嗑彖辭:“頤中有物。”又革上六:“小人革面。”又賁六二:“賁其須。”又説卦:“巽爲木,……其于人也爲寡髮。” 腹背脢拇:脢(méi),脊背上的肉。易説卦:“離爲火,……其于人也爲大腹。”又艮:“艮其背不獲其身。”又咸九五:“咸其脢,无悔。”又咸初六:“咸其拇。”孔穎達疏:“拇是足大指也。” 腓臀汗血:腓,小腿肚。易咸六二:“咸其腓,凶。”臀,見上“于膚”注。易渙九五:“渙其汗大號。”又上九:“渙其血。” 股肱心膂:股肱,大腿與胳膊。備要本作“肱股”。易咸:“咸其股。”又豐九三:“折其右肱。”又井九三:“井渫不食,爲我心惻。”彥按:膂者,脊骨。周易未見。此稱之者,蓋以書君牙“今命爾予翼,作股肱心膂”(此股肱心膂喻得力之親信)語而連及之。 眇跛孕育:眇,目盲。易履六三:“眇能視,跛能履。”又漸九三:“婦孕不育。” 天劓荆刖:天,古代一種在額頭上刺字的刑罰。備要本譌“夭”。易睽六三:“其人天且劓。”刖,洪本譌“荆”。彥按:刖與刵,同爲斷足之刑。玉篇刀部云:“刖,刵也。”周易中原無“刵”字,此稱“刵刖”,宜取其意,不泥其字。易困九五:“劓刖。” 荷校桎梏:荷,肩負,承受。校(jiào)桎梏,皆古代枷械類刑具。分而言之,校爲統稱,桎爲足械,梏爲手械。易噬嗑上九:“何校滅耳,凶。”又蒙初六:“利用刑人,用説桎梏。” 刑渥尸疾:刑,各本均作“刵”。彥按:“刵”字不見於周易,當爲“刑”字形譌。“刑渥”即“形渥”。今訂正。易鼎九四:“鼎折足,覆公餗,其形渥,凶。”王弼注:“渥,沾濡之貌也。既覆公餗,體爲渥沾。知小謀大,不堪其任,受其至辱,災及其身,故曰'其形渥,凶'也。"一本"形"作"刑"。
尸,屍體。易師六三:"師或輿尸,凶。"又豫六五:"貞疾,恒不死。"　婚娶慶
譽:易屯六二:"匪寇,婚媾。"又蒙六三:"勿用取女。"取,"娶"之古字。又坤文
言:"積善之家,必有餘慶。"又坤六四:"括囊,无咎无譽。"　齎咨涕洟:齎咨,
歎息。齎(jī),各本均譌"齊",今訂正。涕洟(tì),哭泣而涕淚俱下狀。易萃上
六:"齎咨涕洟,无咎。"　歌號笑語:號(háo),哭喊。易中孚六三:"或泣或
歌。"又夬上六:"无號,終有凶。"又震:"笑言啞啞。"又繫辭上:"或默或語。"
咥噬嗟泣:咥(dié),咬。易履:"履虎尾,不咥人,亨。"噬,咬,喫。易噬嗑六
三:"噬腊肉。"嗟,易節六三:"不節若,則嗟若。"泣,見上"歌號笑語"注。　威
儀志意:易大有六五:"厥孚交如,威如,吉。"又漸上九:"鴻漸于陸,其羽可用
爲儀。"又小畜象辭:"剛中而志行。"又繫辭上:"書不盡言,言不盡意。"　逋係
闚盱:逋,逃亡。係,捆綁。盱,張目。喬本譌"盰",今據餘諸本訂正。易訟九
二:"不克訟,歸而逋。"又坎上六:"係用徽纆。"又豐上六:"闚其戶。"又豫六
三:"盱豫,悔。"　突來焚棄:易離九四:"突如其來如,焚如,死如,棄如。"　靡
不餂之:餂(tiǎn),取。

〔四七〕高宗:指殷高宗武丁。　王母:易晉六二:"受兹介福,于其王母。"
高亨大傳今注:"王母,古人稱祖母爲王母。"郭沫若則以爲:"這王母二字並不
是祖母,也不是王與母,更不是所謂西王母,應該就是女酋長。"(見中國古代社
會研究第一篇第一章第二節)　同人:聚集到一起的人。易同人九五:"同人
先號咷而後笑。"　弟子:易師六五:"長子帥師,弟子輿尸。"高亨大傳今注:
"弟子,次子。"　康侯:周武王弟姬封,封於康。又稱康叔。　大君:天子。
士夫:青年男子。易大過九五:"枯楊生華,老婦得其士夫。"　元夫:見易睽九
四"睽孤遇元夫",宋程頤以爲"猶云善士也"(見伊川易傳),高亨以爲"元夫
猶大夫也"(見周易大傳今注),楊維增、何潔冰譯爲"高大的漢子"(見周易基
礎),郭彧譯爲"原來的丈夫"(見中華經典藏書周易),莫衷一是,聊備參
考。　大師:大軍。易同人九五:"大師克,相遇。"　夫子:丈夫。易恒六五:
"婦人吉,夫子凶。"　考妣:易蠱初六:"有子,考无咎。"又小過六二:"過其祖,
遇其妣。"　妾婦:易鼎初六:"得妾以其子。"又漸九三:"夫征不復,婦孕不
育。"　壯犙:壯,易大壯象辭:"大者壯也。"犙,喬本、洪本、吳本譌"奎",備要

本作"老",此從四庫本。易離九三:"日昃之離,不鼓缶而歌,則大耋之嗟。" 羣醜:醜,同類。易漸九三象辭:"'夫征不復',離羣醜也。" 臣子:周易中未見"臣子"一詞,此"臣子"實謂"臣"。易小過六二:"不及其君,遇其臣。" 主賓:易坤:"君子有攸往,先迷,後得主。"又姤九二:"包有魚,无咎,不利賓。" 朋友:易兌象辭:"君子以朋友講習。"孔穎達疏:"同門曰朋,同志曰友。" 丈夫、小子:易隨六二:"係小子,失丈夫。"高亨大傳今注:"小子,未成年之男子。丈夫,已成年之男子。" 女須、娣妹:女須,即女嬃,屈原之姐。彦按:周易中未見女須(嬃)一詞。唯歸妹六三云:"歸妹以須,反歸以娣。"鄭玄注云:"須,有才智之稱。天文有須女,屈原之(妹)[姊]名女須。"(見魏鄭小同鄭志卷上)蓋羅氏據此而以"歸妹以須"之"須"爲女須也。其說實誤。高亨大傳今注以爲:"須借爲嬃,姊也。"甚是。此與初九爻辭"歸妹以娣"相對言:彼稱"娣",妹也;此稱"須",姊也。說文女部嬃引賈侍中說:"楚人謂姊爲嬃。"歸妹此"須"即賈說之"嬃"也。娣,女弟,妹妹。妹,少女。 邑人、行人:易无妄六三:"或繫之牛,行人之得,邑人之災。" 寇盜:易繫辭上:"作易者其知盜乎?易曰:'負且乘,致寇至。'" 戎介:戎,兵器。介,猶甲,鎧甲。彦按:周易中"介"字凡7見,均非鎧甲之義。此稱"戎甲",但取其義,不泥其字。易萃象辭:"君子以除戎器,戒不虞。"又說卦:"離爲火,……爲甲冑。" 仇衆:仇,配偶,妻子。四庫本作"讐"。易鼎九二:"我仇有疾,不我能即。"衆,衆人。易師:"能以衆正,可以王矣。" 族類:同義複詞,猶種類。周易作"類族",義同。同人象辭:"君子以類族辨物。" 史巫:易巽九二:"用史巫紛若。"孔穎達疏:"史,謂祝史;巫,謂巫覡:並是接事鬼神之人也。" 商旅:易復象辭:"先王以至日閉關,商旅不行,后不省方。" 武人:易履六三:"武人爲于大君。" 夷主、配主:易豐初九:"遇其配主。"又九四:"遇其夷主。"廖名春云:"'配',讀作'嫓',通'美'。帛書易經作'肥',鄭玄、虞翻作'妃'。'妃'、'肥'、'嫓'旁紐迭韻,可通。'配主',美主、善主,也就是仁君。"又云:"'夷',原當作'仁'。楚簡周易作'⺊',上海博物館原釋文隸作'尸',其實當隸定爲'仁'。說文人部:'尸,古文仁,或从尸。'帛書易傳繆和篇有解釋:'遇者,見也。見夷主者,其始夢兆而亟見之者也,其秦繆公、荆莊、晉文、齊桓是也。'其以'夷主'爲'秦(翏)[繆]公、荆莊、晉文、齊桓',可見'夷主'即'仁主'。"(見周易經傳十五講第七講之十五豐、旅和巽、兌）　金夫:强悍的男子。易蒙六三:"勿用取女,見金夫,不有躬,无攸利。"　後夫:後至之人。易比:"不寧方來,後夫凶。"　老夫、女妻:老夫,各本均作"老妻"。彥按:周易未見"老妻","妻"當作"夫",蓋涉下"女妻"而誤。今訂正。女妻,年少之妻。易大過九二:"枯楊生稊,老夫得其女妻。"　不速:"不速之客"之省略語。易需上六:"有不速之客三人來。"　大首:大首領。易明夷九三:"明夷于南狩,得其大首。"孔穎達疏:"大首謂闇君。"　建侯、行師:行師,用兵,出兵。易豫:"利建侯行師。"　幽人:隱士。易履九二:"履道坦坦,幽人貞吉。"　丈人:猶長者。易師:"貞丈人,吉,无咎。"　錫命:天子有所賜予的詔命。易師九二:"王三錫命。"　好爵:易中孚九二:"我有好爵,吾與爾靡之。"彥按:羅氏蓋以此"爵"謂爵位,非是。爵乃飲酒之器,此借代酒。靡謂分享。集韻支韻:"靡,分也。"酒可分享,爵位何得分享。　災眚:災禍。眚,喬本、吳本、四庫本作"青",洪本作"青",俱誤。此從備要本。易復上六:"迷復,凶,有災眚。"　驅田:驅,驅趕,追逐。特指追逐獵物。易比九五:"王用三驅,失前禽。"田,狩獵。易恒九四:"田无禽。"　戰征:易坤上六:"龍戰于野。"又小畜上九:"月幾望,君子征,凶。"　耕穫:易无妄:"不耕穫,不菑畬,則利有攸往。"　憑涉:憑,亦作"馮",通"淜",涉水過河或無舟過河。易泰九二:"包荒,用馮河。"又同人:"利涉大川。"　弋獲:弋,繫有絲繩的短箭。作動詞用則表示用弋射或泛稱射。易小過六五:"公弋取彼在穴。"又解九二:"田獲三狐。"　盥薦:盥,各本均作"盟"。彥按:周易無"盟"字,當"盥"字形譌。今訂正。易觀:"盥而不薦,有孚顒若。"高亨大傳今注:"盥讀爲灌,祭祀時以酒灌地以迎神。薦,獻也。獻牲於神。古代祭禮,先灌而後薦。"　亨禴:亨,各本均作"言"。彥按:"言"之義,與"禴"不類。當作"亨",蓋亨字草書作𠅃,形與"言"近,故譌。亨,"享"之古字,指祭祀,於文、於義均無滯礙,今訂正。禴(yuè),古代祭名,爲祭禮中之儉約者。易升九二:"孚乃利用禴,无咎。"又六四:"王用亨于岐山,吉,无咎。"　元筮:原先之筮,當初之筮。今易比作"原筮",同。　失律:喪失紀律。見易師初六。　南狩:猶南巡。見易明夷九三。

納約:易坎六四:"樽酒簋貳,用缶,納約自牖,終无咎。"高亨大傳今注:"納,送入也。約讀爲擉。擉,取出也。……'納約自牖',送之取之皆由窗間也。"

羃足黔喙:羃足,見易説卦。高亨大傳今注:"爾雅釋畜曰:'䯡上皆白惟

馵。'馵足,白馬而膝下爲他色也。"馵音 zhù,各本均譌"曅",今訂正。黔喙,亦
見説卦。高亨今注:"集解引馬融曰:'黔喙,肉食之獸,謂豺狼之屬。黔,黑
也。'……一切經音義七引通俗文曰:'獸口曰喙。'豺狼之屬,其口黑色,故稱
爲黔喙之屬。"備要本"喙"譌"啄"。　　翰音鞏革:翰音,雞之别稱。易中孚上
九:"翰音登于天,貞凶。"鞏革,束物之皮條。易革初九:"鞏用黄牛之革。"説
文革部:"鞏,以韋束也。"鞏,洪本作"𩏩";革,洪本、吳本作"𩏩":俱失其形。

　巢焚蹢躅:巢焚,各本"焚"皆作"飛"。彦按"巢飛"不見於易。"飛"當"焚"
字之譌。今訂正。易旅上九:"鳥焚其巢。"蹢躅(zhí zhú),止足不進貌。參見
上注〔三七〕。　　角牿羽翼:牿(gù),綁於牛角以防觸人的横木。易大壯九三:
"羝羊觸藩,羸其角。"又大畜六四:"童牛之牿,元吉。"漸上九:"鴻漸于陸,其
羽可用爲儀。"又明夷初九:"明夷于飛,垂其翼。"　　香臭甘苦:彦按:"香"字未
見於周易,會其意不泥其字可也。　　玄黄朱白:玄,青色。易坤上六:"龍戰于
野,其血玄黄。"高亨大傳今注:"爻辭言:二龍搏鬥於野,流血染泥土,成青黄
混合之色。"朱,洪本譌"未"。　　孚膏公餗:彦按:"孚膏"不詞,"孚"疑當作
"雉"。雉膏,見易鼎九三"雉膏不食",即野雞肉。國語晉語七韋昭注:"膏,肉
之肥者。"餗(sù),鼎(釜)中食物。鼎九四:"鼎折足,覆公餗。"　　乾胏腊肉:乾
胏(zǐ),帶骨的乾肉。腊肉,肉脯。易噬嗑九四:"噬乾胏得金矢。"又六三:"噬
腊肉遇毒。"　　飲食亨餁:亨通"烹",四庫本作"烹"。易需象辭:"君子以飲食
宴樂。"又鼎象辭:"以木巽火,亨餁也。"　　勿藥遇毒:易无妄九五:"无妄之疾,
勿藥有喜。""遇毒"見上。

　　〔四八〕而後之學者,煩荒辭,溺章句:洪本"後"作"代"。煩,猶糾結。荒
辭,夸張之言辭。荒,大。溺,迷惑。　　且不知易之爲義,何繇而詣其情哉:詣,
至,謂深入。喬本作"詢"誤,此從餘諸本。情,備要本譌"精"。

　　〔四九〕龍與馬,非惟乾與坤也,而坎、震亦取象焉:彦按:坎之取象,未及
於龍。

　　〔五〇〕執象以迷易:以,而。迷,喪失。　　此負笭者之妄人也:笭,通
"筌",謂笭箸,指貯魚之竹籠。負笭者,見唐王績東皋子集卷下負笭者傳。其
文曰:"昔者,文中子講道於白牛之溪,弟子捧書北面環堂成列。講罷,程生、薛
生退省於松下。語及周易,薛收歎曰:'不及伏羲氏乎,何辭之多也!'俄而有負

笭者蟠蟠然委擔而息,曰:'吾子何嘆也?'薛生曰:'叟何爲者,而徵吾嘆.'負
笭者曰:'夫麗朱者丹,附墨者黑,蓋累漸而得之也。今吾子所服者道,而猶有
嘆,是六腑五藏不能無受也,吾是以問.'生曰:'收聞之師,易者道之蘊也,伏羲
氏畫八卦,而文王繫[辭]之不(遠省)[逮者]久矣。以爲文王病也,吾是以嘆.'
負笭者曰:'文王焉病? 伏羲氏病甚者也。昔者伏羲氏未畫卦也,三才其不立
乎? 四序其不行乎? 百物其不生乎? 萬象其不森乎? 何勞乎而費畫也! 自伏
羲氏洩道之密,漏神之機,分張太和,磔裂元氣,使天下智詭之道迸出,曰我善
言象而識物情,陰陽相摩,遠近相取,作爲剛柔同異之說以駭人志,於是智者不
知,而大朴散矣。則伏羲氏始兆亂者也,安得嬴嘆而嗟文王乎!'負其笭而行,
追而問之居與姓字,不答而去。文中子聞之,曰:'隱者也.'"

〔五一〕舍蹄而索兔,舍杭而窮海:蹄,捕兔的挂網。莊子外物:"蹄者所以
在兔,得兔而忘蹄."成玄英疏:"蹄,兔罝也."杭,船。窮海,猶渡海。

〔五二〕神而明之,則必有在矣:易繫辭上:"神而明之,存乎其人."

易之名

或曰:"夫子以易、彖、象爲三物取名,義則然矣。敢問,聖人
之意乎?"

曰:予不得而知也。賢者之言,可以一途盡;而聖人之言,非
可一途盡〔一〕。雖然,請試爲若漫言易之說〔二〕。

乾鑿度曰:"易者,易也,不易也,變易也〔三〕."夫易之道,廣
矣,大矣,而乾坤以爲首。乾坤者,易之門也。昔者,聖人體諸天
地,先立乎其二卦,以爲天地、日月、陰陽、鬼神,而六爻爲之六
子〔四〕。三才以二卦之畫,成六爻之位,而八卦之象著,生生之理
具矣〔五〕。

畫始於一,立於兩。一奇象天,兩偶象地,是故奇畫成於三而
爲乾,偶畫成於三而爲坤〔六〕。繇乾之畫交於坤而三男生,繇坤之
畫交於乾而三女生〔七〕。自主卦言之,一卦之中,八卦咸具〔八〕。
是故卦體一立,而分陰分陽:四五上以上卦陽而爲天,初二三以下

卦陰而爲地;初三五之三陽爲震、坎、艮,二四上之三陰爲巽、離、
兌,而八卦成矣〔九〕。

初之與三,既以陽畫始終而象震、艮,又以二陽而象春夏;四
之與上,既以陰畫始終而象離、兌,又以二陰而象秋冬〔一○〕。周旋
酬酢,有不待夫坤者,是故用數三百六十,乾全用,而坤全不
用〔一一〕。卦變其始,爻變其次;倒卦不足,繼之反類;反類不足,繼
之互體:而易道辨矣〔一二〕。此所謂變易也。

天有二正,地有二正,而共用二變,以成八卦〔一三〕。天有四
正,地有四正,而共用二十八變,以成六十四卦〔一四〕。是故小成之
卦,正者四,變者二,而成六;大成之卦,正者八,變者二十八,而成
三十有六〔一五〕。

純陽卦乾,純陰卦坤;自一陽始復而爲卦六,一陰始姤而爲卦
六;二陽始臨而爲卦十五,二陰始遯而爲卦亦十五;三陰三陽始於
否、泰,而爲卦者二十:凡六十有四〔一六〕。

陽自下以順生,則陰反上而逆復;陰自下以順生,則陽反上而
逆復〔一七〕。始於乾、坤,中於咸、恒,而終於既、未濟,又可得而變
易哉〔一八〕?是所謂不易也。故曰:"易之爲書也,不可遠;其爲道
也屢遷,動變不居,周流六虛,上下無常,剛柔相易〔一九〕。"是故易
以變者占,而亦有不變之占;以變易爲道,而亦有交易之
道焉〔二○〕。

陽畫爲剛,陰畫爲柔,外卦之畫來而居内,内卦之畫往而居
外,而交易之理見矣〔二一〕。或順生以往,或逆反而來;或正以交
索,或反動相對,——而剛柔每兩相易,惟變適也〔二二〕。

嗟夫!交易之道,予於日月見之矣〔二三〕。月行乎天,三日而
成震,初見乎庚,故震納庚;八日而成兌,初見乎丁,故兌納丁;十
五日而成乾,乾納甲壬;十六日而成巽,始退於辛,故巽納辛;二十
三而成艮,爰退於丙,故艮納丙;三十日而成坤,坤納乙,而消長之

道成矣〔二四〕。

故曰："日月爲易〔二五〕。"謂之日月，而於文正爲"勿"〔二六〕。勿，月彩之散者也。故月散於日下爲"易"，散於日上爲"㫧"，相對爲"明"，對而虧爲"㫗"〔二七〕。易者，朔也，所謂"朔易"〔二八〕。㫧者，晦也〔二九〕。明者，望也〔三○〕。㫗者，望而食者也。是故西曰㫗谷，明載東南，而朔、易二郡乃俱著於東北〔三一〕。

今夫日往月來，月往日來，物之易也；寒往暑來，暑往寒來，時之易也；將旦忽驟，比夜忽昶，行之易也；熱劇而雹，寒劇而雨，氣之易也；沏石暴雨，積草炎炎，勢之易也；虵化而鼈，鼈化而虵，形之易也；魚羣而飛，鳥羣而沉，性之易也；精氣爲物，游魂爲變，精之易也；始感而生，終化而死，神之易也；喜而禍伏，懼而福倚，事之易也〔三二〕。

是故萬物不易不生，六子不易不成，艮兌以終相易，坎離以中相易，震巽以初相易，始則終，終則始，所以爲不窮也，顧可一途盡哉〔三三〕？

易內篇曰："日月相逐爲易。"故病有陰陽易者，乃大病之後交者輒易，男曰陰易，女曰陽易，易者三秋輒死〔三四〕。繇此喃之，日月之交易，斯益灼矣〔三五〕。

易曰："日月合爲明。"〔三六〕謂明者無踰於日月爾。然明非合也。嗚呼！安得史籀、鍾雲房而與之論哉〔三七〕！逐音籕〔三八〕。夸父與日逐〔三九〕。

　　按沈括論日月："或問予以'日月之形，如丸也，如扇也？若如丸，則其相遇豈不相礙？'予對曰：'日月之形如丸。何以知之，以月盈虧可驗。月本無光，猶銀丸，日曜之乃光耳。光之初生，日在其傍，故光側，而所見纔如鈎；日漸遠，則日照而光稍滿。如一彈丸，以粉塗其半，側視之，則粉處如鈎；對視之，則正

圓。此有以知其如丸也。日月，氣也，有形而無質。故相值而無礙。'"〔四〇〕

　　程子有云:"日月之爲物,陰陽發見之尤盛者也。"〔四一〕

【校注】

　〔一〕一途:單一途徑。

　〔二〕請試爲若漫言易之説:若,汝,第二人稱代詞。

　〔三〕易者,易也,不易也,變易也:文淵閣四庫全書周易乾鑿度卷上作:"易者,易也,變易也,不易也。"孔穎達周易正義卷首引乾鑿度曰:"'易'者,其德也。光明四通,簡易立節,天以爛明,日月星辰,布設張列,通精無門,藏神無穴,不煩不擾,澹泊不失,此其'易'也。'變易'者,其氣也。天地不變不能通氣,五行迭終,四時更廢,君臣取象,變節相移,能消者息,必專者敗,此其'變易'也。'不易'者,其位也。天在上,地在下;君南面,臣北面;父坐,子伏:此其'不易'也。"

　〔四〕聖人體諸天地:體,效法。　以爲天地、日月、陰陽、鬼神:爲,謂象徵。

　〔五〕三才以二卦之畫,成六爻之位,而八卦之象著,生生之理具矣:二卦之畫,指陽爻(乾卦之畫)與陰爻(坤卦之畫)。生生,指萬物孳生不絶,繁衍不已。易説卦:"昔者聖人之作易也,將以順性命之理。是以立天之道,曰陰與陽;立地之道,曰柔與剛;立人之道,曰仁與義。兼三才而兩之,故易六畫而成卦。分陰分陽,迭用柔剛,故易六位而成章。"

　〔六〕一奇象天,兩偶象地:一指陽爻,即 ▬。兩指陰爻,即 ▬▬。　是故奇畫成於三而爲乾,偶畫成於三而爲坤:奇畫成於三即☰,爲乾卦。偶畫成於三即☷,爲坤卦。

　〔七〕繇乾之畫交於坤而三男生,繇坤之畫交於乾而三女生:此二句言由乾坤二卦而演化成八卦。乾之畫交於坤者,謂以陽爻(乾之畫)替換坤卦三陰爻中之一爻也,乃分別生成☳(震)、☵(坎)、☶(艮)三卦,稱爲三男。坤之畫交於乾者,謂以陰爻(坤之畫)替換乾卦三陽爻中之一爻也,乃分別生成☴(巽)、☲(離)、☱(兑)三卦,稱爲三女。易繫辭上"乾道成男,坤道成女"李鼎祚集解引荀爽曰:"男謂乾初適坤爲震,二適坤爲坎,三適坤爲艮,以成三男也。女謂坤初適乾爲巽,二適乾爲離,三適乾爲兑,以成三女也。"

〔八〕主卦：指八經卦（三爻卦）。

〔九〕四五上以上卦陽而爲天，初二三以下卦陰而爲地：四五上，指一卦自下而上之第四爻、第五爻和第六爻（稱上爻），此三爻合成重卦之上卦。初二三，指一卦自下而上之第一爻（稱初爻）、第二爻和第三爻，此三爻合成重卦之下卦。　初三五之三陽爲震、坎、艮：彥按：“坎、艮”宜作“艮、坎”。八純卦（純卦指由兩個相同單卦重疊而成的卦）中，震卦☳之初爻爲陽爻，艮卦☶之第三爻爲陽爻，坎卦☵之第五爻爲陽爻。　二四上之三陰爲巽、離、兌：彥按：“巽、離”宜作“離、巽”。八純卦中，離卦☲之第二爻爲陰爻，巽卦☴之第四爻爲陰爻，兌卦☱之上爻爲陰爻。

〔一〇〕初之與三，既以陽畫始終而象震、艮，又以二陽而象春夏：初與三，即前句“初三五之三陽”之“初三”，指初、三兩陽爻。以陽畫始終而象震、艮，震以陽畫始（初爻爲陽爻），艮以陽畫終（上爻爲陽爻）。二陽，“陽”謂陽卦。震（☳）、艮（☶）二卦皆由一陽爻兩陰爻組成，總的爻畫數皆爲五，爲陽數（奇數爲陽），因而二卦爲陽卦。　四之與上，既以陰畫始終而象離、兌，又以二陰而象秋冬：彥按：“離”當作“巽”。四之與上，即前句“二四上之三陰”之“四上”，指四、上兩陰爻。以陰畫始終而象巽、兌，巽以陰畫始，兌以陰畫終。二陰，“陰”謂陰卦。巽（☴）、兌（☱）二卦皆由一陰爻兩陽爻組成，總的爻畫數皆爲四，爲陰數（偶數爲陰），因而二卦爲陰卦。

〔一一〕周旋酬酢，有不待夫坤者：周旋酬酢，運轉應對，此謂卦爻之用。待，依賴，謂用得着。　是故用數三百六十，乾全用，而坤全不用：全用，謂六爻全用。全不用，謂六爻全不用。彥按：此之所言，不清不楚，疑有脱文。宋邵雍皇極經世書觀物外篇下云：“體有三百八十四（彥按：六十四卦，每卦六爻，凡得三百八十四），而用止于三百六十，何也？以乾、坤、離、坎之不用也。乾、坤、離、坎之不用，何也？乾、坤、離、坎之不用，所以成三百六十之用也。故萬物變易，而四者不變也。夫惟不變，是以能變也。用止于三百六十，而有三百六十六（彥按：此一歲之日數。一歲三百六十五又四分之一日，舉其盈數，則爲三百六十六），何也？數之贏也。數之贏，則何用也？乾全用也。……乾全用者，何也？陽主贏也。……陽主贏，故乾全用也。陰主虛，故坤全不用也。”

〔一二〕卦變其始，爻變其次；倒卦不足，繼之反類；反類不足，繼之互體：卦變,指由一個三爻卦分别與不同的三爻卦組合成六爻卦,其變化稱爲卦變。爻變,指由陽爻變成陰爻或由陰爻變成陽爻。倒卦,將一卦之卦象整個顛倒過來而成的卦。反類,變一卦之陽爻爲陰爻、陰爻爲陽爻而成卦。互體,以一卦之二、三、四爻作爲下卦,三、四、五爻作爲上卦,新組成之卦即爲原卦之互體。如解卦䷧爲賁卦䷕之互體。喬本、吴本"互"譌"五",今據餘諸本訂正。宋吴沆易璇璣卷上論變有四云:"易變有四:卦變其始,爻變其次;倒卦不足,又繼之以反類;舍是以還,則存乎互體而已。乾得坎而爲需䷄,坤得坎而爲比䷇,此以卦變者也。一陰生而爲姤䷫,一陽生而爲復䷗,此以爻變者也。反泰䷊而爲否䷋,易坎䷜而爲離䷝,此以倒卦、反類而變者也。去賁之初,則有坎,坎爲水,故九三有濡如之象;去賁之二則有震,震爲馬,故六四有乘馬之象䷕:此互卦之體而變者也。" 而易道辨矣:辨,明。

　　〔一三〕天有二正,地有二正,而共用二變,以成八卦:天之二正,指乾、離。地之二正,指坤、坎。二變,指震、巽二卦之變,即震反爲艮,巽反爲兑。

　　〔一四〕天有四正,地有四正,而共用二十八變,以成六十四卦:天之四正,指乾、離、頤、中孚。地之四正,指坤、坎、大過、小過。六十四卦,除上八正卦外,餘五十六卦實由二十八卦翻覆變易而成。

　　〔一五〕是故小成之卦,正者四:正者四,即上所稱"天有二正,地有二正"也。　大成之卦,正者八:正者八,即上所稱"天有四正,地有四正"也。

　　〔一六〕純陽卦乾,純陰卦坤:乾卦六爻皆陽,故稱純陽之卦。坤卦六爻皆陰,故稱純陰之卦。　自一陽始復而爲卦六,一陰始姤而爲卦六:此謂六爻中祇有一陽爻之卦有六,祇有一陰爻之卦亦有六。參見前紀八祝誦氏注〔七三〕。

　　二陽始臨而爲卦十五,二陰始遯而爲卦亦十五:此謂六爻中有二陽爻之卦有十五,有二陰爻之卦亦有十五。參見前紀九有巢氏注〔六一〕、〔六二〕。　三陰三陽始於否、泰,而爲卦者二十:此謂六爻中有陰爻、陽爻各三之卦有二十。

　　〔一七〕此二句言六十四卦中陽爻、陰爻或陰爻、陽爻彼消此長之情況。逆復:謂沿着相反的方嚮退却。

　　〔一八〕始於乾、坤,中於咸、恒,而終於既、未濟:周易六十四卦之順序位次,乾、坤居第一、第二位,咸、恒居第三十一、三十二位,既濟、未濟居第六十三、六十四位。

〔一九〕見易繫辭下。　其爲道也屢遷，動變不居，周流六虚：屢，喬本作"屢"，洪本、吳本作"屢"，俱誤，此從四庫本、備要本。又，今本周易無"其"字，"動變"作"變動"。高亨今注："不居猶不停也。韓康伯曰：'六虚，六位也。'謂易卦六爻之位也。變動不居，周流六虚，言爻之變動不固定於一位，而周流於六位，六爻皆可變也。"　上下無常，剛柔相易：高亨今注云："六爻之變或在上位，或在下位，本是無常。"又云："陽爻爲剛。陰爻爲柔。六爻之變或剛變爲柔，或柔變爲剛，是爲相易。"

〔二〇〕易以變者占：易乾初九"潛龍勿用"孔穎達疏："周易以變者爲占，故杜元凱注襄九年傳遇艮之八，及鄭康成注易皆稱'周易以變者爲占'。"

〔二一〕外卦：即重卦之上卦。　内卦：即重卦之下卦。

〔二二〕或正以交索，或反動相對：正，謂正卦，即上文所謂"天有四正，地有四正"也。交索，互求，謂陽爻求得陰爻、陰爻求得陽爻而互變。反，謂變卦，即上文所謂"變者二十八"也。動，動輒。相對，指二十八卦翻覆變易而成五十六卦，其卦象兩兩相倒置也。　惟變適也：猶言惟變是從。玉篇辵部："適，從也。"洪本"適"譌"適"。

〔二三〕交易：猶更替。

〔二四〕此漢易學家納甲之説。沈括夢溪筆談象數一云："易有納甲之法，未知起於何時，予嘗攷之，可以推見天地胎育之理。乾納甲壬，坤納乙癸者，上下包之也；震巽坎離艮兑，納庚辛戊己丙丁者，六子生於乾坤之包中，如物之處胎甲者。"參見前紀八祝誦氏注〔九四〕。　十六日而成巽：洪本"日"譌"旦"。

〔二五〕日月爲易：見説文易部易引祕書説。

〔二六〕而於文正爲"勿"：正爲，祇作。

〔二七〕散於日上爲"旮"：旮，洪本、備要本作"吻"。彦按：於義，此"旮"同"吻"，正字通日部云"吻，移勿置日上作旮，形別，義一"是也，指天將明未明之時；於文，則此處唯當作"旮"，作"吻"則與"散於日上"不符也。

〔二八〕易者，朔也，所謂"朔易"：彦按："朔易"始見於書堯典："平在朔易。"周秉鈞易解："朔，北也。易，改易，指冬至時日道從南回歸線向北移易。"諸家解釋或有不同，然皆不將此"朔""易"作同義詞視。羅氏以"朔"釋"易"者，蓋以地名視之。朔方、易水皆在我國北方而地相近，故古詩文中"朔易"亦常連用。

〔二九〕昏者,晦也:備要本"昏"作"昒",非。

〔三〇〕明者,望也:此"望"取"月相名"之義。釋名釋天:"望,月滿之名也。"

〔三一〕是故西曰昒谷:明楊慎升菴集卷六四易字説云:"昒即眛字。史記'眛爽'作'昒爽'。莊子云:冉求問於仲尼曰:'昔吾昭然,而今昒然,何也?'曰:'昔之昭然,神者先受之。今之昒然,且爲不神者求也。'是昒即眛之證也。"眛谷,見書堯典,爲傳説中西方日入之處。　明載東南:載,處,居。　而朔、易二郡乃俱於東北:彦按:古無朔郡,但有朔方郡及朔州。又古無易郡,但有易州。"二郡"以作"二州"爲宜。朔州治所在今山西朔州市。易州治所在今河北易縣。東北,乃羅氏據當時二州方位言,時至今日則不在東北矣。

〔三二〕將旦忽暵,比夜忽昶:暵(pū),黑暗。比,將近。洪本譌"北"。昶,明亮。廣韻養韻:"昶,明也。"　泐石暴雨,積草炎炎:泐石暴雨,喬本、洪本、吳本作"暴石泐雨",四庫本、備要本作"暴石泐雨"。彦按:泐字不見諸字書,當誤。然"暴石泐雨"不辭,意當爲"泐石暴雨"誤倒。泐(lè),石頭因風化而破裂,以修飾"石","暴"修飾"雨",文從字順,可以無疑。今訂正。積草,猶叢草。炎炎,喬本、洪本、吳本作"炎休",四庫本、備要本作"炎休"。彦按:考説文水部云:"休,没也。"段玉裁注:"此沈溺之本字也。"是則"炎休"抑或"炎休"皆不辭。下字無疑當爲名詞,今乃作"休"或"休",顯然錯誤。頗疑其原作"炎炎",後一"炎"字讀"燄"(同"焰")。説文火部:"炎,火光上也。"徐灝注箋:"炎、燄,古今字。"蓋梓人不知,誤之爲"尖"。尖同休,故又作"休",或因形近更譌爲"休",遂不可解。今訂作"炎",蓋雖不中亦不遠矣。上四事,風化之石,急暴之雨,叢薈之草,熊熊之火,皆因勢成而變易者。　虵化而蠶:喬本"虵"譌"地"。今據餘諸本訂正。　精氣爲物,游魂爲變:見易繫辭上。高亨今注:"精氣猶靈氣也。靈氣不附於實物,而自成爲靈物,是爲神。游魂離去人身,而成爲人之變化,是爲鬼。"

〔三三〕艮兑以終相易:八卦之艮卦☶由改變坤卦☷第三爻(所謂終)而成,兑卦☱由改變乾卦☰第三爻而成。　坎離以中相易:八卦之坎卦☵由改變坤卦第二爻(所謂中)而成,離卦☲由改變乾卦第二爻而成。　震巽以初相易:

八卦之震卦☳由改變坤卦第一爻（所謂初）而成，巽卦☴由改變乾卦第一爻而成。

〔三四〕乃大病之後交者輒易：交，性交，行房事。易，謂發生病變。　易者三秋輒死：三秋，謂九個月。“秋”字喬本作“樵”，餘諸本皆作“穐”。彥按：穐即穐，同“穚”，義“早取穀也”（見集韻覺韻穚）；樵即樵，義“柴也”（見廣韻宵韻）：用於此，皆無解。今謂其字當爲“秋”。蓋“秋”字或作“穐”（見集韻尤韻），形近而譌穐若樵，今訂作“秋”。

〔三五〕繇此喃之，日月之交易，斯益灼矣：喃，同“諵”，絮叨。集韻覃韻：“諵，聑語。”灼，顯明。

〔三六〕易曰：“日月合爲明”：彥按：此當引易乾文言語而有誤，易原文爲：“夫大人者，與天地合其德，與日月合其明”。

〔三七〕安得史籀、鍾雲房而與之論哉：史籀，備要本如此，今從之。餘本“籀”作“籀”。下羅苹注“逐音籀”之“籀”同。參見前紀六史皇氏注〔四〇〕。鍾雲房，即道教傳説中之神仙鍾離權，雲房乃其字。元辛文房唐才子傳卷八仙呂巖傳稱八仙中之呂洞賓曾師事鍾離權，又云：“鍾離權，字雲房，不知何代何許人，以喪亂避地太白，間入紫閣，石壁上得金誥玉籙，深造希夷之旨，常鬅鬙衣槲葉，隱見于世。”又明陶宗儀書史會要卷六云：“鍾離權，不知何時人，間出接物，自謂生於漢，而唐呂岩於吾執弟子禮。雙髻跣足，睥睨物表，自稱‘天下都散漢’，又稱‘散人’。嘗草其所爲詩，字畫飄然，有凌雲之氣，非凡筆也。亦録詩寄王鞏，多論長生金丹事，終自論其書，以謂學龍蛇之狀。識者信其不誣。”

〔三八〕逐音籀：彥按：此注無的放矢。似當作“籀音逐”，以注正文“史籀”末字之音。

〔三九〕夸父與日逐：夸父，古代神話人物。山海經海外北經載：“夸父與日逐走，入日。渴欲得飲，飲於河渭；河渭不足，北飲大澤。未至，道渴而死。”郭璞注：“逐音胄。”彥按：音胄猶音籀也。

〔四〇〕見夢溪筆談象數一，文字不盡相同。又，自此“按沈括論日月”至下“陰陽發見之尤盛者也”整段文字，不見于洪本。　而所見纔如鈎：鈎，鐮刀。
則日照而光稍滿：沈書原文作：“則斜照而光稍滿。”

〔四一〕程子:北宋理學家程顥或其弟程頤。此所引語見宋楊時編二程粹言卷下天地篇,亦但稱"子曰",並未説明出顥之言抑頤之言。　發見:顯現。見,"現"之古字。

同名氏辨

耳目之所接,有不得而盡。

世知孔子之謚文宣王,而不知齊之竟陵王子良與隨之長孫稚亦曰文宣王〔一〕。漢兩龔遂俱爲郡太守,而兩京房俱明易災異〔二〕。然則,千歲之久,萬里之遠,其不約而合者,渠可既邪〔三〕?誰昔嘗聞有唐堯與虞舜矣,及摭梁史,則又有所謂虞舜者,官丞太常,嘗薦明堂之議〔四〕。即虞瞬〔五〕。同名録有漢名盜曰虞舜〔六〕。按乃絮舜,見東觀記〔七〕。絮,女居切〔八〕。而漢更有唐堯,爲臨武長〔九〕。堯舜而可名哉?臨武接交州,州舊貢荔支,堯諫止之〔一〇〕。然桂陽志中"汝南唐羌爲臨武長",宜後人惡其僭而易之〔一一〕。時永元中〔一二〕。

予起路史,既白祝融氏、共工氏、帝魁氏、青陽氏、高陽氏、渾敦氏與夏后啓、商湯若有巢氏、豕韋氏之不同者,而後悵或人之無識也〔一三〕。劉恕以神農爲大庭氏,而謂與古大庭氏異,却爲非是,蓋牽于舊説〔一四〕。夏后啓,鄒公之子,與白公同時,見吕春秋〔一五〕。

夫經史之間,名氏同者衆矣。如劉弘、王褒俱有十一,弘十一,十見前録,一北齊濩澤縣公〔一六〕。褒十一:九前録;一漢鑄工,見孝成鼎;一真人,自有内傳〔一七〕。張良有九,而張敞、王吉皆有八〔一八〕。然則,記録之下,可勝惑哉!録見前。士匄,士鞅之父也,而乃相鞅〔一九〕。士文伯也。亦范氏之族,與鞅父宣子同名〔二〇〕。見昭公六年傳。又並作"丏"。或疑此爲正字,非也。春秋時人,名字亦皆相配,文伯之字伯瑕,與楚陽丏之字子瑕其義正同〔二一〕。而鄭駟乞亦字子瑕,丏、乞同義也〔二二〕。襄公三十一年,使匄請命,匄即文伯,豈容妄改〔二三〕。又按人表,士鞅亦有二:一在中上,一在中下〔二四〕。相去不遠,殆不可曉〔二五〕。壽夢,句吴之君也,而乃臣越。壽夢,即春秋吴子乘也〔二六〕。越大夫壽夢,見昭公二十四年。書裁四代,亦既該兩伯夷〔二七〕。一虞之秩宗;一諫武王者,雖不在書,孔子所稱也〔二八〕。又杜甫之隸,亦有伯夷,見課伐木詩〔二九〕。然高陽師伯夷,世或作“柏”,前録從之,則非〔三〇〕。顏魯公集“顏柏夷”,誤矣。而論語一書,乃有兩南宮括,世莫察爾〔三一〕。一問羿者;一太公之友,在十亂中〔三二〕。夫公孫龍爲孔門高第,而顏回爲晉代羌師〔三三〕。時殊事異,正得不瀡〔三四〕?有如王羲之之仕苻健,張華之佐慕容德,韓信降虜,曾參殺人,亦既並時,得不爲之投杼邪〔三五〕!昔蕭繹、陸善經俱著同姓名録,然特不能包刺,即以後世固不勝窮,而在古猶不少〔三六〕。請誦其涉史篇者左方〔三七〕。

　　按古有庸成氏,而黃帝之臣亦曰庸成〔三八〕。亦皆作“容”。列仙傳:容成公自稱黃帝師〔三九〕。此又後世赤松子也〔四〇〕。伏羲曰蒼牙,而天靁之吏亦曰蒼牙〔四一〕。羲臣曰巫咸,而來乂商家〔四二〕。白帝曰朱宣,而爲唐刺濮〔四三〕。以至離婁事黃帝,則論彼商臣。王褒傳注:“離婁,黃帝時明目者。”〔四四〕即離朱。張若事黃帝,則指夫秦士。婁、若並見莊子〔四五〕。秦張若即蜀郡太守,與張儀共築成都城者。李冰代之。見蜀紀。趙隱仕商國,而丞舉魏賢。魏黃門,遷祕書監。見魚豢典略。又唐宰相趙隱,以大中三年登第,——見唐登科記——,咸通中,同中書門下平章事〔四六〕。馮夷友費昌,而竟談河伯〔四七〕。武王伐商,問兩日鬭者〔四八〕。河伯即冰夷〔四九〕。覩叔均而思稷子〔五〇〕,山海經,商均曰叔均〔五一〕。后稷之孫叔均。見習朋而疑齊臣〔五二〕,黃帝臣。洽聞記作“隰”。贊風后爲軒師〔五三〕,禹問風后,見玄女戰經〔五四〕。説伍胥爲楚族〔五五〕,黃帝臣,見玄女兵法〔五六〕。謂赤松炎帝諸侯〔五七〕,皇初平亦號之〔五八〕。而以季連爲柳惠等伍〔五九〕,陸終之子〔六〇〕。又季克子亦曰季連〔六一〕。仲衍爲孟戲之弟〔六二〕,仲衍,紂之兄。而孔甲爲孔子之孫,皆有錯於見聞者也〔六三〕。孔甲,黃帝史官〔六四〕。而孔子八世孫鮒亦曰孔甲。又夏后孔甲,本誤。詳紀中〔六五〕。復若帝嚳之臣、有窮之君俱曰羿,而俱以射名;少昊之子、魯國之士皆曰般,而皆因巧著〔六六〕。凡此族者,悉莫能紀。且以虞仲之孫實曰虞仲〔六七〕,周章之弟〔六八〕。蔡昭侯申實蔡文侯申曾孫之子也,是叵訓者〔六九〕。虞國,仲字,此於義可。而二申之名,宜有一誤。劉貢父云:"今又曰申,遠也。夫名同其祖,恐古不然[七〇]。"然魯莊之孫有仲嬰齊,而文公孫曰公孫嬰齊[七一]。仲嬰齊者,從祖也。又乃同時鄭有公孫段,字子石;而印段亦字子石,乃公孫段從父子也[七二]。蓋族大有不相統者[七三]。近代名子,申之宗正,善矣[七四]。漢趙王曰如意矣,而廣宗又名之[七五]。唐義成曰琮矣,而奉天又名之;鬱林曰恪矣,而建王又名之[七六]。此何爲邪?

三代之王,悉尊諜系[七七];下世乃有即姓而襲先代之名者,烏知其非祖歟?以晉王氏一譜,而有兩渾,昶子,戎父[七八]。兩愷,茂仁,君夫[七九]。兩綏,愉子,戎子[八〇]。兩乂,緒父,衍父[八一]。兩澄,濟弟,衍弟[八二]。兩處沖,遷,湛[八三]。兩安期焉,含子,湛子[八四]。豈惟它族槩用而無識哉[八五]?

嗟夫! 有人焉,自姓孔而字仲尼,則固不可謂仲尼矣,然則君子又奚必迹襲以貽識者之譏哉[八六]!

【校注】

〔一〕世知孔子之謚文宣王:唐開元二十七年八月甲申,初追贈孔子爲文宣王,見舊唐書玄宗紀下。後世又於其前續加褒辭。如宋加謚孔子曰玄聖文宣王,後又改稱至聖文宣王。　　而不知齊之竟陵王子良與隨之長孫稚亦曰文宣王:竟陵王子良,南朝齊武帝蕭賾次子。隨之長孫稚,"隨"通"隋",備要本作"隋"。彥按:路史書中,"隋"作"隨",乃常例,故不改訂。然此所謂隋,似以作魏爲宜。其孫長孫覽傳記入隋書耳,稚之事迹實在北魏。長孫稚,北魏太師、上黨文宣王,見隋書長孫覽傳。備要本如此,今從之。餘諸本"稚"均譌"雅"。

〔二〕漢兩龔遂俱爲郡太守:今所知漢兩龔遂,一爲西漢宣帝時渤海太守,漢書卷八十九有傳;一爲東漢桓帝時尚書郎,見三國吳謝承後漢書龔遂傳,然未言及遂任郡太守事,待考。　　而兩京房俱明易災異:兩京房,俱西漢時人,一於武帝時任太中大夫、齊郡太守,受易於淄川楊何而傳之梁丘賀,見漢書梁丘賀傳;一於元帝時初爲郎,後出爲魏郡太守,學易於焦延壽,有京氏易傳傳世,漢書卷七十五有傳。

〔三〕渠可既邪：渠（jù），通“詎”，豈。既，盡。

〔四〕及摭梁史：摭，搜集。　　官丞太常：爲丞官於太常寺，即官太常寺丞。

〔五〕虞瞬：洪本作“虞瞬”，備要本作“虞舜”。

〔六〕同名録：即古今同姓名録，梁元帝撰。

〔七〕東觀記：即東觀漢記，東漢劉珍等撰。喬本、吴本“東”譌“事”，今據餘諸本訂正。

〔八〕絮，女居切：今音 nǚ。

〔九〕臨武：縣名。今屬湖南省。

〔一〇〕荔支：即荔枝。備要本“支”作“枝”。

〔一一〕桂陽志：此爲郡志。漢代臨武縣屬桂陽郡。

〔一二〕永元：東漢和帝年號，公元 89—105 年。

〔一三〕悵：因失望而傷感。

〔一四〕劉恕以神農爲大庭氏，而謂與古大庭氏異：見資治通鑑外紀卷一神農氏。

〔一五〕夏后啓，鄒公之子，與白公同時，見吕春秋：見吕氏春秋知分，中有“白圭問於鄒公子夏后啓曰”語。後世學者大抵視鄒公子與夏后啓爲一人。文廷式曰：“夏后啓”疑當作“夏侯啓”。陳奇猷然之，又曰：“此鄒公子夏侯啓疑即戰國策齊策所載齊威王之相成侯鄒忌。漢書古今人表正列鄒忌與白圭、齊威王同時。據史記田齊世家，齊威王時，封鄒忌以下邳，號曰‘成侯’。然則策、史稱其封號曰‘成侯’，而此則因其封地稱爲‘下侯’，又以下、夏同音而寫作‘夏侯’。不稱‘邳侯’者，蓋邳有上邳、下邳，若稱‘邳’則上下相混也。‘忌’‘啓’音本相通。……則夏侯啓者乃鄒國之公子，故稱鄒公子夏后啓也。”（見吕氏春秋新校釋）似在理。白公，蓋即白圭，戰國魏文侯時周人。

〔一六〕十見前録，一北齊濩澤縣公：前録，指上文言及之同名録。濩澤，縣名，治所在今山西陽城縣。各本均譌“獲澤”，今訂正。彦按：北齊當作隋。據北史劉弘傳：“（弘）仕齊，位西楚州刺史。齊亡，周武帝以爲本郡太守。及隋文帝平陳，以行軍長史從總管吐萬緒度江，加上儀同，封濩澤縣公，拜泉州刺史。”

〔一七〕襃十一：四庫本如此，是，今從之。餘諸本“十一”作“十二”，誤。　一漢鑄工,見孝成鼎:孝成鼎,見宋王黼宣和博古圖卷五,文稱:"是鼎雖孝成廟器,乃造于孝哀即位之三年。其銘又有曰'建平三年十月工王褒造',蓋孝哀即位改號建平,而孝哀又嗣服孝成也。"　一真人,自有內傳:真人,道家稱修真得道之道士。內傳,傳記之一種,以記述傳主遺聞逸事爲主。

〔一八〕皆有八:吳本"皆"譌"𪿊"。

〔一九〕士匄,士鞅之父也:士匄,即范宣子,春秋晉正卿。各本"匄"均作"匈",乃譌字,今訂正。士鞅,即范獻子,亦晉卿。　而乃相鞅:此疑士匄有二也。士匄相鞅,見左傳昭公六年:"十一月,齊侯如晉,請伐北燕也。士匄相士鞅逆諸河,禮也。"陸德明音義:"今傳本皆作'士匄相士鞅',古本'士匄'或作'王正'。董遇、王肅本同。學者皆以士匄是范宣子,即士鞅之父,不應取其父同姓名人以爲介,今傳本誤也,依'王正'爲是。王元規云:'古人質,口不言之耳,何妨爲介也。'案:士文伯是士鞅之族,亦名匄,無妨。今相范鞅,即文伯也。然士文伯名,古本或有作'正'者。"孔穎達正義曰:"世族譜以王正爲雜人。諸本及王肅、董遇注皆作'王正',俗本或誤爲'士匄'。此人不當與士鞅之父同姓名而爲之介也。"士文伯,晉大夫。

〔二〇〕亦范氏之族,與鞅父宣子同名:"范"喬本譌"𦱷",吳本譌"苑"。"宣"吳本譌"𡧀"。

〔二一〕名字亦皆相配:吳本"皆"作"𪿊",譌。　文伯之字伯瑕,與楚陽丐之字子瑕其義正同:伯瑕,洪本"瑕"譌"𤨒"。陽丐,春秋楚令尹。

〔二二〕而鄭駟乞亦字子瑕:駟乞,春秋鄭臣。各本"駟"均譌"泗",今訂正。"瑕",洪本譌"𤨒",吳本譌"暇"。左傳昭公十九年:"是歲也,鄭駟偃卒。……其父兄立子瑕。"杜預注:"子瑕,子游(彥按:即駟偃)叔父駟乞。"一説,駟乞爲駟偃弟。

〔二三〕襄公三十一年,使匄請命:見是年左傳,文曰:"子産相鄭伯以如晉,晉侯以我喪故,未之見也。子産使盡壞其館之垣而納車馬焉。士文伯讓之,曰:'……以敝邑之爲盟主,繕完葺牆,以待賓客。若皆毀之,其何以共命?寡君使匄請命。'"杜預注:"請問毀垣之命。"匄,路史各本均作"匈",今訂正。　匄即文伯:匄,洪本譌"𢼄",餘本皆作"匈",今訂作"匄"。

〔二四〕一在中上,一在中下:中上,謂中人以上。洪本、吳本"上"譌"土"。

中下,謂中人以下。

〔二五〕殆:疑惑。

〔二六〕春秋襄公十二年:"吳子乘卒。"左傳作:"吳子壽夢卒。"

〔二七〕書裁四代,亦既該兩伯夷:裁,通"纔"。四代,蓋堯舜算一代,再加上夏、商、周。既,已經。該,具有。彥按:尚書中但見一伯夷,即所謂"虞之秩宗"者,下羅苹注已經指出。

〔二八〕一虞之秩宗:秩宗,掌宗廟祭祀之官。書舜典:"帝曰:'咨!四岳,有能典朕三禮?'僉曰:'伯夷。'帝曰:'俞咨!伯,汝作秩宗。'"　一諫武王者,雖不在書,孔子所稱也:此伯夷爲商末孤竹君之子。周武王伐紂,伯夷與弟叔齊二人叩馬諫阻。見史記伯夷列傳。論語公冶長:"伯夷、叔齊不念舊惡,怨是用希。"

〔二九〕隸:僕人。

〔三〇〕然高陽師伯夷,世或作"柏":四庫本如此,是,今從之。餘諸本"柏"譌"伯"。

〔三一〕論語一書,乃有兩南宮括:彥按:今本論語作"南宮适"。适音 kuò。

〔三二〕一問羿者:此南宮适爲春秋魯大夫。羿,夏代有窮國君主,以善射稱。吳本"羿"譌"弁"。論語憲問:"南宮适問於孔子曰:'羿善射,奡盪舟,俱不得其死然。禹稷躬稼而有天下。'"　一太公之友,在十亂中:太公,指周太公望呂尚。十亂,相傳輔佐周武王治國的十位大臣。論語泰伯:"武王曰:'予有亂臣十人。'"何晏集解引馬融曰:"亂,治也。治官者十人,謂周公旦、召公奭、太公望、畢公、榮公、太顛、閎夭、散宜生、南宮适,其一人謂文母。"

〔三三〕夫公孫龍爲孔門高第:高第,高材生。四庫本、備要本"高弟",同。世但知公孫龍爲戰國名家代表人物,而史記仲尼弟子列傳所載孔子弟子亦有稱公孫龍者,則是別一公孫龍。　而顏回爲晉代羌師:顏回爲孔子高足,見論語。至此稱晉代羌人軍中有稱顏回者,則別一顏回也。

〔三四〕正得不懑:正,何,怎。懑,昏,糊塗。

〔三五〕有如王羲之之仕苻健:有,通"又"。苻健,即苻健(健同健),十六國時期前秦開國皇帝,公元 351—355 年在位。喬本、洪本、吳本"苻"作"符",今從四庫本及備要本。此仕苻健之王羲之,與東晉右軍將軍、會稽内史、著名書法家之王羲之非同一人。 張華之佐慕容德:慕容德,十六國時期南燕政權建立者,公元398—405年在位。此之張華,爲慕容德之黃門侍郎(見晉書慕容德載記),與西晉司空、博物志作者張華非同一人。 韓信降虜:此韓信爲漢初封韓王,治馬邑(今山西朔州市)以備匈奴,而於漢高帝六年(前201)於匈奴冒頓單于率兵來攻時以馬邑降者,與漢初著名軍事家,歷封齊王、楚王,又貶爲淮陰侯之韓信非同一人。 曾參殺人:此曾參爲春秋費(今山東費縣)人,與孔子弟子南武城(今山東嘉祥縣)人曾參非同一人。 亦既並時,得不爲之投杼邪:既,盡,皆。並時,同時。投杼,各本均作"投杵"。彦按:"杵"當"杼"字音訛,今訂正。"投杼"謂扔下織布之梭子,典出戰國策秦策二:"昔者曾子處費,費人有曾參者,與曾子同名族,殺人。人告曾子之母曰:'曾參殺人。'曾子之母曰:'吾子不殺人也。'織自若。有頃,人又曰:'曾參殺人。'其母尚織自若。頃之,一人又告之曰:'曾參殺人。'其母懼,投杼踰牆而走。夫以曾子之賢,與母之信,而三人疑之,雖慈母不能信也。"

〔三六〕昔蕭繹、陸善經俱著同姓名録,然特不能包刺:蕭繹,即南朝梁元帝。陸善經,唐代學者,官至國子司業。特,唯獨。刺,名帖,名片。

〔三七〕請誦其涉史篇者左方:誦,述説。

〔三八〕古有庸成氏:見前紀五庸成氏。

〔三九〕列仙傳:吳本"仙"訛"介"。 容成公自稱黄帝師:見列仙傳卷上容成公,文作:"容成公者,自稱黄帝師"。各本此句上有"楊玉時"三字,頗突兀,蓋衍文,今刪去。

〔四〇〕此又後世赤松子也:喬本、洪本、吳本"此"訛"北",又喬本、吳本"世"訛"立"。赤松子,參見後紀三炎帝神農氏。

〔四一〕而天霝之吏亦曰蒼牙:天霝,指雷神,雷公。洪本、備要本此句之下有羅苹注文"見黑殺禁文詳義紀"七字,餘本未見。

〔四二〕羲臣曰巫咸:彦按:羲臣,疑當作"炎臣"。本書卷十二後紀三禪通紀七炎帝神農氏有"乃命司怪主卜,巫咸、巫陽主筮"語,而卷十後紀一禪通紀五太昊伏羲氏並未見言及巫咸。 而來乂商家:乂,治理。喬本訛"人",今從餘諸本訂正。此來乂商家之巫咸乃殷中宗賢臣,爲別一人。

〔四三〕白帝曰朱宣:白帝,五天帝之一,爲少昊之神。文選王融永明十一年策秀才文之二“是以五正置於朱宣”李善注：“河圖曰：‘大星如虹，下流華渚，女節意感，生白帝朱宣。’宋均曰：‘朱宣，少昊氏。’”各本“白”均譌“曰”，又“朱宣”皆譌“未宣”，今並訂正。　　而爲唐刺濮：唐濮州刺史朱宣，新唐書卷一八八有傳。

　　〔四四〕離婁，黃帝時明目者：見漢書王襃傳“則使離婁督繩”顔師古注引張晏曰，“者”下有“也”字。

　　〔四五〕婁、若並見莊子：婁，莊子書中作“離朱”。胠篋篇云：“滅文章，散五采，膠離朱之目，而天下始人含其明矣。”又徐無鬼云：“黃帝將見大隗乎具茨之山，方明爲御，昌寓驂乘，張若、謵朋前馬。”

　　〔四六〕又唐宰相趙隱，以大中三年登第，——見唐登科記：吳本“又”譌“人”。唐登科記，疑指宋洪适撰所撰重編唐登科記。　　咸通中，同中書門下平章事：喬本、洪本、吳本“咸”譌“成”。今據四庫本、備要本訂正。同中書門下平章事，唐、宋時行宰相職事者銜。

　　〔四七〕馮夷友費昌：馮、費二人見後紀十四帝履癸及注。　　而竟談河伯：傳說中黃河之神河伯，名字也叫馮夷。

　　〔四八〕武王伐商，問兩日鬭者：彦按本書卷二三後紀十四疏仡紀十夏帝履癸“其信費昌乃徙族以歸商”羅苹注引論衡云：“時兩日並出，東者焰，西者沈。費昌問馮夷，荅云：‘東若爲商，西爲夏。’乃徙族之商。”則當爲夏末時事，此稱“武王伐商”，疑誤記。參見彼注〔一二八〕。

　　〔四九〕河伯即冰夷：吳本“河伯”譌“何伯”。四庫本“冰夷”譌“水夷”。冰夷見山海經海內北經，郭璞注：“冰夷，馮夷也。”

　　〔五〇〕覩叔均而思稷子：思，謂聯想到。稷，指后稷。子，泛稱子孫。

　　〔五一〕山海經，商均曰叔均：商均，舜子。叔均，各本均作“淑均”，誤，今訂正。山海經大荒南經：“赤水之東，有蒼梧之野，舜與叔均之所葬也。”郭璞注：“叔均，商均也。舜巡狩，死於蒼梧而葬之，商均因留，死亦葬焉。”袁珂校注：“然此叔均，實是商均，叔、商一聲之轉。能與舜同葬，非舜子商均不足當之。”

　　〔五二〕見習朋而疑齊臣：齊臣，指春秋齊桓公之佐臣隰朋。

　　〔五三〕贊風后爲軒師：贊，告、說。軒，軒轅，即黃帝。

〔五四〕禹問風后：此謂禹時亦有稱風后者。蓋即禹臣。

〔五五〕説伍胥爲楚族：伍胥，即伍員。見後紀八帝顓頊高陽氏注〔三三五〕。

〔五六〕黄帝臣：此謂黄帝臣亦有稱伍胥者。

〔五七〕謂赤松炎帝諸侯：赤松，赤松子。見後紀三炎帝神農氏及羅苹注。

〔五八〕皇初平亦號之：皇初平，傳説中仙人。晉葛洪神仙傳卷二皇初平稱初平修道成仙後，“易姓爲赤”，“改字爲赤松子”。

〔五九〕而以季連爲柳惠等伍：柳惠，即柳下惠。見前紀七葛天氏注〔四六〕。等伍，同列。

〔六〇〕參見後紀八帝顓頊高陽氏。

〔六一〕又季克子亦曰季連：彦按：季克當作里克。蓋“里”音譌而作“李”，又形譌乃成“季”。里克，春秋晉大夫。元和姓纂卷五陽韻相里有“晉大夫里克，惠公所滅。克妻司成氏，攜少子季連逃居相城”語，蓋即羅氏所本。然里克既非“季克”，而季連（文淵閣四庫全書本元和姓纂如此）於岑仲勉校本元和姓纂（中華書局 1994 年版）又作“李連”，頗疑此所謂“（季）〔里〕克子亦曰季連”純屬子虛烏有。

〔六二〕仲衍爲孟戲之弟：仲衍，亦作“中衍”。孟戲，吳本譌“盖戲”。二人，殷帝太戊時人，帝顓頊之苗裔。史記秦本紀：“大廉玄孫曰孟戲、中衍，鳥身人言。帝太戊聞而卜之使御，吉，遂致使御而妻之。”

〔六三〕皆有錯於見聞者也：錯，相出入，不同。

〔六四〕參見後紀五黄帝有熊氏。

〔六五〕見後紀十四帝胤甲羅苹注。

〔六六〕俱曰羿：吳本“羿”譌“昇”。　少昊之子、魯國之士皆曰般：少昊子般，見後紀七小昊青陽氏。魯國之士般，即魯班。

〔六七〕且以虞仲之孫實曰虞仲：孫，泛指後代子孫。此謂曾孫。見後紀九帝嚳高辛氏。

〔六八〕周章之弟：各本“弟”均作“孫”，誤，蓋涉正文“虞仲之孫”而譌。今訂正。參見後紀九帝嚳高辛氏注〔二五二〕。

〔六九〕蔡昭侯申實蔡文侯申曾孫之子也：蔡昭侯申，春秋時蔡國國君，公元前 518—前 491 年在位。蔡文侯申，春秋時蔡國國君，公元前 611—前 592 年在位。　是叵訓者：叵訓，不可解，無法解釋。

〔七〇〕劉貢父：即北宋史學家劉攽（字貢父）。　遠也：遠謂時間相隔長久。

〔七一〕文公：指春秋魯文公姬興。

〔七二〕又乃同時鄭有公孫段，字子石：公孫段，春秋鄭卿，鄭穆公之孫。喬本、洪本、吳本“段”譌“叚”，此從四庫本、備要本。下“印段”、“公孫段”之“段”同。　而印段亦字子石，乃公孫段從父子也：彥按：從父子當作“從父孫”。公孫段父子豐與印段祖子印爲兄弟，子印生子張（公孫黑肱），子張生印段。

〔七三〕蓋族大有不相統者：喬本、吳本“族”譌“放”，今從餘本訂正。又吳本“統”譌“**統**”。

〔七四〕近代名子，申之宗正：備要本“子”譌“字”。申，申述，謂告知。

〔七五〕漢趙王曰如意矣，而廣宗又名之：漢趙王，漢高祖劉邦幼子劉如意。廣宗，即漢文帝劉恒子劉參玄孫廣宗王劉如意。

〔七六〕唐義成曰琮矣，而奉天又名之：義成，彥按：當作“義陽”，蓋誤記。唐義陽王李琮，唐太宗李世民孫，見新、舊唐書太宗諸子傳。奉天，指唐玄宗李隆基長子李琮。琮本名嗣直，後改名潭，又改名琮，死於玄宗天寶十一載（752），肅宗即位（756 年），詔追册爲奉天皇帝。　鬱林曰恪矣，而建王又名之：鬱林，指唐太宗第三子吳王李恪。恪於唐高宗時被誣冤死，後平反昭雪，追封爲鬱林王。建王，唐憲宗李純第十子，本名審，後改名恪。

〔七七〕悉尊諜系：尊，重視。諜系，譜牒世系，“諜”通“牒”。

〔七八〕昶子：此王渾爲西晉大臣，歷官至司徒、録尚書事等職。昶，三國魏司空。　戎父：此王渾爲西晉涼州刺史。戎，西晉名士，竹林七賢之一。備要本如此，是，今從之。餘諸本均譌“戍”。

〔七九〕茂仁：東晉丹楊尹王愷字。　君夫：西晉外戚、富豪王愷字。

〔八〇〕愉：東晉尚書左僕射。四庫本譌“俞”。　戎：見上注〔七八〕。

〔八一〕緒：東晉建威將軍。　衍：西晉太尉。

〔八二〕濟：西晉外戚、侍中。

〔八三〕還：彥按：晉書未見有稱“王還”者。明彭大翼山堂肆考卷一四一人事命字有兩處沖條，云：“一王邃字，一王湛字。”文淵閣四庫全書無名氏氏族大全卷八亦曰：“兩處沖，一邃字，一湛字。”似是。疑此之“還”，乃“邃”之譌；王邃爲東晉徐州刺史。然考世說新語賞譽“王大將軍與元皇表云：‘舒風概簡正，允作雅人，自多於邃’”劉孝標注引王邃別傳則曰：“邃字處重。”“沖”“重”音近，抑有作“處沖”者乎？　　湛：西晉汝南内史，字處沖。

〔八四〕含子：名應，字安期。含，東晉叛臣王敦之兄。　　湛子：名承，字安期。

〔八五〕豈惟它族紊用而無識哉：紊，亂。無識，無知。

〔八六〕迹襲：猶襲迹，謂沿襲前人做法。

論遂人改火

順天者存，逆天者亡，是必然之理也。伊古明王之爲治也，顧亦豈能違理哉？因天事天，不逆焉而已〔一〕。是故著時令，授人時，法而建官，象以作服，凡以順之也〔二〕。

昔者，遂人氏作，觀乾象、察辰心而出火，作鑽鐩、別五木以改火，豈惟惠民哉，以順天也〔三〕。四時五變：榆、柳青，故春取之；棗、杏赤，故夏取之；桑、柘黃，故季夏取之；柞、楢白，故秋取之；槐、檀黑，故冬取之〔四〕。皆因其性，故可救時疾。

予嘗攷之：心者天之大火，而辰戌者，火之二墓〔五〕。是以季春心昏見於辰而出火，季秋心昏見於戌而納之〔六〕。卯爲心之明堂，心至是而火大壯，是以仲春禁火，戒其盛也〔七〕。

成周盛時，每歲仲春命司烜氏以木鐸修火禁於國中，爲季春將出火〔八〕。而司爟掌行火之政令，四時變國火以救時疾，季春出火，季秋納火，民咸從之；時則施火令，凡國失火、野焚萊，則隨之以刑罰〔九〕。夫然，故天地順而四時成，氣不愆伏，國無疵癘，而民以寧〔一〇〕。

鄭以三月鑄刑書，而士文伯以爲必災，六月而鄭火〔一一〕。蓋火未出而作火，宜不免也[一二]。今之所謂寒食一百五者，熟食斷烟，謂之龍忌，蓋本乎此[一三]。司烜仲春以木鐸修火禁，因火出而警之；仲秋火入，則不警。宮正春秋以木鐸修火禁，宮禁尚嚴也[一四]。

　　而周舉之書，魏武之令，與夫汝南先賢傳、陸翽鄴中記等，皆以爲爲介子推，謂子推以三月三日燔死，而後世爲之禁火[一五]。吁，何妄邪[一六]！是何異於言子胥溺死，而海神爲之朝夕者乎[一七]？予初賦潮，知此妄説。而或者謂昔人言潮，無出子胥前者，因爲舉書“朝宗”之語，而齊景嘗欲遵海觀朝舞矣[一八]。且屈原云“聽潮水之相擊”，而易亦有“行險不失信”之言，自有天地，即有此潮，豈必見紙上而後信哉[一九]？子胥漂於吳江，適有祠廟當潮頭，不知丹徒、南恩等潮，且復爲誰潮耶[二〇]。餘詳後賦。

　　予觀左氏、史遷之書，曷嘗有子推被焚之事[二一]。況以清明、寒食，初靡定日，而琴操所記，子推之死乃五月五，非三日也。古人以三月上巳祓禊，以清明前三日寒食，初無定日[二二]。後世既以一之，而又指爲三月之三，妄矣。周舉傳云：每冬中輒一月寒食，以子推焚骸，神靈不樂舉火[二三]。然則介子又將以冬中亡矣。且子胥之死，既云五月五日，而浙人每春鬬綵舟，誰念招魂節[二四]？此沈佺期三月三日獨坐驩州之詩[二五]。而“重開避忌之席，更作招魂之引”，乃王績三月三日賦也[二六]。然則招屈亦用三日矣，非可信也。

　　夫火，神物也，其功用亦大矣！昔隨王劭嘗以先王有鑽燧改火之義，於是表請變火，曰：“古者周官，四時變火，以救時疾。明火不變，則時疾必生。聖人作法，豈徒然哉！在昔有以洛火度江，代代事之，火色變青。而晉師曠食知勞薪。今温酒炙肉，用石炭火，與柴火、竹火、草火、蔴荄火，氣味各自不同。是新舊火理應有異。願於五時取五木以變火。”[二七]若劭，可謂知所本矣。

　　夫火惡陳，薪惡勞，自開世然者[二八]。晉代苟晶進飯，亦知薪勞，而隨文帝所見江寧寺晉長明鐙，亦復青而不熱[二九]。傳記有：以巴豆木入爨者，爰得洩利；而糞臭之草炊者，率致味惡[三〇]。然則火之不改，其不疾者鮮矣。泌以是益知聖人之所以改火、修火正、四時五變者，豈故爲是煩文害俗，得已而不已哉[三一]。東晉初，有王離妻季將河南火渡江,云受於祖母王,有遺書二十卷,臨終,戒勿絶火,遂常種之[三二]。傳二百年,火色如血,謂之聖火。宋齊之間,季嫗年九十餘,以火治病,多瘳[三三]。嫗死,人爲葬之,號聖火冢,陰雨每見火出冢門者[三四]。今號其處爲聖火巷。金陵故事云,禪衆寺前直南小巷也[三五]。傳不云乎:"違天,必有大咎[三六]。"先漢武帝猶置别火令丞,典司燧事,後世乃廢之邪[三七]。

　　方石勒之居鄴也,於是不禁寒食,而建德殿震及端門、襄國西門,雹起介山,平地洿下者丈餘,人禽死以萬數,千里摧折,秋稼蕩然[三八]。夫五行之變如是,而不知者亦以爲爲之推也。雖然,魏晉之俗,尤所重者辰,爲商星,實祀大火,而汾晉參虚,參辰錯行,不毖和所致[三九]。

【校注】

〔一〕因天事天:因,順應。事,侍奉。

〔二〕是故著時令,授人時,法而建官,象以作服:著,謂明白規定。時令,特指四時有關農事之政令。法,準則,此謂"以爲準則"。象,猶"法"。服,服飾。

〔三〕觀乾象、察辰心而出火,作鑽鐩、别五木以改火:觀,洪本作"梘",喬本、吳本作"乾",俱誤。今據四庫本、備要本訂正。乾象,天象。鑽鐩,即鑽燧,"鐩"同"燧"。見前紀五遂人氏注〔一五〕。

〔四〕桑、柘黄,故季夏取之:柘(zhè),桑科落葉灌木或小喬木,其木汁能染赤黄色。季夏,夏季的最後一個月,即農曆六月。　　柞、櫾白,故秋取之:櫾,通"楢"(音 yóu),木名。質堅硬,宜造車材。周禮夏官司爟"四時變國火"鄭玄注引鄹子曰:"秋取柞楢之火。"

〔五〕心者天之大火,而辰戌者,火之二墓:心,星宿名。二十八宿之一,又稱大火。辰,地支之第五位。以記月份,代表農曆三月(季春);以記方位,代表東南偏東。戌,地支之第十一位。以記月份,代表農曆九月(季秋);以記方位,代表西北偏西。火,即大火。墓,猶言歸宿之地。

〔六〕是以季春心昏見於辰而出火,季秋心昏見於戌而納之:昏見,黄昏時出現。見,"現"之古字。周禮夏官司爟:"季春出火,民咸從之。季秋内火,民亦如之。"林尹今註:"按出火,用火之意。下文内火,禁用之意。火田在仲春,炊爨之火則四時皆用。此出火謂可以用火熔解金屬以鑄器物也。"

〔七〕卯爲心之明堂，心至是而火大壯：卯，地支之第四位。以記方位，代表東方；以記月份，則代表農曆二月（仲春）。心至是，謂心昏見於卯。

〔八〕成周盛時，每歲仲春命司烜氏以木鐸修火禁於國中：成周，西周之東都洛邑，借代西周成王之時。司烜氏，周禮官名。烜音 huǐ。木鐸，以木爲舌的大銅鈴。古代宣布政教法令時，巡行振鳴以引衆人注意。修，告誡。

〔九〕見周禮夏官司爟。　司爟：周禮官名。爟音 guàn。　萊：叢生的雜草。

〔一〇〕氣不愆伏，國無疵癘：愆伏，謂陰陽失調。典出左傳昭公四年："冬無愆陽，夏無伏陰。"愆，過度。伏，潛藏。疵癘，災變。

〔一一〕鄭以三月鑄刑書，而士文伯以爲必災，六月而鄭火：鑄刑書，謂鑄刑法條文於鼎。士文伯，即春秋晉大夫士匃。吳本"伯"誤"泊"。左傳昭公六年："三月，鄭人鑄刑書。……士文伯曰：'火見，鄭其火乎！火未出而作火以鑄刑器，藏爭辟焉。火如象之，不火何爲？'……六月丙戌，鄭災。"

〔一二〕火未出而作火：前"火"字，指大火，即心宿。作火，謂生火，用火。

〔一三〕今之所謂寒食一百五者，熟食斷烟，謂之龍忌：寒食一百五，即寒食節。宋葛立方韻語陽秋卷一九："自冬至一百有五日至寒食，故世言寒食皆稱'一百五'。"古時至寒食日即禁火冷食。龍忌，參見下注〔一五〕。

〔一四〕宮正春秋以木鐸修火禁：見周禮天官宮正。宮正，周禮官名，掌王宮之戒令糾禁等事。

〔一五〕而周舉之書，魏武之令，與夫汝南先賢傳、陸翽鄴中記等，皆以爲爲介子推，謂子推以三月三日燔死，而後世爲之禁火：周舉，東漢并州刺史。後漢書周舉傳載："太原一郡，舊俗以介子推焚骸，有龍忌之禁。至其亡月，咸言神靈不樂舉火，由是士民每冬中輒一月寒食，莫敢煙爨，老小不堪，歲多死者。舉既到州，乃作弔書以置子推之廟，言盛冬去火，殘損民命，非賢者之意，以宣示愚民，使還温食。於是衆惑稍解，風俗頗革。"所謂"周舉之書"，指舉所作弔書也。魏武，指漢末魏王、三國魏追遵武皇帝曹操。魏武曾頒禁絕火令，文曰："聞太原、上黨、西河、鴈門冬至後百五日皆絕火寒食，云爲介子推，且北方沍寒之地，老少羸弱，將有不堪之患。令到，人不得寒食。若犯者，家長半歲刑，主

吏百日刑,令長奪一月俸。"(見明張溥漢魏六朝百三家集卷二三魏武帝集令)
汝南先賢傳,晉周裴撰。太平御覽卷三〇引汝南先賢傳曰:"太原舊俗以介子
推焚骸,一月寒食,莫敢烟爨。"陸翽(huì),晉國子助教。備要本如此,是,今從
之。餘諸本均譌"酈"。藝文類聚卷四引鄴中記曰:"并州俗,冬至後百五日爲
介子推斷火冷食三日,作乾粥,今之糗是也。"

〔一六〕何妄邪:備要本"邪"作"耶"。

〔一七〕是何異於言子胥溺死,而海神爲之朝夕者乎:子胥,即伍員。參見
後紀八帝顓頊高陽氏注〔三三五〕。子胥非以溺死,但死後屍弃江中耳,此稱
"子胥溺死",不符事實。朝夕,即潮汐。

〔一八〕而或者謂昔人言潮,無出子胥前者:吳越春秋夫差内傳載:"(子
胥)伏劍而死。吳王乃取子胥屍,盛以夷之器,投之於江中。……乃棄其軀,投
之江中。子胥因隨流揚波,依潮來往,蕩激崩岸。"又水經注卷四〇漸江水引吳
録云:"文種誠于越,而伏劍于山陰,越人哀之,葬于重山。文種既葬一年,子胥
從海上負種俱去,游夫江海。故潮水之前揚波者,伍子胥;後重水者,大夫種。"
因爲舉書"朝宗"之語:彦按:書"朝宗"之語,見禹貢:"江漢朝宗于海。"蓋羅
氏讀"朝"爲"潮",故有此言。然孔穎達疏云:"朝宗是人事之名,水無性識,非
有此義。以海水大而江漢小,以小就大,似諸侯歸於天子,假人事而言之也。"
當是。　而齊景嘗欲遵海觀朝舞矣:齊景,春秋齊景公。喬本、洪本、吳本作
"齊宣"誤,今據四庫本、備要本訂正。遵,順著,沿著。晏子春秋内篇問下:
"景公出遊,問于晏子曰:'吾欲觀于轉附、朝舞,遵海而南,至于琅琊,寡人何
修,則夫先王之遊?'"孟子梁惠王下載其事,景公語作:"吾欲觀於轉附、朝儛,
遵海而南,放於琅邪。"漢趙岐注:"轉附、朝儛,皆山名也。"後人多從之。羅氏
則當以"觀朝舞"爲觀潮(舞狀潮水之騰涌),故有此言。其解似亦可備一説。

〔一九〕且屈原云"聽潮水之相擊":見楚辭九章悲回風。　而易亦有"行
險不失信"之言:見易坎彖辭,原文作:"水流而不盈,行險而不失其信。"孔穎
達疏:"'水流而不盈,行險而不失其信'者,此釋'重險'、'習坎'之義。'水流
而不盈',謂險陷既極,坑穿特深,水雖流注,不能盈滿,言險之甚也。此釋'重
險'之義也。'行險而不失其信',謂行此至險,能守其剛中,不失其信也。此
釋'習坎'及'有孚'之義也。"本無關乎潮。羅氏以爲子胥之前言潮之證,並不

可信。

〔二〇〕子胥漂於吳江,適有祠廟當潮頭:論衡書虛:"傳書言:吳王夫差殺伍子胥,煮之於鑊,乃以鴟夷橐投之於江。子胥恚恨,驅水爲濤,以溺殺人。今時會稽、丹徒大江,錢唐浙江,皆立子胥之廟。蓋欲慰其恨心,止其猛濤也。"不知丹徒、南恩等潮,且復爲誰潮耶:丹徒,縣名,治所在今江蘇鎮江市丹徒區。南恩,州名,治所在今廣東陽江市江城區。喬本"恩"譌"恩",今據餘諸本訂正。

〔二一〕左氏:吳本"左"譌"尤"。

〔二二〕古人以三月上巳祓禊:上巳,農曆上旬巳日。祓禊(fú xì),古祭名,爲除災去邪之祭。吳本"祓"譌"挍"。

〔二三〕見上注〔一五〕。

〔二四〕且子胥之死,既云五月五日,而浙人每春鬪綵舟,誰念招魂節:彥按:子胥死之日,未聞稱於五月五日者;其死後,亦未聞有爲之招魂者。此子胥疑當作屈子(即屈原),蓋由"屈子"二字譌且倒也。宋葛立方韻語陽秋卷一九曰:"荆楚記云:屈原以五月五日投汨羅而死,人傷之,以舟檝拯焉。故武陵競渡用五月五日,蓋本諸此。……今江浙間競渡多用春月,疑非招屈之義。及考沈佺期三月三日獨坐驩州詩云'誰念招魂節,翻爲禦魅囚',王績三月三日賦亦云'新開避忌之席,更作招魂之所',則以元巳爲招屈之時,其必有所據也。"羅氏之注,實取乎此。

〔二五〕此沈佺期三月三日獨坐驩州之詩:沈佺期,唐詩人。三月三日獨坐驩州之詩,各本"坐"均譌"州",今訂正。

〔二六〕重開避忌之席,更作招魂之引:"重"當作"新","引"當作"所",見上注〔二四〕。　王績:初唐詩人。

〔二七〕昔隨王劭嘗以先王有鑽燧改火之義,於是表請變火:隨,通"隋",四庫本作"隋"。王劭,隋員外散騎侍郎。下劭表文,備載於隋書王劭傳,此之所引,文字稍有出入。　古者周官:劭傳作"臣謹案周官"。　在昔有以洛火度江,代代事之:"昔"當"晉"字之誤。劭傳作:"在晉時,有以洛陽火渡江者,代代事之,相續不滅。"　而晉師曠食知勞薪:勞薪,古時稱用舊車脚木劈成的柴火。劭傳作:"昔師曠食飯,云是勞薪所爨。"　今溫酒炙肉,用石炭火,與柴火、竹火、草火、蔴荄火,氣味各自不同:石炭,即煤。蔴荄(gāi),麻類植物的根。

　　願於五時取五木以變火:洪本如此,是,今從之。餘諸本"願"均譌"顧"。五時,指春、夏、季夏、秋、冬。劭傳作:"伏願遠遵先聖,於五時取五木以變火"。

　　〔二八〕開世:猶言開天闢地。

　　〔二九〕晉代苟勗進飯,亦知薪勞:苟勗,西晉光禄大夫。吳本"苟"作"苟",誤;備要本"勗"作"勖",同。又洪本"薪"譌"新"。晉書苟勗傳:"(勗)嘗在帝坐進飯,謂在坐人曰:'此是勞薪所炊。'咸未之信。帝遣問膳夫,乃云:'實用故車脚。'舉世伏其明識。"　而隨文帝所見江寧寺晉長明鐙,亦復青而不熱:隨,通"隋",四庫本、備要本作"隋"。鐙,洪本、吳本、備要本如此,今從之。四庫本作"燈",同;喬本作"證",誤。熱,喬本、四庫本作"熱",乃俗體,此姑從餘本。唐劉餗隋唐嘉話卷下:"江寧縣寺有晉長明燈,歲久,火色變青而不熱。隋文帝平陳,已訝其古,至今猶存。"

　　〔三〇〕傳記有:以巴豆木入爨者,爰得洩利;而糞臭之草炊者,率致味惡:巴豆,常緑喬木名。其果實可入藥,屬熱性瀉藥,有毒。吳本"豆"譌"立"。宋江少虞宋朝事實類苑卷五八廣知博識論取火云:"又有誤以巴豆木入爨,令人洩痢不止;其如乾糞臭草炊爨,令物味惡。是也。火官不得不重慎歟!"

　　〔三一〕修火正:修,處理。火正,有關防火救災之事,"正"通"政"。

　　〔三二〕東晉初,有王離妻季將河南火渡江:此説大抵撮取自唐許嵩建康實録卷五晉中宗元皇帝注。各本"季"均譌"李",今據許書訂正。許書此句本作:"初,隨帝過江有王離妻者,洛陽人,將洛陽舊火南渡。"　云受於祖母王,有遺書二十卷,臨終,戒勿絶火,遂常種之:二十卷,今建康實録作"二十七卷"。種,點燃。今本許書無"遂常種之"句。

　　〔三三〕季嫗:各本"季"均作"李",今依前訂作"季"。

　　〔三四〕陰雨每見火出冢門者:吳本"每"譌"海","冢"譌"**家**"。

　　〔三五〕金陵故事:佚書,作者不詳。

　　〔三六〕違天,必有大咎:左傳僖公二十三年載楚成王語。

　　〔三七〕先漢武帝猶置別火令丞,典司爆事:司爆,主管火政。漢書百官公卿表上:"典客,秦官,掌諸歸義蠻夷,有丞。景帝中六年更名大行令,武帝太初元年更名大鴻臚。屬官有行人、譯官、別火三令丞及郡邸長丞。武帝太初元年更名行人爲大行令,初置别火。"顏師古注引如淳曰:"漢儀注:别火,獄令官,主治改火之事。"

〔三八〕方石勒之居鄴也,於是不禁寒食,而建德殿震及端門、襄國西門,電起介山,平地洿下者丈餘,人禽死以萬數,千里摧折,秋稼蕩然:鄴,地在今河北臨漳縣香菜營鄉。彦按:鄴疑當作襄國。石勒後趙政權初建都於襄國(今河北邢臺市地),其後石虎篡位,始遷都於鄴也。不禁寒食,謂不禁寒食之日舉火。端門,宫殿之正南門。襄國西門,晉書石勒載記下作"襄國市西門"。洿下,凹陷。丈餘,喬本"丈"譌"大",今從餘諸本訂正。千里摧折,晉書石勒載記下作:"歷太原、樂平、武鄉、趙郡、廣平、鉅鹿千餘里,樹木摧折"。

〔三九〕雖然,魏晉之俗,尤所重者辰,爲商星,實祀大火:魏晉,義同下之"汾晉",指今山西之汾水流域及其南之運城地區。以春秋戰國時魏晉二國地在此。辰,即商星,亦即大火、心宿。左傳昭公元年:"(堯)遷閼伯于商丘,主辰。商人是因,故辰爲商星。"　而汾晉參虚,參辰錯行,不毘和所致:參(shēn),星宿名,二十八宿之一。虚,"墟"之古字,此謂分野。左傳昭公元年:"故參爲晉星。"毘和,和諧。洪本、備要本"毘"作"毗",同。喬本、吴本、備要本此下有"楊升菴曰"云云一段文字,另起一行、低一格書。楊升菴即明代文學家楊慎,可知其非羅苹注路史原書所有,蓋喬可傳氏所附益者,今删去之。

辨史皇氏

吕不韋之書曰:"史皇作書[一]。"倉頡氏也。管氏、韓子、國語、史記俱無史官之説。據世本云:史皇、倉頡同階[二]。又云:沮誦、蒼頡作書[三]。亦未嘗言爲史官也。及韋誕、傅玄、皇甫謐等,遽以爲黄帝史官[四]。蓋肇繆於宋衷[五]。衷之世本注云:"倉頡、沮誦,黄帝史官。"抑不知衷何所據而云,末代儒流莫見其書,更望望交引,以爲世本之言[六]。世本曷有是哉?

竊嘗攷之,倉頡之號曰史皇,又曰倉帝。河圖説徵云:"倉帝起,天雨粟,青雲扶日[七]。"語亦見之洛書説河[八]。而鴻烈解言"史皇生而能書"[九]。是則倉帝、史皇非人臣之目,明矣[一〇]。後世徒見其有史皇之名，因謂爲史官爾。史豈今之所謂史乎哉！古謂字書爲史，故有倉頡、史篇之類〔一〕。楊雄曰：“史哉！史哉！”〔一二〕非史記也。孔子曰：“吾猶及史之闕文也〔一三〕。”謂字書之闕文，吾猶及見其全，而今不復見。故班固敘小學云：“古制，書必同文，不知則闕，問諸故老〔一四〕。”自後漢徐防始以闕文爲是闕事，而蘇軾遂以“有馬者借人乘之”七字爲當時之闕者，誤矣〔一五〕。夫子蓋諭己之有馬，不能乘習，則借人乘之；文有闕失，不能是正，則因人以正之〔一六〕。己不能馬則借於人，人有闕亦可正於己，庸何害？而今無有見其全者，不能正云爾，故曰：“今無矣夫！”夫者，惑之之辭。

　　且上古始制文字者，倉頡也，而無懷氏已刻徽號，伏羲氏已立書契，俱在炎黃之前，豈得至黃帝而始制文字邪〔一七〕？此崔瑗、蔡邕、曹植、索靖、顧野王之徒所以咸謂古之帝者，爲得之矣〔一八〕。崔草書體，蔡篆書體，成公綏隸書體，繁欽硯銘及許叔重皆稱爲頡皇云〔一九〕。

　　雖然，三五歷、古史攷謂在炎帝之世，其足信歟〔二〇〕？

　　書疏：“張揖書云：‘倉頡爲帝王，生於禪通之紀〔二一〕。’”而丹壺記禪通之紀首列史皇氏，則知揖書爲有據者〔二二〕。衛氏、慎到以爲包羲之前，斯不誣也〔二三〕。孔穎達尚書疏辨之稍詳。獨衛氏云在包羲、蒼帝之世，譙周謂在炎帝時，徐整謂炎黃之間，失之〔二四〕。

　　粵復訂之，春秋河圖揆命篇云：“蒼羲農黃，三陽翊天，德聖明〔二五〕。”説者謂蒼爲倉頡，羲爲包羲，與神農、黃帝之四君者，俱能奉三陽以輔上帝，益以譸倉頡之爲帝而在包羲之前矣〔二六〕。故河圖玉版云：倉頡爲帝，南巡陽虛之山〔二七〕。巡狩之事，固非臣下之所行也〔二八〕。

　　昔者，孔子嘗曰：“封泰山，觀易姓而王，可得見者七十有餘君〔二九〕。”三皇禪於繹繹，五帝禪於亭亭，三王禪於梁甫〔三〇〕。而莊周書言七十二代之封，其有形兆墊堮勒紀者，千八百餘所，興亡之代可得而稽矣〔三一〕。管夷吾言於桓公曰：古之封禪，七十有二家，夷吾所記者十有二，曰無懷、曰伏羲、曰神農、曰炎帝、曰黃帝、曰高陽、曰高辛、曰唐、曰虞、曰禹、曰湯、曰成王，皆受命而後封禪〔三二〕。無懷乃在伏羲之前，是其可紀者而不識者六十，又在無懷氏前，此皆孔子之得見者。而七十二君之前，又有孔子之不得見者〔三三〕。詩外傳云："古封泰山、禪梁父者萬餘人，仲尼觀焉，不能盡識〔三四〕。"故穎達謂文字在伏羲前，特未用之教世，至伏羲然後始作書契〔三五〕。則知封禪之文，其來久矣；上古之君，其世夥矣。

　　壺記以史皇首禪紀，梁未之盡也〔三六〕。以彼其説，雖不概見於經，然士攷質詩書，以其所見推其所不見，則自無懷而上可得而論矣〔三七〕。倉帝史皇，豈人臣之號哉！

【校注】

　　〔一〕史皇作書：見呂氏春秋勿躬，今本"書"作"圖"。馬敍倫曰："'史皇作圖'即君守篇之'蒼頡作書'也。"（見讀呂氏春秋記）彥按：疑呂書舊或作"書"。

　　〔二〕同階：同等，相同。

　　〔三〕蒼頡：四庫本、備要本"蒼"作"倉"。

　　〔四〕及韋誕、傅玄、皇甫謐等，遂以爲黃帝史官：韋誕，三國魏侍中。傅玄，西晉司隸校尉。尚書序"古者伏犧氏之王天下也，始畫八卦，造書契，以代結繩之政，由是文籍生焉"孔穎達疏："司馬遷、班固、韋誕、宋忠、傅玄皆云：'蒼頡，黃帝之史官也。'"彥按：路史此下議論，多由書疏而生發。

　　〔五〕肇繆：始誤。

　　〔六〕望望：觀望貌，謂看樣學樣。

　　〔七〕河圖説徵：漢代緯書，河圖緯之一種。　扶日：謂在日之旁。

　　〔八〕洛書説河：漢代緯書，洛書緯之一種。藝文類聚卷八五百穀部粟引，作洛書説禾。

　　〔九〕而鴻烈解言"史皇生而能書"：見淮南子脩務，"生"作"產"。

　　〔一〇〕非人臣之目：目，猶名。

　　〔一一〕古謂字書爲史，故有倉頡、史篇之類：字書，喬本"書"譌"畫"，今據餘諸本訂正。漢揚雄法言吾子篇云："或欲學蒼頡、史篇。曰：'史乎！史乎！愈於妄闕也。'"汪榮寶義疏："蒼頡者，蒼頡篇也。……藝文志：'蒼頡一篇。'"

注云:‘上七章,秦丞相李斯作。’”又云:“史篇者,史籒篇也。志:‘史籒十五篇’。注云:‘周宣王太史作。’説文序云:‘及宣王太史籒著大篆十五篇,與古文或異。’段注云:‘大篆十五篇,亦曰史籒篇,亦曰史篇。’”

〔一二〕楊雄曰:四庫本“楊”作“揚”。洪本、吳木“曰”譌“目”。　史哉!史哉:彦按:此當即揚氏法言吾子篇所云“史乎! 史乎!”變“乎”爲“哉”,文雖異而義同。見上注。

〔一三〕見論語衛靈公。

〔一四〕見漢書藝文志六藝略小學。

〔一五〕自後漢徐防始以闕文爲是闕事:徐防,東漢司空。後漢書本傳載防上疏曰:“孔子稱‘述而不作’,又曰‘吾猶及史之闕文’,疾史有所不知而不肯闕也。”　而蘇軾遂以“有馬者借人乘之”七字爲當時之闕者:“有馬者借人乘之”,見論語衛靈公,其文云:“子曰:‘吾猶及史之闕文也。有馬者借人乘之,今亡矣夫!’”何晏集解引包咸曰:“古之良史於書,字有疑,則闕之以待知者。有馬不能調良,則借人乘習之。孔子自謂及見其人如此,至今無有矣。言此者,以俗多穿鑿。”蘇軾鳧繹先生詩集敍云:“孔子曰:‘吾猶及史之闕文也。有馬者借人乘之,今亡矣夫!’史之不闕文,與馬之不借人也,豈有損益於世也哉?然且識之,以爲世之君子長者,日以遠矣,後生不復見其流風遺俗,是以日趨於智巧便佞而莫之止。是二者雖不足以損益,而君子長者之澤在焉,則孔子識之,而況其足以損益於世者乎。”又眉州遠景樓記云:“孔子曰:‘吾猶及史之闕文也。有馬者借人乘之,今亡矣夫!’是二者,於道未有大損益也,然且録之。今吾州近古之俗,獨能累世而不遷,蓋耆老昔人豈弟之澤,而賢守令撫循教誨不倦之力也,可不録乎!”彦按:細味蘇氏之語,當以“史不闕文”與“馬不借人”爲二事,本不視“有馬者”七字爲史之闕文。羅氏此説,可謂强加己意,厚誣前人。

〔一六〕不能乘習,則借人乘之:乘習,騎乘、調馴。借,憑藉、利用。　文有闕失:吳本“失”譌“夫”。

〔一七〕豈得至黃帝而始制文字邪:備要本“邪”作“耶”。

〔一八〕此崔瑗、蔡邕、曹植、索靖、顧野王之徒所以咸謂古之帝者:崔瑗,東漢書法家。各本“瑗”均作“爰”,非是,今訂正。尚書序孔穎達疏:“崔瑗、曹植、蔡邕、索靖皆直云：‘古之王也。’”

〔一九〕崔草書體：草書體，又稱草書勢。晉書衛恒傳：“崔瑗作草書勢曰：‘書契之興，始自頡皇。’”　蔡篆書體：篆書體，又稱篆書勢、篆勢，其文曰：“字畫之始，因於鳥迹。倉頡循聖，作則制文。”　成公綏隸書體：成公綏，魏晉間文士。各本“綏”均譌“綏”，今訂正。明梅鼎祚西晉文紀卷一八所收有綏隸書體文，首句曰：“皇頡作文，因物構思。”　繁欽硯銘：繁欽，東漢文士。彥按：徧考典籍，未見欽有硯銘；唯有硯頌、硯贊（見初學記卷二一文部硯第八），又不及於頡皇。而魏王粲倒有硯銘，文曰：“昔在皇頡，爰初書契，以代結繩。”（見藝文類聚卷五八、漢魏六朝百三家集卷二九魏王粲集）正相合拍。蓋羅氏張冠而李戴也。　許叔重皆稱爲頡皇云：許慎説文解字序云：“黄帝之史倉頡，見鳥獸蹏迒之迹，知分理之可相別異也，初造書契。”

〔二〇〕三五歷、古史攷謂在炎帝之世：三五歷，洪本、吳本、備要本“歷”作“曆”。尚書序孔穎達疏：“徐整云：‘在神農、黄帝之間。’譙周云：‘在炎帝之世。’”

〔二一〕張揖書云：‘倉頡爲帝王，生於禪通之紀’：今書疏無“書”字，“倉頡”作“蒼頡”。又，張揖，路史各本均譌“張楫”，今訂正。書，吳本譌“**書**”。

〔二二〕而丹壺記禪通之紀首列史皇氏，則知揖書爲有據者：列，各本均作“別”。彥按：“首別史皇氏”，文義不通。“別”當“列”字形譌，今訂正。揖，洪本如此，是，今從之，餘諸本譌“楫”。

〔二三〕衛氏、慎到以爲包羲之前，斯不誣也：衛氏，指東漢學者衛宏。慎到，即慎子，戰國趙人，法家。備要本“到”譌“道”。彥按：書疏引慎到云：“在庖犧之前。”是矣。然又引衛氏曰：“當在庖犧、蒼帝之世。”則與此不相合拍。觀下羅苹注直指衛氏之説“失之”，頗疑此處“衛氏”二字爲衍文。

〔二四〕衛氏云在包羲、蒼帝之世：見上注。四庫本、備要本“蒼帝”作“倉帝”。　譙周謂在炎帝時，徐整謂炎黄之間：見上注〔二〇〕。

〔二五〕粤復訂之：訂，猶議。　春秋河圖揆命篇：漢代緯書，河圖緯之一種。　三陽翊天：三陽，指三陽神，道教謂元神、識神、真神。翊，通“翼”，輔佐。文選班彪王命論“帝王之祚，必有明聖顯懿之德”及李康運命論“故運之所隆，必生聖明之君”，李善注引春秋河圖揆命篇，均作“翼”。

〔二六〕益以譖倉頡之爲帝而在包羲之前矣：譖，同“諦”，明確。喬本譌
“諜”，今據餘諸本訂正。

〔二七〕河圖玉版：吴本“玉”譌“王”。

〔二八〕洪本、備要本此下有注文“‘爲’如字。或牽舊説作去聲，非”凡十
一字。

〔二九〕封泰山，觀易姓而王，可得見者七十有餘君：白虎通封禪引孔子
語，作：“升泰山，觀易姓之王，可得而數者七十餘君。”

〔三〇〕三皇禪於繹繹，五帝禪於亭亭，三王禪於梁甫：見白虎通封禪。繹
繹，山名。在今山東鄒城市東南。

〔三一〕而莊周書言七十二代之封，其有形兆墾垾勒紀者，千八百餘所，興
亡之代可得而稽矣：莊周，四庫本但作“莊”。七十二代，吴本“代”譌“伐”。勒
紀，鐫刻文字。紀通“記”。參見前紀二泰皇氏注〔九六〕。

〔三二〕見管子封禪。　管夷吾：洪本“管”譌“眷”。

〔三三〕又有孔子之不得見者：“之不得見”，諸本均如此，唯喬本作“不得
見之”。彦按：此“孔子之不得見者”與上“孔子之得見者”相對爲文，於義爲
長，今從諸本。

〔三四〕詩外傳云：“古封泰山、禪梁父者萬餘人，仲尼觀焉，不能盡識”：洪
本“梁父”之“父”譌“又”。尚書序孔穎達疏引韓詩外傳，“泰山”作“太山”，
“梁父”作“梁甫”，同。彦按：今本韓詩外傳未見有此，蓋佚。又唐丘光庭兼明
書卷一諸書文字元起引韓詩外傳，“萬餘人”作“百餘人”，似是。

〔三五〕故穎達謂文字在伏羲前，特未用之教世，至伏義然後始作書契：見
尚書序孔穎達疏，原文作：“蓋文字在三皇之前未用之教世，至伏犧乃用造書
契，以代結繩之政。”

〔三六〕壺記以史皇首禪紀，梁未之盡也：壺記，指丹壺記。禪紀，謂禪通
紀。梁，通“諒”，相信。

〔三七〕概見：概略見之。　攷質：考覈驗證。

辨葛天氏

世紀言，大庭氏後十一世爲葛天氏〔一〕。而服虔以大庭氏爲

即葛天氏,敢問所安〔二〕?

曰:昔莊周敍古帝皇,惟曰庸成氏、大庭氏、柏皇氏、中央氏、栗陸氏、驪畜氏、軒轅氏、赫胥氏、尊盧氏、祝庸氏、伏戲氏、神農氏,如是而已,曾不及葛天,故服遂以葛天爲大庭氏〔三〕。六韜大明所敍,復有共工氏、渾沌氏、昊英氏、有巢氏、朱襄氏、葛天氏、陰康氏、無懷氏,而無大庭、中、皇、赫胥,此學者之所疑也〔四〕。班生表古今人物也,庸成乃在共工之後,大庭繼之,而葛天亦在朱襄之後;然自女媧、共工、庸成至無懷,一皆敍之包羲之下〔五〕。在遁甲開山圖亦然。世紀從之。故世遂以爲皆包羲之後代。及其制度無聞,則又以爲皆襲包羲之制。亦厚誣矣〔六〕!

不惟是也,如固所敍,復黜其祝庸氏、軒轅氏,蓋以史記稱黃帝名軒轅,而高陽之代有祝融,謂即其人而黜之爾〔七〕。此孔仲達所以謂無祝融氏,而金樓子興王依莊周所敍而去其軒轅也〔八〕。彼高誘者,更以朱襄爲炎帝;鄭康成更以大庭爲神農;而六韜所敍,共工且在尊盧之後,庸成且在祝融之後,而葛天又在朱襄之後:違離蔽固,不可勝算〔九〕。此禮記正義所以謂封禪之書無懷在伏羲氏前,而以爲世紀不足信歟〔一〇〕。開山圖云,自女媧至無懷一十五代,合萬七千七百八十七歲;外紀云,千一百六十歲;或云五萬七千七百八十二;或云千一百五十;或云萬六千八十,——此與列子所記楊朱語“伏羲以來三十餘萬歲”者,無信也〔一一〕。

近世有所謂三墳書者,乃以有巢爲提捷之子,遂人爲有巢之子,而包羲爲遂人之子,大庭、無懷而下則皆以爲羲之臣佐。復有天一遁甲者,正以祝庸、少昊等爲之四帝,居於四方,佐黃帝而爲治〔一二〕。此蓋謂月令四方之帝爲黃帝之佐者,非黃帝所滅之四帝〔一三〕。及王符著潛夫論,又以謂顓帝身號共工,代少昊氏,子曰句龍,生卨,其後裔爲商湯;炎帝身號魁隗,其後嗣爲伊堯;而以帝嚳爲伏羲之後,帝舜爲黃帝之後,禹爲少昊之後〔一四〕。離蔽煩亂,尤爲可擯委也〔一五〕。

【校注】

〔一〕世紀:指皇甫謐帝王世紀。

〔二〕所安:所,猶何。安,妥當,合適。

〔三〕昔莊周敍古帝皇,惟曰庸成氏、大庭氏、柏皇氏、中央氏、栗陸氏、驪畜氏、軒轅氏、赫胥氏、尊盧氏、祝庸氏、伏戲氏、神農氏:古帝皇,喬本、洪本、吳本“皇”作“曰”,誤,今據四庫本、備要本訂正。伏戲氏,四庫本“戲”作“義”。彦按:莊周敍古帝皇,見莊子胠篋篇,今本“庸成氏”作“容成氏”,“柏皇氏”作“伯皇氏”,“祝庸氏”作“祝融氏”,“伏戲氏”或作“伏羲氏”、“伏犧氏”,宜字異而詞同。

〔四〕中、皇:指中央氏、柏皇氏。

〔五〕班生表古今人物也:見漢書古今人表。　庸成乃在共工之後,大庭繼之:今漢表“庸成”作“容成”,“大庭”作“大廷”。　然自女媧、共工、庸成至無懷,一皆敍之包義之下:今漢表“無懷”作“亡懷”,“包義”作“宓義”。

〔六〕厚誣:深受蒙蔽欺騙。

〔七〕蓋以史記稱黄帝名軒轅:史記五帝本紀:“黄帝者,少典之子,姓公孫,名曰軒轅。”　而高陽之代有祝融:喬本、洪本、吳本“融”譌“螎”,今據四庫本、備要本訂正。

〔八〕此孔仲達所以謂無祝融氏:孔仲達,即孔穎達。穎達字仲達(一説字沖遠)。洪本、吳本、四庫本、備要本作“孔仲遠”。尚書序孔穎達疏:“其諸儒説三皇,或數燧人,或數祝融,以配犧、農者。……祝融(及)〔乃〕顓頊以下火官之號,金天已上百官之號,以其微五經,無云祝融爲皇者;縱有,不過如共工氏。共工有水瑞,乃與犧、農、軒、摯相類,尚云霸其九州,祝融本無此瑞,何可數之乎?”　而金樓子興王依莊周所敍而去其軒轅也:彦按:以金樓子興王與莊子胠篋相比照,除無軒轅氏外,尚有諸多不同,如驪畜氏作“驪連氏”,赫胥氏作“赫蘇氏”,尊盧氏作“宗盧氏”,祝融氏作“祝和氏”,又有渾沌氏、昊英氏、有巢氏、朱襄氏、葛天氏、陰康氏、無懷氏,皆後者所未言及。今籠統稱之爲“依莊周所敍”,與事實頗不相符。

〔九〕彼高誘者,更以朱襄爲炎帝:吕氏春秋古樂“昔古朱襄氏之治天下也”高誘注：“朱襄氏，古天子，炎帝之别號。”　鄭康成更以大庭爲神農：彦按：

此説蓋誤。鄭玄詩譜序：“大庭、軒轅逮於高辛，其時有亡載籍，亦蔑云焉。”孔

穎達疏：“大庭，神農之别號。”疑路史誤將孔疏之説安於康成之頭矣。　違離

蔽固：違離，背離，乖舛。蔽固，堵塞，不通。吴本“蔽”譌“菽”。

〔一〇〕此禮記正義所以謂封禪之書無懷在伏羲氏前：禮記禮器孔穎達

疏：“案史記封禪書：……昔有無懷氏封泰山禪云云，伏犧氏封泰山禪云云。”

〔一一〕外紀云，千一百六十歲：外紀，指資治通鑑外紀，見其卷一包犧以來

紀無懷氏。四庫本如此，是，今從之。餘諸本均作“外記”。千一百六十歲，洪

本、四庫本“一百”作“二百”。彦按：今考外紀，“自伏犧至無懷，一千二百六十

年”，而“女媧至無懷，……一千一百五十年”。此既承上“自女媧至無懷”而

言，自當以作“千一百五十”爲是。　列子所記楊朱語“伏羲以來三十餘萬

歲”：見列子楊朱。楊朱，戰國初期道家楊朱學派創始人。三十餘萬，各本

“十”均譌“萬”，今訂正。

〔一二〕天一遁甲：佚書，作者不詳。

〔一三〕此蓋謂月令四方之帝爲黄帝之佐者，非黄帝所滅之四帝：禮記月

令四方之帝，指東方之帝太皥、南方之帝炎帝、西方之帝少皥、北方之帝顓頊。

黄帝所滅之四帝，即青帝、赤帝、白帝、黑帝。太平御覽卷七九引蔣子萬機論

曰：“黄帝之初，養性愛民，不好戰伐。而四帝各以方色稱號，交共謀之，邊城日

驚，介胄不釋。黄帝歎曰：‘夫君危于上，民安于下，主失於國，其臣再嫁，厥病

之由，非養寇耶？今處民萌之上，而四盜亢衡，遞震于師。’於是遂即營壘，以滅

四帝。”

〔一四〕及王符著潛夫論，又以謂顓帝身號共工，代少昊氏，子曰句龍：身

號，當作“世號”。代，四庫本如此，是，今從之。餘諸本均譌“伐”。少昊氏，亦

作少皥氏。潛夫論五德志：“（顓頊）身號高陽，世號共工。代少皥氏。……共

工氏有子曰勾龍。”　生卨，其後裔爲商湯：彦按：路史謂（句龍）生卨，乃由誤

解，並非潛夫論之本意。五德志雖緊接“共工氏有子曰勾龍，能平九土，故號后

土，死而爲社，天下祀之”之後云：“娀簡吞燕卵生子契。”然乃另起一事，且並

未言娀簡爲勾龍妃，何得據以認定卨（即契）爲勾龍所生。清汪繼培箋以娀簡

即簡狄，引史記殷本紀云：“殷契母曰簡狄，有娀氏之女，爲帝嚳次妃。”是

矣。　炎帝身號魁隗,其後嗣爲伊堯:伊堯即堯,堯姓伊。潛夫論五德志:“有神龍首出常羊,感任姒,生赤帝魁隗。身號炎帝,世號神農。……後嗣慶都,興龍合婚,生伊堯。”　而以帝嚳爲伏羲之後,帝舜爲黄帝之後,禹爲少昊之後:並見於潛夫論五德志,“少昊”作“少皥”,同。黄帝,路史各本均謁“皇帝”,今訂正。

〔一五〕離蔽頒亂,尤爲可擯委也:離蔽,即上文所謂“違離蔽固”。喬本、洪本、吳本作“頹蔽”。彦按:“頹蔽”不詞,今據四庫本、備要本改。頒亂,雜亂。頒音 fán。擯委,抛棄。

論幣所起

傳曰:“君有山,山有金,以金立幣,以幣準穀而受禄,而國穀斯在上矣〔一〕。”

金木水火土,天之五財,與天俱生,與物偕行。民並用之,廢一不可。民知飲食衣裳之用而貨幣作,貨幣作而天下通。聖人守之,所以爲治也。則其勢之來,其當生民之物乎〔二〕!

昔商之民,有無飦而價子者,湯以莊山之金制幣贖之;夏之民,有無飦而價子者,禹以歷山之金制幣贖之〔三〕。而沈演之論布以爲興於周代,班固、桓譚皆謂夏商靡記,何邪〔四〕?易稱神農氏“聚天下之貨,交易而退”,是貨幣出於炎帝之前矣〔五〕。

予嘗博訪古幣,訂以封禪之文、匜洗之刻,證以汗簡集綴、古文籀韻、外書集字等識,則有葛天、軒轅、尊盧之幣〔六〕,葛天、軒轅各見下;盧爲幣,詳紀中及董譜〔七〕。大昊“九棘”,神農“一金”,黄帝、少昊之“貨”,嚳“貨一金”,高陽“平陽金”,堯“泉”,舜“當金”、“策乘馬”之類,憲憲如是〔八〕。是古未嘗不以輕重而爲天下者也〔九〕。古幣皆以代號爲別。舊之錢文,錢譜例目之爲奇品,俱不能辨〔一〇〕。如異布中有作“來斤一金”者,乃大昊之九棘,長寸七分,肩廣一寸,足間六分,有肉好,幕文作“舌芒”。又有作“水山舌”者,少昊貨也,長廣皆同,有好。天寶元年,李幼奇得一種,文作“**降昜**”,乃高陽金也〔一一〕。長寸一分,下廣九分,首長廣各五分,向上漸闊,足支四分,間廣三分,背文如"八"字[一二]。又長平布中有作"踐以舌一"及作"允陽龠陽平陽俞脫"者,凡五種,有肉郭,皆高陽金也[一三]。復有"冀斤至有",長寸八分,肩廣寸一分,足間五分,圓刑,重十二銖,無好郭,帝嚳貨也[一四]。又李涿家一品,長二寸一分,肩寸七分,枝長六分,間四分半,首廣七分,質厚,重二十八銖,文作"㞢豆二斤全",幕文作"串"[一五]。又一種,大小輕重與此正等,六字亦同,但倒書之,其"串"作"𢁹",乃黃帝貨,此幣之最大者[一六]。舜策乘馬,長二寸,上廣寸二分,下寸三分,首長廣各七分,足間五分,正圓,文作"尚全求㞢風夛",皆面,肉好皆有周郭[一七]。

　　洪範八政,食一而貨二,是食與貨必相資而後興,不可一日而無者,則夫貨幣之行,其來遠矣[一八]。

　　伏羲之貨莢,錢書舊譜俱列之於布品,傳稱"九棘,播於羲皇",故幣文有"來",而封演、顧烜咸譜之[一九]。周、秦之幣,黃帝、少昊、高陽、帝嚳之貨,又皆目爲長平異布,汗漫蔽固,豈復知有古文也[二○]。董逌之作錢書也,蓋略辨之,故首之以太昊之幣,亦以謂宜興太昊之前[二一]。然有葛天、尊盧之幣,而皆著之太昊之後,是又未悉攷也[二二]。

　　按幣文有"葛",李洎云古之"葛"字,則世以爲葛天氏之幣[二三]。又有作"㠯"者,王存乂以爲軒轅氏之幣,謂古"軒轅"字合爲一[二四]。雖未可執,然黃帝氏既自爲"黃帝之貨",則此爲軒轅幣信矣[二五]。奈何説者復泥史記説幣止於唐虞、魯褒論幣出自黃帝之語,而謂貨幣不出於上古,況葛天、軒轅洪荒之世邪;三代書名,相變不一,逮夫虞、夏,敦龥所見,夏、商異文矣;古今書文不同,豈可以籀文而論之葛天、軒轅之幣乎[二六]?

　　曰:不然。書文,聖人所以立制度而示同文也。雖員橢遁形,衡邪異置,然固有"便於事,亦遂相因而不改"者[二七]。夫物固有用於一時而廢,於後世久復蹈襲,乃與古符者,多矣,其數然也[二八]。

　　世有隸書,謂王次仲之所創,而臨菑人得齊胡公之銅棺,前龢隱起,皆爲今隸,是隸不出於次仲矣,又烏知不出於上古邪[二九]?

韓非書云：倉頡制字，自環者爲“私”，背私者爲之“公”〔三〇〕。而漢人論：風氣生虫，故倉頡制字，以“凡”增“虫”而爲“風”〔三一〕。是則始制之字，初不異漢世也。且誰昔嘗聞之於古矣，包羲氏盡地之制，凡天下山五千三百七十，居地五十六萬四千五十六里，出水者八千里，受水者八千里，出銅之山四百五十七，出鐵之山三千六百九，所以分壤植穀也，戈矛之所起，刀幣之所始也，能者有餘，拙者不足，封於泰山、禪於梁甫者七十有二家，功業德望皆在於此，是謂國用〔三二〕。則伏羲之制，亦既大備。及觀管夷吾之對桓公，則知輕重自遂人以降矣〔三三〕。

夫自書契而來，君君封禪七十二家，其文異制，而其立貨幣以救時則同也〔三四〕。世闊記簡，後世弗攷，乃謂古無有貨，且謂書文不出於葛天、軒轅之世者，亦已罔矣〔三五〕。

【校注】

〔一〕君有山，山有金，以金立幣，以幣準穀而受禄，而國穀斯在上矣：見管子山至數，文字略有出入。立幣，創設錢幣。準穀，折算成糧食。受，“授”之古字。上，指君主。

〔二〕生民：猶養民。

〔三〕飦：同“饘”，粥。　莊山：在今四川滎經縣北。參見後紀十三帝禹夏后氏注〔三三五〕。

〔四〕而沈演之論布以爲興於周代：沈演之，南朝宋朝臣。各本均無“之”字，誤，今訂補。布，錢幣。以爲，四庫本如此，於義爲長，今從之。餘本作“以謂”。通典卷九食貨九錢幣下：“中領軍沈演之以爲：‘龜貝行於上古，泉刀興自周代，皆所以阜財通利，實國富人者也。’”　班固、桓譚皆謂夏商靡記：固漢書食貨志下云：“凡貨，金錢布帛之用，夏殷以前其詳靡記云。”桓説出處不詳，待考。

〔五〕易稱神農氏“聚天下之貨，交易而退”：見周易繫辭下。

〔六〕訂以封禪之文、匜洗之刻，證以汗簡集綴、古文籀韻、外書集字等識：訂，比較。匜洗，古人洗盥時用以盛水之器。古人洗手洗臉，例以一人持其形似瓠之匜（yí），灌水於洗盥者之手以洗之，下有洗，以盛盥訖之水。汗簡，古代用於書寫文字的竹簡。因經火炙（所謂"汗"）製過，故稱。喬本、吳本"汗"譌"汙"，今據餘諸本訂正。集綴，指輯録之著作。籀韻，泛指字書、韻書。外書，方外之書，指釋道書。集字，猶字集。識（zhì），記載。

〔七〕葛天、軒轅各見下；盧爲幣，詳紀中及董譜：喬本、吳本、四庫本無此十六字注文，蓋脱，今據洪本、備要本訂補。

〔八〕大昊"九棘"，神農"一金"，黄帝、少昊之"貨"，嚳"貨一金"，高陽"平陽金"，堯"泉"，舜"當金"、"策乘馬"之類，憲憲如是：九棘、一金、貨、貨一金、平陽金、泉、當金、策乘馬，蓋習見於各時布幣之文，因又以指其時之幣。憲憲，明明白白。"憲"通"顯"。

〔九〕是古未嘗不以輕重而爲天下者也：以，利用。輕重，指貨幣。爲，治。

〔一〇〕錢譜：參見後紀五黄帝有熊氏注〔二五〕。

〔一一〕明胡我琨錢通卷一七九之分奇獲引舊譜云："天寶元年，西河郡別駕李幼奇于長平溪澗中得古刀，又得長平異布，面文科斗。"

〔一二〕足支四分：足支，即足。支，"肢"之古字。　背文如"八"字：吳本"背"譌"皆"。

〔一三〕踐以舌一：洪本"踐"作"𧾷"。　肉郭：指凸起的邊框。

〔一四〕覓斤至有：洪本"斤"作"斥"。　圓刑：圓，備要本如此，當是，今從之。餘諸本皆作"圖"，其字不見諸字書。刑，通"形"，備要本作"形"，吳本譌"利"。

〔一五〕李涤：唐檢校膳部郎中。　枝長六分：枝，通"肢"，指足。　岂豆二斤全：四庫本"二"作"三"。

〔一六〕又一種：喬本、洪本、吳本"一"作"二"，非是，此從四庫本、備要本。　但倒書之，其"串"作"𢇇"：但，四庫本譌"俱"。𢇇，洪本作"𢇇"，喬本、吳本、備要本作"中"，今姑從四庫本。

〔一七〕足間五分，正圓：吳本"間"譌"周"。洪本、四庫本"圓"作"圂"。皆面：謂皆爲面文。　周郭：突起的邊框。

〔一八〕洪範八政：見後紀七小昊青陽氏注〔四三一〕。　是食與貨必相資而後興：資，憑藉，依靠。

〔一九〕伏羲之貨茭,錢書舊譜俱列之於布品,傳稱"九棘,播於羲皇",故幣文有"朿",而封演、顧烜咸譜之:貨茭,蓋以爲伏羲幣名。布品,布幣一類。播,流播,此謂流通。朿,洪本作"𣏚",吳本、四庫本作"𣏻",備要本作"崇"。顧烜(xuǎn),南朝梁建安令。

〔二○〕周、秦之幣:洪本"秦"誤"奏"。 又皆目爲長平異布,汗漫蔽固:四庫本無"皆"字,蓋脫文。汗漫蔽固,糊塗不開竅。喬本、四庫本"汗"作"汙"誤,此從餘本。

〔二一〕董逌之作錢書也:董書之名,實稱錢譜。

〔二二〕著之太昊之後:四庫本"太"作"大"。

〔二三〕按幣文有"葛",李洎云古之"葛"字:四庫本"按"誤"接","洎"誤"泊"。

〔二四〕又有作"崇"者,王存义以爲軒轅氏之幣:崇,洪本作"𤔔"。王存义,吳本、四庫本、備要本"义"誤"又"。參見前紀七軒轅氏注〔二一〕。

〔二五〕雖未可執,然黃帝氏既自爲"黃帝之貨":執,謂持以爲據。黃帝氏、黃帝,備要本如此,是,今從之。餘諸本均作"皇帝氏""皇帝",當由音譌。

〔二六〕史記説幣止於唐虞:史記平準書太史公曰:"農工商交易之路通,而龜貝金錢刀布之幣興焉。所從來久遠,自高辛氏之前尚矣,靡得而記云。……虞夏之幣,金爲三品,或黃,或白,或赤;或錢,或布,或刀,或龜貝。及至秦,中一國之幣爲(三)〔二〕等,黃金以溢名,爲上幣;銅錢識曰半兩,重如其文,爲下幣。而珠玉、龜貝、銀錫之屬爲器飾寶藏,不爲幣。" 魯褒論幣出自黃帝:魯褒,西晉隱士。因傷時之貪鄙,著錢神論以刺,其文有"昔神農氏没,黃帝、堯、舜教民農桑,以幣帛爲本。上智先覺變通之,乃掘銅山,俯視仰觀鑄而爲錢,故使内方象地,外員象天"語。 敦歙所見,夏、商異文矣:敦(duì),古代食器。歙,字書未收,析形似宜釋"歓"(古"吹"字),然於義則未安,疑字當作"龠",爲古量器名。 豈可以籀文而論之葛天、軒轅之幣乎:籀,吳本作"籀",蓋譌字;備要本作"籀",乃正字。

〔二七〕雖員橢遹形,衡邪異置:員,"圓"之古字。遹形,形體變遷。説文辵部:"遹,遷也。"衡,橫。邪,斜。

〔二八〕蹈襲:因循,沿襲。 其數然也:數,道理。

〔二九〕世有隸書，謂王次仲之所創：王次仲，秦（一説東漢）書法家。水經注卷一三㶟水云：“（上谷）郡人王次仲少有異志，年及弱冠，變蒼頡舊文爲今隸書。秦始皇時官務煩多，以次仲所易文簡，便于事要，奇而召之，三徵而輒不至。”彥按：或以爲次仲所創者乃楷書或八分書，非隸書。如晉書衛恒傳云：“秦既用篆，奏事繁多，篆字難成，即令隸人佐書，曰隸字。漢因行之。……隸書者，篆之捷也。上谷王次仲始作楷法。”又唐張懷瓘書斷卷上八分云：“案八分者，秦羽人上谷王次仲所作也。”元舒天民六藝綱目卷下六書亦云：“漢之王次仲乃以隸書變爲八分，今俗呼爲隸，非也。”　而臨菑人得齊胡公之銅棺，前龢隱起，皆爲今隸：龢，同“和”，棺材兩頭的木板。隱起，凸起。水經注卷一六穀水云：“孫暢之嘗見青州刺史傅弘仁説，臨淄人發古冢，得銅棺，前和外隱爲隸字，言齊太公六世孫胡公之棺也。惟三字是古，餘同今書，證知隸自出古，非始于秦。”

〔三〇〕倉頡制字，自環者爲“私”，背私者爲之“公”：見韓非子五蠹，原文作：“古者蒼頡之作書也，自環者謂之‘私’，背私謂之‘公’。”自環，環繞自己轉，比喻爲自己打算。私，古文作“ㄙ”，筆畫呈自環之象，故稱。公字古文作“ㄙㄙ”，由）（與ㄙ構成，）（乃違背之意。説文八部：“八，別也。象分別相背之形。”

〔三一〕論衡商蟲：“夫蟲，風氣所生。蒼頡知之，故‘凡’、‘虫’爲‘風’之字。”

〔三二〕此段文字大抵撮取自山海經中山經及管子地數。然二書但稱天下地數如此，均未及包羲氏。路史乃與包羲氏相聯繫，據説出自董逌（見後紀一太昊伏戲氏“於是盡地之制，分壤時穀以利國用”羅苹注）。　居地五十六萬四千五十六里：山海經作：“居地大凡六萬四千五十六里。”　出銅之山四百五十七：山海經、管子並作“四百六十七”。　刀幣之所始也：四庫本“始”作“起”。　功業德望皆在於此，是謂國用：山海經、管子並作：“得失之數，皆在此內，是謂國用。”

〔三三〕及觀管夷吾之對桓公，則知輕重自遂人以降矣：遂人，亦作燧人。以降，以來。管子揆度：“齊桓公問於管子曰：‘自燧人以來，其大會可得而聞乎？’管子對曰：‘燧人以來，未有不以輕重爲天下也。’”

〔三四〕君君:一個接一個的國君。

〔三五〕已罔:已,太。罔,糊塗無知。喬本、吳本、備要本此下有"楊升菴曰"云云一段文字,另起一行、低一格書,蓋喬可傳氏所附益者,今删去之。

論三易

子曰:"鳳鳥不至,河不出圖,吾已矣夫〔一〕!"久矣,天之無意於斯文也〔二〕!龜圖鳳苞,天地之文也,迨其發露,——天地之文有時而不得祕,——聖人則之,所以爲治也〔三〕。祕而不示,聖人亦遂已夫。

若昔聖人之得河圖而作易也,神明幽贊,著實生之,聖人於是仰觀俯察,即叄兩之自然而倚之數,因陰陽之變以立其卦,發剛柔之蘊以生其爻,而天地之文始粲陳八鴻間矣〔四〕。

天地定位,山澤通氣,靁風相薄,水火不相射,此小成之易也〔五〕。本乎陽者升而上,本乎陰者降而下〔六〕。乾,純陽,天也,故正位乎南。坤,純陰,地也,故正位乎北。乾付正性於離,故中虚,有日之象〔七〕。坤付正性於坎,故中滿,有月之象〔八〕。日生乎東,故離正乎東。月生乎西,故坎正乎西。亦南方之火生於東之木,而北方之水産乎西之金也。今之上經,首乾坤而尾坎離,取四正之卦也〔九〕。乾坤交,而男女生之〔一〇〕。乾下交坤,故三男之卦附於坤〔一一〕。坤上交乾,故三女之卦附於乾〔一二〕。乾一變爲巽,居乾之左;再變爲艮,故居坎之左;三變而之坤〔一三〕。坤一變爲震,居坤之左;再變爲兑,故居離之左;三變而之乾〔一四〕。艮爲山,兑爲澤〔一五〕。地勢高於西北,故艮位之;四瀆湊於東南,故兑處之〔一六〕。雷出乎地,故附坤之東南;風薄乎天,故附乾之西南〔一七〕。今之下經,以震艮巽兑爲用,取四維之卦也〔一八〕。乾坤離坎,純一不變,故蒞乎四正〔一九〕。震艮迭成,巽兑互變,故蒞乎四維〔二〇〕。此伏羲之所理,乾坤變化自然之敍〔二一〕。故養生者有納甲之論,與此正合,日月消長之理在焉〔二二〕。"帝出乎震,齊乎巽,相見乎離,致役乎坤,説言乎兑,戰乎乾,勞乎坎,成言乎艮",此連山之易也〔二三〕。此大成之易,以五行相生爲次順也,蓋神農之易,以人事爲重矣〔二四〕。乾坤定上下之位,坎離列左右之門;乾生於子,坤生於午;坎終於寅,離終於申,以應天時:此誰之易邪〔二五〕?乾坤相交,萬物化生,然及成功,則男女以用事而父母以退處,此天地之常理也〔二六〕。陽以順動,故乾順進四位而處於西北;陰以逆行,故坤逆退四位而處於西南[二七]。是故,伏羲初經以乾先坤,而歸藏之敍以坤先乾,本諸此也[二八]。離火生東而王乎南,坎水生西而壯乎北,火炎上,水潤下,故離自東而南,坎自西而北[二九]。雷以春分出地,故自東北歸於卯;澤以秋分始伏,故自東南反乎西[三〇]。長養萬物於春夏之交者,風也,故巽自西南而居於巳;作止萬物於冬春之際者,山也,故艮自西北而處乎寅[三一]。此則應地之方而見於用者也[三二]。蓋亦本於伏羲,世不見爾。初𢁅,初乾,初離,初𠄔,初兌,初艮,初釐,初𩅦,此歸藏之易也[三三]。此歸藏初經也,亦因於伏羲氏。蓋伏羲之易本于天,歸藏之易本乎地,學者不知究爾[三四]。乾兌離震,在天爲陽,在地爲剛,故在天則居東南,在地則居西北;巽坎艮坤,在天則爲陰,在地則爲柔,故在天則居西北,在地則居東南[三五]。立天立地,自然之理如此。𢁅即坤字,𠄔即坎字,釐即震字,𩅦即巽字,此歸藏本文[三六]。卦皆六位,即黃帝易。是所謂三皇易也[三七]。小成者,伏羲之易也,而文王因之。連山者,列山氏之書也,而夏人因之。歸藏者,歸藏氏之書也,而商人因之。世紀云:夏人因炎帝,曰連山;商人因黃帝,曰歸藏;文王廣六十四卦,著九六之爻,謂之周易[三八]。傳謂夏曰連山,商曰歸藏,而周曰周易,以爲三代所作者,非也。神農爲市,取之噬嗑;耒耨之利,則取諸益;而黃帝之舟楫,亦取之渙矣,——豈惟三代哉[三九]?山海經云:“伏羲氏得河圖,夏后氏因之,曰連山;黃帝氏得河圖,商人因之,曰歸藏;列山氏得河圖,周人因之,曰周易[四〇]。”杜子春從之,誤也[四一]。按歸藏之文,有乾爲天,爲君,爲父,爲大赤,爲辟,爲卿,爲馬,爲禾,爲血卦之類,則知與今易通矣[四二]。或曰:歸藏,黃帝之書,而坤啓筮乃有“堯降二女以舜妃”之語,節卦云“殷王其國常母谷目”之類,易爲伏羲書而有帝乙、文王等語,又何邪[四三]?其卦是也,其文非也。連山之文,禹代之作。歸藏之文,湯代之作。而易之文,特文王之作;至于爻辭,則周公;而彖、象,則孔子也。

　　易者,易也,變易也,而乾坤以爲首。連山者,重山也,故重艮以爲首;艮,山也。歸藏者,萬物臧焉故也,故重坤以爲首;坤者,臧也[四四]。從時配位,是三統之政也[四五]。三統爲三正:黃鍾子爲天正,林鍾丑爲地正,太簇寅爲人正[四六]。天正,十一月,故乾爲首。地正,十二月,故坤爲首。人正,十三月,故艮爲首[四七]。夏得人統,故用連山。商得地統,故用歸藏。周得天統,故用易。

　　三易之書,其書一,其法異。其爲卦皆六位,經卦皆八而別卦皆六十四,書一也〔四八〕。易尚變,連山、歸藏尚不變,法異也〔四九〕。變,老也;不變,少也。易用九六,尚老也;連山用七,歸藏用八,尚少也〔五〇〕。尚變之占三百八十有四,不變之占亦三百八十有四,凡七百六十有八,其所以逆天地陰陽之神數,定天地陰陽人事之休咎者,備矣〔五一〕。或云:商蓍策三十六;蓋商氏之易主於坤,坤之策三十有六〔五二〕。雖不著見,理則然也〔五三〕。

或曰:"易以變者占,則不變無占乎?"曰:否。凡變之占,以所變之爻爲占;不變之占,以所不變之爻爲占〔五四〕。古以三易參而占之,非不用也。五爻不變,則以變者占。五爻俱變,則以不變者占。凡變,繇下而之;不變,繇上而之〔五五〕。其不然者,惟乾一卦爾〔五六〕。穆姜之筮,遇艮之八,其五皆變,惟六二不變,故以爲占〔五七〕。唐人不知,以爲史苟以是悦穆姜,但求反於周易,非也〔五八〕。雖然,易道主於用爾,至三易,則用於占而易道不豫焉。連山、歸藏,其數皆六十有四,與易同也。惟易則變,故一可六十四,而六十四可以爲一〔五九〕。是故以六十四乘六十四,得四千九十有六。其與連山、歸藏倍一之理殊矣〔六〇〕。於是復以五十約之,爲三千二百,則今之易卦三十二陽、三十二陰者也〔六一〕。大衍之數五十,實筌乎此〔六二〕。是伏羲、神農以來歷數之本也。一,倍之而二;二,倍之而四;四,倍之而八;八,倍之而十六;十六,倍之而三十二;三十二,倍之而六十四〔六三〕。以五十乘六十四,得三千二百,即三十二之數也。

或曰:"三易之變、不變則異,而其書一皆首乾〔六四〕。曰首艮者,以艮爲首法爾;以艮爲首法者,法其止而不變,非首書也。曰首坤者,以坤爲首法爾;以坤爲首法者,法其静而不變,非首書也。"得意忘象,何首卦之云〔六五〕?是不然,曷亦知夫太易之掌其法而不掌其書邪〔六六〕?書果一,則連山得陽,歸藏得陰,繇屯而下,卦卦分也,又何歟;而在三易,則卦不分焉〔六七〕。故曰不異,抑且不知雜卦之次與序卦之列不同焉〔六八〕。

伏羲氏之小成,神農易之爲中成;神農之中成,黄帝易之爲大成。伏羲氏之先天,神農易之爲中天;神農之中天,黃帝易之爲後天。豈非易道廣大,變通不窮,有非一法之所能盡;是故伏羲作之前而神農、黃帝相與振明於後,惟變通之術不得不異,而其爲道則未始不同之歟〔六九〕! 世之説者,不原乎此,乃更以爲易道不一,可以隨時而變置者,亦誕惑矣〔七〇〕。千世而下,誠使一遇大聖,得知占法之可變而卦不可以損益,則易道辨矣,亦何至書名之泥而變、不變之紛哉〔七一〕!

　　夏謂之連山,商謂之歸藏,而周謂之易,其用雖不同,其致一也〔七二〕。

【校注】

　　〔一〕見論語子罕。

　　〔二〕天之無意於斯文也:斯文,這種徵象,特指吉祥之兆。

　　〔三〕龜圖鳳苞:神龜負圖,鳳凰羣聚。苞,聚集。

　　〔四〕若昔聖人之得河圖而作易也,神明幽贊,著實生之:幽贊,暗中相助。實,洪本、吳本、備要本作“寔”。易繫辭上:“河出圖,洛出書,聖人則之。”又説卦:“昔者聖人之作易也,幽贊於神明而生著。” 聖人於是仰觀俯察,即叁兩之自然而倚之數,因陰陽之變以立其卦,發剛柔之蘊以生其爻:即,順應。叁兩,指天地。語本於易,見下。叁,洪本作“叄”,四庫本、備要本作“參”,同。倚,立。蘊,洪本作“薀”,同。爻,各本均作“文”。彦按:“文”當“爻”字形譌。此“生其爻”與“立其卦”爲對文,“爻”“卦”義同一類。且此文實本於易,易即作“爻”,今據以訂正。易繫辭下:“古者包犧氏之王天下也,仰則觀象于天,俯則觀法于地,觀鳥獸之文與地之宜,近取諸身,遠取諸物。于是始作八卦,以通神明之德,以類萬物之情。”又説卦:“昔者聖人之作易也,……參天兩地而倚數,觀變于陰陽而立卦,發揮于剛柔而生爻。” 而天地之文始粲陳八鴻間矣:文,泛指美好之現象。粲,明白,清楚。陳,陳列,呈現。洪本譌“煉”。八鴻,八方。

　　〔五〕天地定位,山澤通氣,雷風相薄,水火不相射:見易説卦。高亨今注:“此言八卦所象之天與地、山與澤、雷與風、水與火,皆矛盾對立也。薄借爲搏。廣雅釋詁:‘搏,擊也。’不字疑衍。……相射猶言相尅也。天地之位定,天上地下之矛盾見矣。山澤之氣通,山高澤卑之矛盾見矣。雷風相搏,雷風之矛盾見矣。水火相射,水火之矛盾見矣。"彥按:路史在這裏所要表達的衹是象徵天地之乾、坤,象徵山澤之艮、兑,象徵雷風之震、巽,象徵水火之坎、離等八卦。　　此小成之易也:小成,初步形成。易繫辭上:"十有八變而成卦,八卦而小成。"高亨今注:"筮時,三變成一爻,一卦六爻,故十八變成一卦。"又云:"八卦僅能象各孤立之事物,不能象各種事物之關係,故爲小成。"

〔六〕本乎陽者升而上:吳本"上"譌"土"。

〔七〕乾付正性於離,故中虛,有日之象:付,給予。吳本譌"廿"。乾之正性爲陽,離象徵火,性亦屬陽,而日亦屬陽。離卦☲中間一爻爲陰爻,呈中斷之兩短畫,故謂"中虛"。易豐彖辭曰:"日中則昃。"謂日至日中(正午)則開始西斜。西斜則由實轉虛,故稱"中虛"爲"有日之象"。

〔八〕坤付正性於坎,故中滿,有月之象:坤之正性爲陰,坎象徵水,性亦屬陰,而月亦屬陰。坎卦☵中間一爻爲陽爻,呈一首尾貫串之長畫,故謂"中滿"。月至月中(農曆十五日)則圓滿,故稱"中滿"爲"有月之象"。

〔九〕今之上經,首乾坤而尾坎離,取四正之卦也:上經,易經分兩部分,前一部分稱上經,後一部分稱下經。吳本"上"譌"土"。四正之卦,伏羲八卦(所謂先天八卦)指乾、坤、坎、離。以分別代表南、北、西、東四正方,故稱。

〔一〇〕乾坤交,而男女生之:交,相接觸,相結合。彥按:易説卦云:"乾天也,故稱乎父。坤,地也,故稱乎母。"高亨今注:"稱,比也。易傳以天比父,以地比母。"故路史有此説。

〔一一〕乾下交坤,故三男之卦附於坤:乾下交坤,謂乾卦☰下臨坤卦☷,以其陽爻替換坤卦之陰爻。三男之卦,指象徵長男之震☳、中男之坎☵、少男之艮☶。

〔一二〕坤上交乾,故三女之卦附於乾:坤上交乾,謂坤卦上接乾卦,以其陰爻替換乾卦之陽爻。三女之卦,指象徵長女之巽☴、中女之離☲、少女之兑☱。易説卦:"震一索而得男,故謂之長男;巽一索而得女,故謂之長女。坎再索而得男,故謂之中男;離再索而得女,故謂之中女。艮三索而得男,故謂之少男;兑三索而得女,故謂之少女。"

〔一三〕乾一變爲巽,居乾之左;再變爲艮,故居坎之左;三變而之坤:乾一變,指乾卦之初爻(下爻)發生變化,由陽爻變成陰爻;再變,指乾卦之初爻、二爻皆發生變化,由陽爻變成陰爻。三變,指乾卦之初爻、二爻、三爻(上爻)皆發生變化,由陽爻變成陰爻。伏羲八卦之方位,巽代表西南方,故居乾(南方)之左。艮代表西北方,故居坎(西方)之左。

〔一四〕坤一變爲震,居坤之左;再變爲兑,故居離之左;三變而之乾:伏羲八卦之方位,震代表東北方,故居坤(北方)之左。兑代表東南方,故居離(東方)之左。

〔一五〕易説卦:"艮爲山。"又云:"兑爲澤。"

〔一六〕四瀆湊於東南:四瀆,古指長江、黄河、淮河、濟水。湊,匯合。

〔一七〕雷出乎地,故附坤之東南:雷,於卦爲震。地,於卦爲坤。　風薄乎天,故附乾之西南:風,於卦爲巽。天,於卦爲乾。

〔一八〕取四維之卦也:四維,指東南(兑)、西南(巽)、東北(震)、西北(艮)四隅。

〔一九〕乾坤離坎,純一不變:乾☰、坤☷、離☲、坎☵四卦,僅靠變動爻位,乾不能變成坤,坤不能變成乾;離不能變成坎,坎不能變成離:此所謂"純一不變"。

〔二〇〕震艮迭成,巽兑互變:喬本、洪本、吳本"兑"作"艮"誤,今據四庫本、備要本訂正。震☳、艮☶、巽☴、兑☱四卦,通過移動爻位,震即可變成艮,艮亦可變成震;巽即可變成兑,兑亦可變成巽:此所謂"迭成"與"互變"。

〔二一〕此伏羲之所理,乾坤變化自然之叙:理,治,爲。叙,條理。

〔二二〕納甲:見前紀八祝誦氏注〔九四〕。

〔二三〕帝出乎震,齊乎巽,相見乎離,致役乎坤,説言乎兑,戰乎乾,勞乎坎,成言乎艮:見易説卦。高亨今注:"此八句皆承上文指萬物而言,'帝出'下省萬物二字。帝,天帝也。……兩言字皆當讀爲焉。"出,猶生。齊,齊全。致役,獲得保養。役,營也(見國語鄭語"正七體以役心"韋昭注)。説,"悦"之古字,喜悦。戰,鬥,奮鬥。勞,疲憊。成,完成。彦按:此所言之震巽等八卦,皆取其象徵時令之義,即:震指正春季節,巽指春末夏初,離指正夏季節,坤指夏末秋初,兑指正秋季節,乾指秋末冬初,坎指正冬季節,艮指冬末春初。

〔二四〕此大成之易:大成,謂其相當完備。

〔二五〕乾坤定上下之位,坎離列左右之門:見宋邵雍皇極經世書觀物外篇上先天象數。四庫本"列"譌"別"。此爲伏羲八卦圖之方位。乾(南)位於上方,坤(北)位於下方,坎(西)居乾之左,離(東)居乾之右。　乾生於子,坤生於午;坎終於寅,離終於申,以應天時:見皇極經世書觀物外篇上後天象數,"以應天時"作"以應天之時也"。伏羲八卦圖,乾居南方午位而在上,坤居北方子位而處下。乾生於子,猶言乾生於坤;坤生於午,猶言坤生於乾。乾爲純陽之卦,坤爲純陰之卦,然而純陽之乾,實自純陰之坤經過陽長陰消之過程漸變而來,純陰之坤則反之。是陰陽互生之義也。又,坎爲月,居西方酉位而在右;離爲日,居東方卯位而處左。坎終於寅,指日自酉左行經戌、亥、子、丑而至於寅(伏羲八卦圖之下半圈)。酉於時代表十七時至十九時,寅於時代表三時至五時,自酉至寅,歷經月現至於月没,亦即夜之過程。離終於申,指月自卯左行經辰、巳、午、未而至於申(伏羲八卦圖之上半圈)。卯於時代表五時至七時,申於時代表十五時至十七時,歷經日出至於日落,亦即晝之過程。

〔二六〕男女以用事:男女,兒女。用事,幹事,做事。

〔二七〕陽以順動,故乾順進四位而處於西北;陰以逆行,故坤逆退四位而處於西南:順進,謂左行。逆退,謂右行。四位,自未進、退前之方位算起,否則祇有三位,如:乾自正南左行,先至西南、再至正西,終至西北,不算起位,實際祇進三位。坤自正北右行亦然,先至西北,再至正西,再至西南,實退三位。乾處西北,坤處西南,此爲後天八卦圖之方位。

〔二八〕伏羲初經以乾先坤:以乾先坤,此據方位而言,伏羲八卦乾南坤北,方位順序南先於北,故稱。喬本"先"譌"行",今據餘諸本訂正。　而歸藏之敘以坤先乾:蓋歸藏爲後天八卦,乾處西北,坤處西南,方位順序西南先於西北,故稱。　本諸此也:各本"本"均作"卒"。彦按:作"卒"費解,此當"本"字形譌,今訂正。

〔二九〕離火生東而王乎南,坎水生西而壯乎北:王,通"旺"。壯,喬本譌"北",今據餘諸本訂正。　故離自東而南,坎自西而北:吴本"坎"譌"北"。離卦自伏羲八卦之居東而變居南,坎卦自伏羲八卦之居西而變居北,亦後天八卦之方位。

〔三〇〕雷以春分出地,故自東北歸於卯;澤以秋分始伏,故自東南反乎西:

“自東北歸於卯”者,指雷之卦震。卯,指正東方位。伏,指水位降低。“自東南反乎西”者,指澤之卦兑。震東兑西,後天八卦之方位。

〔三一〕長養萬物於春夏之交者,風也,故巽自西南而居於巳;作止萬物於冬春之際者,山也,故艮自西北而處乎寅:長養,養育。巳,東南偏南。作止,猶作息。寅,東北偏東。巽居於巳,艮處乎寅,後天八卦之方位。

〔三二〕此則應地之方而見於用者也:應,迎合,順應。方,方位。

〔三三〕奭:吴本作“奭”,備要本作“奭”。　奡:洪本、備要本作“奡”。

〔三四〕歸藏之易本乎地:四庫本“乎”作“于”。

〔三五〕此邵雍子邵伯温語(見清王植皇極經世書解卷首下引)。　乾兑離震,在天爲陽,在地爲剛,故在天則居東南,在地則居西北;巽坎艮坤,在天則爲陰,在地則爲柔,故在天則居西北,在地則居東南:“在天則居”之“天”,指伏羲先天八卦方圓圖之圓圖。“在地則居”之“地”,指伏羲先天八卦方圓圖之方圖。圓圖象天,方圖象地。在天,則以東南偏熱而爲陽,西北偏寒而爲陰;在地則以西北地高而爲剛,東南地低而爲柔。故八卦於圓圖與方圖中之方位有如此不同。

〔三六〕奭:吴本作“奭”,備要本作“奭”。

〔三七〕洪本、備要本此下有“各詳本紀”四字注文。

〔三八〕著九六之爻:著,定。九六,猶陰陽。周易陽爻稱九,陰爻稱六。

〔三九〕神農爲市,取之噬嗑;耒耜之利,則取諸益:易繫辭下:“神農氏作,斲木爲耜,揉木爲耒,耒耜之利以教天下,蓋取諸益。日中爲市,致天下之民,聚天下之貨,交易而退,各得其所,蓋取諸噬嗑。”高亨今注以爲“耜當作耜”,云:“益(䷩)是上巽下震。説卦曰:‘巽爲木。’又曰:‘震,動也。’然則益之卦象是木動也。耒耜以木製成,動而耕田,神農創造耒耜蓋取象於益卦。”又云:“噬嗑(䷔)是上離下震。説卦曰‘離爲日。’又曰:‘震,動也。’然則噬嗑之卦象是人在日下動也。日中爲市,衆人在日下往來,神農創造市場,蓋取象於噬嗑卦。”　而黄帝之舟楫,亦取之渙矣:易繫辭下:“黄帝、堯、舜……刳木爲舟,剡木爲楫,舟楫之利以濟不通,致遠以利天下,蓋取諸渙。”高亨今注:“渙(䷺)是上巽下坎。説卦曰:‘巽爲木。坎爲水。’然則渙之卦象是木在水上也。黄帝、堯、舜以木爲舟楫,浮行於水上,蓋取象於渙卦。”

〔四〇〕今本山海經未見此文,蓋佚。

〔四一〕杜子春從之:周禮春官大卜:"掌三易之灋:一曰連山,二曰歸藏,三曰周易。"鄭玄注引杜子春云:"連山,宓戲。歸藏,黃帝。"

〔四二〕爲辟:辟(bì),王侯。　則知與今易通矣:如今易説卦云:"乾爲天,爲圜,爲君,爲父,爲玉,爲金,爲寒,爲冰,爲大赤,爲良馬,爲老馬,爲瘠馬,爲駁馬,爲木果。"確頗相類。

〔四三〕而坤啓筮乃有"堯降二女以舜妃"之語:以,猶"爲"。周禮春官大卜賈公彥疏引歸藏坤開筮,作"帝堯降二女爲舜妃"。　節卦云"殷王其國常母谷目"之類:節,吳本、四庫本作"莭",同。目,洪本作"ϑ",四庫本作"日"。周禮春官大卜賈公彥疏引歸藏節卦,作"殷王其國常母谷",無"目"字。　易爲伏羲書而有帝乙、文王等語,又何邪:易,吳本譌"物"。又,備要本如此,當是,今從之。餘諸本均譌"文"。

〔四四〕歸藏者,萬物臧焉故也:臧,"藏"之古字。四庫本作"藏"。　坤者,臧也:備要本"臧"作"藏"。

〔四五〕從時配位,是三統之政也:配位,謂安排卦之位次,如以乾爲首、以坤爲首、以艮爲首等。三統,見前紀八祝誦氏注〔七〇〕。

〔四六〕黃鍾子爲天正,林鍾丑爲地正,太簇寅爲人正:太簇,即"太蔟"。喬本如此,餘諸本"太"作"大"。古人將十二律與十二支及十二月相配,黃鍾配建子之月(農曆十一月),林鍾配建丑之月(農曆十二月),太蔟配建寅之月(農曆正月,又稱十三月)。此稱"黃鍾子",指以黃鍾子之月爲歲首(正月)。餘類推。

〔四七〕人正,十三月:喬本、吳本"十三"作"十二"誤,今據餘本訂正。

〔四八〕其爲卦皆六位,經卦皆八而別卦皆六十四:位,指爻位。經卦,指三爻的卦。別卦,指由八經卦兩兩重疊形成的六爻卦。周禮春官大卜:"掌三易之灋:一曰連山,二曰歸藏,三曰周易。其經卦皆八,其別皆六十有四。"

〔四九〕尚:崇尚,注重。

〔五〇〕易用九六,尚老也;連山用七,歸藏用八,尚少也:九爲老陽,六爲老陰,七爲少陽,八爲少陰。

〔五一〕尚變之占三百八十有四,不變之占亦三百八十有四,凡七百六十有八,其所以逆天地陰陽之神數,定天地陰陽人事之休咎者,備矣:三百八十有四,其數由六十四卦,每卦六爻相乘得來。逆,推測。神數,神妙筮法。休咎,吉凶。吳本"休"譌"伏"。

〔五二〕商蓍策三十六:蓍策,古代卜筮用的蓍草。吳本"策"作"筴",同。下"坤之策"之"策"同。　蓋商氏之易主於坤:喬本、吳本"蓋"譌"孟","主"譌"立",今據餘諸本訂正。

〔五三〕雖不著見:吳本"雖"譌"雛"。著見,明顯看出來。

〔五四〕以所變之爻爲占:喬本、吳本、四庫本"爻"譌"人",今據洪本、備要本訂正。

〔五五〕凡變,繇下而之:洪本"凡"譌"兄"。之,謂往(上)。　不變,繇上而之:之,謂往(下)。

〔五六〕其不然者,惟乾一卦爾:洪本"者"譌"皆","爾"下衍"者"字。吳本"惟"譌"惟"。

〔五七〕穆姜之筮,遇艮之八,其五皆變,惟六二不變,故以爲占:穆姜,春秋魯宣公夫人。六二,指第二(自下往上數)這個陰爻。左傳襄公九年:"穆姜薨於東宮。始往而筮之,遇艮☶之八,史曰:'是謂艮之隨☲。隨,其出也。君必速出!'"杜預注:"周禮:'大卜掌三易。'然則雜用連山、歸藏、周易。二易皆以七八爲占,故言'遇艮之八'。"孔穎達疏:"周易之爻,唯有九六。此筮乃言'遇艮之八'。(連山、歸藏)二易皆以七八爲占,故此筮遇八,謂艮之第二爻不變者,是八也。揲蓍求爻,繫辭有法。其揲所得,有七八九六。説者謂七爲少陽,八爲少陰,其爻不變也;九爲老陽,六爲老陰,其爻皆變也。周易以變爲占,占九六之爻,傳之諸筮,皆是占變爻也。其連山、歸藏以不變爲占,占七八之爻。二易並亡,不知實然以否。"

〔五八〕唐人不知,以爲史苟以是悦穆姜,但求反於周易:吳本"不知"作"知",脱"不"字。四庫本"悦"作"説",通。左傳襄公九年"史曰:'是謂艮之隨☲'"孔穎達疏:"史疑古易遇八者爲不利,故更以周易占變,變其爻,乃得隨卦而論之,所以説姜意也。"

〔五九〕而六十四可以爲一:吳本"可以"作"有以"誤。

〔六〇〕倍一:謂其數增加一倍。

〔六一〕於是復以五十約之，爲三千二百：彥按："約"疑當作"乘"。六十四（卦數）乘以五十（前人以爲大衍之數），正好三千二百。下羅苹注稱"以五十乘六十四"即用"乘"字，而"約"無"乘"之義。

〔六二〕大衍之數五十，實筌乎此：筌，通"銓"，衡量，考慮。參見前紀一初人皇注〔一一〕。

〔六三〕一，倍之而二：喬本、洪本、吳本"二"譌"三"，今據四庫本、備要本訂正。

〔六四〕而其書一皆首乾：吳本"書"譌"盡"。

〔六五〕得意忘象，何首卦之云：得意忘象，謂祇取精神而忽略形式。云，猶有。

〔六六〕太易：即大易，謂易經。四庫本"太"作"大"。

〔六七〕書果一，則連山得陽，歸藏得陰，繇屯而下，卦卦分也，又何歟；而在三易，則卦不分焉："又何歟"三字原在下文"抑且不知雜卦之次與序卦之列不同焉"後。彥按：三字原當在此。誤置於彼，則此處行文不通。今移回。"卦卦分"與"卦不分"，乃就三易之卦序言，分謂不同。不分謂無別。此句意謂：若説三易之書卦序相同，則爲何連山得陽卦，歸藏得陰卦，自屯卦而下卦卦不同，而應該三易之卦名依次對應，没有不同。

〔六八〕抑且不知雜卦之次與序卦之列不同焉：各本此下原有"又何歟"三字，當爲倒文，已移於前。參見上注。抑且，或許尚且。雜卦、序卦，並周易大傳篇名。高亨今注云："序卦一篇釋易經六十四卦之順序，故題曰序卦。"又云："雜卦一篇分別論述易經六十四卦之意義。其論述不盡依各卦之順序，錯綜交雜其卦而説之，故題曰雜卦。"

〔六九〕振明：顯揚闡明。　惟變通之術不得不異：喬本、吳本、四庫本"異"譌"共"，今據洪本、備要本訂正。

〔七〇〕誕惑：荒誕而糊塗。

〔七一〕占法之可變：備要本"占"譌"古"。　亦何至書名之泥而變、不變之紛哉：而，與。

〔七二〕喬本、吳本、備要本此下有"陳卧子曰"、"孔穎達曰"二段文字，皆另起一行、低一格書。陳卧子即明末著名詩人陳子龍（字卧子），可知其非羅苹注路史原書所有。孔穎達雖是唐人，而所引其説猶置於陳卧子後，則亦後人附益可知，今並删去。

跋三墳書

書籍之逸，豈特後世邪！昔楚倚相能讀三墳、五典、八索、九丘之書[一]。及孔子求古之史記，自二典、九丘之外，三墳、八索已不得而見矣，後世不知其何書也[二]。亡書有九共九篇，即九丘之字誤也[三]。隸丘爲圥，因繆爲共[四]。丘者，區也。按左氏或作“九區”，云九州之區域。攷古多以丘爲區，故鬼容蒕爲鬼臾丘，而驅嫗嫗等轉爲駈岖躯。即云“丘，聚”，非也[五]。又云“述職方以除九丘”，亦是妄臆[六]。

孔安國以爲羲、炎、黄帝之書曰三墳，少昊、顓、嚳、唐、虞之書曰五典，康成從之，而賈逵亦以三墳爲三皇時書，五典爲五帝常典[七]。至馬季長，始以“三墳”爲陰陽始生，天、地、人之三氣，“五典”爲五行之説[八]。籍外論之，豈其然哉？安國又以八卦之説曰八索，九州之志曰九丘[九]。賈逵以八索爲八王之法，九丘爲九州亡國之戒[一〇]。而張平子以八索爲法之八議，九丘爲周之九刑[一一]。紛紜不一。孔穎達云：三墳之書在五典上，數與三皇相當，而“墳”又大名，與“皇”義相類，故云三皇之書。堯典、舜典爲二帝之典，推此而上，則五帝當五典矣[一二]。賈公彦云：孔、鄭説無正文，故延叔堅、馬季長所解有異[一三]。

按道家者流有所謂“洞神祕録”者，謂是三墳小有經，下記云：“三皇治世，各受其一，以治天下，是曰三墳。後有八帝，繼三皇而起，亦以神靈爲治，各受其一，是曰八索[一四]。”至黄帝述歷，得其所謂三皇内文者，此也。抱樸子云：黄帝東至青丘，過風山，見紫府先生，授以三皇内文[一五]。雲笈云：八帝治各千歲[一六]。上曰三精，次曰三變，次曰二化，凡八卷[一七]。三洞敍目云：小有，三皇文，本出大有，天皇、地皇、人皇各一卷，上古三皇所受之書也[一八]。字似符篆，藏在名山，多不具足，惟峨眉山備有之[一九]。昔智瓊以皇文二卷見羲起，不能解，遂以還之[二〇]。王公以帛公精勤所得傳之賢達，大字敍説一十四篇,是天文次第之旨[二一]。小有經下記所載者十有一卷,推部本經,分別儀式,合一十有四卷[二二]。孟先生之所録者,其山中之所傳,猶十一卷[二三]。二本並行於世。晉武帝時,南海太守晉陵鮑靚於元康二年二月二日登嵩高石室,見古三皇文,皆刻石爲字[二四]。靚以總五兩告玄受之,爲之敍云:“三皇文者,古初以授三皇,名爲皇文。”[二五]而三皇經敍則云:鮑君所得,與世不同。靚後授之葛洪,是爲三墳。其陸脩静所得者[二六],則以授弟子孫游岳,本止四卷,至陶弘景分析枝流,稍至十一卷,與今皇文小異。然觀三皇經文,雖號三墳,多是符架等事[二七]。黃蘆子、西岳公之所傳者,於逢掖之言戾矣[二八]。按三皇經敍云:天皇開治,用治天下二萬八千歲[二九]。地皇代之,復次人皇,各二萬八千歲[三○],合三卷,號曰三墳。鄭先生所傳葛玄三皇文是也[三一]。逢掖之説,正以内經素問、靈樞與易當之,果何所蔽邪[三二]?靈樞、素問,醫家明堂之書也[三三]。世儒第見深言湊理,莫探其朕,故推之與易並,非實貫也[三四]。

　　予家三墳書自大父孝逸先生傳,有三卷,以山、氣、形爲之三墳[三五]。山墳言君臣、民物、陰陽、兵象,謂之連山[三六]。氣墳言生動、長育、止殺,謂之歸藏[三七]。而形墳則言天地、日月、山川、雲氣,謂之坤乾。復有河圖姓紀與天皇策辟、地皇政典之類,大率似假羲炎黃帝爲言,以遷就於孔説云[三八]。元豐中,得諸南陽逆旅,酬僞書也[三九]。云毛漸使西京得之[四○]。

　　大抵書生高譚風月華草間,猶足以蓋其淺,至於語易,自非悟入,鮮有不可笑者[四一]。今觀其書,有云:“伏羲作易而君民,事物、陰陽、兵象始明焉。”一語之中,淺鄙備見。是豈隆古包氏語哉[四二]?有如以燧人爲提捷之子,有巢爲燧人之子,伏羲爲有巢之子,軒轅、柏皇、大庭、無懷則皆以爲伏羲之臣,而加之龍官、火紀之號,尤可訕也[四三]。周鼎商盤,籀篆佚書,已與今不相侔,而此書大率作所謂柳葉篆者,於今代俗書殆不多較,贋可知矣[四四]。

　　夫墳者,防與大之訓,蓋禮法之書〔四五〕。而索者究,八體之應也,故史伯云:"平八索以成人,建九紀而立德〔四六〕。"近取身也。張平子以三墳爲三禮,而馬融以八索爲八卦,惟有以也〔四七〕。或曰:"孔子贊易道以除八索,則八索已滅矣〔四八〕。"亦豈然邪?三墳,近聞有爲之傳以進者,宜其究是,惜未之見也〔四九〕。

【校注】

　　〔一〕倚相:春秋楚國左史。左傳昭公十二年,楚靈王稱倚相:"是良史也。……是能讀三墳、五典、八索、九丘。"

　　〔二〕二典:指書之堯典、舜典。喬本、吳本、四庫本作"五典",非是。今從洪本、備要本訂正。

　　〔三〕亡書有九共九篇:尚書序云:"帝釐下土,方設居方,別生分類。作汩作、九共九篇、槁飫。"孔氏傳:"凡十一篇,皆亡。"

　　〔四〕隸丘爲𡊬,因繆爲共:𡊬,各本均作"丘",則非隸體,當誤。今據隸書姑訂作此。繆,備要本作"謬",通。

　　〔五〕即云"丘,聚",非也:即,至於。見下注〔九〕。

　　〔六〕又云"述職方以除九丘",亦是妄臆:職方,周禮夏官篇名,借代周禮(據書序孔穎達正義説)。除,謂不用。舊題孔安國尚書序云:"先君孔子生於周末,覩史籍之煩文,懼覽之者不一遂,乃定禮、樂,明舊章,删詩爲三百篇,約史記而修春秋,讚易道以黜八索,述職方以除九丘。"

　　〔七〕孔安國以爲羲、炎、黃帝之書曰三墳,少昊、顓、譽、唐、虞之書曰五典:舊題孔安國尚書序云:"伏羲、神農、黃帝之書,謂之三墳,言大道也。少昊、顓頊、高辛、唐、虞之書,謂之五典,言常道也。"康成從之:周禮春官外史:"掌三皇五帝之書。"鄭玄注:"楚靈王所謂三墳、五典。"而賈逵亦以三墳爲三皇時書,五典爲五帝常典:左傳昭公十二年孔穎達疏引賈逵云,作:"三墳,三王之書。五典,五帝之典。"

　　〔八〕左傳昭公十二年孔穎達疏引馬融説:"三墳,三氣,陰陽始生,天、地、人之氣也。五典,五行也。"

　　〔九〕舊題孔安國尚書序云:"八卦之説,謂之八索,求其義也。九州之志,謂之九丘。丘,聚也,言九州所有,土地所生,風氣所宜,皆聚此書也。"

〔一〇〕賈逵以八索爲八王之法，九丘爲九州亡國之戒：見左傳昭公十二年孔穎達疏引賈逵云。喬本、吳本“法”譌“去”，今據餘本訂正。

〔一一〕而張平子以八索爲法之八議，九丘爲周之九刑：見左傳昭公十二年孔穎達疏引延篤言張平子説，原文作：“八索，周禮八議之刑。……九丘，周禮之九刑。”張平子，即東漢天文學家張衡（字平子）。八議，漢書刑法志“周官有五聽、八議、三刺、三宥、三赦之法。……八議：一曰議親，二曰議故，三曰議賢，四曰議能，五曰議功，六曰議貴，七曰議勤，八曰議賓。”九刑，周代刑書名。左傳昭公六年：“周有亂政而作九刑。”九刑包括墨、劓、剕、宫、大辟、流、宥、鞭扑、贖刑。喬本、洪本、吳本、備要本“刑”均譌“荆”，此從四庫本。

〔一二〕上引孔穎達説，見孔氏尚書序正義，文字不盡相同。　數與三皇相當：數，指年數，時間。　而“墳”又大名，與“皇”義相類：名，猶稱。義，喬本譌“義”，今據餘諸本訂正。

〔一三〕賈公彦云：孔、鄭説無正文，故延叔堅、馬季長所解有異：見周禮春官外史疏，原文爲：“按昭十二年，楚靈王謂左史倚相‘能讀三墳、五典、八索、九丘’。……下有延叔堅、馬季長等，所説不同，惟孔安國尚書序解三墳、五典與鄭同。以無正文，故所解有異。”正文，經典之本文。延叔堅，東漢京兆尹延篤（字叔堅）。

〔一四〕按道家者流有所謂“洞神祕録”者，謂是三墳小有經：録，通“籙”。此文實撮取自宋張君房雲笈七籤卷九三洞經教部經釋釋洞神祕録，張書原文爲：“小有經下記曰：三皇治世，各受一卷。以天下有急，召天上神、地下鬼，皆勑使之，號曰三墳。後有八帝，次三皇而治，又各受一卷，亦以神靈之教治天下。上三卷曰三精，次三卷曰三變，次二卷曰二化，凡八卷，號曰八索。”

〔一五〕抱璞子云：黄帝東至青丘，過風山，見紫府先生，授以三皇内文：抱璞子，即抱朴子。備要本“璞”作“朴”。此文見抱朴子地真，今本作：“昔黄帝東到青丘，過風山，見紫府先生，受三皇内文，以劾召萬神。”

〔一六〕雲笈云：八帝治各千歲：彦按：“千歲”當作“八千歲”，蓋脱“八”字。雲笈七籤卷四道教經法傳授部三皇經説云：“三皇後又有八帝，治各八千歲。”

〔一七〕見上注〔一四〕。

〔一八〕三洞敍目云：自此而下至“與今皇文小異”，大抵撮取自雲笈七籤卷六三洞經教部三洞品格。彥按：三洞敍目，雲笈七籤但作“序目”，據其上文所述，此序目爲晉南海太守鮑靚所作。路史改爲三洞敍目，不妥。

〔一九〕字似符篆：雲笈七籤作：“作字似符文，又似篆文，又似古書，各有字數。”

〔二〇〕昔智瓊以皇文二卷見義起，不能解，遂以還之：昔，喬本、吳本譌“共”，今據餘本訂正。智瓊，傳説中神女名，姓成公。義起，魏濟北郡從事掾弦超字（見太平廣記卷六一女仙六成公智瓊）。各本“起”均作“汔”，蓋由音譌，今訂正。

〔二一〕王公以帛公精勤所得傳之賢達，大字敍説一十四篇，是天文次第之旨：精勤，精修勤學。天文，指三皇文。雲笈七籤“敍説”作“序説”，“次第之旨”作“次第之訣”。

〔二二〕推部：推求分析。“部”通“剖”。

〔二三〕孟先生之所録者：喬本、吳本“所”譌“而”，此從餘本。

〔二四〕晉武帝時，南海太守晉陵鮑靚於元康二年二月二日登嵩高石室，見古三皇文，皆刻石爲字：彥按：元康爲晉惠帝司馬衷年號（公元 291—299 年），若依元康，則此“晉武帝”當作“晉惠帝”。而其誤實自雲笈七籤卷四道教經法傳授部三皇經説來，彼文云：“至于晉武皇帝時，有晉陵鮑靚官至南海太守。少好仙道，以晉元康二年二月二日登嵩高山，入石室清齋，忽見古三皇文，皆刻石爲字。”至雲笈七籤卷六三洞經教部三洞品格，則又云：“晉時鮑靚學道於嵩高，以惠帝永康二年於劉君石室清齋，忽有三皇文刊石成字。”事同而時異，既非信史，亦難較真。

〔二五〕靚以總五兩告玄受之：總，絹也（見文選左思魏都賦“縑總清河”李善注引廣雅）。兩，猶四。古代表示布帛等織物長度的計量單位，當四丈之長。玄，天。釋名釋天：“天，……又謂之玄。”雲笈七籤卷六作“（靚）乃依經以四百尺絹告玄而受”，又卷四作“靚乃依法以四百尺絹爲信，自盟而受”。

〔二六〕陸脩静：南朝宋道士。

〔二七〕符架：符咒禁架（猶禁咒）的合稱。

〔二八〕黃蘆子、西岳公之所傳者，於逢綻之言戾矣：黃蘆子、西岳公，皆傳說中仙道人物。一說黄蘆子即春秋戰國時楚名醫葛期,曾隱居修煉於華山東黄神谷。逢掖(yì),寬大的衣袖,借指儒生。戾,違背。

〔二九〕按三皇經敍云:天皇開治,用治天下二萬八千歲:自此而下至"號曰三墳",大抵撮取自雲笈七籤卷四道教經法傳授部三皇經説。三皇經敍,雲笈七籤但作"三皇經",文曰:"昔天皇治時,以大經一卷授之,天皇用而治天下二萬八千歲。"

〔三〇〕地皇代之,復次人皇,各二萬八千歲:吳本"復"譌"須"。各本"二萬八千"均作"萬八千",脱"二"字。今訂正。雲笈七籤作:"地皇代之,上天又以經一卷授之,地皇用而治天下二萬八千歲;人皇代之,上天又以經一卷授之,人皇用而治天下,亦二萬八千歲。"

〔三一〕鄭先生所傳葛玄三皇文是也:鄭先生,即道教傳説中的仙人鄭思遠。葛玄,喬本作"葛洪",吳本作"葛刳",餘本均作"葛玄"。彦按:當以作葛玄爲是。鄭氏所傳三皇内文,受於其師葛玄也。吳本之"刳"當"玄"譌字;喬本作葛洪,蓋因洪名盛於後世而誤裁。今訂正。葛玄,字孝先,漢末三國時人,道教靈寶派祖師,尊稱葛仙翁。雲笈七籤卷一百一十洞仙傳鄭思遠云:"鄭思遠少爲書生,善律曆候緯。晚師葛孝先,受正一法文、三皇内文、五嶽真形圖、太清金液經、洞玄五符。"

〔三二〕正以内經素問、霝樞與易當之:正,徑直。霝,同"靈"。洪本、四庫本、備要本作"靈"。下靈樞之"靈"同。

〔三三〕明堂:古代帝王宣明政教之殿堂。傳説雷公問人之經絡穴位,黄帝坐明堂以授之,後世因以明堂借代經絡穴位。

〔三四〕世儒第見深言湊理,莫探其朕,故推之與易並,非實貫也:深言,深入談論。湊理,即腠理,"湊"通"腠"。朕,縫隙,指穴位。喬本作"脈",疑因不明"朕"字之義而臆改,今據餘諸本訂正。"第見深言湊理,莫探其朕",比喻祇見表象,而未探求本質。貫,貫串,相聯繫。

〔三五〕予家三墳書自大父孝逸先生傳:大父,祖父。孝逸先生,名無競,字謙中,號邋翁,門下私諡孝逸先生。各本"逸"均譌"俛",今據宋胡銓羅孝逸先生傳訂正(見澹菴文集卷五傳)。

〔三六〕民物:民情風俗。　　兵象:戰爭徵象。

〔三七〕生動:先物。　止殺:猶衰歇。

〔三八〕大率似假羲炎黄帝爲言,以遷就於孔説云:假,借助。孔説,指孔安國尚書序説。

〔三九〕元豐中,得諸南陽逆旅,酬僞書也:元豐,吳本“豐”作“豊”。逆旅,客舍。酬僞書,謂按僞書付酬。

〔四〇〕云毛漸使西京得之:毛漸,北宋官員。西京,宋陳振孫直齋書録解題卷二書類稱“古三墳書一卷,元豐中毛漸正仲奉使京西,得之唐州民舍”,則作“京西”。彦按:當以作“京西”爲是。據宋史本傳,漸曾提舉京西南路常平,此所謂“使京西”蓋指其事。京西南路,治所在今湖北襄陽市襄城區。

〔四一〕大抵書生高譚風月華草間,猶足以蓋其淺,至於語易,自非悟入,鮮有不可笑者:大抵,喬本、吳本“抵”譌“低”,今據餘本訂正。譚,通“談”。華草,花草。悟入,領會。備要本“入”作“人”誤。

〔四二〕隆古:遠古。

〔四三〕尤可靳也:靳(jìn),愧笑。

〔四四〕而此書大率作所謂柳葉篆者,於今代俗書殆不多較,贋可知矣:柳葉篆,篆書之一種。晉衛瓘作,以形如柳葉得名。不多較,没多大差別。贋,僞造。洪本作“鴈”,乃“贋”古字。

〔四五〕夫墳者,防與大之訓:防,堤防。爾雅釋詁上:“墳,大也。”又釋丘:“墳,大防。”

〔四六〕而索者究,八體之應也:究,推尋。八體,見下韋注。　故史伯云:“平八索以成人,建九紀而立德”:見國語鄭語,“而立德”作“以立純德”。韋昭注:“平,正也。八索,八體,以應八卦,謂乾爲首,坤爲腹,震爲足,巽爲股,離爲目,兌爲口,坎爲耳,艮爲手。”又云:“建,立也。……九紀,九藏也:正藏五(彦按:指肝、心、脾、肺、腎),又有胃、膀胱、腸、膽也。紀,所以經紀性命,立純德也。”

〔四七〕張平子以三墳爲三禮,而馬融以八索爲八卦:左傳昭公十二年孔穎達疏引延篤言張平子説:“三墳,三禮。禮爲大防,爾雅曰:‘墳,大防也。’書曰:‘誰能典朕三禮?’三禮,天、地、人之禮也。”又引馬融説:“八索,八卦。”

〔四八〕孔子贊易道以除八索:見上注〔六〕。贊,闡明,闡釋。喬本、吳本

“贊”譌“替”。今據餘本訂正。

〔四九〕近聞有爲之傳以進者，宜其究是，惜未之見也：傳（zhuàn），注釋，注解。究，研究，探討。惜，洪本、吳本作“憎”，四庫本作“**憎**”，並誤。又喬本、吳本、備要本此下有“劉和川曰”一段文字，另起一行、低一格書。劉和川其人不詳，據本卷前數篇類似情況推測，疑亦明人。此文同樣不見於洪本及四庫本，益證其非羅苹注路史原書所有，今刪去之。

女媧補天説 共工有三

聞見之不明，智識梏之也〔一〕。夫智識不超者，在粗猶惑，況妙乎〔二〕！

予觀列禦寇記共工氏觸不周及女媧補天之事〔三〕，此古列子之文如是。王充説天所引猶爾〔四〕。故尹子盤古篇云：共工觸不周山，折天柱，絶地維；女媧補天，射十日〔五〕。惟舊本列子先敍女媧事，乃及共工，蓋近世繆之，非古本云。蓋言共工之亂，俶擾天紀，地維爲絶，天柱爲折，此大亂之甚也。女媧氏作，奮其一怒，滅共工而平天下，四土復正，萬民更生。此所謂補天立極之功也，而昧者乃有煉石成叚、地勢北高南下之説，何其繆邪〔六〕！甚矣，聞見之誤人也！

伏羲蚺軀，神農牛首，此事之辨者，而世莫之解〔七〕。掘井得人，而夔一足，鄉非達者時而鐫之，今猶信也〔八〕。何則？識不超者聞見蔽，而樂人之譇己也〔九〕。

共工氏，太昊之世國侯也，及太昊之末，乃恣睢而拔扈，以亂天下，自謂水德，爲水紀〔一〇〕。其稱亂也，蓋在冀土，故傳有女媧濟冀州而冀州平之説〔一一〕。是女媧逮平共工之亂，明矣〔一二〕。以故郯子述祖之言，敍炎帝於其後，斯可據矣〔一三〕。而傳記緼結，莫可尋詳〔一四〕。劉安、賈逵則以爲與高辛争帝，史記、文子則以爲高陽誅之，荀卿氏以爲禹伐，淮南子又指以舜時〔一五〕。此無他，蓋堯典言共工，故學者以爲堯時；舜典言共工，故或又以爲舜時也〔一六〕。

　　夫共工氏非堯世之共工，堯之共工又自非舜之所命者，叵不知也〔一七〕。堯之共工乃少昊氏之子，而舜之共工則炎帝之裔垂也。論者惑於衆多之説，遂一謂“共工”乃職，非人名，而傳記顓、嚳、堯、禹時之共工，皆以爲之後世，何其妄邪！彼共工氏，自其號氏，有國家者。而舜之共工，職也，帝曰：“垂，汝共工”，是矣。堯之共工，是則名爾。左氏之傳可見，烏可妄意而爲説乎〔一八〕？

　　或者又謂共工氏爲即炎帝之裔，尤非所謂知理者。夫垂特工師之任，水紀大事，渠得謂爲垂哉？且炎帝至堯殆二千載，事相遼矣〔一九〕。

　　夏革曰：“自物之外，自事之先，朕所不知也〔二〇〕。”以今撽古，年載誠眇，人情則近，可得而知也〔二一〕。吁，亦目睫之説矣〔二二〕！天下一理，物之外，事之先，其別有一理邪？理一貫，奚古今事物之殊哉！

【校注】

　　〔一〕智識梏之也：智識，智力與見識。梏，約束，限制。

　　〔二〕夫智識不超者，在粗猶惑，況妙乎：超，卓越，出色。粗，指粗疏之事。妙，指精微之事。

　　〔三〕列禦寇記共工氏觸不周及女媧補天之事：列禦寇，戰國道家學派代表人物，有著作列子傳世。列子湯問：“物有不足，故昔者女媧氏煉五色石以補其闕；斷鼇之足以立四極。其後共工氏與顓頊爭爲帝，怒而觸不周之山，折天柱，絶地維；故天傾西北，日月辰星就焉；地不滿東南，故百川水潦歸焉。”

　　〔四〕王充説天所引猶爾：見論衡談天。此作“説天”，蓋誤記。

　　〔五〕折天柱，絶地維：古代傳説，天有銅柱支撐，地有大繩維繫，其柱稱天柱，其繩稱地維。

　　〔六〕此所謂補天立極之功也：極，指擎天之柱。　而昧者乃有煉石成殷、地勢北高南下之説：殷，“霞”之古字。本書卷十一後紀二禪通紀六太昊紀下女皇氏羅苹注：“世遂有鍊石成霞、地勢北高南下之説”，作“霞”。

〔七〕伏羲虵軀,神農牛首,此事之辨者,而世莫之解:辨,明白、清楚。参見後紀二女皇氏"虵身,牛首,宣髮"羅苹注。

〔八〕掘井得人,而夔一足:吕氏春秋察傳:"魯哀公問於孔子曰:'樂正夔一足,信乎?'孔子曰:'昔者舜欲以樂傳教於天下,乃令重黎舉夔於草莽之中而進之,舜以爲樂正。夔於是正六律,和五聲,以通八風,而天下大服。重黎又欲益求人,舜曰:"夫樂,天地之精也,得失之節也,故唯聖人爲能和。樂之本也。夔能和之,以平天下。若夔者,一而足矣。"故曰夔一足,非一足也。'宋之丁氏,家無井而出溉汲,常一人居外。及其家穿井,告人曰:'吾穿井得一人。'有聞而傳之者,曰:'丁氏穿井得一人。'國人道之,聞之於宋君。宋君令人問之於丁氏,丁氏對曰:'得一人之使,非得一人於井中也。'" 鄉非達者時而鐫之,今猶信也:鄉,如果、假若。喬本譌"卿",今據餘諸本訂正。達者,通達事理的人。時,謂時時。鐫,開導、曉喻。

〔九〕識不超者聞見蔽,而樂人之譴己也:聞見,喬本如此,餘諸本皆作"見聞"。蔽,閉塞。譴(zhuó),欺騙。

〔一〇〕共工氏,太昊之世國侯也,及太昊之末,乃恣睢而拔扈:國侯,猶諸侯。恣睢,放縱暴戾。拔扈,驕横强暴。四庫本、備要本作"跋扈",通。

〔一一〕故傳有女媧濟冀州而冀州平之説:見淮南子覽冥。濟,拯救。

〔一二〕是女媧逮平共工之亂:逮,及、趕上。四庫本、備要本作"代",誤。

〔一三〕以故郯子述祖之言,敍炎帝於其後:郯子,春秋郯國國君。彦按:路史此説與事實不符。郯子述祖,其言見左傳昭公十七年。文曰:"秋,郯子來朝,公與之宴。昭子問焉,曰:'少皞氏鳥名官,何故也?'郯子曰:'吾祖也,我知之。昔者黄帝氏以雲紀,故爲雲師而雲名;炎帝氏以火紀,故爲火師而火名;共工氏以水紀,故爲水師而水名。'"是敍炎帝氏於共工氏前。唯杜預注曰:"共工以諸侯霸有九州者,在神農前,大皞後,亦受水瑞以水爲官。"乃杜氏以炎帝在共工後,而非郯子述祖次敍如此也。

〔一四〕而傳記緼結,莫可尋詳:緼結,蘊藉糾結,"緼"通"蘊"。尋詳,探知詳情。

〔一五〕劉安、賈逵則以爲與高辛争帝:劉安説見淮南子原道篇:"昔共工……與高辛争爲帝。"亦見天文篇:"昔者共工與顓頊争爲帝,怒而觸不周之

山。"賈逵説見國語周語下"昔共工棄此道也"韋昭注引賈侍中云:"共工,諸
侯,炎帝之後,姜姓也。顓頊氏衰,共工氏侵陵諸侯,與高辛氏争而王也。"　史
記、文子則以爲高陽誅之:彦按:路史此説正誤參半。文子上義云:"共工爲水
害,故顓頊誅之。"路史説相符,是也。而史記楚世家云:"共工氏作亂,帝嚳使
重黎誅之而不盡。"則誅共工者非高陽。路史説不相符,非也。　荀卿氏以爲
禹伐:荀子議兵:"禹伐共工。"　淮南子又指以舜時:喬本"淮"字譌"准",此從
餘諸本。淮南子本經:"舜之時,共工振滔洪水,以薄空桑。"

〔一六〕此無他:喬本如此,餘諸本"他"作"它"。　堯典言共工:書堯典:
"帝曰:'疇咨若予采?'驩兜曰:'都! 共工方鳩僝功。'"　舜典言共工:書舜
典:"流共工于幽州。"

〔一七〕堯之共工又自非舜之所命者:舜之所命者,指舜典"帝曰:'俞咨!
垂,汝共工'"之"共工"。

〔一八〕左氏之傳可見:見上注〔一三〕。　烏可妄意而爲説乎:意,猜測。

〔一九〕且炎帝至堯殆二千載,事相遼矣:喬本、洪本、吳本"至"作"並"誤,
今從四庫本、備要本訂正。遼,遠。

〔二〇〕夏革:商湯大夫。　自物之外,自事之先,朕所不知也:列子湯問
載夏革答湯語。朕,我。

〔二一〕以今揆古,年載誠眇,人情則近:揆,衡量,推測。眇,久遠。則,四
庫本如此,是,今從之。喬本、洪本、吳本作"側",備要本作"測",俱誤。

〔二二〕目睫之説:知遠而不知近或缺乏自知之明之説。以目不見睫爲喻。

共工氏無霸名

顯曹君子有謼予以展禽"共工氏霸九有"之言,"傳者咸謂霸
無録而王者,其德力粹駁之謂歟〔一〕?"曰:否。霸之名,我未之前
聞也。其當周之標季,齊桓晉文之事乎〔二〕! 曰:"韋、顧、昆吾,非
商之霸者乎〔三〕?"韋、顧、昆吾,固聞諸後世也,豈德力粹駁云哉?
國佐有言:"四王之王也,植德而濟同欲焉;五伯之霸也,勤而撫
之,以役王命〔四〕。"當是時,周故家名分猶有存者,故國佐知王之

不可以爲霸，而霸之不可謂之王也^{〔五〕}。書中候“霸免”注云：“霸猶把也^{〔六〕}。”傳云“五伯之霸”，謂以諸侯長把王者之政。大抵霸即伯之强者云爾^{〔七〕}。至戰國之士，遊談馳説，架虚穴空，以信行其計，而後德力粹駁之説興焉^{〔八〕}。

善乎！李泰伯之言曰：霸，諸侯號也^{〔九〕}。霸之爲言，伯也，所以長諸侯也。道之粹駁在人，而王霸之號不可易也^{〔一〇〕}。王之道，安天下也；霸之道，尊中國也：非粹駁之謂也^{〔一一〕}。借之紂克改作，武志不信，則西伯霸之盛者而已^{〔一二〕}。西伯霸而粹，桓文霸而駁者也。三代王而粹，秦漢王而駁者也^{〔一三〕}。要之，其言王霸之道，皆欲粹而不欲駁。

豈直王霸然哉！帝皇之道，一也。泰伯之言，知其一而未悉也。

予於司馬文正得“道同”之説焉^{〔一四〕}。其言曰：古之王者必立三公^{〔一五〕}。一公處於内；二公分天下而治之，曰二伯。周衰，二伯之職廢，二伯之號乃轉而爲霸^{〔一六〕}。霸之名自是而立。荀、揚以來不原其本，遂以王、霸之道分爲兩塗^{〔一七〕}。此霸道之緐始也，未聞古之有霸也^{〔一八〕}。漢之學者，患在望聲求影：徒見後世有五霸，則以爲古亦有霸；見共工氏之迹不白，則曰昔霸者也^{〔一九〕}。其言往昔，未有不以當時準也。羊容云：“古之帝王，中分天下而使二公治之，曰二伯^{〔二〇〕}。”如周、召之分陝^{〔二一〕}。

曰：“然則共工氏繼乎包羲之世，將羲炎之徒歟^{〔二二〕}？”曰：非也。其項籍之類乎！籍嘗霸有九州矣^{〔二三〕}。當秦漢之間，横行宇内，尊義帝，分天下以王諸侯，而自稱曰西楚霸王，則其自處者然矣^{〔二四〕}。彼共工氏蓋籍之徒，而非桓文之徒也，竊乎帝者之間，而不得謂之霸也^{〔二五〕}。

【校注】

〔一〕顯曹君子有謏予以展禽“共工氏霸九有”之言：顯曹君子，任職政府顯要部門之君子。宋任廣書敍指南卷二官職名事下：“省曹緊處曰顯曹（韓子）。”謏（qióng），詢問。九有，九州。“有”通“域”。國語魯語上載展禽曰：“共工氏之伯九有也，其子曰后土，能平九土，故祀以爲社。”傳者咸謂霸無録而王者，其德力粹駁之謂歟：録，檢束。德力粹駁，謂憑德政或憑武力，道純粹或道駁雜。禮記祭法“共工氏之霸九州也”鄭玄注：“共工氏無録而王，謂之霸，在大昊、炎帝之間。”

〔二〕標季：末期。

〔三〕韋、顧、昆吾：並夏、商方國名。韋國故址在今河南滑縣東南。顧國故址在今山東鄄城縣東北。昆吾國故址在今河南許昌市東。詩經商頌長發：“韋顧既伐，昆吾夏桀。”

〔四〕國佐有言：“四王之王也，植德而濟同欲焉；五伯之霸也，勤而撫之，以役王命”：見左傳成公二年，“植德”作“樹德”。國佐，又稱賓媚人，春秋齊上卿。四王，指舜、禹、湯、武（據楊伯峻春秋左傳注）。路史各本均作“三王”，今據左傳訂正。之王，喬本、吳本譌“之主”，今據餘本訂正。濟，救助，接濟。同欲，具有共同理想之人。五伯，指夏伯昆吾，商伯大彭、豕韋，周伯齊桓、晉文（據杜預春秋左氏經傳集解）。撫，安撫。役，猶效力。

〔五〕知王之不可以爲霸：爲，通“謂”。

〔六〕書中候“霸兔”注云：“霸猶把也”：書中候，四庫本如此，是，今從之。餘諸本“候”譌“侯”。喬本、吳本、四庫本無“霸兔”二字，疑非路史原貌，今據洪本、備要本補。鄭玄詩譜序“五霸之末，上無天子，下無方伯”孔穎達正義：“中侯‘霸兔’注云：‘霸猶把也，把天子之事也。’”

〔七〕鄭玄詩譜序孔穎達正義：“言伯者，長也，謂與諸侯爲長也。五伯者，三代之末，王政衰微，諸侯之强者以把天子之事，與諸侯爲長。”

〔八〕遊談馳説，架虛穴空，以信行其計：遊談，猶游説。備要本“談”作“譚”，通。馳説，謂施展口才。架虛，弄虛作假。穴空，憑空穿鑿。信行，施行，施展。“信”通“伸”。

〔九〕李泰伯之言曰：霸，諸侯號也：李泰伯，即北宋思想家李覯（字泰伯）。

此下至“秦漢王而駁者也”，撮引自<u>李氏</u>盱江集卷三四常語下，文字不盡相同。

〔一〇〕道之粹駁在人，而王霸之號不可易也：<u>李</u>書原文作：“道有粹有駁，其人之號不可以易之也。”

〔一一〕王之道，安天下也；霸之道，尊中國也：非粹駁之謂也：<u>李</u>書原文作：“所謂王道，則有之矣，安天下也；所謂霸道，則有之矣，尊京師也：非粹與駁之謂也。”

〔一二〕借之紂克改作，武志不信，則西伯霸之盛者而已：信，通“伸”，謂實現。西伯，<u>洪</u>本、<u>吳</u>本、<u>四庫</u>本作“西北”誤。<u>李</u>書原文作：“如使<u>紂</u>能悔過，<u>武王</u>不得天下，則<u>文王</u>之爲<u>西伯</u>，霸之盛者而已矣。”

〔一三〕秦漢王而駁者也：<u>李</u>書原文“秦漢”作“漢唐”。

〔一四〕予於司馬文正得“道同”之說焉：<u>司馬文正</u>，即北宋政治家<u>司馬光</u>（諡<u>文正</u>）。“道同”之說，見<u>司馬光</u>傳家集卷七四迂書道同。

〔一五〕古之王者必立三公：自此而下至“霸之名自是而立”，爲引<u>司馬氏</u>“道同”説，但撮其意，文字不盡相同。

〔一六〕二伯之號乃轉而爲霸：<u>司馬氏</u>原文作：“<u>齊桓</u>、<u>晉文</u>糾合諸侯以尊天子，天子因命之爲侯伯，修舊職也。伯之語轉，而爲霸。”

〔一七〕荀、揚以來不原其本，遂以王、霸之道分爲兩塗：<u>荀</u>，指戰國<u>荀況</u>。<u>揚</u>，當指<u>西漢</u><u>揚雄</u>。備要本作“楊”。彥按：荀子王制有言：“故王者富民，霸者富士”，“王奪之人，霸奪之與”，“知此三具者，欲王而王，欲霸而霸，欲彊而彊矣”云云，是分王、霸爲兩塗也。而徧檢<u>揚雄</u>文集，則未見有論王、霸道之言，疑此不當以爲<u>揚氏</u>説也。<u>司馬氏</u>道同稱：“自<u>孟</u>、<u>荀</u>氏而下皆曰由王道而王，由伯道而霸，道豈有二哉？”謂“<u>孟</u>、<u>荀</u>氏而下”，則是。孟子公孫丑上云：“<u>孟子</u>曰：‘以力假仁者霸，霸必有大國；以德行仁者王，王不待大——<u>湯</u>以七十里，<u>文王</u>以百里。”亦分王、霸之道爲兩塗。今<u>路史</u>改稱“荀、揚以來”，一字之差而是非判然。

〔一八〕此霸道之繇始也：之，<u>喬</u>本、<u>吳</u>本作“之之”，衍一字，今據餘本刪去。繇，四庫本作“由”。

〔一九〕患在望聲求影：<u>喬</u>本、<u>吳</u>本脱“患”字。望聲求影，比喻過度敏感而捕風捉影。望，對著。　見共工氏之迹不白：迹，行爲。不白，污穢。

〔二〇〕羊容云:“古之帝王,中分天下而使二公治之,曰二伯”:見孔叢子居衛,“羊容”作“羊客”,“而使”作“使”,“曰”作“謂之”。

〔二一〕如周、召之分陝:孔叢子居衛,子思曰:“此以諸侯爲伯,猶周、召之君爲伯也。”參見前紀七赫蘇氏注〔一七〕。

〔二二〕共工氏:吳本“氏”譌“民”。

〔二三〕籍嘗霸有九州矣:自此而下至“彼共工氏蓋籍之徒”,大抵撮取自李覯旴江集卷三四常語下。

〔二四〕旴江集卷三四常語下:“項籍亦嘗霸九州矣,在秦漢之間矣,尊懷王爲義帝,分天下以王諸侯,自立爲西楚伯王,非霸九州而何也?”

〔二五〕竊:非法占據。

路史卷三十三

發揮二

共和辯

嗟乎！後世之士何其不能得古人之意，而惟敏於爲妄邪[一]！

夷王崩，厲王立，無道，三十有七年，王流於彘[二]。共和十四年，宣王立[三]。石鼓作於是年[四]。司馬溫公歷年始於是歲[五]。説者曰："周室無君，周公、召公共和王政，故號之曰共和[六]。自史遷至溫公無異議也，敢問所安？"

曰：予不敢以爲然也。夫厲王之時，周公、召公非昔日之周、召也[七]。周、召二公，時皆痿弱，不足有爲。至宣王時，始有召穆公虎，而周公則無聞焉。烝民詩言仲山甫保宣王而立之，説者遂執之以爲周公，妄矣[八]。夫仲山甫乃史記之樊穆仲，春秋之樊侯，國語之樊仲山甫也，後屬于齊[九]。樊之與周，異采各邑，奚可牽合[一〇]？漢杜欽云："仲山甫，異姓之臣也，無親於宣，就封於齊[一一]。"其言明甚，即非周公之後。予聞厲王之後，有共伯和者，脩行而好賢，以德和民，諸侯賢之，入爲王官[一二]。十有四年，天旱盧火，歸還於宗，逍遥共山之首[一三]。宣王乃立。魯連子云："共伯名和，好行仁義，諸侯賢之，請立焉。後歸於國，得意共山之首[一四]。"莊子及吕春秋言共伯得志於共首，即其人也[一五]。共，國，伯爵[一六]。和，其名爾。司馬彪云："共伯和，脩行而好賢。厲王之難，天子曠絶，諸侯知共伯賢，請立爲天子。共伯不聽，弗獲免，遂即王位。一十四年，天下大旱，舍屋焚，卜于太陽，兆曰：'厲王爲祟。'召公乃立宣王。共伯歸還於宗，逍遥得意於共丘山之首[一七]。"故汲冢紀年及世紀云：共伯和即於王位。而史記亦謂："共和十四年，大旱,火焚其屋。伯和篡立,故有火旱[一八]。”攷之諸書,其事章著。篡立者,篡繼而立[一九]。後世以竊奪爲篡者,非矣。按人表,厲王後有共伯和。孟康謂其入爲三公[二〇]。蓋周室無君,和以三公攝政,唯其日久,故有火旱之變爾[二一]。十三州志云:“共伯後歸國,逍遥得意於共山之首[二二]。”使其竊篡,則宣王之立,可能得志於共首哉?共,今衞之共城,故漢之共縣,隋曰共城,有故城城在[二三]。東北百步有共山,傳謂“至共頭”者[二四]。字一作邔[二五]。乃漢高帝八年封盧罷師爲共侯國[二六]。又非詩之恭國與叔段邑也[二七]。按寰宇記云:厲王流彘,“諸侯請奉和行天子事。十四年,厲王崩,共伯使諸侯奉王子靖,立為宣王,共伯復歸於國[二八]。”“共山,在縣北十里。”其事益明。水經注云:“即共和之故國。共伯既歸帝政,逍遥共山之上。山在國北,故又曰共北山[二九]。”是以王子朝告於諸侯,猶曰:“厲王戾虐,萬民弗忍,流王於彘。諸侯釋位以間王政,宣王有志而後效官[三〇]。”是宣王之前,諸侯有釋位間於天子之事者矣[三一]。然則所謂“共和”者,吾以爲政自共伯爾。若曰周、召共和,吾弗信也。設以二公爲政,謂之“和”可,曰“共和”者不成語。古無事亦書年,無此法。

　　“雖然,烝民有言:天監有周,生仲山甫,王躬是保[三二]。是必朝廷有故,而後天子始保佑於山甫也。繇此語之,和之即王位,果其篡者邪[三三]?”

　　曰:不然也。臣之保君,臣之常也。襄王之出,子虎居守,亦豈其篡也哉? 王子虎,周之居守者,事正此類。詳炎帝紀下[三四]。篡者,後世小人下輩、犲狼梟獍、反道敗德者事也。和之賢也,蓋干王政而非其得已者也。向秀、郭象援古之説,以爲:共和者,周王之孫也,懷道抱德,食封於共;厲王之難,諸侯立之;宣王立,乃廢;立之不喜,廢之不怒[三五]。斯則得其情矣。歐陽子論曰:伊尹、周公、共和之臣,攝矣,不聞商、周之人謂之王[三六]。此歐陽子之説也[三七]。和之非篡,顧亦有知之者[三八]。厲王之後,式朝廷之故哉[三九]! 吾觀聖人之書“王子虎卒”,而益知共和之不易也[四〇]。或曰:夫子曷不發? 曰:是不喻伊尹之意爾[四一]。見俑而知後世之有狗,覩攝而知後世之有篡,聖人之特見,豈俟於著而後知邪[四二]? 是故不語力、亂,懼後世見者之不一也,抑嘗語之“力、亂不語”[四三]。此古者史氏之成法也。下世之史，不明乎聖人之意，於履常蹈正者率致其略，而於淫亂之等必廣記而備言之。若張騫之遠使，衛霍之鏖兵，石虎、齊昏、隋煬之奢靡，幽、靈、呂、武羣后之污穢，石顯、楊素、李林甫之姦回，卓、布、巢、泚、安禄山之階禍，與夫莽、丕、懿、裕、梁全忠之漸逼，每切諄復，唯恐或逸〔四四〕。蓋以淫亂之事利於騁辭，而不知中人以下實衆，而聞見之易於溺人也〔四五〕。夫又安知聖人之所慮哉！

【校注】

〔一〕敏於爲妄：敏，勤勉，致力。爲妄，作荒誕之事。

〔二〕參見後紀二女皇氏題。

〔三〕共和：西周從厲王失政至宣王執政，中間凡十四年（即前 841—前 828 年），號共和。

〔四〕石鼓：指唐代出土的十個鼓形大石。宋歐陽修集古録跋尾卷一石鼓文云：“岐陽石鼓，初不見稱於前世，至唐人始盛稱之，而韋應物以爲周文王之鼓、宣王刻詩，韓退之直以爲宣王之鼓。在今鳳翔孔子廟中。鼓有十，先時散棄於野，鄭餘慶置于廟而亡其一。皇祐四年，向傳師求於民間，得之乃足。其文可見者四百六十五，不可識者過半。”今人則多以爲戰國時期秦刻石。

〔五〕司馬温公歷年始於是歲：司馬温公，即北宋大臣司馬光（卒贈温國公）。歷年，即歷年圖。光傳家集卷七一記記歷年圖後云：“光頃歲讀史，患其文繁事廣，不能得其綱要，又諸國分列，歲時先後參差不齊，乃上采共和以來下訖五代，略記國家興衰大迹，集爲五圖。每圖爲五重，每重爲六十行，每行紀一年之事。”

〔六〕周公、召公共和王政：共和，一同協調。

〔七〕昔日之周、召：指西周初年之周公旦、召公奭。

〔八〕烝民詩言仲山甫保宣王而立之：烝民，詩經大雅篇名。保，護持。説者遂執之以爲周公：吴本“執”譌“執”。

〔九〕夫仲山甫乃史記之樊穆仲：樊穆仲，見史記魯周公世家，裴駰集解引韋昭曰：“穆仲，仲山父之諡也。”　春秋之樊侯：彦按：春秋未見“樊侯”，但見“仲山甫”（左傳宣公二年），唯杜預春秋釋例卷八世族譜第四十五之上周云：“仲山甫，宣王時樊侯。”蓋羅氏誤記。　國語之樊仲山甫也：見國語周語上，今本作“樊仲山父”，同。

〔一〇〕異采各邑:洪本"采"作"菜",通。

〔一一〕杜欽:西漢才士。漢書卷六〇有傳。　仲山甫,異姓之臣也,無親於宣,就封於齊:見漢書杜欽傳,原文無"也"字。吳本"仲"謁"作"。喬本、洪本、吳本、備要本"齊"謁"濟",今據四庫本訂正。

〔一二〕脩行:品行美好。

〔一三〕天旱廬火,歸還於宗,逍遥共山之首:廬,房舍。宗,本宗。共山之首,猶言共山之顛。共山在今河南輝縣市北。

〔一四〕魯連子:戰國齊高士魯仲連撰。　共伯名和:洪本"共"謁"昔"。請立焉。後歸於國,得意共山之首:得意,猶快意。太平寰宇記卷五六衞州共城縣引魯連子云,作:"諸侯請奉和以行天子事,至十四年,厲王崩于彘,共伯使諸侯奉王子靖爲宣王,而共伯復歸于國。"

〔一五〕莊子及吕春秋言共伯得志於共首:得志,猶得意。莊子讓王:"故許由娱於潁陽,而共伯得乎共首。"吕氏春秋慎人:"故許由虞乎潁陽,而共伯得乎共首。"

〔一六〕共,國,伯爵:喬本"共"謁"出",今據餘諸本訂正。

〔一七〕司馬彪云:洪本"云"字闕文。彦按:下司馬彪語,莊子讓王"而共伯得乎共首"郭慶藩集釋亦引之,此處文字與彼不盡相同,蓋意引耳。　天子曠絶:曠絶,空缺。吕氏春秋開春云:"共伯和修其行,好賢仁,而海内皆以來爲稽矣。周厲之難,天子曠絶,而天下皆來謂矣。"　卜于太陽:于,通"爲"。太陽,陽氣過盛。　共丘山:即共山。

〔一八〕而史記亦謂:"共和十四年,大旱,火焚其屋。伯和篡立,故有火旱":太平御覽卷八七九引史記,"篡立"作"篡位立"。今本史記未見此文。火旱,各本原作"大旱"。彦按:上文所言,既旱且火,此自當從御覽作"火旱","大"蓋"火"字形謁。下文云:"唯其日久,故有火旱之變爾",亦作"火旱",尤爲明證。今訂正。

〔一九〕篡立者,篡繼而立:篡繼,繼承。此當讀"篡"作"纂",爾雅釋詁上:"纂,繼也。"

〔二〇〕莊子讓王"而共伯得乎共首"陸德明音義:"孟康注漢書古今人表,以爲入爲三公。"

〔二一〕唯其日久：洪本、備要本“唯”作“惟”。

〔二二〕十三州志云：“共伯後歸國，逍遥得意於共山之首”：太平寰宇記卷五六衛州共城縣引闞駰十三州記，“後歸”作“復歸于”。

〔二三〕今衛之共城：衛，州名。共城，縣名，治所在今河南輝縣市。

〔二四〕傳謂“至共頭”者：荀子儒效云：“武王之誅紂也，行之日以兵忌，東面而迎太歲，至氾而汎，至懷而壞，至共頭而山隧。”淮南子兵略亦云：“武王伐紂，東面而迎歲，至氾而水，至共頭而墜。”

〔二五〕邟：音 gōng。吴本譌“𨜞”。

〔二六〕乃漢高帝八年封盧罷師爲共侯國：盧罷師，各本“罷”均譌“龍”，今據史記高祖功臣侯者年表訂正。

〔二七〕又非詩之恭國與叔段邑也：詩之恭國，彦按：“恭”當作“共”，指詩大雅皇矣“密人不恭，敢距大邦，侵阮徂共”之共。叔段，春秋鄭莊公弟。以叛敗逃至共地，故又稱共叔段。各本“段”均譌“叚”，今訂正。彦按：詩之共國地在今甘肅涇川縣北，固不同于共伯封地。而叔段所在之共，據左傳隱公元年“大叔出奔共”杜預注：“共國，今汲郡共縣”，則當與共伯國同一地。羅氏説不可從。

〔二八〕按寰宇記云：吴本譌“伯衆言記云”。　厲王流彘：吴本“厲”譌“屬”。　諸侯請奉和行天子事。十四年，厲王崩，共伯使諸侯奉王子靖，立爲宣王，共伯復歸於國：見太平寰宇記卷五六衛州共城縣，文字略有不同。

〔二九〕見水經注卷九清水，文字略有不同。

〔三〇〕是以王子朝告於諸侯：見左傳昭公二十六年。王子朝，周景王庶長子，周悼王及周敬王兄。周景王死後，周悼王繼位，王子朝攻殺之以自立，而晉人則擁立周敬王。至是年，周敬王在晉國及諸侯軍隊護送下進入周都，王子朝奔楚，因使告於諸侯。　厲王戾虐，萬民弗忍，流王於彘。諸侯釋位以間王政，宣王有志而後效官：吴本“厲王”作“厲氣”誤。左傳原文作：“(厲)王心戾虐，萬民弗忍，居王于彘。諸侯釋位以間王政，宣王有志而後效官。”杜預注：“間，猶與也，去其位與治王之政事。”又云：“宣王，厲王子。彘之亂，宣王尚少，召公虎取而長之。效，授也。”楊伯峻注：“會箋：‘周禮鄭注：“志，古文識。”有志謂長而有知識也。’沈欽韓補注：‘效官，致天子之位于宣王也。’沈説較勝。"

〔三一〕諸侯有釋位間於天子之事者矣:洪本"間"作"問"誤。

〔三二〕烝民有言:天監有周,生仲山甫,王躬是保:烝民,詩經大雅篇名。監,督察。烝民詩云:"天監有周,昭假于下,保茲天子,生仲山甫。"又云:"王命仲山甫,式是百辟,纘戎祖考,王躬是保。"

〔三三〕繇此語之:四庫本"繇"作"由"。

〔三四〕詳炎帝紀下:見後紀四小帝後跋。

〔三五〕向秀、郭象援古之説,以爲:共和者,周王之孫也,懷道抱德,食封於共;厲王之難,諸侯立之;宣王立,乃廢;立之不喜,廢之不怒:向秀,魏晉之際"竹林七賢"之一,官至黄門侍郎、散騎常侍。郭象,西晉玄學家,官至黄門侍郎、太傅主簿。秀曾注莊子,象述而廣之,成莊子注。彦按:據清郭慶藩莊子集釋,此"共和者"云云,實大抵撮取自唐成玄英之南華真經注疏,而非郭象之莊子注。

〔三六〕伊尹、周公、共和之臣,攝矣,不聞商、周之人謂之王:見歐陽修春秋論中(歐陽修全集卷一八),"攝"作"嘗攝","王"作"王也"。

〔三七〕此歐陽子之説也:"説"字洪本劇滅,備要本譌"誤"。

〔三八〕顧:猶乃。

〔三九〕式:沿用。爾雅釋言:"式,用也。"

〔四〇〕吾觀聖人之書"王子虎卒",而益知共和之不易也:聖人,指孔子。春秋文公三年:"夏五月,王子虎卒。"洪本"知"譌"帝"。

〔四一〕是不喻伊尹之意爾:喻,知曉,明白。備要本如此,今從之。餘本均作"揄",費解,今不從。伊尹之意,謂伊尹放逐太甲之本意。此泛指本意、真實意圖。史記殷本紀:"太甲,成湯適長孫也,是爲帝太甲。……帝太甲既立三年,不明,暴虐,不遵湯法,亂德,於是伊尹放之於桐宫。三年,伊尹攝行政當國,以朝諸侯。帝太甲居桐宫三年,悔過自責,反善,於是伊尹迺迎帝太甲而授之政。帝太甲修德,諸侯咸歸殷,百姓以寧。伊尹嘉之,迺作太甲訓三篇,襃帝太甲,稱太宗。"

〔四二〕見俑而知後世之有狗:俑,古時用以殉葬的偶人(泥塑或木雕)。狗,通"殉",以人從葬。備要本作"殉"。禮記檀弓下云:"孔子謂'爲芻靈者善’,謂‘爲俑者不仁,殆於用人乎哉’!”又孟子梁惠王上云:“仲尼曰:‘始作俑者,其無後乎!’爲其象人而用之也。”

〔四三〕抑嘗語之“力、亂不語”:抑,而且。論語述而:“子不語怪、力、亂、神。”

〔四四〕張騫之遠使:指西漢時張騫奉漢武帝命出使西域,打通漢朝通往西域之“絲綢之路”事(詳見漢書卷六一本傳)。　衛霍之鏖兵:衛霍,指漢武帝時名將——大司馬大將軍衛青及大司馬驃騎將軍霍去病。二人均長期率兵抗擊匈奴,爲西漢北部疆域之鞏固及開拓作出了重大貢獻。鏖兵,激烈戰鬥,苦戰。　石虎、齊昏、隋煬之奢靡:吴本“隋煬之”作“隋隨煬”,誤。　幽、靈、吕、武羣后之污穢:幽,指北魏孝文帝元宏第二任皇后馮潤。孝文頻歲出征,后乃與中官高菩薩私亂。孝文後知之,臨終遺詔賜后死。及死,謚幽皇后。靈,指北魏宣武帝元恪皇后胡氏。宣武死後,孝明帝幼年即位,胡氏以皇太后臨朝聽政。既得志,逼幸宣武異母弟清河王元懌,淫亂肆情,爲天下所惡。後爲叛將尒朱榮沉入黄河,至出帝(一作武帝)時始葬以后禮而追謚曰靈。吕,指漢高祖劉邦皇后吕雉(事迹詳史記吕太后本紀及漢書高后紀)。武,指唐高宗李治皇后武則天(事迹詳新、舊唐書則天皇后本紀)。　石顯、楊素、李林甫之姦回:石顯,見前紀七葛天氏注〔四三〕。楊素,隋朝名將重臣,隋書本傳稱:“考其夷凶静亂,功臣莫居其右,覽其奇策高文,足爲一時之傑。然專以智詐自立,不由仁義之道,阿諛時主,高下其心,營構離宫,陷君於奢侈,謀廢冢嫡,致國於傾危。終使宗廟丘墟,市朝霜露,究其禍敗之源,實乃素之由也。”李林甫,見後紀十四寒浞傳注〔四四〕。洪本“甫”作“父”,非。姦回,姦詐邪惡。　卓、布、巢、泚、安禄山之階禍:卓,董卓。布,吕布。巢,黄巢。泚,朱泚。參見後紀四附蚩尤傳注〔八七〕。階禍,招禍。洪本、四庫本、備要本“禍”作“禍”,同。　莽、丕、懿、裕、梁全忠之漸逼:莽,指新王朝建立者王莽。丕,指魏文帝曹丕。懿,指晋追尊高祖宣皇帝司馬懿。裕,指南朝宋高祖武皇帝劉裕。梁全忠,指五代後梁太祖朱全忠(又稱朱温)。　每切諄復,唯恐或逸:切,懇切。諄復,反復丁寧。洪本“復”作“複”。唯,洪本、備要本作“惟”。逸,遺漏闕失。

〔四五〕而不知中人以下實衆,而聞見之易於溺人也:中人,中等之人,常人。論語雍也:“中人以上,可以語上也;中人以下,不可以語上也。”何晏集解引王肅曰："上謂上知之所知也。"溺人，陷人於某種不好之境地。喬本、洪本、吳本"人"作"入"誤，今據四庫本、備要本訂正。

共工水害禹治黑弱

聖人有一視同仁之心，是故有兼濟夷夏之事。關于之洞極曰："凡命於兩間者謂之人。"〔一〕夷狄、禽獸，皆人也，是故聖人一視而同仁，篤近而舉遠〔二〕。

天下之大，一人之身也。一身之間，皮毛髮爪皆吾愛也。攝之不至，而一手足有或偏而不舉，則君子謂之不仁；至於半身不遂，此可謂之仁乎〔三〕？仁字詳首卷論太極。易曰："顯諸仁，藏諸用，鼓萬物而不與聖人同憂〔四〕。"天地之間，孰非吾物邪？一人民之失其所，一蟲鳥之失其情，與夫一草木之遏而不遂，皆吾仁之不至者也，聖人莫不憂之〔五〕。而萬物者，果能與聖人同憂哉？是聖人以一心爲天下，而天下之物不能以其心體聖人，豈不悖歟？

嗟乎！私於己者形骸有爾汝之分，私於家者樊落有比鄰之異，厥裁不廣，邑屋皆然〔六〕。一視同仁，吾於禹功見之矣〔七〕。

夫以"九州攸同，四隩既宅"，斯足以爲仁矣〔八〕。然足以見其仁，而未足以見其仁之至。至於導黑、弱而"西戎即敍"，然後有以見其仁之至焉〔九〕。方九川之既滌，九澤之既陂，而九州同，四隩宅，則凡江、河、淮、濟之瀰漫泛濫乎中國者，舉順下流之勢，而九州之赤子免於魚矣〔一〇〕。民免於魚，禹之功可以已矣。而又導黑，又導弱，禹之仁其有既乎〔一一〕？黑、弱二水，塞外之橫流，失其故道而爲邊民之患者也〔一二〕。今也爲中國治之，則決其奔突而注之塞外，使不爲吾民之害則已矣〔一三〕。又奚必因塞外而決之以入於流沙、南海而後已哉？計弱之距流沙，與夫黑之距南海，皆數千里而遥。然導弱必至於合黎而納餘波於流沙，導黑必至於三危而入其流於南海者，凡以塞外之民猶之吾民，而裔國之患等夫中國之患，詎可以吾民之欲安而致塞外之民於不安之域哉〔一四〕？湯湯之患，天實爲此，而禹見天下之溺猶己之溺，是則禹之心一視夷夏，不惟不以洪水之患病吾民，亦不以病乎塞外之民〔一五〕。篤近舉遠，又詎肯以吾民之利而遺其害於塞外之民哉〔一六〕！

大抵蔑其私者，無時不仁；而私其私者，無時而仁〔一七〕。一饞而丹溪流，一怒而赤原谷，知有我者，一毫我也，又孰能仁其人而以天下爲公哉〔一八〕？

漢光武在邯鄲，趙璆王子林輩請決河流，則赤眉之百萬衆爲魚矣，而光武且不答，伯禹之心可得而知矣〔一九〕。聖人之愛人，何此疆爾界之殊哉？禹視西戎，無以異梁州之民；光武視眉衆，無以異漢家之衆。此天地之爲大也。

戰國之時，齊、趙、魏皆以河爲界，趙、魏頻山而齊卑下〔二〇〕。齊人作隄去河二十五里，河水東抵齊隄，則西播於趙、魏；於是趙、魏亦爲隄於河二十五里，使其水東泆於齊〔二一〕。夫爲齊利，則趙、魏蒙其害；爲趙、魏之利，則齊蒙害：違天害物，真所謂“以鄰爲壑”者也〔二二〕。智伯曰：“吾乃今知水可以亡人之國〔二三〕。”觀其決汾以灌晉陽，其不没者三板〔二四〕。厥後或決絳以灌安邑，或堰肥以灌合肥，咸祖其事〔二五〕。及梁武帝作浮山堰，堰淮以灌壽陽，壽陽之都一昔爲魚，共工氏之事不過於此矣〔二六〕。繇此觀之，共工之水害從可知矣：墮高堙埤，以亂天下，其欲不亡，得乎〔二七〕？

抑嘗即武帝所泥報讖之説言之：囚餓臺城，欲一盂蜜水不得而死，此宗廟麩牲而不血食之報；侯景之兵，梁之宗室戕殺殆盡，此堰淮以灌壽陽之報也〔二八〕。夫能堰淮以灌井邑，而乃區區以麩爲牲；能絕人親，殺人子，而獨屑屑於不箋：羅綺人之不靈，一至於此夫〔二九〕！亦豈知伯禹之以四海爲壑，一視夷夏而不見彼此內外之分哉〔三〇〕！

然則，人之爲仁而至於一視皆同，以成兼濟夷夏之事，微伯禹吾誰與歸〔三一〕？

【校注】

〔一〕關于之洞極：彥按：洞極一書，舊傳北魏易學家關朗所撰。朗字子明，此“于之”疑“子明”之誤。　凡命於兩間者謂之人：兩間，謂天地兩者之間，即人間。韓愈原人亦云：“形於上者謂之天，形於下者謂之地，命於其兩間者謂之人。”

〔二〕夷狄、禽獸，皆人也，是故聖人一視而同仁，篤近而舉遠：“夷狄、禽獸”，四庫本作“靈蠢不齊”，當因館臣諱言“夷狄”字而妄改。皆人，謂皆人所主。一視而同仁，即“一視而同人”。篤近而舉遠，對關係近者厚道，對關係遠者舉薦。洪本“近”譌“所”。韓愈原人：“形於上，日月星辰皆天也；形於下，草木山川皆地也；命於其兩間，夷狄禽獸皆人也。……天者，日月星辰之主也；地者，草木山川之主也；人者，夷狄禽獸之主也。”

〔三〕攝之不至，而一手足有或偏而不舉，則君子謂之不仁；至於半身不遂，此可謂之仁乎：攝，調理，保養。至，周到。偏，偏癱。不仁，古稱肌膚、肢體麻木之症狀。黃帝内經素問痺論王冰注：“不仁者，皮頑不知有無也。”半身不遂，半身癱瘓，不聽意念指揮。

〔四〕顯諸仁，藏諸用，鼓萬物而不與聖人同憂：見易繫辭上。高亨大傳今注：“陰陽之道，其顯明易見者乃其生育萬物之仁，其隱藏難知者乃其所以能生育萬物之作用。聖人爲濟世利民而憂慮者也。陰陽能鼓動萬物，但無所用心，不與聖人同其憂慮。”

〔五〕一蟲鳥之失其情，與夫一草木之遏而不遂：洪本“蟲”譌“蠱”。不遂，不能生長。

〔六〕私於己者形骸有爾汝之分，私於家者樊落有比鄰之異，厥裁不廣，邑屋皆然：形骸，人之軀體，喻指表現。爾汝，彼此。樊落，猶籬落，籬笆。比鄰，鄉鄰，鄰里。裁，度量，器量。邑屋，猶言家家户户，泛指人人。國語齊語：“三十家爲邑。”

〔七〕功：事業，功業。

〔八〕九州攸同，四隩既宅：四隩，四境之内。參見下注〔一〇〕。

〔九〕導黑、弱而“西戎即敍”：黑，黑水，即今甘肅敦煌市和肅北蒙古族自

治縣境内之黨河(據程發軔禹貢地理補義)。弱,弱水。見前紀四蜀山氏注
〔九九〕。書禹貢云:"導黑水,至于三危,入于南海。"又云:"導弱水,至于合
黎,餘波入于流沙。"又云:"崑崙、析支、渠搜、西戎即敍。"顧頡剛、劉起釪校釋
譯論:"'即',就。'敍',同'序',即秩序。'即敍',已就秩序,按部就班地歸
於安定。"

〔一〇〕方九川之既滌,九澤之既陂,而九州同,四隩宅:九川,喬本、吳本、
四庫本作"九州"誤,今據洪本、備要本訂正。滌,疏通。陂,構築隄障。書禹
貢:"九州攸同,四隩既宅;九山刊旅,九川滌源,九澤既陂。"

〔一一〕既:盡,窮盡。

〔一二〕橫流:汎濫不循水道之河流。

〔一三〕決其奔突:爲那橫衝直撞之水流打開隄防缺口。

〔一四〕導弱必至於合黎而納餘波於流沙,導黑必至於三危而入其流於南
海者:合黎,山名,在今甘肅高臺縣北。三危,山名,在今甘肅敦煌市東南。南
海,湖泊名,即今新疆若羌縣東北之羅布泊(據程發軔禹貢地理補義)。 裔
國:周邊國家。玉篇衣部:"裔,邊地也。"

〔一五〕湯湯之患:湯湯(shāng shāng),水流盛大貌,借代洪水。 禹見
天下之溺猶己之溺:之溺,喬本如此,於義爲長,餘諸本均作"溺之"。

〔一六〕肯:四庫本作"肎",同。

〔一七〕蔑其私:蔑,無,没有。 私其私:前"私"字,愛戀。

〔一八〕一饞而丹溪流,一怒而赤原谷:饞,謂生貪欲之念。丹、赤,謂血染。
原谷,平原與山谷。 又孰能仁其人而以天下爲公哉:仁其人,"人"猶"民",
喬本、洪本、吳本作"仁",此從四庫本及備要本。

〔一九〕漢光武在邯鄲,趙瑢王子林輩請決河流,則赤眉之百萬衆爲魚矣,
而光武且不答:彦按:趙瑢王乃"趙繆王"之誤,"輩"字亦不當有。自此而下至
"此天地之爲大也"一段文字,與宋林之奇尚書全解卷九禹貢"織皮:崐崘、析
支、渠搜、西戎即敍"下解語大同。"趙瑢王子林輩",彼文作"趙瑢王子林",
"繆"亦譌"瑢",而無"輩"字。疑路史此文即襲自彼,而誤以爲趙瑢、王子林二
人,故又增一"輩"字。後漢書光武帝紀更始元年十月:"進至邯鄲,故趙繆王
子林説光武曰:'赤眉今在河東,但決水灌之,百萬之衆可使爲魚。'光武不答,

去之真定。”李賢注:“繆王,景帝七代孫,名元。”

〔二〇〕頻:通“瀕”,靠近,臨近。

〔二一〕齊人作隄去河二十五里,河水東抵齊隄,則西播於趙、魏;於是趙、魏亦爲隄於河二十五里,使其水東泆於齊:播,流移散布。泆,通“溢”。漢書溝洫志載,哀帝初,待詔賈讓奏言:“蓋隄防之作,近起戰國,雍防百川,各以自利。齊與趙、魏,以河爲竟。趙、魏瀕山,齊地卑下,作隄去河二十五里。河水東抵齊隄,則西泛趙、魏,趙、魏亦爲隄去河二十五里。”

〔二二〕以鄰爲壑:謂將鄰國當作溝坑,把本國的洪水排泄到那裏去。典出孟子告子下:“白圭曰:‘丹(白圭名)之治水也愈於禹。’孟子曰:‘子過矣! 禹之治水,水之道也,是故禹以四海爲壑。今吾子以鄰國爲壑。’”

〔二三〕智伯曰:“吾乃今知水可以亡人之國”:戰國策秦策四:“智伯出行水,韓康子御,魏桓子驂乘。智伯曰:‘始吾不知水之可亡人之國也,乃今知之。’”智伯,見後紀二共工氏傳注〔一五〕。

〔二四〕觀其決汾以灌晉陽,其不没者三板:汾,汾水。喬本、吳本譌“紛”,今據餘本訂正。戰國策秦策四:“昔者六晉之時,智氏最强,……帥韓、魏以圍趙襄子於晉陽。決晉水以灌晉陽,城不沈者三板耳。”高誘注:“廣二尺曰板。”

〔二五〕厥後或決絳以灌安邑,或堰肥以灌合肥,咸祖其事:絳,絳水。四庫本作“絳”誤。堰,此謂築堰(低壩)截水。肥,肥水。祖,效法。彦按:梁書韋叡傳云:叡進討合肥,“按行山川,曰:‘吾聞“汾水可以灌晉陽,絳水可以灌安邑”,即此是也。’乃堰肥水,親自表率。頃之,堰成水通,舟艦繼至。……魏兵來鑿堤,叡親與爭之。魏軍少却,因築壘於堤以自固。叡起鬬艦,高與合肥城等,四面臨之。魏人計窮,相與悲哭。叡攻具既成,堰水又滿,魏救兵無所用。魏守將杜元倫登城督戰,中弩死,城遂潰。”當即路史所本。然“堰肥以灌合肥”,實有其事;至“決絳以灌安邑”,則但有其説耳。而其説實出自戰國策秦策四,今本文作:“汾水利以灌安邑(魏桓子封邑),絳水利以灌平陽(韓康子封邑)。”韓非子難三、史記魏世家、説苑敬慎説同,唯“利以”作“可以”。

〔二六〕及梁武帝作浮山堰,堰淮以灌壽陽,壽陽之都一昔爲魚:浮山堰,攔河壩名,在今安徽明光市柳巷鎮浮山村北淮河上。壽陽,地名,即今安徽壽縣縣城。都,泛指城邑村落。昔,通“夕”。洪本如此,當爲原文,今從之。備要本作“夕”,乃用本字。喬本、吳本、四庫本作“皆”,蓋由形譌。梁書康絢傳:“(天監十三年)時魏降人王足陳計,求堰淮水以灌壽陽。……高祖以爲然,使水工陳承伯、材官將軍祖暅視地形,咸謂淮内沙土漂輕,不堅實,其功不可就。高祖弗納,發徐、揚人,率二十户取五丁以築之。……役人及戰士,有衆二十萬。於鍾離南起浮山,北抵巉石,依岸以築土,合脊於中流。十四年,堰將合,淮水漂疾,輒復決潰,衆患之。或謂江、淮多有蛟,能乘風雨決壞崖岸,其性惡鐵,因是引東西二冶鐵器,大則釜鬵,小則鋘鋤,數千萬斤,沉于堰所。猶不能合,乃伐樹爲井幹,填以巨石,加土其上。緣淮百里内,岡陵木石,無巨細必盡,負擔者肩上皆穿。夏日疾疫,死者相枕,蠅蟲晝夜聲相合。……是冬又寒甚,淮、泗盡凍,士卒死者十七八。……十五年四月,堰乃成。其長九里,下闊一百四十丈,上廣四十五丈,高二十丈,深十九丈五尺。夾之以堤,并樹杞柳,軍人安堵,列居其上。其水清潔,俯視居人墳墓,了然皆在其下。……至其秋八月,淮水暴長,堰悉壞決,奔流于海。”又魏書島夷蕭衍傳:“初,衍每欲稱兵境上,窺伺邊隙,常爲諸將摧破,雖懷進趣之計,而勢力不從。遂於浮山堰淮,規爲壽春之害。……(熙平元年)秋九月,堰自潰決,漂其緣淮城戍居民村落十餘萬口,流入於海。”

〔二七〕繇此觀之:四庫本“繇”作“由”。

〔二八〕抑嘗即武帝所泥報讖之説言之:泥(nì),迷戀。報讖,符讖應驗。因餓臺城,欲一盂蜜水不得而死,此宗廟麪牲而不血食之報:臺城,見前紀八祝誦氏注〔一三〇〕。麪牲,用麪粉製成的犧牲代用祭品。血食,受享犧牲類祭品。資治通鑑卷一六二梁武帝太清三年載:三月,叛將侯景陷臺城,囚武帝于太極東堂,“是後上所求多不遂志,飲膳亦爲所裁節,憂憤成疾。……五月丙辰,上臥净居殿,口苦,索蜜不得,再曰‘荷!荷!’遂殂。”唐杜牧書處州韓吏部孔子廟碑陰云:“梁武帝起爲梁國者,以筍脯麪牲爲薦祀之禮,曰:‘佛之教,牲不可殺。’”又魏書島夷蕭衍傳云:“衍自以持戒,乃至祭其祖禰,不設牢牲,時人皆竊云,雖僭司王者,然其宗廟實不血食矣。”

〔二九〕夫能堰淮以灌井邑:吳本“夫”譌“天”。 而獨屑屑於不籛:屑屑,介意貌。籛,彥按:籛字之義,廣韻所收凡三:一爲姓,二爲竹名(上見獮韻),三爲皮鞭、鞍韉等馬具(即所謂“楚人革馬適鞍韉”,見先韻)。龍龕手鑑又收一義“錢異名”（見卷四入聲竹部），明朱謀㙔駢雅又收一義“筍也”（即捕魚竹籠。見卷四釋器）。餘諸字書釋義，大抵不出於此，然皆不合此處文意。唯清梁詩正等編纂叶韻彙輯卷二三銑韻云“錢，牲也”（據文淵閣四庫全書本），其義於此最爲吻合。不牲即不用牲、不殺牲。然頗疑其“牲”字乃“姓”之譌。豈羅氏亦嘗見過以“牲”釋“錢”之文乎？　　羅綺人之不靈：羅綺人，身著羅綺之人，此借指梁武帝。北齊顏之推顏氏家訓風操云：“梁武小名阿練，子孫皆呼練爲絹。”練即羅綺之類，故羅氏以此稱之。靈，聰明，通曉事理。

〔三〇〕參見上注〔二二〕。

〔三一〕微伯禹吾誰與歸：微，不是，没有。喬本、吴本、備要本此下有“按賈逵曰”一段文字，另起一行、低一格書，而洪本、四庫本無之。據前卷類似情況推測，宜非羅苹注路史原書所有，今不録。

雨粟説　地獄之説無稽

莊周曰：“六合之外，聖人存而不論；六合之内，聖人論而不議。春秋經世先王之志，聖人議而不辯〔一〕。”若子休，可謂知春秋矣。惟天下之變故不勝窮也，天人之相與不勝變也，然求其所以然者，則有時而不得言，或言之有時而不得信，此説者之所以類推而歸之不可致詰之域。而世遂以天人爲相遠而不相及，且以爲變異之事聖所不言，循致君人漫然不見所畏，恣爲非理而忘國邮，夫亦豈知天人之相與甚密而可畏邪！

太虚之内，大而天地，細而昆蟲，明而日月，幽而鬼神，金石、沙礫、人甿、草木，孰非一氣之形哉〔二〕？五藏象天，六府象地，是故藏病則氣色發於面，府病則欠申動於貌〔三〕。眼瞤有酒食，燈華得錢財，烏鵲噪、行人至、蜘蛛集而百事喜，況家國之間乎〔四〕？逆氣成象而凶慝生，順氣成象而吉祥止，亦天地一指爾〔五〕。翼奉之言，“人氣内逆，則感動於天地”〔六〕。殺一孝婦，何預於陰陽，而天爲之旱；烹一虐吏，何預於陰陽，而天爲之雨〔七〕。春秋之世，災異變見，何日無有？變異之來，顧若非涉於人事，而人事之萌，兆朕未嘗不先見於天地之間〔八〕。唯其德有小大,而應有遠近,是故或不旋踵,或五六年,或數十歷年而始驗〔九〕。

聖人經世,蓋難言之,是以螽螟蜚蝝、麋蜮鴝鵒、日食星隕、星孛木冰、無冰不雨、雨雹霖震、山崩地震、虣災屋壞之類,春秋悉與人事雜而志之,存而不論,將使智者雜而觀之,則知其所自矣〔一〇〕。知其所自,則凡遇變故皆得以恐懼脩省,期於消去,斯聖人警世之大訓也〔一一〕。

比歲甲午二月二十四,日晏食,環城百里悉雨木實如沐荚子,紅黑黃綠鮮明異色,種之乃條〔一二〕。先是二年三月,雨蛤如桃梅,人犁塊之間,舀之滿琖,盆坳所貯,際曉皆亡〔一三〕。繇此觀之,<u>神農</u>、<u>后稷</u>之事,為不誣矣〔一四〕。況復後世,五穀天降,良亦不少。<u>后稷</u>嘉穀,<u>周</u>氏以興;<u>中山</u>雨穀,姬人以亡〔一五〕。穀粟之零,成世常有,而興亡固繫乎人〔一六〕。故<u>京房</u>易逆刺謂“天雨穀,歲大熟”,而<u>王充</u>以為論說之家,雨穀為凶〔一七〕。在昔<u>史皇</u>作書,固嘗雨粟;而<u>伯禹</u>播殖,嘗雨稻矣。見世紀。禹事又見外紀〔一八〕。<u>燕丹</u>留秦,天亦雨粟;而<u>光武</u>之末,還見<u>陳留</u>〔一九〕。<u>梁惠成</u>之八年,雨黍於<u>齊</u>;而<u>梁襄</u>之八年,復雨於<u>薛</u>〔二〇〕。元康四禩,玄稷降於郡國;而<u>五代</u>之際,閩天又嘗雨豆;邇歲<u>舒城</u>且雨米矣〔二一〕。雨米見夷堅志〔二二〕。奚獨<u>神農</u>、<u>后稷</u>而疑之哉〔二三〕?述異記:<u>漢宣帝</u>時,<u>江淮</u>饑饉,雨穀三日,<u>秦</u>、<u>魏</u>地雨穀二千頃〔二四〕。<u>吳桓王</u>時,<u>金陵</u>雨五穀民家〔二五〕。建武三十一年,<u>陳留</u>雨穀蔽地,深黑如稗實〔二六〕。或疑夷狄間所生,棄而不食,疾風飄之,墜於中國〔二七〕。故封茶語<u>趙簡子</u>曰:翟雨穀三日,虫風所飄也;雨血三日,鷙鳥擊於上也〔二八〕。然變不窮,固有非飄至者。

歷觀前載,天雨之事,蓋非一矣。如螽,<u>魯文公</u>三年秋,雨於<u>宋</u>〔二九〕。<u>魯襄公</u>二年,雨於<u>江</u>,明年<u>楚</u>滅<u>江</u>〔三〇〕。雨螽之說,或以為飛而雨濡之;或不為害,自上而墜;或以為飛蠹之合,如雨之多;又或以為雨之變〔三一〕。四者,儒之鑿也。自上而下曰雨,此自空降,異之大者,所以書。如魚,<u>漢成</u>鴻嘉四年秋,<u>信都</u>雨魚,皆長五寸〔三二〕。李期時雨大魚於宫中,皆黄色〔三三〕。又赫連鳳翔元年,唐光啓二年、元和十四年,皆嘗雨〔三四〕。如鰕蛤〔三五〕、廣中邕、容道常有,隨雨至,謂之天鰕、天蛤〔三六〕。人取鹵之。不取,亦化。蓋亦有海中攝至者〔三七〕。見番禺記〔三八〕。蠃蟹、同上。蠶、科斗、蜃屬〔三九〕。鼈、古云〔四〇〕:"雨鼈,兵喪。"灰、紂末年。六韜云:紂時雨肉血、灰石、沙塵。又梁武大同三年正月,雨黄灰〔四一〕。沙、紂。又簡文大寶元年,雨黄沙〔四二〕。侯景亂,唐以徠,更多有〔四三〕。塵、紂。又梁武大同元年、二年,雨黄塵如雪,攬之盈掬〔四四〕。土、紂時。墨子云:雨土十日于亳〔四五〕。又古今注元鳳三年,伏侯占元朔四年、昭帝始元元年二年,魏景明四年,梁大同元年,周大象二年涼州,隋開皇二年京師,皆有此變〔四六〕。唐世尤多,其十二見志,又乾符二年雨於宣武〔四七〕。金、夏禹、秦穆時皆雨于櫟陽〔四八〕。又成王時雨咸陽,襄王三年雨於晉,晉惠公二年、唐垂拱三年五月雨於廣州〔四九〕。内記云:"天雨金鐵,是謂刑餘,人君殘酷,好殺無辜。不出一年,兵起於朝〔五〇〕。"碧〔五一〕、惠成七年,雨於鄲〔五二〕。見紀年〔五三〕。鉛〔五四〕、述異記:咸陽雨金,河間雨鉛,故名金城〔五五〕。漢惠世,宫中雨黄金、黑錫〔五六〕。鐵、此亦有。然結骨國每雨,收爲刀劍,極銛利〔五七〕。見王會圖〔五八〕。嘗問使者,隱而不答。蓋地産,因暴雨浲出,精利爾〔五九〕。賈耽云:國出好鐵曰迦沙,輸突厥〔六〇〕。兹實也。刀劍〔六一〕、法苑珠林言,阿脩羅雨兵仗〔六二〕。此蓋妄説。然河圖云:"怪目、勇敢、兩童,天雨刀於楚之邦〔六三〕。"謂項羽。春秋演孔云:"八政不中則天雨刀〔六四〕。"錢、近世嘗有,多五銖、赤仄〔六五〕。述異記:王莽時,宫中雨五銖錢,至地爲龜〔六六〕。石、紂末年,雨石,皆大如甕〔六七〕。按魯僖公十六年,隕於宋五,左氏以爲星〔六八〕。漢自惠盡平,凡十一〔六九〕。魏武末年,鄴中雨五色石〔七〇〕。唐永徽八隕於馮翊者十八,皆耀〔七一〕。甘氏云:雨石名曰天鼓,所下之邦大戰〔七二〕。華銀〔七三〕、内記云:"天雨水銀,是謂荆祖。不出三年,兵喪並起,亡國失王〔七四〕。"仁壽二年,宫中雨水銀花〔七五〕。四年,陝雨金銀花四十里〔七六〕。非祥也。珠玉、大同中,雨雜色寶珠,虞寄上瑞雨頌〔七七〕。法苑云:兜率天雨摩尼珠〔七八〕。大率成式多誕〔七九〕。使兜率天能變化,則何雨而不可者。大同之間,灰沙之類,大似紂時。使雨珠寶,豈不見史?然或有者,理不足怪。華〔八〇〕、記録,瞿曇説法而天雨華〔八一〕。占鏡言仁壽間宫中雨花如榆莢,或即上金銀花〔八二〕。果、如魏武世河内雨栗〔八三〕。述異記:呂后時雨栗〔八四〕。周秦間河南雨酸棗,故以名縣〔八五〕。草、漢元時雨草,葉相繆,又平帝時,皆爲外氏擅權〔八六〕。宋明大始四,雨於行宮[八七]。木、唐貞元四年,陳留雨十里,大如指,中通,皆植立[八八]。桂子、唐垂拱四年三月,天台雨桂子旬餘,司馬孟詵、冬官侍郎狄仁傑以聞[八九]。竹蘗[九〇]、占鏡云:雨木多風,雨蘗君有咎[九一]。大抵雨草木等多病死。筋、占云:雨筋,大饑[九二]。骨、梁惠成八年,雨於赤鞞,後國饑兵疫[九三]。内記云:是謂陽消。羽毛、易祆云[九四]:"天雨毛羽,貴人出走。"京氏云:"邪人進,賢人退,天雨毛","前樂後憂,天雨羽"[九五]。漢武時連見之。晉大始八,雨於蜀,皆白[九六]。隋開皇六,雨於京,如馬尾,至三尺[九七]。唐神龍二年四月,雨於鄆[九八]。熙寧戊申,王得臣爲巴陵,忽雨白毛長二三尺,焚之臭,如馬尾[九九]。管輅云:"天雨毛,賢人逃。"[一〇〇]漢志:天漢三,天雨白氂[一〇一]。大率多爲兵役。膏、占鏡云:雨血,君殺;雨膏蟲,輔多貪[一〇二]。内記云:天雨膏,師敗;雨肉,將易君。血、晉傳云:"佞人禄,功臣戮,天雨血[一〇三]。"故紂世雨血[一〇四]。永康元年三月,雨於尉氏,有聲如牛[一〇五]。唐武德初,突厥雨之三日[一〇六]。此與三苗亂時同[一〇七]。宋志:大康七,河陰雨赤雪[一〇八]。晉雜事云二頃,血之類[一〇九]。又貞元二十一,京師雨之[一一〇]。又後齊河清二年十二月,霜晝下,雨血於太原[一一一]。易曰:"歸獄不解,茲謂追非,厥咎天雨血;茲謂不親,不出三年,無其宗人。"[一一二]故帝王不可以興獄[一一三]。膳、法苑云:護世城雨美膳[一一四]。世亦宜有。肉、紂滅年及漢桓、晉愍時[一一五]。又魏世鄴地墜肉,其大數丈,數日,臭連村邑,始聞有哭聲[一一六]。爵錫[一一七]、内記:雨爵錫,爲饑荒[一一八]。狀如甘露而黄。絲絮、内記:雨絲綿絮,皆兵喪。績[一一九]、宋大明七年[一二〇]。帛、傳録。絳羅、宋書:張仲舒在廣陵,元嘉七年七月,天雨絳羅縢[一二一]。異苑云:仲舒晨起,側有赤氣;後雨絳羅於庭,紛紛,皆七八寸,如箋;經宿暴死[一二二]。杵臼黼黼[一二三]、占鏡云:雨杵臼,飢;黼黼,穰[一二四]。人龍鳥獸之類,莫可殫紀。董氏繁露謂聖人在上,羣龍爲之朝臣[一二五]。按靈臺祕苑云:王者失道,下將畔去,則星畔天而隕,以見其象[一二六]。將有兵凶,則墜爲鳥獸;天下將亡,則墜爲飛蟲;將大兵,則墜爲金鐵;將水,則墜爲土;主亡、有兵,則墜爲草木;兵起、主亡,則墜爲沙;有大喪,則爲龍;又爲人而言者,善惡如其言[一二七]。其說則異,如漢成時宮中雨蒼鹿,魏世河間雨小兒。九域亦云風所飄[一二八]。甚者至有土山、武后時慶山自雨而下[一二九]。冰牌[一三〇]、京房云:雨冰,大疫。桀末年,冰生於朝。梁鱉王十二年,齊地雨水,廣者六尺[一三一]。漢桓時,京師雨水[一三二]。張駿二年二月,雨水片如纊[一三三]。熱湯[一三四],唐咸通八年七月,下邳雨湯,殺鳥獸〔一三五〕。此皆耳目之所接焉者也。嗟夫!先王之設教,必本可信,曷嘗以人之不聞不見者欺哉〔一三六〕?

日月星辰昭布乎其上,風火雷電交盪乎其下,此皆世之同聞而共見者也〔一三七〕。凡若是者,亦有持其權者矣〔一三八〕。雖然,在上者皆有常,而在下者常不測。蓋有常者以覺君子,而不測者以涖小人〔一三九〕。兹天地之至權也〔一四〇〕。雖其世有治亂,而無代無小人,是故平治之世變故常微,衰亂之期星宿常怒,而風雷之戒常不廢,所以爲相濟也〔一四一〕。天地,聖人何嘗不以信哉?今夫雷之行也,必先諦覆而後仆之,又必篆其事以示之,其所以詔之於世者昭昭矣〔一四二〕。夫然,故愚智自守而不煩於政,是天之所以濟王政之不及者然也。

三五以還,世衰道降,信不足以一澆僞而機變用,於是盟誓興〔一四三〕。秦、漢而下,盟誓又熄,而後佛之教始得入於中國〔一四四〕。天下之士揖於妄福,不知先王之大道與夫天人相與之意,於是盡掐其藩而撤其戒,曰:天變不足信,聖人不之言也〔一四五〕。昧昧相師,遂使天地變異昭昭之理散,而釋之徒得以闖其堂閫,而以其耳目之所無有"阿比地獄"無稽之説朔而入之,以毆一世之人於杳杳昏昏之地,而世莫之寤也〔一四六〕。

予嘗作原化傍甄地獄之詭,雖同門之哲,弗予諒也〔一四七〕。於是爲之究解〔一四八〕,而後信之者始一二見,猶曰:"所患子爲必然之説爾。"曰:世之惑不解,正患無必然之説也。變異,聖人不言,春秋胡爲而書之哉?嗚呼!亦曷不幸而弗及赤子之未病邪〔一四九〕?藥之不至,達之而弗及矣!雖然,尚來者之可追也。詩云:"心之憂矣,其誰知之〔一五〇〕?"

【校注】

〔一〕六合之外,聖人存而不論;六合之内,聖人論而不議。春秋經世先王之志,聖人議而不辯:見莊子齊物論。經世,猶治世。志,通“識”,記載。辯,争辯。洪本、四庫本作“辨”,通。

〔二〕太虚:宇宙。　人甿:人民。　一氣:指混沌之氣,古人視之爲構成天地萬物之本原。

〔三〕欠申:打呵欠,伸懶腰。

〔四〕眼瞤有酒食,燈華得錢財,烏鵲噪、行人至,蜘蛛集而百事喜:眼瞤(shùn),眼皮跳動。燈華,即燈花,謂燈心餘燼結成花狀物。喬本、洪本、吴本“燈”作“鐙”,爲字書所不收,當爲“燈”字俗體,今從四庫本、備要本。西京雜記卷三:“樊將軍噲問陸賈曰:‘自古人君皆云受命於天,云有瑞應,豈有是乎?’賈應之曰:‘有之。夫目瞤得酒食,燈火花得錢財,乾鵲噪而行人至,蜘蛛集而百事喜。小既有徵,大亦宜然。’”

〔五〕亦天地一指爾:參見前紀六大庭氏注〔二一〕。

〔六〕翼奉之言,“人氣内逆,則感動於天地”:見漢書翼奉傳,文無“於”字。翼奉,西漢經學家,官諫大夫。

〔七〕宋胡寅斐然集卷二二無逸傳:“殺一孝婦,何與於陰陽,而天爲之旱;烹一虐吏,何與於陰陽,而天爲之雨。必深考其故,則知天不可忽,而古人‘應天以實不以文’之説明矣。”

〔八〕兆朕:徵兆,迹象。

〔九〕唯其德有小大:洪本、備要本“唯”作“惟”。

〔一○〕螽螟蜚蝝:螽(zhōng),飛蝗。螟(míng),蛀食苗心之害蟲。蜚(fěi),食稻花之害蟲。俗稱香娘子。蝝(yù),蛀食苗葉之害蟲。　麋蝝鴝鵒:麋,麋鹿,哺乳動物,俗稱四不像。蝝(yuán),未長翅之幼蝗。一説蚍蜉之有翼者。鴝(qú),指鴝鵒,鳥名。俗稱八哥。鵒,水鳥名。　星孛木冰:孛(bèi),形容彗星出現時光芒四射之狀。木冰,洪本如此,是,今從之。餘諸本均譌“水冰”。彦按:“水冰”不見於春秋,“木冰”則見春秋成公十六年。　雨雹霖震:雨,指暴雨。雹,冰雹。霖,指久雨。震,雷。彦按:今本春秋未見有“霖”。唯隱公九年曰:“三月癸酉,大雨,震電。”而左傳作:“大雨霖以震。”又云:“凡雨,自三日以往爲霖。”杜預注:“此解經書霖也。而經無霖字,經誤。”孔穎達疏:“然則經當如傳言‘大雨霖以震’,不當云‘大雨,震電’。是經脱‘霖以’二字而妄加‘電’也。”　廩災：廩，糧倉。災，指火災。

〔一一〕則凡遇變故皆得以恐懼脩省：脩省，修身自省。易震象辭：“洊雷震，君子以恐懼脩省。”　大訓：重要教誨。

〔一二〕比歲甲午二月二十四，日晏食，環城百里悉雨木實如沐莢子，紅黑黄緑鮮明異色，種之乃條：比，近，謂前不久。歲甲午，即宋孝宗淳熙元年（公元1174 年）。晏，暮，指日將落時。雨，謂如下雨般自天而降。木實，樹木果實。沐莢子，不詳何物，待考。條，謂長出小枝。

〔一三〕人犁塊之間，舀之滿瑂，盆坳所貯，際曉皆亡：犁塊，猶犁田。唐陸龜蒙耒耜經：“耕之土曰墢。墢，猶塊也。”瑂，通“盞”，杯狀器皿。盆坳，泛指盆盂。“坳”猶“凹”。際，猶至。

〔一四〕繇此觀之：四庫本“繇”作“由”。

〔一五〕后稷嘉穀，周氏以興；中山雨穀，姬人以亡：姬人，謂鮮虞人（中山國乃鮮虞人所建）。國語鄭語韋昭注：“鮮虞，姬姓在翟者。”孔叢子執節云：“魏王問子順曰：‘寡人聞昔者上天神異后稷，而爲之下嘉穀，周以遂興。往者中山之地，無故有穀，非人所爲，云天雨之，反亡國，何故也？’答曰：‘天雖至神，自古及今，未聞下穀與人也。詩美后稷能大教民種嘉穀以利天下，故詩曰“誕降嘉種”，猶書所謂“稷降播種，農植嘉穀”，皆説種之，其義一也。若中山之穀，妖怪之事，非所謂天祥也。’”

〔一六〕穀粟之零，成世常有：零，降落。成，通“誠”，的確。四庫本、備要本作“盛”，非。

〔一七〕而王充以爲論説之家，雨穀爲凶：論衡異虚云：“論説之家著於書記者皆云：‘天雨穀者，凶。’”

〔一八〕見世紀。禹事又見外紀：喬本、吴本、四庫本無此九字，當爲脱文，今據洪本、備要本補入。

〔一九〕燕丹留秦，天亦雨粟：燕丹，戰國末年燕國太子，名丹。太子丹曾作爲人質留居秦國。論衡感虚：“傳書言：‘燕太子丹朝於秦，不得去，從秦王求歸。秦王執留之，與之誓曰：“使日再中，天雨粟，令烏白頭，馬生角，廚門木象生肉足，乃得歸。”當此之時，天地祐之，日爲再中，天雨粟，烏白頭，馬生角，廚門木象生肉足。秦王以爲聖，乃歸之。’此言虚也。”史記荆軻傳太史公亦曰：

“世言荆軻,其稱太子丹命,‘天雨粟,馬生角’也,太過。”　而光武之末,還見陳留:太平御覽卷八七七引後漢書曰:“光武末陳留雨粟,形如稗實。”

〔二〇〕梁惠成之八年,雨黍於齊:見太平御覽卷八七七引史記曰,“之”作“王”。今本竹書紀年卷下記其事,則在周顯王六年(方詩銘中國歷史紀年表以爲時當梁惠成王七年,未知孰誤,待考)。吳本“雨”作“下”。　而梁臞之八年,復雨於薛:洪本、吳本、備要本“臞”作“臞”。彦按:臞字字書所未收。梁臞不見於典籍。此蓋有誤,存疑待考。

〔二一〕元康四禩,玄稷降於郡國:見宋書符瑞志下。元康,漢宣帝劉詢年號,公元前65—前61年。禩,同“祀”,年。　而五代之際,閩天又嘗雨豆:見新五代史司天考。

〔二二〕雨米見夷堅志:喬本、吳本、四庫本無此六字,當爲脱文,今據洪本、備要本補入。夷堅志,宋洪邁撰。

〔二三〕奚獨神農、后稷而疑之哉:喬本、吳本、四庫本無“奚”字,當脱文,今據洪本、備要本訂補。

〔二四〕漢宣帝時,江淮饑饉,雨穀三日,秦、魏地雨穀二千頃:見述異記卷下,文作:“漢宣帝時,江淮饑饉,人相食,天雨穀三日,秦、魏地奏亡穀二十頃。”此羅氏注所謂“秦、魏地雨穀二千頃”誤。

〔二五〕吳桓王時,金陵雨五穀民家:亦見述異記卷下,文作:“吳桓王時,金陵雨五穀於貧民家,富者則不雨。”吳桓王,即漢末割據江東一帶之諸侯孫策。其弟孫權稱帝建立東吳政權之後追謚策爲長沙桓王。各本“吳”均譌“其”,今訂正。又,洪本“桓”譌“指”。

〔二六〕建武三十一年,陳留雨穀蔽地,深黑如稗實:見論衡感虛,文作:“建武三十一年,陳留雨穀,穀下蔽地。案視穀形,若茨而黑,有似於稗實也。”

〔二七〕論衡感虛云:“此或時夷狄之地生出此穀,夷狄不粒食,此穀生於草野之中,成熟垂委於地,遭疾風暴起,吹揚與之俱飛,風衰穀集,墮於中國。中國見之,謂之‘天雨穀’。”

〔二八〕故封荼語趙簡子曰:翟雨穀三日,虫風所飄也;雨血三日,鷙鳥擊於上也:見説苑辨物,詳本書卷五前紀五因提紀下庸成氏注〔一六〕。封荼,翟(同狄)人。喬本、吳本“荼”作“茶”,此從餘本。趙簡子,又稱趙鞅,春秋末晉國正卿、趙氏家族領袖。宣風，即盲風。禮記月令仲秋之月"盲風至"鄭玄注："盲風，疾風也。"孔穎達疏引皇氏曰："秦人謂疾風爲盲風。"

〔二九〕魯文公三年秋，雨於宋：見是年春秋。魯文公，各本"魯"均譌"宋"，今訂正。

〔三○〕魯襄公二年，雨於江，明年楚滅江：彦按：此説誤。楚滅江在魯文公四年秋，見春秋。此前一年（即魯文公三年），春秋云："秋，楚人圍江。雨螽於宋。"蓋路史張冠李戴，以"雨螽於宋"爲"雨於江"，又將魯文公三年誤記爲魯襄公二年。

〔三一〕或不爲害，自上而墜：彦按："或不爲害"疑當作"或以爲不害"。宋榮夢得云："雨言墜而死，左氏之説是也。死則不能爲災矣，此記異非記災。"（見春秋穀梁傳讞卷四）　或以爲飛蟲之合，如雨之多：蟲，論衡商蟲："穀蟲曰蟲，蟲若蛾矣。"四庫本、備要本作"蟲"。合，聚集。

〔三二〕漢成鴻嘉四年秋，信都雨魚，皆長五寸：見漢書五行志中之下，"五寸"作"五寸以下"。

〔三三〕李期時雨大魚於宮中，皆黄色：見晉書李期載記。李期，十六國時期成漢皇帝，公元335—338年在位。喬本"期"譌"斯"，今據餘諸本訂正。宮中，四庫本譌"空中"。

〔三四〕又赫連鳳翔元年，唐光啓二年、元和十四年，皆嘗雨：分別見北魏崔鴻十六國春秋夏録一赫連勃勃、舊唐書高駢傳、新唐書五行志三。赫連，指十六國時期夏皇帝赫連勃勃，公元407—425年在位。鳳翔，各本均譌"鳳朔"，今訂正。

〔三五〕鰕蛤：蛤蟆。鰕，通"蝦"，音há。

〔三六〕廣中邕、容：廣，指廣州。邕，今廣西南寧市一帶。容，今廣西北流市、容縣一帶。

〔三七〕攝：攝取，吸引。

〔三八〕番禺記：宋攝南海主簿鄭熊撰。

〔三九〕科斗、蟇屬：科斗，即蝌蚪。蟇，同"蟆"，蝦蟆。

〔四○〕古云：洪本"古"作"占"。

〔四一〕見梁書武帝紀下。

〔四二〕又簡文大寶元年,雨黄沙:見梁書簡文帝紀。

〔四三〕唐以徠:四庫本“徠”作“來”。

〔四四〕見梁書武帝紀下。　攬之盈掬:抓之滿捧。

〔四五〕墨子云:雨土十日于亳:見墨子非攻下,文作:“兼夜中,十日雨土于薄。”薄,通“亳”。

〔四六〕伏侯占元朔四年、昭帝始元元年二年:伏侯占,喬本、備要本“侯”作“候”誤,此從餘本。彦按:伏侯占當作伏侯古今注,蓋“古”字譌“占”,又脱“今注”二字耳。又,“元年”二字疑衍。伏侯指東漢學者伏無忌,後漢書卷二六伏湛傳稱湛玄孫無忌“自采集古今,删著事要,號曰伏侯注。”即其書。太平御覽卷八七七咎徵部四雨土云:“伏侯古今注曰:‘漢武帝元朔四年,雨土。’又曰:‘昭帝始元二年,雨土,晝昏。’”不言元年。　魏景明四年:魏書靈徵志上:“世宗景明……四年八月辛巳,涼州雨土覆地,亦如霧。”　梁大同元年,周大象二年涼州,隋開皇二年京師,皆有此變:俱見於隋書五行志下心咎黄眚黄祥。大象,各本“大”均作“太”,今訂正。涼州,治所在今甘肅武威市涼州區。

〔四七〕唐世尤多,其十二見志:見志,指見於新唐書五行志二土黄眚黄祥者。喬本、吳本作“志見”,乃誤倒,今據餘本訂正。又點其數,實十三見,此稱十二,誤。　又乾符二年雨於宣武:見新唐書五行志二土夜妖。宣武,指宣武軍(方鎮名),治所在今河南開封市。

〔四八〕夏禹、秦穆時皆雨于櫟陽:彦按:此説疑有誤。遍考史籍,夏禹時曾雨金矣,然在夏邑,不在櫟陽。竹書紀年卷上帝禹夏后氏八年云:“夏六月,雨金于夏邑。”是也。秦時曾雨金櫟陽矣,然當獻公之時,而非秦穆。史記封禪書云:“櫟陽雨金,秦獻公自以爲得金瑞,故作畦畤櫟陽而祀白帝。”是也。

〔四九〕又成王時雨咸陽,襄王三年雨於晉,晉惠公二年、唐垂拱三年五月雨於廣州:吳本“垂拱”之“拱”譌“供”。上分別見於竹書紀年卷下周成王三十四年、周襄王三年,太平御覽卷八七七引史記曰,新唐書則天順聖武皇后紀及五行志二。其中“垂拱三年五月”有誤,新唐書兩載其事,俱在垂拱五年七月。又,所謂“襄王三年雨於晉”與晉惠公二年之雨金,實同一事,周襄王之三年即晉惠公之二年,今因資料來源不同而分爲兩事述之,可見羅氏之糊塗。

〔五〇〕内記云:開元占經卷三天占載此文,則作“天鏡曰”,而宋曾公亮等武經總要後集卷一六占候一天占亦載之,又作“五行傳曰”。内記、天鏡、五行傳(即洪範五行傳)三書關係不詳,待考。　天雨金鐵,是謂刑餘,人君殘酷,好殺無辜。不出一年,兵起於朝:開元占經“無辜”作“無違”,“兵起”作“兵交”;曾書“兵起於朝”作“主兵災”。

〔五一〕碧:青緑色之玉石。

〔五二〕惠成:指梁惠成王。

〔五三〕見紀年:今本竹書紀年見于卷下周顯王五年。而太平御覽卷八○九、廣韻昔韻碧引紀年,均在梁惠成王七年。方詩銘中國歷史紀年表以周顯王五年爲公元前 364 年,魏惠王(即梁惠成王)七年爲前 363 年,則兩者相差一年,未知孰誤,待考。

〔五四〕鈆:同“鉛”。四庫本作“鉛”,下羅注“雨鈆”之“鈆”同。

〔五五〕咸陽雨金,河間雨鈆,故名金城:見述異記卷下,今本文曰:“周成王時,咸陽雨金。今咸陽有雨金原。”又曰:“河間有雨鉛城,漢世天雨鉛錫於此。”

〔五六〕漢惠世,宮中雨黄金、黑錫:見述異記卷下,“漢惠世”作“漢惠帝二年”。

〔五七〕然結骨國每雨,收爲刀劍,極銛利:結骨國,古國名,唐時居住在俄羅斯薩彦嶺以北葉尼塞河上游地區。刀劍,四庫本如此,是,今從之。備要本“刀”作“刅”,餘本皆作“刃”。通典卷二○○邊防十六結骨云:“天每雨鐵,收而用之,號曰迦沙,以爲刀劍,甚銛利。”

〔五八〕王會圖:唐人撰,書已失傳,作者不詳。

〔五九〕因暴雨潒出:潒(shuàng),集韻絳韻潒云:“水所衝也。通作‘滰’。”

〔六○〕賈耽:唐宰相,地理學家。

〔六一〕刀劍:四庫本“刀”譌“刅”。

〔六二〕法苑珠林:唐釋道世撰。備要本如此,是,今從之。餘諸本“苑”皆譌“范”。　阿脩羅:佛教神名。

〔六三〕兩童:童,通“瞳”,瞳人。相傳項羽眼中有二瞳人。

〔六四〕八政:見後紀七小昊青陽氏注〔四三一〕。喬本、吳本“八”譌作

“人”，此從餘本。

〔六五〕多五銖，赤仄：五銖，五銖錢，錢幣名。漢武帝元狩五年始鑄，重五銖，上篆“五銖”二字。赤仄，即赤側。亦錢幣名。漢武帝時始鑄，外周以赤銅爲廓，故稱。喬本、吴本“仄”譌“灰”，今據餘本訂正。

〔六六〕見述異記卷下，原文作：“王莽時未央宫中雨五銖錢，既而至地，悉爲龜兒。”

〔六七〕蠅：音 yōng，是一種常見於貯藏米穀中的小黑甲蟲，俗稱蚌子。

〔六八〕按魯僖公十六年，實於宋五，左氏以爲星：洪本“於”譌“子”。春秋魯僖公十六年：“春，王正月戊申朔，隕石于宋五。”左傳云：“春，隕石于宋五，隕星也。”

〔六九〕漢自惠盡平，凡十一：漢書五行志下之下：“自惠盡平，隕石凡十一，皆有光燿雷聲，成、哀尤屢。”

〔七〇〕魏武末年，鄴中雨五色石：見述異記卷下。

〔七一〕唐永徽八實於馮翊者十八，皆耀：永徽八，喬本“八”譌“入”，此姑從餘諸本。彦按：“八”當作“四”。舊唐書高宗紀上及五行志、新唐書高宗紀及五行志三載其事，俱在永徽四年八月，此蓋涉“八月”之“八”而譌。耀，謂有光耀。

〔七二〕甘氏：指戰國天文學家、占星家甘德。

〔七三〕華銀：花狀之銀，即銀質之花。

〔七四〕荆祖：荆，猶言鞭撻。

〔七五〕仁壽二年，宫中雨水銀花：彦按：“水銀花”疑當作“金銀花”。資治通鑑卷一七九隋文帝仁壽二年云：“臣謹按八月二十二日，仁壽宫内再雨金銀花。”

〔七六〕四年，陝雨金銀花四十里：彦按：武經總要後集卷一六占候一天占云：“隋文帝仁壽四年，諸州造舍利塔，時陝州天雨金銀花，人以爲佛像祥瑞，卒有漢王諒之亂。”又太平御覽卷八七七引隋書曰：“（文帝仁壽年）毛州天雨金銀花，遍四十餘里。”疑此撮合兩事而爲一條。

〔七七〕大同中，雨雜色寶珠，虞寄上瑞雨頌：虞寄，南朝梁宣城王國左常侍。瑞雨頌，四庫本如此，是，今從之。喬本、吴本、備要本“頌”作“銘”，洪本則作"訟",俱誤。陳書虞寄傳:"大同中,嘗驟雨,殿前往往有雜色寶珠,梁武觀之甚有喜色,寄因上瑞雨頌。"

〔七八〕兜率天雨摩尼珠:兜率天,梵語音譯詞。佛教以爲天有多層,第四層稱兜率天。其内院爲彌勒菩薩之净土,外院爲天上衆生居處。摩尼珠,佛教傳説中之寶珠。

〔七九〕成式:老套,指固有説法。

〔八〇〕華:花。

〔八一〕記録,瞿曇説法而天雨華:記録,典籍記載。瞿曇,佛祖釋迦牟尼之姓,借代釋迦牟尼。

〔八二〕占鏡:全稱古今通占鏡,唐武密撰。　或即上金銀花:備要本句末有"也"字。

〔八三〕如魏武世河内雨栗:備要本如此,餘諸本"栗"皆作"粟"。彦按:粟非果,作"栗"方相吻合。明徐應秋玉芝堂談薈卷二〇天雨穀、明顧起元説略卷一象緯載其事,亦均作"雨栗",當是,今據以訂正。

〔八四〕述異記:吕后時雨栗:備要本如此,餘諸本"栗"作"粟"。彦按:羅氏所見,當作"栗",故引以注"果",今從備要本。然今所見述異記文,乃作"粟",太平廣記卷四一二草木七附五穀、明陳耀文天中記卷四五粟引述異記,亦俱作"粟",則頗疑作"栗"者譌,而本不當入於此。

〔八五〕述異記卷下:"耆舊説,周、秦間河南雨酸棗,遂生野棗。今酸棗縣是也。"

〔八六〕漢元時雨草,葉相繆,又平帝時,皆爲外氏擅權:繆,通"摎",糾結,纏繞。外氏,外姓,指外戚。漢書五行志中之下:"元帝永光二年八月,天雨草,而葉相摎結,大如彈丸。平帝元始三年正月,天雨草,狀如永光時。"

〔八七〕宋明大始四,雨於行宫:宋明,南朝宋明帝劉彧,公元465—472年在位。大始,當作"泰始"。四,備要本作"四年"。彦按:南史宋明帝紀云:"(泰始)四年春正月丙辰朔,雨草于宫。"但作"宫",不作"行宫"。

〔八八〕唐貞元四年,陳留雨十里,大如指,中通,皆植立:四庫本如此,是,今從之。喬本、洪本、吴本、備要本"貞元"作"真",又喬本、洪本、吴本"植"作"桓",皆誤。舊唐書德宗紀下貞元四年:"陳留雨木如大指,長寸餘,有孔通中,下而植於地,凡十里許。”

〔八九〕見新唐書五行志一、太平寰宇記卷九八台州臨海縣。

〔九○〕竹蕛:竹笋。

〔九一〕占鏡:吳本“占”譌“古”。

〔九二〕大饑:洪本、備要本“饑”作“飢”。下“國饑”之“饑”同。

〔九三〕梁惠成八年,雨於赤鞞,後國饑兵疫:赤鞞,地名。彥按:“國饑兵疫”,武經總要後集卷一六占候一天占作“國廢兵役並起”,疑此“疫”爲“役”字之譌且下有脱文。

〔九四〕易祅:即易妖,全稱周易妖占。漢京房撰。

〔九五〕京氏:指西漢易學家京房(字君明)。　邪人進,賢人退,天雨毛:漢書五行志中之上“退”作“逃”。　前樂後憂,天雨羽:漢書五行志中之上“天雨羽”前有“厥妖”二字。

〔九六〕晉大始八,雨於蜀,皆白:見晉書五行志中,文爲:“武帝泰始八年五月,蜀地雨白毛。此白祥也。”此“大始”當作“泰始”。

〔九七〕隋開皇六,雨於京,如馬尾,至三尺:隋書高祖紀上開皇六年:“(七月)乙丑,京師雨毛,如馬鬣尾,長者二尺餘,短者六七寸。”同書五行志上“二尺餘”作“三尺餘”。

〔九八〕唐神龍二年四月,雨於鄖:見新唐書中宗皇帝紀及五行志二。神龍,喬本、洪本、吳本作“神農”,當由音譌。此從四庫本、備要本訂正。

〔九九〕見宋王得臣麈史卷三占驗,文曰:“熙寧初,予爲岳之巴陵令,春月忽天雨白毛長二三尺許,取而焚之,臭如馬鬃。是歲,戊申也。”　熙寧戊申:即熙寧元年,公元 1068 年。

〔一○○〕管輅:三國魏術士。　賢人逃:喬本如此,餘諸本“逃”作“逊”,同。

〔一○一〕漢志:天漢三,天雨白氂:見漢書五行志中之上。顏師古注:“凡言氂者,毛之强曲者也。”

〔一○二〕雨膏蟲,輔多貪:蟲,各本均作“忠”。彥按:“忠”當“蟲”字之譌。開元占經卷三天占引洪範傳曰:“天雨膏如蟲,輔臣多貪之應也。”所言當同一事,可證。今訂正。

〔一〇三〕佞人禄，功臣戮，天雨血：見晉書五行志中引京房易傳，句末有“也”字。

〔一〇四〕吕氏春秋慎大：“武王勝殷，得二虜而問焉，曰：‘若國有妖乎？’一虜對曰：‘吾國有妖。晝見星而天雨血，此吾國之妖。’”

〔一〇五〕永康元年三月，雨於尉氏，有聲如牛：見晉書五行志中，無“有聲如牛”語。

〔一〇六〕見新唐書五行志一。

〔一〇七〕墨子非攻下：“昔者有三苗大亂，天命殛之，日妖宵出，雨血三朝。”

〔一〇八〕宋志：大康七，河陰雨赤雪：見宋書五行志三，“大康”作“太康”。

〔一〇九〕晉雜事：即晉朝雜事。南朝梁庾詵撰。

〔一一〇〕新唐書五行志一：“（貞元）二十一年正月甲戌，雨赤雪于京師。”

〔一一一〕見北齊書武成帝紀。

〔一一二〕易曰：彦按：下所引文，非出周易，乃出自京房易傳（見漢書五行志中之下），此稱“易”誤，疑有脱文。　歸獄不解，兹謂追非，厥咎天雨血；兹謂不親，不出三年，無其宗人：漢書引京房易傳，“兹謂不親”下尚有“民有怨心”四字。此漏引，或有脱文。歸獄，追究罪過。不解，不止。追非，謂追究失當。

〔一一三〕興獄：謂大肆動用刑獄。

〔一一四〕護世城：佛教傳説中之城名。

〔一一五〕紂滅年及漢桓、晉愍時：墨子非攻下云：“逮至乎商王紂，天不序其德，祀用失時，……天雨肉，棘生乎國道，王兄自縱也。”後漢書五行志二云：“桓帝建和三年秋七月，北地廉雨肉似羊肋，或大如手。”晉書五行志中：“愍帝建興元年十二月，河東地震，雨肉。”

〔一一六〕又魏世鄴地墜肉，其大數丈，數日，臭連村邑，始聞有哭聲：彦按：遍檢載籍，未見有此。唯崔鴻十六國春秋前趙録劉聰建元元年三月云：“平陽地震，……有赤龍奮迅而去。……龍形逶迤，其光照地，落于平陽北十里。視之則肉，臭聞于平陽，長三十步，廣二十七步。肉旁常有哭聲，晝夜不止。”亦見諸晉書五行志中及劉聰載記、魏書匈奴劉聰傳，文字大同。其事與羅氏此則注文所言相類,而所涉主角及地點均不相同,頗疑羅氏因其事載魏書而誤栽。

〔一一七〕爵錫:凝聚在植物枝葉上,蓋因霧霾而呈黄色之露珠。備要本如此,是,今從之。餘諸本“錫”均譌“錫”,下“雨爵錫”之“錫”同。宋王鞏甲申雜記:“一日邑吏云:‘甘露降。’視松竹間光潔如珠,因取一枝視劉貢父。貢父曰:‘速棄之。此陰陽之戾氣所成,其名爵錫,飲之令人致疾。’古人蓋有説焉,當求博識之君子,求甘露、爵錫之别。”

〔一一八〕爲饑荒:洪本、備要本“饑”作“飢”。

〔一一九〕績:麻纖維。

〔一二〇〕宋大明七年:唐許嵩建康實録卷一三宋下世祖孝武皇帝大明八年云:“前年,會稽雨績于山澤,績初如紵麻,晚似地毛。至是,饑人將拾,死不能起,橫屍原野,如亂麻焉。”

〔一二一〕宋書:張仲舒在廣陵,元嘉七年七月,天雨絳羅㡊:張仲舒,南朝宋司空。七年,太平御覽及異苑均作“十七年”,此疑脱“十”字。彦按:今本宋書未見。而太平御覽卷八七七引宋書曰:“文帝元嘉十七年七月,張仲舒晨夕輒見門側有赤氣赫然,空中忽雨絳羅於庭中,廣七八分,長五六寸,皆以箋紙繫之,廣長與羅等,紛紛甚騃。舒惡而焚之。舒經宿暴死。”

〔一二二〕見異苑卷四。今本文字與太平御覽卷八七七引宋書大同(見上注),而與羅氏注文頗有出入。

〔一二三〕䰙鬵:䰙同“釜”,鬵即“甑”俗字。皆古炊煮器名。釜所以煮,甑所以炊。

〔一二四〕占鏡:喬本、吴本“占”譌“古”,今據餘本訂正。　雨杵曰,飢;䰙鬵,穰:飢,通“饑”,糧食失收。喬本、吴本譌“肌”,此據餘本訂正。䰙,洪本譌“𩰾”。穰,糧食豐收。

〔一二五〕董氏繁露謂聖人在上,羣龍爲之朝臣:春秋繁露卷一三五行順逆云:“勸農事,無奪民時,使民歲不過三日,行什一之税,進經術之士,挺羣禁,出輕繫,去稽留,除桎梏,開門闔,通障塞,恩及草木,則樹木華美,而朱草生,恩及鱗蟲,則魚大爲,鱣鯨不見,羣龍下。”

〔一二六〕按靈臺祕苑云:靈臺祕苑,北周庾季才原撰,北宋王安禮等重修。洪本“云”譌“去”。　王者失道,下將畔去,則星畔天而隕,以見其象:吴本"失"譌"夫"。喬本、洪本、吳本"隕"譌"損",今據四庫本、備要本訂正。靈臺祕苑卷一五星隕如雨云:"星辰麗於天,猶民之附於王也。將叛去,故星亦離矣而隕,其占亂兵起,陽失其位。災害之萌,星隕如雨。"

〔一二七〕見靈臺祕苑卷一五星墜及異狀,文作:"凡星所墜,其下兵、饑、大戰、天下亂。……衆星若墜,人失其所,若人而俯言者,善惡如其言。其墜皆從其類,若國兵凶則爲鳥獸,天下將亂則爲飛蟲,天下大兵則爲金鉄,天下有水則爲土,國凶兵起則爲草木或砂石,將有喪則爲龍。"

〔一二八〕九域亦云風所飄:九域,四庫本如此,當是,今從之。餘諸本"域"作"或",誤。飄,喬本、洪本譌"諷",今據餘本訂正。

〔一二九〕武后時慶山自雨而下:慶山,在今陝西西安市臨潼區東南。喬本、洪本、吳本"自"作"目",當誤,此從四庫本、備要本。新唐書五行志二:"垂拱二年九月己巳,雍州新豐縣露臺鄉大風雨,震電,有山湧出,高二十丈,有池周三百畝,池中有龍鳳之形,禾麥之異,武后以爲休應,名曰'慶山'。"

〔一三○〕氷牌:約莫盾牌大小的冰塊。洪本"氷"譌"水"。

〔一三一〕梁斄王十二年:四庫本"斄"作"觠","十二"作"十一"。彥按:梁斄王,當有誤。説見上注〔二○〕。明董斯張廣博物志卷三天道三録此,改"梁斄王"作"梁赧王",亦非,史籍並無其人。

〔一三二〕漢桓時,京師雨氷:彥按:後漢書孝桓帝紀延熹二年云:"夏,京師雨水。"疑羅氏所見本,"水"作"冰"。

〔一三三〕張駿:十六國時前涼王,公元324—346年在位。　纊:綿絮。

〔一三四〕熱湯:熱水,沸水。

〔一三五〕新唐書五行志三:"咸通八年七月,泗州下邳雨湯,殺鳥雀。"

〔一三六〕欹:備要本如此,是,今從之。四庫本作"敧",餘本作"歐",誤。

〔一三七〕交盪:互相衝激。洪本"盪"譌"趙"。

〔一三八〕亦有持其權者矣:持,掌握。

〔一三九〕蓋有常者以覺君子,而不測者以泣小人:覺,使覺悟,啟發。泣,監視,督察。

〔一四○〕至權:最高權威,極大權力。

〔一四一〕衰亂之期星宿常怒:怒,謂星辰有光芒射出。　　所以爲相濟也:

濟,調節。

〔一四二〕今夫雷之行也,必先諦覆而後仆之,又必篆其事以示之,其所以詔之於世者昭昭矣:行,行動,此謂擊人。諦,仔細。覆,審察。仆,倒下。此謂使倒下,擊倒。喬本作"僕"非,此從餘諸本。篆,通"緣",憑藉。詔,告誡。

〔一四三〕信不足以一澆僞而機變用:信,誠信。一,純一。機變,機謀權詐。用,行。

〔一四四〕而後佛之教始得入於中國:洪本"入於"二字闕。備要本無"於"字。

〔一四五〕天下之士搰於妄福,不知先王之大道與夫天人相與之意,於是盡搐其藩而撒其戒:搰(hú),亂,擾亂。妄福,非分之福。搐(suō),抽,抽去。藩,籬笆。

〔一四六〕眛眛:糊裏糊塗。　堂閫:閫(kǔn),門檻。　阿比地獄:佛教八大地獄之一。備要本作"阿鼻地獄",同。　剙:同"創"。　杳杳昏昏:糊塗愚昧。

〔一四七〕傍:廣泛,普遍。　甄:考察,鑒別。　詭:欺詐,虛假。　哲:有智慧的人。　諒:相信。

〔一四八〕究解:詳盡解釋。

〔一四九〕未病:日後之弊病。

〔一五〇〕心之憂矣,其誰知之:見詩經魏風園有桃。

神農琴説

朱襄氏之瑟,伏羲氏之琴,其來尚矣。後世雖有作者,特脩而用之,非有改也〔一〕。而三都賦、補史記以爲神農制瑟,説文、世紀、隋志、小史則以爲神農造琴〔二〕。蓋脩之也〔三〕。揚雄琴清英云:"昔者神農造琴,以定神,禁淫僻,去邪欲,反其天真。"〔四〕新論琴道云,其琴七絃。而鄭遂洽聞記乃以爲神農之琴二十五絃〔五〕。夫二十五絃,在所未聞;而七絃,則世皆以爲起於後世。或謂周代之所增酖,亦嘗發之琴書矣〔六〕。

若古聖人,凡創一事,立一制,必有不可易之法。是故窮思極致,無遠近,無小大,必致其三而後已,固非若後世之士率意而作之者也〔七〕。既討於傳,黄帝、虞舜琴皆五絃,而神農、唐堯之琴其絃皆七,斯其信者〔八〕。然則聖人之制,果無意乎?

黄帝、虞舜,土紀者也〔九〕。土之數五,故其絃皆五〔一〇〕。神農、唐堯俱以火紀,火之數七,故其絃皆七。是皆可得而稽者也。五絃者,琴之本制也,蓋以當乎五音。大絃爲君,小絃爲臣,而六七兩絃實爲少宫、少商〔一一〕。故禮斗威儀云:少宫主政,少商主事。宋衷以爲聲五而已,必加少宫、少商者,君臣任重,爲之設副者也〔一二〕。

二少之絃,時謂文絃、武絃。一弛一張,文武之道。而世遂以二絃爲文、武王之所加。斯大妄矣。夫世固有見湘溪二女而以爲娥皇、女英〔一三〕,乃舜女,見別論。聞周室三后而以爲禹、伯、后稷〔一四〕,周公、君陳、畢公亦稱三后〔一五〕。謂梳起於赫胥氏,蠶始於蠶叢氏,蓋以胥、梳聲同,而蠶、蟲也,因妄言之〔一六〕。二事前後事始〔一七〕。若掀子胥之髯而續西門豹之尾者矣〔一八〕。唐人至吴子胥廟,見其像五鬣長鬚,爲奪朱之色;及鄞城西門豹祠,絳袍之下垂一豹尾〔一九〕。以二絃爲文、武王之所加,是則方書有所謂文、武火者,是必以周王執爨而後可也〔二〇〕。庸生之汲爲妄,如此哉〔二一〕! 鄭氏以“過作則暴”爲失文武之意,是矣〔二二〕。

嗟乎! 以其小者見其大者,此先王觀政術也。五絃、七絃,雖或增或損,而七絃之爲用詳而有本,知其神農法也。然則先王之榘度,從可知矣〔二三〕。兹予所以每贊古人之制而每歎後世之不如歟!

【校注】

〔一〕脩:遵循,沿襲。

〔二〕而三都賦、補史記以爲神農制瑟:三都賦,晉左思撰。彦按:三都賦未見有神農制瑟之言,而馬融長笛賦則云:“神農造瑟”,疑路史誤記之。司馬貞補史記三皇本紀云："神農氏……又作五絃之瑟教人。"　説文、世紀、隋志、小史則以爲神農造琴：説文珡部："琴,禁也。神農所作。"藝文類聚卷一一引帝王世紀曰："炎帝神農氏……作五絃之琴。"隋志,指隋書音樂志下,文云："一曰琴,神農制爲五弦,周文王加二弦爲七者也。"洪本、備要本"隋"作"隨"。宋高承事物紀原卷二樂舞聲歌部十一琴引高氏小史曰："炎帝教人作五絃之琴。"

〔三〕脩:同上注〔一〕。

〔四〕揚雄:四庫本如此,今從之。餘諸本"揚"作"楊"。　禁淫僻:琴清英原文,"禁"作"齊",義爲整肅。

〔五〕鄭遂洽聞記:鄭遂,唐太學博士。或以爲洽聞記作者乃唐鄭常。

〔六〕增觛:增加。

〔七〕窮思極致:盡心思考,極力探求。　必致其三而後已:致其三,至於再三。

〔八〕既討於傳:討,尋求。

〔九〕土紀者也:洪本"土"譌"上"。

〔一〇〕參見後紀十二帝舜有虞氏注〔三三七〕。

〔一一〕大絃爲君,小絃爲臣,而六七兩絃實爲少宮、少商:大絃,粗絃。小絃,細絃。實,洪本、備要本作"寔"。少宮、少商,分別爲第一絃宮、第二絃商之高八度音。

〔一二〕宋衷以爲聲五而已,必加少宮、少商者,君臣任重,爲之設副者也:彦按:此説見文選張景陽(協)七命八首之二"啓中黄之少宮,發蓐收之變商"李善注引宋均曰。此作宋衷,誤。

〔一三〕湘溪:指湘江,湖南境内最大之河流。

〔一四〕聞周室三后而以爲禹、伯、后稷:彦按:"伯"非后,當作"契"。淮南子人間篇云："古者溝防不脩,水爲民害,禹鑿龍門,辟伊闕,平治水土,使民得陸處;百姓不親,五品不慎,契教以君臣之義、父子之親、夫妻之辨、長幼之序;田野不脩,民食不足,后稷乃教之辟地墾草,糞土種穀,令百姓家給人足。故三后之後,無不王者,有陰德也。"是以禹、契、后稷爲三后也,然此稱"周室三后",亦不妥。

〔一五〕周公、君陳、畢公亦稱三后：君陳，周公旦子。書畢命：“惟周公克慎厥始，惟君陳克和厥中，惟公（畢公）克成厥終。三后協心，同底于道。”

〔一六〕而蝨，蟲也：四庫本如此，於義爲長，今從之。餘本“蟲”均作“蠱”。

〔一七〕前後事始：蓋謂一前一後見於事始。

〔一八〕若掀子胥之髯而續西門豹之尾者矣：掀，撩起。西門豹，戰國魏鄴令，興水利，除民害，史稱能吏。以胥、鬚音近而欲“掀子胥之髯（即鬚）”，以西門豹名豹而有“續西門豹之尾”説，自是牽強附會，故路史引以爲喻。

〔一九〕唐人至吳子胥廟，見其像五鬣長鬚，爲奪朱之色：鬣，玉篇髟部：“長須也。”四庫本本作“髯”。奪朱之色，即紫色，典出論語陽貨“惡紫之奪朱也”。

〔二○〕文、武火：煮東西時用小而緩之火稱文火，用大而猛之火稱武火。執爨：司炊事。

〔二一〕庸生之汲爲妄：汲，努力不懈。爲妄，造假。

〔二二〕鄭氏以“過作則暴”爲失文武之意：見禮記樂記“過作則暴”鄭玄注，原文爲：“過，猶誤也。暴，失文武之意。”暴，偏激。文武，指文樂（雅樂）與武樂（頌揚武功之舞樂）。

〔二三〕榘度：規矩法度。

論太公

正道之不明，自戰國之急於功利者滑之，而漢儒不能明，後世不能討也〔一〕。

太公，亞聖之大賢也〔二〕。其仕於周也，亦不苟矣。孟子曰：“太公避紂，居東海之濱，聞文王作，興曰：‘盍歸乎來！吾聞西伯善養老者。’”〔三〕賢者之去就，可知矣。

而太史公乃以爲漁隱於渭，文王卜畋於渭之陽，載與俱歸，爰立爲師〔四〕。且以爲西伯昌囚羑里，尚隱滋泉，其臣閎夭、散宜生、南宮括者相與學訟於公，四子於是見西伯於羑里，而復相與求美女、文馬、白狐、奇物以獻紂而脫其囚，歸而與之陰謀，脩德以傾商政〔五〕。其然乎？夫太公之爲人果如是耶〔六〕？其出處之際必有義，而其致君也亦有道矣，何至操切譎詭，爲憸人之舉哉〔七〕？

鬼谷之午合曰：昔者伊尹五就桀，五就湯，然後合；吕尚三入商朝，三就文王，然後合〔八〕。聖賢之出處，惟可知也。今夫閭閻小子之愛其君，必有道矣，公之所學者王術，而其所事者聖人也，顧不若閭閻小子之愛其君者乎〔九〕？

方紂在上，播棄黎老，而文王思皇多士，欲盡得天下英材而用之，而天下之英材亦莫不心而願爲之用矣，故其詩有疏附、有先後、而又有奔走、禦侮之臣，孰有天下之士歸之如此，有如太公而猶伏于漁者耶〔一〇〕？且太公之漁也，有意於天下乎，抑無意於天下乎？有意於天下，當文王而不出，何時而出？無意於天下，則雖俱載以歸，猶將鑿坏而遁，而又奚以師爲〔一一〕？遷之言，蓋取之戰國一時辯士之説而不知決擇者也〔一二〕。且既曰畋得之矣，而又曰四子於隱所相與見西伯於羑里，其相戾乃如此〔一三〕！

且君奭之言文王之脩和有夏也，時則有若虢叔，若閎夭，若泰顛、散宜生、南宫括，曾不及於太公，而孟子論五百歲聖人出，則以太公望、散宜生於文王爲見而知之，然則公之聞道，實有自文王矣〔一四〕。比武王言“予有亂臣十人”，而説者始以爲太公在焉，是太公未嘗爲文王師也〔一五〕。詩云：“維師尚父，時維鷹揚〔一六〕。”則公之在當時，特將帥之任爾。

劉向別録云“師之，尚之，父之”，合三元以爲名，則非必太公也〔一七〕。至雒師謀乃以爲號師尚父，則亦本諸此也〔一八〕。夫學訟而脱人之囚，與陰謀以傾人之國，皆兵謀詭計，出於後世所謂太公六韜書者，其果信邪？六韜之書，顧非必太公也。班固述權謀，不見其書，志雖有太公兵、謀，而乃列之道家，儒家有六弢六篇，則又周史所作，惠襄時人，或曰顯王之世，故崇文目謂漢世無有〔一九〕。今觀其言，蓋雜出於春秋、戰國兵家之説爾。

　　自墨翟來以太公於文王爲午合,而孫武之徒謂之用間,故權謀者每並緣以自見,蓋以嘗職征伐,故言兵者本之以爲説[二〇]。騎戰之法,箸於武靈之伐,而今書首列其説[二一]。要之,楚漢之際好事者之所掇,豈其本哉[二二]! 君子於此,其可不審所取,而讕説之是狥耶[二三]?

【校注】

〔一〕滑:音 gǔ,亂。　　討:探討,研究。

〔二〕亞聖:道德才智僅次於聖人。

〔三〕見孟子離婁上。　　興曰:興,興奮。

〔四〕而太史公乃以爲漁隱於渭,文王卜畋於渭之陽,載與俱歸,爰立爲師:太史公,四庫本“太”作“大”。史記齊太公世家云:“西伯將出獵,卜之,曰‘所獲非龍非彨,非虎非羆;所獲霸王之輔’。於是周西伯獵,果遇太公於渭之陽。與語大説,曰:‘自吾先君太公曰“當有聖人適周,周以興”。子真是邪? 吾太公望子久矣。’故號之曰‘太公望’,載與俱歸,立爲師。”

〔五〕且以爲西伯昌囚羑里,尚隱滋泉:滋泉,亦作“兹泉”,在今陝西寶雞市陳倉區東南。四庫本“滋”作“兹”。彦按:尚隱滋泉,不見諸史記,唯見於史記齊太公世家“(吕尚)以漁釣奸周西伯”張守節正義,以爲太史公言,欠妥。　　其臣閎夭、散宜生、南宮括者相與學訟於公,四子於是見西伯於羑里,而復相與求美女、文馬、白狐、奇物以獻紂而脱其囚:訟,訴訟,打官司。文馬,毛色有文采的馬。彦按:此文亦非出史記,而大抵取自尚書大傳。毛詩序大雅文王:“文王,文王受命作周也。”孔穎達疏引書傳云:“散宜生、南宮括、閎夭三子,相與學訟於太公。四子遂見西伯於羑里。”又詩大雅緜孔穎達正義云:“書傳説宜生、南宮括、閎夭三子學頌於太公,遂與三子見文王於羑里,獻寶以免文王。”　　歸而與之陰謀,脩德以傾商政:史記齊太公世家:“周西伯昌之脱羑里歸,與吕尚陰謀修德以傾商政。”

〔六〕夫太公之爲人果如是耶:耶,喬本、吴本、四庫本作“何耶”,洪本、備要本作“何邪”。彦按:“何”字當爲衍文,有之則費解,今删去。

〔七〕其出處之際必有義,而其致君也亦有道矣,何至操切譎詭,爲憸人之舉哉:際,分界。致君,謂輔佐國君成聖明之主。操切,脅持。譎詭,姦詐。憸人，奸邪之人。

〔八〕鬼谷之午合：鬼谷，指鬼谷子。戰國楚人，隱居鬼谷，因以自號。精通謀略、兵法，爲縱横家之鼻祖。午合，鬼谷子篇名，今本作“忤合”。忤合者，謂離彼以合此。　昔者伊尹五就桀，五就湯，然後合；吕尚三入商朝，三就文王，然後合：鬼谷子原文作：“故伊尹五就湯、五就桀，而不能所明，然後合于湯。吕尚三就文王、三入殷，而不能有所明，然後合于文王。”

〔九〕閭閻小子：民間小人物。

〔一〇〕方紂在上，播棄黎老，而文王思皇多士，欲盡得天下英材而用之，而天下之英材亦莫不心而願爲之用矣：黎老，老人。思，心念。皇多士，美好而衆多之賢士。此活用詩大雅文王“思皇多士”語（詩之“思”爲語助詞）。英材，備要本“材”作“才”。　故其詩有疏附、有先後、而又有奔走、禦侮之臣：疏附，指輔助親附之臣。高亨詩經今注：“疏，讀爲胥，輔也。”先後，指追隨前後之臣。奔走，指奔走效力之臣，禦侮，指抵禦外侮之臣。詩大雅緜：“予曰有疏附，予曰有先後，予曰有奔奏，予曰有禦侮。”鄭玄箋：“予，我也，詩人自我也。文王之德所以至然者，我念之曰：此亦由有疏附、先後、奔奏、禦侮之臣力也。”奔奏，奔走，“奏”通“走”。　孰有天下之士歸之如此，有如太公而猶伏于漁者耶：伏，埋頭。于，四庫本、備要本如此，是，今從之。餘本譌“牛”。耶，洪本、備要本作“邪”。

〔一一〕坏：通“阫”。音 péi，屋之後牆。備要本作“坏”。

〔一二〕辯士：洪本、四庫本、備要本“辯”作“辨”。

〔一三〕盭：當即“盭”字俗體。同“戾”，背離。四庫本、備要本作“盭”。

〔一四〕且君奭之言文王之脩和有夏也，時則有若虢叔，若閎夭，若泰顛、散宜生、南宫括：脩和，實行團結。有夏，猶後世言華夏，此周公自稱周族。虢叔等五人，皆文王賢臣。書君奭：“惟文王尚克修和我有夏，亦惟有若虢叔，有若閎夭，有若散宜生，有若泰顛，有若南宫括。”　孟子論五百歲聖人出，則以太公望、散宜生於文王爲見而知：孟子盡心下，孟子曰：“由文王至於孔子，五百有餘歲，若太公望、散宜生，則見而知之；若孔子，則聞而知之。”

〔一五〕比武王言“予有亂臣十人”，而説者始以爲太公在焉：比，及至。四庫本、備要本“比”譌“此”。武王言“予有亂臣十人”，見書泰誓中。亂臣，治理之臣。陸德明音義:"十人,周公旦、召公奭、太公望、畢公、榮公、太顛、閎夭、散宜生、南宮适及文母。"

〔一六〕維師尚父,時維鷹揚:見詩大雅大明。朱熹集傳:"鷹揚,如鷹之飛揚而將擊,言其猛也。"

〔一七〕三元:三善。

〔一八〕雒師謀:漢代緯書尚書中候篇名。

〔一九〕班固述權謀:指漢書藝文志兵書略兵權謀。 志雖有太公兵、謀,而乃列之道家:漢書藝文志諸子略道家:"太公二百三十七篇:謀八十一篇,言七十一篇,兵八十五篇。" 儒家有六弢六篇,則又周史所作,惠襄時人,或曰顯王之世:惠襄,各本"惠"均作"定"。彥按:"定"當作"惠"。周惠王、周襄王爲父子,相繼爲天子。周定王乃襄王孫,不當居襄前。今訂正。漢書藝文志諸子略儒家:"周史六弢六篇。"自注:"惠襄之間,或曰顯王時,或曰孔子問焉。"故崇文目謂漢世無有:崇文目,即崇文總目。北宋王堯臣等奉敕所撰國家書目。各本"目"均作"自"。彥按:作"自"費解,當是"目"字形譌,今訂正。

〔二〇〕自墨翟來以太公於文王爲午合:彥按:今本墨子未見有"以太公於文王爲午合"事。其事實出自鬼谷子,見上注〔八〕。疑此作墨翟誤。 而孫武之徒謂之用間:孫子有用間篇,曹操、李筌注:"戰者,必用間諜,以知敵之情實也。"其文曰:"昔殷之興也,伊摯在夏;周之興也,呂牙在殷。故惟明君賢將,能以上智爲間者,必成大功。"呂牙,即太公。

〔二一〕騎戰之法,箸於武靈之伐:騎戰,騎馬作戰。箸,記載。四庫本、備要本作"著",同。武靈,指戰國趙武靈王。

〔二二〕掇:通"綴",謂綴文,即編撰。

〔二三〕而譎説之是狗耶:狗,依從,曲從。耶,洪本作"邪"。

太公舟人説 伊尹庖人

昔之人,有負鼎以干世者,人見其爲鼎,而不知其所以爲鼎,因曰"庖人也"〔一〕。然則太公負釣以干世,而或謂之舟人,亦宜〔二〕。

太公望,河內汲人也。其爲人也,博聞而内智。蓋亦嘗事紂矣。紂之不道,去而游於諸侯,退居東海之濱,聞文王作興,翻然起曰："吾道信矣！"〔三〕或曰：際七十餘主而不遇，人皆曰狂丈夫也，文王獵而得之〔四〕。

嗟夫！風雲之會，不約而合，豈繁俗所窺哉〔五〕！方公之遇文王，說者謂其陰謀詭計以午合，此既失之，而或者因其釣合，復以爲之舟人、漁父〔六〕。韓詩傳云：文王舉之舟人，七十二矣〔七〕。其果然邪？

夫太公於文王，孟子之説最爲近之〔八〕。始其來也，蓋以釣道説爾〔九〕。陳以釣道，豈世俗所謂漁哉？迹文王畋於渭之陽也，太公鈎餌手竿而蹲於茅〔一〇〕。王問焉，曰："子樂漁邪？"對曰："君子樂其志，小人樂其事。吾漁，非樂之也？""然則，奚其餌？"對曰："魚求於餌，乃牽其緡；人食於禄，乃服於君。故以餌取魚，魚可揭；以禄取人，人可殺。以小釣釣川而禽其魚，中釣釣國則禽其萬國諸侯〔一一〕。"是則公之爲釣，非舟人也，明矣〔一二〕。

伊尹之負鼎俎，蓋亦以滋味説，豈庖人哉〔一三〕？滋味之説，鹽梅之説也，具之吕覽本味之篇〔一四〕。繇此語之，太公之事，益可知矣〔一五〕。然則，莊子謂湯以庖人籠伊尹，而范雎以太公爲漁父，厥有繇也。

鬼谷子云：尚三就於文王，然後合於文王〔一六〕。必其知之至，而後歸之而不疑，豈苟合邪？辭棘津，西入渭，其亦知文王之所以興矣〔一七〕。知其興而來，以求合其道，則其所以釣，釣文王者，豈在魚乎！

雖然，卜畋之事，我知之矣〔一八〕。太公之賢，文王既雅知之，豈又懼夫世不之知而我異，故於是爲之畋且卜邪〔一九〕？胥靡之賢，武丁豈不之知，而必曰夢帝賚予者，武丁雖已知之，而天下未之知，天下未之知，故不得不託之夢〔二〇〕。然則文王之不得不託之於卜也，審矣。知武丁之夢爲非夢，則知文王之卜爲非卜矣。武丁之夢，文王之卜，是或一道也。

【校注】

〔一〕有負鼎以干世者：負，憑藉，靠。鼎，古烹飪之器，借代烹飪。干世，求爲世用。

〔二〕舟人：漁夫。

〔三〕翻然起曰："吾道信矣"：翻然，迅速翻身貌。信，通"伸"，伸張，施展。

〔四〕際七十餘主而不遇：際，遇。喬本如此，餘諸本皆作"儕"。遇，投合。

〔五〕風雲：喻君臣。　緊：是。洪本作"縶"。

〔六〕午合：洪本"午"作"忤"。

〔七〕見韓詩外傳卷四。原文爲："夫文王非無便辟親己者，超然乃舉太公於舟人而用之，豈私之哉！以爲親邪？則異族之人也；以爲故耶？則未嘗相識也；以爲姣好耶？則太公年七十二，齳然而齒墮矣！"

〔八〕參見本卷前文論太公。

〔九〕説："悦"之古字，取悦。

〔一〇〕迹：追蹤。　茅：茅草，泛稱草叢。

〔一一〕緡：釣絲。　揭：舉，此謂釣起。

〔一二〕是則：洪本、備要本如此，於義爲長，今從之。喬本、吳本、四庫本作"是以"。

〔一三〕負鼎俎：猶"負鼎"。

〔一四〕鹽梅：鹽和梅子，一咸一酸，均爲調味所需之物。喻指國家政事之調理。

〔一五〕繇此語之：四庫本"繇"作"由"。下"厥有繇也"之"繇"同。

〔一六〕見前論太公注〔八〕。

〔一七〕辭棘津，西入渭：太公初賣食於棘津，聞文王畋於渭陽，乃往從之。參見國名紀三高陽氏後注〔三一六〕。

〔一八〕卜畋之事：參見前論太公注〔四〕。

〔一九〕文王既雅知之，豈又懼夫世不之知而我異，故於是爲之畋且卜邪：雅，素來。我異，詫異於我。邪，吳本、四庫本作"耶"。

〔二〇〕胥靡之賢，武丁豈不之知，而必曰夢帝賚予者：胥靡，古代服勞役的奴隸或刑徒。此指武丁大臣傅説。吕氏春秋求人："傅説，殷之胥靡也。"太平御覽卷八三引帝王世紀曰：“武丁於是思建良輔，夢天賜賢人姓傅名説，乃使百工寫其像，求諸天下。見築者胥靡，衣褐帶索，執役于虞虢之間、傅巖之野，名説，登以爲相。”喬本、吳本此下有“薛方山曰”一段文字，另起一行、低一格書。薛方山即明浙江提學副使薛應旂（號方山），可知其非羅苹注路史原書所有，今删去。

夷齊子南

兄弟之間，天理之所在也。然天下之仁義，自兄弟始；而不仁不義，亦多自兄弟始。蓋是非之相形，朝夕見也〔一〕。有能禮遜，得不爲之肅矜而屢歎歟〔二〕？

子曰：“伯夷、叔齊不念舊惡，怨是用希〔三〕。”又曰：“求仁而得仁，又何怨〔四〕？”

夷、齊，孤竹君之二子也。其父子兄弟之間，予列之詳矣。二子他日義國，其弟去而歸周，其賢可得而知矣，是以孔子每亟稱之，凡有爲也〔五〕。

兹未暇細，姑迹子南一事以明子貢之問，而信後世學者之弗察也〔六〕。子南，公子郢之字，靈公之介子，而蕢瞶之弟也〔七〕。蕢瞶既奔，靈公游於郊，子南僕，公曰：“予無子，將立汝〔八〕。”不對。他日，又謂之。對曰：“郢不足以辱社稷。君其改圖！君夫人在堂，三揖在下，三揖，卿、大夫、士〔九〕。君命祗辱〔一〇〕。”夏，靈公薨，夫人曰：“命公子郢爲太子，君命也。”對曰：“郢也異他子。君没於郢之手，若有之，郢必聞之。言當以臨没爲正〔一一〕。且亡人之子輒在〔一二〕。”乃立輒。子南之德，實媲夷、齊。

孔子居衛，蓋有疑輒逆德不可爲君，而子南之賢可立而不立者，故冉子求折於子貢，而子貢舉夷、齊以爲問〔一三〕。夫子以爲古之賢人，求仁而得仁者，蓋以明其志之得也。

始叔齊之遜夷也，固以夷長而當立也，曰：“無兄弟之義，何以爲國?”夷以叔齊爲父之所命也,曰:“無父子之義,而又何以爲國?”爰與俱去。一遜而兄弟之倫正,再遜而父子之義立。兄弟正,父子立,而君臣上下之分定,可謂“求仁而得仁”矣。故聞夷、齊以遜國爲仁,則知夫子不爲衛君,而郢賢可知矣。

當夫人之以君命而立我,承之可也,而固以輒在辭,此叔齊之義也。使輒當時逡巡側避,授之子郢,以俟蒉瞶之入,則伯夷之舉矣[一四]。而顧不知是,方且嬛嬈周章固位,仁人君子之忍言歟[一五]?曷儒老先而猶昧此,乃更以爲夫子善夷、齊兄弟之遜,爲惡蒉、輒父子之爭。蘇轍更取而著之伯夷之傳,至謂夷、齊之出,父子之間必有間言者[一六]。豈夫子志哉?

父子之争,十惡之罪首也。當時諸侯固數以爲譙矣,是非隱奧也,孰有求、賜高弟,不能知此,而反聖人疑邪[一七]?且出公之欲用夫子也,子路固以政之所先爲問矣,子曰:“必正名乎[一八]!”何名哉?直父子而已矣。而君子猶以爲隱。後世如公羊高者果以輒之拒命爲正,謂其不以父命辭王父命[一九]。故慕容興輩遂至以子拒父爲可[二〇]。嗟乎!父子之間,純乎天理者也,豈較是非曲直所哉!瞽叟殺人,竊負逃之,則凡世間之事不暇顧矣[二一]。今也争國,則父子之義篾,而國不可一日立矣,乃復論當立不當立邪[二二]!蒉瞶欲入,爲輒者繫鼓去位而唯父之從可也,顧兵以拒之邪[二三]!蒉瞶見書,必以世子,明當立也;圍戚必書,以罪輒也:聖人豈爲輒哉[二四]?奈何謫謫徒知輒之受遜於郢[二五]?夫亦豈知世子之名,誓之天子,而蒉瞶之出,先君未嘗絕之邪?

雖然,争者怨矣,而遜亦有怨乎?曰:怨出乎心,而人之爲遜,非必無心也。宋宣公、魯隱公與夫韋元成、劉愷、丁鴻、鄧彪之徒,其初未必出於矯拂勉强以沽名,然其心顧不能不以是爲世間之美事也[二六]。時以爲美,則有時而怨矣。有心者,怨之府也。介推、子胥没齒不釋,豈君子之爲哉〔二七〕? 郢之去,可謂求仁而得仁矣。求仁得仁,夫又何怨之有〔二八〕? 或以郢遜,悔而怨者。唯予知其辭出於誠,無怨也〔二九〕。蕢奚不怨? 輒奚怨哉?

【校注】

〔一〕形:比照。

〔二〕肅矜:敬重。

〔三〕見論語公冶長。

〔四〕見論語述而。

〔五〕二子他日義國:洪本、備要本“他”作“它”,下“他日”、“他子”之“他”同。義國,謂以道義待國柄。　凡有爲也:凡,皆。

〔六〕茲未暇細,姑迹子南一事以明子貢之問,而信後世學者之弗察也:細,此謂細述、細説。迹,考覈,推究。信,通“申”,説明。論語述而:“冉有曰:‘夫子爲衛君乎?’子貢曰:‘諾,吾將問之。’入,曰:‘伯夷、叔齊何人也?’曰:‘古之賢人也。’曰:‘怨乎?’曰:‘求仁而得仁,又何怨?’出,曰:‘夫子不爲也。’”何晏集解引鄭玄曰:“爲,猶助也。衛君者,謂輒也。衛靈公逐太子蒯聵,公薨而立孫輒。後晉趙鞅納蒯聵於戚城,衛石曼姑帥師圍之,故問其意助輒不乎。”

〔七〕靈公之介子,而蕢聵之弟也:介子,庶子。蕢聵,即春秋衛後莊公。春秋、論語作“蒯聵”,史記仲尼弟子列傳作“蕢聵”,同。吳本“弟”譌“茅”。

〔八〕靈公游於郊,子南僕:自此而下至“乃立輒”,見左傳哀公二年,文字略有異同。僕:駕車。

〔九〕三揖,卿、大夫、士:見杜預注。洪本無此六字注文。

〔一〇〕楊伯峻春秋左傳注:“此言君不商之夫人與卿大夫而私命我爲嗣位者,我受之,衹辱君命耳。”

〔一一〕言當以臨没爲正:見杜預注。洪本無此七字注文。

〔一二〕亡人:指太子蕢聵,時逃亡於外。

〔一三〕逆德:違背道德。　折:裁決,判定。參見上注〔六〕。

〔一四〕逡巡:退讓。

〔一五〕嬥嬈:不仁。駢雅釋訓:“嬥嬈,不仁也。”　周章:驚恐不安。

〔一六〕見蘇轍古史卷二四伯夷列傳。　蘇轍:喬本、洪本、吳本“轍”譌

“輙”，今據四庫本、備要本訂正。　　間言:怨言。依義，“間”當作“閒”，音xián。

〔一七〕譙:音qiào，譴責。　　隱奧:隱晦深奧。　　求、賜:求，冉子名。賜，子貢名(子貢乃字)。

〔一八〕出公:衛出公，即輙。論語子路:“子路曰:‘衛君待子而爲政，子將奚先?’子曰:‘必也正名乎!’”

〔一九〕後世如公羊高者果以輙之拒命爲正，謂其不以父命辭王父命:如，喬本、吳本譌“知”，今據餘本訂正。公羊高，戰國齊人，春秋公羊傳之作者。公羊傳哀公三年:“蒯聵爲無道，靈公逐蒯聵而立輙。然則輙之義可以立乎?曰:可。其可奈何? 不以父命辭王父命;以王父命辭父命，是父之行乎子也。”

〔二○〕故慕容興輩遂至以子拒父爲可:彥按:“慕容興”當作“慕興護”，蓋誤記。慕興護，南燕將軍。十六國春秋南燕録一慕容德燕元年載，後燕主慕容寶南至黎陽，叔父南燕王慕容德擬往奉迎，臣下皆反對，慕興護曰:“嗣帝(彥按:指慕容寶)不達時宜，委棄國都，自取敗亡，不堪多難，亦已明矣。昔蒯聵出奔，衛輙不納，春秋是之。以子拒父猶可，況以父拒子乎?”亦見資治通鑑卷一一○晉安帝隆安二年。

〔二一〕瞽叟殺人，竊負逃之:瞽叟，四庫本“叟”作“瞍”。孟子盡心上:“桃應問曰:‘舜爲天子，皋陶爲士，瞽瞍殺人，則如之何?’孟子曰:‘執之而已矣。’‘然則舜不禁與?’曰:‘夫舜惡得而禁之? 夫有所受之也。’‘然則舜如之何?’曰:‘舜視棄天下猶棄敝蹝也。竊負而逃，遵海濱而處，終身訢然，樂而忘天下。’”

〔二二〕則父子之義篾:篾，即“篾”字俗體，通“蔑”，没有，喪失。四庫本、備要本作“蔑”。

〔二三〕爲輙者繫鼓去位而唯父之從可也:繫鼓，擊鼓，謂表示歡迎，“繫”通“擊”。唯，洪本、備要本作“惟”。

〔二四〕蕡瞶見書，必以世子:春秋定公十四年:“衛世子蒯聵出奔宋。”又哀公二年:“晉趙鞅帥師納衛世子蒯聵于戚。”　　圍戚必書:春秋哀公三年:“春，齊國夏、衛石曼姑帥師圍戚。”楊伯峻注:“蒯聵居戚故也。”　　聖人豈爲輙哉:聖人，謂孔子。爲，幫助。

〔二五〕奈何譾譾徒知輒之受遜於郢：譾譾，淺薄。喬本、洪本、吳本“之”作“知”，蓋以音近且涉上“知”字而譌，今據四庫本、備要本訂正。

〔二六〕宋宣公、魯隱公與夫韋元成、劉愷、丁鴻、鄧彪之徒，其初未必出於矯拂勉强以沽名：宋宣公，春秋宋國君，名力，公元前747—前729年在位。史記宋微子世家：“宣公有太子與夷。十九年，宣公病，讓其弟和，曰：‘父死子繼，兄死弟及，天下通義也。我其立和。’和亦三讓而受之。宣公卒，弟和立，是爲穆公。穆公九年，病，召大司馬孔父謂曰：‘先君宣公舍太子與夷而立我，我不敢忘。我死，必立與夷也。’……八月庚辰，穆公卒，兄宣公子與夷立，是爲殤公。君子聞之，曰：‘宋宣公可謂知人矣，立其弟以成義，然卒其子復享之。’”魯隱公，春秋魯國君，名息姑，公元前722—前712年在位。隱公爲惠公繼室聲子所生，其弟太子軌（桓公）則惠公夫人仲子所生。惠公卒，軌年幼，隱公立而待軌長成以返政。公羊傳隱公元年：“公何以不言即位？成公意也。何成乎公之意？公將平國而反之桓。曷爲反之桓？桓幼而貴，隱長而卑。……隱長又賢，諸大夫扳隱而立之。隱於是焉而辭立，則未知桓之將必得立也。且如桓立，則恐諸大夫之不能相幼君也。故凡隱之立，爲桓立也。”韋元成，即韋玄成。西漢丞相。“玄”之作“元”，疑爲宋人避所謂聖祖玄朗諱之遺留。漢書韋玄成傳：“玄成兄弘，……父賢以弘當爲嗣，……及賢病篤，弘竟坐宗廟事繫獄。……於是賢門下生博士義倩等與宗家計議，共矯賢令，使家丞上書言大行，以大河都尉玄成爲後。賢薨，玄成在官聞喪，又言當爲嗣，玄成深知其非賢雅意，即陽爲病狂，臥便利，妄笑語昏亂。微至長安，既葬，當襲爵，以病狂不應召。大鴻臚奏狀，章下丞相御史案驗。……而丞相御史遂以玄成實不病，劾奏之。有詔勿劾，引拜。玄成不得已受爵。”劉愷，東漢太尉。後漢書劉愷傳：“愷字伯豫，以當襲般（彥按：愷父）爵，讓與弟憲，遁逃避封。久之，章和中，有司奏請絶愷國，肅宗美其義，特優假之，愷猶不出。積十餘歲，至永元十年，有司復奏之，……（和帝）下詔曰：‘故居巢侯劉般嗣子愷，當襲般爵，而稱父遺意，致國弟憲，遁亡七年，所守彌篤。蓋王法崇善，成人之美。其聽憲嗣爵。遭事之宜，後不得以爲比。’”丁鴻，東漢司徒。後漢書丁鴻傳：“父綝，……初，綝從世祖征伐，鴻獨與弟盛居，憐盛幼小而共寒苦。及綝卒，鴻當襲封，上書讓國於盛，不報。既葬，乃挂縗絰於冢廬而逃去。”鄧彪，東漢太傅。後漢書鄧彪傳：

“父卒,讓國於異母弟荆鳳,顯宗高其節,下詔許焉。”矯拂,矯情。

〔二七〕介推、子胥没齒不釋:介推,即介子推。史記晉世家載:晉文公重耳爲公子時,逃亡國外凡十九年,回國即君位後,“是以賞從亡,未至隱者介子推。推亦不言禄,禄亦不及。……其母曰:‘盍亦求之,以死誰懟?’推曰:‘尤而效之,罪有甚焉。且出怨言,不食其禄。’”子胥事,參見後紀八帝顓頊高陽氏注〔三三五〕。没齒,至死。

〔二八〕夫又何怨之有:吴本“夫”譌“天”。

〔二九〕唯予知其辭出於誠:唯予,洪本作“惟于”誤,備要本作“惟予”,通。喬本、吴本、備要本此下有“薛方山曰”一段文字,另起一行、低一格書。既非羅苹注路史原書所有,今删去。

論伊尹

嗚呼! 人之諒,亦有如伊尹之大者乎〔一〕? 君臣者,天下之大義也。以民而伐其主,以臣而放其君,二者天下之大不義也,而尹且爲之,泰然不疑,豈其忠之未諒哉〔二〕? 義有時而不濟也〔三〕。

今夫匹夫匹婦,得一豆甌而不知所處,以一介人臣起於畎畝之間而犯二難焉,非有脱略萬乘、芥視天下之心,疇克爾〔四〕? 唯其平日養之者至,達道義之所在,而能不以天下動其心,故其出而制世,有不可得而變者〔五〕。

湯誓、太甲,此聖人之所以不廢者,亦將以爲萬世君人者之戒爾〔六〕。雖然,予不敢以爲正也〔七〕。

昔孟軻氏以仁義游諸侯,思濟斯民,然其要,説諸國之君必以湯、武之事是,其所以自處者非伊尹不爲,遂以是得罪於後世之學者。惟其尊之者衆,詆者未幾,而詆之者至矣,卒未得其衷也〔八〕。

夫其言曰:“仲尼之徒,無道桓、文之事”,又曰:“管仲,曾西之所不爲”,而所言者必伊尹〔九〕。予則曰:仲尼之徒,有道桓、文、管仲,而無道伊尹。

予非異於聖人也，聖人之意則然也。何則？孔子之於管仲，未嘗不愛之也。所惡其小器者，特以三歸、反坫、山節藻梲之事累大德爾〔一〇〕。至稱齊桓之功，九合諸侯不以兵車，則斷以爲管仲之功，而至以“如其仁”許之，如其言“管仲相桓公，霸諸侯，一正天下，民到於今受其賜。微管仲，吾其被髮左衽矣。豈若匹夫匹婦之爲諒哉”〔一一〕。其稱於管仲也，蓋如此。而未嘗一言以及伊尹。伊尹之事，不可揄也〔一二〕。

或曰：論語雖不及之，而書固已取之矣，聖人非不稱之。曰：不然。書者，史而已。有其事而可監，則直著之，非有議也〔一三〕。而論語則聖人譏評折衷之書也，學爲君子者，必於此乎取之〔一四〕。取之此也〔一五〕。

伯夷、伊尹、柳下惠，是皆以身制行，特立乎天地之間，以爲人道之大經者也〔一六〕。世固未有臣伐君者也，而伊尹以爲吾盡其所以爲臣之道而不得其君，湯者天之所命也，吾不忍坐視斯民之塗炭，狥人而逆天，於是俯就湯而説之以伐夏救民〔一七〕。然天下之大義，惟君臣爾。今以君爲無道而伐之，則後世亂臣賊子將羣起而效矣，故伯夷不敢以武王而廢天下之大義，於是叩武王而告之以伐君非忠〔一八〕。夫存伊尹則廢人，狥伯夷則逆天，於是柳下惠復出而正之，不羞污君，援而止之而止，固盡其所以爲臣之道，而幸其君之能奉天而已矣，故仕於定、哀之間而不去，曰“後世必有得吾心者”〔一九〕。然子謂伯夷“餓於首陽之下，人到於今稱之”，謂柳下惠“直道事人，焉往而不三黜”，至於伊尹，又未嘗有言焉〔二〇〕。蓋伯夷、柳惠，人之所不屑爲，而伊尹之事，不患於無人爲之。知夫此，則孟子之猷，在所攷矣〔二一〕。雖然，柳惠之行，近於降志而辱身，藉使其君又不可幸焉，則仲之業在所進矣〔二二〕。以其君霸，而致天下於一正則已矣，豈必曰“如彼其卑”而棘爲其大哉〔二三〕?

　　吾見秦、漢而下,篡奪之等每爲也果於秦、漢之前,則誠軻之尤也〔二四〕。雖然,軻於三子,亦既俱以爲聖矣,至論聞風興起,則亦不及於尹〔二五〕。豈非清和者可學,而任者不可學歟〔二六〕? 學清和而不至,猶不免於隘不恭,學任而非其志,弊如何耶〔二七〕? 然則軻豈不知其弊哉?

　　嗚呼! 微軻之論,則伊尹之志幽;微吾之言,則夫子之意蕪矣〔二八〕! 固不可墨也〔二九〕。如曰若何,甘處於仲之卑而弗自致於尹之高,則弗病。

【校注】

　　〔一〕諒:誠信。

　　〔二〕以民而伐其主,以臣而放其君:上句言伊尹初爲夏臣而助湯伐桀,下句言伊尹以太甲不遵湯法而放之桐宮。

　　〔三〕不濟:不頂用。

　　〔四〕得一豆甌而不知所處:豆爲形似高足盤之食器,甌爲盆盂類瓦器,此豆甌借代所盛之食物。不知所處,謂忘了自己的身份。　　以一介人臣起於末耜之間而犯二難焉,非有脱略萬乘、芥視天下之心,疇克爾:洪本“耜”字爲墨丁。吴本“有”譌“亦”。脱略、芥視,皆蔑視之義。疇,誰。克,能。

　　〔五〕唯其平日養之者至:唯,洪本作“淮”,誤;備要本作“惟”,通。　　故其出而制世:洪本“出”字爲墨丁。制世,統治天下。

　　〔六〕湯誓、太甲:皆尚書篇名。太甲有上、中、下三篇。

　　〔七〕正:定。玉篇正部:“正,定也。”

　　〔八〕詆者未幾:詆,譴責。未幾,不多。　　卒未得其衷也:衷,中心,核心。

　　〔九〕管仲,曾西之所不爲:見孟子公孫丑上。曾西,孔子弟子曾參子(一説曾參孫)。

　　〔一〇〕所惡其小器者,特以三歸、反坫、山藻梲之事累大德爾:三歸,臺名。山藻梲,本爲古代天子的廟飾,形容居處豪華奢侈,越等僭禮。山藻(jié),亦作“山節”,刻成山形的斗拱;藻梲(zhuō),畫有藻文的梁上短柱。論語八佾:“子曰:‘管仲之器小哉!’或曰:‘管仲儉乎?’曰:‘管氏有三歸,官事不攝,焉得儉?’‘然則管仲知禮乎?’曰:‘邦君樹塞門,管氏亦樹塞門。邦君爲兩君之好,有反坫,管氏亦有反坫。管氏而知禮,孰不知禮?’”彦按:孔子未曾以山藻梲事説管仲。論語公冶長:“子曰:‘臧文仲居蔡,山節藻梲,何如其知也?’”説的是魯大夫臧文仲。路史張冠李戴。

〔一一〕俱見於論語憲問。　如其仁:如,猶乃。　一正天下,民到於今受其賜:四庫本、備要本“正”作“匡”,與今本論語同。洪本“於今”作“如今”。
左衽:洪本“衽”譌“衽”。　豈若匹夫匹婦之爲諒哉:論語原文“哉”作“也”。

〔一二〕揄:提出。

〔一三〕監:借鑑。

〔一四〕譏評折衷之書:譏評,批判、評論。折衷,取正,用作判斷事物之準則。

〔一五〕取之此也:洪本“取之”二字闕文。

〔一六〕以身制行:以身作則。

〔一七〕狥人而逆天:狥,順從,曲從。

〔一八〕參見後紀四炎帝參盧注〔四八〕。

〔一九〕存伊尹則廢人:存,謂不放棄其做法。　不羞污君:謂不以奉事污穢之君爲羞恥。　援而止之而止:援,用手拉。止之,吴本譌“立之”。孟子公孫丑上:“柳下惠不羞污君,不卑小官;進不隱賢,必以其道;遺佚而不怨,阨窮而不憫。……故由由然與之偕而不自失焉,援而止之而止。援而止之而止者,是亦不屑去已。”　幸其君之能奉天而已矣:幸,期盼。奉天,奉行天命。

〔二〇〕餓於首陽之下,人到於今稱之:見論語季氏,“人”作“民”。　直道事人,焉往而不三黜:見論語微子,首句作“直道而事人”。

〔二一〕猷:謀劃,用心。

〔二二〕則仲之業在所進矣:業,事。在所進,謂在所必行。廣雅釋詁一:“進,行也。”

〔二三〕以其君霸:以,使。　豈必曰“如彼其卑”而棘爲其大哉:如彼其卑,見孟子公孫丑上,孟子借曾西之口稱:“管仲得君如彼其專也,行乎國政如彼其久也,功烈如彼其卑也”。棘,通“亟”,急。

〔二四〕篡奪之等每爲也果於秦、漢之前,則誠軻之尤也:篡奪,喬本如此,餘本“奪”均作“敓”,同。等,輩。廣雅釋詁一:“等,輩也。”果,堅定,果斷。尤,過錯。

〔二五〕軻於三子,亦既俱以爲聖矣,至論聞風興起,則亦不及於尹:三子,指伯夷、伊尹、柳下惠。孟子公孫丑上:“非其君不事,非其民不使;治則進,亂則退,伯夷也。何事非君,何使非民;治亦進,亂亦進,伊尹也。可以仕則仕,可以止則止,可以久則久,可以速則速,孔子也。皆古聖人也。”又盡心下:“孟子曰:‘聖人,百世之師也,伯夷、柳下惠是也。故聞伯夷之風者,頑夫廉,懦夫有立志;聞柳下惠之風者,薄夫敦,鄙夫寬。奮乎百世之上,百世之下聞者莫不興起也。非聖人而能若是乎?——而況於親炙之者乎?’”

〔二六〕清和:平和,不偏激。　　任者:有擔當者。

〔二七〕隘不恭:謂見識短淺,不能認真對待職事。　　弊如何耶:洪本、備要本“耶”作“邪”。

〔二八〕則夫子之意蕪矣:夫子,指孟軻。蕪,雜亂,不清晰。

〔二九〕墨:墨守,拘泥。

伊尹無廢立事

李昱之雜説惑伊尹曰:伊尹,未盡善也〔一〕。君之不明,持其顛而正救之,可也;黜而放之,可乎〔二〕?太陽不明,星月奮曜,非星月矣〔三〕。大海不受,江河自納,非江河矣。且操刀而割,藏貨而集利,曰不爲屠賈,吾不信也。尹爲厲階,權臣逆夫,假廢立以圖國,竊此道爾〔四〕。或曰:“尹之得至公之稱,以有三年之歸政也〔五〕。”世有醫生善視疾者,語人曰:“吾能易爾腸胃,更爾系絡,則疾可爲也〔六〕。”然人無肯致其身,其難信也〔七〕。周旦北面相沖子,不僭天下之尊,不居假王之位,聖人之心不可易者,同也〔八〕。尹縱明誠自誓,懷至公於不疑,一旦溘先朝露,則太甲之於天下,一旅人爾,大事已去,其如何邪〔九〕?

　　羅昭諫則又曰：唐虞以揖遜得天下，而猶用和、仲、稷、契以厚風俗〔一〇〕。成湯放桀而有天下，揖遜已異，淳璞大壞〔一一〕。伊尹放太甲、立太甲，而臣下知權矣〔一二〕。乃曰恥君不及堯、舜。夫尹不恥其身之不和、仲、稷、契，而恥其君之不如堯、舜，在致君之誠則善矣，顧厲己之事如何哉〔一三〕？二子之説如此。

　　歸愚子曰：伊尹之事，顧非不韙也，第君臣之義爲弗順爾〔一四〕。且以世之亂臣賊子，莽、丕、懿、裕之徒盜國柄者，曷嘗不假尹以翻口〔一五〕。茲其所以致議者之如彼也。抑嘗求之：攝王之事，周公之所無；而廢立之事，伊尹之所無也。周公之坐朝，抱沖子；而太甲之居桐宅，諒陰爾〔一六〕。蓋古者之君薨，太子諒陰，百官總己以聽於冢宰三年〔一七〕。父母之喪，天下之至痛也，念慮一起，手足俱廢〔一八〕。是故繁務之來，有不及察，苟可以委而置之者，悉委之矣。聽於冢宰，豈唯天子然哉〔一九〕！國君亦各有攝，王以上卿爲之，惟痛均也〔二〇〕。滕父兄曰：吾先君、魯先君亦莫之行〔二一〕。則其禮廢已久，時人無能知矣。太甲之書，伊尹之事，宜後世之弗及知也。“惟元祀十有二月”，太甲始居陰之時也〔二二〕。百官聽於冢宰，此處喪之常紀，非攝也〔二三〕。唯太甲者立而不明，既乃背去師保之訓，則亦戾愎自用而不可以順導矣，故尹於是因其諒陰，營宮于桐，俾之密邇先王之室，而作其憤悱之心〔二四〕。謂之放者，自內而外之言，抗世子之謂爾，非廢也〔二五〕。“惟三祀十二月，伊尹以冕服奉嗣王歸於亳”，是起復之例爾，非再立也〔二六〕。始曰太甲，今曰嗣王，其事亦已明矣〔二七〕。

　　自漢羣儒以淺見眯經旨，而廢立之説昌〔二八〕。及霍光將廢昌邑，告於田延年，曰：“古有之乎？”〔二九〕對曰：“昔者伊尹相商，廢太甲以安宗社，後代稱爲忠臣。將軍誠能行之，亦漢室之伊尹也。”光計遂決。夫以光之不學，而投之延年循俗無識之言，遂使後世信以尹爲果嘗擅廢立者，莫之省也。

抑又攷之，太甲之三篇，其上篇乃甲居憂之時，中篇乃甲免喪之後，而下篇則尹去位之時作者〔三〇〕。曷嘗有廢立之一言哉？聖人之志，蓋簡而甚備也〔三一〕。嘗試即太甲之史觀之，前有伊訓以始事矣，而後復取咸有一德以終義，則尹之在當時，有甚不得已而無一毫之私欺見哉〔三二〕？且以復甲也，則曰“唯王克終厥德，實萬世無疆之休”，其喜之亦至矣；及告歸也，則又曰“臣罔以寵利居成功”，尹之心，豈將利其私哉〔三三〕？

予固曰：廢立之事，伊尹之所無。所可議者，以舜、禹君臣之義概之，則有愧爾〔三四〕。雖然，尹之迹爲有愧，而心無愧〔三五〕。後世爲尹事者，心迹俱可以唾去矣〔三六〕。曰：然則尹之事，其終不可言歟？曰：有孟軻之志識則可；無孟軻之志識則亂而已矣，奚以尚〔三七〕？

【校注】

〔一〕李昱之雜説惑伊尹：李昱，當指南唐後主李煜，字作“昱”誤。宋史藝文志四子類一雜家類著録有“南唐後主李煜雜説二卷”，即其書，今已佚。

〔二〕持其顛而正救之：持其顛，扶住使不跌倒。正救，糾正，補救。

〔三〕奮曜：奮發光耀。

〔四〕厲階：禍端。　竊此道爾：竊，襲取。此，洪本、吳本譌“比”。

〔五〕三年之歸政：史記殷本紀：“帝太甲居桐宮三年，悔過自責，反善，於是伊尹迺迎帝太甲而授之政。”

〔六〕世有醫生善視疾者：喬本、洪本、吳本“視”作“呪”，義不切合，當誤。此從四庫本、備要本。　系絡：筋絡。

〔七〕致其身：獻其身，謂將身體交給醫生。

〔八〕周旦北面相沖子：北面，謂以臣之身分。古禮，君南面（朝南）而坐，臣北面（朝北）而拜。相，輔助。沖子，童子，此指周成王。成王幼年繼位，周初定天下，周公恐諸侯畔周，乃攝行政當國（見史記周本紀）。

〔九〕明誠自誓：自誓明理而真誠。　溘先朝露：謂生命比朝露消失得還快，即早逝。　旅人：客居在外之人。

〔一〇〕羅昭諫：即唐末五代詩人羅隱（字昭諫）。　和、仲：彥按：此似宜作“羲、和”，包括羲仲、羲叔、和仲、和叔，而不該無端排除羲叔。

〔一一〕淳璞：淳樸。四庫本“璞”作“樸”。

〔一二〕知權：掌權。

〔一三〕夫尹：洪本“尹”譌“堯”。　致君之誠：嚮君表達意見之真心。屬己：自我勉勵。

〔一四〕顧非不韙也：顧，通“固”。喬本、吳本作“順”誤，今據餘本訂正。

〔一五〕莽、丕、懿、裕：王莽、曹丕、司馬懿、劉裕。　鉗口：謂堵住別人的嘴。

〔一六〕抱沖子：抱，奉。吕氏春秋下賢：“周公旦抱少主而成之。”高誘注：“抱，奉。”　諒陰：居喪。諒，吳本譌“諫”。陰，通“闇”，居喪之凶廬。

〔一七〕太子諒陰，百官總己以聽於冢宰三年：太子，備要本“太”作“大”。總己，約束自己。説文糸部：“總，聚束也。”引申而有約束之義。論語憲問：“君薨，百官總己以聽於冢宰三年。”

〔一八〕父母之喪：洪本“喪”譌“養”。

〔一九〕豈唯：洪本、備要本“唯”作“惟”，下“唯太甲者”之“唯”同。

〔二〇〕王以上卿爲之：四庫本“王”作“臣”，誤。

〔二一〕孟子滕文公上載，滕定公薨，世子使然友問於孟子，“定爲三年之喪。父兄百官皆不欲，曰：‘吾宗國魯先君莫之行，吾先君亦莫之行也，至於子之身而反之，不可。’”

〔二二〕惟元祀十有二月：見書伊訓，其文曰：“惟元祀十有二月乙丑，伊尹祠于先王，奉嗣王祗見厥祖。侯甸羣后咸在，百官總己以聽冢宰。伊尹乃明言烈祖之成德，以訓于王。”

〔二三〕此處喪之常紀：處喪，猶居喪。常紀，通則，常規。

〔二四〕唯太甲者立而不明，既乃背去師保之訓，則亦戾愎自用而不可以順導矣：不明，謂昏庸。背去，背棄。吳本“去”作“夫”誤。戾愎自用，乖張固執，自行其是。　營宮于桐，俾之密邇先王之室，而作其憤悱之心：喬本、吳本“營”作“榮”誤，此從餘本。密邇，靠近。作，謂使産生。憤悱之心，此指强烈之進取心。語出論語述而：“不憤不啓，不悱不發。”朱熹集注：“憤者，心求通而未得之意;怵者,口欲言而未能之貌。”

〔二五〕抗世子之謂爾:祇是與世子身份相符之説法而已。抗,抗衡,對等。

〔二六〕惟三祀十二月,伊尹以冕服奉嗣王歸於亳:見書太甲中,“十二月”作“十有二月朔”。　起復:父母喪期服滿,復出履職。

〔二七〕始曰太甲,今曰嗣王:彦按:此説無據。書伊訓及太甲三篇文中均但稱“嗣王”不稱“太甲”,史記殷本紀則但稱“太甲”不稱“嗣王”,何來“始曰”“今曰”之别。

〔二八〕眯:迷亂。喬本、洪本、吳本作“脒”,四庫本作“眛”,俱誤。今據備要本訂正。

〔二九〕及霍光將廢昌邑,告於田延年,曰:“古有之乎”:事詳漢書霍光傳,此但意引其文。田延年,霍光所親故史,官大司農。備要本“有之”誤倒作“之有”。參見後紀二女皇氏題注〔四一〕。

〔三〇〕居憂:猶居喪。

〔三一〕志:“誌”之古字,記載。

〔三二〕太甲之史:指書太甲三篇所載史事。　伊訓、咸有一德:皆傳世僞古文尚書篇名,一在太甲三篇之前,一在太甲三篇之後。

〔三三〕唯王克終厥德,實萬世無疆之休:見書太甲中,原文爲:“皇天眷佑有商,俾嗣王克終厥德,實萬世無疆之休。”唯,洪本、備要本作“惟”。休,美善,福禄。　臣罔以寵利居成功:見書太甲下。

〔三四〕概:衡量。

〔三五〕迹:行爲。

〔三六〕唾去:唾棄。

〔三七〕志識:志向與見識。　尚:超過。喬本、吳本、備要本此下有“薛方山曰”一段文字,另起一行、低一格書。既非羅苹注路史原書所有,今删去。

黄帝輕重之法

先王之制治,莫仁於刑;而其所以祥刑,莫仁於法〔一〕。法者,仁之寓,而刑之所取中焉者也〔二〕。

夫人之仁,非人之仁也,天地之仁也。人之不仁,非人之不

仁,天地之不仁也。寒而給之衣,饑而給之食,豈能爲仁哉?不能
不爲仁也。無食則使之饑,無衣則致之寒,豈能爲不仁哉?不能
不爲不仁也。是故代天地司牧者,制五刑必即天地於民之可以仁
而不仁者刑之,所以輔天地之不及也〔三〕。可以仁而不仁,負天地
者也。不可以仁而不爲不仁,不受制天地者也。

先王之心,豈不欲天下之人皆仁而爲君子也,奈何天下之人
有不足以當吾之望,以自棄於不仁,而爲小人之歸。自棄於不仁,
而小人之歸,夫然後不得已而待之以小人焉〔四〕。蓋望之以君子
者,先王之心;而待之以小人者,天下之法也。

一怒而天下安,四罪而天下服,其所以爲仁亦已至矣,刻膚斷
領,豈聖人之心哉〔五〕?吾故曰:制治莫仁於刑。刑者,先王之惡
石也〔六〕。惡石者,神醫不得已而用之。刑亦先王之所不得已也。

不得已,寓之法。是故法者,天下之公,而非先王之所得有
也。管叔作亂,司寇致刑;瞽叟殺人,士師可執〔七〕。又烏得以吾
仁而屈法哉?吾故曰:其所以祥刑,莫仁於法。

今夫殺人者殊,欺君者誅,此所謂法也〔八〕。先王豈故爲是嚴
哉?威莫大於殺人,而罪莫大於欺君也〔九〕。擅殺人之威而無殺
人之罪,敢欺其君而無欺君之誅,小人何憚而不爲哉?是故謀殺
人者坐之以殺人之罪,謀欺君者與之以欺君之誅,則小人何利,復
敢生事於國。

吾觀黃帝輕重之法:自言能司馬,不能者釁鼓;自言能治里,
不能者釁社;自言能爲官,不能官者剗以爲門;故相任寅爲官重門
擊柝,不能者,亦隨之以法〔一〇〕。其於欺君邀功之罪,何其重邪!
雖李悝之法,不是過也〔一一〕。然輕重之法,黃帝用之而天下大治;
李悝之法,商鞅用之而秦有覆竄之禍:何邪〔一二〕?唯所附之不同,
與用之之有異爾〔一三〕。吾故曰:法者,仁之寓,而其所以不仁者,
人不仁也。

夫唯明者爲能用刑,唯仁者爲能制法。刑欲重而不欲急,法欲嚴而不欲詳〔一四〕。刑重則犯者鮮,法簡則人易避〔一五〕。以是爲辟,何有惡德〔一六〕？黃帝氏之法,亦此之縣也〔一七〕。而律魁大士不是之法,侮文亂典,動則失衷,不有過急,必有處息〔一八〕。是二者雖不同,而皆可以速亂,幸而不亡,後王繼之,必有法令不行之患,然後小人得以沿隙勦竊,而天下亦從之矣〔一九〕。

梁統嘗言:"刑罰在中,無取於輕。"〔二〇〕刑輕之作,反生大患。是故殺人減死,而人益犯法。此初元、建平之際盜賊所以浸多而不可制歟〔二一〕！

嗚呼〔二二〕！後之持律者,亦不在涕持丹筆,唯黃帝之爲法,哀矜勿喜,而毋使有爨炭凝脂、割鼻飴口之悔,則幸矣〔二三〕！

【校注】

〔一〕制治:統治管理。　祥刑:善用刑罰。書呂刑:"有邦有土,告爾祥刑。"孔氏傳:"告汝以善用刑之道。"

〔二〕寓:寄託之所。

〔三〕司牧:管理,統治。　天地於民:洪本"地"謁"必"。

〔四〕夫然後不得已:洪本"夫"作"于"誤。

〔五〕一怒而天下安:孟子梁惠王下:"文王一怒而安天下之民。"　四罪而天下服:見後紀十一帝堯陶唐氏注〔二〇五〕。　刻膚斷領:泛指肉刑。刻膚,即黥刑。斷領,砍頭。領,脖子。

〔六〕惡石:古代治病用的石鍼。典出左傳襄公二十三年"美疢不如惡石"。

〔七〕瞽叟殺人,士師可執:瞽叟,四庫本"叟"作"瞍"。參見前文夷齊子南注〔二一〕。

〔八〕今夫殺人者殊:殊,處死。洪本如此,當爲路史之舊,今從之。餘諸本作"誅",遂與下句"欺君者誅"用字雷同,不合古人行文避複之慣例。

〔九〕威:虐害。逸周書嘗麥"是威厥邑"朱右曾集訓校釋:"威,虐。"老子七十二章"民不畏威"河上公注:"威,害也。"

〔一〇〕參見後紀五黃帝有熊氏。　　斲以爲門：喬本如此，餘諸本"斲"作
"劋"，同。　　重門擊柝：喬本"柝"譌"析"，今據餘諸本訂正。

〔一一〕李悝：戰國魏文侯相，曾主持變法，使魏國國力增强。

〔一二〕覆窠：猶覆巢，謂覆滅。備要本作"覆宗"。

〔一三〕唯所附之不同，與用之之有異爾：唯，洪本、備要本作"惟"。下"夫
唯明者"、"唯仁者"之"唯"同。爾，洪本作"余"，蓋由"尒"譌。

〔一四〕詳：謂繁瑣。

〔一五〕人易避：吳本"人易"譌脱作"易"。

〔一六〕以是爲辟：吳本"以"作"以以"，衍一字。辟，法，没度。

〔一七〕亦此之繇也：四庫本"繇"作"由"。

〔一八〕而律魁大士不是之法，侮文亂典，動則失衷，不有過急，必有處息：
律魁，猶魁壘，形容高超特出。大士，正獄訟之官。大音 tài。侮文，謂歪曲法
律條文。失衷，背離中正，偏頗。處息，姑息。

〔一九〕速亂：招致禍亂。　　沿隙勦竊：沿隙，趁空子。洪本、吳本、備要本
"沿"作"沿"，同。勦竊，剽竊，掠奪。勦音 chāo。

〔二〇〕梁統：東漢太中大夫。　　刑罰在中，無取於輕：見後漢書梁統傳，
"中"作"衷"。

〔二一〕此初元、建平之際盜賊所以浸多而不可制歟：初元，漢元帝劉奭年
號，公元前48—前44年。建平，漢哀帝劉欣年號，公元前6—前3年。所以，喬
本如此，餘諸本均作"之所以"。

〔二二〕嗚呼：洪本"呼"作"乎"。

〔二三〕涕持丹筆：丹筆，書寫罪人名册所用的紅筆。初學記卷二〇引三國
吳謝承後漢書："盛吉爲廷尉，每至冬節，罪囚當斷，妻夜執燭，吉持丹筆，夫妻
相對，垂泣決罪。"　　唯黃帝之爲法：洪本、備要本"唯"作"惟"。　　臡炭凝脂、
割鼻飴口之悔：臡炭凝脂，謂將人剁成肉醬或用炭火活活燒死。蓋即殷紂所用
之醢及炮格酷刑。臡(ní)，帶骨之肉醬。凝脂，凝固的油脂，常用以形容潔白
柔潤之肌膚。此借代有凝脂般肌膚之人。割鼻飴口，彥按：此語出揚雄太玄經
(太平御覽卷三六七引如此，今本太玄割"飴口"作"食口")，路史於此借用其
文，取義則偏在"割鼻"耳。悔，過失，禍害。

黄帝乘龍上昇説

或問：“荆山經、龍首記，黄帝服神丹已，龍來迎之，去。羣臣追慕，靡所搆思，或即其几杖而廟祭之，或取其衣冠而葬守之[一]。一應神僊之傳，至於儒書，以莫不然，而夫子紀其爲死，豈其然邪[二]？”

曰：有以明之。昔公仲承問於程子曰[三]：“人有常言，黄帝之治天下也，百神出而受職於明堂之庭。帝乃采銅首山，作大鑪焉，鑄神鼎於山上。鼎成，羣龍下迎，乘彼白雲，至於帝鄉[四]。羣小臣不得上昇，攀龍之胡，力顫而絶[五]。帝之弓裘墜焉，於是百姓奉之以長號，故名其弓曰烏號，而藏其衣冠於橋陵[六]。信有之乎？”

程子曰：“否。甚矣，世之好譎怪也[七]！聖人與人同類也。類同則形同，形同則氣同，氣同則智識同矣[八]。類異則形異，形異則氣異，氣異則智識異矣。人之所以相君長者，類也；相使者，形也；相管攝者，氣也；相維持者，智識也[九]。人之異於龍，龍之異於鼎，鼎之異於雲，言之辯也，曷足以相感召，而帝使之邪[一〇]？此其必不然也。甚矣，世之好譎怪也！

“吾聞之，太古之聖人，所以範世訓俗，有直言者，有曲言者[一一]。直言者，直以情貢也[一二]。曲言者，假以指喻也[一三]。言之致曲則其傳也久，傳久而詭僞則智者正之，譌甚而殽亂則智者止之[一四]。

“黄帝之治天下，其精微之感蕩，上浮而下沉，故爲百神之宗[一五]。爲百神之宗，則是百神受職於庭矣。帝乃采銅者，錬剛質也[一六]。登彼首山者，就高明也。作爲大鑪者，鼓陽化也[一七]。神鼎者，熟物之器也，上水而下火，二氣升降以相濟，中和之實也〔一八〕。羣龍者，衆陽之器也〔一九〕。雲，龍屬也。帝鄉者，靈臺之關，而心術之變〔二〇〕。此之謂所類也，形也，氣也，智識也，雖與人同，然成而每上也〔二一〕。成而每上，則其精微之所徹達，神明之所之適，其去人也遠矣〔二二〕。羣小臣，智識之不及者，攀龍之胡，有見於下也；不得上昇，無見於上也〔二三〕。有見於下、無見於上者，士也。上下無見者，民也。弓裘衣冠，帝所以善世制俗之具也，民無見也，懷其所以治我者而已，故於帝之逝也，號以決其慕，藏以奉其傳〔二四〕。此假以指喻之言也。而人且巫傳之，以相詆欺〔二五〕。甚矣，世之好譎怪也！千世之後，必有世主好高而慕大，以久生輕舉爲慕羡者，其左右狡詐希寵之臣又從而逢之，是甘心黄帝之所爲矣〔二六〕。

　　“夫生而少壯，轉而衰老，轉而死亡，此人之大常，聖凡之所共，上知之所弗幸免焉者也〔二七〕。且自古記之傳，若存若亡，大庭、中皇、赫胥、尊盧以來，聖人者不一族，誠恐大圓之上，嶢榭聯累，雖數千百有不足處，而復何主宰、何臣使，而猶昏昏默默以至於今乎〔二八〕？此不然之甚者也。然世之人，智者歆羡、愚者矜跂而不已〔二九〕。甚矣，世之好譎怪也！

　　“夫周之九鼎，大禹所以圖神姦也〔三〇〕。黄帝之鑄一，禹之鑄九，其造爲者同，而所以之適焉者異〔三一〕。是可以決疑矣。”

　　歸愚子曰：無見於下，衆人之所同；有見於上，聖人之所獨。首山之銅，予不敢伸，誠恐游方之士，又從而引之，以歸於天庭至寶之言〔三二〕。故言之不可易也，如此〔三三〕。

【校注】

　　〔一〕荆山經、龍首記，黄帝服神丹已，龍來迎之，去。羣臣追慕，靡所搆思，或即其几杖而廟祭之，或取其衣冠而葬守之：見抱朴子内篇極言，文字不盡相同。追慕，追思。玉篇心部：“慕，思也。”搆思，抱朴子内篇作“措思”，詞異義同。

〔二〕以莫不然：以，猶亦。

〔三〕昔公仲承問於程子曰：程子，指春秋晉人程本。博學善持論，聚徒講授，名聞諸侯，著作有子華子。公仲承，程子弟子。此下公仲承與程子問答之語俱見諸今本子華子（舊題晉程本撰，或疑其爲僞書），文字不盡相同。

〔四〕乘彼白雲，至於帝鄉：白雲，洪本“白”譌“曰”。帝鄉，天宫。

〔五〕攀龍之胡：胡，髯鬚。叢書集成初編本子華子作“鬚”。

〔六〕烏號：喬本、吴本“烏”作“鳥”誤，今據餘本訂正。　橋陵：即黄帝陵，在今陝西黄陵縣城北橋山上。

〔七〕譎怪：奇異怪誕。

〔八〕智識：智力識見。

〔九〕人之所以相君長者，類也：類，謂同類。下“形也”、“氣也”、“智識也”之形、氣、智識類推。

〔一〇〕言之辯也，曷足以相感召，而帝使之邪：辯，謂敍事、説理明白清楚。洪本、四庫本、備要本作“辨”，通。曷，子華子作“惡”，詞異義同。帝，洪本作“賓”，子華子作“實”。彦按：疑洪本以形近而“實”譌爲“賓”，後之本子則因作“賓”費解而改作“帝”。

〔一一〕範世訓俗：規範、教育世俗。

〔一二〕貢：告，告知。

〔一三〕指喻：猶比喻。

〔一四〕言之致曲則其傳也久：致曲，情致曲折。其，喬本、洪本、吴本譌“有”，今據四庫本、備要本訂正。　傳久而詭僞則智者正之：詭僞，怪誕虛假。子華子作“譌”。

〔一五〕其精微之感蕩，上浮而下沉：精微，精粹，精華。感蕩，感動，激蕩。上浮而下沉，猶言上天入地。　故爲百神之宗：宗，指所尊崇者。今本子華子“神”作“福”，下句“百神之宗”之“神”同；疑非是。

〔一六〕鍊剛質：修鍊剛强之品質。

〔一七〕作爲大鑪者，鼓陽化也：大鑪，洪本、備要本如此，喬本、吴本、四庫本作“鑪火”。彦按：此宜與上文公仲承問程子語“作大鑪焉”相應，以作“大鑪”爲是，今本子華子亦作“大鑪”，今從洪本、備要本。鼓，鼓舞，激發。陽化，陽氣升華。

〔一八〕二氣升降以相濟,中和之實也:二氣升降,謂陽氣升、陰氣降。中和,中正平和。實,指内涵,本質。

〔一九〕衆陽之器也:器,物。今本子華子此句作"衆陽氣也"。

〔二〇〕靈臺之關:猶心關,即心。此指本心,謂天性。　心術之變:"心術"之不同説法。心術,心路。漢書禮樂志"然後心術形焉"顔師古注:"術,道徑也。心術,心之所由也。"

〔二一〕此之謂所類也,形也,氣也,智識也:子華子"此"作"帝"。　雖與人同,然成而每上也:成,成功,有成就。各本均無"成"字。彦按:下文"成而每上",乃承此言,此當有"成"字,今訂補。子華子作"雖與人同爾,然而每成而每上也",亦有"成"字。上,謂超越(他人)。

〔二二〕成而每上:各本均作"成成而每上",當衍一"成"字,或即由上文誤倒至此,今删去。　神明之所之適:之適,至。洪本"適"譌"適"。

〔二三〕攀龍之胡:叢書集成初編本子華子"胡"作"鬚"。

〔二四〕善世制俗:善世,爲善於世。制俗,管理民衆。　號以決其慕:決,發泄,抒發。慕,思念。

〔二五〕詆欺:欺騙。

〔二六〕久生輕舉:久生,長生。輕舉,謂飛昇,成仙。　從而逢之:逢,逢迎,迎合。　甘心黄帝之所爲:甘心,羡慕,向慕。子華子"所爲"作"所造者"。

〔二七〕聖凡之所共,上知之所弗幸免焉者也:聖凡,聖人與凡夫。上知,各本均作"上帝"。彦按:上帝亦有生壯老死,聞所未聞。此當從子華子作"上知",今訂正。

〔二八〕且自古記之傳:古記,洪本作"故記",與今本子華子同。　中皇:子華子作"中黄",同。　誠恐大圓之上,嶠樹聯累,雖數千百有不足處:大圓,謂天。今本子華子作"大圜",同。嶠樹,高臺。聯累,相連不斷。處,居住。今本子華子末句作"雖處什伯不足以處也",疑有誤。　而復何主宰、何臣使,而猶昏昏默默以至於今乎:臣使,當臣支使。昏昏默默,迷迷糊糊。

〔二九〕智者歆羡、愚者矜跂而不已:歆羡,愛慕,羡慕。矜跂,敬仰。孟子公孫丑下"使諸大夫國人皆有所矜式"趙岐注:"矜,敬也。"跂,企而望。各本均謁"跋",今據子華子訂正。

〔三〇〕神姦:害人之鬼神怪物。

〔三一〕之適焉者:要達到的目的。之適,往。洪本"適"謁"適"。

〔三二〕首山之銅,予不敢伸,誠恐游方之士,又從而引之:伸,引伸,謂展開論述。游方之士,塵世中人。方,謂方内,指塵世。又,四庫本謁"文"。

〔三三〕易:輕易,輕率。

論槃瓠之妄

有自辰沅來者云:"盧溪縣之西百八十里有武山焉,其崇千仞,遥望山半,石洞鏤啓一石,貌狗,人立乎其傍[一]。是所謂槃瓠者。今縣之西南三十有槃瓠祠,棟宇宏壯。信之,天下有奇迹也[二]。"

予曰:"是黄閔武陵記所志者,然實誕也[三]。"記云:山半石室,可容數萬人,中有石牀、槃瓠行迹[四]。今山窟前石獸、石羊,奇迹尤多[五]。辰州圖經云:隉石窟如三間屋,一石狗形,蠻俗云槃瓠之像[六]。今其中種有四:一曰七村歸明户,起居飲食類省民,但左衽;二曰施溪武源歸明蠻人;三曰山猺;四曰犵獠[七]。雖自爲區别,而衣服趣向大略相似[八]。土俗以歲七月二十五日,種類四集,扶老攜幼,宿於廟下五日,祠以牛羓酒鮓,椎鼓踏歌,謂之樣[九]。樣,蠻語祭也。云容萬人,循俗之妄。○樣當用養。

曰:"然則所謂槃瓠者,非歟?"曰:"非也。"

何以言之? 予稽夏后氏之書知之也。伯益經云:"卞明生白犬[一〇]。"是爲蠻人之祖。卞明,黄帝氏之曾孫也。白犬者,乃其子之名,蓋若後世之烏麤、犬子、豹奴、虎狍云者,非狗犬也[一一]。雖然,世之誕妄,厥有形影,其言之不典,亦實自於經也[一二]。按經又言卞明生白犬;白犬有二,自相牝牡[一三]。郭氏以爲自相配合[一四]。蓋若今之婆羅門半釋迦者[一五]。鳥有曰鶄鶄、曰鶄離者,一身之間,自爲牝牡[一六]。半釋迦者,其種有五,有具男女二體者,有半月爲女者,皆偏氣所孕。而應劭書遂以爲高辛氏之犬名曰槃瓠,妻帝之女,乃生六男六女,自相夫婦,是爲南蠻[一七]。則知其説原衍於此。是殆以白犬爲庬爾〔一八〕。至郭璞、張華、干寶、范曄、李延壽、梁載言、樂史等，各自著書，枝葉其説〔一九〕。人以喜聽，而事遂實矣。且其説曰：高辛氏募有得犬戎吳將軍首者，黄金千鎰、邑萬家，妻以少女〔二〇〕。

　　杜君卿固疑其誕，謂黄金古以斤計，至秦始曰鎰，一也；三代分土，漢始分人，古安得萬家之封，二也；將軍，周末之官，三也；吳姓，宜周始有，四也〔二一〕。佑之難，亦當矣，又引其獄中與諸甥書證之，然不知其説之不出乎曄也。伯陵同吳權之妻，而羿之友有吳賀，不可謂吳姓至周始有；謂夷狄古無姓，可也〔二二〕。伯益爲百虫將軍，玄女立五軍之將，不可謂將軍周末之官；謂夷狄古無官號，可也〔二三〕。其説本出應氏書。

　　夫人畜之交通，世蓋每有〔二四〕。昔元嘉中，孟慧度之婢蠻，與犬通，處者且逾年〔二五〕。然高辛之事，常竊誕之。慧度，吳興人。事具宋書志等。槃瓠者，特猻狐之轉爾〔二六〕。犬尾大。按玄中記，槃瓠浮之東南海中，是爲犬封氏〔二七〕。蓋因本風俗通，然亦不謂蠻人之祖。記云：高辛時，犬戎爲亂。帝曰："有討之者，妻以美女，封三百户。"帝之狗曰槃瓠，亡三月而殺犬戎，以其首來，帝以女妻之〔二八〕。不可教訓，浮之會稽東，有海中得地三百里封之〔二九〕。生男爲狗，女爲美人。是爲犬封氏〔三〇〕。玄中之書，崇文總目不知撰人名氏，然書傳所引，皆云郭氏玄中記，而山海經注狗封氏事與記所言一同，知爲景純〔三一〕。

　　曰："然則，盧溪之祠，武山之像，何彰邪〔三二〕？"曰：見石西俯，則以爲爲惠遠點頭；見石東僂，則以爲爲秦皇赴海〔三三〕。木石之象物，厥類多矣，偶然喚作木居士，豈特一槃瓠而已邪〔三四〕？不然，犬戎國之神哉！經亦有云：犬戎國有犬戎神，人面而獸身〔三五〕。非蠻人之祖也。

【校注】

　　〔一〕辰沅：指今湖南辰溪縣、沅陵縣一帶。　　盧溪縣：即今湖南瀘溪縣。石洞鐼啓一石：鐼（xià），縫隙，空隙。備要本作"罅"，同。啓，蹲。廣雅釋詁三：“啓,踞也。”

〔二〕信之：真的。

〔三〕黄閔：南北朝時武陵人,博學有詞藝,又撰有沅州志。

〔四〕可容數萬人：太平御覽卷七八五引黄閔武陵記,作“可容萬人”。

〔五〕山窟：山洞。

〔六〕隍石窟：空曠之石洞。爾雅釋詁下：“隍,虚也。”

〔七〕種：族類,宗族。　一曰七村歸明户,起居飲食類省民：歸明,指稱歸附朝廷之少數民族。省民,王朝直轄地區之民,此指漢人。　施溪武源：地在今貴州銅仁市萬山區境。　山獟：獟音 sāo,字亦作獀。　犵獠：音 gē lǎo,即仡佬。

〔八〕趣向：興趣,愛好。喬本如此,餘諸本“趣”作“趍”。

〔九〕祠以牛羱酒鮓,椎鼓踏歌：鮓(zhǎ),腌魚。椎鼓,擊鼓。四庫本如此,是,今從之。餘諸本“椎”均譌“推”。踏歌,一種集體性歌舞形式。衆人手牽著手,隨著脚下踏步之節拍邊舞邊歌。

〔一〇〕伯益經：即山海經。參見前紀三洊光氏注〔一〕。　卞明生白犬：見山海經大荒北經。傳世本“卞明”作“弄明”,郭璞注：“(弄)一作卞。”

〔一一〕蓋若後世之烏虪、犬子、豹奴、虎狟云者：烏虪,即“於菟”,本爲虎之別稱,春秋楚令尹子文,乃父鬭伯比與邧子之女私通所生,生而被棄諸夢澤,因虎乳之得活,而“楚人謂乳穀,謂虎於菟,故命之曰鬭穀於菟”(見左傳宣公四年)。備要本“虪”作“虝”誤。犬子,西漢司馬相如,“少時好讀書,學擊劍,故其親名之曰犬子”(見史記司馬相如列傳)。豹奴,東晉西陽、襄城二郡太守,領江夏相桓嗣小字(見唐陸龜蒙小名録卷上)。虎狟(tún),東晉黄門郎王彭之小字(見唐陸龜蒙小名録卷上),取“虎子”之義。

〔一二〕誕妄：喬本、吴本“妄”譌“女”,今據洪本、四庫本、備要本訂正。

〔一三〕山海經大荒北經：“弄明(弄一作卞)生白犬,白犬有牝牡,是爲犬戎。”

〔一四〕郭璞注：“言自相配合也。”

〔一五〕婆羅門半釋迦：婆羅門,古印度之別稱。半釋迦,梵語稱因生理缺陷不能生育之男子。宋周密齊東野語卷一六黄門云：“世有男子雖娶婦而終身無嗣育者,謂之天閹,世俗則命之曰黄門。……大般若經載五種黄門云:'梵言扇摅、半釋迦,唐言黄門。其類有五:一曰半釋迦,總名也,有男根,用而不生子。二曰伊利沙半釋迦,此云妒,謂他行欲即發,不見即無,亦具男根,而不生子。三曰扇摅半釋迦,謂本來男根不滿,亦不能生子。四曰博叉半釋迦,謂半月能男,半月不能男。五曰留拿半釋迦,此云割,謂被割刑者。'"

〔一六〕鳥有曰鵋鶋、曰鵜鶘者:鵋鶋(qí jú),備要本"鶋"作"鵙"。鵜鶘,吴本"鶘"作"雗",四庫本作"鶘"。

〔一七〕應劭書:指風俗通義。

〔一八〕厖:通"尨",犬。喬本、吴本、四庫本作"麗",備要本作"龐",俱誤。此從洪本。

〔一九〕干寶:干,喬本作"於",洪本作"千",四庫本作"于",俱誤;吴本字下半部殘缺。今據備要本訂正。　范曄:四庫本"曄"作"曅",同。　李延壽:唐代史學家,撰有南史、北史等。　枝葉:謂添枝加葉。

〔二〇〕見范曄後漢書南蠻傳、干寶搜神記卷一四、樂史太平寰宇記卷一七八。　鎰:古代重量單位。合二十兩,一説二十四兩。

〔二一〕至秦始曰鎰,一也:洪本"一"譌"二"。杜氏説見通典卷一八七邊防三南蠻上盤瓠種,文曰:"按:范曄後漢書蠻夷傳皆怪誕不經。……曄云:高辛氏募能得犬戎之將軍頭者,購黄金千鎰,邑萬家,妻以少女。按黄金周以前爲斤,秦以二十兩爲鎰,三代以前分土,自秦漢分人。又周末始有將軍之官。其吴姓宜自周命氏。曄皆以爲高辛之代,何不詳之甚! 又按宋史,曄被收後,於獄中與諸甥姪書,自序云:'六夷諸序論,筆勢放縱,實天下之奇作。其中合者,往往不減過秦篇。'嘗共比方班氏,非但不愧之而已。按班、賈序事,豈復語怪。而曄紕繆若此,又何不減不愧之有乎?"

〔二二〕伯陵同吴權之妻:各本"伯陵"均譌作"伯岐",今據本書卷十三後紀四禪通紀八炎帝器訂正。參見彼章注〔一二〕。　而羿之友有吴賀:見後紀十四夷羿傳。

〔二三〕伯益爲百蟲將軍:備要本"伯益"誤倒作"益伯"。參見後紀八帝顓頊高陽氏。　玄女立五軍之將:彦按:此蓋指玄女兵法所載黄帝攻蚩尤,術士五胥教令設五旗、具五軍事(見後紀八附蚩尤傳羅苹注引玄女兵法。太平御覽卷三二八亦引之,“五胥”作“伍胥”)。事既不經,而所謂“玄女立五軍之將”亦與記載不符。

〔二四〕夫人畜之交通:喬本、吳本“夫”作“謂”;而餘本作“夫”,於義爲長,今從之。交通,指性交。

〔二五〕宋書五行志二:“(宋)文帝元嘉二十九年,吳興東遷孟慧度婢蠻與狗通好如夫妻彌年。”

〔二六〕猴狐:廣韻桓韻:“猴,猴狐,犬也。”又集韻桓韻:“猴,猴狐,犬短尾。”

〔二七〕浮:渡水。

〔二八〕亡三月而殺犬戎:亡,逃跑。備要本作“去”,餘諸本均作“七”。彦按:“七”當“亡”字形譌,作“去”蓋屬臆改。太平御覽卷九〇五引玄中記作“亡”是也,今據以訂正。

〔二九〕不可教訓,浮之會稽東,有海中得地三百里封之:有,通“又”。藝文類聚卷九四引玄中記,作:“帝以爲不可訓民,乃妻以女,流之會稽東南二萬一千里,得海中土方三千里而封之。”

〔三〇〕犬封氏:洪本“犬”譌“大”。

〔三一〕崇文總目:喬本、吳本“目”譌“曰”,今據餘本訂正。 而山海經注狗封氏事與記所言一同:見山海經海內北經“其東有犬封國”郭璞注。 景純:洪本、備要本“純”譌“紀”。

〔三二〕盧溪之祠,武山之像,何彰邪:武山,各本均作“君武山”。彦按:此語當與篇首“盧溪縣之西百八十里有武山焉”之句相應,是山名武山,此“君”字爲衍文,今删去。彰,顯揚,知名。

〔三三〕惠遠:亦作慧遠。東晉名僧,居盧山三十餘年,潛修净土,净土宗推尊爲初祖。

〔三四〕偶然喚作木居士:語出唐韓愈題木居士詩之一:“偶然題作木居士,便有無窮求福人。”木居士,對木雕神像的戲稱。

〔三五〕經亦有云:犬戎國有犬戎神,人面而獸身:見山海經大荒北經,原文作:“有犬戎國。有神,人面獸身,名曰犬戎。”

路史卷三十四

發揮三

辨玄囂青陽少昊[一]

玄囂、青陽、少昊,三人也。説者以玄囂爲青陽,或以青陽爲少昊,或盡三者以爲一,劇爲淺陋[二]。

按春秋緯,黄帝傳十世,雖未足信,然竹書紀季,黄帝至禹爲世三十,以今攷紀,亦一十有二世[三]。昔漢杯育治"始終",黄帝而來迄元鳳之三,三千六百二十九載,帝世季世正自多[四]。有内簡,黄帝後有帝鴻、有帝魁、有青陽、有金天,而後乃至高陽,金天、少昊俱爲青陽之子[五]。攷之書則無疑,質之世則不詭,青陽、玄囂自二人,明矣[六]。王氷黄帝經序云黄帝九子:一曰帝鴻,封冀;二曰金天,封荆;三曰挈,封青;四曰青陽,封徐;五曰顓頊,封預;六曰高陽,封雍;七曰帝嚳,封梁;八曰帝辛,封兖;九曰姬都,封陽[七]。子者,非謂其生也,謂其世也[八]。求之世則然矣,而其記則誤也。二金天當是帝魁,三挈當是少昊,四青陽則少昊之後,六高陽則顓頊之子,八高辛則挈,九姬都則堯也。

司馬公作史記,不紀少昊,略不識其所出,而言玄囂不得居帝位[九]。夫少昊之榘度,顯在人目,三代以來皆所尊用[一〇]。祀于五帝之位,正於月令之次,德之在人如是之著,而玄囂不得居帝位,則玄囂非少昊明矣[一一]。外傳、史記,古書皆不言少昊爲黄帝之子也[一二]。

史記云:黄帝生玄囂,是爲青陽,降居江水[一三]。此太史公之誤也。黄帝之子二十五宗，賜姓十二——惟紀有二，餘十有三皆姬姓也[一四]。史云得姓者十四人[一五]。此本國語，爲十二姓，二姬二紀，其文甚明。解者乃破爲十三，蓋不知國語姬、紀二姓，青陽之失[一六]。青陽與夷彭同爲紀姓[一七]。玄囂與蒼林同爲姬姓。少昊生於青陽，循其紀姓。帝嚳出於玄囂，循其姬姓。世本紀姓出於少昊，而帝嚳之子帝堯猶襲姬姓，氏姓之來各有派別，則玄囂、青陽又不得爲一明矣。玄囂，西陵氏之子；青陽，方靁氏之子；少昊，干類氏之子[一八]。夫玄囂降居江水，青陽安得降居江水之事。蓋太史公統記二人皆出黄帝而並列之，後世因傳習而誤之。其初宜曰“生玄囂、青陽。玄囂降居江水”爾。少一“玄囂”字[一九]。

　　魏曹子建之贊少昊也，亦稱“祖自軒轅，青陽之裔”，則少昊爲黄帝之孫而青陽之後矣[二〇]。惟帝德攷云：“黄帝之子少昊曰清。”又曰：“清者，青陽也，其子曰摯[二一]。”兹太史公之所取。所以致學士之疑者，蓋“少昊”二字傳之者之贅之也[二二]。少昊非清，而摯即少昊，郯子曰“我祖少昊摯之立”是也[二三]。是以張衡條遷、固之違誤，謂帝繫説黄帝産青陽、昌意，與周書之説異[二四]。而郭璞亦云：“少昊金天氏，帝摯之號也[二五]。”然以摯爲青陽之名，則又誤矣。

　　記注紊亂如此，學士何從而要質之，予故詳焉[二六]。

【校注】

　　〔一〕辨：四庫本作“辯”。

　　〔二〕或盍三者以爲一，劇爲淺陋：盍，合，混同。劇，極，甚。

　　〔三〕竹書紀季：洪本“季”譌“季”。　黄帝至禹爲世三十：吴本、四庫本“三十”作“三十世”。　亦一十有二世：吴本、四庫本無“有”字。

　　〔四〕昔漢杯育治“始終”，黄帝而來迄元鳳之三，三千六百二十九載，帝世季世正自多：治，洪本、吴本、四庫本譌“冶”。始終，宜作“終始”，指戰國末陰陽家鄒衍之“五德終始”學説。其説視木、火、土、金、水五行爲五德，認爲歷代王朝各代表一德，按照五行相克或相生的順序，交互更替，周而復始。帝世，帝

王世系。季世，年代，年數。備要本“季”譌“季”。正，吴本譌“王”。漢書律曆
志上：“丞相屬寳、長安單安國、安陵梧育治‘終始’，言黄帝以來三千六百二十
九歲。”

〔五〕有内簡：有，通“又”。

〔六〕質之世則不詭：質，對質，驗證。詭，違背。　明矣：吴本、四庫本作
“固也”，洪本譌“周也”。

〔七〕王氷：洪本、備要本“氷”譌“水”。　帝鴻：洪本“鴻”作“鳿”，同。
三曰挈：“挈”，當作“摯”。下路史正文引帝德攷即作“摯”。參見後紀七小昊
青陽氏注〔三〕。　封陽：陽，即平陽，在今山西臨汾市堯都區。

〔八〕世：後嗣，後人。

〔九〕略不識其所出：略，完全。　而言玄囂不得居帝位：史記五帝本紀：
“高辛父曰蟜極，蟜極父曰玄囂，玄囂父曰黄帝。自玄囂與蟜極皆不得在位，至
高辛即帝位。”

〔一〇〕顯在人目：洪本、吴本“目”作“自”非。

〔一一〕正於月令之次：禮記月令孟秋之月：“其帝少皞，其神蓐收。”少皞
即少昊。

〔一二〕外傳、史記、古書皆不言少昊爲黄帝之子也：彦按：此説與事實不
符。國語楚語下“及少皞之衰也，九黎亂德”韋昭注：“少皞，黄帝之子金天氏
也。”禮記月令孟秋之月“其帝少皞”陸德明音義：“少皞，黄帝之子。”左傳昭公
十七年“少皞氏鳥名官”杜預注：“少皞，金天氏，黄帝之子，己姓之祖也。”何得
言“古書皆不言少昊爲黄帝之子”？

〔一三〕史記五帝本紀：“嫘祖爲黄帝正妃，生二子，其後皆有天下。其一
曰玄囂，是爲青陽，青陽降居江水。”

〔一四〕惟紀有二：“紀”，國語作“己”。下諸“紀”字同。國語晉語四：“凡
黄帝之子二十五宗，其得姓者十四人爲十二姓，姬、酉、祁、己、滕、箴、任、荀、
僖、姞、儇、依是也。”韋昭注云：“謂十四人而内二人爲姬，二人爲己，故十
二姓。”

〔一五〕史記五帝本紀：“黄帝二十五子，其得姓者十四人。”

〔一六〕解者者乃破爲十三，蓋不知國語姬、紀二姓，青陽之失：彦按：此説

實襲取史記五帝本紀"黃帝二十五子,其得姓者十四人"司馬貞索隱文,卻未表述清楚。司馬文云:"舊解破四爲三,言得姓十三人耳。今案:國語胥臣云'黃帝之子二十五宗,其得姓者十四人,爲十二姓……。唯青陽與夷鼓同己姓'。又云'青陽與蒼林爲姬姓'。是則十四人爲十二姓,其文甚明。唯姬姓再稱青陽與蒼林,蓋國語文誤,所以致令前儒共疑。其姬姓青陽當爲玄囂,是帝嚳祖本與黃帝同姬姓。其國語上文青陽,即是少昊金天氏爲己姓者耳。"

〔一七〕青陽與夷彭同爲紀姓:夷彭,國語晉語四作"夷鼓"。然羅苹氏堅稱當作夷彭,作夷鼓非(見後紀五黃帝有熊氏"次妃肜魚氏,生揮及夷彭"注)。

〔一八〕干類氏:吳本、四庫本、備要本"干"訛"于"。

〔一九〕字:吳本訛"子"。

〔二〇〕曹子建:即曹植(字子建)。

〔二一〕參見後紀七小昊青陽氏注〔一四〕。

〔二二〕學士:洪本、吳本作"學子"。

〔二三〕郯子曰"我祖少昊摯之立":見左傳昭公十七年,文曰:"我高祖少皞摯之立也,鳳鳥適至,故紀於鳥,爲鳥師而鳥名。"

〔二四〕後漢書張衡傳稱衡"又條上司馬遷、班固所敍與典籍不合者十餘事",李賢注引衡集其略,中有又一事曰:"帝系,黃帝産青陽、昌意。周書曰:'乃命少皞清。'清即青陽也,今宜實定之。"

〔二五〕少昊金天氏,帝摯之號也:"號",各本均作"子"。彦按:"子"當作"號"。山海經西山經"又西二百里,曰長留之山,其神白帝少昊居之"、大荒東經"東海之外大壑,少昊之國",郭璞注並曰:"少昊金天氏,帝摯之號也。"又路史下文云"然以摯爲青陽之名,則又誤矣",摯爲名,正由少昊爲號推出,作"子"則費解。今據以訂正。

〔二六〕要質:覈實查證。

論史不紀少昊

司馬氏父子世典太史,其作史記也,首于黃帝,而繼之以顓帝、帝嚳,又繼之以唐虞。以爲紀三皇邪,則不及羲炎;以爲紀五帝邪,則不應黜少昊而首黃帝[一]。學者求之而不得其説,此所以致後世之紛紛,而蘇子之所以紀三皇也[二]。

　　竊觀太史公記,首黃帝者,特因於世本若大戴禮帝繫、五帝德,蓋紀其世,而非主於三與五之説也。抑以謂後世氏姓無不出黃帝者,故首而宗之[三]。至於羲炎,鮮有聞焉,是以不紀。是太史公之本意也。孔安國、劉向、服虔以黃帝爲三皇;而司馬遷列之五帝首,晁錯、桓譚、王肅遂以爲據[四]。夫以黃帝首五帝,則五帝爲六,而三皇少其一,故甄曜度益以祝融氏,白虎通益以共工氏,鄭康成益以女媧爲皇;而五帝爲六人,以謂德合五帝坐者稱之,不必人數拘[五]。而梁武遂以遂人爲皇,黃帝、少昊、顓頊、帝嚳、堯爲五帝,舜弗豫,謂舜非三皇,而亦非五帝,特與三王爲四代,尤爲無據[六]。

　　然而少昊不紀,則失之矣。以爲易不著邪,則易稱"神農氏没,黃帝、堯舜氏作",顓、嚳且無,而況少昊氏乎[七]!易傳不言,固得謂之無哉? 無其人則無是號矣,季渺世復,傳者自少,豈直少昊與顓嚳乎! 蓋五帝者,皆循黃帝之道,無所改作,故易傳不之著。劉恕不知出此,乃竟黜而不特紀,果爲得歟[八]? 雖然,此特世之所知者也,世之所不知者,又不少矣[九]。萬禩之下,其或書出於巖壁,有得以信[一〇]。聖人所不言者多矣,非不之言也,言之不及也。非言之不及也,制度之不章也。言之不及,後世因無得而觀焉,此學者之不幸也,豈直少昊、顓、嚳邪!

　　或曰:易傳之不及之,既聞命矣,敢問周用六代樂,封三恪,何以皆不及之邪[一一]? 曰:不用其樂,先賢言之備矣,蓋制度之弗傳爾。且大司樂以雲門祀天神,以咸池祀地示,以大磬祀四望,通夏、商、周之樂凡六[一二],磬,古"韶"字[一三]。今周官等皆作"大磬",謂舜樂大韶之外別有大磬,繆也[一四]。夫黃帝之樂多矣,何獨取之雲門[一五]? 堯、舜之樂多矣,何獨取之咸池、大磬乎[一六]? 蓋以法度之可尊,醇厚之可樂也。所不用者,法度之不足,而遷之[一七]。是以三統曆言周遷其樂,故易不著。崔靈恩謂非如舞之制,又非今宜,故越之而用雲門,不立其樂,亦不爲恪[一八]。是皆知其一,未知其二也。

　　昔者六國之君魏文侯爲最好古,漢孝文時得其樂者竇公獻書,乃周官大司樂樂章也[一九]。厥後河間獻王與毛生等采周官及諸子言樂者以作樂記[二〇]。然大司樂有雲門、大卷、大咸,而樂記則有大章、咸池,亦自牴牾矣。雲門、大卷,皆黃帝之樂;大咸,即堯咸池之舞;而大章又堯樂也:豈非法度之可尊,醇厚之可樂故邪?且英韶本皆黃帝之樂,後世所不知者,“鑄十二鍾以施英韶”是也[二一]。顓帝曰承雲,帝嚳曰大韶,則是高陽承之而高辛大爾[二二]。舜歌九淵以美禹功,禹因之爲大夏,則固少昊之樂也[二三]。帝嚳作大韶、六列、五英,舜修而用之,則是三后之樂,虞兼修而用之矣[二四]。然韶不言嚳而稱舜,淵不稱少昊而言禹者,以其備。各詳本紀。

　　若曰三恪之不封,則我未之前聞也。少昊之後,周封之於莒矣,第以代遠而黜于恪[二五]。顓帝之後爲禹、爲陸終,禹之裔固已在恪,而終之六子周代俱列土宇,非不封也[二六]。帝嚳之後,則爲陶唐、爲商周,唐及商之裔已俱恪矣,周固不論也[二七]。若夫上古之君,其世渺矣,其系微矣,其政散,其樂缺,有不可得而攷矣,雖欲用且封,其可得邪?又或封之,而所封不見,亦不得而紀也。固陋之言,固不足惑。然後之君子之所欲聞,予得而略乎[二八]?

【校注】

〔一〕三皇:路史以伏羲、炎帝、黃帝爲三皇。　　五帝:帝王世紀以少昊、高陽(顓頊)、高辛(帝嚳)、唐(堯)、虞(舜)爲五帝,路史蓋認同之。

〔二〕蘇子:指宋蘇轍。轍撰古史,卷一爲三皇本紀,卷二爲五帝本紀。

〔三〕抑以謂:吳本、四庫本“謂”作“爲”。

〔四〕服虔:洪本“虔”譌“處”。

〔五〕甄曜度益以祝融氏,白虎通益以共工氏:彥按:此説當有誤。今考白虎通,卷二號曰:“三皇者,何謂也?謂伏羲、神農、燧人也。或曰:伏羲、神農、祝融也。禮曰:‘伏羲、神農、祝融,三皇也。’”並不及共工氏。又羅氏於卷一前紀一初人皇紀"此予之所以旁搜旅擶,紀三靈而復著夫三皇也"注則曰:"諸書説三皇不同。……鄭康成注書中候勑省圖,乃依春秋運斗樞,紬黃帝而益以女媧,……然白虎通義乃無女媧而有祝融,甄曜度與(梁武帝祠象碑)[梁武帝]則又易以遂人。"其説與此全不相同。　以謂德合五帝坐者稱之:謂,四庫本作"爲"。五帝坐,吳本、四庫本無"坐"字非。參見後紀六帝鴻氏注〔七九〕。

〔六〕而梁武遂以遂人爲皇,黃帝、少昊、顓頊、帝嚳、堯爲五帝,舜弗豫,謂舜非三皇,而亦非五帝,特與三王爲四代:三皇,吳本作"三王"。而亦,洪本作"亦而"誤,吳本、四庫本則但作"亦"。彦按:宋劉恕資治通鑑外紀卷一下包犧以來紀帝舜云:"梁武帝以伏犧、神農、燧人爲三皇,黃帝、少皞、顓頊、帝嚳、帝堯爲五帝。而曰舜非三(王)[皇],亦非五帝,與三王爲四代而已。"當即羅氏此注所本。

〔七〕易稱"神農氏没,黃帝、堯舜氏作":見易繫辭下。

〔八〕劉恕不知出此,乃竟黜而不特紀:恕著資治通鑑外紀,其卷一下包犧以來紀,並未以正文形式爲少昊立目。　果爲得歟:洪本"果"譌"杲"。

〔九〕雖然:四庫本"雖"譌"難"。

〔一〇〕禩:同"祀",年。喬本、吳本、四庫本作"禩",備要本作"禩",爲俗體,此從洪本。

〔一一〕周用六代樂:周禮春官大司樂:"以樂舞教國子,舞雲門、大卷、大咸、大磬、大夏、大濩、大武。"鄭玄注:"此周所存六代之樂。黃帝曰雲門、大卷。……大咸,咸池,堯樂也。……大磬,舜樂也。……大夏,禹樂也。……大濩,湯樂也。……大武,武王樂也。"　封三恪:見後紀七小昊青陽氏注〔三八八〕。

〔一二〕且大司樂以雲門祀天神,以咸池祀地示,以大磬祀四望,通夏、商、周之樂凡六:大司樂,四庫本"大"譌"夫"。大磬,喬本、洪本"磬"譌"磬",吳本又譌"罄",今據四庫本、備要本訂正。祀四望,見前紀九無懷氏注〔七〇〕。通,連同。

〔一三〕磬:喬本、洪本、吳本譌"磬",今訂正。下羅苹注"磬"字同。

〔一四〕之外:喬本、備要本"外"作"謂"誤。今據餘諸本訂正。

〔一五〕取:吳本作"耴"。下"取"字同。

〔一六〕大磬：喬本、洪本“磬”譌“磬”。今訂正。

〔一七〕遷：移易。

〔一八〕彥按：此大抵撮取自資治通鑑外紀。其卷一下包犧以來紀帝舜云：“崔靈恩曰：舞樂之始，興于黃帝。其德宜法，遠存其後，敬之爲恪。顓頊、（高陽）高辛二代之君，雖復爲樂進，非始舞之制，又非宜今之用，故越之而用雲門，不立其樂，亦不爲恪也。” 崔靈恩：南朝梁經學家，國子博士。

〔一九〕見漢書藝文志，文曰：“六國之君，魏文侯最爲好古，孝文時得其樂人竇公，獻其書，乃周官大宗伯之大司樂章也。” 魏文侯：戰國魏國開國君主魏斯（前445—前396年在位）。

〔二〇〕漢書藝文志：“武帝時，河間獻王好儒，與毛生等共采周官及諸子言樂事者以作樂記。” 河間獻王：漢景帝第二子劉德。

〔二一〕鑄十二鍾以施英韶：語出呂氏春秋古樂，原文爲：“黃帝又命伶倫與榮將鑄十二鐘，以和五音，以施英韶。”路史各本“施”均作“韶”，於義不通，當涉下“英韶”之“韶”而譌，今據呂氏春秋訂正。

〔二二〕顓帝曰承雲：呂氏春秋古樂：“帝顓頊……乃令飛龍作效八風之音，命之曰承雲，以祭上帝。” 帝嚳曰大韶：彥按：習以大韶爲舜樂，故莊子天下云：“舜有大韶。”今考呂氏春秋古樂云：“帝嚳命咸黑作爲聲歌——九招、六列、六英。”豈羅氏所見本，九招作“大韶”耶？

〔二三〕舜歌九淵以美禹功，禹因之爲大夏：此説蓋有所本，然出處不詳，待考。 則固少昊之樂也：初學記卷一七帝王部制作引帝王世紀：“少昊作樂曰九淵。”

〔二四〕帝嚳作大韶、六列、五英：呂氏春秋古樂“五英”作“六英”（詳上注）。 舜修而用之：修，遵循。

〔二五〕杜預春秋釋例卷七附盟會圖疏莒云：“周武王封少昊之後嬴姓於莒。”

〔二六〕顓帝之後爲禹、爲陸終：史記夏本紀曰：“禹之父曰鯀，鯀之父曰帝顓頊。”又楚世家曰：“高陽生稱，稱生卷章，卷章生重黎”，重黎弟吳回，“吳回生陸終。” 禹之裔固已在恪：左傳襄公二十五年“而封諸陳，以備三恪”杜預注：“周得天下，封夏、殷二王後，又封舜後，謂之恪，并二王後爲三國。其禮轉降,示敬而已,故曰三恪。”　終之六子周代俱列土宇:列土宇,分封疆土。
“列”爲“裂”之古字。彥按:此説史無明文,想當然耳。又,史記楚世家曰:陸
終生子六人,一曰昆吾,二曰參胡,三曰彭祖,四曰會人,五曰曹姓,六曰季連。
“昆吾氏,夏之時嘗爲侯伯,桀之時湯滅之。彭祖氏,殷之時嘗爲侯伯,殷之末
世滅彭祖氏。季連生附沮,附沮生穴熊。其後中微,或在中國,或在蠻夷,弗能
紀其世。周文王之時,季連之苗裔曰鬻熊。鬻熊子事文王,蚤卒。其子曰熊
麗。熊麗生熊狂,熊狂生熊繹。熊繹當周成王之時,舉文、武勤勞之後嗣,而封
熊繹於楚蠻,封以子男之田,姓羋氏,居丹陽。”可知周時終之六子早已作古,即
封亦但封其後裔而已。

〔二七〕帝嚳之後,則爲陶唐、爲商周:陶唐即堯,爲帝嚳三妃慶都所生。商
之始祖契,爲帝嚳次妃簡狄所生。周之始祖弃(后稷),爲帝嚳元妃姜嫄所生。

唐及商之裔已俱恪矣:禮記樂記:“武王克殷反商,未及下車,而封黃帝之後
於薊,封帝堯之後於祝,封帝舜之後於陳;下車而封夏后氏之後於杞,投殷之後
於宋。”

〔二八〕吳本、備要本此下有“劉和川外紀云”云云一段文字,另起一行、低
一格書。蓋非羅苹注路史原書所有,今不取。

明三正

甚矣,周秦而下先王之政無一定之説也! 三代之所尚,正朔
異,服色殊,昔者竊聞之矣。果且有是乎哉? 果且無是乎哉? 以
爲有是乎,而説者以爲:正朔,聖人之所不言;文武政而正朔循嬴
秦,不害於治;嬴秦政而服色從三代,無損於亂,——顧其本而已
矣。以爲無是乎,則説者以爲五帝以來正朔悉異,三皇而往服色
舉變,不若是不足以爲盛;而廣川先生、河汾老子猶以爲言[一]。
卒不得其衷也[二]。

或曰:授受者循其故,革命者變其時,是故夏禹而前不有改
也,其然乎? 孔安國云:自古帝王皆以建寅爲正,惟商革夏命而建用丑,周革商命而
建用子[三]。蓋以爲革命者必新制度,以變天下之耳目也。昔孔子作春秋,書

“王”三月，而古之王者必存二代，所以通三統也〔四〕。三易之書，首乾、坤、艮〔五〕。而怠棄三正，扈氏之所以爲不恭者〔六〕。何至於禹而後革之哉？三統合於一元，故春秋書“春王正月”者九十三，“王二月”者二十一，“王三月”者一十九〔七〕。明此乃時王之正月，所以通三統也。故漢宣詔曰：春秋於春月書王，重三正，謹三微也〔八〕。高堂隆云：“三春稱‘王’，明三統也〔九〕。”然竊攷之，三皇之代，歲皆紀寅；顓帝之曆，攝提首紀；而帝堯之分四子，亦鳥正於仲春：是則其建同矣〔一〇〕。惟虞之法，雖不著見，而分巡岳鎮，必按四仲，是則三聖之相授，所守一也〔一一〕。使舜易堯正，則禹改之矣；夏正得天，明不改也〔一二〕。是不然，亦人事而已矣，蓋亦有天事焉〔一三〕。何則？天下之事有本有文，有因有革〔一四〕。本者，天之事；而文者，人之事〔一五〕。可革者，其文；而不可革者，其本也。在文可革，則三皇而必革；在本可守，則雖三代而必守。是故湯既革夏而建用丑矣，至於作曆紀元，則復以冬首〔一六〕。外紀：湯革夏，改正朔，以建丑爲正月，變服殊號而作曆，不復以正月朔旦爲節，更以十一月冬至爲元〔一七〕。周從之。武既革商而建用子矣，至於授時巡祭，則猶用夏時，是則本者未嘗革也〔一八〕。外紀：武王克紂，“改建子爲正月，以垂三統。至於敬授民時，巡狩祭享，猶用夏時〔一九〕。”二事蓋本世紀。曆紀實出汲書，周月云：“夏數得天，百王所同。商湯用師于夏，順天革命，改正朔，變服殊號，一文一質，示不相沿。以建丑之月爲正，易民之眠。若天時大變，亦一代之事。越我周王，致代於商，改正異制，以垂三統。至於敬授民時，巡狩祭享，猶自夏焉〔二〇〕。”知夏時不可改，改正者示不相沿而已。“惟元祀十有二月”，太甲之正月也，不以商正紀〔二一〕。“惟十有一月既南至”，周書之正月也，不以周正書〔二二〕。“正月繁霜”，“四月維夏”，“五月鳴蜩”，“六月徂暑”，“九月授衣”，夏之時也〔二三〕。故易説曰：“三王之郊，一用夏正〔二四〕。”人事然也〔二五〕。春秋書“王正月”，説者爲周正月。周正建子，天道然也〔二六〕。雖然，天道始於子，而春必寅卯辰〔二七〕。若以周之正月、二月，豈得爲之春哉〔二八〕？故如周官所言春夏秋冬，皆爲夏時；小雅豳風，亦皆夏正〔二九〕。毛、鄭之説皆然。蓋春秋方以尊周，何得不用時王之正？大傳云：“改正朔，易服色。此其所得與民變革也〔三〇〕。”疏:正謂年始,朔謂月初,言王者得政,示從我始,改故朔,隨新正〔三一〕。唐彭偃所謂“王者之政,以變人心爲上”,是也〔三二〕。晉傅常侍議“應遜禪,則不改正朔;遭變征伐,則改之。魏受漢禪,亦已不改”者,謂此〔三三〕。

傳曰:“五帝殊時,不相沿樂;三王異世,不相襲禮〔三四〕。”夫不相沿者樂之器,而樂之情未嘗渝;不相襲者禮之文,而禮之實未嘗易。是故正朔之所異者寅、子、丑,而春卯秋酉則同;服色之所改者黑、白、赤,而上繪下飾則等〔三五〕。忠質文雖異尚,而籩豆升降之節均;爵富親雖異貴,而仁義禮信之施一也〔三六〕。豈非文者可革而本者不可革乎?

子曰:“商因於夏禮,所損益可知也。周因於商禮,所損益可知也〔三七〕。”商繼夏,周繼商,有改制之名,無改制之實,革其文不革其本也。

今夫忠質文之相胥以成治,猶寒暑之相待以成歲也,有偏勝爾,烏可以獨任哉〔三八〕? 柰何説者離之,而指爲相救術邪〔三九〕!

易曰:“兑,正秋也〔四〇〕。”夫以兑爲正秋,則震爲正春,而坎爲正冬,離爲正夏也必矣。周書之周月曰:四時之成歲,春夏秋冬各有孟、仲、季,十有二月,中氣以著時應〔四一〕。春三月中氣:雨水、春分、谷雨;——以至冬三月中氣。天地之正,不易之道。故斗必指寅而後謂之春,必建巳而後謂之夏,此不易之道也〔四二〕。今也以冬爲春,而以夏爲秋,則四時反易而失其位矣。且既曰建丑矣,而書始復位,則曰“三祀十有二月”,是月不易也;曰建亥矣,而書始建國,曰“元年冬十月”,是時不易也:子丑非春,亦明矣〔四三〕。建用寅,謂之歲;用子,謂之年〔四四〕。太史“歲年以敍事”,是也〔四五〕。又用先代之曆。周正建子,而四時之事亦用夏正,如正歲讀法、三歲大計羣吏用寅建也,如司稼視年上下之類用子建也〔四六〕。

昔者顔子淵,吾夫子之以帝王之道許之者也,方其發爲邦之問也,則告之以四代之禮樂,如乘輅則商之從,服冕則周之從,惟至於時則斷俾之行夏,誠以人事之不可得而革也〔四七〕。行夏之時,見夏政之得天。乘商之輅,明商政之得地。服周之冕,見周政之得人〔四八〕。三者備,然後成之以韶樂。樂者,政之成也。昔縣子問子思曰:"顏子問爲邦,夫子曰:'行夏之時。'商、周之異政非乎〔四九〕?"子思曰:"夏數得天,堯、舜之所同也。商、周革命以應天,因改正朔,所以神其事,如天道之變然也。"而世有爲歲本之説者,乃謂子當夜半則輒屬來日,遂以子丑之月屬之來歲〔五〇〕。蓋亦不知此天事爾。夫又烏知日未出之二刻半爲明,聖人本人事而施之哉〔五一〕!知夫此,則三正可得而議矣。天施地化之道,蓋自有理〔五二〕。人生自寅而成於申,地化自丑而畢於辰,天施自子而復於子〔五三〕。此又繁矣。

　　雖然,商以建丑革夏正,而不能行之於周;周以建子革商正,固不可行之于夏。秦以建亥,此何等時邪,其不可行而謂之閏位也,宜矣〔五四〕。漢室承之,不之能改,至於孝武而始克用夏〔五五〕。魏初建寅,至其子叡乃建用丑,及孫齊芳始復從夏〔五六〕。唐至永昌尚猶行子,既而用夏,上元初載爰復以子,又年而復寅,紛更膠葛之不可要如此〔五七〕。雖然繇漢汔今千有餘載,惟夏正者卒莫能易,豈非文可革而本者不可革歟〔五八〕?

　　紛紜之論,夫亦豈知三代之政,文變而本不革哉!不然,三代而下,豈予之屑言歟〔五九〕?

【校注】

〔一〕文武政而正朔循嬴秦:喬本、洪本、吳本"嬴"字譌"贏",此從四庫本、備要本。　嬴秦政而服色從三代:吳本"嬴"字譌"贏"。　廣川先生、河汾老子猶以爲言:廣川先生,指西漢大儒董仲舒。爲廣川(今河北景縣)人,故稱。董氏春秋繁露三代改制質文曰:"王者必改正朔,易服色,制禮樂,一統於天下,所以明易姓,非繼人,通以己受之於天也。"河汾老子,疑指隋末大儒王通。新唐書王績傳謂通"隋末大儒也,聚徒河汾間",故稱。老子,猶言長者。其説不詳。

〔二〕衷:底蘊。

〔三〕孔氏語見春秋隱公元年"春,王正月"孔穎達疏,文作:"孔安國以自古皆用建寅爲正,唯殷革夏命而用建丑,周革殷命而用建子。"　周革商命而建用子:商,吴本誤“夏”,四庫本作“殷”。

〔四〕昔孔子作春秋,書“王”三月:春秋記事,每年之下大抵以“春,王正月”、“春,王二月”、“春,王三月”開頭,即此所謂“書‘王’三月”。　而古之王者必存二代,所以通三統也:禮記郊特牲:“天子存二代之後,猶尊賢也。尊賢不過二代。”孔穎達疏:“‘天子存二代’者,天子繼世而立,子孫以不肖滅亡,見在子孫又無功德,仍須存之,所以存二代之後者,猶尚尊其往昔之賢所能法象。”彦按:從周而言,所存二代即謂夏、商。又路史此處,實指夏、商二代之正朔。春秋隱公元年“春,王正月”孔穎達疏:“正是時王所建,故以‘王’字冠之,言是今王之正月也。……周以建子爲正,則周之二月三月皆是前世之正月也,故於春每月書‘王’。‘王二月’者,言是我王之二月,乃殷之正月也。‘王三月’者,言是我王之三月,乃夏之正月也。既有正朔之異,故每月稱‘王’以別之。”

〔五〕三易之書,首乾、坤、艮:周易以乾卦爲首,歸藏(商代之易)以坤卦爲首,連山(夏代之易)以艮卦爲首。

〔六〕而怠棄三正,扈氏之所以爲不恭者:書甘誓載夏启伐有扈而誓於甘,王曰:“有扈氏威侮五行,怠棄三正。天用勦絶其命,今予惟恭行天之罰。”

〔七〕三統合於一元:合,相會。此謂共用於。元,始。此指正朔。　故春秋書“春王正月”者九十三:洪本“王”誤“正”。九十三,統計有誤,應是九十五。　“王二月”者二十一:二十一,四庫本作“廿一”。此統計亦誤,應是二十二。　“王三月”者一十九:一十九,統計誤,應是一十五。

〔八〕故漢宣詔曰:春秋於春月書王,重三正,謹三微也:漢宣,當作“漢章”。春月,吴本、四庫本作“正月”誤。此詔載於後漢書章帝紀元和二年,文作:“春秋於春每月書‘王’者,重三正,慎三微也。”李賢注:“三微者,三正之始,萬物皆微,物色不同,故王者取法焉。”

〔九〕高堂隆:喬本、洪本“隆”誤“降”。今據餘本訂正。　三春稱‘王’,明三統也:見三國志魏志高堂隆傳。

〔一〇〕攝提首紀:亦“歲紀寅”義。攝提,地支“寅”之同義語。　而帝堯之分四子,亦鳥正於仲春:四子,指羲仲、羲叔、和仲、和叔。書堯典:“乃命羲和,欽若昊天,歷象日月星辰,敬授人時。分命羲仲,宅嵎夷曰暘谷,寅賓出日,平秩東作。日中,星鳥,以殷仲春。"孔氏傳:"日中,謂春分之日。鳥,南方朱鳥七宿。殷,正也。春分之昏,鳥星畢見,以正仲春之氣節,轉以推季孟則可知。"

〔一一〕而分巡岳鎮,必按四仲:岳鎮,指四岳等名山。見後紀十二帝舜有虞氏注〔二七六〕。　三聖:謂堯、舜、禹。

〔一二〕夏正得天:左傳昭公十七年:"夏數得天。"杜預注:"得天正。"楊伯峻注:"言夏正與自然氣象適應。夏正大體以立春之月爲正月,故周書周月云:'萬物春生、夏長、秋收、冬藏,天地之正,四時之極(猶言標準),不易之道。夏數得天。'"

〔一三〕是不然,亦人事而已矣,蓋亦有天事焉:謂若非如此,則改者亦限於人事而已,至於天事則不可改。人事,謂人爲之事,如革命而改正朔。天事,謂自然之事,如春夏秋冬四時變化。

〔一四〕天下之事有本有文:本,謂本質。文,謂形式。

〔一五〕本者,天之事;而文者,人之事:各本"本者"作"文者","文者"作"本者"。彥按:此當"文""本"二字倒置,否則不合道理。今據理訂正。

〔一六〕則復以冬首:洪本、吳本"以"譌"首"。殷商以建丑之月(農曆十二月)爲歲首,稱"冬"而不稱"春"。

〔一七〕見資治通鑑外紀夏商紀商,文字不盡相同。　外紀:洪本"紀"譌"紹"。　不復以正月朔旦爲節:洪本、吳本"旦"譌"且"。節,指時點。洪本譌"篩"。　更以十一月冬至爲元:元,指歲首。外紀作"元首"。

〔一八〕授時:告民時令。猶後世頒行曆書。語本書堯典:"敬授人時。"

〔一九〕見資治通鑑外紀周紀一武王。　以垂三統:垂,留傳。　猶用夏時:外紀作"猶用夏焉"。

〔二〇〕汲書:洪本"汲"譌"没"。　周月:逸周書篇名。下所引周月文,與原書文字不盡相同。　夏數得天:數,指曆數,即曆法。　一文一質:喬本、備要本作"一文質",洪本作"文一質",吳本、四庫本作"文與質"。彥按:各本均有誤。蓋洪本"文"字上之"一"先脱;文既不通,喬本乃誤爲"文一"倒文而更之;然於義仍不可解,吳本遂臆改爲"文與質"以屬下讀矣。今據周月原文訂正。　易民之眠:喬本、備要本作"易民文服",洪本作"易民文眠",吳本、四庫本無此四字。彦按："文"蓋"之"字草書之譌，"眠"則"眠"字之誤，而"服"又從"眠"字衍變而來者。"眠"同"視"，今本逸周書作"易民之視"。其義即如上文羅苹注所稱"以變天下之耳目也"。今訂正。　若天時大變，亦一代之事：黄懷信等逸周書彙校集注引孫詒讓云："亦，疑當作'示'，形近而誤。"又引劉師培云："斠補云'亦'疑當作'示'，其説是也。若天時大變，當作'若天時之變'（之、大草書形近），猶言順天時之變也。"　越我周王，致代於商，改正異制：代，四庫本作"伐"，與今本逸周書同。制，今本逸周書作"械"。　至於敬授民時，巡狩祭享：至於，四庫本如此，與今本逸周書同，今從之。餘本均作"致於"。祭，洪本、吴本、四庫本作"承"，非。

　　〔二一〕"惟元祀十有二月"，太甲之正月也：書伊訓："惟元祀十有二月乙丑，伊尹祠于先王。"孔氏傳："此湯崩踰月，太甲即位，奠殯而告。"

　　〔二二〕"惟十有一月既南至"，周書之正月也，不以周正書：南至，謂日南至，即冬至。左傳僖公五年："春，王正月，辛亥，朔，日南至。"杜預注："周正月，今十一月。冬至之日，日南極。"孔穎達疏："日南至者，冬至日也。""十有一月"，各本均作"一月"。彦按：此當作"十有一月"。十有一月者，夏正冬至所在之月也。若作"一月"，則是以周正書矣，遂與下"不以周正書"牴牾。今本逸周書周月亦作"一月"，劉師培云："宋鮑雲龍天原發微卷三上及玉海九並引作'維十有一月'，玉海注云：'一作"維一月"。'"（見黄懷信等逸周書彙校集注）蓋羅氏所見本即作"十有一月"，故有"不以周正書"説。今路史各本皆作"一月"者，當是後人據逸周書所改。今訂正。

　　〔二三〕正月繁霜：見詩小雅正月。彦按：毛亨傳云："正月，夏之四月。"朱熹集傳："謂之正月者，以純陽用事，爲正陽之月也。"是則此"正月"（正音zhèng）於夏爲四月，於周爲六月，而與表示一年第一個月的"正月"（正音zhēng）並非一詞。羅氏以其所記爲"夏之時也"，缺乏根據。　四月維夏：見詩小雅四月。　五月鳴蜩：見詩豳風七月。蜩（tiáo），蟬。　六月徂暑：見詩小雅四月。程俊英注："徂，往。徂暑，是'暑徂'的倒文，言盛暑將過去。"　九月授衣：見詩豳風七月。

　　〔二四〕三王之郊，一用夏正：此易緯乾鑿度文。

　　〔二五〕人事然也：彦按："人事"疑當作"天事"。"四月維夏"、"五月鳴蜩”、“六月徂暑”皆天事而非人事,“九月授衣”實因天氣之轉涼,亦由天事起,故“一用夏正”。

〔二六〕天道:天意。此謂帝王之意旨。

〔二七〕寅卯辰:夏正(農曆)之正月、二月、三月。

〔二八〕周之正月、二月:相當於農曆之十一、十二月。

〔二九〕小雅豳風,亦皆夏正:彦按:此説過於絶對。以豳風七月言,則既用夏正,亦有周正,皮錫瑞經學通論謂“此詩言月者皆夏正,言一、二、三、四之日者皆周正”是也。

〔三〇〕大傳:禮記篇名。　此其所得與民變革也:吴本、四庫本、備要本“所得”作“所以”非。禮記原文“也”作“者也”。

〔三一〕示從我始,改故朔,隨新正:吴本、四庫本“始改”二字誤倒作“改始”。“改故朔,隨新正”,今本禮記文作“改故用新,隨寅丑子所損也。”

〔三二〕彭偃:唐代宗時都官員外郎。　王者之政,以變人心爲上:見舊唐書彭偃傳,原文無“以”字。

〔三三〕晉傅常侍:指西晉傅玄,官散騎常侍,故稱。吴本“侍”譌“昔”。應遜禪,則不改正朔;遭變征伐,則改之。魏受漢禪,亦已不改:見通典卷五五吉禮十四歷代所尚,“應遜禪”作“帝王受命,應曆禪代”。

〔三四〕見禮記樂記。

〔三五〕秋酉:酉,夏正(農曆)八月。　服色之所改者黑、白、赤,而上繪下飾則等:黑,洪本譌“異”。夏尚黑,殷尚白,周尚赤。上繪下飾,謂上下皆有繪飾。喬本如此,是。餘本“飾”皆作“絺”,當由形譌。

〔三六〕忠質文雖異尚,而籩豆升降之節均:忠謂忠厚,質謂質樸,文謂文采。宋郭雍易説卷二上經蠱上九云:“夏尚忠,商尚質,周尚文,三王非故爲異也,救一時之弊耳。”籩豆,泛稱禮器。籩以盛黍稷稻粱,豆以盛肉饌食物。吴本、四庫本“籩”作“簠”,同。升降,猶俯仰,借指禮儀。　爵富親雖異貴:禮記祭義:“昔者有虞氏貴德而尚齒,夏后氏貴爵而尚齒,殷人貴富而尚齒,周人貴親而尚齒。”鄭玄注:“貴謂燕賜有加於諸臣也。”

〔三七〕商因於夏禮,所損益可知也。周因於商禮,所損益可知也:見論語爲政,兩“商”字作“殷”。

〔三八〕相胥:共同。　相待:互相依賴。四庫本作“相代”非。

〔三九〕而指爲相救術邪:邪,洪本譌“邢”,吳本、四庫本作“耶”。參見上注〔三六〕。

〔四〇〕兑,正秋也:見易説卦。高亨大傳今注:“説卦以八卦配四時,兑爲正秋四十五日之季節,故曰:‘兑,正秋也。’”

〔四一〕四時之成歲,春夏秋冬各有孟、仲、季,十有二月,中氣以著時應:自此而下至“不易之道”均引自逸周書周月,然但撮取大意,並非照録原文。本句周書原文作:“凡四時成歲,有春夏秋冬,各有孟、仲、季,以名十有二月,中氣以著時應。”中氣,我國古曆法以二十四節氣配農曆十二月,每月二氣:在月初者稱節氣,在月中之後者稱中氣。著,顯示。時應,時令之反應。

〔四二〕斗必指寅而後謂之春,必建巳而後謂之夏:斗指寅,謂北斗星之斗柄指向十二辰中的寅。建巳,“斗指巳”之同義語。我國古代以北斗星的運轉計算月分,斗柄所指之辰謂之斗建。斗指寅於時爲夏正正月。建巳於時爲夏正四月。

〔四三〕且既曰建丑矣,而書始復位,則曰“三祀十有二月”,是月不易也:書太甲上云:“太甲既立,不明,伊尹放諸桐。”又太甲中云:“惟三祀十有二月朔,伊尹以冕服奉嗣王歸于亳。”彦按:羅氏作此言,乃以太甲歸亳復位在殷正歲首爲前提,然史無明文,純屬臆測。　曰建亥矣,而書始建國,曰“元年冬十月”,是時不易也:彦按:漢朝武帝以前,沿秦舊制,以建亥之月(夏正十月)爲歲首。而漢書高帝紀載:“元年冬十月,五星聚于東井。”故羅氏有此語。宋蔡沈書經集傳卷三商書伊訓亦云:“漢仍秦正,亦書曰‘元年冬十月’,則正朔改而月數不改,亦已明矣。”

〔四四〕建用寅,謂之歲;用子,謂之年:建用寅,謂夏正。用子,謂周正。爾雅釋天:“夏曰歲,商曰祀,周曰年,唐虞曰載。”

〔四五〕太史“歲年以敘事”:見周禮春官大史,文作:“正歲年以序事。”彦按:羅注“歲年”上宜有“正”字,簡省不得。正歲年,林尹周禮今註今譯注云:“歲,謂地球繞日公轉一周,約三百六十五日又四分日之一;年,謂十二月也。月繞地球一周爲一月,十二月約爲三百五十四日,較地球繞日之日數約少十一日,故以閏月補而正之而作曆日也。”又譯曰:“修正歲年的參差。”敘事,排列事務。

〔四六〕正歲讀法：正歲，指夏曆正月。古人以其得四時之正，故稱。讀法，宣讀法令。周禮天官小宰：“正歲，帥治官之屬而觀治象之灋。”孫詒讓正義：“全經凡言正歲者，并爲夏正建寅之月。”又地官州長：“正月之吉，各屬其州之民而讀灋。”賈公彥疏：“‘而讀法’者，謂對衆讀一年政令及十二教之法，使知之。”　三歲大計羣吏：計，考覈。周禮天官大宰：“三歲，則大計羣吏之治而誅賞之。”　司稼視年上下：司稼，周禮官名。主管與莊稼種植、收成等有關的事務。上下，指（年成之）豐歉。吳本“上”譌“土”。周禮地官司稼：“巡野觀稼，以年之上下出斂灋。”

〔四七〕昔者顏子淵，吾夫子之以帝王之道許之者也：顏子淵，即孔子學生顏回（字子淵）。許，期望。　方其發爲邦之問也，則告之以四代之禮樂，如乘輅則商之從，服冕則周之從，惟至於時則斷俾之行夏：論語衛靈公：“顏淵問爲邦。子曰：‘行夏之時，乘殷之輅，服周之冕，樂則韶舞。’”　誠以人事之不可得而革也：彥按：“人事”似當作“天事”。下羅苹注稱：“行夏之時，見夏政之得天。”夏時得天，宜爲天事。天事合乎自然，故不可革；人事如何不可革？

〔四八〕見周政之得人：洪本、吳本、四庫本無“見”字，當爲脱文。

〔四九〕見孔叢子雜訓。此但撮引大意，文字不盡相同。　縣子：或作“懸子”，戰國魯人，名瑣。　夫子：吳本譌“天子”。　商、周之異政非乎：彥按：依義“政”當作“正”。孔叢子原文作：“若是，殷、周異正爲非乎？”宋咸注：“懸子瑣言夏以建寅爲正，夫子是，則商、〔周〕以子、丑爲正乃非乎？”

〔五〇〕宋儲泳祛疑説辨歲本説云：“胡汝嘉歲本論謂今夜之子時即是來日，則今年之子月當爲來年。”

〔五一〕日未出之二刻半爲明：各本均無“未”字，當爲脱文，今訂補。刻，計時單位。古代以漏壺計時，一晝夜分爲百刻。晉書天文志上：“夫天之晝夜以日出没爲分，人之晝夜以昏明爲限。日未出二刻半而明，日入二刻半而昏，故損夜五刻以益晝，是以春秋分漏晝五十五刻。”隋書天文志上亦作“日未出前二刻半而明”。

〔五二〕天施地化：天地造化。洪本“天”譌“大”。

〔五三〕人生自寅而成於申，地化自丑而畢於辰，天施自子而復於子：吳本、

四庫本“成於申”譌“成干申”。洪本“天施”譌“天地”。四庫本“復於子”譌
“復于于”。漢書律曆志上：“天施復於子，地化自丑畢於辰，人生自寅成於
申。”顏師古注引如淳曰：“地以十二月生萬物，三月乃畢。”又引如淳曰：“人功
自正月至七月乃畢。”

　　〔五四〕秦以建亥：各本“建亥”皆作“刻建”。彥按：“刻建”不辭，當爲“建
亥”二字既譌且倒，今訂正。建亥即以夏曆十月爲首歲。　　閏位：非正統之
帝位。

　　〔五五〕史記曆書“昔自在古，曆建正作於孟春”司馬貞索隱：“秦正建亥，
漢初因之。至武帝元封七年始改用太初曆，仍以周正建子爲十一月朔旦冬至，
改元太初焉。”

　　〔五六〕魏初建寅，至其子叡乃建用丑：洪本、吳本、四庫本“建寅”作“寅
建”，乃誤倒。子叡，即三國魏明帝，魏開國君主文帝曹丕子。三國志魏志明
帝紀景初元年：“景初元年春正月壬辰，山茌縣言黃龍見。於是有司奏，以爲魏
得地統，宜以建丑之月爲正。三月，定曆改年，爲孟夏四月。”　　及孫齊芳始復
從夏：齊芳，謂齊王曹芳。明帝養子，初封齊王，明帝死後嗣位，在位十五年，又
被司馬師黜爲齊王。三國志魏志齊王芳紀：景初三年正月，齊王芳即皇帝位。
十二月，詔曰：“烈祖明皇帝以正月棄背天下，臣子永惟忌日之哀，其復用夏正；
雖違先帝通三統之義，斯亦禮制所由變改也。又夏正於數爲得天正，其以建寅
之月爲正始元年正月，以建丑月爲後十二月。”

　　〔五七〕唐至永昌尚猶行子：永昌，唐則天后年號（公元689年）。彥按：此
說有誤。舊唐書則天皇后紀云：“載初元年春正月，神皇親享明堂，大赦天下。
依周制建子月爲正月，改永昌元年十一月爲載初元年正月。”是則至永昌所用
者夏正，載初改元，始行子矣。　　既而用夏：新唐書曆志二：則天后聖曆三年，
“復行夏時，終開元十六年。”　　上元初載爰復以子：上元，唐肅宗年號（公元
760—761年）。資治通鑑卷二二二唐肅宗上元二年九月：“壬寅，制去尊號，但
稱皇帝；去年號，但稱元年；以建子月爲歲首，月皆以所建爲數。”　　又年而復
寅：新唐書肅宗紀寶應元年：元年（公元762年）建巳月乙丑，“改元年爲寶應
元年，復以正月爲歲首，建巳月爲四月。”　　紛更膠葛之不可要如此：膠葛，交錯
紛亂貌。要，控制，約束。吳本、四庫本無“不可要”三字。

〔五八〕緜漢汔今:四庫本作"由漢迄今"。

〔五九〕吴本、備要本此下有"按丹鉛總録云"云云一段文字,另起一行、低一格書。丹鉛總録爲明楊慎所著,顯非羅苹注路史原書所有,今不取。

青陽遺妹

人主有大惑九,材者處其四,而不材者處其五。好貨,貪仙,悦女色而事四夷,此材者之所惑也〔一〕。爲游觀,喜符瑞,好樂、便佞而諛佛,此不材者之所惑也。是九者,皆足以喪身亡國,而女色爲尤急。子曰:"我未見好德如好色者也〔二〕。"

天下之物,好之斯惑之矣。小惑易好,大惑易性〔三〕。是故攫金者不見市賈,逐兔者不見泰山,而況女色之移情乎〔四〕！豔妃光妓,媒妮柔撓,方其好之,窮身究欲,以至五情爽越,人倫悖繆,而不知所爲主〔五〕。雖其屋漏匪隱,無往不用其至,有如當塗之子留心閨室,無非肆意得志之所,怦怦鞅鞅,惟恐不極幽而甚密也〔六〕。當此之時,趙國奚求而不得哉〔七〕？譖愬行於尊俎之間,鴆毒作於言笑之下,日腏月浸,夫孰得而知之〔八〕？然則化人而禽,率華而夷,孰非是邪〔九〕？

昔者,孔子用於魯,齊景公以犂鋤計歸女樂於季氏,而孔子行;舟之僑用於虢,晉獻公以荀息計歸女樂於虢公,而之僑去;由余用於戎,内史廖爲穆公策,遺以女樂二八,而由余奔;子胥用於吳,陶朱公爲句踐策,遺以西施、鄭旦,而子胥死〔一〇〕。是非神祕之略也,非有駭異之謀也,然而四發四中,如出一軌,良以人之好嗜不大相遠,而德、色之心不能兩重,故雖大有爲之君,一蔽於是,則從聖如孔子、賢若僑余有去而已,忠若子胥有死而已,尚何道之能行,而何謀之能濟哉〔一一〕！

雖然,是特以取小國爾,故有以下大國者矣〔一二〕。昔者,夏伐岷山,岷山以妹喜伐夏;商伐有蘇,有蘇以妲己伐商;周伐褒,而褒以姒氏伐周；晉伐驪，而驪以姬氏伐晉〔一三〕。故曰：三代之亡，皆是物也〔一四〕。然則，鄭武公困於胡人，而先妻之女以娛其心，然後襲而取之；重丘氏苦於青陽，而先遺之妹以惑其志，然後襲而滅之：斯亦秦越人小兒宣轉累效之名方也〔一五〕。

　　嗟夫〔一六〕！義理之備，所以養其心；芻豢之設，所以養其形也〔一七〕。義理勝者，正氣盛而天理行；芻豢勝者，血氣滋而人欲熾。人欲熾，則好色之心軒，天理廢，故好德之心輕〔一八〕。權輕物重，權重物輕，此不易之理也〔一九〕。三代、晉侯既覆于前，而吳、魯、戎、虢復溺之于後。然繼此者代不乏有，是何邪？亦不剛而已矣。剛者，天之德，而君子之操也。終日乾乾，自彊不息，則凡天下之物有不足以動其心，而況于格物之餘乎〔二〇〕！刑寡妻，刑二女，一正家而天下定矣，又奚至氣轢萬夫而困躓於一粉黛哉〔二一〕！繇此語之，貞觀之君亦足以豪矣〔二二〕。貞觀二十年，高麗進美女二，太宗謂其使者曰：“歸告爾主：美色人所重也，爾之所獻信美矣，然閔其離父母兄弟於本國，留其身而忘其親，受其色而傷其心，朕不取也。近日林邑獻鸚鵡，尚解思鄉，訴請還國，況人乎〔二三〕！”乃還之〔二四〕。

【校注】

〔一〕好貨：貨，錢財。　貪仙：貪，迷戀。　事四夷：事，從事，致力於。

〔二〕我未見好德如好色者也：見論語子罕及衛靈公，“我”作“吾”。

〔三〕易好：改變愛好。

〔四〕攫金者不見市賈：攫(jué)，抓取。喬本、洪本作“**攬**”，蓋俗體，此從餘本。市賈(gǔ)，指市肆之賣家。列子説符：“昔齊人有欲金者，清旦衣冠而之市，適鬻金者之所，因攫其金而去。吏捕得之，問曰：‘人皆在焉，子攫人之金何？’對曰：‘取金時，不見人，徒見金。’”　逐兔者不見泰山：淮南子説林：“逐獸者目不見太山，嗜慾在外，則明所蔽矣。”　移情：改變情志。

〔五〕豔妃光妓：光，通“姱”，姿色妍麗。四庫本作“姱”。妓，美女。　娓娓柔撓：娓娓(wǒ nuǒ)，柔媚之貌。喬本“娓”譌“娓”，此從餘諸本。柔撓，柔弱苗條貌。　五情爽越，人倫悖繆，而不知所爲主：爽越，義爲“喪失”，於此不諧。疑"越"爲"惑"字之誤。"爽惑"謂"迷亂失常"，方爲合拍。悖繆，四庫本"繆"作"謬"，通。主，守持。

〔六〕屋漏匪隱，無往不用其至：謂極盡所能隱祕其事。屋漏，古代室内西北隅施設小帳安藏神主、爲人所不見之地。借指極隱祕處。匪，非，不。至，極。　　有如當塗之子留心闈室：當塗之子，權貴子弟。留心，屬意，傾心。闈室，蓋借指房中風月之事。　　怦怦鞅鞅：形容心中躁動，既興奮又不安。鞅鞅，惆悵。

〔七〕趙國奚求而不得哉：此極言取國之易。乃借用莊子説劍之成語（莊子原文"奚"作"何"）而未用其本意。吴本、四庫本、備要本"趙國"作"敵國"，當未明其原委而妄改。

〔八〕譖愬：讒毁攻訐。　　尊俎：尊爲盛酒之器，俎爲置肉之几，合以借代宴席。　　鴆毒：毒害。　　日朘月浸：一天天一月月地侵蝕影響。朘（juān），侵削。浸，侵。

〔九〕化人而禽：使人變成禽獸。　　率華而夷：使華夏變成夷狄。四庫本作"自盛而衰"，則是館臣謹避清諱所改。

〔一○〕昔者：洪本"昔"譌"皆"。　　孔子用於魯，齊景公以犂鋤計歸女樂於季氏，而孔子行：犂鋤，齊景公臣。或作"黎鉏"、"黎且"。四庫本作"犂彌"，非。歸，通"饋"，贈送。女樂，女歌舞伎。季氏，指季孫斯，又稱季桓子，魯執政上卿。論語微子云："齊人歸女樂，季桓子受之，三日不朝，孔子行。"韓非子内儲説下云："仲尼爲政於魯，道不拾遺，齊景公患之。黎且謂景公曰：'去仲尼猶吹毛耳。君何不迎之以重禄高位，遺哀公女樂以驕榮其意。哀公新樂之，必怠於政，仲尼必諫，諫必輕絶於魯。'景公曰：'善。'乃令黎且以女樂六遺哀公。哀公樂之，果怠於政。仲尼諫不聽，去而之楚。"亦見於史記孔子世家。　　舟之僑用於虢，晉獻公以荀息計歸女樂於虢公，而之僑去：荀息，春秋晉大夫。戰國策秦策一："夫晉獻公欲伐郭，而憚舟之僑存。荀息曰：'周書有言：美女破舌。'乃遺之女樂，以亂其政。舟之僑諫而不聽，遂去。"郭即虢。　　由余用於戎，内史廖爲穆公策，遺以女樂二八，而由余奔：二八，各本均作"二人"，當誤，今據吕氏春秋不苟、韓非子十過、史記秦本紀改。吕氏春秋不苟云："秦繆公見戎由余，説而欲留之，由余不肯。繆公以告蹇叔。蹇叔曰：'君以告内史

廖.'内史廖對曰:'戎人不達於五音與五味,君不若遺之.'繆公以女樂二八
(人)與良宰遺之.戎王喜,迷惑大亂,飲酒,晝夜不休.由余驟諫而不聽,因怒
而歸繆公也." 子胥用於吳,陶朱公爲句踐策,遺以西施、鄭旦,而子胥死:陶
朱公,即范蠡,春秋越上將軍.彥按:據吳越春秋句踐陰謀外傳及越絶書,爲句
踐獻此策者,乃大夫文種,而非陶朱公,蓋羅氏誤記.鄭旦,四庫本如此,是,今
從之.餘諸本均作"鄭巴",誤.越絶書内經九術:"昔者越王句踐問大夫種
曰:'吾欲伐吳,奈何能有功乎?'大夫種對曰:'伐吳有九術.……四曰遺之好
美,以爲勞其志…….'越王曰:'善.'……越乃飾美女西施、鄭旦,使大夫種獻
之於吳王,……吳王大悦,申胥諫曰:'不可,王勿受.……美女,邦之咎也.夏
亡於末喜,殷亡於妲己,周亡於褒姒.'吳王不聽,遂受其女,以申胥爲不忠而殺
之."申胥即子胥.

〔一一〕好嗜:四庫本"嗜"作"耆". 兩重:重,重視. 從聖如孔子:從,
通"縱",即使.

〔一二〕取小國:吳本"取"作"耴".下"襲而取之"之"取"同.

〔一三〕夏伐岷山,岷山以妹喜伐夏:彥按:國語晉語一以桀伐有施而得妹
喜.本書後紀十四夏帝履癸則稱"伐蒙山,得妹喜焉",亦有依據(據楚辭天問
王逸注).唯此作岷山,蓋誤.據竹書紀年及沈約注,夏桀十四曾伐岷山,並得
二女,然乃琬、琰,而非妹喜.疑羅氏此處將蒙山與岷山相混淆矣.參見後紀
十四帝履癸注〔七一〕. 商伐有蘇,有蘇以妲己伐商;參見後紀八帝顓頊高陽
氏注〔二七五〕. 周伐褒,而褒以姒氏伐周:參見後紀十四帝履癸注〔二六
七〕. 晉伐驪,而驪以姬氏伐晉:左傳莊公二十八年:"晉伐驪戎,驪戎男女
以驪姬.歸,生奚齊,其娣生卓子.驪姬嬖,欲立其子,賂外嬖梁五與東關嬖
五,使言於公曰:'曲沃,君之宗也;蒲與二屈,君之疆也:不可以無主.宗邑無
主,則民不威;疆場無主,則啓戎心.戎之生心,民慢其政,國之患也.若使大
子主曲沃,而重耳、夷吾主蒲與屈,則可以威民而懼戎,且旌君伐.'使俱曰:'狄
之廣莫,於晉爲都.晉之啓土,不亦宜乎!'晉侯説之.夏,使大子居曲沃,重耳
居蒲城,夷吾居屈,羣公子皆鄙.唯二姬之子在絳.二五卒與驪姬譖羣公子而
立奚齊."晉自是亂有年.

〔一四〕三代:洪本"代"譌"戈".

〔一五〕鄭武公困於胡人,而先妻之女以娛其心,然後襲而取之:韓非子説難:"昔者鄭武公欲伐胡,故先以其女妻胡君以娛其意。因問於羣臣:'吾欲用兵,誰可伐者?'大夫關其思對曰:'胡可伐。'武公怒而戮之,曰:'胡,兄弟之國也。子言伐之,何也?'胡君聞之,以鄭爲親己,遂不備鄭。鄭人襲胡,取之。"重丘氏苦於青陽,而先遺之妹以惑其志,然後襲而滅之:重丘氏,本書後紀七小昊青陽氏作"重氏"。洪本、吴本"苦"作"若",乃形譌;"志"作"治",則音譌。

斯亦秦越人小兒宣轉累效之名方也:秦越人,即戰國時名醫扁鵲。宣轉,謂宣通運轉氣機。累效,屢效。

〔一六〕嗟夫:吴本"嗟"譌"嗟"。

〔一七〕義理之備,所以養其心;芻豢之設,所以養其形也:義理,四庫本作"理義"。下"義理勝者"之"義理"同。芻豢,牛羊犬豕之類家畜。泛指肉類食品。孟子告子上:"故理義之悦我心,猶芻豢之悦我口。"朱熹集注:"草食曰芻,牛羊是也;穀食曰豢,犬豕是也。"

〔一八〕軒:高起。 輊:音 zhì,低下。洪本、吴本、四庫本作"輕",非。正字通車部軒:"(車)前高曰軒,前下曰輊。"

〔一九〕權:秤錘。

〔二○〕終日乾乾,自彊不息:乾乾,自强不息貌。易乾九三:"君子終日乾乾"。又乾象辭:"天行健,君子以自强不息。" 格物之餘:格,至。物之餘,物之外。

〔二一〕刑寡妻,刑二女:見後紀十二帝舜有虞氏注〔一八三〕。 氣轢萬夫而困躓於一粉黛:轢(lì),凌駕,壓倒。困躓,受挫,顛沛窘迫。粉黛,借指美女。

〔二二〕繇此語之,貞觀之君亦足以豪矣:繇,四庫本作"由"。貞觀之君,指唐太宗李世民。洪本、吴本"貞觀"作"正觀",疑爲路史原書避宋諱之遺留。下羅苹注"貞觀"同。

〔二三〕貞觀二十年,高麗進美女二,太宗謂其使者曰:太宗,吴本"太"作"大"。彦按:新、舊唐書東夷傳、資治通鑑卷一九三載其事,俱在貞觀五年,又"高麗"作"新羅"。路史此作"二十年",當屬誤記;至作"高麗",蓋以後名稱前地。 歸告爾主:吴本、四庫本作"爾其歸告爾主"。 然閔其離父母兄弟於

本國,留其身而忘其親,受其色而傷其心,朕不取也:然,吴本、四庫本作“吾謂
不然”,非是。忘,吴本作“忌”,誤。受,吴本作“若夫受”,四庫本作“若夫愛”,
備要本作“愛”。取,吴本作“𡗗”。　　尚解思鄉:吴本、四庫本作“彼鳥尚解思
鄉”。舊唐書東夷傳新羅國:“貞觀五年,遣使獻女樂二人,皆鬒髮美色。太宗
謂侍臣曰:‘朕聞:聲色之娱,不如好德。且山川阻遠,懷土可知。近日林邑獻
白鸚鵡,尚解思鄉,訴請還國。鳥猶如此,況人情乎! 朕愍其遠來,必思親戚,
宜付使者,聽遣還家。’”

〔二四〕吴本、備要本此下有“按獻公伐驪戎”云云一段文字,另起一行、低
一格書。蓋非羅苹注路史原書所有,今不取。

辨伯翳非伯益秦趙宜祖少昊

事有若迂而實先,似緩而實急者〔一〕。世次之亂,姓氏之失,
此人倫之所繇紊,習俗之所繇薄也〔二〕。

予之紀少昊也,既辨玄囂、青陽、少昊爲三人矣,復合太史儋、
老子、老萊子以爲一;既辟仲衍不得爲孟虧之弟矣,乃復明伯翳不
得爲伯益之名若字:豈無説邪〔三〕?

夫孟虧當夏啓之時,而仲衍事商太戊,豈有同父之兄先己而
出于四百載之前者乎〔四〕? 伯翳者,少昊之後,皋陶之子,而伯益
乃帝高陽之弟三子隤敳也,然世俱以伯翳爲即伯益,其繆
甚矣〔五〕。

予嘗攷之,伯翳者,嬴姓之祖也。書傳嬴姓實出少昊,其源甚
著,非高陽後也。郯子云,我祖少昊〔六〕。而鄭語,嬴爲伯翳之後〔七〕。他記多同。
中候苗興云:陶苗爲秦;皋陶,少昊後也〔八〕。按陳杞世家,序舜、禹之功臣十
有一人,云伯翳之後,平王封之秦;而云“垂、益、夔、龍,其後不知
所封,不見也”〔九〕。又云:皋陶卒,封其後于六,或在許,然後舉益
而授之政〔一〇〕。則伯翳不得爲伯益,尤顯。故劉秀表校山海經
云:夏禹治水,伯益與伯翳主驅禽獸〔一一〕。是則益、翳爲二人,亦

有能知之者。

　　第太史公於益、翳有時而不分，所以致後生之繆爾〔一二〕。秦本紀云，高陽之裔孫女修生大業，大業娶女華，生大費。女修乃高陽之裔女而適少昊之後大業之父者〔一三〕。蓋大業之父名不著見，而秦、趙二家遂以母族而祖顓頊，非生人之義也。郯子曰我祖少昊，而嬴氏乃其族也，則秦、趙宜祖少昊爲得其正。班固之徒不知致此，乃直以女修爲男子而系之高陽之後，故世遂以伯翳爲伯益，不復別也〔一四〕。

　　抑又稽之，伯翳蓋封於費者也，是以有大費之稱，若大封、大唐者〔一五〕。費昌、費仲，俱其後也。而世亦復論，更以大費爲伯翳之字，益可嘻矣〔一六〕。且大業者，皋陶之父也，而史記音義復以皋陶爲即大業，蓋以史記大業之下無皋陶而失之〔一七〕。至世紀書，乃直以爲高陽生大業，又以大業之妻女華爲大業之子，而別出女華之妻名曰扶始，扶始生皋陶，皋陶生伯益〔一八〕。唐書取而用之〔一九〕。此春秋元命苞之説，不足實也。元命苞云：“堯爲天子，季秋下旬，夢白帝遺以馬喙子。其母曰扶始，升高丘，白帝上有雲如虎，感之而生皋陶。索扶始問之，如夢言〔二〇〕。”馬喙子，謂皋陶也〔二一〕。

【校注】

　　〔一〕事有若迂而實先：洪本“若”譌“實”。迂，迂遠。

　　〔二〕此人倫之所繇紊，習俗之所繇薄也：四庫本兩“繇”字作“由”。

　　〔三〕辟：明，表明。

　　〔四〕太戊：吳本、四庫本“太”作“大”。

　　〔五〕伯益乃帝高陽之弟三子隤敳也：弟，四庫本作“第”。隤敳，各本均作“隤歞”，“歞”當“敳”字俗譌，今訂正。　然世俱以伯翳爲即伯益，其繆甚矣：伯益，喬本譌“喬益”，洪本“伯”字爲墨丁，今據餘本訂正。繆，四庫本作“謬”。

　　〔六〕見後紀一太昊伏戲氏注〔一三一〕。

　　〔七〕國語鄭語：“嬴，伯翳之後也。”

　　〔八〕陶苗爲秦：陶，指皋陶。苗，後裔。

〔九〕陳杞世家：史記篇名。喬本、洪本“杞”譌“祀”，今據餘本訂正。垂、益：喬本、備要本譌“伯益”，今據餘本訂正。

〔一〇〕史記夏本紀：“帝禹立而舉皋陶薦之，且授政焉，而皋陶卒。封皋陶之後於英、六，或在許。而后舉益，任之政。”

〔一一〕劉秀：即西漢古文經學家、目録學家劉歆。劉歆於建平元年（前6年）改名秀。

〔一二〕太史公：洪本“太”作“大”。

〔一三〕適：嫁。洪本譌“適”。

〔一四〕班固之徒不知攷此，乃直以女修爲男子而系之高陽之後：彦按：今考漢書古今人表，顓頊帝高陽氏之下並未見有女修，路史此説不知何據。

〔一五〕伯翳蓋封於費者也：參見國名紀二少昊後嬴姓國費。　是以有大費之稱：史記秦本紀：“女華生大費。”司馬貞索隱：“此則秦、趙之祖，嬴姓之先，一名伯翳。”　若大封、大唐者：大封，黄帝臣。吴本、四庫本“大”作“夫”非。大唐，蓋指堯。堯初封唐，而樂有大唐之歌。

〔一六〕世亦復論：喬本、洪本、備要本“論”作“諭”，此從吴本及四庫本。

〔一七〕史記音義復以皋陶爲即大業：史記音義，南朝宋徐廣撰。彦按：疑此爲史記正義之譌。史記秦本紀“（女脩）生子大業”張守節正義：“列女傳云：‘陶子生五歲而佐禹。’曹大家注云：‘陶子者，皋陶之子伯益也。’按此即知大業是皋陶。”是也。而裴駰集解並無相關注文。據四庫全書總目史記集解提要言：“駰以徐廣音義麤有發明，殊恨省略，乃采九經諸史并漢書音義及衆書之目，別撰此書。其所引證，多先儒舊説。”是則若出史記音義，集解當有所稱引也。

〔一八〕又以大業之妻女華爲大業之子：女華，各本“華”均作“垂”。彦按：“垂”當“華”字之譌。下句“而別出女華之妻名曰扶始”之女華即承此而言。史記秦本紀云“大業取少典之子，曰女華”，是也。今訂正。　扶始生皋陶：皋陶，洪本“皋”作“高”，蓋音譌。

〔一九〕新唐書宗室世系表上：“帝顓頊高陽氏生大業，大業生女華，女華生皋陶，字庭堅，爲堯大理。生益。”

〔二〇〕夢白帝遺以馬喙子：馬喙子，長著一張馬口般嘴巴的人。四庫本

“馬”作“烏”，餘諸本皆作“鳥”。彥按:字當依太平御覽卷三九七引春秋元命苞作“馬”。淮南子脩務:“皋陶馬喙，是謂至信。”高誘注:“喙若馬口，出言皆不虛，故曰‘至信’。”是也。今據以訂正。下“馬喙子”之“馬”同。　　升高丘，白帝上有雲如虎:備要本“丘”譌“立”。吳本“白”譌“自”。　　索扶始問之，如夢言:喬本、吳本、四庫本、備要本均作“扶始問之，如堯言”，洪本更譌“扶始”爲“扶如”。彥按:“扶始問之，如堯言”，不可解。太平御覽卷二四引春秋元命苞，作“索扶始問之，如夢言”，當是，今據以訂正。

〔二一〕吳本、備要本此下有“金仁山曰”云云一段文字，另起一行、低一格書。金仁山即宋元之際學者金履祥，生活時代在羅氏後，則此文自非羅苹注路史原書所有，今不取。

原焚〔一〕

甚矣，焚尸之酷也！其禽獸之不若乎！

夫人之所以異於禽獸者，以其存心也，以其有禮也。孟子曰:存心養性，所以事天也〔二〕。存養者，盡其事而無媿之謂爾。生有養，死有葬，所以事也。子夏曰:“傷哉，貧也！生無以爲養，死無以爲禮也。”〔三〕人之生世，豈惟自求飽煖逸樂而已哉！生欲以爲養，死欲以爲禮爾。今也，生無以爲養而又離之，死無以爲禮而又焚之;非惟離之，又絶之;非惟焚之，又棄之:可謂人乎〔四〕？孔子曰:“今之孝者，是謂能養。至於犬馬，皆能有養;不敬，何以別乎〔五〕？”夫能養，亦難矣，而猶未足爲孝。然則孝者，豈惟能養而已哉！必有敬焉。既不敬，復不養;既不養，復不葬:此何理耶？

曾子曰:“慎終追遠，則民德歸厚矣〔六〕。”喪祭之禮薄，則倍死忘生之人衆矣〔七〕。敝帷不棄，爲薶馬也;敝蓋不棄，爲薶狗也〔八〕。孔子貧，無蓋，於其狗死，猶與之席。聖人之於物，亦且致其盡矣。父兮鞠我，母兮育我，而顧生離之，至於凍餒而弗之顧，比其死也復一舉而焚之，撲之湍流，微塵漂散，示以不返，其不及犬馬也遠矣[九]。

嗟夫！焚事，夷俗也[一〇]。在昔三代，罪至惡逆，乃有焚尸，所以示凌遲而絶之人類也[一一]。奈何末代不知其故，反狥夷俗，舉凌遲惡逆之刑而施其親，豈不大可哀耶！

嘗試語來，砭孕者胎必傷，抶生者尸必疕，天地之所以使人重其生也[一二]。覺昏而夢靈，生冥而死神，造物之所以使人謹其死也[一三]。立和表，爲神道；陳玄輿，而設偶物；啓塗載遣，皋嗥而祝；發之，勿震勿驚；凡所以安神而妥靈者，惟恐其少不至[一四]。斧棺裂槨，過者襒魄，是所謂妥靈耶[一五]？方其熾焰，皮皴盎罐，筋骸縮胸，至有起而蹲者[一六]。兹禽獸亦不忍，而孝子順孫時且爲之，於汝安乎？

抑嘗稽之雷公之書：炮炙之方，一骨一石，必曰存性[一七]。而今蓻者，晞薪熇煤，橐而鼓之，務桀其事，靡遺餘力，父母之一性，果復存乎[一八]？

然而愚者卒惑，至自喜其能然，曰："予之能事畢矣。"反控其故，則曰："佛者教也。彼善爲祝而善懺，是將生善地也[一九]。"吁！一何愚之至此極耶？世有導人溺者，語人曰："我善爲祝，將俾而爲水仙。而第溺之母憂。"[二〇]而信之乎？夫既已離而絶之，方且燔不根之故楮以爲薦；既已焚而棄之，方且作無用之蠻語以爲祝：其果信乎[二一]？生受離絶之苦，死受焚棄之酷，而顧區區從事於無有所益之薦、祝，是之謂放飯流歠而問無齒決，其不情誣悖也明矣[二二]。

曩予觀於祕閣閑談：有鄭民張福詮者，貴耀，爲雷所撲，其妻焚之，中道忽死，既而讖曰："福詮震死，亦備苦矣，而又見焚，不已甚乎！"[二三]予以是知焚事之爲死者苦也甚矣，可不戒歟[二四]！

易曰："敦艮，吉[二五]。"象曰："敦艮之吉，以厚終也[二六]。"夫欲人之歸厚，必自人倫始。人倫之切，莫若喪祭，而顧可爲略耶？

藏千金之璧者,緹衣十襲,匣户九局,齋沐而出之,猶恐不敬,況於
親乎[二七]！

　　王喬之仙,彼固以爲天下玉棺,是則人情之不可磨滅者,雖天
上不廢也[二八]。且其説曰:世尊之死,金棺銀槨[二九]。其自奉也
蓋若此,而顧以焚棄之事待世人乎,謂不然矣[三〇]。若曰能遺刑
乎,則波旬之叫哭,文殊頓足,果遺刑乎[三一]？然則,今之爲焚事
者,真禽獸之不若也。孝子順孫,蓋亦爲之,却慮而深思邪[三二]？

　　雖然,流俗之爲之,抑有繇矣[三三]。奉佛事,則曰無餘貲而不
塟也;溺陰陽,則又曰無善地而不葬也。嘻！上世無佛,地獄何
無？末代誦經,天堂何有？天堂無則已,有則君子登;地獄無則
已,有則小人入。而顧佛者何爲[三四]？忠孝既昭,三鶴自戾;碑誄
雖宗,無後可守[三五]。高緯之父母非不卜宅兆,隋文之墓田非不
叶吉,而反爲殃,亦可以理曉矣[三六]。然則,世之君子,盍亦爲之
觀相而節度之乎[三七]？設棺槨以斂之,捐壙原以安之,使比化者
不暴於外,追遠者不失其處,而又爲之法制以禁其逾期不塟[三八]。
然而爲佛事、説陰陽者,其亦庶乎其可矣[三九]。

【校注】

　〔一〕原焚:論火葬。原,推究。焚,此指焚屍。

　〔二〕存心養性,所以事天也:見孟子盡心上,文作:“存其心,養其性,所以
事天也。”事天,楊伯峻孟子譯注譯爲“對待天命”,甚確。

　〔三〕子夏曰:彦按:下所引語,見禮記檀弓下,乃子路之言。此作子夏,蓋
誤記。

　〔四〕又絕之:絕謂斷絕親情、斷絕關係。此乃就信奉釋氏,出家爲僧尼
者言。

　〔五〕見論語爲政。

　〔六〕慎終追遠,則民德歸厚矣:見論語學而,今本無“則”字。終,指父母
喪。遠,指祖先。何晏集解引孔安國曰:“慎終者,喪盡其哀;追遠者,祭盡

其敬。"

〔七〕倍死忘生:倍,通"背",背棄。

〔八〕敝帷不棄,爲薶馬也;敝蓋不棄,爲薶狗也:敝帷,破舊的帷帳。洪本"敝"作"弊"。吳本"敝"作"獘","帷"譌"惟"。薶,"埋"之本字。敝蓋,破舊的傘蓋。洪本、吳本"敝"作"獘"。禮記檀弓下:"仲尼之畜狗死,使子貢埋之,曰:'吾聞之也:敝帷不弃,爲埋馬也;敝蓋不弃,爲埋狗也。丘也貧,無蓋,於其封也,亦予之席,毋使其首陷焉。'"

〔九〕父兮鞠我,母兮育我:鞠,養育。詩小雅蓼莪:"父兮生我,母兮鞠我。"　撲之湍流,微塵漂散,示以不返:撲,投。微塵,指父母之骨灰。返,洪本譌"迓"。

〔一〇〕夷:四庫本作"戎"。下"夷俗"之"夷"同。

〔一一〕惡逆:姦惡逆亂。　所以示凌遲而絶之人類也:凌遲,古代一種以"千刀萬剮"方式慢慢折磨至死之酷刑。絶,擯棄。洪本、吳本譌"紀"。

〔一二〕挟生者尸必疷:挟(chì),用鞭或杖抽打。各本均作"扶"。彦按:作"扶"於義不洽。當爲"挟"字之譌,今訂正。疷(zhǐ),瘀腫。

〔一三〕生冥而死神:活著時糊塗,死之後靈異。冥,洪本譌"宜"。　謹其死:吳本脱"其"字。

〔一四〕立和表,爲神道:吳本、四庫本"爲"上有"而"字。和表,即華表。古代立於陵墓或宫殿前的表柱。神道,墓道。　陳玄輿,而設偽物:玄輿,靈車。偽物,指冥器。　啓塗載遣,皋嗥而祝:啓塗,起程。載,集韻泰韻:"載,出祭道神也。"遣,篇海類編人事類辵部:"遣,祖奠也。將葬而祭曰遣奠。"皋嗥(háo háo),呼叫貌。　發:行進。玉篇弓部:"發,進也,行也。"

〔一五〕褫魄:奪去魂魄。褫(chǐ),洪本、吳本譌"梐"。

〔一六〕皮妭盎罐,筋骷縮朒:妭(bì),皮乾裂聲。盎罐,指裝骨灰之陶罐。筋骷,筋骨。骷,同"骸"。吳本、四庫本作"骸"。縮朒(nǜ),斂縮。

〔一七〕存性:謂保存藥性。

〔一八〕而今爇者,晞薪熇煋,橐而鼓之,務樂其事:爇(ruò),焚燒。備要本如此,今從之。餘本作"燅"、"蒸",乃俗譌字。晞薪,乾柴。四庫本"晞"譌"睎"。熇煋(hè huǐ),烈火。橐,古代冶煉時用以鼓風吹火的裝置,猶後世之風箱。桀,舉,承擔。

〔一九〕反控其故:控,通“叩”,問。　懺:僧尼爲人表示悔過所作的禮禱。

〔二〇〕溺:潛水。　而第溺之母憂:而,第二人稱代詞,你。下“而信之乎”之“而”同。第,祇管。母,同“毋”,不要。

〔二一〕夫既已離而絶之,方且燔不根之故楮以爲薦:洪本“夫”譌“天”。方且,還要。不根,没來由。故楮,舊紙幣,此指冥紙。薦,進獻。　蠻語:南方少數民族的言語。此以喻指祝禱之語。

〔二二〕離絶之苦:洪本“苦”譌“若”。　區區:執著。　是之謂放飯流歠而問無齒決:放飯流歠(chuò),大口地喫飯喝湯。四庫本如此,與孟子同,今從之。餘諸本“歠”作“餟”。問,請教。齒決,用牙齒咬斷。禮記曲禮上:“濡肉齒決,乾肉不齒決。”孔穎達疏:“濡,濕也。濕軟不可用手擘,故用齒斷決而食之。……乾肉,脯屬也,堅肕不可齒決斷之,故須用手擘而食之。”孟子盡心上:“放飯流歠,而問無齒決,是之謂不知務。”趙岐注:“放飯,大飯也。流歠,長歠也。……於尊者前賜食,大飯長歠,不敬之大者;齒決,小過耳。言世之先務,捨大譏小,若此之類也。”　其不情誣悖也明矣:不情,不近人情。誣悖,荒謬背理。四庫本作“悖誣”。

〔二三〕祕閣閑談:宋吳淑撰。喬本、洪本“祕”譌“必”,今據餘本訂正。吳本、四庫本“閑”作“閒”,同。　中道忽死,既而讝曰:死,喬本、洪本作“外”誤,今據餘本訂正。讝(zhān),説胡話。　不已甚乎:吳本“乎”作“矣”非。

〔二四〕予以是知:吳本“予”譌“不”。

〔二五〕敦艮,吉:見易艮上九。敦,敦厚。艮,止也(見易説卦)。楊維增、何潔冰周易基礎譯此句爲:“以敦厚之德抑止邪欲,則吉祥。”

〔二六〕敦艮之吉,以厚終也:孔穎達周易正義:“‘以厚終’者,言上九能以敦厚自終,所以獲吉也。”

〔二七〕藏千金之璧者,緹衣十襲,匣户九扃,齋沐而出之:璧,洪本作“壁”,非。緹衣,赤色綢緞做的包袱皮。緹(tí),赤色繒。襲,層。匣户九扃,匣子的門層層關閉。扃(jiōng),關閉,上門。齋沐,齋戒沐浴。洪本、吳本“齋”作“齊”,同。

〔二八〕王喬之仙,彼固以爲天下玉棺:王喬,相傳爲東漢葉縣縣令,有神術，後成仙。以爲，因爲。下，降下。<u>風俗通義正失葉令祠</u>：“俗説<u>孝明帝</u>時，尚書郎河東<u>王喬</u>遷爲<u>葉</u>令，……每當朝時，<u>葉</u>門鼓不擊自鳴，聞於京師。後天下一玉棺於廳事前，令臣吏推排，終不動搖。<u>喬</u>曰：‘天帝獨欲召我。’沐浴服飾寢其中，蓋便立覆。宿夜葬於城東，土自成墳。”

〔二九〕其説：指<u>釋氏</u>之説。　世尊之死，金棺銀槨：<u>吴</u>本“棺”作“槨”。世尊，對<u>釋迦牟尼</u>的尊稱。<u>唐康駢劇談録</u>卷下<u>真身</u>：“<u>咸通</u>十四年，詔自<u>鳳翔</u>迎真身至于輦下。”注引<u>釋氏涅槃經</u>云：“<u>如來</u>於<u>雙林</u>滅度，貯於金棺銀椁，積旃檀香焚之。”<u>如來</u>，<u>釋迦牟尼</u>十種法號之一。

〔三〇〕謂不然矣：謂，爲。不然，不合理，不對。

〔三一〕遺刑：超脱形骸，精神進入忘我境界。刑，通“形”。<u>四庫</u>本作“形”。下“果遺刑”之“刑”同。　波句：佛教傳説中之魔王。　文殊：佛教菩薩名。

〔三二〕邪：<u>洪</u>本誤“雅”。

〔三三〕繇：<u>四庫</u>本作“由”。

〔三四〕顧：視，看。

〔三五〕三鶴自戾：謂自然得道登仙。戾，至。<u>太平御覽</u>卷四六引<u>宣城圖經</u>曰：“<u>三鶴山</u>在<u>溧水縣</u>東南六十里。昔有<u>潘氏</u>兄弟三人於此山求仙，後道成化爲三白鶴，於此沖天。”　碑誄雖宗，無後可守：誄，<u>喬</u>本、<u>洪</u>本、<u>備要</u>本作“誄”誤，此從<u>吴</u>本及<u>四庫</u>本。宗，尊崇。<u>吴</u>本、<u>四庫</u>本、<u>備要</u>本作“崇”。<u>彦</u>按：此句與上句互文見義，謂若忠孝不昭，唯碑誄之宗，亦“無後可守”。

〔三六〕宅兆：墓地。　墓田：墳地。　叶吉：和諧吉祥。

〔三七〕觀相：觀察。　節度：規劃。

〔三八〕壙原：荒野，空地。<u>洪</u>本、<u>吴</u>本“原”誤“厚”。　比化者：比，疑“彼”字音誤。化者，指死者。　追遠者：指死者後人。

〔三九〕然而爲佛事、説陰陽者，其亦庶乎其可矣：然而，<u>喬</u>本如此，餘諸本均無“然”字。又，除<u>四庫</u>本外，餘諸本此下均有“内翰<u>洪公邁隨筆</u>云”云云一段文字，另起一行、低一格書。其文完全録自<u>洪氏容齋續筆</u>卷一三民俗火葬，此從省。

原理李二氏

世之繆誤者，無氏姓若也〔一〕。非氏姓之無統也，繇人之好言氏姓者繆誤之也〔二〕。予起路史，而後天下之氏姓始得其正矣〔三〕。

皋陶之後有嬴氏、偃氏，以其爲理，則又有理氏、李氏〔四〕。理，天理也。故天官書云，左角爲李〔五〕。然則“李”“理”二字在古特通爾，非有他義也。陸佃説李用云：“李，木之子。”〔六〕又：“木子也。”可謂正矣。仁實也，故古以爲理官之字〔七〕。管子書云：冬，李也〔八〕。又云：黄帝得后土辨乎北方，以爲李〔九〕。而吕春秋亦云：后土爲李〔一〇〕。又云：皋陶爲李〔一一〕。昔晉文公命李離爲李，以爲皋陶之後，是矣〔一二〕。是古者理官之“理”字直爲“李”，其義一也。傳云“一個行李”，即昭公十三年傳之“行理”也〔一三〕。杜云，行李謂使人〔一四〕。今世並用。周語“行理以節逆之”，賈逵曰：“理，吏也，小行人也〔一五〕。”而孔晁本亦作“李”，云：“行李，行人之官。”僖公三十年傳：“行李往來”〔一六〕。郇闍頌云：“行理咨嗟”〔一七〕。蓋在夏、商之代，已有此李氏矣。詳少昊紀。而姓氏之書及北史若唐新舊書等，乃云老子生於李下而以爲姓，或云因亂食苦李而得姓，或又以爲饑餌木子而姓之，均爲妄誕〔一八〕。范祖禹云：“書云皋陶爲士，而史以爲大理，既不經矣，又以爲李氏所出，尤非族類。唐之先祖，出隴西狄道，非如商、周世次之可攷也〔一九〕。”夫謂唐出狄道，可矣；謂李不出皋陶，則未覈〔二〇〕。暨葛孝先，直謂老子之母李氏女也，故老子因母以爲姓〔二一〕。迨其孫洪，傳諸神仙，因謂老子生於李家，猶爲李姓〔二二〕。非也。漢屬國侯李翊碑以李氏爲出於箕子，尤爲無所本矣〔二三〕。

吁！後世之妄，日益繁矣。氏姓不勝誤，孰正之哉〔二四〕？

【校注】

〔一〕繆誤：四庫本“繆”作“謬”。下“繆誤”之“繆”同。

〔二〕繇：吴本、四庫本作“由”。

〔三〕予起路史：喬本、洪本“起”作“越”誤，今據餘本訂正。

〔四〕以其爲理：理，主管獄訟之官。

〔五〕左角爲李：喬本、備要本“李”作“理”，非是，此從餘本。角，星宿名。角宿有二星。史記天官書云：“左角，李；右角，將。”司馬貞索隱：“李即理，法官也。”

〔六〕陸佃説李用云：“李，木之子”：説李，各本均作“説禮”。彦按：此所引陸氏説，見諸埤雅卷一三釋木李，“禮”當“李”字音譌，今訂正。用，因，因而。木之子，各本均作“水之子”。彦按：“水”乃“木”字形譌。此屬拆字爲訓，木子爲李，作“水”則不可解。今據埤雅訂正。下“木子也”之“木”同。埤雅原文爲：“李，東方之果，木子也。故其字从木，从子。”

〔七〕仁實也：仁，核仁。實，雙關語，表面義謂“飽滿”，隱含義爲“實在”。

〔八〕冬，李也：見管子五行，原文作：“冬者李也。”李，獄官。

〔九〕黄帝得后土辨乎北方，以爲李：北方，洪本、備要本“北”譌“比”。管子五行原文作：“昔者黄帝……得后土而辯於北方。”又：“后土辨乎北方，故使爲李。”

〔一〇〕后土爲李：今本吕氏春秋未見有此。

〔一一〕皋陶爲李：今本吕氏春秋未見此語。唯君守篇稱“皋陶作刑”，或以作刑爲理官事，故出此言。

〔一二〕昔晉文公命李離爲李：韓詩外傳卷二：“晉文侯使李離爲大理。”史記循吏列傳：“李離者，晉文公之理也。”亦見新序節士。“李”均作“理”或“大理”。

〔一三〕一個行李：四庫本“個”作“介”。此文見左傳襄公八年，原文“個”作“介”，或本作“个”。　即昭公十三年傳之“行理”也：行理，各本“理”均作“李”，與左傳原文不符，今訂正。

〔一四〕杜云，行李謂使人：見左傳昭公十三年杜預注，原文作：“行理，使人通聘問者。”

〔一五〕行理以節逆之：見國語周語中。節，符節。逆，迎。

〔一六〕僖公三十年傳：“僖”，喬本、洪本作“富”，吴本、四庫本、備要本作“宣”。彦按：此所引左傳文見於僖公三十年。蓋“僖”先譌爲“富”，左傳紀年既無"富公",又據字形臆測改"宣"。今訂正。　行李往來:左傳原文作"行李之往來"。

〔一七〕郙閣頌:漢摩崖名。東漢太守李翕建郙閣閣道以利行旅,時人頌其德,爲文勒石於析里橋(今陝西略陽縣西嘉陵江畔)邊,額題爲析里橋郙閣頌。宋歐陽修集古録卷二、洪适隸釋卷二二均載及之。　行理:喬本、四庫本、備要本作"行李",與集古録、隸釋所載郙閣頌不符,今改從洪本、吳本。

〔一八〕而姓氏之書及北史若唐新舊書等,乃云老子生於李下而以爲姓,或云因亂食苦李而得姓,或又以爲饑餌木子而姓之:北史,四庫本如此,是,今從之。餘諸本均作"此史"。北史序傳云:"李氏之先,出自帝顓頊高陽氏。當唐堯之時,高陽氏有才子曰庭堅,爲堯大理,以官命族爲理氏,歷夏、殷之季。其後理徵字德靈,爲翼隸中吳伯,以直道不容,得罪于紂。其妻契和氏攜子利貞逃隱伊侯之墟,食木子而得全,遂改理爲李氏。"唐新舊書,指新唐書、舊唐書。苦李,洪本"苦"譌"若"。或又,吳本"又"譌"人"。新唐書宗室世系表上云:"李氏出自嬴姓。……歷虞、夏、商,世爲大理,以官命族爲理氏。至紂之時,理徵字德靈,爲翼隸中吳伯,以直道不容於紂,得罪而死。其妻陳國契和氏與子利貞逃難於伊侯之墟,食木子得全,遂改理爲李氏。"舊唐書似未見相關内容,蓋羅氏不經意而連及之。

〔一九〕見唐鑑卷九玄宗中天寶二年"三月,追尊周上御大夫爲先天太皇,皋繇爲德明皇帝"下所作論斷,原文爲:"臣祖禹曰:老子之父,書傳無見焉。取方士附會之説而追尊加謚,不亦誣乎! 皋陶作士,而作史者以爲大理,既不經矣,又以爲李氏所出而尊之,尤非其族類也。唐之先祖出於隴西狄道,非有世次可考,而必託之上古以耀於民,非禮之禮,適所以爲後世笑也。"　隴西狄道:隴西,郡名。狄道,縣名,治所在今甘肅臨洮縣。

〔二〇〕夫謂:洪本"夫"譌"天"。

〔二一〕葛孝先:即三國吳道教靈寶派祖師葛玄(字孝先)。史記老子列傳"老子者,楚苦縣厲鄉曲仁里人也,姓李氏"司馬貞索隱引葛玄曰:"李氏女所生,因母姓也。"

〔二二〕其孫洪:葛玄爲葛洪之從祖父。　傳諸神仙,因謂老子生於李家,猶爲李姓:初學記卷二三道釋部"姓李"注引葛洪神仙傳曰:"老子生于李家,猶以李爲姓。"

〔二三〕漢屬國侯李翊碑以李氏爲出於箕子:該碑載於隸釋卷九,作廣漢屬國候李翊碑。諸書言及此碑,或作"屬國侯",或作"屬國候";而皆作"廣漢",不作"漢",則此"漢"字上當有"廣"字。其碑文曰:"其先出自箕子之苗。"

〔二四〕氏姓:洪本、吳本作"小生",誤。

老子化胡説〔一〕

德經曰:"出生入死。生之徒十有三;死之徒十有三;人之生,動之死地,十有三〔二〕。"嘗謂道陽而德陰,老氏歸陽,釋氏歸陰。分道、德爲二經,其義斯在〔三〕。昔未有知此者,惟道君皇帝以僧爲德士,蓋體之矣〔四〕。夫一性之元,湛然虚徹,曾何有于生死哉〔五〕!其所以生死者,出則爲生,入則爲死,而已矣。"生之徒十有三",謂十之中,生者居其三也。"死之徒十有三",謂十之中,死者亦居其三也。而"人之生,動之死地,十有三"者,則是一性本生,而顧不能静,每以物動而自趣於盡者,十又處其三也〔六〕。蓋生者居其一,而死者處其二也。既已十管其九矣,而其一置而不顯者,是何邪?非出生而入死者邪?乃不生而不死者也。是生死之道九,而不生不死之道一也。佛者之教,不出於此矣。老子之所以化胡,惟此道爾。謂之德經,事可見矣。詳五千文意,蓋留猜後人者〔七〕。而韓非以爲四肢、九竅,十三生〔八〕。李宿以爲之食神、禄與倒食陽干,前一陽干爲食神,後一陽干爲倒食,互相食伐,皆在于十三數,以是爲所言生死之徒,——溺於術矣〔九〕。

然釋氏之無知者,輒諱其事,又從而誣罔之,固非毗嚂尸之意〔一〇〕。釋氏推過去毗婆尸佛〔一一〕。而老子者不知出此,乃復羣起而較其容儀之盛衰與夫出世之先後以争之,衹見其不能勝爾。雖然,釋子之無耻,豈惟誣老哉!羲、媧、孔、顏之聖,且弗免也。彼腐儒者,既莫之能譎,又從而怖之,吁〔一二〕!釋有所謂造天地經,云寶歷菩薩下生世間,號曰伏羲;吉祥菩薩下生世間,號曰女媧;摩訶迦葉號曰老子;儒童菩薩號曰孔丘。復有清净法行經,云:"真丹國人難化,佛遣迦葉往,爲老子;净光童子往,爲孔丘;又遣月明儒童往,爲顏回。三弟子者出生其國,乃能從化〔一三〕。"其見侵侮如此。故唐杜嗣先有"吉祥御宇,儒童衍教"之説〔一四〕。而韓愈曰:"佛者云:孔子,吾師之弟子也。"〔一五〕釋者遂有詆韓論。甚矣,其無忌憚也。雖然,道家者流亦有記"莊王癸巳之歲,一陰之月,老君遣尹真人喜乘月精白象下天竺,於静飯夫人口中託生佛"者〔一六〕。嘻! 事亦善於報復矣。夫天下之事,豈有二道。老釋之教,其初則一。第其立教,各開户牖,以自爲異,而末遂至於不相涉爾。今溧水縣南七十五里有儒童寺者,本孔子祠,唐景福二年遂以爲孔子寺,以孔子適楚經此〔一七〕。南唐改曰儒童寺。故予嘗謂江南之亡,非文之罪,用浮屠之過〔一八〕。

己丑閉日,閲化胡經書〔一九〕。

【校注】

〔一〕化胡:教化胡人。

〔二〕老子一書凡八十一章,分上下二篇:自第一至第三十七章稱道經,自三十八至八十一章稱德經。此文見於第五十章,在德經中。 徒:通"塗",塗徑,道路。 動之死地:動,謂有所動作、作爲。之,走嚮。

〔三〕斯在:在斯。

〔四〕道君皇帝以僧爲德士:道君皇帝,即宋徽宗趙佶。尊信道教,自稱教主道君皇帝,又采納所寵道士林靈素言,下詔廢佛,改僧爲德士。宋吴曾能改齋漫録記詩:"政和間,林靈素主張道教,建議以僧爲德士,使加冠巾,其意以釋氏爲出其下耳。"

〔五〕夫一性之元,湛然虚徹:洪本"性"譌"惟"。元,初,始,本原。湛然,清澈貌。虚徹,空明澄徹,喻虚無。

〔六〕一性本生:洪本、吴本"生"作"往",非。 自趣於盡:趣(qū),趨嚮,走嚮。

〔七〕五千文:亦稱"五千言",借指老子道德經。典出史記老子列傳:"於是老子迺著書上下篇,言道德之意五千餘言而去,莫知其所終。"

〔八〕而韓非以爲四肢、九竅,十三生:十三生,各本均但作"三生",今據韓非文意補一"十"字。韓非子解老:"人始於生而卒於死。始之謂出,卒之謂入,故曰'出生入死'。人之身三百六十節,四肢、九竅,其大具也。四肢與九竅十有三者,十有三者之動静盡屬於生焉,屬之謂徒也,故曰:生之徒也,十有三者。至其死也,十有三具者皆還而屬之於死,死之徒亦有十三。故曰:'生之徒十有三,死之徒十有三。'凡民之生生,而生者固動,動盡則損也;而動不止,是損而不止也。損而不止則生盡,生盡之謂死,則十有三具者皆爲死死地也。故曰:'民之生,生而動,動皆之死地,之十有三。'"

〔九〕李宿以爲之食神、禄與倒食陽干:李宿,其人不詳。食神、禄、倒食,古代星命家據四柱八字推算人命運的幾個概念。食神、倒食屬於八字十神之二。禄,即禄神,爲四柱神煞之一。陽干,位於奇數的天干,即甲、丙、戊、庚、壬。備要本"干"譌"于"。下"陽干"之"干"同。　互相食伐,皆在于十三數:食伐,剋伐。在于,洪本、吳本、四庫本"于"譌"干"。　溺於術矣:溺,沉迷。術,方術。

〔一〇〕誣罔:誣陷毁謗。

〔一一〕推過去毗婆尸佛:佛教有過去、現在、未來三世之佛。毗婆尸佛爲過去七佛之第一位。

〔一二〕譖:譴責。　怖:懼怕。

〔一三〕清净法行經:各本"净"均作"静",誤,今訂正。　真丹國人難化:真丹,古印度對我國的稱謂。或作"震旦",皆屬譯音詞。國人,國民。各本均作"真丹國乃能從化,其見侵侮"。彦按:"乃能從化"與下文不相協調,唯以"國人難化",佛方派三弟子以化之也;而"其見侵侮"更顯突兀。此當涉下文"乃能從化其見侵侮如此"而譌衍。丁福保佛學大辭典儒童條引清净法行經,作"真丹國人難化",是也,今據以删訂。　佛遣迦葉往:各本均無"佛遣"二字。彦按:"佛遣"二字絶不可少,無則文不成句,且下"又遣"云云亦上無所承。丁氏引文此句作"佛遣摩訶迦葉往",今據以訂補。迦葉,洪本作"如葉",誤。

〔一四〕杜嗣先:唐禮部侍郎,所撰有兔園策府。　御宇:喬本、洪本、吳本"宇"譌"字",今據四庫本、備要本訂正。　衍教:傳播教義。

〔一五〕佛者云:孔子,吾師之弟子也:見韓愈原道,"佛者云"作"佛者曰"。

〔一六〕莊王癸巳之歲:莊王,指周莊王姬佗。癸巳之歲,時當周莊王九年,即公元前688年。是年,釋迦牟尼誕生。魏書釋老志:"釋迦生時,當周莊王九年。"　一陰之月:指農曆四月。晉葛洪輯西京雜記卷五:"四月陽雖用事,而陽不獨存;此月純陽,疑於無陰,故亦謂之陰月。"相傳釋迦牟尼誕辰在農曆四月初八日。　尹真人喜:周函谷關令。舊傳喜遇老子,得授道德經。　静飯夫人:"静飯"即"净飯",指古印度迦毗羅衛國净飯王,亦即釋迦牟尼之父。

〔一七〕溧水縣:治所在今江蘇南京市溧水區。四庫本如此,是,今從之。餘諸本"溧"譌"漂"。　景福:唐昭宗李曄年號,公元892—893年。

〔一八〕江南:借指南唐王朝。

〔一九〕閉日:古指立秋或立冬之日。　化胡經:又稱老子化胡經,西晉惠帝時天師道祭酒王浮作。杜撰老子入天竺變佛陀教化胡人事。　吳本、備要本此下有"按人生四十九日而七魄全"云云一段文字,另起一行、低一格書。蓋非羅苹注路史原書所有,今不取。

論恒星不見〔一〕

語之無所稽,妄言也;聽之而不審,妄信也;和之而弗擇,妄隨也。

佛者曰:方摩也之誕也,川地震動,天夜有光,而恒星不見〔二〕。此則妄言者也。佛之父爲净飯王,母曰摩邪夫人〔三〕。摩邪者,莫邪也〔四〕。

故古今論衡周書異紀云:姬周昭王之二十四年甲寅之歲四月八日,井泉泛溢,宮殿震動,而恒星不見,五光貫于太微,王問太史蘇繇,對曰:"西方有聖人生,却後千年,其教法來此矣。"〔五〕是以世謂孔子書"恒星不見"者,將以爲異時之證,而傳記悉從之,此則妄信者也〔六〕。汲紀年云:昭王末年,夜有五色光貫于紫微,其年王南巡不返〔七〕。所引異紀蓋即此爾。按春秋,在昭王之後。夫春秋所書"恒星不見",乃莊王之十年,甲午之歲,上去昭王之甲寅,有三百四十年之差,故顧微之吳地記謂佛法之始,典籍無聞,而亦狥舊以魯莊公之七年夜明、恒星不見爲佛生之日〔八〕。然恒星之不見,乃四月辛卯之夕,是歲四月丁亥朔,辛卯乃月之五日,非八日也〔九〕。是皆不得而牽合者。莊公七年,乃見莊王之十年,故齊王巾有"周魯二莊,親昭夜景"之語〔一〇〕。謝承後漢書以爲癸丑七月十五日,託於摩耶之腹,莊王十年甲寅四月八日始生〔一〕。然莊王十年乃甲午，又非甲寅，甲寅又後二十年。此則腐儒習于妄說，屬意牽合，而不知所攷者〔一二〕。蓋釋之徒欲蔑老子化胡之語，故推而上之于昭王之時〔一三〕。老者又不能以其道勝，復爲推曰：老子以商王陽甲庚申之歲，降于玄妙之胎〔一四〕。紛紜誕妄，不可殫紀〔一五〕。使知退之"弟不必不如師，師不必賢于弟"之語，則必不爲此安矣〔一六〕。

嗟乎！川地震動，天夜有光，而恒星不見，星隕如雨。變有大於斯者乎？傳曰"謀臣如雨"，言其多也〔一七〕。左氏謂"與雨偕"，穀梁言"既隕而後雨"，皆非〔一八〕。夫書"星不見"，則見是夕無雲及雨矣〔一九〕。故公羊曰："非雨也。"春秋未修，魯史記曰："雨星不及地尺而復。"〔二〇〕孔子刊之，曰"如雨"〔二一〕。豈得"雨偕"乎？本行經云〔二二〕："虛空無雲，自然而雨。"陋者之談經如此。方三川之震於幽王之時也，伯陽甫以爲周亡之證，厥後果然〔二三〕。詳春秋外傳。而歷攷前代，天夜有光，漢成帝元延元年，晉穆帝永和十年，皆爲歲星亂樞〔二四〕。宋元嘉十一年，張祚元年，皆不久大亂〔二五〕。恒星不見，古曰："主不嚴，法度消〔二六〕。"又云："天子失政，諸侯暴橫〔二七〕。"國亡之象。陳太建五年九月晦，恒星不見，二十八宿及中外官搖動〔二八〕。星隕如雨，漢永始二年二月癸未；晉太始四年七月，皆西流〔二九〕。太康九年八月壬子；宋元嘉二十年三月乙未，皆北行，至曉不可計〔三〇〕。又二十四年正月，天星皆西流，至旦日光定乃止〔三一〕。大明五年三月，流星數千萬，並西行〔三二〕。梁中大通四年七月甲辰，隋開皇十九年十二月乙未，廣德二年十二月丙寅，中和元年八月癸丑及十三年十一月，天祐二年三月乙丑，五代長興元年九月辛酉，皆亂世之兆〔三三〕。以春秋言之，前乎此則五國連衡，旅拒王命；後乎此則齊、晉主盟，王室遂衰〔三四〕。永始之間，亦以五侯擅權，王莽篡祚〔三五〕。自此而還，晉、梁尤多。蓋皆佛氏浸昌之應。皆非佳事，況諸祅叢夜，今古獨此，使佛果因此變而生，固非家庭之令器，矧復年庚日甲無一者之可合邪〔三六〕！然倡之者皆以爲實，勃又從而神之，兹非妄隨者邪〔三七〕？或曰："安知非昭王時乎〔三八〕？"曰：非也。彼所以牽合者，正以春秋所書在四月辛卯，故遂誤以爲八日爾。古今占鏡云"莊王九年四月八日"，已失不攷，而杜預更以爲七日，豈自爲長曆而自繆之邪〔三九〕？又按高僧傳、世說、宋書劉敬宣傳皆以四月八日爲佛生日〔四〇〕。而歲時記乃以四月八日爲彌勒生；二月八日爲釋迦之生，信捨之家，建八關齋，香花遶城，謂之"行城"〔四一〕。故壽陽記梁典有四月八日行城樂，而阿那含經謂是日當行八關之戒〔四二〕。

云二月者,蓋以周正而記者,妄别之爾。故言佛年十九,以四月八日出家,而**本起經**云:二月八日,踰城出家。則此八日,特出家之日,又非其始生日也〔四三〕。再攷春秋,恒星不見後百十五年,而**老**始生;而十有五年,而**孔**始生。妄者不知乎此,求以相先,故一意推而上之爾。**王通**曰:三教可合爲一〔四四〕。既曰三教,則**孔**、**老**、**釋迦**之生必不異時,而佛决不以恒星不見時生。三國鼎立,何有異代〔四五〕?傳記之言,誠不足惑。然知佛教必出于**老**者,以"出生入死"之章知之也〔四六〕。

抑又言之,恒星之不見,雖非必佛之生,然稽其變,知亦爲後來之有佛也。謂**孔子**爲有爲書之,庸有之矣〔四七〕。**劉向**曰:"夜中,中國也〔四八〕。"其子**歆**曰:"夜象夷狄〔四九〕。"夫**歆**、**向**雖説異同,而其言俱理。何則?聖人不識,夷狄因其有弊而中國蒙其弊則著之〔五〇〕。佛之爲中國弊也,篤矣。**三代**之時,關譏而不征,凡奇伎、奇器、怪迹、孟行者,皆不得進於城門之内,慮其揺民蕩衆而不之能出也〔五一〕。彼佛之教,固非**三代**而下有也,三五之時,固已足是人矣〔五二〕。晨門、荷蓧,何代無有〔五三〕?第先王之道充滿乎天下,天下之人厥有恒性,而彼之偏習無自入〔五四〕。**三代**而下,四體虚羸,方切畏戒,而且不知守,此邪風戾氣所以得長驅而入之〔五五〕。方**莊**、**列**之出也,佛之教將出矣,**孔子**知之,而**莊**、**列**不知也。觀**微子**之篇,則見聖人之所以憂焉者矣〔五六〕。**三代**之際,每切譏禁,豈苟爾邪〔五七〕!及後之世,不惟撤其譏禁而從之,又延之梱内而盡室以聽之矣〔五八〕。二千年間,其飇精破膽,以至於死者不知幾千百億,而猶以爲得邪〔五九〕!

夫狂者東走,逐狂者亦東走;迷者赴水,拯迷者亦赴水,——此未爲失也:其所往同,而其所以往則異也。今也,見狂者之走,亦竭蹶而效之;覩迷者之赴水,亦裼裕而從之,——其狂迷亦甚矣,豈不哀哉〔六〇〕!

【校注】

〔一〕恒星:常見之星。

〔二〕方摩也之誕也：摩也，釋迦牟尼之母。亦作“摩耶”、“摩邪”。誕，生，分娩。　天夜有光：備要本如此，是，今從之。餘諸本均作“天夜有天”。

〔三〕母曰摩邪夫人：吴本、四庫本“曰”作“爲”。

〔四〕摩邪者：吴本、四庫本如此，喬本、洪本、備要本“邪”作“耶”。彦按：此承上“母曰摩邪夫人”言，當以作“邪”爲勝，今從之。

〔五〕古今論衡：作者不詳，待考。　五光貫于太微：五光五色光彩。太微，見後紀十一帝堯陶唐氏注〔四六四〕。　却後：過後。

〔六〕孔子書“恒星不見”：指春秋莊公七年所載：“夏四月辛卯，夜，恒星不見。”　將以爲異時之證：吴本“時”謁“聽”。

〔七〕夜有五色光貫于紫微，其年王南巡不返：紫微，即紫微垣，星官名。有星15顆，以北極爲中樞，分兩列成屏藩狀。洪本“返”謁“迓”。太平御覽卷八七四引竹書紀年曰：“周昭王末年，夜清，五色光貫紫微。其年，王南巡不返。”

〔八〕莊王之十年：時當魯莊公七年，即公元前687年。　昭王之甲寅：即周昭王十五年，時當公元前1027年。　故顧微之吴地記謂佛法之始，典籍無聞，而亦狗舊以魯莊公之七年夜明、恒星不見爲佛生之日：顧微，蓋六朝時人，生平不詳。吴地記，乃吴縣記之誤。文選王巾頭陀寺碑文“周魯二莊，親昭夜景之鑒；漢晉兩明，竝勒丹青之飾”李善注引顧微吴縣記曰：“佛法詳其始，而典籍亦無聞焉。魯莊公七年夜明，佛生之日也。”

〔九〕然恒星之不見，乃四月辛卯之夕：見上注〔六〕。

〔一〇〕故齊王巾有“周魯二莊，親昭夜景”之語：王巾，南朝齊輔國録事參軍。喬本、備要本作“王中”誤，今據餘本訂正。昭，見也（爾雅釋詁下）。夜景，夜光。參見上注〔八〕。

〔一一〕謝承後漢書：謝承，三國吴史學家。各本“承”均謁“丞”，今訂正。後漢書，各本均脱“後”字，今補之。

〔一二〕屬意：着意，用心。

〔一三〕欲蔑老子化胡之語：蔑，滅，消除。語，吴本、四庫本作“説”。

〔一四〕復爲推曰：喬本、洪本“推”作“誰”誤，今據餘本訂正。　降于玄妙之胎：洪本“妙”作“鈔”，同。

〔一五〕紛紜誕妄，不可殫紀：吴本“誕”謁“上”。洪本“殫”謁“弹”。

〔一六〕弟不必不如師,師不必賢于弟:見韓愈師説,"弟"作"弟子"。

〔一七〕謀臣如雨:文選漢李陵答蘇武書:"當此之時,猛將如雲,謀臣如雨。"

〔一八〕左氏謂"與雨偕":左傳莊公七年:"星隕如雨,與雨偕也。"穀梁言"既隕而後雨":彦按:此非穀梁言,乃晉范甯春秋穀梁傳集解語。范氏於穀梁傳莊公七年"夜中,星隕如雨"集解云:"如,而也,星既隕而復雨。"

〔一九〕夫書"星不見":各本"書"均作"晝"。彦按:春秋莊公七年所載,"恒星不見"乃在夜不在晝。"晝"當"書"字之譌,今訂正。

〔二〇〕春秋未修:謂未經修訂過之春秋。未,喬本、洪本、備要本作"來",吳本、四庫本作"不"。彦按:作"來"於文不通,當爲"未"字形譌。作"不"則是因"來"不通而據意改者。今訂正。魯史記:指魯國舊史所記。雨星不及地尺而復:不及地尺,距離地面還有一尺。復,謂返回(空中)。

〔二一〕孔子刊之,曰"如雨":刊,訂正。吳本、備要本作"脩",四庫本作"修",詞異而義同。公羊傳莊公七年:"'如雨'者何?如雨者,非雨也。非雨,則曷爲謂之如雨?不脩春秋曰:'雨星不及地尺而復。'君子脩之,曰:'星霣如雨。'"

〔二二〕本行經:即佛本行經。古印度馬鳴撰,北涼曇無讖譯。

〔二三〕伯陽甫:即伯陽父。周大夫。國語周語上:"幽王二年,西周三川皆震。伯陽父曰:'周將亡矣!……'是歲也,三川竭,岐山崩。十一年,幽王乃滅,周乃東遷。"

〔二四〕漢成帝元延元年,晉穆帝永和十年,皆爲歲星亂權:歲星,木星之古稱。彦按:漢書天文志云:"元延元年四月丁酉日餔時,天暉晏,殷殷如雷聲,有流星頭大如缶,長十餘丈,皎然赤白色,從日下東南去。四面或大如盂,或如雞子,燿燿如雨下,至昏止。郡國皆言星隕。春秋星隕如雨爲王者失勢諸侯起伯之異也。其後王莽遂顓國柄。"又晉書天文志下云:"穆帝永和……十年四月癸未,流星大如斗,色赤黃,出織女,没造父,有聲如雷。占曰:'燕齊有兵,百姓流亡。'其年十二月,慕容儁遂據臨漳,盡有幽、并、青、冀之地。"蓋即羅氏所指漢成、晉穆二帝事,然史不言歲星,羅氏以爲"皆爲歲星亂權",不知何據。

〔二五〕宋元嘉十一年,張祚元年,皆不久大亂:彦按:考宋書天文志,宋文

帝元嘉十一年並未見有相關記載。疑“十一”乃“七”之譌,蓋“七”字下部之横
勾誤斷即成“十一”字也。宋書天文志四云:“元嘉七年……十二月丙戌,有流
星頭如罋,尾長二十餘丈,大如數十斛船,赤色有光照人面,從西行經奎北大星
南過,至東壁止。其年,索虜寇青、司,殺刺史,掠居民。遣征南大將軍檀道濟
討伐,經歲乃歸。”當即其事。張祚,十六國前涼君主(公元 354—355 年在位)。
凶虐無道,在位不足兩年,河州刺史張瓘與宋混起兵討之,遂被殺。晉書張祚
傳載:祚僭稱帝位,“改建興四十二年爲和平元年。……其夜,天有光如車蓋,
聲若雷霆,震動城邑。”

〔二六〕主不嚴,法度消:吴本“嚴”作“㵮”。隋書天文志中星雜變:“又
曰:恒星不見,主不嚴,法度消。”

〔二七〕隋書天文志中星雜變:“又曰:天子失政,諸侯横暴。”

〔二八〕陳太建五年九月晦:太建,南朝陳宣帝年號,公元 569—582 年。
晦,農曆每月之最後一日。洪本作“悔”誤。　中外官:泛稱星官。喬本、洪本、
備要本“官”作“宫”誤,此從吴本及四庫本。

〔二九〕漢永始二年二月癸未:永始,西漢成帝年號,公元前 16—前 13 年。
吴本、四庫本“二年”作“元年”,誤。漢書五行志下:“成帝永始二年二月癸未,
夜過中,星隕如雨,長一二丈,繹繹未至地滅,至雞鳴止。”　晉太始四年七月,
皆西流:太始,當作“泰始”。晉武帝年號,公元 265—274 年。晉書天文志下:
“武帝泰始四年七月,星隕如雨,皆西流。占曰:‘星隕爲百姓叛。西流,吴人
歸晉之象也。’”

〔三〇〕太康九年八月壬子:晉書天文志下:“太康九年八月壬子,星隕如
雨。”　宋元嘉二十年三月乙未,皆北行,至曉不可計:三月,宋書作“二月”。
北行,洪本“北”譌“比”。宋書天文志四:“元嘉二十年二月二十四日乙未,有
流星大如桃,出天津,入紫宫,須臾有細流星或五或三相續,又有一大流星從紫
宫出,入北斗魁,須臾又一大流星出,貫索中,經天市垣,諸流星並向北行,至曉
不可稱數。”

〔三一〕天星皆西流,至旦日光定乃止:天星,各本均作“大星”,非是,今據
宋書改訂。旦日,翌日。光定,天亮。宋書天文志四:“元嘉二十四年正月,月
犯心大星。天星並西流,多細,大不過如雞子,尾有長短,當有數百,至旦日光

定乃止。"

〔三二〕流星數千萬：吳本、四庫本作"萬千"。宋書天文志四：大明五年三月，"有流星數千萬，或長或短，或大或小，並西行，至曉而止。"

〔三三〕梁中大通四年七月甲辰：中大通，梁武帝年號，公元529—534年。梁書武帝紀中大通四年："秋七月甲辰，星隕如雨。" 隋開皇十九年十二月乙未：隋書天文志下："（開皇）十九年十二月乙未，星隕於渤海。" 廣德二年十二月丙寅：廣德，唐代宗年號，公元763—764年。十二月，吳本作"一月"，餘諸本作"二月"。彦按：當作"十二月"。諸本脱"十"字，吳本且譌"二"爲"一"耳，今訂正。新唐書天文志二："廣德二年……十二月丙寅，自乙夜至曙，星流如雨。" 中和元年八月癸丑及十三年十一月：備要本"十一月"作"十一日"誤。彦按："癸丑"當作"己丑"。據方詩銘、方小芬中國史歷日和中西歷日對照表，中和元年八月丁丑朔，則是月無癸丑日。新唐書作"己丑"是也。己丑在八月十三日。新唐書天文志二："中和元年，……八月己丑夜，星隕如雨，或如杯椀者，交流如織，庚寅夜亦如之，至丁酉止。三年十一月夜，星隕于西北，如雨。" 天祐二年三月乙丑：備要本"天"譌"大"。洪本"丑"譌"五"。新唐書天文志二："（天祐）二年三月乙丑，夜中有大星出中天，如五斗器，流至西北，去地十丈許而止，上有星芒，炎如火，赤而黃，長丈五許，而蛇行，小星皆動而東南，其隕如雨，少頃没，後有蒼白氣如竹叢，上衝天中，色瞢瞢。" 五代長興元年九月辛酉：長興，後唐明宗李嗣源年號，公元930—933年。新五代史司天考："長興元年……九月辛酉朔，衆小星交流而殞。"

〔三四〕前乎此則五國連衡，旅拒王命：吳本"此"作"下"誤。五國，指齊、魯、宋、陳、蔡。連衡，結盟，聯合。旅拒，以軍隊抗拒。春秋莊公五年云："冬，公會齊人、宋人、陳人、蔡人伐衛。"又六年云："春王正月，王人子突救衛。"即其事。彦按：羅氏此注實本宋胡安國春秋傳説。胡書於卷七莊公七年"夏四月辛卯，夜，恒星不見。夜中，星隕如雨"傳云："人事感於下，則天變動於上。前此者，五國連衡，旅拒王命；後此者，齊桓、晉文更霸中國，政歸盟主，而王室遂虛。其爲法度廢絕，威信淩遲之象，著矣。"

〔三五〕永始之間，亦以五侯擅權，王莽篡祚：五侯，漢成帝同日封其舅王譚平阿侯，王商成都侯，王立紅陽侯，王根曲陽侯，王逢時高平侯，世謂之"五侯”。胡安國春秋傳：“漢成帝永始中亦有星隕之異，而諸侯擅權，賊莽居攝，漢之宗支掃蕩幾盡。天之示人顯矣，春秋謹於天象至矣。”（具體出處同上注。）

〔三六〕皆非佳事，況諸祅叢夜：喬本“佳”譌“佳”，此從餘諸本。祅，反常怪異之事物。洪本、吳本譌“襖”。叢，聚集。　令器：優秀人才。　年庚日甲：泛指年份和日期。

〔三七〕勃又從而神之：勃，指唐詩人王勃。王勃撰有釋迦如來成道記（見全唐文卷一八二）。

〔三八〕安知非昭王時乎：洪本、吳本“知”譌“和”。

〔三九〕古今占鏡：佚書，作者不詳。　已失不攷：吳本“失”譌“夫”。　而杜預更以爲七日，豈自爲長曆而自繆之邪：吳本“杜”譌“社”。長曆，指春秋長曆。彦按：羅氏此説不詳所據。今考杜預春秋釋例（文淵閣四庫全書本），其卷一一經傳長歷第四十六之二，莊公七年四月辛卯固爲五日，不作七日。

〔四〇〕高僧傳：南朝梁釋慧皎撰。　世説：指世説新語。　宋書劉敬宣傳：各本均脱“敬”字，今訂補。宋書劉敬宣傳云：“四月八日，敬宣見衆人灌佛，乃下頭上金鏡以爲母灌，因悲泣不自勝。”羅氏宜指此。

〔四一〕歲時記：即荆楚歲時記，南朝梁宗懷撰。　彌勒：謂彌勒佛。　信捨之家：泛稱信衆、施主。　建八關齋：八關齋，佛教爲在家信徒制定的八條戒律，即：一、不殺生，二、不偷盗，三、不淫欲，四、不妄語，五、不飲酒，六、不眠坐高廣華麗之牀，七、不裝飾打扮及觀聽歌舞，八、不食非時食。喬本、四庫本、備要本作“庭八關齋”，洪本作“庭八開齋”，吳本作“庭八開齊”，均不可通，今予訂正。荆楚歲時記原文爲：“二月八日，釋氏下生之日，迦文成道之時。信捨之家，建八關齋戒、車輪寶蓋、七變八會之燈。平旦執香花遶城一匝，謂之‘行城’。”

〔四二〕壽陽記梁典有四月八日行城樂：壽陽記，南朝宋王玄謨撰。説郛弓六九唐韓鄂歲華紀麗卷一二月八日、清代官修月令輯要卷六二月令日次行城、淵鑑類函卷一八歲時部七引壽陽記，“梁典”作“梁陳典”，“樂”作“樂歌”，並載其歌詞曰：“皎鏡壽陽宮，四面起香風。樓形若飛鳳，城勢似盤龍。”　阿那含經：佛經名。南朝宋釋智嚴譯。　八關之戒：洪本“八”譌“人”，吳本、四庫本則謁"入"。

〔四三〕特出家之日,又非其始生日也:特,洪本作"時",吳本作"持",俱誤。其始生日,吳本、四庫本作"始生之日"。

〔四四〕王通曰:三教可合爲一:王通,各本均作"于通"。彥按:"于"當"王"字之譌。舊題隋王通撰中説卷五問易載:"子讀洪範讖議,曰:'三教於是乎可一矣。'"羅氏所言當即指此,今訂正。

〔四五〕三國鼎立:四庫本"三國"作"三教"。

〔四六〕然知佛教必出于老者:洪本"知"作"之",當由音譌。吳本、四庫本無"知"字,蓋既譌"之"而删之。　"出生入死"之章:指老子第五十章。參見本卷上文老子化胡説。

〔四七〕庸:通"容",大概,或許。

〔四八〕夜中,中國也:謂夜中,象徵中夏之國(中道而敗)。漢書五行志下之下:"嚴公七年'四月辛卯夜,恒星不見,夜中星隕如雨'。董仲舒、劉向以爲⋯⋯夜中者,爲中國也。⋯⋯劉向以爲夜中者,言不得終性命,中道敗也。"

〔四九〕漢書五行志下之下:"左氏傳曰:'恒星不見,夜明也;星隕如雨,與雨偕也。'劉歆以爲晝象中國,夜象夷狄。"

〔五〇〕聖人不識:聖人,謂孔子。識(zhì),記載。

〔五一〕關譏而不征:關卡祇查問不征税。　怪迹、孟行:奇怪之舉止,荒誕之行爲。孟,孟浪。

〔五二〕固已足是人矣:足,多。吳本、四庫本、備要本作"有"。

〔五三〕晨門、荷蓧:泛指隱者。論語憲問:"子路宿於石門。晨門曰:'奚自?'子路曰:'自孔氏。'曰:'是知其不可而爲之者與?'"宋邢昺疏:"此章記隱者晨門之言也。"又微子:"子路從而後,遇丈人以杖荷蓧。⋯⋯子曰:'隱者也。'"

〔五四〕厥有恒性:洪本"性"譌"徃"。

〔五五〕方切畏戒:切,謂急需。

〔五六〕觀微子之篇,則見聖人之所以憂焉者矣:吳本、四庫本"憂焉"作"憂之"。論語微子邢昺正義曰:"此篇論天下無道,禮壞樂崩,君子仁人或去或死,否則隱淪巖野,周流四方,因記周公戒魯公之語,四乳生八士之名。"參見前紀七葛天氏後跋語。

〔五七〕每切譏禁：切，嚴屬。譏禁，查禁。

〔五八〕延之梱内：延，迎接，引入。梱内，門内。指家庭。

〔五九〕颺精破膽：喪失精神，嚇破膽子。

〔六○〕竭蹷：顛仆傾跌，行步匆遽貌。　　裭褕：脱去外衣。喬本作“裭褕”，洪本、吳本作“裭榆”，四庫本作“裭榆”，均有誤。此從備要本。裭（chǐ），解下衣服。褕（yú），襜褕。罩在外面的直襟單衣。　　豈不哀哉：吳本“哀”譌“衷”。吳本、備要本此下有“按莊公七年”云云一段文字，另起一行、低一格書。蓋非羅苹注路史原書所有，今不取。

佛之名

學記曰：“其施之也悖，其求之也佛。”〔一〕釋名曰：“轡，佛也，言牽引佛戾，以制馬也〔二〕。”故曲禮曰：“獻鳥者佛其首，畜鳥者則勿佛〔三〕。”佛者，拗戾而不從之言也〔四〕。觀“佛”制字，以一弓從兩矢，豈不拂哉〔五〕！語曰“從諫勿拂”，是。輔拂之拂亦作弼、弻，義可見矣〔六〕。佛曰：“吾之道，佛於人者也〔七〕。”人曰：“彼之道，佛於我者也〔八〕。”人固以此而名之，佛固以此而自名，其所謂“佛”，如此而已。而庸人事佛，欲以崇之而不得其嘉號，則轉其義以從嘉釋曰：“佛者，覺也〔九〕。”噫！謂佛爲覺，亦不知所以覺矣〔一○〕。梁武以“佛”有悖音，始改“悖”音爲倍，後始經史循之，非也〔一一〕。宋子京既於國語音義正之〔一二〕。

雖然世俗之所以尊之，可謂至矣，然皆欲尊之而不知其所以尊之者。予請得以大其説，而遂解之曰：滿世之人皆莫能譽佛。欲夸其事，我則能言之矣。瑞應本起因果之經，皆所以�`浼`佛者也〔一三〕。胡不揚孔子中備經之言以附之乎〔一四〕？中備經曰：“觀夫震爻之動，則知有佛矣〔一五〕。”又胡不舉列禦寇所記商太宰問孔子之語以譽之乎〔一六〕？其爲説曰：太宰見孔子，曰：“丘聖者歟?"〔一七〕孔子曰:"聖則丘豈敢,博學多識者也。""三王聖者歟?"曰:"善任知勇者,聖則丘弗知〔一八〕。""五帝聖者歟?"曰:"善任仁義者,聖則丘弗知。""三皇聖者歟?"曰:"善任因時者,聖則丘弗知。"商太宰大駭,曰:"然則孰爲聖?"孔子動容有間,曰:"西方之人,有聖者焉,不治而不亂,不言而自信,不化而自行,蕩蕩乎民無能名焉。丘疑其爲聖矣。弗知真爲聖歟? 真不聖歟〔一九〕?"是則非佛也邪? 中備經、列禦寇之説,吾不知真孔子之説歟? 非孔子之説歟? 然説如是,則三皇五帝俱不足以方其聖矣。是則佛者不亦危然甚大矣乎〔二〇〕! 然則,世之人其亦有能如是而譽之乎? 吾故曰:世之人皆莫能譽佛;欲夸其事,我則能爲之矣〔二一〕。將譽佛者,請參之台之説〔二二〕。

【校注】

〔一〕學記:禮記篇名。　其施之也悖,其求之也佛:佛,通"拂",義同"悖",違背,乖逆。喬本、洪本、備要本作"拂",此從吳本及四庫本。鄭玄注:"教者言非,則學者失問。"

〔二〕轡,佛也,言牽引佛戾,以制馬也:見釋名釋車。清畢沅釋名疏證本無"言"字,又"佛"作"拂","佛戾"作"拂戾"。畢氏疏證曰:"'拂',今本作'咈',據初學記引改。太平御覽引作'佛',一切經音義引作'紼',誼皆通。""佛"通"拂";佛戾,違逆。

〔三〕獻鳥者佛其首,畜鳥者則勿佛:見禮記曲禮上,"勿佛"作"勿佛也"。孔穎達疏引王肅曰:"佛謂取首戾轉之,恐其喙害人也。"佛,通"拂",謂扭轉,掉轉。

〔四〕拗戾:執拗違逆。

〔五〕觀"佛"制字,以一弓從兩矢,豈不拂哉:佛,喬本作"弗",洪本作"茀",此從吳本、四庫本及備要本。拂,四庫本如此,於義爲長,今從之。餘本均作"佛"。"以一弓從兩矢"者,乃拆解"佛"字右偏旁"弗"之構形。

〔六〕輔拂之拂亦作弼、弻:輔拂(bì),輔佐,輔助。"拂"通"弼"。弻,洪本、吳本、四庫本作"弻",備要本作"弼",俱誤。

〔七〕佛於人者也："佛"取輔弼義。

〔八〕佛於我者也："佛"取違逆義。

〔九〕佛者,覺也:晉袁宏後漢紀明帝紀下:"佛者,漢言覺,將悟羣生也。"

〔一〇〕彦按:釋"佛"爲"覺",乃其本義。羅氏駁之無理。

〔一一〕梁武以"佛"有悖音,始改"悖"音爲倍:"倍"當作"背"。詳下注。後始經史循之:彦按"始"疑"世"字音譌。

〔一二〕宋子京既於國語音義正之:宋子京,北宋文學家、史學家宋祁(字子京)。既,已經。喬本、備要本作"即";餘本作"既",於義爲長,今從之。彦按:此説錯誤有二:其一,宋子京當作"宋公序",即宋祁之兄宋庠(字公序);其二,國語音義當作"國語補音"。國語周語上"而不悖"庠補音曰:"步没反。梁主以佛有悖音,乃改悖爲背。今按:經典及諸儒悖字多音布内反,罕從步没者。諸傳記亦未見梁武改悖爲背之説。將作音者別有所按邪?"

〔一三〕因果之經:即因果經,佛經名。　浼:音 měi,玷污。

〔一四〕胡不揚孔子中備經之言以附之乎:揚,舉,稱説。備要本作"楊"非。孔子中備經,佚書,作者不詳。附,附和。

〔一五〕震爻之動:震,謂震卦。動,變化。

〔一六〕其事見列子仲尼篇。下所引文,但撮取列子大意,文字與原書不盡相同。

〔一七〕太宰:備要本"太"作"大"。

〔一八〕善任知勇者,聖則丘弗知:洪本作"善任知勇,聖則立,丘弗知"誤。

〔一九〕動容有間:有間,好一陣子。　蕩蕩乎民無能名焉:蕩蕩乎,寬廣無邊貌。名,稱説。

〔二〇〕危然:高貌。

〔二一〕爲之矣:吴本、四庫本作"爲之言矣"。

〔二二〕台:音 yí,我。

佛之俗_{長守富貴〔一〕}

浮屠之爲教,所可惡者,尤惡於以利言也。夫人之情,莫不欲生而惡死,欲存而惡亡,欲安而惡危,欲富而惡貧,欲佚而惡勞,欲壽而惡夭,何哉? 物重故爾[二]。聖人忘生,不留於物;自非聖人,未有能免此者[三]。是故,貧者莫不欲富也,而處富者更憂其復貧;賤者莫不欲貴也,而處貴者更憂其復賤;危者咸欲安也,而已安者未嘗不惡其復危;生者皆欲壽也,而既壽者未嘗不惡其復死。欲之既至,牢不可解[四]。而爲佛者乃爲姦僞以中其情,曰吾能生之、安之、貴之、富之[五]。不惟是也,而修吾事者,則富弗復貧,貴弗復賤;而安且壽者,弗復病且死也[六]。雖斷無是,而世之愚莫不惑而奔之,至於截髮掛缸,煉腕釘髀,賤身祈嗣,棄子禳災,靡所不至,而莫之禦也[七]。甚至在上之賢,不知孔子所以長守富貴之道,而時且爲之[八]。然貧與賤、病與死,卒有時而不得離,則亦不知以彼爲非也。彼姦僞者度知貧與賤、病與死之不可免,則其伎有時而遂敗,於是又爲不可勘之説以欺曰:西方有極樂世界焉,修吾事者,死將得金地以處也[九]。雖斷亦無是,而愚者信之愈益固,則亦以其無從質故也。

　　夫舍衛諸國,臣服天竺;雪山、鷲嶺,驛使常至;夜叉、落刹,本乃二國;而炮烙、地獄,正本自阿育王;金剛、舍利、琉璃、碼磹,第如華之産鐵;而青獅、白象、橐佗、孔雀,正猶華之畜乘;斷刀、破械、解驪、吐火,皆本幻術;而剪髮、貫耳、吹螺、擊鈸,俱其習俗本然[一〇]。世之惷人曾不之知,乃類推而歸之不可致知之神。其淺鄙者,又倡而爲詭怪之説。殊可抵笑[一一]。按晉宋浮屠記云:臨倪國王生浮屠,太子也,父曰屑頭邪,母曰莫邪[一二]。浮屠身服色黃,髮若青絲。始莫邪夢白象而孕,及産,從左脇出,生而有髻,能行七步[一三]。如此而已。泊漢哀時,景憲受大月氏王使伊存口受浮屠經[一四]。其所載者,正與老子相出入。蓋昔老子西游出關,過于天竺,教胡人,爲浮屠[一五]。厥後,其徒更相推譽,流傳而失實爾。諸如法顯、道安輩所記天竺等事,槩可見矣,顧豈若今之詭誕哉!

或曰：“子何釋之議？惟不視其書則已矣。程子有云：‘佛書直不必觀，觀必入之矣。’”是則不然。不觀其書，此程子一人事也。今有道者，擿埴而示曰：“是之下，寶窖也〔一六〕。”然後過者梐足，莫不徘徊，覬夫窖之得也〔一七〕。知其罔者，必發掘明告之，而後來者不惑；懷恐其入而止之，則自亦不明其窖之真有無也，人滋不信矣〔一八〕。故予爲之發其虛窖以諭之，則人心庶乎其正矣。

嗟夫〔一九〕！堯、孔之教，立之如登天；浮屠之人，壞之如燎毛〔二〇〕。因循苟且，此天下之至大患也。庸人之所喜，而聖人之所憂焉者也。庸惛之徒，易以誑惑，而況樂因循而彼且與其因循，安苟且而彼且誨之苟且〔二一〕。此其教之所以易與而不可返也〔二二〕。天行健，君子以自强不息〔二三〕。終日乾乾，天行也，未聞以因循苟且爲之德也〔二四〕。障百川，回狂瀾，君子曷動心焉〔二五〕？

【校注】

〔一〕長守富貴：吴本“守”作“安”。

〔二〕物重：重視物質。

〔三〕不留於物：留，留意。

〔四〕欲之既至：至，極。

〔五〕以中其情：中(zhòng)，投合。　貴之、富之：四庫本作“富之、貴之”。

〔六〕病且死：洪本作“病者死”誤。

〔七〕截髮掛缸：謂出家爲僧尼。截髮，剃髮。缸，指鉢(僧人食具)。　煉腕釘髁：煉，燒。腕，指手腕。髁，通“踝”，脚腕。　賤身祈嗣：賤，作踐。洪本作“賻”(當即“賦”字)，誤。下諸“賤”字同。

〔八〕孔子所以長守富貴之道：孝經諸侯章：“在上不驕，高而不危。制節謹度，滿而不溢。高而不危，所以長守貴也。滿而不溢，所以長守富也。”舊傳孝經爲孔子所述作，然今人多不認同，蓋孔門後學作者。

〔九〕度知：料知，預見。　不可勘之説：勘，核對，印證。

〔一〇〕舍衛：古印度王國名。　雪山：古印度人對喜馬拉雅、興都庫什諸山之總稱。相傳釋迦牟尼成道前曾在此苦行。後借指佛教聖地或僧侶住地。　鷲嶺：又稱靈鷲山。在古印度摩揭陀國王舍城東北。山中多鷲，或言山頂似鷲，故名。相傳釋迦牟尼曾在此居住和説法多年，因又代稱佛地。　夜叉：佛經中常指一種形象醜惡的鬼。此鬼後受佛之教化而成爲護法之神，列爲天龍八部衆之一。而通典卷二〇〇邊防十六北狄七流鬼所載有夜叉國。"叉"喬本、洪本、四庫本作"义"，吴本作"乂"，此從備要本。　落刹：即羅刹。佛經中惡鬼名。又指食人羅刹所在之國。　本乃二國：各本"二"均作"三"。彦按：夜叉、羅刹作爲國名，但有二國，作"三"顯誤，今訂正。　炮烙：亦作"炮格"。相傳殷紂王所用的一種酷刑。史記殷本紀裴駰集解引列女傳："膏銅柱，下加之炭，令有罪者行焉，輒墮炭中，……名曰炮格之刑。"　阿育王：古印度摩揭陀國孔雀王朝第三世王。早年極其暴虐，濫殺羣臣，殘害手足。後皈依佛教，放下屠刀，終成爲一位博愛仁慈的君主。　金剛：指金剛石。因其極堅利，佛家視爲希世之寶。　琉瓈：一種有色半透明的玉石。瓈，同"璃"。洪本、吴本作"離"，四庫本作"璃"。　青獅：洪本、吴本"獅"作"師"。　橐佗：駱駝。橐音 luò。　畜乘：畜牲、坐騎。　破械：洪本此二字闌入注文。　解驘：肢解騾子。驘，各本均作"驘"。彦按：驘字不見諸字書，今訂作"驘"。玉篇馬部驘同赢，即後之"騾"字。　幻術：今稱魔術。　剪髮：謂剃成光頭。　貫耳：指穿載耳環、耳璫。　吹蠡：吹螺號。"蠡"通"螺"。

〔一一〕抵笑：抵掌而笑。抵（zhǐ），擊。吴本、四庫本、備要本作"詆"非。

〔一二〕臨倪國王生浮屠：自此而下至"流傳而失實爾"，大抵撮取自宋董逌廣川畫跋卷二書西昇經後引晉（中）［宋］經言，文字不盡相同。浮屠，指釋迦牟尼。

〔一三〕能行七步：董書作"墮地能行"。

〔一四〕洎漢哀時，景憲受大月氏王使伊存口受浮屠經：洎，至。四庫本如此，是，今從之。餘諸本均譌"泊"。景憲，各本均作"景匿"。考董書及魏書釋老志，其人姓秦名景憲，今據以訂正。大月氏王，四庫本"氏"作"氐"非。又各本"王"字上衍一"使"字，今據魏書釋老志删去。口受，即口授，董書及魏書釋老志作"口授"。浮屠經，佛經。

〔一五〕爲浮屠：變化成佛佗。

〔一六〕道者：指佛教徒。　擿埴：用杖戳地。擿（zhì），投，擲。埴，土，地。

典出揚雄法言修身:"摘埴索塗,冥行而已矣。"　是之下:四庫本"是"作"足"誤。

〔一七〕柅足:止步。柅(nǐ),止。　覬:希望,企圖。

〔一八〕知其罔者:罔,欺騙。　懷恐其入:懷,内心,心中。

〔一九〕嗟夫:吴本、四庫本"夫"作"乎"。

〔二〇〕壞之如燎毛:謂破壞之,則速度極快。燎,燒。洪本、吴本"壞"作"壤"誤。

〔二一〕庸惛:平庸而糊塗。各本均作"庸愔"。彦按:"庸愔"不詞。"愔"當"惛"字之譌,今訂正。

〔二二〕此其教之所以易與而不可返也:與,親近。返,使之返回,謂阻止其發展。洪本、吴本作"迓"。

〔二三〕天行健,君子以自强不息:易乾象辭語。天行,天道。健,同"健",剛健。四庫本作"健"。

〔二四〕終日乾乾:易乾九三:"君子終日乾乾"。

〔二五〕障百川,回狂瀾:韓愈進學解:"障百川而東之,迴狂瀾於既倒。"君子曷動心焉:吴本、備要本此下有"陳明卿曰"云云一段文字,另起一行、低一格書。陳氏乃明代人,其文自非羅苹注路史原書所有,今不取。

道以異端而明

　　無異端則聖人之道尊,然有異端而聖人之道愈尊。道豈異端之所能昏哉! 浮雲翳月,月何嘗昏? 其所以爲月者常存,惟決其翳而月愈清〔一〕。異端害道,道何嘗昏? 其所以爲道者常在,惟去其害而道愈明爾。道以異端而昏,亦以異端而明也〔二〕。佛老、孔氏之道,端大不同矣,而世之人每惑而不能判者,惟不知其所異爾〔三〕。其所以不知其異者,緣其不能合見故也〔四〕。不合其見,安明其異。不明其異,烏識其尊。此聖人之道所以至今爲不明歟! 泌請獻其所以異〔五〕。

　　夫老言命,佛言性,而孔氏則兼陳乎性命。老説生,佛説死,而孔氏則兼明乎生死。老修道，佛脩德，而孔氏則合道德而修之[六]。兹其所以大不同也。雖然老之於性，非不言也，而以命爲之重；於德，非不修也，而以道爲之本。佛者則不然，惟知性之爲急，而無俟於命；知德之爲尚，而不契於道[七]。其所以違於道、命者，亦徒不知下學之義與夫窮理而已矣[八]。若老子者，非惟恭篤禮信，治國有道，而兵戎之事尤所致意，博愛之方既已異於彼矣[九]。至於孔子，則天地功深，生人道備，何特生死性命之一端邪[一〇]！

子曰："攻乎異端，斯害也已[一一]。"夫異端之害道，在所攻矣，而聖人且不之攻者，非不之攻也，攻之則害尤甚也[一二]。春秋之法，責備賢者[一三]。彼之道可與行邪，吾固不得而不責[一四]。今既知其不韙，則不應與之矣，乃奮而與之較；既以爲異端，則不應進之矣，乃引而與之列：虎兕出於柙而牛羊殈於阹矣，然後從而仇之，是誰之過歟[一五]？嗟乎，佛之爲吾道害也久矣！昔之大賢，莫不欲去之也。然迄莫去之者，曖者又從而挽之也[一六]。王子曰：吾乃今知三教可合爲一[一七]。柳子又曰：其言"往往與易、論語合"[一八]。夫將取其不合者辨之，是與而較之矣；夫既引而與之列而三之，是誘而進之矣：豈非攻之則斯害也邪[一九]？

學者之大患，莫大於不識易而妄言。王子曰：大易之妙，盡在佛書[二〇]。此宗元之憒憒也更引之邪[二一]？今夫蚩氓稚子見弄木虎者，驚喜嘆訝，且畏且愛，歸而誇于鄰之嫂，逾年未已[二二]。而乃不知彼真虎者，耽耽蹲伏深林之中，神色不動，宛不異狗，第人不可得而即之[二三]。然則庸人之要佛者，亦蚩氓稚子之愛木虎者，以其可即而弄之爾[二四]。

二子之說，予將置之邪，則恐世之人以爲真而莫之識；辨之邪，則復慮若等惑之之深而反見誹，以貽斯害之災。雖然，猶不得而不略正之。大抵天下之事，大過則反傷，理之常也。真君之坑沙門、毀像事，至興安而復；建德之毀經像、還僧道，至大象而復；及會昌之撤寺宇、泯僧尼，至大中而復，——夫亦豈知易道之變通哉〔二五〕！曰："然則，終不可攻邪？"曰："正其義，不憂。"〔二六〕

【校注】

〔一〕其所以爲月者常存：者，四庫本作"者者"，衍一字。常，吳本作"甞"。下"常在"之"常"同。

〔二〕亦以異端而明也：洪本、吳本作"亦異端而明也矣"。

〔三〕端：的確，確實。

〔四〕繇：四庫本作"由"。

〔五〕泌：洪本、吳本作"必"，誤。

〔六〕佛脩德：脩，洪本作"循"，吳本作"循"。

〔七〕俟：等待。此謂顧及。 契：符合。

〔八〕下學：謂學習人情事理。論語憲問："子曰：不怨天，不尤人，下學而上達。"何晏集解引孔安國曰："下學人事，上知天命。" 窮理：窮究事理。易說卦："窮理盡性以至於命。"

〔九〕恭篤：謂恭謹真誠地奉行。 致意：用心，關注。 博愛之方：在廣泛愛好方面。

〔一〇〕天地功深，生人道備：謂對於天、地、人之研究造詣精深，學説完備。

〔一一〕見論語爲政。

〔一二〕害尤甚：洪本、吳本、四庫本"尤"作"有"。

〔一三〕責備：以盡善盡美要求人。新唐書太宗紀贊："然春秋之法，常責備於賢者。"

〔一四〕彼之道可與行邪：可與，猶可以。

〔一五〕則不應與之矣：與，通"舉"，提及。 乃引而與之列：列，謂並列。虎兕出於柙而牛羊殣於陆矣，然後從而仇之，是誰之過歟：柙，籠子。陆(qū)，圈養牛羊之柵欄。論語季氏："虎兕出於柙，龜玉毀於櫝中，是誰之過與？"

〔一六〕暌者：持不同見解者。暌(kuí)，乖離。四庫本作"睽"，通。

〔一七〕王子：指隋王通。 吾乃今知三教可合爲一：見本卷上文論恒星不見注〔四四〕。

〔一八〕柳子:指唐柳宗元。　其言"往往與易、論語合":柳宗元送僧浩初序云:"浮圖誠有不可斥者,往往與易、論語合,誠樂之,其於性情奭然,不與孔子異道。"

〔一九〕夫將取其不合者辨之:吴本"取"作"虬"。洪本無"者"字。而吴本、四庫本"者"作"而"。　誘而進之:誘,引。

〔二〇〕王子:喬本、備要本作"王舒子",洪本作"王舒王",此從吴本及四庫本。　大易之妙,盡在佛書:出處不詳,待考。

〔二一〕憒憒:糊裏糊塗。

〔二二〕蚩氓稚子:憨厚百姓之小孩。蚩氓,敦厚而愚昧的人。語出詩衛風氓"氓之蚩蚩"。喬本、洪本"氓"作"詉"誤,此從餘本。下"蚩氓"之"氓"同。

〔二三〕耽耽:同"眈眈",威視貌。　宛:仿佛。　即:接近,靠近。

〔二四〕要:欲,喜愛。洪本、吴本作"覂"誤。

〔二五〕真君之坑沙門、毁像事,至興安而復:真君,太平真君,北魏太武帝拓跋燾年號,公元440—451年。興安,北魏文成帝拓跋濬年號,公元452—454年。各本"興"均譌"與",今訂正。魏書世祖紀下太平真君七年:"三月,詔諸州坑沙門,毁諸佛像。"又高宗紀興安元年十二月:"乙卯,初復佛法。"　建德之毁經像、還僧道,至大象而復:建德,北周武帝宇文邕年號,公元572—578年。大象,北周静帝宇文衍年號,公元579—580年。北史周高祖武帝紀建德三年五月:"丙子,初斷佛、道二教,經象悉毁,罷沙門、道士、並令還俗。"周書静帝紀大象二年六月:"庚申,復行佛、道二教,舊沙門、道士精誠自守者,簡令入道。"　及會昌之撤寺宇、泯僧尼,至大中而復:會昌,唐武宗李炎年號,公元841—846年。寺宇,各本均作"寺宗"。彦按:"寺宗"不詞。"宗"疑"字"之誤,今姑訂作"字"。泯,滅。各本均作"民"。彦按:"民僧尼"費解,"民"當作"泯",蓋偶脱左旁之"水"耳。今訂正。大中,唐宣宗李忱年號,公元847—860年。而復,洪本"而"譌"西"。唐武宗會昌年間曾多次頒布滅佛詔令。舊唐書武宗紀會昌五年八月制即稱:"其天下所拆寺四千六百餘所,還俗僧尼二十六萬五百人,收充兩稅户,拆招提、蘭若四萬餘所"。而同書宣宗紀大中元年閏三月宣宗敕則又云:“會昌季年,併省寺宇。雖云異方之教,無損致理之源。中國之人,久行其道,釐革過當,事體未弘。其靈山勝境、天下州府,應會昌五年四月所廢寺宇,有宿舊名僧,復能修創,一任住持,所司不得禁止。”

　　〔二六〕吳本、備要本此下有“董思白曰”云云一段文字,另起一行、低一格書。董思白即明代書畫家董其昌(號思白),其文自非羅苹注路史原書所有,今不取。

路史卷三十五

發揮四

九合諸侯

事不白則教不成。齊侯之爲會十有五,云九合者,在葵丘之會言之也〔一〕。鹹、淮之會固出其後,而貫、穀之舉又非其盛者〔二〕。乃若兵車之會,則有之矣:莊之十四年伐宋,二十八年救鄭,僖之元年救邢,四年侵陳、蔡,六年伐鄭,與十五年之救徐〔三〕。首止之役,定王世子,所謂“一正天下”者也〔四〕。

説春秋曰:信其信,仁其仁;衣裳之會十有一而未始歃盟,兵車之會四而未嘗大戰,是信厚而愛民也〔五〕。仁其仁者,“如其仁”之謂〔六〕。言如其所成就,是以仲之仁爾。昔晉平公問於叔向曰:“齊公九合諸侯,一正天下,繫君之力乎?臣之力邪〔七〕?”對曰:“譬之衣然,管仲制裁之,隰朋削縫之,賓胥無純緣之〔八〕,韓子曰:賓胥無削縫,隰朋純緣〔九〕。君舉而服之爾。臣之力也。”師曠倚瑟笑之,平公問焉〔一〇〕,一云齊景公〔一一〕。對曰:“凡爲人臣,猶庖宰之於味也,管仲斷割,而隰朋熬煎之,賓胥無齊和之,爰進之君。君不食,誰其强之。臣何力之有焉?且君譬壤地,臣草木也,必壤地美而後草木碩。是以君之力也〔一二〕。”

九合諸侯,齊侯之盛舉也,而夫子以爲仲之力者,蓋以爲齊侯者,正當上佐天子恢王綱,纂舊服,顧乃區區合諸侯以勤王,是特小相一卿之事故也〔一三〕。嗟夫！詩於衞存木瓜，於秦取渭陽，所以訓齊晉之美也，而桓文不存焉〔一四〕。管仲，霸者之佐也，匹之伊尹，其器業正小矣，而孔子猶曰：“微管仲，吾其被髮左袵矣。豈若匹夫匹婦之爲諒哉〔一五〕！”當其解梏堂皐而致位乎上卿，則綦之理，舉賢能；立四民，而制軌里；却子華之計，信曹沫之盟；幹山海，責包茅；安衞文，而攘戎狄：其功業固可尚矣〔一六〕。佛者之事，視管仲之功，孰愈哉？

　　夫不試乎冬之寒者，不知夫春之噢；不睇夫本之正者，不竟夫末之扉〔一七〕。揖遜救焚，誦詩拯溺，——揖遜誦詩固雅事，然亦何補於焚溺哉！晨門荷蓧不無用於世，顧亦奚用於世邪〔一八〕？篤信明義，崇德報功，吾固不以是責〔一九〕。歸馬放牛，囹圄空虛，此輩之所能歟〔二〇〕？約法三章，外戶不閉，此輩之所能歟〔二一〕？拾槖麻衪氈毳，棄五穀而嗽海錯，語人曰：“彼以世間法，我以出世間法。”〔二二〕吾見其大言之相愒也〔二三〕。

【校注】

〔一〕齊侯：指春秋齊桓公。　葵丘之會：參見前紀六栗陸氏注〔一二〕。

〔二〕鹹、淮之會：鹹，春秋衞地，在今河南濮陽縣東南。淮，在今江蘇盱眙縣地。春秋僖公十三年：“公會齊侯、宋公、陳侯、衞侯、鄭伯、許男、曹伯于鹹。”又十六年：“冬十有二月，公會齊侯、宋公、陳侯、衞侯、鄭伯、許男、邢侯、曹伯于淮。”　貫、穀之舉：貫，春秋宋地，在今山東曹縣南。穀，謂陽穀，在今山東陽穀縣北。春秋僖公二年：“秋九月，齊侯、宋公、江人、黃人盟于貫。”又三年：“秋，齊侯、宋公、江人、黃人會于陽穀。”

〔三〕俱見諸春秋。　邢：洪本譌“刑”。

〔四〕首止之役，定王世子：首止，春秋衞地，在今河南睢縣東南。役，事件。王世子，指周惠王太子鄭。春秋僖公五年：“公及齊侯、宋公、陳侯、衞侯、鄭伯、許男、曹伯會王世子于首止。”同年左傳：“會于首止，會王大子鄭，謀寧周也。”杜預注：“惠王以惠后故，將廢大子鄭而立王子帶，故齊桓帥諸侯會王大子以定其位。”　一正天下：四庫本作“一匡天下”。彥按：“一匡天下”，語出論

語憲問：“管仲相桓公，霸諸侯，一匡天下。”改“匡”作“正”，當羅氏避宋太祖趙
匡胤故。四庫本作“匡”者，非路史之舊文。

〔五〕信其信，仁其仁；衣裳之會十有一而未始歃盟，兵車之會四而未嘗大
戰，是信厚而愛民也：衣裳之會，相對“兵車之會”而言，指國與國間以禮交好之
會。歃，洪本作“軟”，吳本作“挿”，俱誤。穀梁傳莊公二十七年：“信其信，仁
其仁。衣裳之會十有一，未嘗有歃血之盟也，信厚也。兵車之會四，未嘗有大
戰也，愛民也。”唐楊士勛疏釋“信其信，仁其仁”曰：“謂諸侯信齊桓之信，仁齊
桓之仁。”晉范甯集解注“衣裳之會十有一”曰：“十三年會北杏，十四年會鄄，
十五年又會鄄，十六年會幽，二十七年又會幽，僖元年會檉，二年會貫，三年會
陽穀，五年會首戴，七年會寧毋，九年會葵丘。”又注“兵車之會四”曰：“僖八年
會洮，十三年會鹹，十五年會牡丘，十六年會淮。”

〔六〕如其仁：見論語憲問：“子曰：‘桓公九合諸侯，不以兵車，管仲之力
也。如其仁，如其仁。’”如，猶乃。

〔七〕昔晉平公問於叔向曰：自此而下至“是以君之力也”，見于韓非子難
二及新序雜事四，文字不盡相同。昔，各本均作“者”，當“昔”字形譌，今訂
正。　齊公九合諸侯，一正天下，繫君之力乎：齊公，韓非子、新序均作“齊桓
公”，疑此脫“桓”字。一正天下，四庫本作“一匡天下”，與韓非子、新序同。
繫，句首語氣詞，猶“惟”。洪本、吳本、四庫本作“繄”。

〔八〕譬之衣然，管仲制裁之，隰朋削縫之，賓胥無純緣之：制裁，剪裁。削
縫，縫紉。純緣，鑲邊。純音 zhǔn。隰朋、賓胥無，皆齊桓公大臣。“隰”同
“隰”，吳本、四庫本、備要本作“隰”。下“隰”字或同。韓非子此數句作：“管仲
善制割，賓胥無善削縫，隰朋善純緣。”新序則作：“管仲善制割，隰朋善削縫，賓
胥無善純緣。”

〔九〕韓子曰：賓胥無削縫，隰朋純緣：喬本、洪本此注文置於篇末，且無
“曰”字，今從餘本移此。

〔一〇〕倚瑟笑之：韓非子作“伏琴而笑之”。

〔一一〕一云齊景公：喬本、洪本此注文置于篇末，今從餘本移此。

〔一二〕庖宰：廚師。　而隰朋熬煎之，賓胥無齊和之：洪本、吳本“朋”譌
“則”，“熬”譌“敖”。又洪本“煎”譌“前”。齊和，調和（滋味），調配（佐料）。

齊音ji。

〔一三〕九合諸侯，齊侯之盛舉也，而夫子以爲仲之力者：見上注〔六〕。四庫本“齊侯”作“齊桓”。下“齊侯”同。　恢王綱，纂舊服：恢弘天子綱紀，繼承舊日法度。　小相一卿：一個小的卿相。

〔一四〕詩於衞存木瓜，於秦取渭陽：木瓜，詩衞風篇名。毛詩序云：“木瓜，美齊桓公也。衞國有狄人之敗，出處于漕，齊桓公救而封之，遺之車馬器服焉。衞人思之，欲厚報之，而作是詩也。”渭陽，詩秦風篇名。毛詩序以此詩爲秦穆公太子康公送舅父晉文公回國時思母而作。　所以訓齊晉之美也，而桓文不存焉：訓，道，述説。桓文不存焉，謂齊桓公、晉文公並未直接出現於二詩中，以與“九合諸侯，齊侯之盛舉也，而夫子以爲仲之力者”相呼應。

〔一五〕器業：才識功業。　微管仲，吾其被髮左衽矣。豈若匹夫匹婦之爲諒哉：見論語憲問。

〔一六〕解桎堂阜而致位乎上卿：堂阜，地名，在今山東蒙陰縣西北。公元前686年，齊國内亂，國君齊襄公、公孫無知先後被殺。逃亡在外的公子糾、公子小白（即齊桓公）匆忙回國爭奪君位。管仲輔佐公子糾，親往截擊小白，一箭射中小白帶鈎。小白假死，遂使公子糾一行麻痺而搶先回國即位。乃令魯國交出管仲。左傳莊公九年載其後事：“管仲請囚，鮑叔（齊大夫）受之，及堂阜而稅之。歸而以告曰：‘管夷吾治於高傒，使相可也。’公從之。”杜預注：“高傒，齊卿高敬仲也。言管仲治理政事之才多於敬仲。”　綦之理，舉賢能：綦，通“基”，音ji，教。理，治。管子小匡篇載，管仲始回齊國，桓公即“禮之於廟，三酳而問爲政焉”。而管仲之教，即有“陳力尚賢，以勸民知”之語。又桓公聽從管仲意見，“故使鮑叔牙爲大諫，王子城父爲將，弦子旗爲理，甯戚爲田，隰朋爲行，曹孫宿處楚，商容處宋，季勞處魯，徐開封處衞，匽尚處燕，審友處晉。又游士八千人，奉之以車馬衣裘，多其資糧，財幣足之，使出周游於四方，以號召收求天下之賢士。”　立四民，而制軌里：立，扶植。四民，指士、農、工、商。軌里，齊國地方行政組織之兩級——軌和里，管子使之成爲軍民結合體。管子小匡載管子對齊桓公曰：“士農工商四民者，國之石民也，不可使雜處。雜處則其言哤，其事亂。是故聖王之處士必於閒燕，處農必就田壄，處工必就官府，處商必就市井。”又云：“於是乎管子乃制五家以爲軌，軌爲之長。十軌爲里，里有司。

四里爲連，連爲之長。十連爲鄉，鄉有良人。以爲軍令。是故五家爲軌，五人爲伍，軌長率之。十軌爲里，故五十人爲小戎，里有司率之。四里爲連，故二百人爲卒，連長率之。十連爲鄉，故二千人爲旅，鄉良人率之。五鄉一師，故萬人一軍，五鄉之師率之。”　却子華之計：子華，春秋鄭文公太子。左傳僖公七年：“秋，盟于甯母，謀鄭故也。……鄭伯使大子華聽命於會，言於齊侯曰：‘洩氏、孔氏、子人氏三族，實違君命。君若去之以爲成，我以鄭爲内臣，君亦無所不利焉。’齊侯將許之。管仲曰：‘君以禮與信屬諸侯，而以姦終之，無乃不可乎？子父不奸之謂禮，守命共時之謂信，違此二者，姦莫大焉。’公曰：‘諸侯有討於鄭，未捷，今苟有釁，從之，不亦可乎？’對曰：‘君若綏之以德，加之以訓，辭，而帥諸侯以討鄭，鄭將覆亡之不暇，豈敢不懼？若總其罪人以臨之，鄭有辭矣，何懼？且夫合諸侯，以崇德也。會而列姦，何以示後嗣？夫諸侯之會，其德、刑、禮、義，無國不記。記姦之位，君盟替矣。作而不記，非盛德也。君其勿許！鄭必受盟。夫子華既爲大子，而求介於大國以弱其國，亦必不免。鄭有叔詹、堵叔、師叔三良爲政，未可間也。’齊侯辭焉。子華由是得罪於鄭。冬，鄭伯使請盟于齊。”　信曹沫之盟：信，謂信守。曹沫，史籍或作“曹沬”，春秋魯國人。喬本、洪本、吳本作“曹沫”誤。四庫本作“曹沬”。此姑從備要本。史記齊太公世家：“（齊桓公）五年，伐魯，魯將師敗。魯莊公請獻遂邑以平，桓公許，與魯會柯而盟。魯將盟，曹沫以匕首劫桓公於壇上，曰：‘反魯之侵地！’桓公許之。已而曹沫去匕首，北面就臣位。桓公後悔，欲無與魯地而殺曹沫。管仲曰：‘夫劫許之而倍信殺之，愈一小快耳，而弃信於諸侯，失天下之援，不可。’於是遂與曹沫三敗所亡地於魯。諸侯聞之，皆信齊而欲附焉。七年，諸侯會桓公於甄，而桓公於是始霸焉。”　幹山海，責包茅：幹，安也（見廣雅釋詁一）。包茅，裹束成紮的菁茅，古代祭祀時用以濾酒。洪本“茅”譌“芽”。左傳僖公四年：“春，齊侯以諸侯之師侵蔡。蔡潰，遂伐楚。楚子使與師言曰：‘君處北海，寡人處南海，唯是風馬牛不相及也，不虞君之涉吾地也，何故？’管仲對曰：‘昔召康公命我先君大公曰：“五侯九伯，女實征之，以夾輔周室！”賜我先君履，東至于海，西至于河，南至于穆陵，北至于無棣。爾貢包茅不入，王祭不共，無以縮酒，寡人是徵。昭王南征而不復，寡人是問。’”　安衛文，而攘戎狄：衛文，衛文公，春秋衛國國君，名燬。戎狄，四庫本“狄”作“翟”。史記齊太公世家：“（齊桓公）二十八年,衛文公有狄亂,告急於齊。齊率諸侯城楚丘而立衛君。"又左傳閔公元年:"狄人伐邢。管敬仲言於齊侯曰:'戎狄豺狼,不可厭也;諸夏親暱,不可棄也。……請救邢以從簡書。'齊人救邢。"楊伯峻注:"簡書,……此指告急文書。" 其功業固可尚矣:尚,推崇。

〔一七〕燠:音 yù,暖和。四庫本作"煥",同。 不睇夫本之正者,不竟夫末之扉:睇(tì),視。正,正確。竟,窮盡,謂透徹理解。扉(fèi),差,劣。廣韻未韻:"扉,陋也。"

〔一八〕晨門荷蓧:參見發揮三論恒星不見注〔五三〕。

〔一九〕篤信明義,崇德報功:書武成稱道周武王云:"惇信明義,崇德報功,垂拱而天下治。"

〔二〇〕歸馬放牛:書武成:"乃偃武修文,歸馬于華山之陽,放牛于桃林之野,示天下弗服。"孔穎達疏:"此是戰時牛馬,故放之,示天下不復乘用。"

〔二一〕約法三章,外户不閉:此謂法禁簡明易行,治安狀況良好。史記高祖本紀:"與父老約,法三章耳:殺人者死,傷人及盜抵罪。餘悉除去秦法。"禮記禮運:"是故謀閉而不興,盜竊亂賊而不作,故外户而不閉,是謂大同。"

〔二二〕拾柰麻衽氊毳:拾(jié),改變。集韻葉韻:"拾,更也。"柰麻,借代絲麻織的衣服。柰,吳本、四庫本、備要本作"桑",同。衽,穿著。氊毳,借代獸皮羽毛做的衣服。 棄五穀而嚃海錯:嚃(chuài),大口吞食。海錯,泛稱各種海味。 彼以世間法,我以出世間法:宋蘇軾小篆般若心經贊:"世人初不離世間法,而欲學出世間法。"

〔二三〕吾見其大言之相愒也:愒(hè),嚇唬。喬本、洪本此句之下有注文"韓子:賓胥無削縫,隰朋純緣。晉平公,一云齊景公。"既已從餘本前移至相應正文之下,此不重出。又吳本、備要本此下有"按左傳,鄭伯肉袒牽羊"云云一段文字,另起一行、低一格書。蓋非羅苹注路史原書所有,今不取。

佛事太盛速天譴[一]

俗人不可以爲大臣,而俗士不可以爲史。杞用夷禮,春秋惡之[二]。謝靈運、蕭瑀、王縉之徒,合爪殿庭,膜拜廊廡,此何爲者邪[三]? 夫爲胡事乎朝著之間,而羞惡之不知,可謂大臣歟[四]?

梁武不道，捨身同泰寺爲僧奴，百官僚隸傾庫藏以贖歸之，俄而閃電霹靂，風雲冥晦，焚毀其寺，浮圖堂宇一夕蕩然〔五〕。及再捨身光嚴禪室，而重雲殿浮仙化生忽皆震動，三日〔六〕。時以爲瑞，而識者固以季龍之事方之〔七〕。同泰佛閣，七層寶飾，大同十載，震火略盡。更造未半，景亂尋起〔八〕。此則上天明譴顯戒，可以見矣。當時史氏雖能紀其捨身之繆，至於天戒之事，則黜不録，豈非史官俗士，怖于佛者一時妄福之説而没之邪〔九〕？

唐武后爲薛懷義起功德之堂，明堂北也，其崇千尺；佛像之隆，度九百尺〔一〇〕。一準之偉，逾于千斛之舟；小指之間，匭十數輩〔一一〕。僞圖血像，頭度二百尺〔一二〕。所觀者溢郭，士女争施〔一三〕。俄而火起像室，延于明堂，以及寶庫。飛熛突漢，鐵津涵尺，半夕之間，不遺片拊；風裂血像，分飛數百〔一四〕。然則非理之事，豈釋迦本意哉〔一五〕！

在昔大順二年七月癸丑，汴之相國寺火〔一六〕。是夕大雨震電，有物類毬塊而赤，轉于門譙藤網之間，周而火作〔一七〕。頃之，赤塊北飛，又宛轉于佛閣之藤網之間，亦既周而火作〔一八〕。既乃大霔，平地數尺，而火勢益甚，延及民居，三日不息，而所謂“日月隱檐楹”者，亦且燼矣〔一九〕。詳觀歷代，若此者殆不勝記。是則佛者果不能違理爲之福矣。

蕭俛嘗言：“佛者，可以悟取，非可迹求。”〔二〇〕寶柱焕爛，珠幰的皪，此敬則所謂神怨人怒，禍積患生者也〔二一〕。奈何愚俗不知出此，乃更崇侈，至於菲葬薄養以争趨而佞奉之，——金碧翬飛，過於王闕；鎔金銷翠，單困民用〔二二〕。繇此語之，免禍幸矣，何福之爲〔二三〕！

予憫夫世之士者爲其誘惑，流通而莫之止也，故表而出之，以爲炯鑑〔二四〕。梁武事或見之僉載，隋志亦稍及之〔二五〕。明堂大順之事,亦微見唐志云〔二六〕。

因李白詩云,即梁所建瓦棺閣〔二七〕。高四十尺,因山爲基,高十丈,影落半江。

順義中修之,曰吳興,昇元初爲昇元〔二八〕。今爲崇勝,盧舍那佛閣猶高七丈〔二九〕。

【校注】

〔一〕速天譴:速,招致。譴,責罰。

〔二〕杞用夷禮,春秋惡之:春秋僖公二十三年:“冬十有一月,杞子卒。”左傳作“十一月,杞成公卒”,云:“書曰‘子’,——杞,夷也。”杜預注:“成公始行夷禮,以終其身,故於卒貶之。杞實稱伯,仲尼以文貶稱子,故傳言‘書曰子’以明之。”

〔三〕謝靈運、蕭瑀、王縉之徒,合爪殿庭,膜拜廊廡,此何爲者邪:謝靈運,南朝宋詩人,歷官永嘉太守、侍中、臨川内史等職。蕭瑀,唐太宗時宰相。王縉,唐代宗時宰相。合爪,合掌。佛教徒合兩掌於胸前,表示虔敬。洪本、喬本、吳本“爪”作“𤓰”,四庫本作“爪”,俱誤。此從備要本。膜拜,合掌加額,長跪而拜,爲佛教徒拜佛時所行之敬禮。廊廡,猶廟堂,借代朝廷。邪,四庫本作“耶”。謝、蕭、縉三人皆奉佛,而影響及於朝廷。南朝宋何尚之答宋文皇帝贊揚佛教事載,宋文帝謂侍中何尚之曰:“吾少不讀經,比復無暇。三世因果,未辨致懷。而復不敢立異者,正以前達及卿輩時秀,率皆敬信故也。范泰、謝靈運每云:六經典文,本在濟俗爲治耳。必求性靈真奧,豈得不以佛經爲指南耶!”(見梁僧祐弘明集卷一一)新唐書傅弈傳載,武德七年,弈上疏極詆浮圖法,“中書令蕭瑀曰:‘佛,聖人也,非聖人者無法,請誅之。’弈曰:‘禮,始事親,終事君。而佛逃父出家,以匹夫抗天子,以繼體悖所親。瑀非出空桑,乃尊其言,蓋所謂非孝者無親。’瑀不答,但合爪曰:‘地獄正爲是人設矣。’”又新唐書王縉傳云:“縉素奉佛,……初,代宗喜祠祀而未重浮屠法,每從容問所以然,縉與元載盛陳福業報應,帝意向之。繇是禁中祀佛,諷唄齋薰,號‘内道場’,引内沙門曰百餘,饌供珍滋,出入乘廄馬,度支具稟給。或夷狄入寇,必合衆沙門誦護國仁王經爲禳獻,幸其去,則横加錫與,不知紀極。……凡京畿上田美産,多歸浮屠。雖藏奸宿亂踵相逮,而帝終不悟,詔天下官司不得箠辱僧尼。初,五臺山祠鑄銅爲瓦,金塗之,費億萬計。縉給中書符,遣浮屠數十輩行州縣,斂丐貲貨。縉爲上言:‘國家慶祚靈長,福報所馮,雖時多難,無足道者。禄山、思明毒亂方煽而皆有子禍,僕固懷恩臨亂而踣,西戎内寇未及擊輒去,非人事也。'故帝信愈篤。七月望日,宮中造盂蘭盆,綴飾鏐琲,……是日立仗,百官班光順門奉迎導從,歲以爲常。羣臣承風,皆言生死報應,故人事置而不修,大曆政刑,日以埋陵,由縉與元載、杜鴻漸倡之也。"

〔四〕羞惡:羞恥厭惡。

〔五〕捨身:指佛教徒爲宣揚佛法,或爲布施,而自作苦行。　同泰寺:故址在今江蘇南京市内雞鳴寺及迤西北極閣一帶。唐張鷟朝野僉載卷五云:"浮休子曰:梁武帝捨身同泰寺,百官傾庫物以贖之。其夜欻電霹靂,風雨晦冥,寺浮圖佛殿一時盪盡。"又隋書五行志上云:"中大通元年,朱雀航華表災。明年,同泰寺災。……是時帝崇尚佛道,……委萬乘之重,數詣同泰寺,捨身爲奴,令王公已下贖之。初陽爲不許,後爲默許,方始還宮。"

〔六〕及再捨身光嚴禪室,而重雲殿浮仙化生忽皆震動,三日:禪室,佛徒習靜之所,泛指寺院。浮仙,指浮雕之神佛。南史作"游仙"。化生,佛教指無所依託,借業力而忽然生出者,如諸天(護法衆天神)、餓鬼等。各本均作"花生",誤,今據南史訂正。南史梁武帝紀下記其事,作:"及太清元年,帝捨身光嚴,重雲殿游仙化生皆震動,三日乃止。"

〔七〕而識者固以季龍之事方之:四庫本"固"譌"因"。季龍,即十六國時期後趙武帝石虎(字季龍)。南史梁武帝紀下:"當時謂之祥瑞。識者以非動而動,在鴻範爲祅。以比石季龍之敗,殿壁畫人頸皆縮入頭之類。"

〔八〕景:侯景。見前紀五有巢氏注〔四四〕。宋周應合景定建康志卷四六祠祀志三寺院"同泰寺"下考證云:"寔録:梁武帝大通元年創此寺。……造大佛閣七層。大同十年,震火所焚略盡。即更造,未就,而侯景亂。"

〔九〕捨身之繆:吳本"捨"譌"拾"。四庫本"繆"作"謬"。

〔一〇〕唐武后爲薛懷義起功德之堂,明堂北也,其崇千尺:此下所載,見朝野僉載卷五,文字不盡相同。唐武后,洪本、吳本作"方武后"。薛懷義,白馬寺主,人稱薛師,唐武后男寵。北,洪本作"此",吳本、四庫本作"比",俱誤。崇,喬本、洪本譌"宗",今據餘本訂正。千,吳本譌"于"。　佛像之隆:隆,高。

〔一一〕一準之偉,逾于千斛之舟:準,鼻子。偉,大。朝野僉載作:"鼻如千斛船,中容數十人並坐。"　匿十數輩:謂藏得下十數人。

〔一二〕僞圖血像，頭度二百尺：朝野僉載："又刺牛血畫作大像頭，頭高二百尺，誑言薛師膝上血作之。"

〔一三〕所觀者溢郭，士女爭施：朝野僉載作："觀者填城溢郭，士女雲會。内載錢抛之，更相踏藉，老少死者非一。"

〔一四〕飛熛突漢，鐵津涵尺，半夕之間，不遺片柎；風裂血像，分飛數百：飛熛，飛焰。洪本、吴本、備要本如此，於義爲長，今從之。喬本作"飛煙"，四庫本作"飛烟"。漢，漢水。鐵津，各本均作"鐵律"。彦按："鐵律"於義不合。"律"當"津"字之譌。鐵津者，鐵水也。今訂正。涵，謂淹没。洪本、吴本、四庫本作"浛"，乃俗書。柎，通"柎"，木板，木片。朝野僉載："至十六日，……二更，功德堂火起，延及明堂，飛焰衝天，洛城光如晝日。……又延燒金銀庫，鐵汁流液，平地尺餘，人不知錯入者，便即焦爛。其堂煨燼，尺木無遺。至曉，乃更設會，暴風欻起，裂血像爲數百段。"

〔一五〕朝野僉載卷五，浮休子曰："非理之事，豈如來本意哉！"

〔一六〕在昔大順二年七月癸丑，汴之相國寺火：此下所載，亦見於舊唐書五行志、新唐書五行志一，詳略不盡相同。大順，唐昭宗李曄年號，公元890—891年。汴，汴州。

〔一七〕有物類毬塊而赤，轉于門譙藤網之間：毬塊，如球形般一團。門譙，門樓。舊唐書作"門樓"。藤網，各本"網"均譌"綱"今據新、舊唐書訂正。下"藤網"之"網"同。

〔一八〕宛轉：旋轉。

〔一九〕既乃大霔，平地數尺，而火勢益甚，延及民居，三日不息：霔（zhù），降雨。民居，各本均無"居"字。彦按："延及民"，音節不諧，文義不洽，"民"下當脱"居"字。今據新唐書補。新唐書文作："既而大雨暴至，平地水深數尺，火益甚，延及民居，三日不滅。"　所謂"日月隱檐楹"者：借代巍峩之寺宇。檐楹，屋檐下廳堂前部的梁柱。各本"楹"均譌"楹"，今訂正。"日月隱檐楹"，相傳爲唐李白詩句。宋張舜民畫墁集卷七郴行録云："昇元寺即瓦官寺，……最爲古迹，然累朝兵火，略無彷彿。李氏時昇元閣猶在，乃梁朝故物，高二百四十尺，李白有詩云'日月隱檐楹'者是也。"

〔二〇〕蕭倣：唐懿宗時左散騎常侍。懿宗怠臨朝政，僻於奉佛，倣因上疏諫之。　　佛者,可以悟取,非可迹求:吴本"取"作"**耴**","迹"作"**远**"。迹求,通過行動獲取。新、舊唐書蕭俛傳"非可迹求"均作"不可以相求"。

〔二一〕珠幰的皪:珠幰,珍珠綴成的簾子,"幰"通"簾"。的皪(dì lì):光亮、鮮明貌。　　禍:吴本作"**祸**",乃"禍"之譌。

〔二二〕趍:同"趨"。吴本、四庫本、備要本作"趨"。　　翚飛:形容宫室高峻壯麗。典出詩小雅斯干"如翚斯飛"。朱熹集傳:"其簷阿華采而軒翔,如翚之飛而矯其翼也。"翚(huī),五彩雉雞。　　王闕:四庫本、備要本作"玉闕"非。　　鎔金銷翠:謂耗費金玉。鎔、銷,熔化。翠,翡翠。　　單困:同義復詞,竭盡。單,通"殫",盡。困,窮也(見廣雅釋詁四)。

〔二三〕繇:四庫本作"由"。　　爲:有。

〔二四〕炯鑑:明鑑。洪本"炯"譌"熵"。

〔二五〕僉載:指朝野僉載。

〔二六〕大順之事:洪本作"夫順之時",誤。

〔二七〕因李白詩云,即梁所建瓦棺閣:自此而下至"盧舍那佛閣猶高七丈",不見於四庫本,而吴本、備要本則以正文面目(非雙行夾注)出現。又,此句當爲前"而所謂'日月隱檜楹'者"句注文。備要本"所"譌"昕"。

〔二八〕順義:五代十國時吴國君主楊溥年號,公元 921—927 年。　　吴興:喬本"吴"譌"具"。今據餘本訂正。　　昇元初:昇元,南唐烈祖李昇年號,公元937—943 年。宋周應合景定建康志卷二一城闕志二古宫殿"昇元閣,舊在昇元寺,即瓦棺寺也"下考證云:"僞吴順義中改寺爲吴興寺,閣爲吴興閣。南唐昇元初改寺爲昇元寺,閣爲昇元閣。"

〔二九〕今爲崇勝,盧舍那佛閣猶高七丈:崇勝,全稱崇勝戒壇院。盧舍那佛閣,供奉盧舍那佛(佛名,又稱報身佛)樓閣名。各本"盧"均譌"虚",且脱"佛"字,今予訂補。景定建康志卷二一城闕志二古宫殿"昇元閣,舊在昇元寺,即瓦棺寺也"下考證云:"今崇勝戒壇院。近昇元閣故基建盧舍那佛閣,亦高七丈,里俗猶呼爲昇元閣。"

益爲朕虞佛氏戒煞〔一〕

或曰:"墨氏兼愛。"何不思之甚也〔二〕!墨氏安能兼愛哉?先王之時,鴻水平矣,民粒食矣,又從而教之,墨者能之乎？蚩尤平矣,管蔡定矣,又從而富之,墨者能之乎？夫害已去,難已平,其愛之亦至矣,亦可已矣,而又富之,又教之,先王之心,仁民而愛物者,其有既乎[三]！吾知墨者之無是也[四]。非無是也,實不能也。非徒不能也,實不知仁之方也[五]。不知其仁,而徒曰"吾能兼愛",愛何從而兼之？不能仁民,而惟以戒雞犬、護螻螗爲之兼愛,一何淺邪[六]！吁！是特妾婢傅娟修小廉以惑衆者[七]。先王之戒殺,不如是也。

夫畜者未有不殺,而其所不殺者,非畜也。試以一劇之郡言之,邏屯螗聚,户輒數萬,孰不雞,孰不狗,而孰有不殺之雞狗哉[八]？彼墨氏者,其亦果能戒之邪？

是以先王惟制禮以節之。君子之於禽獸也,見其生,不忍見其死;聞其聲,不忍食其肉[九]。是故足迹不邇於庖廚,而魚肉不及於廟閾,豈其不之戒哉[一〇]？其所以戒之,亦有道矣。郊社特牲,宗廟特牛,而神得其饗矣[一一]。七十二膳,八十常珍,而親得以養矣[一二]。天子不合圍,諸侯不掩羣,大夫不取麛卵,士不隱塞,庶人不數罟,諸侯無故不殺牛,大夫無故不殺羊,士無故不殺犬豕,庶人無故不食珍,而後天下之畜無妄殺也[一三]。爰復設之虞衡之官,按其生育之時,行山林,禁澤梁,以及乎其可生者。大寒降,土蟄發,水虞於是講眾罶,取名魚,登川禽,而嘗之寢廟,行諸國人,助宣氣也[一四]。鳥獸孕,水蟲成,獸虞於是禁置羅,獵魚鼈以爲夏稿,助生阜也[一五]。鳥獸成,水蟲孕,水虞於是禁罜麗,設穽鄂,以實廟庖,畜功用也[一六]。仲春之祀,不用犧牲;而季春之月,罝罘、羅網、畢翳之具俱不得出於九門之外[一七]。犲不祭獸,不以畋獵;獺不祭魚,不設網罟;鷹隼不摯,不出畢羅;昆蟲未蟄,不以火畋[一八]。不探鷇,不射宿,不濫淵,不覆巢[一九]。不成禽不獻，不中殺不粥價[二〇]。母殺孩蟲，母食雛鼈[二一]。鱗不尺不取，彄不罜不殺[二二]。不刳胎；不殀跳、不成毛，不登庖[二三]。母麛母麌，不卵不蹼[二四]。蚳蟓黿鼉，各有常禁，而物不失其性矣[二五]。時方長養，則野虞禁止其斬伐；未至黃落，則鈇斤不入乎山林[二六]。母槎母蘗，母絕華萼；不風不暴，不以行火：而恩被於動植矣[二七]。此則先王博愛之實也。故曰：虞氏之恩，被於動植[二八]。是真被於動植者也，豈若彼之假仁義而繆設虛言也邪[二九]！

　　魏正光求帑藏空竭，於是有司請損百官、蕃客廩食、肉之三一，歲終，計省百五十有九萬九千八百五十六斤；唐世正、五、九月格刑屠，禁采捕，月率十日斷宰剖：是不過緩死爾[三〇]。賣犆售肉，饟羜還筵，——茲固有善於彼假之不已——烏知其非有哉[三一]？

　　雖然，予之所以尤病焉者二：喪壞先王之風俗，其害固已急；而靡兵之氣，厥禍為尤大[三二]。夫世不能無暴亂也，是故立之兵以禁御之。此天地之道，聖人之所不能去也。非惟聖人不能去之，雖天亦不能去之。惟不可去，是故必立之威，威立而暴亂止矣[三三]。威之不立，則將無以御暴而適求侮。古者婦人不入軍中，凡以其靡兵之氣而將無以示威也。暾欲谷曰：“寺刹之法，教人柔弱，非用武之道，不可梟置。”[三四]語毗伽曰：“突厥人寡，而皆習武，唐兵雖多，無所施用。”[三五]凡以是也。乃今佛者，其靡兵之氣也甚矣[三六]！士有壹為其說，輒威索體解而不可用[三七]。然則予之所以病焉者是，非惜乎兵也，惜其兵氣之靡而天下之禍起也[三八]。

　　昔者黃帝之初，志於求仙，愛民而不戰，於是四帝共起而謀之[三九]。然而黃帝克自悔禍，澤兵稱旅以威不軌，而後天下始復定〔四〇〕。夫以黄帝之明且聖,猶幾不免,而況於不黄帝者乎!

明皇之始,賢人佐職,事無不舉,納姚崇之議,削中宗之僞濫者萬二千數,是以天下太平,海内充富〔四一〕。奈何帝以中人之性,不能保之於是終,天寶之末,廣鑄金軀,度僧,造寺,舍前日昭昭已效,而甘心乎未來昏昏虛妄之説〔四二〕。於是禄山之亂,乘弊而起,陵遲播蕩,幾于不振〔四三〕。黄金之像,不可以助威福;緇髡之流,不足以應兇虜;而生靈挺血之禍,已徧於寰宇矣〔四四〕。

故凡言不殺者,是必馴致於大殺而後已〔四五〕。此齊、梁之殺伐之禍,所以尤毒於戰國者,兵氣靡而威不立也〔四六〕。吾不知齊、梁君臣奉佛尊經,與夫護戒禽蟲之惠,可以贖其篾威致寇、棄師衂國之冤也邪〔四七〕!

吾故曰:使佛者能去其君臣而治,絶其兵武而安,則其教無不可立也。予見學者不知先王之道大,而受佛者之毆,皆以爲佛道廣大而能兼愛,故因先王虞衡之意而備説之,抑將以廣其見矣〔四八〕。

【校注】

〔一〕益爲朕虞:書舜典,帝舜曰:“益,汝作朕虞!”孔氏傳:“虞,掌山澤之官。”　佛氏戒煞:煞,通“殺”。四庫本無“煞”字,當脱文。

〔二〕何:洪本譌“宛”。

〔三〕夫害已去,難已平:洪本“已去”作“也去”;“已平”譌“已乎”。　既:窮盡。

〔四〕知:洪本作“之”,當由音譌。

〔五〕方:道。

〔六〕惟以戒雞犬、護螻螘爲之兼愛:戒,謂戒殺。螻螘,螻蛄和螞蟻。“螘”同“蟻”。爲,通“謂”。

〔七〕特:洪本譌“時”。　傅娟:傅,役卒。娟,女妓。

〔八〕劇:大。　鼇屯螘聚:屯(tún),聚集。喬本、洪本、吳本譌“毛”,今據四庫本、備要本訂正。鎧，喬本、洪本譌“鎧”，今據餘本訂正。　執不雞，執不狗：不雞，謂不養雞。不狗，謂不養狗。

〔九〕君子……食其肉：見孟子梁惠王上。

〔一〇〕是故足迹不邇於庖廚，而魚肉不及於廟閾：廟閾，廟門。閾（yù），門檻，門。孟子梁惠王上：“是以君子遠庖廚也。”又賈誼新書禮：“魚肉不入廟門。”閻振益、鍾夏校注：“‘魚肉’，俞樾曰：‘魚肉，其義未詳。肉，疑育之壞字。育下從肉，闕其上半則爲肉字矣。魯語曰“鳥獸成，水蟲孕，水虞於是乎禁罝麗、設穽鄂以實廟庖”，即“魚育不入廟門”義。’夏案：俞未言魚育爲何，參所引魯語，當謂‘水蟲孕’，禮記郊特牲‘天子牲孕弗食’與此合。唯育訓孕頗牽强，易漸‘婦孕不育’，明孕、育有別。魚育，或謂稚魚，詩邶風谷風箋：‘育，稚也。’”

〔一一〕郊社特牲，宗廟特牛：特，單一。禮記郊特牲陸德明題解：“郊者，祭天之名，用一牛，故曰特牲。”

〔一二〕七十二膳，八十常珍：見禮記王制，“二”作“貳”。二膳，謂可同時享用兩種美食。常珍，謂常可喫到珍貴食物。

〔一三〕天子不合圍，諸侯不掩羣：見禮記王制。合圍，謂四面包圍獵物。掩羣，謂一網打盡成羣的野獸。掩，覆蓋，囊括。　大夫不取麑卵，士不隱塞，庶人不數罟：詩小雅魚麗“魚麗于罶”毛亨傳：“是以天子不合圍，諸侯不掩羣，大夫不麑不卵，士不隱塞，庶人不數罟——罟必四寸，然後入澤梁。”麑卵，幼鹿和鳥卵。泛指幼小的禽獸。洪本、吳本“卵”譌“卯”。隱塞，謂完全堵死。孔穎達疏云：“‘士不隱塞’者，爲梁止可爲防於兩邊，不得當中皆隱塞；亦爲盡物也。”　諸侯無故不殺牛，大夫無故不殺羊，士無故不殺犬豕，庶人無故不食珍：見禮記王制。洪本“犬”譌“太”。

〔一四〕大寒降，土蟄發，水虞於是講罛罶，取名魚，登川禽，而嘗之寢廟，行諸國人，助宣氣也：自此而下至“畜功用也”，見於國語魯語上，文字不盡相同。土蟄，地下冬眠的動物。發，開始動。水虞，掌管川澤之官。講，謀畫，考慮。罛罶（gū liǔ），泛指漁具。罛，一種大型魚網。喬本、備要本作“眔”，非是。洪本、吳本、四庫本作“罘”，當即“罛”字俗譌，今訂作“罛”。罶，捕魚的竹簍。取，吳本作“耴”。登，猶“取”。名魚、川禽，韋昭國語注：“名魚，大魚也。川禽,鼈、蜃之屬。"嘗,謂獻祭。寢廟,宗廟。古之宗廟,正殿稱廟,後殿稱寢。行諸國人,謂使國人行之。宣氣,發散陽氣。

〔一五〕鳥獸孕,水蟲成,獸虞於是禁罝羅,矠魚鼈以爲夏稿,助生阜也:水蟲,水生動物之統稱。獸虞,掌管鳥獸捕獵法禁之官。罝羅,韋昭國語注:"罝,兔罟;羅,鳥罟也。"喬本、洪本、吳本"罝"譌"置",今據四庫本、備要本訂正。矠(zé),用矛叉刺取。稿,通"槁"。文淵閣四庫全書本國語作"槁",韋昭注:"槁,乾也。夏不得取,故於此時搉刺魚鼈以爲槁儲。"助,洪本譌"助"。生阜,生長。

〔一六〕水虞於是禁罜䍡,設穽鄂,以實廟庖,畜功用也:罜䍡(zhǔ lù),小魚網。各本"罜"均譌"罜",今訂正。說文网部:"罜,罜䍡,魚罟也。"徐鍇繫傳本作"小魚罟"。穽,陷阱。鄂,柞鄂。周禮秋官雍氏"春令爲阱擭"鄭玄注:"擭,柞鄂也。"賈公彥疏:"柞鄂者,或以爲豎柞於中,向上鄂鄂然,所以載禽獸,使足不至地,不得躍而出,謂之柞鄂也。"廟庖,宗廟中的廚房。畜,"蓄"之古字,儲備,積蓄。功用,指可供事用的自然資源。

〔一七〕仲春之祀,不用犧牲:洪本"祀"譌"杞"。又,各本均無"不"字。彥按:"不"字當有。禮記月令仲春之月云:"是月也,祀不用犧牲,用圭璧,更皮幣。"是也。今據以訂補。　季春之月,罝罛、羅網、畢翳之具俱不得出於九門之外:罝罛,各本"罝"均譌"置",今據禮記訂正。禮記月令季春之月:"是月也,命司空曰:'……田獵罝罛、羅网、畢翳,餧獸之藥,毋出九門。'"鄭玄注:"爲鳥獸方孚乳,傷之逆天時也。獸罟曰罝罛;鳥罟曰羅网;小而柄長謂之畢翳,射者所以自隱也。凡諸罟及毒藥,禁其出九門,明其常有,時不得用耳。天子九門者,路門也、應門也、雉門也、庫門也、皋門也、城門也、近郊門也、遠郊門也、關門也。"

〔一八〕犴不祭獸,不以畋獵:此下所述,多見於文子上仁、新書禮及淮南子主術篇,文字不盡相同。文子此句作:"犴未祭獸,罝罛不得通於野。"犴,四庫本作"豻",同。祭獸,逸周書時訓"霜降之日,豺乃祭獸"朱右曾校釋:"豺似狗,高前廣後,黃色,羣行,其牙如錐,殺獸而陳之若祭。"　獺不祭魚,不設網罟:文子此句作:"獺未祭魚,網罟不得入於水。"祭魚,呂氏春秋孟春紀"獺祭魚"高誘注:"獺,獚,水禽也。取鯉魚置水邊,四面陳之,世謂之祭魚。"　鷹隼

不摯,不出畢羅;文子此句作:"鷹隼鷹擊,羅網不得張於皋。"隼,洪本"隼"譌
"準"。摯,通"鷙",凶猛,凶狠。新書作"鷙"。畢羅,羅網。今本新書作"植
羅",或作"潁羅",似非。　　昆蟲未蟄,不以火畋:此句亦見禮記王制,"畋"作
"田",通。火畋,以火焚燒草木而畋獵。"畋"喬本、洪本作"畎",吳本作
"畖",俱誤。此從四庫本及備要本。

〔一九〕不探鷇:探,掏取。鷇(kòu),靠母哺食的幼鳥。文子作:"鷇卵不
探。"　　不射宿:宿,指歸巢棲息之鳥。論語述而:"弋不射宿。"新書:"不射宿,
不涸澤。"　　不濫淵:濫淵,安魚網於淵。喬本、洪本此二字爲墨丁。此從吳本、
四庫本及備要本。國語魯語上"宣公夏濫於泗淵"韋昭注:"濫,漬也。漬罟於
泗水之淵以取魚也。"　　不覆巢:各本均作"不巢覆"。彦按:上"不探鷇,不射
宿,不濫淵"云云,"不"下二字均屬動賓結構,此亦當作"覆巢",方合其例。今
作"巢覆"者,當由誤倒。禮記王制云:"不覆巢。"月令亦云:"毋覆巢。"今據以
訂正。

〔二〇〕不成禽不獻:各本"獻"均作"獸"。彦按:"不成禽不獸"費解。
"獸"當"獻"字形譌。今訂正。詩小雅車攻"大庖不盈"毛亨傳:"不成禽不
獻。"孔穎達疏:"'不成禽不獻'者,惡其害幼少。"　　不中殺不粥價:粥價(yù
yù),出賣。禮記王制:"禽獸魚鼈不中殺,不粥於市。"鄭玄注:"殺之非時,不
中用。月令:'季冬始漁。'周禮:'春獻鼈蜃。'"

〔二一〕母殺孩蟲:母,"毋"之古字。洪本、吳本、備要本作"毋"。下諸
"母"字同。孩蟲,幼蟲。禮記月令孟春之月:"毋殺孩蟲、胎、夭、飛鳥。"鄭玄
注:"爲傷萌幼之類。"　　母食雛鼈:彦按:禮記內則云:"不食雛鼈。"蓋即路史
所本。然內則"不食雛鼈"之本意,與"狼去腸,狗去腎"云云同,誠如鄭玄注之
所言"皆爲不利人也",並不在於戒殺。

〔二二〕鱗不尺不取,麑不朞不殺:洪本、吳本"殺"譌"設"。文子作:"魚不
長尺不得取,犬豕不期年不得食。"

〔二三〕不刳胎:新書:"不刳胎,不夭夭。"　　不瓺跳、不成毛,不登庖:瓺跳
(ǎo nǎo),長大。玉篇長部:"瓺,瓺跳,長也。"各本"瓺"均譌"髮",今訂正。
文子:"先王之法,不掩羣而取瓺跳。"新書:"鳥獸不成毫毛不登庖廚。"

〔二四〕母麕母麂,不卵不蹼:麕、麂義同,皆指幼鹿。卵,洪本、吳本譌

“卵”。蹼（xuǎn），同“羉”，捕獸網。禮記月令孟春之月、淮南子時則並云：“毋麛毋卵。”又説文网部羉引逸周書曰：“不卵不蹼，以成鳥獸。”

〔二五〕蚳蝝毚羭，各有常禁：蚳（chí），螞蟻卵。蝝（yuán），未生翅的幼蝗。國語魯語上“蟲舍蚳蝝”韋昭注：“蚳，蟻子也，可以爲醢。蝝，復陶也，可以食。舍，不取也。”毚（nóu），小兔。羭（xuàn），羔羊。唐白居易養動植之物策：“（先王）至於麛卵蚳蝝，五穀百果，不中殺者，皆有常禁。”（見文苑英華卷五〇〇）

〔二六〕時方長養，則野虞禁止其斬伐：野虞，掌管山林藪澤之官。禁止，吳本“止”譌“立”。禮記月令季春之月：“是月也，命野虞無伐桑柘。”　未至黄落，則鈇斤不入乎山林：鈇斤，斧頭。“鈇”通“斧”，吳本、四庫本、備要本作“斧”，洪本譌“鈇”。漢書貨殖傳：“昔先王之制，……中木未落，斧斤不入於山林。”

〔二七〕母槎母蘖，母絶華葶：槎（chá），樹的杈枝。此作動詞用，謂斬槎。蘖，草木砍伐後長出的新芽。此作動詞用，謂伐蘖。國語魯語上：“山不槎蘖，澤不伐夭。”藝文類聚卷二引管子曰：“無殺麑麌，無絶華葶。”　不風不暴，不以行火：即禮記王制“昆蟲未蟄，不以火田”意。詩小雅魚麗“魚麗于罶，鱨鯊”毛亨傳：“古者不風不暴，不行火。”孔穎達疏：“言風暴然後行火也。風暴者，謂氣寒，其風疾。其風疾，即北風。……北風，冬風之總名，自十月始，則風暴謂十月也。”

〔二八〕虞氏之恩，被於動植：彦按：舊題隋王通中説云：“故韶之成也，虞氏之恩，被動植矣。”虞氏謂虞舜。路史於此則借用舊文以表新意，虞氏指古虞衡之官。

〔二九〕真：吳本譌“直”。　彼：洪本、吳本譌“被”。

〔三〇〕魏正光求帑藏空竭，於是有司請損百官、蕃客廩食、肉之三一，歲終，計省百五十有九萬九千八百五十六斤：正光，北魏孝明帝元詡年號，公元520—525年。求，疑當作“救”。蕃客，指外國來賓。三一，若據今本魏書，則當爲“二一”。魏書食貨志：“正光後，四方多事，加以水旱，國用不足，……帑藏益以空竭。有司又奏内外百官及諸蕃客稟食及肉悉二分減一，計終歲省肉百五十九萬九千八百五十六斤”。　唐世正、五、九月格刑屠，禁采捕，月率十日斷宰剖:格,限制,禁止。宰剖,屠宰。四庫本作"宰割"。新唐書高祖本紀武德二年:"正月甲子,……詔自今正月、五月、九月不行死刑,禁屠殺。"

〔三一〕賣犿售肉,饟羜遺筵,——兹固有善於彼假之不已——烏知其非有哉:犿,同"豚",小豬。售,洪本、吳本譌"**售**"。饟,同"餉",贈送。羜(zhù),小羊。烏知,洪本譌"鳥之"。此句蓋謂魏、唐之做法固然比釋氏戒殺之極其虛偽要好,但是賣出之犿被宰殺後出售其肉、送出之羜被割烹而成筵席上的美味(比喻衹是形式上戒殺,而實際上並未做到),這種情況也難以保證不會發生。

〔三二〕靡:消磨,損傷。

〔三三〕惟不可去:四庫本"不可"作"不能"。

〔三四〕暾欲谷:唐朝時東突厥毗伽可汗謀臣。　寺刹之法,教人柔弱,非用武之道,不可衆置:舊唐書突厥傳上作:"且寺觀之法,教人仁弱,本非用武爭強之道,不可置也。"

〔三五〕毗伽:即唐朝時東突厥可汗默棘連(即位後稱毗伽可汗)。　突厥人寡,而皆習武,唐兵雖多,無所施用:寡,各本均作"寒"。彦按:"人寒"費解。"寒"當"寡"字形譌。舊唐書突厥傳上云:"突厥人户寡少,不敵唐家百分之一,所以常能抗拒者,正以隨逐水草,居處無常,射獵爲業,又皆習武。強則進兵抄掠,弱則竄伏山林,唐兵雖多,無所施用。"是也。今訂正。

〔三六〕乃今:洪本、吳本、四庫本作"厥今"

〔三七〕威索體解:索,離散,喪失。解,"懈"之古字,懈怠,鬆散。

〔三八〕病焉者:洪本、吳本作"病者焉"非。

〔三九〕參見後紀五黄帝有熊氏。　共起:吳本"共"作"其"誤。

〔四〇〕澤兵:以酒食犒軍。"澤"通"醳"(yì),賞賜酒食。吳本、四庫本、備要本"澤"作"擇"。　稱旅:起兵。

〔四一〕明皇之始,賢人佐職,事無不舉,納姚崇之議,削中宗之僞濫者萬二千數,是以天下太平,海内充富:職,吳本作"戢",同。姚崇,唐宰相。僞濫,虛假充數。舊唐書姚崇傳:"先是,中宗時,公主外戚皆奏請度人爲僧尼,亦有出私財造寺者,富户強丁,皆經營避役,遠近充滿。至是,崇奏曰:'佛不在外,求之於心。佛圖澄最賢,無益於全趙;羅什多藝,不救於亡秦。何充、符融,皆遭敗滅;齊襄、梁武,未免災殃。但發心慈悲,行事利益,使蒼生安樂,即是佛身。

何用妄度姦人,令壞正法?'上納其言,令有司隱括僧徒,以僞濫還俗者萬二千餘人。"舊唐書玄宗紀上作"二萬餘人"。

〔四二〕於是終:於,猶"以"。　未來:吳本譌"未未"。

〔四三〕陵遲播蕩,幾于不振:陵遲,日漸衰敗。播蕩,流離動蕩。不振,無法挽救。

〔四四〕助:洪本作"劻"。　緇毳:僧尼之服,借指僧尼。緇,指緇服(黑色僧服)。毳,毳衣,僧服之一種,鳥毛所織。　兇:吳本、四庫本作"凶",通。挺血:挺屍、流血。

〔四五〕馴:漸次發展。

〔四六〕毒:劇,厲害。

〔四七〕籛:通"戩",滅。吳本、四庫本、備要本作"戩"。　刵:挫傷,挫敗。

〔四八〕而受:喬本作"而爲";洪本二字爲墨丁;餘本作"而受",於義爲長,今從之。　抑將以廣其見矣:吳本、四庫本"抑"作"益",蓋音譌。又喬本、洪本、吳本、四庫本均無"矣"字,語氣有欠完整,今從備要本補。

辨四皓

楊雄云:"美行,園公、綺里季、夏黃公、甪里先生。"〔一〕代之所謂四皓者,園公一,綺里季二,夏黃公三,甪里先生四也。遭秦苛政,避地商之藍田山中〔二〕。漢高招之,以皇帝善嫚士,弗至〔三〕。迨帝爲戚姬故,欲易太子,高后以留侯計致之,太子以定,四老人之力也〔四〕。既去,弗復見。後俱葬于安陵,太白所謂"蕪没四墳連"者〔五〕。百姓義而祠之,今京兆藍田、軹及上洛商東巓俱有祠廟〔六〕。或云爲秦博士,世亂乃隱,故圈稱陳留風俗傳云:"圈公爲秦博士,避地南山。漢祖之起,禮聘不就。惠帝立,以爲司徒。"〔七〕圈公者,園公也,其本圈姓。而崔氏所贊,亦謂四皓爲秦博士〔八〕。然質之傳,四皓當秦在時已入商洛深山,不見其爲博士〔九〕。且漢世無司徒,元壽二年始置大司徒,公亦何自爲之〔一〇〕?此稱繆也。

　　雖然四皓之名，言者不一：如圜公名，在史記以來，漢書、法言
諸所記載，俱作"園公"，洽聞記作"郭園公"，贊與仙傳拾遺又以
爲"東園公"；甪里先生，在孔安國祕記及漢紀、仙傳作"角蠡"，而
魏子作"禄里"，是特音相假耳[一一]。甪有禄音，故禮大記"緑中"，康成謂
"當爲甪"，穎達云"聲相近"，顧野王切"欶"字爲所甪翻，知昔人直作录音[一二]。世不
能明，妄有從"刀"、從"人"之分[一三]。頃太祖皇帝問崔偓佺以李覺奏四皓一先生姓，
或云"甪"加"人"，或曰加"力"，對曰："臣聞'刀''甪'爲'角'，一'力'、一'人'俱不成
字。"[一四]此亦据陳留志、李匡文辨之，偓佺誤也[一五]。至綺里季之與夏黄公，
則畢文簡特以綺里季夏爲一，黄公爲一，蓋以逸少、淵明、子美有
"黄綺"之語，非也[一六]。按仙傳拾遺云："綺里季、東園公、甪里
先生、夏黄公與張良爲雲霞之友"，間二子而言之，而夏黄公在崔
氏譜、老子中經皆謂之夏里黄公，則不得云綺里季夏矣[一七]。又
元和姓纂亦有夏里、綺里、禄里三姓，夏里云出四皓，河内軹人，則
文簡之説正爲失之。往歲商於人有得四皓神胙机者，乃有綺里季
與甪里之神坐，則"夏黄公"之自爲名，益可知也[一八]。神胙刻更
有圜公神坐及圜公神胙机，字正作"圜"[一九]。而顔師古正俗引
圜稱之自敍亦云圜公之後，則知"圜"之爲正[二〇]。

　　抑復攷之，四皓姓諱，有大異者[二一]。在陳留志，則：圜公名
庾，而字宣明，襄邑人，始居園中，因號園公[二二]。或云姓國，名
秉，與軹人甪里先生、綺里季、夏里黄公爲友。"秉""庾"字轉，是
亦稱園公爾。故風俗通云："四皓園公，本亦園者[二三]。"夏里黄
公，姓崔，名廓，字少通，齊人，隱居夏里，爰號夏里；黄，公姓——
崔譜[二四]。而甪里先生則係泰伯之後，姓周，名術，字元道，京師
謂之霸上先生；甪里，亦其號爾[二五]。淵明亦嘗引此，則非不知
"黄綺"之實者。四皓之刻，始見於黄伯思、董逌，繼見隸纂，爲不
誤也[二六]。三輔舊事云，惠帝爲四皓作碑于隱所[二七]。則知神胙
机俱當時所刻者[二八]。或云：圜公姓韋。韋，口聲也；國，口意也。

殆庾辭云〔二九〕。風俗通云：“園，援也。從口，袁聲〔三〇〕。”今市語，韋氏爲“圉家”〔三一〕。

【校注】

〔一〕楊雄云：四庫本、備要本“楊”作“揚”。又四庫本“云”作“曰”。　美行，園公、綺里季、夏黄公、角里先生：見法言淵騫篇。角（lù），洪本、吴本作“甪”，通。下“角里”之“角”或作“甪”，姑概訂作“角”。

〔二〕商：指商州。

〔三〕漢高招之，以皇帝善嫚士，弗至：漢高，指漢高祖劉邦。善，喜歡。嫚，輕侮。弗，吴本、四庫本作“不”。

〔四〕史記留侯世家：“上欲廢太子，立戚夫人子趙王如意。……吕后乃使建成侯吕澤劫留侯。……留侯曰：‘此難以口舌爭也。顧上有不能致者，天下有四人。四人者年老矣，皆以爲上慢侮人，故逃匿山中，義不爲漢臣。然上高此四人。今公誠能無愛金玉璧帛，令太子爲書，卑辭安車，因使辯士固請，宜來。來，以爲客，時時從入朝，令上見之，則必異而問之。問之，上知此四人賢，則一助也。’於是吕后令吕澤使人奉太子書，卑辭厚禮，迎此四人。四人至，客建成侯所。……漢十二年，上從擊破布軍歸，疾益甚，愈欲易太子。……及燕，置酒，太子侍。四人從太子，年皆八十有餘，鬚眉皓白，衣冠甚偉。上怪之，問曰：‘彼何爲者？’四人前對，各言名姓，曰東園公、角里先生、綺里季、夏黄公。上乃大驚，曰：‘吾求公數歲，公辟逃我，今公何自從吾兒游乎？’四人皆曰：‘陛下輕士善罵，臣等義不受辱，故恐而亡匿。竊聞太子爲人仁孝，恭敬愛士，天下莫不延頸欲爲太子死者，故臣等來耳。’上曰：‘煩公幸卒調護太子。’四人爲壽已畢，趨去。上目送之，召戚夫人指示四人者曰：‘我欲易之，彼四人輔之，羽翼已成，難動矣。’……竟不易太子者，留侯本招此四人之力也。”

〔五〕蕪没四墳連：李白詩過四皓墓句。

〔六〕上洛商：上洛，縣名。各本“洛”均譌“落”，今訂正。商，商山。在今陝西丹鳳縣商鎮南。

〔七〕圈稱：各本“圈”均譌“園”，今訂正。　圈公爲秦博士，避地南山：圈公，各本均作“園公”，誤，今訂正。參見後紀八帝顓頊高陽氏注〔三九八〕。

〔八〕崔氏：各本均作“崔其”。彦按：“崔其”不可解，蓋誤。清劉於義、沈青崖等修纂陝西通志卷九四藝文十收入羅泌此文,作"崔氏",當是,今據以訂正。崔氏,疑即史記留侯世家"天下有四人"司馬貞索隱所稱"(角里先生,)孔安國祕記作'禄里'。此皆王劭據崔氏、周氏系譜及陶元亮四八目而爲此説"之崔氏。其名不詳,待考。

〔九〕漢書王貢兩龔鮑傳序:"漢興有園公、綺里季、夏黄公、角里先生,此四人者,當秦之世,避而入商雒深山,以待天下之定也。"

〔一〇〕元壽二年始置大司徒:元壽,漢哀帝劉欣年號,公元前2—前1年。置,吳本譌"制"。漢書百官公卿表上:"相國、丞相,皆秦官,……哀帝元壽二年更名大司徒。"

〔一一〕如圈公名:喬本、洪本"名"作"在",遂與下"在"字重出。吳本、四庫本無"名"字。此姑從備要本。　贊:即上文"崔氏所贊"者。　仙傳:即仙傳拾遺。　魏子:東漢尚書魏朗撰。

〔一二〕角有禄音:吳本、四庫本、備要本"禄音"作"音禄"。　故禮大記"緑中":禮大記,指禮記喪大記。吳本"禮"作"云",喬本、洪本、吳本、備要本"大"作"太",俱非,此從四庫本改。緑中,各本均作"録中",誤,今據禮記訂正。　康成謂"當爲角":禮記鄭注文作:"'緑'當爲'角',聲之誤也。"　顧野王切"欯"字爲所角翻:顧,喬本、備要本作"故",蓋由音譌。欯,各本均作"敕",當由形譌。又,角,吳本譌"云"。今並訂正。玉篇欠部:"欯,所角切,吮也。"

〔一三〕分:吳本譌"十"。

〔一四〕太祖皇帝:彦按:宋邵博聞見後録卷二七、孫奕示兒編卷二二、周密齊東野語卷五、宋史崔偓佺傳俱載其事,並作"太宗"。此作"太祖",當誤記。　李覺:洪本"覺"作"竟",同。　或曰加"力":洪本作"或云加'加'",吳本、四庫本作"或云加'夕'"。　一'力':洪本"力"字爲墨丁;吳本、四庫本作"夕"。今録聞見後録文以資參照:"崔偓佺,淳化中判國子監,有字學。太宗問曰:'李覺嘗言四皓中一人姓,或云"用"上加一撇,或云"用"上加一點,果何音?'偓佺曰:'臣聞"刀"下"用"(攉)〔榷〕音,兩點下"用"爲鹿音,"用"上一撇、一點俱不成字。'"

〔一五〕李匡文:唐宗正少卿。所撰資暇集卷上禄里云:"漢四皓,其一號角里。角,音禄。今多以覺音呼,乖也。是以魏子及孔氏祕記、荀氏漢紀慮將來之誤,直書‘禄里’,可得而明也。案玉篇等字書皆云:‘東方爲角,音鹻。’禄或作角字,亦音禄。魏子、祕記、漢紀不書‘鹻’而作‘禄’者,以其字僻,又慮誤音,故也。……字書言角,直宜作‘鹻’爾。然鹻字亦音角——角音覺——者,樂聲也。或亦通作‘(驛)〔驔〕角’之角字,是以今人多亂其音呼之。稍留心爲學者,則妄穿鑿,云音禄之‘角’字與音覺之‘角’字,點畫有分別處。”

〔一六〕畢文簡特以綺里季夏爲一,黄公爲一,蓋以逸少、淵明、子美有“黄綺”之語:畢文簡,即北宋宰相畢士安(謚文簡)。逸少,即晉書法家王羲之(字逸少)。子美,即唐詩人杜甫(字子美)。宋黄伯思東觀餘論卷下跋四皓碑後云:“四皓之目,始見於灢言及漢書王貢傳序,相承讀之曰園公、曰綺里季、曰夏黄公、曰角里先生,前賢未始有異,故王黄州元之在汝州,有詩云:‘未必頸如樗里子,也應頭似夏黄公。’而畢文簡公嘗譏評之,以謂不當云‘夏黄公’。蓋杜子美詩云:‘黄綺終辭漢’,謂之黄綺,則四皓之目宜曰園公、曰綺里季夏、曰黄公、曰角里先生也。僕初亦以爲然,蓋逸少有尚想黄綺帖,陶淵明詩亦云‘黄綺之南山’,又曰‘且當從黄綺’,皆可以爲證。然近歲商於耕夫得漢世石刻數種,有云圈公神坐、綺里季神坐、角里先生神坐,又各有神祚机,皆漢人隸書,其號不應誤,則與文簡之説異矣。當以石刻爲正,宜從舊目。則前人所謂‘黄綺’者,特各取一字以目二人,不必皆其首字也。”

〔一七〕雲霞之友:超脱於塵世之友。　崔氏譜:佚書。作者不詳。

〔一八〕四皓神祚机:刻石名。爲供奉四皓神食之几案。上分別刻有四皓之名及“神祚几”字。　綺里季與角里之神坐:刻石名。爲綺里季、角里二神之座位。上分別刻有二人之名及“神坐”字。宋趙明誠金石録卷一九四皓神位刻石云:“右四皓神位神祚几刻石四,在惠帝陵旁,驗其字畫,蓋東漢時書。”又宋洪适隸釋卷一六四老神坐神祚机云:“圈公神坐,角里先生神坐,圈公神祚机,綺里季神祚机,右四老神坐、神祚机凡四。……此四人者,神坐及祚几當各有之,今綺季、角里尚闕其一,而黄公者未見。傳者云,數十年前商於農人耕地得此。”　自爲名:吴本“名”譌“自”。

〔一九〕神祚刻更有圈公神坐及圈公神祚机:彦按:“神祚刻”,宜作“神祚几刻”,“几”字似不可省。圈公神祚机,各本“祚”均譌“坐”,今訂正。

〔二〇〕顔師古正俗引圈稱之自敍亦云圈公之後：顔氏匡謬正俗卷八圈稱云："陳留風俗傳自序云：'圈公之後。圈公爲秦博士，避地南山，漢祖聘之，不就。惠太子即位，以圈公爲司徒。自圈公至稱，傳世十一。'"

〔二一〕姓諱：姓名。

〔二二〕太平御覽卷四〇九引陳留志曰："韋庚字宣明，襄邑人也。常居園中，故世謂之園公。"

〔二三〕本亦園者：太平御覽卷八二四引風俗通曰，作"亦本園者"。

〔二四〕姓崔，名廓：史記留侯世家司馬貞索隱引陳留志，作："姓崔，名廣。"　隱居夏里：夏里，其地不詳。

〔二五〕則係泰伯之後：洪本、吳本"係"譌"後"。

〔二六〕四皓之刻，始見於黄伯思、董逌，繼見隸纂：黄伯思所撰東觀餘論卷下有跋四皓碑後，詳上注〔一六〕。董逌所撰廣川書跋卷五有四皓神坐。明陶宗儀書史會要卷六宋云："洪适，……篤好漢隸，有隸纂、隸釋、隸韻，皆盡漢刻之本末矣。"路史此處所稱隸纂，蓋指适所撰書。

〔二七〕三輔舊事云：洪本、吳本、四庫本"云"譌"玄"。

〔二八〕神胙机：机，通"几"。吳本、四庫本作"機"，非。

〔二九〕廈辭：隱語。四庫本如此，是，今從之。餘諸本"廈"均譌"瘦"。

〔三〇〕園，援也。從口，袁聲：園，各本均作"圈"；口，喬本、四庫本、備要本作"國"，洪本、吳本作"国"：顯誤。今據太平御覽卷八二四引風俗通訂正。

〔三一〕圉家：吳本、四庫本"圉"譌"園"。又吳本、備要本此下有"按四皓有羽翼太子之功"云云一段文字，另起一行、低一格書。蓋非羅苹注路史原書所有，今不取。

稷契攷

天下之同者不必異，而異者不必同。聖人之於人，苟可以傳者，不求同而矜異也[一]。

堯、契、弃之爲嚳子，明矣。而諸儒皆疑之，以爲契、弃既皆堯弟，堯在位百年，則皆百餘歲矣，豈有堯在位如是之久，有賢弟不能用，至舜且未死，方舉而用之乎[二]？仁人君子，固未有遺其昆弟而爲國者。是好異而求同之過也。

即按内傳史克之言，高辛氏有才子八人，時謂“八元”，舜舉而用之〔三〕。杜預謂爲高辛之裔，稷、契之倫〔四〕。而張融、孔穎達等以爲稷、契皆在其中，謂去聖遠〔五〕。信其言爲高辛之裔，非高辛之子；且信緯書之次，謂嚳傳十世，堯及稷、契皆不得爲嚳子，亦不得爲兄弟。譙氏亦疑契生堯代，舜始舉之，必非帝嚳之子，因謂：“其父微，故不著名。且其母有娀簡逖，與宗婦三人同浴于川，玄鳥遺卵而孕之，則非嚳之妃〔六〕。”不知浴川之妄〔七〕。

予觀堯之繼摯也，契、弃既皆已用之矣。傳稱堯以契爲司徒，弃爲農師；及得舜爲司徒，然後以契爲司馬：則堯非不用之也〔八〕。王充每言稷仕堯，爲司馬〔九〕。而伏氏書及吕春秋皆云，堯使弃爲田。按“田”乃古“農”字，見亢倉子，故文子、淮南子皆云：堯之治也，舜爲司徒，契爲司馬，禹爲司空，稷爲大田師——乃大農師也〔一〇〕。按褚生敍孔子語曰：“昔者堯命契爲子氏，爲有湯也；命稷爲姬氏，爲有文王也。”〔一一〕堯曷嘗不用之哉？特至舜始大任焉。故太史公以爲堯皆舉用，而未有分職〔一二〕。傳記之説，略可見矣。惟於書無聞爾。夫書於堯，最爲粗略；官司制度，禮樂刑賞，咸無見焉〔一三〕。在位百年，所可得而知者，惟分命羲和、异鯀試舜數事而已〔一四〕。及舜受禪，則復以契司徒，弃爲后稷〔一五〕。又其官任，皆出申命，則是因乎堯之舊者〔一六〕。況復推用皆在歷試之年，則固堯爲政也〔一七〕。甫刑云“三后邮功”，兹正堯之所命〔一八〕。然則，稷、契之仕堯朝，端不疑矣〔一九〕。

或者又曰：詩言簡翟，惟言從帝，詩美后稷，惟稱姜嫄，——曾不及嚳；劉向敍列女傳，履迹吞乙之事，俱當堯代；而傳記簡翟，乃謂有娀之佚女，則姜嫄果爲帝嚳後十世之妃〔二〇〕。吹求微類，以疑其所自者〔二一〕。是不然。世本、大戴之書，言昔帝嚳卜四妃之子，皆有天下，而稷之後爲周，周人既上推后稷爲嚳子矣，何所疑邪〔二二〕？曹植贊嫄、狄云：“嚳有四妃，子皆爲王。帝摯之崩，堯承天綱〔二三〕。”鄭氏箋詩,始疑於緯,遂以姜嫄爲嚳後十世之妃,然注禮檀弓,則又用帝系之文,亦自異矣〔二四〕。

　　昔有娀氏有二女,長曰㻮娀,次曰建庇〔二五〕。㻮娀爲嚳次妃,是爲簡狄。故屈原云:“簡狄在臺,嚳何宜? 乙鳥致貽,女何喜〔二六〕?”又云:“高辛之靈盛兮,遭乙鳥而致貽〔二七〕。”夫古書之存者,惟屈原、莊周、韓非、管子、山海經爲可質,其言簡狄,未嘗不及於嚳,何嘗有十世之説哉? 貽,一作“胎”〔二八〕。古胎、貽亦通用,故楊震碑“貽我三魚”〔二九〕。

　　嘻〔三○〕! 緜漢而來,學者之談商頌,鮮不謂是稷、契無父而生。先儒張夫子、王逸之流,且猶惑之〔三一〕。鄉非褚先生,孰能知其神不能成,須人而生也邪〔三二〕? 夫以嫄、狄信在堯朝,則亦信似無歸之子〔三三〕。果爲佚女,抑何從禋祀於禖宮哉〔三四〕? 佚,閑美也,與姝同〔三五〕。纖緯之言,信亦繆戾〔三六〕。如言五帝三皇,皆有感而生,然非感于郊,則遇于野,甚者越在夷獠之鄉,若數千里之外,豈皇王之妃后而率彼曠野者〔三七〕? 又其所紋之迹,皆有似淫奔之事,斯所以爲難信歟! 學者之學,正不可爾僻,又可責詳于經乎〔三八〕? 彼其猜之多,予故辨之細〔三九〕。

【校注】

　　〔一〕矜:夸耀。

　　〔二〕契、弃既皆堯弟:四庫本如此,是,今從之。餘諸本“弟”均作“帝”,當由音譌。左傳文公十八年孔穎達正義曰:“史記稷、契皆爲帝嚳之子,……史記堯亦帝嚳之子,則稷、契、堯之親弟。以堯之聖,有大德之弟,久而不知,舜始舉用,以情而測,理必不然。且云‘世濟其美’,其間必應累世,不容高辛之下,即至其身。”

　　〔三〕見左傳文公十八年。　史克:周太史,名克。

　　〔四〕杜預謂爲高辛之裔,稷、契之倫:杜預注原文爲:“高辛,帝嚳之號,八人亦其苗裔。”又云:“此即稷、契、朱虎、熊羆之倫。”

　　〔五〕而張融、孔穎達等以爲稷、契皆在其中,謂去聖遠:張融,三國魏博士。孔穎達,喬本“穎”譌“穎”,此從餘諸本。詩大雅生民孔穎達疏引張融云:

“稷、契年稚於堯,堯不與嚳並處帝位,則稷、契焉得爲嚳子乎? 若使稷、契必嚳子,如史記,是堯之兄弟也。堯有賢弟七十不用,須舜舉之,此不然明矣。……即如毛傳、史記之説,嚳爲稷、契之父,帝嚳聖夫,姜嫄正妃,配合生子,人之常道,則詩何故但歎其母,不美其父,而云‘赫赫姜嫄,其德不回。上帝是依,是生后稷’? 周、魯何殊,特立姜嫄之廟乎?”孔疏又云:“文十八年左傳曰:‘高辛氏有才子八人,堯不能舉。舜臣堯而舉之,使布五教於四方。’堯典注云:‘舉八元,使布五教。’契在八元中。稷亦高辛氏之後,自然在八元中矣,故知舜臣堯而舉之。堯典注又云:‘堯初天官爲稷,舜登用之年,舉棄爲之。’”

〔六〕見史記殷本紀司馬貞索隱引譙周云,文字不盡相同。　宗婦:同姓族人之婦。　則非嚳之妃;嚳,洪本作“奢”,同。妃,喬本、洪本作“祀”誤,此從餘本。

〔七〕不知浴川之妄:喬本、洪本“浴”譌“郊”,今從餘本訂正。

〔八〕傳稱堯以契爲司徒,弃爲農師:孟子滕文公上:“(堯)使契爲司徒,教以人倫。”史記周本紀:“(弃)好耕農,相地之宜,宜穀者稼穡焉,民皆法則之。帝堯聞之,舉弃爲農師。”　及得舜爲司徒,然後以契爲司馬:文子自然:“昔堯之治天下也,舜爲司徒,契爲司馬。”

〔九〕王充每言稷仕堯,爲司馬:論衡吉驗篇云:“(稷)長大佐堯,位至司馬。”又初稟篇云:“棄事堯爲司馬,居稷官,故爲后稷。”

〔一〇〕按“田”乃古“農”字,見亢倉子,故文子、淮南子皆云:堯之治也,舜爲司徒,契爲司馬,禹爲司空,稷爲大田師——乃大農師也:洪本“字見”二字誤倒作“見字”。吳本、四庫本奪“字見亢倉子故文子”八字,又“皆云”但作“云”。文子見自然篇,“大田師”作“田疇”。淮南子見齊俗篇。

〔一一〕見史記三代世表。　褚生:指西漢博士褚少孫。　命稷爲姬氏:史記“稷”作“后稷”。

〔一二〕史記五帝本紀:“禹、皋陶、契、后稷、伯夷、夔、龍、倕、益、彭祖,自堯時而皆舉用,未有分職。”

〔一三〕禮樂:吳本“禮”譌“三”。

〔一四〕惟分命羲和、异鯀試舜數事而已:分命羲和,見書堯典:“分命羲仲,宅嵎夷,曰暘谷,寅賓出日,平秩東作。……申命羲叔,宅南交,平秩南訛,

敬致。……分命和仲,宅西,曰昧谷,寅餞納日,平秩西成。……申命和叔,宅
朔方,曰幽都。平在朔易。"异鯀,四庫本如此,是,今從之。餘諸本均譌"忌
繇"。書堯典:"帝曰:'咨,四岳! 湯湯洪水方割,蕩蕩懷山襄陵,浩浩滔天。
下民其咨,有能俾乂?'僉曰:'於,鯀哉!'帝曰:'吁,咈哉! 方命圮族。'岳曰:
'异哉! 試可乃已。'帝曰:'往,欽哉!'"試舜,指書堯典:"帝曰:'我其試哉!'
女于時,觀厥刑于二女。厘降二女于嬀汭,嬪于虞。帝曰:'欽哉!'慎徽五典,
五典克從;納于百揆,百揆時敍;賓于四門,四門穆穆;納于大麓,烈風雷雨
弗迷。"

〔一五〕見書堯典。　以契司徒:吳本、四庫本、備要本作"以契爲司徒"。

〔一六〕申命:重申任命。

〔一七〕推用:選拔任用。　歷試:一一考驗。孔叢子論書:"堯既得舜,歷
試諸難。"

〔一八〕甫刑:即吕刑。書吕刑孔氏傳:"後爲甫侯,故或稱甫刑。"　三后
郵功:書原文作:"乃命三后,恤功于民。"三后,指伯夷、禹、稷。郵功,憂勞政
事,"郵"同"恤"。

〔一九〕端:應當。

〔二〇〕詩言簡翟,惟言從帝:簡翟,即簡狄。吳本、四庫本"簡"作"蕳"。
下"簡翟"之"簡"同。從帝,謂從天所命。詩商頌玄鳥:"天命玄鳥,降而生
商。"毛亨傳:"玄鳥,鳦也。春分,玄鳥降。湯之先祖有娀氏女簡狄配高辛氏
帝,帝率與之祈于郊禖而生契,故本其爲天所命,以玄鳥至而生焉。"　詩美后
稷,惟稱姜嫄:詩大雅生民序云:"生民,尊祖也。后稷生於姜嫄,文、武之功起
於后稷,故推以配天焉。"其詩曰:"厥初生民,時維姜嫄。生民如何? 克禋克
祀,以弗無子。履帝武敏歆,攸介攸止。載震載夙,載生載育,時維后稷。"　劉
向敍列女傳,履迹吞乙之事,俱當堯代:劉向列女傳棄母姜嫄云:"棄母姜嫄
者,邰侯之女也。當堯之時,行見巨人迹,好而履之,歸而有娠。"又契母簡狄
云:"契母簡狄者,有娀氏之長女也。當堯之時,與其妹娣浴於玄丘之水,有玄
鳥銜卵,過而墜之,五色甚好。簡狄與其妹娣競往取之。簡狄得而含之,誤而
吞之,遂生契焉。"　而傳記簡翟,乃謂有娀之佚女:楚辭離騷:"見有娀之佚
女。"王逸注:"有娀,國名。佚,美也。謂帝嚳之妃,契母簡狄也。"彦按:路史

此處似未以"美女"視"佚女",否則費解。蓋取"放蕩女子"意也。以傳記於簡狄,既不言其爲帝嚳妃,而誰與生契亦不可知,故稱"佚女"。下文云"果爲佚女,抑何從禋祀於祺宫哉",尤可證。　　則姜嫄果爲帝嚳後十世之妃:禮記檀弓上孔穎達疏:"(鄭)注詩生民之篇,……以爲姜嫄是高辛之世妃,謂高辛後世子孫之妃;用命歷序之文,以爲帝嚳傳十世,姜嫄是帝嚳十世以後子孫之妃。"

〔二一〕吹求微纇:猶吹毛求疵。纇,通"類",毛病,缺點。四庫本作"類"。

〔二二〕言昔帝嚳卜四妃之子,皆有天下:卜,各本均譌"十",今據大戴禮記訂正。大戴禮記帝繫作:"帝嚳卜其四妃之子,而皆有天下。"

〔二三〕見曹植姜嫄簡狄贊。　　之崩:曹詩原作"早崩"。　　天綱:帝統。吴本"天"譌"夫"。

〔二四〕鄭氏箋詩,始疑於緯,遂以姜嫄爲嚳後十世之妃:疑於緯,謂因緯書而生疑。嚳,洪本作"奢"。詩大雅生民"厥初生民,時維姜嫄"鄭玄箋:"言周之始祖,其生之者,是姜嫄也。姜姓者,炎帝之後。有女名嫄,當堯之時爲高辛氏之世妃。"孔穎達疏:"鄭信讖緯,以命歷序云'少昊傳八世,顓頊傳九世,帝嚳傳十世',則堯非嚳子,稷年又小於堯,則姜嫄不得爲帝嚳之妃,故云'當堯之時,爲高辛氏之世妃',謂爲其後世子孫之妃也。"　　然注禮檀弓,則又用帝系之文:禮記檀弓上"舜葬於蒼梧之野,蓋三妃未之從也"鄭玄注:"古者不合葬。帝嚳而立四妃矣,象后妃四星;其一明者爲正妃,餘三小者爲次妃。帝堯因焉。至舜不告而取,不立正妃,但三妃而已,謂之三夫人。"孔穎達正義曰:"知帝嚳立四妃者,案大戴禮帝繫篇云:'帝嚳卜四妃之子,皆有天下。長妃有邰氏之女,曰姜嫄,生稷。次妃有娀氏之女,曰簡狄,生契。次妃陳豐氏之女,曰慶都,生堯。次妃陬氏之女,曰常宜,生帝摯。帝嚳崩,帝摯即位。摯崩而堯立。'鄭此注用帝繫之文,稷爲堯之異母弟也。"　　亦自異矣:自異,自相矛盾。

〔二五〕昔有娀氏有二女,長曰娀逖,次曰建庀:娀逖,吴本如此,餘諸本均作"東逖"。彦按:當以作"娀逖"爲是,娀逖即簡狄:娀、簡音同;逖、狄音近。今訂正。下"娀逖"同。建庀,淮南子墜形作"建疵",云:"有娀在不周之北,長女簡翟,少女建疵。"

〔二六〕簡翟在臺,嚳何宜:此下見楚辭天問,"簡翟"作"簡狄"。簡翟在臺,謂簡翟居於高臺之上。呂氏春秋音初:"有娀氏有二佚女,爲之九成之臺,飲食必以鼓。”譽何宜,謂譽何以簡翟爲宜妻(從金開誠等屈原集校注説)。

乙鳥致貽,女何喜:乙鳥,今天問作“玄鳥”。致貽,指遺卵。女,謂簡翟。王逸注云“玄鳥,燕也。貽,遺也。言簡狄侍帝譽於臺上,有飛燕墮遺其卵,喜而吞之,因生契也。”

〔二七〕高辛之靈盛兮,遭乙鳥而致貽:見楚辭思美人,“乙鳥”作“玄鳥”,“貽”作“詒”。彦按:據下羅苹注文,路史此文原似作“詒”,否則注文無的放矢。洪本“兮”譌“亐”。王逸注首句作:“帝譽之德茂神靈也。”金開誠等屈原集校注:“關於‘玄鳥致詒’,前人多以簡狄吞燕卵,孕而生契這一傳説解之。通觀離騷、天問、思美人三處與‘玄鳥’、‘高辛’有關的句子,都與簡狄吞燕卵事無涉,是説高辛遣玄鳥送禮物給美人。本篇中‘高辛之靈盛兮,遭玄鳥而致詒’二句,是接‘願寄言於浮雲兮,遇豐隆而不將。因歸鳥而致辭兮,羌宿高而難當’四句而來,文意相聯貫。是説自己託雲神、飛鳥帶信給美人,却無法辦到,而高辛却有神靈,託玄鳥向美人送禮。如果‘玄鳥致詒’解作簡狄得燕所遺之卵,前後文意則大相徑庭。”彦按:此説甚辯,當是。然可解讀屈賦,未可用於理解後人引用屈賦之文。

〔二八〕貽,一作“胎”:胎,洪本、吳本作“昨”。彦按:作“昨”固誤,作“胎”疑亦非是。似當作“詒”。上正文所舉屈賦二例,天問之“致貽”,洪興祖、朱熹皆引一本“貽”作“詒”;思美人則今所見本即作“致詒”。

〔二九〕古胎、貽亦通用,故楊震碑“貽我三魚”:“胎”疑當作“詒”,説見上注。“用故”,各本均作“故用”,無論屬上句抑歸下句,皆扞格難通,當是誤倒,今訂正。楊震,東漢太尉。後漢書本傳載:震初“常客居於湖,不荅州郡禮命數十年。……後有冠雀銜三鱣魚,飛集講堂前,都講取魚進曰:‘蛇鱣者,卿大夫服之象也。數三者,法三台也。先生自此升矣。’年五十,乃始仕州郡。”震碑立於陝之閿鄉(今河南靈寶市西北),文云:“貽我三魚,以章懿德。”

〔三〇〕嬉:此從四庫本,餘本均作“嬉”。

〔三一〕史記三代世表:“張夫子問褚先生曰:‘詩言契、后稷皆無父而生。今案諸傳記,咸言有父,父皆黃帝子也,得無與詩謬乎?’”司馬貞索隱:“張夫子,未詳也。”

〔三二〕鄉非褚先生,孰能知其神不能成,須人而生也邪:洪本、吳本“鄉”

作“饗”,非。史記三代世表載褚先生答張夫子曰:“不然。詩言契生於卵、后稷人迹者,欲見其有天命精誠之意耳。鬼神不能自成,須人而生,奈何無父而生乎!”

〔三三〕無歸之子:没有夫家之女。歸,女子出嫁。

〔三四〕果爲佚女,抑何從禋祀於祺宮哉:佚女,四庫本如此,餘本皆作“佛女”。彦按:此乃針對上文“而傳記簡翟,乃謂有娀之佚女”言,自以作“佚女”爲是,作“佛女”則上無所承。今訂正。禋祀,禮祀,敬祭。四庫本如此,是,今從之。餘諸本“祀”謁“配”。祺宮,指姜嫄之廟。詩魯頌閟宮“閟宮有侐”毛亨傳引孟仲子曰:“是祺宮也。”孔穎達疏:“蓋以姜嫄祈郊祺而生后稷,故名姜嫄之廟爲祺宮。”四庫本如此,是,今從之。餘諸本“宮”謁“官”。

〔三五〕與姝同:姝,喬本作“妖”,洪本、吳本、四庫本作“妣”,俱誤。此從備要本。

〔三六〕纖緯:洪本“纖”謁“誠”。　繆戾:謬誤乖舛。

〔三七〕甚者越在夷獠之鄉,若數千里之外,豈皇王之妃后而率彼曠野者:越,遠。夷獠,古代對西南少數民族之稱。若,與。率,輕率。

〔三八〕責詳:求詳。吳本、四庫本、備要本“責”謁“貴”。

〔三九〕彼其猜之多,予故辨之細:洪本、吳本、四庫本脱“多”字。又吳本、備要本此下有“楊升庵曰”云云一段文字,另起一行、低一格書。既非羅苹注路史原書所有,今不取。

周世攷

禹爲夏,契之後爲商,而稷之後爲周。夏十七世,商三十世,蓋四十有七世,而後有周文王。禹及稷、契皆當唐堯之時。稽之史載,契十四世而至成湯,厥次僅是;然其敍弃后稷,十有五世而至文王[一]。中間乃閱夏、商二代,所較者三十餘世[二],疎脱甚矣。夫繇堯帝至周文王,千一百有餘載,而其世云十五,豈人情也哉[三]!

嘗竊攷之信書,不窋實非后稷之子,而公劉乃商世之諸侯,蓋當商家十葉之間,故左氏云:"文、武不先不窋。"〔四〕而外傳乃謂夏氏之衰,不窋始失官守〔五〕。婁敬亦言周自后稷封邰,積德累仁,十有餘世,而公劉避桀〔六〕。是公劉之去后稷已十餘世,還當君桀之時,蓋所謂夏之衰者,尤不當出乎履癸之前。然而説者無不謂太康之世,曷不諦之如是邪〔七〕!匈奴傳云:"夏道衰,公劉失其稷官,變于西戎〔八〕。"師古以爲稷之曾孫,而康成遂謂與太康並世,妄矣〔九〕。傳云大王亶父去公劉二百餘歲,則其去文王才四百年,蓋當仲丁、外壬之時云〔一〇〕。

爰復詳之夏氏之書,記帝王之世云:帝俊生稷,稷生台璽,台璽生叔均,叔均爲田祖〔一一〕。夫帝俊者,帝嚳之名。而台,邰也。后稷封台,故其後有台璽,有叔均。既有台璽、叔均,則知稷之後世多矣。不窋不得爲稷子,明矣。第恨其間世次久遠,有不得盡見者。雖然,單穆公言"后稷勤周,十五世而興",是則世本、史記所爲信者夫〔一二〕?亦知夫所謂興者,有非文王,而不正爲公劉也邪?即稽世本,不窋而下至于季歷,猶一十有七世矣,一十五世而得遽而盡之哉?甚矣,系諜之難理也〔一三〕!載紀左方:

不窋生鞠,是爲鞠陶〔一四〕。傳云:有文在手曰"鞠"〔一五〕。生公劉。公劉能修后稷之業,民保歸之,周道繇興〔一六〕。生慶節,始國于邠。生皇僕。皇僕生弗差。或作"差弗",非。"弗差"者,猶難當大奈云〔一七〕。弗差生僞揄。即毁揄。僞揄生公非。公非生辟方。辟方生高圉。高圉能師稷者,周人報焉〔一八〕。是生侯牟。侯牟生亞圉。亞圉卒,弟雲都繼。生公叔組紺,是爲祖類。祖類生諸盩,是爲太公〔一九〕。太公生亶父〔二〇〕,是爲古公太王。生泰伯、仲雍、季歷三人。凡一十有七世。祖類即公叔組紺,世表之叔類,而人表曰公祖,是爲祖庚,亦曰公叔祖類、祖紺也,云云〔二一〕。先公祖紺以上,詩小戎圖乃云高圉侯,亞圉侯,又以公叔、祖類、諸盩爲三人,繆矣〔二二〕。

按世本云,公非、辟方、高圉、侯牟、亞圉、雲都、祖紺、諸盩、太公,如此而已〔二三〕。班氏表乃云:辟方,公非子;高圉,辟方子;夷竢、亞圉,皆高圉子;雲都,乃亞圉之弟〔二四〕。其世顯甚,故杜釋例云:高圉,僕竃九世孫〔二五〕。而史索亦以辟方、侯牟爲皆二人〔二六〕。斯得之矣。獨史記乃無辟方、侯牟、雲都、諸盩。至皇甫謐,遂以爲公非,高圉;亞圉,祖紺之字。蓋牽於單穆公十四世之説,揙之而合二人以爲一爾〔二七〕。魯頌正云"后稷之孫,實爲太王",而閟宫詩明謂姜嫄先妣,是后稷太王之大父,而姜嫄爲周公之母矣,其得据邪〔二八〕?傳記,昆侖之虚,五色之水出其四陬,乃皆數千里外〔二九〕。故善學者惟不以章句泥也。子如通之於先王之書也,何況周世之末邪!

【校注】

〔一〕契十四世而至成湯:史記殷本紀"是爲成湯"司馬貞索隱:"從契至湯凡十四代,故國語曰'玄王勤商,十四代興'。玄王,契也。'" 然其敍弃后稷,十有五世而至文王:然其,各本均作"然是",弊扭。元梁益詩傳旁通卷六天保引此,"是"作"其",當是,今據以訂正。國語周語下:"后稷勤周,十有五世而興。"韋昭注:"自后稷至文王,十五世也。"

〔二〕閱:通"脱",失落。 較:相差。

〔三〕繇:四庫本作"由"。 云:洪本、吳本譌"之"。

〔四〕嘗竊攷之信書,不窋實非后稷之子:信書,猶信史。指具有實録性質之史籍。史記周本紀;"后稷卒,子不窋立。"司馬貞索隱:"譙周按國語云'世后稷,以服事虞、夏',言世稷官,是失其代數也。若以不窋親弃之子,至文王千餘歲唯十四代,實亦不合事情。"又張守節正義引毛詩疏云:"虞及夏、殷共有千二百歲。每世在位皆八十年,乃可充其數耳。命之短長,古今一也,而使十五世君在位皆八十許載,子必將老始生,不近人情之甚。以理而推,實難據信也。" 蓋當商家十葉之間:商,四庫本譌"周"。葉,世,代。 文、武不先不窋:見左傳文公二年,其文曰:"祀,國之大事也,……子雖齊聖,不先父食,久矣。故禹不先鯀,湯不先契,文、武不先不窋。"

〔五〕國語周語上載祭公謀父語,曰:"昔我先王世后稷,以服事虞、夏。及夏之衰也,棄稷不務,我先王不窋用失其官,而自竄于戎、狄之間。"

〔六〕見史記劉敬傳及漢書婁敬傳，文作："周之先自后稷，堯封之邰，積德累善十有餘世（漢書無"有"字）。公劉避桀，居豳。"

〔七〕然而説者無不謂太康之世：無不，各本均作"無"。彦按：但作"無"意思恰好相反，而下羅苹注稱"而康成遂謂與太康並世"，尤證此不當言"説者無謂太康之世"。今據文意於"無"下補"不"字。　諦：審察。

〔八〕匈奴傳：此從備要本，餘本"匈"作"凶"。　夏道衰，公劉失其稷官，變于西戎：洪本"衰"譌"哀"。史記、漢書二書之匈奴傳，"公劉"前有"而"字。顔師古漢書注："公劉，后稷之曾孫也。變，化也，謂行化於其俗。"

〔九〕而康成遂謂與太康並世：遂，猶"乃"。鄭玄毛詩譜豳譜云："豳者，后稷之曾孫曰公劉者自邰而出，所徙戎狄之地名，今屬右扶風栒邑。公劉以夏后大康時失其官守，竄於此地。"

〔一〇〕傳云大王亶父去公劉二百餘歲，則其去文王才四百年：大王，吳本、四庫本作"太王"，同。彦按："二百餘歲"當作"三百餘歲"；"四百年"似亦宜作"四百餘年"。史記匈奴列傳云："夏道衰，而公劉失其稷官，變于西戎，邑于豳。其後三百有餘歲，戎狄攻大王亶父，亶父亡走岐下，而豳人悉從亶父而邑焉，作周。其後百有餘歲，周西伯昌伐畎夷氏。"　仲丁、外壬：仲丁，見國名紀四商氏後注〔二九〕。外壬，仲丁弟，商朝第十一任君主。

〔一一〕爰復詳之夏氏之書：詳，審察。夏氏之書，指山海經。舊傳山海經爲夏禹、伯益所記，故稱。　稷生台璽：台璽，今本山海經"璽"作"壐"。彦按："生"當作"弟"。山海經大荒西經："帝俊生后稷，稷降以百穀。稷之弟曰台璽，生叔均。叔均是代其父及稷播百穀，始作耕。"路史誤弟爲子，前提既謬，所謂"則知稷之後世多矣"云云亦難置信。

〔一二〕單穆公言"后稷勤周，十五世而興"：是言實出衛大夫彪傒，而非單穆公，羅氏誤混。詳見後紀九帝嚳高辛氏注〔二三〇〕。

〔一三〕系諜之難理也：系諜，世系譜牒。"諜"通"牒"，四庫本作"牒"。又，四庫本本篇但至此句結束，下文直至"何況周世之末邪"皆其所無，蓋删。

〔一四〕不窋生鞠：吳本"窋"譌"蜜"。自此"生鞠"而下至"生泰伯、仲雍、季歷三人"，亦見於後紀九帝嚳高辛氏，文字略有異同。

〔一五〕元和姓纂卷一〇屋韻鞠："后稷生不窋。〔不窋生鞠，〕生而有文在手曰‘鞠’。”

〔一六〕公劉能修后稷之業：喬本、洪本脱“劉”字，此從吴本及備要本。周道縣興：吴本“周道”譌作“周周”。

〔一七〕難當大柰：蓋謂遇難當大能忍耐。大，吴本作“太”，非。柰，通“耐”。

〔一八〕高圉能師稷者，周人報焉：彦按：“師”疑“帥”字之譌。史記周本紀“子高圉立”裴駰集解引宋衷曰：“高圉能率稷者也，周人報之。”蓋即路史所本。“帥”與“率”通，並遵循義。本書卷十八即作“高圉能帥稷者”。

〔一九〕諸盩：吴本“諸”譌“一”。

〔二〇〕太公：吴本“太”作“大”。

〔二一〕世表之叔類，而人表曰公祖：參見後紀九帝嚳高辛氏注〔二三四〕。是爲祖戾，亦曰公叔祖類、祖紺也：彦按：祖紺當即組紺。又祖戾疑即諸盩，然又與路史以祖類、諸盩爲父子者不符，姑存疑以待考。

〔二二〕詩小戎圖：佚書。作者不詳。

〔二三〕如此而已：喬本、洪本“此”作“妃”誤，此從吴本、備要本。

〔二四〕班氏表：指漢書古今人表。　辟方子：各本“辟”均譌“羣”，今據漢書訂正。　夷竢：各本“夷”均譌“美”，今據漢書訂正。

〔二五〕其世顯甚：吴本“其”作“一”。

〔二六〕史索：指司馬貞史記索隱。參見後紀九帝嚳高辛氏注〔二三二〕。

〔二七〕參見後紀九帝嚳高辛氏注〔二三〇〕。

〔二八〕后稷之孫，實爲太王：見詩魯頌閟宫，“爲”作“維”，“太王”作“大王”。　而閟宫詩明謂姜嫄先妣：閟宫詩云：“赫赫姜嫄，……是生后稷。”　是后稷太王之大父，而姜嫄爲周公之母矣：后稷，吴本作“后公”，誤。大父，祖父。喬本、洪本譌“大夫”，今據吴本、備要本訂正。周公，彦按：路史以公叔組紺（祖類）爲太王大父（見上文），則此之“周公”當作“組紺”或“祖類”爲是。

〔二九〕陬：山角。太平御覽卷八引河圖曰：“崑崙山有五色水。赤水之氣上蒸爲霞而赫然。”

夢齡妄竹書〔一〕

六經之書，惟禮記雜而多妄。夢齡之事，殆同讖緯之言，前哲多非之,而心疑其説。

予嘗攷之信書,武王之壽,烏有所壽九十三邪?且以武王少文王之四歲,文王崩,服未終而伐紂,克商二年,天下未寧而崩,相出入才七年,是文王七歲而生武王也〔二〕。況復武王乃文王之次子,則伯邑考父之生也,文王年才四五爾。此其必不然一也。外紀注,文王十二而冠,十三生伯邑考,引左氏"冠而生子"之文〔三〕。大妄。按文王九年,大統未集,武王欲繼志伐商,故不改元〔四〕。十一年伐紂,乃武之三年;十三年,乃武之五年也;克商二年而崩,世紀、紹運圖云武王七年〔五〕。蓋計太誓十三年之文,自九年至十三年,爲五年也〔六〕。伯考乃文王之嫡孫也〔七〕。且以武王之崩,成王方居襁褓,豈有九十之年不見嗣息,踰于衰耄而始生育者乎?夫聖人之異於人者,智識爾,其精華數至,則與衆無以異,此其必不然二也〔八〕。按攷周公襁抱孺子以朝諸侯,其事爲核〔九〕。鄭玄乃謂武王崩三年,周公始避居東,時成王年已十三;居東二年,王年十五,公乃反而居攝;七年,致政成王,年已二十有一〔一〇〕。皆妄也。夫襁褓不過一二歲子爾,孰有年逾幼學而尚資襁褓者〔一一〕。我公之歸,成王年已志學,豈復候公之攝七年哉〔一二〕?真源賦云:武王之崩,太子始生,是爲成王〔一三〕。周公攝七年,王才七歲。夫武王克商二年,天下猶未定,而遘屬虐疾,子少國危,大臣未附,公於此時正患天下之事,有不可勝言者,故爲三壇,乞以身代武王之死,納策金縢,以俟事變之定〔一四〕。時王雖以少瘳,然亦尋不起〔一五〕。武王之崩,成王才一二歲,是以周公攝政,而四國流言〔一六〕。理皆可以見者。夫四國流言而公居東,不知何載而去,以爲武後三年〔一七〕。居東二年,罪人既得,于後不知幾年,公乃爲詩以貽王〔一八〕。天大雷電,王弁以啓金縢,既執書以泣,則亦既冠而達政,理有不俟攝矣〔一九〕。而反以爲年十五而公始攝之,首尾衡決,其足信邪〔二〇〕?夫以金縢著少瘳之語者,特以見公至誠之應;而孔子存金縢之篇者,所以表公之忠爾〔二一〕。王充不信金縢之事,而反信"九齡"之説,亦可謂觀濁水而迷清淵矣〔二二〕。是皆理之所可克,不必旁搜遠摭而後可知者也〔二三〕。男子十六,天壬至,始有生育之理;八十而數絶矣〔二四〕。錢公輔語王安石云:武王聖人,八十尚爲太子〔二五〕。益繆。按竹書紀年,武王年五十四,罕得其實〔二六〕。然則,與汝三齡,漢儒之妄,斯可見矣〔二七〕。

雖然,天下之事固有言之無質而必然者,有聞之如實而必不然者矣。故嘗言之,武王之政,皆非七八十翁之爲然者。意者,文王之崩,知武王位壽之不永而付之速集之託邪?其云"吾與汝三"者,豈非謂於吾没之後與汝三年而成之乎?未可知也。別有説。徐鉉謂古無此齡字,若有之,武王不應不達,而云"西方有九國"[二八]。

　　竹書,乃晉太康二年魏人不準盜發魏安釐冢所得古書也,綽有事實,惟其舛駁不純,世頗疑焉[二九]。抑載攷其尚父致師,周師自誓,至于罷兵,與武王徵九牧,史佚典九鼎,若度邑等事,俱見史遷周紀;"美男破舌"、"縵縵奈何"等語,明引於戰國短長;太子晉等事,見於王符著論;而少昊之證,備於張衡之集:則知漢世其書猶在,而人罕有傳者[三○]。子華子曰:"吾之君歸禾于周,始有蒲璧以朝,作程典[三一]。"而今程典猶見其書,豈盡出後世哉[三二]?班固志書,古今書外有周書七十一篇,劉向以爲孔子所論百篇之餘[三三]。文尤爾雅,非漢人所爲也。不讀爲平聲[三四]。不,姓;準,名也。見姓書。嘉話云姓石,妄[三五]。其名崇文總目作"石準",皆非[三六]。

【校注】

〔一〕夢齡:指周文王讓壽三齡與武王事。禮記文王世子:"文王謂武王曰:'女何夢矣?'武王對曰:'夢帝與我九齡。'文王曰:'女以爲何也?'武王曰:'西方有九國焉,君王其終撫諸?'文王曰:'非也。古者謂年齡,齒亦齡也。我百,爾九十。吾與爾三焉。'文王九十七乃終,武王九十三而終。"

〔二〕相出入才七年:喬本、洪本"入"譌"八",今據餘本訂正。

〔三〕資治通鑑外紀卷二夏商紀商帝乙"昌十二而冠"注:"文王十三生伯邑考。左傳曰:'冠而生子,禮也。'許慎五經異義曰:'左氏説歲星十二年一周天,天道備,故人君子十二可以冠。'"

〔四〕文王九年,大統未集:文王九年,指文王受命之九年。史記周本紀張守節正義引帝王世紀云:"文王即位四十二年,歲在鶉火,文王更爲受命之元年,始稱王矣。"大統,帝業。集,成就,完成。

〔五〕十一年伐紂,乃武之三年;十三年,乃武之五年也;克商二年而崩,世紀、紹運圖云武王七年:紹運圖,宋諸葛深撰。彥按:史記周本紀張守節正義云：“按：文王受命九年而崩，十一年武王服闋，觀兵孟津，十三年克紂，十五年有疾，周公請命，王有瘳，後四年而崩，則武王年九十三矣。”則武王之崩在克殷後六年。而史記封禪書曰：“武王克殷二年，天下未寧而崩。”正與此同。

〔六〕蓋計太誓十三年之文：計，考慮。吳本、備要本作“引”。太誓，即泰誓。洪本、吳本、四庫本“太”作“大”。書泰誓上：“惟十有三年春，大會于孟津。”又書泰誓孔氏傳：“十三年正月二十八日，更與諸侯期而共伐紂。”

〔七〕嫡孫：洪本“嫡”譌“嫡”。

〔八〕精華數至：精華，指精神元氣。數至，謂年齡極限。

〔九〕褓：吳本、四庫本作“禙”。

〔一〇〕鄭玄毛詩譜豳譜孔穎達疏：“鄭（玄）以爲周公避居之初，是武王崩後三年，成王年十三也。居東二年，罪人斯得，成王年十四也。迎周公反而居攝，成王年十五也。七年致政，成王年二十一也。”

〔一一〕褓者：四庫本“褓”作“禙”。　幼學：借指十歲。典出禮記曲禮上：“人生十年曰幼，學。”　資：使用。廣雅釋詁四：“資，用也。”

〔一二〕我公之歸，成王年已志學，豈復候公之攝七年哉：我公，疑當作“周公”。志學，借指十五歲。典出論語爲政：“吾十有五而志於學。”候，洪本譌“侯”。

〔一三〕成王：吳本譌“武王”。

〔一四〕事詳見書金縢。　屬虐疾：屬害而凶險之病。　故爲三壇，乞以身代武王之死，納策金縢，以俟事變之定：三壇，書孔氏傳：“因太王、王季、文王請命於天，故爲三壇。”乞，洪本、吳本譌“迄”。策，此指祝冊（記載祭祀祝辭之簡冊）。

〔一五〕時王雖以少瘳，然亦尋不起：瘳（chōu），病情好轉。喬本、洪本譌“廖”，今據餘本訂正。不起，謂病不能愈。

〔一六〕列子楊朱：“武王既終，成王幼弱，周公攝天子之政。邵公不悦，四國流言。”參見國名紀六商世侯伯〔二〇〕。

〔一七〕書金縢：“武王既喪，管叔及其羣弟乃流言於國，曰：‘公將不利於孺子。’周公乃告二公曰：‘我之弗辟，我無以告我先王。’”

〔一八〕書金縢：“周公居東二年，則罪人斯得。于後，公乃爲詩以貽王，名之曰鴟鴞。”孔氏傳：“周公既誅三監，而作詩解所以宜誅之意，以遺王。”

〔一九〕天大雷電，王弁以啓金縢，既執書以泣，則亦既冠而達政：弁，禮帽。借代禮服。二“既”字，洪本均譌“忱”。書金縢：“秋，大熟，未穫，天大雷電以風，禾盡偃，大木斯拔；邦人大恐。王與大夫盡弁，以啓金縢之書，乃得周公所自以爲功、代武王之説。……王執書以泣，曰：‘其勿穆卜。昔公勤勞王家，惟予沖人弗及知；今天動威，以彰周公之德；惟朕小子其新逆，我國家禮亦宜之。”

〔二〇〕衡決：橫裂，掉銜接。

〔二一〕瘳：洪本譌“廖”。　忠：洪本譌“患”。

〔二二〕王充不信金縢之事，而反信“九齡”之説：論衡感類：“又問曰：‘“死生有命，富貴在天。”武王之命，何可代乎？’應曰：‘九齡之夢，天奪文王年以益武王。克殷二年之時，九齡之年未盡，武王不豫，則請之矣。人命不可請，獨武王可。非世常法，故藏於金縢，不可復爲，故掩而不見。’難曰：‘九齡之夢，武王已得文王之年未？’應曰：‘已得之矣。’難曰：‘已得文王之年，命當自延。克殷二年，雖病猶將不死，周公何爲請而代之？’應曰：‘人君爵人以官，議定，未之即與，曹下案目，然後可諾。天雖奪文王年以益武王，猶須周公請，乃能得之。命數精微，非一臥之夢所能得也。’難曰：‘九齡之夢，文王夢與武王九齡，武王夢帝予其九齡，其天已予之矣，武王已得之矣，何須復請？人且得官，先夢得爵，其後莫舉，猶自得官。何則？兆象先見，其驗必至也。古者謂年爲齡，已得九齡，猶人夢得爵也。周公因必效之夢，請之於天，功安能大乎？’”黃暉校釋：“羅泌路史發揮四夢齡篇，謂王充不信金縢之事，而信九齡之説，非也。”觀濁水而迷清淵矣：迷，誤。

〔二三〕理之所可克：克，勝任，謂説得通。吴本、四庫本、備要本作“充”誤。

〔二四〕男子十六，天壬至，始有生育之理：天壬，喬本、洪本作“天任”，此姑從吴本、四庫本、備要本。彦按：“天壬”當作“天癸”。天癸，即元陰，腎精。黃帝内經素問上古天真論云：“丈夫……二八，腎氣盛，天癸至，精氣溢寫，陰陽和，故能生子。”　八十而數絶矣：喬本、洪本“八”譌“人”。此從餘本。數，天命。絶，盡，到了極限。

〔二五〕錢公輔語王安石云：武王聖人，八十尚爲太子：錢公輔，北宋官員，

神宗朝歷任知制誥、知諫院等職。王安石,洪本"安"譌"按"。尚爲太子,各本
"爲"均譌"無",今訂正。宋魏泰東軒筆録卷一五:"錢公輔與王荆公坐,忽語
荆公曰:'周武王真聖人也。'荆公曰:'何以言之?'公輔曰:'武王年八十,猶爲
太子,非聖人誰能如是?'荆公曰:'是時文王尚在,安得不爲太子也。'"

〔二六〕按竹書紀年,武王年五十四:今本竹書紀年作"年九十四"。

〔二七〕與汝三齡:吴本"與"作"語",當由音譌。

〔二八〕見説文解字齒部"齡,年也"徐鉉等案語,原文爲:"禮記'夢帝與我
九齡',疑通用靈。武王初聞'九齡'之語,不達其義,乃云'西方有九國'。若
當時有此齡字,則武王豈不達也。蓋後人所加。"參見上注〔一〕。

〔二九〕竹書:即汲冢書。　魏安釐冢:魏安釐,指戰國魏安釐王。冢,喬
本、四庫本作"冢",洪本作"冢",吴本作"冢",此從備要本。　綽:多。　舛
駁:龐雜。

〔三〇〕抑載攷其尚父致師,周師自誓,至于罷兵,與武王徵九牧,史佚典九
鼎,若度邑等事,俱見史遷周紀:抑,而且。載,通"再",又。致師,挑戰。史佚
典九鼎,逸周書克殷解作:"乃命南宫百達、史佚遷九鼎三巫。"史記周本紀作:
"命南宫括、史佚展九鼎保玉。"彦按:"展"疑當讀"典"。若,以及。度邑,謂規
劃洛邑。上述各事,於逸周書,主要見諸克殷解、度邑解二篇。　"美男破舌"、
"縵縵柰何"等語,明引於戰國短長:短長,戰國策之别名。彦按:"美男破舌",
當作"美男破老"或"美女破舌",其語見逸周書武稱解。戰國策秦策一亦曰:
"周書有言,美女破舌。"又曰:"周書有言,美男破老。"宋鮑彪注:"破,壞其事。
舌,指諫臣。""老,老成人。""縵縵柰何",見逸周書和寤解,今本作"蔓蔓若
何"。而戰國策魏策一引周書曰:"緜緜不絶,縵縵柰何? 毫毛不拔,將成斧
柯。""縵縵"即"蔓蔓",謂蔓延。　太子晉等事,見於王符著論:潛夫論志氏姓
載太子晉事曰:"晉平公使叔譽聘於周,見太子,與之言,五稱而三窮,逡巡而
退,歸告平公曰:'太子晉行年十五,而譽弗能與言,君請事之。'平公遣師曠見
太子晉。太子晉與語,師曠服德,深相結也。乃問曠曰:'吾聞太師能知人年之
長短。'師曠對曰:'女色赤白,女聲清汗,火色不壽。'晉曰:'然。吾後三年將
上賓於帝,女慎無言,殃將及女。'其後三年而太子死。孔子聞之,曰:'惜夫!
殺吾君也。'世人以其豫自知去期,故傳稱王子喬仙。"而逸周書太子晉解已載

其事而尤詳。　　而少昊之證,備於張衡之集:逸周書嘗麥解云:"命蚩尤(于字)[字于]少昊,以臨(四)[西]方。"又云:"乃命少昊(請)[清]司馬鳥師,以正五帝之官。"而張衡曾作應間一文,則有"當少昊清陽之末,實或亂德,人神雜擾,不可方物"之語。

〔三一〕吾之君歸禾于周,始有蒲璧以朝,作程典:見子華子神氣,原文爲:"吾之宗君……歸禾於周公,作歸禾。周公旅天子之命,作嘉禾。是以吾之宗君始有蒲璧以朝,作程典,令其顯庸,書在故府。"君,喬本、洪本此字之前有一墨丁。今本子華子則作"宗君"。歸,通"饋",贈送。禾,喬本譌"水",吳本、四庫本、備要本譌"采",今據洪本訂正。蒲璧,古代一種上面刻有香蒲狀花紋的璧。爲男爵所執之信物。周禮春官大宗伯:"子執穀璧,男執蒲璧。"喬本、洪本、吳本"璧"作"壁",此從四庫本及備要本。

〔三二〕而今程典猶見其書:即逸周書程典篇,其文云:"維三月既生魄,文王合六州之侯,奉勤于商。商王用宗讒,震怒無疆。諸侯不娛,逆諸文王。文王弗忍,乃作程典,以命三忠。"

〔三三〕古今書外有周書七十一篇,劉向以爲孔子所論百篇之餘:古今書,指古文尚書及今文尚書。孔子所論百篇,漢書藝文志六藝略書云:"書之所起遠矣,至孔子纂焉,上斷於堯,下訖于秦,凡百篇,而爲之序,言其作意。"又"周書七十一篇",顏師古注:"劉向云:'周時誥誓號令也,蓋孔子所論百篇之餘也。'"

〔三四〕不讀爲平聲:自此而下至"皆非"凡三十字,吳本、四庫本、備要本所無。

〔三五〕嘉話:蓋指唐韋絢劉賓客嘉話録。

〔三六〕崇文總目:喬本、洪本"崇"作"狀",當非。今姑訂作"崇"。　　皆非:吳本、備要本此下有"按文王謂武王曰"云云一段文字,另起一行、低一格書。蓋非羅苹注路史原書所有,今不取。

魯用王者禮樂明堂位

士之不學古,我知之矣[一]。智者不屑於稽,而昧者不知其所以稽也。

魯,侯爵也,而設兩觀,作五門,備六官而朘三國;立太廟,建明堂,乘大輅,載弧韣,旂十有二旒、日月之章;季夏禘周公於太廟,牲用白牡,尊用犧、象、山罍,俎用梡、嶡,鬱用黄目,灌用玉瓚大圭,薦用玉豆、彫篹,爵用玉琖仍彫,加以璧散、璧角;升歌清廟、下管象,朱干玉戚、冕而舞大武,皮弁素積、裼而舞大夏;祀帝于郊,配以后稷;君衮冕立于阼,夫人副褘立于房中;君肉袒迎牲,夫人薦盎豆,大夫贊君,命婦贊夫人;大雩帝,夏礿,冬烝,春社,秋省,而遂大蜡;複廟重檐,刮楹達鄉,反坫出尊,崇坫康圭,疏屏;木鐸振朝;玄輿,和表;納四夷之樂於太廟:此何爲者邪[二]?

求之先覺,則皆曰:武王崩,成王幼,周公保之以踐祚,制禮作樂,頒度量而天下服,七年歸政[三]。成王尊周公,故賜之以天子之禮樂,以廣魯於天下[四]。有人臣不能爲之功,則賜以人臣不得用之禮[五]。明堂位之説曰:昔者成王以周公爲有勳勞于天下,賜以上公七百里,加之四等之上,使兼二十四附庸,而用天子禮樂[六]。

吁,有是乎! 天下有達道[七],不可得而易:仁義禮信,士之所當爲;孝者,人子之所當爲;而忠者,人臣之所當爲也。是故,事親若曾子,而事君若周公者,可也[八]。臣爲忠,子爲孝,豈有過外而臣子所不能爲之事哉[九]? 世道衰,教不明於天下,而忠孝之等少,是故一有獨行,則指之爲分外。於是始有冒數濫典,越禮樂而不知所爲怪[一〇]。學士大夫習於亂説,不果決擇,則又從而申之,豈識先王之意哉?

禮:天子禘,諸侯祫,大夫享,庶人薦[一一]。天子祭天,諸侯祭土;諸侯而祭天,惟王者後[一二]。此不刊之典也。非天子,非王後,雩帝郊天,抑何典邪? 禘者,帝之禋也,是故不王不禘[一三]。"皇皇后帝,皇祖后稷,享以騂犧,是享是宜",則魯顧以享帝爲宜而不知其非矣[一四]。太廟,天子之廟;明堂,王者之堂也,——而顧用之,其合矣乎[一五]?季路欲使門人爲臣,孔子以爲欺天,而曾子且不忍以季孫之簣斃,公而以王禮葬,於汝安乎[一六]?管仲相桓公,霸諸侯,一正天下,齊侯之周公也,而葬之不侯禮;三歸、反坫,聖人猶切齰之以王者之制[一七]。——而魯用之,然則三家以雍徹,舞八佾,旅泰山而禘僖祖,厥有繇矣[一八]。傳曰:“學士大夫,則知尊祖矣;諸侯,及其大祖;天子,及其始祖之所自出[一九]。”大夫有事,省於其君,而干祫及其高祖;諸侯有事,省於天子,而禘其祖之所自出[二〇]。此周之末造,非太平制名器、正上下之分也[二一]。

公侯之地百里,伯七十里,此周公之制也。天下不敢不守,而公十兼之,是自爲法而自弃之也[二二]。孟子曰:“周公之封於魯,爲方百里,地非不足也,而儉於百里[二三]。”於百里猶曰儉,則周公固未嘗越其制也[二四]。董子之説曰:成王之使魯郊,蓋報德之禮也[二五]。然則仲舒亦以爲成王之與之矣。是不然。禮之有天子、諸侯,自伏羲以來未之改也[二六]。成王,周之顯王也,蓋亦謹於禮矣,而且亂之,則成王其惑矣[二七]。此劉原父所以謂使魯郊者,必周而必非成王,蓋平王以下,固亦未之悉爾[二八]。始魯惠公使宰讓請郊廟之禮於天子,天子使角往,惠公止之,其後在魯,於是有墨翟之學[二九]。魯用之郊,正亦始于此矣。夫魯惠公之止之,則是周不與之矣。不與而魯用郊,自用之也。昔者,荆人請大號者,周人不許,荆人稱之,然則魯之郊禘可知矣[三〇]。兩觀大輅,萬舞冕璪,有不自於茲乎[三一]?使成王已與魯,則惠公不請矣。惠公之請,繇平王世也[三二]。孔子曰:“魯之郊、禘,非禮也。周公其衰矣[三三]。”魯之郊,豈所以尊公哉!呂氏春秋以爲桓王使史角往,非也。桓王立於隱公之四年[三四]。蓋平王云。

明堂位,或者疑爲戰國妄士僭君分謗之所爲書,其爲言曰:“魯,王禮也,天下傳之久矣。君臣未嘗相弑也,禮樂、刑法、政俗未嘗相變也,天下以爲有道之國[三五]。”

　　夫桓公弒隱而自立矣，共仲殺子般弒閔公而立僖公，襄仲殺太子惡而立宣公，則君臣嘗相殺矣〔三六〕。躋僖公，立煬宮，從祀先公，丹楹刻桷，而致夫人；不告朔，娶同姓，而大夫宗婦覿用幣：則禮嘗變矣〔三七〕。考仲子之宮，繹襄仲之卒，則樂嘗變矣〔三八〕。伐莒獻俘，用人亳社，則刑又嘗變矣〔三九〕。丘甲作，田賦用，則法非不變也〔四〇〕。初稅畝，舍中軍，則政非不變也〔四一〕。祠爰居，鼓大水，矢魚而觀社，則俗又非不變也〔四二〕。“未嘗”之言，殆誣魯者，而予未嘗疑之矣〔四三〕。飽思厭索，然後知非夫子不能作〔四四〕。夫魯之作無禮，非一節矣，顧未嘗不以成王、周公爲解〔四五〕。當時之臣，蓋亦有知之矣，是故書也，設以明堂之位，而繼之以其所僭，中之以三代之服、器、官魯兼用之，而後結之以未嘗相變、相殺之語，其貶薄之意亦深矣。出游于觀，固所以甚嘆魯，禮運、禮器傳記之言，豈虫偆之囈語哉〔四六〕？魚目猶疑，宜攷信於大傳〔四七〕。

【校注】

〔一〕我知之矣：洪本“知之”作“之知”誤。

〔二〕設兩觀：見前紀八祝誦氏注〔一八四〕。　作五門：彥按：禮記明堂位：“（魯）大廟，天子明堂；庫門，天子皋門；雉門，天子應門。”鄭玄注：“言廟及門如天子之制也。天子五門：皋、庫、雉、應、路。魯有庫、雉、路，則諸侯三門與？”是則魯並未作五門，但有三門，唯其制宏大如天子門耳。　備六官：清顧棟高春秋大事表附錄華玉淳答復初柬一：“魯有三卿。而臧紇爲司寇，孔子亦爲司寇，是小司寇也。羽父請爲太宰，蓋求特設以寵己。而夏父弗忌爲宗伯，則如他國之宗人，其職近乎卜祝之間。……是魯備六官矣。”　媵三國：春秋成公十年：“齊人來媵。”公羊傳：“媵不書，此何以書？錄伯姬也。三國來媵，非禮也。”劉尚慈注：“諸侯娶一國，則有兩個同姓諸侯國送女隨嫁爲左右媵，二媵之侄娣也要隨嫁，如此‘諸侯一娶九女’。三國來媵，則十二女，非禮。”何休解詁云：“唯天子取十二女。”　立太廟，建明堂：見上“作五門”注。又禮記明堂位：“魯公之廟，文世室也。武公之廟，武世室也。”鄭玄注：“此二廟，象周有文王、武王之廟也。世室者，不毀之名也。魯公，伯禽也。武公，伯禽之玄孫也,名敖。”　乘大輅,載弧韣,旂十有二旒、日月之章:自此而下至“納四夷之樂於太廟”,見禮記明堂位,文字不盡相同。載,洪本譌“哉”。弧韣(dú),裝在套子裹的開張庭旗正幅用的竹弓。吳本“弧”譌“孤”。韣,弓袋。章,徽識,圖案。　季夏禘周公於太廟,牲用白牡,尊用犧、象、山罍,俎用梡、嶡,鬱用黃目,灌用玉瓚大圭,薦用玉豆、彫篹,爵用玉琖仍彫,加以璧散、璧角:禘周公,吳本作“禘周禘”誤。白牡,此指白色公牛。四庫本如此,與禮記同,今從之。餘本均作“白牲”。犧、象、山罍,皆酒尊名。犧尊,以犧牛爲造形之尊。象尊,以大象爲造形之尊。山罍,繪有山雲圖案花紋之尊。梡(kuǎn)、嶡(jué),皆俎名。梡俎,形如几案,有四足。嶡俎,形如梡俎而足間有橫檔。四庫本如此,與禮記同,今從之。餘本“嶡”均作“厥”。鬱,禮記作“鬱尊”,指盛鬱鬯(香酒名)的酒尊。黃目,即黃目尊。黃銅彝器。以鏤刻人目爲飾,故名。灌,謂行灌禮(古代祭祀儀式。斟酒澆地以求神之降臨)。玉瓚大圭,謂舀酒之玉杓(玉瓚)有一形如玉笏(大圭)之柄。薦,謂進獻(食物)。篹(suǎn),籩之屬。玉琖,吳本“玉”譌“堂”。仍彫,禮記作“仍雕”,鄭玄注:“仍,因也;因爵之形爲之飾也。”加,鄭玄禮記注:“加,加爵也。”楊天宇禮記譯注云:“案向尸行過九獻之禮後,諸臣又獻,是爲加爵。”彥按:此當謂又獻所用之爵。璧散、璧角,洪本、吳本兩“璧”字均作“壁”,備要本“璧散”之“璧”作“壁”。散、角皆酒爵名,散容五升,角容四升。鄭玄禮記注以爲稱“璧散、璧角”者,“皆以璧飾其口也。”　升歌清廟、下管象:見前紀八祝誦氏注〔一七八〕。　朱干玉戚、冕而舞大武:吳本“干”譌“于”,洪本“玉”譌“王”。參見前紀八祝誦氏注〔一八四〕。　皮弁素積、裼而舞大夏:見後紀十三帝禹夏后氏注〔五三四〕、〔五三七〕。　君衮冕立于阼,夫人副褘立于房中:衮冕,古代帝王之禮服和禮帽。此作動詞用,謂著衮冕。喬本、洪本“衮”譌“兖”,今從餘本訂正。阼,大堂前東面的臺階,古爲主人接賓之處。副,古代王后首飾。或以爲假髻。一説猶後世之步搖。褘(huī),繪有野雞圖紋的王后祭服。　君肉袒迎牲,夫人薦籩豆,大夫贊君,命婦贊夫人:肉袒,赤膊。特,四庫本、備要本作“牲”,與禮記同。贊,協助。命婦,封建時代取得封號的婦人。其宮廷中之妃嬪等稱内命婦,宮廷外卿大夫之妻稱外命婦。　大雩帝,夏礿,冬蒸,春社,秋省,而遂大蜡:大雩帝,謂求雨而祭天。雩,求雨之祭。彥按:禮記明堂位並未言及魯行此祭。夏礿(yuè),喬本、備要本作“夏禘”,洪本作“夏初”,皆誤;四庫本作“夏禴”,同。此從吳本。
灼、蒸,皆古代宗廟時祭之名。春社,喬本、備要本作“春礿”,四庫本作“春
祠”,俱誤。今據洪本、吳本訂正。秋省,喬本、四庫本、備要本作“秋嘗”,此從
洪本及吳本。鄭玄禮記注:“省讀爲獮。獮,秋田名也。春田祭社,秋田祀
祊。”集韻陽韻:“祊,周禮祭四方之名。”大蜡(zhà),祭名。古代年終合祭農田
諸神,以祈來年五穀豐登。　　複廟重檐:複廟,雙層屋頂的廟宇。重檐,重疊的
屋檐。喬本、洪本、吳本“檐”譌“擔”。今據四庫本、備要本訂正。　　刮楹達
鄉:刮楹,刨光的柱子。吳本“刮”譌“栝”。達鄉,通達透亮的窗户。“鄉”通
“向”,窗。　　反坫出尊:用於放置飲完酒後空杯子的小土臺(反坫)就在酒罇
(尊)的南邊。孔穎達禮記正義:“出尊者,尊在兩楹間,坫在尊南,故云出尊。”
各本“反坫”均作“崇坫”,今據禮記訂正。　　崇坫康圭:謂又有小高臺(崇坫)
用於安放玉圭。各本此處均無“崇坫”二字,今據禮記訂補。康,安,安放。
疏屏:雕刻的屏風。吳本、備要本“疏”作“素”非。　　木鐸振朝:禮記明堂位
作:“振木鐸於朝,天子之政也。”　　玄輿,和表:玄輿,即玄輅,古代帝王乘輿之
一。吳本譌“輿輿”。和表,即華表。彥按:“玄輿,和表”不見於禮記明堂位,
路史以爲魯君所用,不知何據。　　納四夷之樂於太廟:吳本“樂”譌“王”。禮
記明堂位此句作:“納夷蠻之樂於大廟。”

〔三〕武王崩:自此而下至“以廣魯於天下”,大抵撮取自禮記明堂位。
周公保之以踐祚:保,背負(幼兒)。

〔四〕廣:彰揚。

〔五〕有人臣不能爲之功,則賜以人臣不得用之禮:此説實出宋理學家程頤
(伊川先生)語。伊川易傳卷一周易上經師九二云:“世儒有論魯祀周公以天
子禮樂,以爲周公能爲人臣不能爲之功,則可用人臣不得用之禮樂。是不知人
臣之道。夫居周公之位,則爲周公之事,由其位而能爲者皆所當爲也,周公
乃盡其職耳。子道亦然。唯孟子爲知此義,故曰:‘事親若曾子者,可也。’未嘗
以曾子之孝爲有餘也。蓋子之身所能爲者,皆所當爲也。”吳本此“不得用之
禮”連同下“明堂位之説曰:昔者成王以周公爲有”凡二十字脱文。

〔六〕使兼二十四附庸:二十四,喬本、洪本作“□□十四”,餘本均作“十
四”。彥按:本書國名紀五周氏作“二十四”是,今據以訂正。參見彼處注〔一

六八〕。

〔七〕達道：公認之準則。

〔八〕事親若曾子：洪本“事親若曾”四字闌入注文。

〔九〕過外：超出分外。

〔一〇〕冒數濫典：冒數，猶充數。“冒”喬本作“謂”，洪本作“胃”，俱誤。今據餘本訂正。濫典，濫用典故，虚造典故。

〔一一〕天子禘，諸侯祫，大夫享，庶人薦：祫，音xiá。宋朱熹編二程遺書卷一五載程頤入關語録云：“天子曰禘，諸侯曰祫，其理皆是合祭之義。禘從帝，禘其祖之所自出之帝，以所出之帝爲東向之尊，其餘合食於其前，是爲禘也。諸侯無所出之帝，只是於太祖廟，羣廟之主合食，是爲祫。魯所以有禘者，只爲得用天子禮樂，故於春秋之中，不見言祫，只言禘。”清秦蕙田五禮通考卷九八吉禮禘祫引宋胡寅曰：“諸儒之言曰：天子禘，諸侯祫，大夫享，庶人薦。此尊卑之等也。所以知天子禘者，以禮云‘禮，不王不禘’知之也。所以知諸侯祫者，魯，侯國，當用祫，而以賜天子禮樂，故春秋中有禘無祫，而孔子曰‘魯之郊禘，非禮也’，言諸侯不當用禘也。禘、祫者，合祭之名耳。天子有所自出之帝，爲東向之尊，餘廟以昭穆合食于前，是之謂禘。諸侯無所自出之帝，則合羣廟之主而食於太廟，是之謂祫。”

〔一二〕天子祭天，諸侯祭土：見公羊傳僖公三十一年。　諸侯而祭天，惟王者後：宋劉敞春秋傳卷二桓公五年云：“天子祭天，諸侯祭土。諸侯祭天者，唯王者後焉。”

〔一三〕禘者，帝之禋也：四庫本如此，是，今從之。餘諸本“禘”作“帝”誤。帝之禋，即禋祀天帝。

〔一四〕皇皇后帝，皇祖后稷，享以騂犧，是享是宜：見詩魯頌閟宮，“是享”之“享”作“饗”，通。鄭玄箋：“皇皇后帝，謂天也。成王以周公功大，命魯郊祭天，亦配之以君祖后稷，其牲用赤牛純色，與天子同也。”　則魯顧以享帝爲宜：吳本“享”誤“宜”。

〔一五〕明堂，王者之堂也：孟子梁惠王下：“夫明堂者，王者之堂也。”

〔一六〕季路欲使門人爲臣，孔子以爲欺天：論語子罕：“子疾病，子路使門人爲臣。病間，曰：‘久矣哉，由之行詐也！無臣而爲有臣。吾誰欺？欺天乎！

且予與其死於臣之手也,無寧死於二三子之手乎!'"何晏集解引鄭玄曰:"孔子嘗爲大夫,故子路欲使弟子行其臣之禮。"楊伯峻注:"爲臣——和今天的組織治喪處有相似之處,……古代,諸侯之死才能有'臣'。……不同之處是治喪處人死以後才組織,才開始工作。'臣'却不然,死前便工作,死者的衣衾手足的安排以及翦鬚諸事都由'臣'去處理。所以孔子這裏也説'死於臣之手'的話。"　曾子且不忍以季孫之簀斃:季孫,四庫本如此,是,今從之。餘諸本均譌"季路"。簀,用竹篾編織的牀墊。洪本、吳本譌"簀"。禮記檀弓上:"曾子寢疾,病。樂正子春坐於牀下。曾元、曾申坐於足。童子隅坐而執燭。童子曰:'華而睆,大夫之簀與?'子春曰:'止!'曾子聞之,瞿然曰:'呼!'曰:'華而睆,大夫之簀與?'曾子曰:'然。斯季孫之賜也,我未之能易也。元,起易簀。'曾元曰:'夫子之病革矣,不可以變。幸而至於旦,請敬易之。'曾子曰:'爾之愛我也,不如彼。君子之愛人也以德,細人之愛人也以姑息。吾何求哉?吾得正而斃焉,斯已矣。'舉扶而易之,反席未安而没。"孔穎達疏云:"他人名己,得呼爲大夫之稱而言'夫子',若己不爲大夫,則己所爲當須依禮,不得寢大夫之牀也。"又云:"言此未病之時,猶得寢卧(其簀)。既病之後,當須改正。以己今病,氣力虚弱,故時復一時,未能改易。聞童子之言,乃便驚駭。"　公而以王禮葬:公羊傳僖公三十一年"魯郊,非禮也"何休解詁:"昔武王既没,成王幼少,周公居攝,行天子事,制禮作樂,致大平,有王功。周公薨,成王以王禮葬之,命魯使郊,以彰周公之德。"又白虎通喪服云:"周公以王禮葬何?以爲周公踐阼理政,與天同志,展興周道,顯天度數,萬物咸得,休氣充塞,原天之意,子愛周公,與文武無異,故以王禮葬,使得郊祭。"

〔一七〕一正天下:四庫本"正"作"匡"。彦按:作"正"者當路史原文,以避宋太祖諱故也。　齊侯之周公也:吳本、四庫本、備要本"齊侯"上有"管仲"二字。　而葬之不侯禮:吳本、四庫本、備要本"不"作"不以"。　三歸、反坫,聖人猶切齗之以王者之制:"坫",喬本作"坫",吳本作"坫",俱誤。今據餘本訂正。切齗:猶切責。嚴詞斥責。論語八佾:"或曰:'管仲儉乎?'(子)曰:'管氏有三歸,官事不攝,焉得儉?''然則管仲知禮乎?'曰:'邦君樹塞門,管氏亦樹塞門。邦君爲兩君之好,有反坫,管氏亦有反坫。管氏而知禮,孰不知禮?'"

〔一八〕三家以雍徹:論語八佾:"三家者以雍徹。"何晏集解引馬融曰:"三家謂仲孫、叔孫、季孫。雍，周頌臣工篇名。天子祭於宗廟，歌之以徹祭。今三家亦作此樂。”　舞八佾：論語八佾：“孔子謂季氏，‘八佾舞於庭，是可忍也，孰不可忍也？’”何晏集解引馬融曰：“天子八佾，諸侯六，卿大夫四，士二。八人爲列，八八六十四人。魯以周公故，受王者禮樂，有八佾之舞。季桓子僭於其家廟舞之，故孔子譏之。”　旅泰山而祫僖祖：僖祖，指春秋魯僖公。四庫本如此，今從之。餘本“僖”作“禧”。論語八佾：“季氏旅於泰山。”何晏集解引馬融曰：“旅，祭名也。禮，諸侯祭山川在其封内者。今陪臣祭泰山，非禮也。”又春秋文公二年：“八月丁卯，大事于大廟，躋僖公。”杜預注：“大事，祫也。躋，升也。僖公，閔公庶兄，繼閔而立，廟坐宜次閔下，今升在閔上，故書而譏之。”論語八佾云：“或問禘之説。子曰：‘不知也。’”何晏集解引孔安國曰：“荅以不知者，爲魯諱。”邢昺疏：“諱國惡禮也。若其説之，當云：‘禘之禮，序昭穆。’時魯躋僖公，亂昭穆，説之則彰國之惡，故但言‘不知’也。”　厥有繇矣：四庫本“繇”作“由”。

〔一九〕學士大夫，則知尊祖矣；諸侯，及其大祖；天子，及其始祖之所自出：見儀禮喪服，“學士大夫”作“大夫及學士”。大祖，洪本、四庫本作“太祖”，同。

〔二〇〕大夫有事，省於其君，而干祫及其高祖：事，指祭祀之事。喬本作“嘉”，洪本、吳本、備要本作“喜”，俱誤，今據四庫本訂正。省於，吳本譌“肖十”。省謂簡約、節儉。干祫，請求合祭。四庫本如此，是，今從之。餘本“干”譌“子”。及其，吳本譌“反未”。　諸侯有事，省於天子，而禘其祖之所自出：事，此從四庫本，餘諸本均譌“喜”。省，洪本、吳本譌“肖”。彦按：禮記大傳云：“王者禘其祖之所自出，以其祖配之。諸侯及其大祖。大夫、士有大事，省於其君，干祫及其高祖。”與此路史所説略有不同。

〔二一〕末造：末世。　名器：名號與車服儀制。

〔二二〕而公十兼之：禮記明堂位：“成王以周公爲有勳勞於天下，是以封周公於曲阜地，方七百里。”　自弃之：吳本“弃”作“亐”。

〔二三〕周公之封於魯，爲方百里，地非不足也，而儉於百里：見孟子告子下，“爲方百里”作“爲方百里也”，“地非不足也”作“地非不足”。

〔二四〕則周公固未嘗越其制也：吳本“嘗”譌“當”。

〔二五〕董子：指漢董仲舒。其説見春秋繁露郊事對。

〔二六〕伏義:吴本“義”譌“義”。

〔二七〕顯王:名聲顯赫的帝王。

〔二八〕劉敞春秋意林卷上云:“‘四卜郊,不從,乃免牲。’魯之郊,非禮也,明矣。於非禮之中,又有非禮焉。……而仲舒又曰:成王之使魯郊者,蓋‘報德之禮’。然則,成王亦且爲非禮之禮、非義之義,而春秋則因而從之矣,奈何哉?吾以謂使魯郊者,必周也,然而必非成王,其殆平王以下乎。”

〔二九〕始魯惠公使宰讓請郊廟之禮於天子,天子使角往:吴本、四庫本“始”作“如”非。又吴本“往”譌“佳”。吕氏春秋當染:“魯惠公使宰讓請郊廟之禮於天子,桓王使史角往,惠公止之,其後在於魯,墨子學焉。”彦按:竹書紀年載其事,在周平王四十二年,文曰:“魯惠公使宰讓請郊廟之禮,王使史角如魯諭止之。”當以平王時爲是,平王四十二年時當魯惠公四十年,亦即公元前729年。吕氏春秋作桓王誤。

〔三〇〕昔者,荆人請大號者,周人不許,荆人稱之:史記楚世家:“(武王)三十五年,楚伐隨。隨曰:‘我無罪。’楚曰:‘我,蠻夷也。今諸侯皆爲叛相侵,或相殺。我有敝甲,欲以觀中國之政,請王室尊吾號。’隨人爲之周,請尊楚,王室不聽,還報楚。三十七年,楚熊通怒曰:‘吾先鬻熊,文王之師也,蚤終。成王舉我先公,乃以子男田令居楚,蠻夷皆率服,而王不加位,我自尊耳。’乃自立爲武王,與隨人盟而去。”

〔三一〕萬舞冕璪:萬舞,喬本、洪本“舞”作“無”非,此從餘本。詩魯頌閟宮載魯祭祀先祖,有句云:“萬舞洋洋,孝孫有慶。”璪(zǎo),古代王冠前下垂的玉串裝飾,用彩色絲綫串玉而成,狀如水藻,故稱。禮記郊特牲載郊祭之禮云:“祭之日,王被袞以象天;戴冕,璪十有二旒,則天數也。”鄭玄注以爲:“此魯禮也。周禮王祀昊天上帝,則服大裘而冕,祀五帝亦如之。魯侯之服,自袞冕而下也。”

〔三二〕繇:四庫本作“由”。

〔三三〕見禮記禮運。

〔三四〕桓王立於隱公之四年:桓王,喬本、洪本、備要本作“桓公”,吴本作“桓公公”,俱誤。今據四庫本訂正。

〔三五〕戰國妄士僭君分謗之所爲書:妄士,備要本“士”譌“止”。分謗,分擔別人受到的誹謗。　君臣未嘗相弒也：喬本、洪本、吳本"弒"譌"試"，今據四庫本、備要本訂正。

〔三六〕桓公弒隱而自立：史記魯周公世家："（魯）惠公卒，長庶子息攝當國，行君事，是爲隱公。初，惠公適夫人無子，公賤妾聲子生子息。息長，爲娶於宋。宋女至而好，惠公奪而自妻之。生子允。登宋女爲夫人，以允爲太子。及惠公卒，爲允少故，魯人共令息攝政，不言即位。隱公……十一年冬，公子揮詔謂隱公曰：'百姓便君，君其遂立。吾請爲君殺子允，君以我爲相。'隱公曰：'有先君命。吾爲允少，故攝代。今允長矣，吾方營菟裘之地而老焉，以授子允政。'揮懼子允聞而反誅之，乃反譖隱公於子允曰：'隱公欲遂立，去子，子其圖之。請爲子殺隱公。'子允許諾。……揮使人弒隱公于蔿氏，而立子允爲君，是爲桓公。"　共仲殺子般弒閔公而立僖公：吳本"僖公"之"僖"作"禧"。下"躋僖公"之"僖"同。共仲，即魯莊公弟慶父。莊公死，共仲欲自立爲魯君，先後殺太子般及魯閔公，國人怒而攻之，懼而逃往莒國。大夫季友等立莊公少子申爲君，是爲僖公。乃賂莒國以求共仲，共仲自殺。　襄仲殺太子惡而立宣公：襄仲，又稱公子遂，魯莊公庶子，魯文公叔父。文公有二妃，長妃哀姜生惡、視，次妃敬嬴生俀。襄仲有私於俀，文公死，遂殺惡、視而立俀，是爲宣公。

〔三七〕躋僖公：見上注〔一八〕。　立煬宮：春秋定公元年："九月大雩，立煬宮。"杜預注："煬公，伯禽子也，其廟已毀。季氏禱之，而立其宮。書以譏之。"又公羊傳云："立煬宮，非禮也。"　從祀先公：吳本、四庫本"先公"作"宣公"誤。春秋定公八年："從祀先公。"公羊傳："從祀者何？順祀也。文公逆祀，去者三人。定公順祀，叛者五人。"何休解詁："諫不以禮而去曰叛。"　丹楹刻桷：桷（jué），方形之椽子。四庫本如此，是，今從之。餘本均譌"桶"。左傳莊公二十三年："秋，丹桓宮之楹。"又二十四年："春，刻其桷。皆非禮也。"

而致夫人：夫人，指魯莊公夫人哀姜。哀姜爲齊襄公女。魯莊公死後，哀姜與慶父通姦，慶父殺閔公，國人暴動，哀姜外逃邾國。後被齊國引渡回國殺死，歸屍于魯，魯以夫人之禮葬之。春秋僖公八年："秋七月，禘于大廟，用致夫人。"杜預注："禘，三年大祭之名。大廟，周公廟。致者，致新死之主於廟，而列之昭穆。夫人淫而與殺，不薨於寢，於禮不應致，故僖公疑其禮，歷三禘，今果行之。嫌異常，故書之。"　不告朔：春秋文公六年："閏月不告月，猶朝于廟。"杜預注:"諸侯每月必告朔聽政,因朝宗廟。文公以閏非常月,故闕不告朔。怠慢政事,雖朝于廟,則如勿朝,故曰'猶'。猶者,可止之辭。"又公羊傳:"不告月者何?不告朔也。"何休解詁:"禮,諸侯受十二月朔政於天子,藏于大祖廟,每月朔朝廟,使大夫南面奉天子命,君北面而受之。比時使有司先告朔,慎之至也。"　娶同姓:春秋哀公十二年:"夏,五月甲辰,孟子卒。"公羊傳:"孟子者何?昭公之夫人也。其稱孟子何?諱娶同姓,蓋吳女也。"何休解詁:"禮,不娶同姓,買妾不知其姓則卜之。爲同宗共祖亂人倫,與禽獸無別。"　而大夫宗婦覿用幣:春秋莊公二十四年:"戊寅,大夫宗婦覿,用幣。"公羊傳:"宗婦者何?大夫之妻也。覿者何?見也。用者何?用者,不宜用也。見用幣,非禮也。"何休解詁:"不宜用幣爲贄也。"

〔三八〕考仲子之宮:見春秋隱公五年,文曰:"九月,考仲子之宮,初獻六羽。"穀梁傳云:"禮:庶子爲君,爲其母築宮,使公子主其祭也。於子祭,於孫止。仲子者,惠公之母。隱孫而脩之,非隱也。"考,落成。各本均作"萬",誤。今據春秋訂正。仲子,魯孝公妾,魯惠公母,魯隱公祖母。六羽,樂舞名。孔穎達春秋左傳正義:"六羽,謂六行之人秉羽舞也。"　繹襄仲之卒:繹,周代稱正祭之次日又祭。襄仲,見上注〔三六〕。左傳宣公八年:"有事于大廟,襄仲卒而繹,非禮也。"同年春秋經文云:"壬午,猶繹。萬入,去籥。"公羊傳:"萬者何?干舞也。籥者何?籥舞也。其言萬入去籥何?去其有聲者,廢其無聲者,存其心焉爾。存其心焉爾者何?知其不可而爲之也。"　則樂嘗變矣:吳本"嘗"作"常"非。

〔三九〕伐莒獻俘,用人亳社:喬本"莒"譌"宮",今據餘本訂正。洪本"亳"譌"毫"。用人,謂殺人以祭。亳社,即殷社。以殷都亳,故其社又稱亳社。左傳昭公十年:"秋七月,平子(季平子,春秋魯正卿)伐莒,取郠。獻俘,始用人於亳社。臧武仲(魯國大夫,逃亡在齊)在齊聞之,曰:'周公其不饗魯祭乎!周公饗義,魯無義。詩曰:"德音孔昭,視民不佻。"佻之謂甚矣,而壹用之,將誰福哉?'"

〔四〇〕丘甲作,田賦用:丘甲,古代軍賦制度名。按丘徵甲,故稱。各本"丘"均譌"兵",今訂正。春秋成公元年:"三月,作丘甲。"杜預注:"周禮:'九夫爲井,四井爲邑,四邑爲丘。'丘十六井,出戎馬一匹、牛三頭。四丘爲甸,甸六十四井,出長轂一乘、戎馬四匹、牛十二頭、甲士三人、步卒七十二人。此甸所賦,今魯使丘出之,譏重斂,故書。"春秋哀公十二年:"春,用田賦。"杜預注:"直書之者,以示改法重賦。"孔穎達正義:"'用田賦'者,用田之所收以爲賦,令之出牛馬也。……成元年'作丘甲',甲是造作之物,故言'作'。馬牛,賦稅以充之,非造作之物,且譏其賦,不譏其作,故書'用',言舊不用,而今用之。"

〔四一〕初稅畝:春秋宣公十五年:"初稅畝。"公羊傳:"初者何?始也。稅畝者何?履畝而稅也。"何休解詁:"時宣公無恩信於民,民不肯盡力於公田。故履踐案行,擇其善畝穀最好者稅取之。" 舍中軍:舍,撤銷。春秋昭公五年:"春,王正月,舍中軍。"同年左傳:"春,王正月,舍中軍,卑公室也。"孔穎達正義:"襄十一年初作三軍,十二分其國民,三家得七,公得五。國民不盡屬公,公室已是卑矣。今舍中軍,四分公室,三家自取其稅,減己稅以貢於公,國民不復屬於公,公室彌益卑矣。是舍中軍者,三家所以卑弱公室也。作中軍,卑公室之漸;舍中軍,卑公室之極。"

〔四二〕祠爰居:左傳文公二年:"仲尼曰:'臧文仲(魯大夫),其不仁者三,不知者三。……作虛器,縱逆祀,祀爰居,三不知也。'"杜預注:"海鳥曰'爰居',止於魯東門外,文仲以爲神,命國人祀之。" 鼓大水:春秋莊公二十五年:"秋,大水。鼓,用牲于社、于門。"孔穎達正義:"傳稱天災有幣無牲,非日月之眚不鼓,則鼓與牲二事皆失,故譏之。" 矢魚而觀社:矢魚,陳設漁具。觀社,觀看祭社。春秋隱公五年:"春,公矢魚于棠。"杜預注:"書陳魚,以示非禮也。"又莊公二十三年:"夏,公如齊觀社。"公羊傳云:"何以書?譏。何譏爾?諸侯越竟觀社,非禮也。"又穀梁傳云:"觀,無事之辭也,以是爲尸女也。"范甯集解:"尸,主也。主爲女往爾,以觀社爲辭。"

〔四三〕誣:妄言,歪曲。 予:吳本譌"子"。

〔四四〕飽思厭索:猶冥思苦索。

〔四五〕一節:猶一端。 未嘗:吳本"未"譌"末"。

〔四六〕出游于觀,固所以甚嘆魯:禮記禮運:"昔者仲尼與於蜡,賓事畢,出遊於觀之上,喟然而嘆。仲尼之嘆,蓋嘆魯也。" 豈蚩傖之囈語哉:蚩傖,蚩氓傖夫,泛指愚昧粗俗之人。吳本"之囈"譌作"蚩傖"。喬本、洪本"囈"作"藝",此從四庫本及備要本。

〔四七〕魚目猶疑：謂魚目猶易疑爲珍珠。　宜攷信於大傳：攷信，查證其真實性。大傳，指禮記大傳。吳本、備要本此下有"禮記祭統云"云云一段文字，另起一行、低一格書。蓋非羅苹注路史原書所有，今不取。

獲麟解上[一]

魯哀公十三年冬，春秋書"有星孛于東方"。十四年春，"西狩獲麟"，春秋絕筆[二]。歸愚子曰：盛哉，聖人之言也[三]！古之人，三月無君，則弔[四]。春秋不作，天下何繇知有東周乎[五]？春秋之爲書，予既已知之矣。始何爲而書魯隱乎？爲東周而設也。終何爲而筆獲麟乎？爲東周而設也。

周自后稷、公劉，積功累仁，八百年而王業成。太王肇基王迹，王季其勤王家，其辛苦艱難，可謂至矣[六]。文、武不幸，以幽繼厲，顚覆宗周，幾於不臘[七]。平王之立，周室東遷。是歲秦始列爲命侯，受西周之故都[八]。方平王之東轂，天下之人引領以期其中興[九]。至隱公之元年，平王在位四十有九年矣，論其數則過矣，攷其時則久矣，而竟不能西歸[一〇]。諸侯僭，大夫强，禮樂刑政侵尋隳廢如不可復[一一]。故孔子作春秋，於是始之。删詩則次王國之風，敍書則迄文侯之命，著東周之不復興也[一二]。夫雅者，朝廷之樂；而風者，國土之音也。文王之詩，列於二雅，其政惟可見矣。黍稷流於國風，仲尼何容心哉[一三]！命者，天子之所制者也[一四]。成之於蔡，康之于畢，穆王之於君雅，皆一出而下敬命[一五]。至於平王，制命于申，天下莫知有周也[一六]。當其蒙犯跋塊，一命文侯而遽有弓矢之貽，繇是征伐自諸侯出[一七]。黍離欲復雅，渠可得邪？故曰："王者之迹熄而詩亡，詩亡然後春秋作[一八]。"隱公立三年而平王崩。聖人之意，不難見也。自是以降，生民卒瘏，童齓皆知，無復春秋未作時矣[一九]。下及王丐，日以陵遲，三十有八年，"有星孛于東方"，明年而"西狩獲麟"[二〇]。

　　文之十四年“有星孛入于北斗”，昭之十七年“有星孛于大辰”，春秋之書孛，皆辰次，此何爲而東之邪〔二一〕？桓之四年“公狩于郎”，莊之四年公“狩于禚”，春秋之書狩，皆地名，此何爲而西之邪〔二二〕？且之二者，繼書而終，聖人之意，我不敢知也。

　　昔者，成王定鼎郟鄏，以爲東都〔二三〕。至平王，遂居之，曰東周。孝王封非子秦亭，以爲西垂大夫，地故堯典之“西”也〔二四〕。東遷之元年，秦始强大，逐犬戎，祠西時，號曰西秦，而東西自此分矣。曰東曰西，時之所知。聖人之意，我不敢知也。

　　春秋之爲書，法不諦瑞，麟曷爲而書哉〔二五〕？以出非其時，爲聖人之應乎？則聖人之著述，豈自爲邪〔二六〕？聖人之意，實不在於是邪？夫麟，王者之嘉瑞也〔二七〕。孛彗，所以除舊而布新者也〔二八〕。除舊于東，而西獲其麟，此聖人所以反袂拭面，泣涕沾袍，遂放筆而稱“吾道窮”〔二九〕。嗚呼！其不然乎？其不然乎？奈何腐爛之儒，爲之説曰：聖人之所以聖，非淫巫瞽史若也，何滑滑焉惟未來災異之推邪〔三〇〕？是不然。夫推言禍福以搖人惑衆者，類淫巫瞽史之爲，聖人固不爲也〔三一〕。至于感而遂通，遂知來物，是乃聖人之餘事〔三二〕。而興亡治亂者，聖人之至切者也，奚爲而不感邪？若昔柱史儋之如秦也，語獻公曰：始秦與周合而別，別五百歲而復合，合十四年而霸王出〔三三〕。位出尾箕之際，經大微，掃東井，太史張孟亦告苻堅，謂：不一紀，燕其有秦；後二十歲，代且滅燕〔三四〕。是則先時之告也。不然，書者帝王之典，而秦誓諸侯之書也，書何爲而終之〔三五〕？“悔過自誓”，我不敢知〔三六〕。

　　予述路史，既及春秋之所以始終，感麟出之非時，作麟説〔三七〕。

【校注】

　〔一〕獲麟解上：各本原無“上”字。考慮到此篇與下篇不但篇目相同，而且内容連貫,今特分别加“上”“下”字以示區别與聯繫。

〔二〕參見後紀九帝嚳高辛氏。

〔三〕盛:謂内涵豐富。

〔四〕古之人,三月無君,則弔:孟子滕文公下載公明儀語。趙岐注:“言古人三月無君則弔,明當仕也。”無君,謂得不到君主任用。彦按:路史引此蓋斷章取義,作“没有君主”解,故下云:“春秋不作,天下何繇知有東周乎?”意謂正因孔子作春秋,後人方知其時尚有周天子在。弔,安慰。

〔五〕繇:四庫本作“由”。

〔六〕太王肇基王迹,王季其勤王家:肇基,謂始創基業。王迹,帝王之功業。書武成:“至于大王,肇基王迹。王季其勤王家。”

〔七〕不臘:亡國之婉詞。臘,祀祖先之祭名。

〔八〕史記秦本紀:“周避犬戎難,東徙雒邑,(秦)襄公以兵送周平王。平王封襄公爲諸侯,賜之岐以西之地,曰:‘戎無道,侵奪我岐、豐之地,秦能攻逐戎,即有其地。’與誓,封爵之。”

〔九〕東轂:車駕東行,謂東遷。　引領:伸長脖子。領,頸。

〔一〇〕數:氣數,氣運。

〔一一〕禮樂刑政侵尋隳廢如不可復:侵尋,漸次。四庫本“侵”作“寢”,通。如,猶“而”。四庫本作“而”。

〔一二〕删詩則次王國之風:次,編次,謂編入。王國之風,指詩經之王風。鄭玄毛詩譜王城譜云:“(平王)以亂,故徙居東都王城,於是王室之尊與諸侯無異,其詩不能復雅,故貶之,謂之王國之變風。”　敍書則汔文侯之命:彦按:傳世本尚書於文侯之命後尚有費誓(魯侯征徐夷於費地而誓衆)、秦誓(秦穆公貪鄭取敗,悔而自誓)二篇,此所以稱“汔”者,蓋即如下文所言“書者帝王之典,而秦誓諸侯之書也”,從“帝王之典”角度言之。　著東周之不復興也:著,顯示,明示。

〔一三〕黍稷流於國風,仲尼何容心哉:黍稷,借代詩王風黍離,以有“彼黍離離,彼稷之苗”句故。容心,在意。毛詩王風黍離序鄭玄箋云:“幽王之亂而宗周滅,平王東遷,政遂微弱,下列於諸侯,其詩不能復雅,而同於國風焉。”

〔一四〕命:政令。

〔一五〕成之於蔡：蔡，指周成王叔父蔡叔度之子蔡仲胡。蔡叔度因叛亂被流放而死，胡能改父之行，率德馴善，成王乃復封胡於蔡，以奉蔡叔之祀。書有蔡仲之命，文云：“王若曰：‘小子胡，惟爾率德改行，克慎厥猷，肆予命爾侯于東土。往即乃封，敬哉！’” 康之于畢：畢，指周成王叔父畢公高。成王臨終，遺命畢公與召公輔佐周康王繼位。康王命畢公治理東郊，書有畢命之篇。 穆王之於君雅：君雅，即君牙。四庫本作“君牙”。書有君牙一篇，載周穆王命君牙爲周大司徒事。

〔一六〕制命于申：申，指申侯，即周平王之外祖父。周幽王得褒姒而寵之，欲立褒姒子伯服爲太子，乃廢王后申后及太子宜臼。宜臼與母逃至申國。申侯聯合繒國、犬戎攻殺幽王，而立宜臼，是爲周平王。

〔一七〕當其蒙犯跋埃，一命文侯而遂有弓矢之賜：蒙犯，遭受。跋埃（yǎng），跋涉於埃之中。喻指帝王失位逃亡在外，蒙受風塵。文侯，指晉文侯。名仇，字義和。弓矢，吳本“矢”譌“夫”。書文侯之命孔氏傳：“幽王爲犬戎所殺，平王立而東遷洛邑，晉文侯迎送安定之，故錫命焉。”書文侯之命云：“王曰：‘父義和，其歸視爾師，寧爾邦。用賚爾秬鬯一卣，彤弓一，彤矢百，盧弓一，盧矢百，馬四匹。父往哉！柔遠能邇，惠康小民，無荒寧。簡恤爾都，用成爾顯德。’” 繇：四庫本作“由”。

〔一八〕孟子離婁下載孟子語。

〔一九〕生民卒瘏，童亂皆知：卒瘏，勞累痛苦。“卒”通“瘁”。童亂（chèn），小兒。喬本、洪本、吳本“亂”譌“亂”，今據四庫本、備要本訂正。

〔二〇〕下及王丐，日以陵遲：王丐，各本均作“正沔”。彥按：“正沔”不可解，當爲“王丐”二字形譌，今訂正。王丐即周敬王。敬王名丐。史記周本紀載，丐與庶兄子朝反復爭奪王位：“敬王元年，晉人入敬王，子朝自立，敬王不得入，居澤。四年，晉率諸侯入敬王于周。……十六年，子朝之徒復作亂，敬王犇于晉。十七年，晉定公遂入敬王于周。”可見其時周室，已經混亂不堪。 三十有八年：周敬王三十八年，即魯哀公十三年。

〔二一〕有星孛入于北斗：吳本、備要本“入”作“躔”誤。 有星孛于大辰：楊伯峻春秋左傳注：“大辰即心宿二，又名大火。” 辰次：星辰之位置。

〔二二〕郎：地名。在今山東魚臺縣東北。 祧：音zhuó，春秋齊邑名。在今山東濟南市長清區境。

〔二三〕參見國名紀二少昊後國注〔二四〕。

〔二四〕孝王封非子秦亭：秦亭，在今甘肅清水縣秦亭鎮。秦亭、秦谷，二地相近，同爲非子封地。參見後紀七小昊青陽氏注〔二二二〕。　以爲西垂大夫：彦按：據史記秦本紀，乃周宣王以非子玄孫秦莊公爲西垂大夫，無關孝王及非子事，路史説蓋誤。　堯典之"西"：書堯典："分命和仲，宅西，曰昧谷。"

〔二五〕法不諦瑞：法，猶"例"。諦，細察。此謂注重，關注。瑞，祥瑞。

〔二六〕自爲：自道。"爲"通"謂"。

〔二七〕杜預春秋經傳集解序："麟、鳳五靈，王者之嘉瑞也。"

〔二八〕左傳昭公十七年："冬，有星孛于大辰，西及漢。申須曰：'彗所以除舊布新也。'"杜預注："申須，魯大夫。"孔穎達正義："彗，埽箒也。其形似彗，故名焉。箒，所以埽去塵。彗星象之，故所以除舊布新也。"

〔二九〕春秋哀公十四年："春，西狩獲麟。"公羊傳："麟者仁獸也，有王者則至，無王者則不至。有以告者曰：'有麕而角者。'孔子曰：'孰爲來哉？孰爲來哉？'反袂拭面，涕沾袍。……西狩獲麟，孔子曰：'吾道窮矣！'"何休解詁："袍，衣前襟也。"

〔三〇〕淫巫瞽史：淫巫，惑亂人心的巫師。瞽史，説書的瞎子。　滑滑焉：連續不斷貌。

〔三一〕搖人惑衆：動搖別人，迷惑大衆。

〔三二〕來物：未來之事。　餘事：無須投入主要精力或者正業以外之事。

〔三三〕柱史儋：史記老子韓非列傳作"太史儋"。蓋羅氏以爲儋即老子，而舊傳老子曾爲周柱下史，故稱之柱史儋。　始秦與周合而別，別五百歲而復合，合十四年而霸王出：史記老子韓非列傳"別五百歲而復合"作"合五百歲而離"，"合十四年"作"離七十歲"，其文曰："自孔子死之後百二十九年，而史記周太史儋見秦獻公曰：'始秦與周合，合五百歲而離，離七十歲而霸王者出焉。'或曰儋即老子，或曰非也，世莫知其然否。"路史文疑有誤。

〔三四〕位出尾箕之際，經大微，掃東井，太史張孟亦告苻堅，謂：不一紀，燕其有秦；後二十歲，代且滅燕：彦按：出句頗突兀，疑此有脱文。尾箕，二星宿名。大微，即太微，星官名。太史，吳本、四庫本"太"作"大"。張孟，前秦太史令。苻堅,洪本、吴本“苻”作“符”。一紀,十二年。燕,指前燕。代,十六國時鮮卑族拓跋部所建國家,地在今内蒙古中部和山西北部。十六國春秋卷三七前秦録五苻堅中:“建元九年,……夏四月,天鼓鳴,有彗星出於尾箕,長十餘丈,或名蚩尤旗,經太微,掃東井,自夏及秋冬不滅。太史令張猛言於堅曰:‘尾箕,燕之分野。東井,秦之分野。今彗星起尾箕而掃東井,害深禍大,十年之後燕當滅秦,二十年之後燕當爲代所滅。’”

〔三五〕傳世本尚書之最後一篇是秦誓。參見上注〔一二〕。

〔三六〕悔過自誓:書秦誓序:“秦穆公伐鄭,晉襄公帥師敗諸崤,還歸,作秦誓。”孔氏傳:“貪鄭取敗,悔而自誓。”

〔三七〕予述路史:洪本“予”譌“于”。　麟説:即獲麟解。喬本、洪本作“麟諸”誤,今據餘本訂正。

獲麟解下〔一〕

或曰:夫子之解獲麟,辭則微矣,而謂孔子知秦之必繼周者,則似不然〔二〕。使孔子知繼周者在秦,則於周身之防,宜無不知者矣〔三〕。然一出而圍於匡,拔木於宋,窮於陳、蔡,削迹于衛,奔走乎一十二國,役役以終其身,是則今之不知命者然也〔四〕。命且弗知,而尚奚秦之知? 曰:不然。惟其知之,此其所以然也。問者或曰:是何夫子之紿誑我也? 世固未有知禍弗避而故即之者〔五〕。曰:謂禍可避,此中人以下者也。聖人知禍之弗可違也,故必身從艱棘,以晒其致,匪自己而猶或可濂也〔六〕。若以今之不知命者爲之,則必敗於匡,必敝於宋,必蹶於衛,必勃繆於陳、蔡矣〔七〕。代之人以顔淵陋巷自樂而無跌踣爲勝於孔子,正是見也〔八〕。

昔唐鄭虔之爲學也,有自滄州來師者曰鄭相如,嘗謂虔曰:“孔子稱‘繼周者,雖百世可知也’,豈惟孔子,僕亦知之。”〔九〕因言天寶之末當有大亂,而先生當污於賊,惟守節宜可免。齊柳世隆一日曰典籤季黨索高齒屐,筆於簾旌曰:“永明十一年。”〔一〇〕因流涕曰:“永明之九年我亡,後三年丘山崩,齊亦於此既

矣〔一〕！"厥後皆如其言。夫以相如、世隆之説不繆，則知孔子知
秦之繼周也審矣〔一二〕。唐盧齊卿之方幼也，嘗訊來詳於孫思
邈〔一三〕。思邈告以"後五十年，位登方伯，而吾孫爲屬"〔一四〕。而
張憬藏之告蔣儼，亦謂繼此二載，官掌武于東宮，及免，而厄於三
尺土下，六十一而刺蒲，十月晦而禄竭〔一五〕。厥後思邈之孫孫溥
始生，逮齊卿刺徐而溥丞于蕭〔一六〕。儼後亦以失職堉於高麗土窟
者六年，六十有一刺蒲而卒〔一七〕。事之契言，皆不違其略。夫以
齊卿若儼，一介人臣，而猶災祥之不可移如此，況國之大事乎！

　　夫書非始於堯、始於舜，不終於秦、終于周，世不知也。方孔
子之自齊反也，攝魯相事，齊景公患之，於是内犁鉏之計，歸女樂
于季氏，而孔子行〔一八〕。始也適衛，既而靈公並載南子，招摇都
市，於是趣宋、適鄭、如陳〔一九〕。會晉、楚侵陳，爰過于蒲，蒲人止
之〔二〇〕。乃復適衛。將之於趙，聞鳴犢殺，届河而返〔二一〕。遂復
如陳及蔡。楚昭將聘而封之，子西沮之，還復于衛〔二二〕。亦有意
于衛矣，而靈公者老益荒怠也，違夫子，詭而問陣〔二三〕。退，命駕
而行，衛人止之。會齊伐魯，魯以冉有之言而迎請子〔二四〕。於是
自衛返魯，蓋春秋六十有八矣〔二五〕。按左氏傳：孔文子將攻大叔，訪於仲
尼，曰："胡簋之事，則嘗學之矣；甲兵之事，未之聞也〔二六〕。"退，命駕而行。文子止
之〔二七〕。將止，魯人以幣召之，乃歸〔二八〕。與論語所載，蓋一事也〔二九〕。按子以敬王二
十三年去魯，時年五十六〔三〇〕。三十五年，復自陳適衛。居外凡十有三年，哀公十一
年，季康子逐公華、公賓、公林以幣迎子，乃歸魯〔三一〕。凡兩至陳、蔡，五至衛〔三二〕。世
多失其經行之次，故著之。年運而往，始傷卒老而不得載之行事，乃删
詩，定書，正禮、樂，繫周易，作春秋，以爲萬世之典法〔三三〕。返魯
蓋六年而坐奠之祥作，其惓惓於數篇之空言可知矣〔三四〕。百篇之
書，皆帝王之大訓，而特置秦誓於其末，是誠何意哉？藏之屋壁，
謂之不知秦禍，不可也〔三五〕。焚燎之酷，雖知不免，猶不敢廢，人
事焉爾〔三六〕。是故畏匡、厄蔡，禍也，乃不憂己之喪而憂文之喪，

然則匡、蔡匪子之畏厄,而秦燎爲子之畏厄也審矣〔三七〕。若以爲重繆公之改過,則彼時要服之荒君,至死而猶用其良,而何以爲改過乎〔三八〕?

嗚呼! 小白一霸而陳完來,魏不受禪而仲達舉〔三九〕。赧卒之歲,劉季肇生;齊滅之年,侯景載孕;而建成、元吉遇害之際,正武氏之首胎〔四○〕。然則東遷之年,西秦始命,雖蒙且知之矣〔四一〕。彼夏書之後繼之以湯征,而商書之後繼之以西伯戡黎,皆剥膚之漸也〔四二〕。然則繆誓之接於周,奚惑焉〔四三〕? 成湯、西伯,夏、商之異姓;而繆公,周之異姓〔四四〕。見微,豈止於聖人哉! 如其不然,則願有以詔我,惟母曰“所感而起,故所以爲終”而已〔四五〕。

【校注】

〔一〕獲麟解下:吴本、四庫本、備要本無此篇目,其下内容與前文合爲一篇,唯分作兩段而已。喬本、洪本原無“下”字,而與上篇同名,今分别加“上”“下”字以爲區别。

〔二〕辭則微矣:微,精妙。

〔三〕周身:保全自身。

〔四〕一出而圍於匡:史記孔子世家:“(孔子)將適陳,過匡,顔刻爲僕,以其策指之曰:‘昔吾入此,由彼缺也。’匡人聞之,以爲魯之陽虎。陽虎嘗暴匡人,匡人於是遂止孔子。孔子狀類陽虎,拘焉五日。” 拔木於宋:史記孔子世家:“孔子去曹適宋,與弟子習禮大樹下。宋司馬桓魋欲殺孔子,拔其樹。孔子去。” 窮於陳、蔡:史記孔子世家:“(楚)聞孔子在陳、蔡之間,楚使人聘孔子。孔子將往拜禮,陳、蔡大夫謀曰:‘孔子賢者,所刺譏皆中諸侯之疾。今者久留陳、蔡之間,諸大夫所設行皆非仲尼之意。今楚,大國也,來聘孔子。孔子用於楚,則陳、蔡用事大夫危矣。’於是乃相與發徒役圍孔子於野。不得行,絶糧。從者病,莫能興。” 削迹于衛:削除車迹。謂不被任用。莊子漁父載孔子語曰:“丘再逐於魯,削迹於衛,伐樹於宋,圍於陳、蔡,丘不知所失,而離此四謗者何也?” 役役:勞苦不息貌。

〔五〕即:靠近,接近。

〔六〕艱棘:艱難困苦。　以晒其致:晒,明,表明。吴本譌“眒”。致,心志。喬本譌“政”,今據餘諸本訂正。　溓,音 lián,薄(見玉篇),漠視。

〔七〕必蹶於衛:各本“必”均作“不”。彦按:作“不”無理,當“必”之譌,今訂正。蹶,跌倒,挫敗。　勃繆:荒謬背理。

〔八〕代之人以顔淵陋巷自樂而無跌踣爲勝於孔子:顔淵陋巷自樂,典出論語雍也:“賢哉,回也! 一簞食,一瓢飲,在陋巷,人不堪其憂,回也不改其樂。”跌踣(bó),跌倒,挫折。吴本“踣”譌“跖”。勝,吴本作“朕”。

〔九〕鄭虔:唐書畫家。　嘗謂虔曰:喬本“曰”作“也”誤,此從餘諸本。孔子稱‘繼周者,雖百世可知也’:見論語爲政,“繼周者”作“其或繼周者”。新唐書鄭虔傳:“有鄭相如者,自滄州來,師事虔,虔未之禮,間問何所業,相如曰:‘聞孔子稱“繼周者百世可知”,僕亦能知之。’虔駭然,即曰:‘開元盡三十年當改元,盡十五年天下亂,賊臣僭位,公當汙僞官,願守節,可以免。’……故虔念其言,終不附賊。”

〔一〇〕齊柳世隆一日曰典籤季黨索高齒屐,筆於簾旌曰:柳世隆,南朝齊南兗州刺史。曰,吴本如此,是,今從之。喬本、洪本、四庫本作“目”,當由形譌;備要本作“因”,同。季黨,南史柳世隆傳作李黨,此作“季”疑誤。高齒屐,木屐而下有高齒者。簾旌,簾端所綴之布帛。

〔一一〕永明之九年我亡:各本“九年”均作“元年”。彦按:南史柳世隆作“九年”,當是。作“元年”則與下文“後三年丘山崩,齊亦於此既矣”不符。蓋“九”因形近而譌“元”也。今訂正。南史柳世隆傳:“世隆善卜。……永明初,世隆曰:‘永明九年我亡,亡後三年丘山崩,齊亦於此季矣。’屏人,命典籤李黨取筆及高齒屐,題簾箔旌曰:‘永明十一年。’因流涕謂黨曰:‘汝當見,吾不見也。’”

〔一二〕繆:四庫本作“謬”。

〔一三〕盧齊卿:唐太子詹事。　來詳:未來之詳細情況。　孫思邈:唐代名醫。

〔一四〕舊唐書孫思邈傳:“太子詹事盧齊卿童幼時,請問人倫之事,思邈曰:‘汝後五十年位登方伯,吾孫當爲屬吏,可自保也。’後齊卿爲徐州刺史,思邈孫溥果爲徐州蕭縣丞。思邈初謂齊卿之時,溥猶未生,而預知其事。”亦見新唐書孫思邈傳,内容大同。

〔一五〕見新、舊唐書張憬藏傳。　張憬藏:唐術士。各本"憬"均譌"燥",今據新、舊唐書訂正。　蔣儼:唐太子詹事。吳本、四庫本、備要本"蔣"譌"蕭"。　繼此二載:吳本、備要本"二載"作"三載"非。舊唐書作"從今二年"。　三尺土下:吳本、備要本"土下"譌"上下"。　刺蒲:任蒲州刺史。舊唐書張憬藏傳云:"太子詹事蔣儼年少時,嘗遇憬藏,因問禄命,憬藏曰:'公從今二年,當得東宫掌兵之官,秩未終而免職。免職之後,厄在三尺土下,又經六年,據此合是死徵。然後當享富貴,名位俱盛,即又不合中夭,年至六十一,爲蒲州刺史,十月三十日午時禄絶。'儼後皆如其言。"

〔一六〕厥後思邈之孫孫溥始生,逮齊卿刺徐而溥丞于蕭:孫溥,各本"溥"均譌"浦",今據下文及新、舊唐書孫思邈傳訂正。"溥丞"之"溥",四庫本譌"浦"。蕭,縣名,今屬安徽省,唐屬徐州。喬本、洪本譌"簫",今據餘本訂正。舊唐書孫思邈傳作:"後齊卿爲徐州刺史,思邈孫溥果爲徐州蕭縣丞。思邈初謂齊卿之時,溥猶未生,而預知其事。"

〔一七〕儼後亦以失職埍於高麗土窟者六年,六十有一刺蒲而卒:埍(juǎn),服勞役犯人所居之土房。此作動詞用。六十有一刺蒲而卒,彦按:路史于此稱"卒",可疑。舊唐書張憬藏傳云:"(儼)嘗奉使高麗,被莫離支囚於地窖中,經六年,然後得歸。及在蒲州,年六十一矣,至期,召人吏妻子與之告别,自云當死,俄而有敕,許令致仕。"又新唐書張憬藏傳云:"儼使高麗,爲莫離支所囚,居土室六年還。及爲蒲州,歲如期,則召掾史、妻子,告當死,俄詔聽致仕。"皆但言"致仕"而不言"卒",蓋憬藏預言禄命所謂"禄絶",但指致仕不食禄耳。

〔一八〕於是内犁鉏之計,歸女樂于季氏:内,"納"之古字,采納。犁鉏,四庫本如此,今從之,餘本均作"犁且"。于季氏,洪本作"之計氏",吳本作"之季氏",俱誤。史記孔子世家:"(魯)定公十四年,孔子年五十六,由大司寇行攝相事,……於是誅魯大夫亂政者少正卯。與聞國政三月,粥羔豚者弗飾賈;男女行者别於塗;塗不拾遺;四方之客至乎邑者不求有司,皆予之以歸。齊人聞而懼,曰:'孔子爲政必霸,霸則吾地近焉,我之爲先并矣。盍致地焉?'黎鉏曰:'請先嘗沮之;沮之而不可則致地,庸遲乎!'於是選齊國中女子好者八十人,皆衣文衣而舞康樂，文馬三十駟，遺魯君。……桓子卒受齊女樂，三日不聽政；郊，又不致膰俎於大夫。孔子遂行。”參見發揮三青陽遺妹注〔一〇〕。

〔一九〕始也適衛，既而靈公並載南子，招摇都市，於是趣宋、適鄭、如陳：此下所述孔子行事，大抵均見諸史記孔子世家。南子，衛靈公夫人。都市，洪本誤“都是”。史記孔子世家：“（孔子）居衛月餘，靈公與夫人同車，宦者雍渠參乘，出，使孔子爲次乘，招摇市過之。孔子曰：‘吾未見好德如好色者也。’於是醜之，去衛。”

〔二〇〕爰過于蒲，蒲人止之：蒲，春秋衛邑。在今河南長垣縣縣城。止，截留。史記孔子世家：“過蒲，會公叔氏以蒲畔，蒲人止孔子。”

〔二一〕聞鳴犢殺，届河而返：鳴犢，即竇犨（字鳴犢），晉國賢大夫。届，至。返，洪本誤“迈”。

〔二二〕楚昭將聘而封之，子西沮之：聘，喬本、洪本、吳本作“聠”，備要本作“睎”，誤。此從四庫本。沮，阻止。洪本、吳本誤“粗”。史記孔子世家：“（楚）昭王將以書社地七百里封孔子。楚令尹子西曰：‘王之使使諸侯有如子貢者乎？’曰：‘無有。’‘王之輔相有如顔回者乎？’曰：‘無有。’‘王之將率有如子路者乎？’曰：‘無有。’‘王之官尹有如宰予者乎？’曰：‘無有。’‘且楚之祖封於周，號爲子男五十里。今孔丘述三五之法，明周召之業，王若用之，則楚安得世世堂堂方數千里乎？夫文王在豐，武王在鎬，百里之君卒王天下。今孔丘得據土壤，賢弟子爲佐，非楚之福也。’昭王乃止。”

〔二三〕靈公者老益荒怠也，違夫子，詭而問陣：荒怠，縱逸怠惰。違，遠離。詭，怪異，反常。問陣，四庫本如此，是，今從之。餘本“問”均誤“違”。史記孔子世家：“他日，靈公問兵陳。孔子曰：‘俎豆之事則嘗聞之，軍旅之事未之學也。’……孔子遂行。”彦按：史記孔子世家，衛靈公問陣在楚昭將封孔子而子西沮之前。路史敍事失次。

〔二四〕魯以冉有之言而迎請子：史記孔子世家“冉有爲季氏將師，與齊戰於郎，克之。季康子曰：‘子之於軍旅，學之乎？性之乎？’冉有曰：‘學之於孔子。’季康子曰：‘孔子何如人哉？’對曰：‘用之有名；播之百姓，質諸鬼神而無憾。求之至於此道，雖累千社，夫子不利也。’康子曰：‘我欲召之，可乎？’對曰：‘欲召之，則毋以小人固之，則可矣。’……會季康子逐公華、公賓、公林以幣迎孔子,孔子歸魯。”

〔二五〕自衛返魯:吴本、四庫本“返”作“反”。

〔二六〕見左傳哀公十一年。 孔文子將攻大叔:孔文子,衛卿。喬本、洪本譌“孔文孔”,今據餘本訂正。大叔,指大叔疾,衛臣。喬本“叔”譌“攵”,今據餘諸本訂正。 胡簋:喬本、備要本作“盍簋”,四庫本作“簠簋”,同。此姑從洪本及吴本,以與左傳一致。

〔二七〕文子止之:備要本如此,是,今從之。餘諸本“文子”均作“之子”。

〔二八〕幣:洪本譌“弊”。

〔二九〕論語所載:指論語衛靈公所載事:“衛靈公問陳於孔子。孔子對曰:‘俎豆之事,則嘗聞之矣;軍旅之事,未之學也。’明日遂行。”

〔三〇〕按子以敬王二十三年去魯,時年五十六:二十三年,吴本“年”譌“全”。彦按:“二十三”疑當作“二十四”。據史記孔子世家“定公十四年,孔子年五十六”,魯定公十四年時當周敬王二十四年也。

〔三一〕居外凡十有三年:彦按:史記孔子世家則云:“孔子之去魯凡十四歲而反乎魯。”然司馬貞索隱指出:“前文孔子以定公十四年去魯,計至此十三年。”是也。 季康子逐公華、公賓、公林以幣迎子:季康子,魯國正卿。吴本“康”譌“庚”。逐,猶遣。公華、公賓、公林,三人皆季氏家臣。幣,洪本作“弊”,吴本作“幣”,俱誤。

〔三二〕凡兩至陳、蔡:吴本“凡”作“此”誤。

〔三三〕年運而往:歲月流逝。 始傷卒老而不得載之行事:卒老,終老。行事,指已發生之史實。史記太史公自序:“子曰:‘我欲載之空言,不如見之於行事之深切著明也。’” 乃删詩,定書,正禮、樂,繫周易,作春秋,以爲萬世之典法:繫,聯綴,編次。典法,此從四庫本。餘本“典”作“腆”,非。

〔三四〕坐奠之祥作:死亡之徵兆出現。實即“逝世”之委婉説法。“坐奠”語出禮記檀弓上:“夫子曰:‘……夏后氏殯於東階之上,則猶在阼也。殷人殯於兩楹之間,則與賓主夾之也。周人殯於西階之上,則猶賓之也。而丘也,殷人也。予疇昔之夜,夢坐奠於兩楹之間。(鄭玄注:“是夢坐兩楹之間而見饋食也。”)夫明王不興,而天下其孰能宗予?予殆將死也。’蓋寢疾七日而没。”因用爲孔子辭世之典。 其惓惓於數篇之空言可知矣:惓惓,同“眷眷”。意志專一貌。空言,是一個與"行事"相對的概念,指義理之闡發。

〔三五〕藏之屋壁:指漢代發現於孔子宅壁中之藏書,即所謂之"壁中書"。一般認爲這些書是戰國時的寫本,至秦始皇焚書坑儒時,由孔子後人藏入壁中的。

〔三六〕人事焉爾:人事存於此。謂人世間事於此可見。

〔三七〕是故畏匡、厄蔡,禍也,乃不憂己之喪而憂文之喪:論語子罕:"子畏於匡,曰:'文王既没,文不在兹乎? 天之將喪斯文也,後死者不得與於斯文也;天之未喪斯文也,匡人其如予何?'"

〔三八〕若以爲重繆公之改過:吳本"若"作"君"。參見上篇獲麟解上注〔三六〕。　要服之荒君:要服,古五服之一,指王畿外一千五百里至二千里之地。泛指邊遠地區。荒君,反復多變之君。"荒"謂"荒忽"。　至死而猶用其良:見後紀四諸帝贊語帝承注〔一〕、注〔三〕。

〔三九〕小白一霸而陳完來:小白,即春秋齊桓公。陳完,春秋陳厲公子,内亂而奔齊,齊桓公以爲工正。後代逐漸強盛,終於奪取齊國政權,史稱"田齊"。　魏丕受禪而仲達舉:魏丕,指三國魏文帝曹丕。仲達,即司馬懿(字仲達)。懿爲曹魏能臣,深得曹操、曹丕、曹叡(魏明帝)重用。齊王曹芳即位,與皇族曹爽同受遺詔輔政,乃殺曹爽,專國柄。死後,子師、昭相繼專權。至孫炎終代魏稱帝,建立晉朝。

〔四〇〕赧卒之歲,劉季肇生:赧,各本均作"服"。彦按:作"服"殊不可解,當是"赧"字形譌。赧指周赧王。據史記周本紀,王赧在位五十九年而卒,"後七歲,秦莊襄王滅東(西)周。東西周皆入于秦,周既不祀。"王赧五十九年,時當公元前256年,劉邦亦正生於此年。今訂正。生,喬本譌"主",此從餘諸本。　齊滅之年,侯景載孕:載,始。彦按:南齊滅亡之年在公元502年。侯景出生於公元503年。　而建成、元吉遇害之際,正武氏之首胎:首,始。參見國名紀三高辛氏後注〔二八二〕。彦按:建成、元吉遇害之年在武德九年,即公元626年,而武則天生於公元624年,此但大概言之。

〔四一〕蒙:猶"愚"。

〔四二〕剥膚:謂災禍迫身。語本易剥六四象辭:"剥牀以膚,切近災也。"剥,裂。以,及。膚,指牀面。

〔四三〕繆誓之接於周，奚惑焉：繆誓，即秦誓，以爲秦穆公所作誓，故稱（“繆”通“穆”）。奚，喬本、洪本譌“美”，今據餘本訂正。

〔四四〕而繆公，周之異姓：四庫本如此，是，今從之。餘本“繆公周”均誤倒作“繆周公”。

〔四五〕詔：教。　惟毋曰“所感而起，故所以爲終”而已：毋，“毋”之古字。“所感而起，故所以爲終”，杜預春秋左氏經傳集解序語，“故”作“固”，其文曰：“麟、鳳五靈，王者之嘉瑞也。今麟出非其時，虚其應而失其歸，此聖人所以爲感也。絶筆於獲麟之一句者，所感而起，固所以爲終也。”吴本、備要本此下有“孔叢子曰”云云一段文字，另起一行、低一格書。蓋非羅苹注路史原書所有，今不取。

明微子

賢者以一身爲萬世法。有不幸而遭世之亂，其所以潔身而去之者，亦已難矣，而世之君子弗之或察，又從而誣之，遂使去就之義不明見於天下、後世，而姦人倍叛得以迹其誣而資口實，真可謂不幸矣[一]。

微子，紂之庶兄也。其去商也，蓋以紂錯天命，埶亡將至而將不免者，於是不忍坐視其壓，不得已而去之[二]。故孔子曰：“商有三仁”，“微子去之”[三]。初不明其何之，而説者乃以爲抱祭器以歸周。吁，有是哉！按商本紀：數諫不入，乃與太師、少師謀而去之[四]。及比干以諫死，箕子奴，而後商太師、少師挾祭樂器以奔周。武於是乘以東伐于商[五]。二師初不明誰何人，至周本紀則以爲太師疵、少師强[六]。事本周書。當時蓋有挾器去者，而非箕子、微子也。惟宋世家始言武之伐商，微子自持祭器，伏於軍門[七]。可謂擇焉而不精矣。至蘇古史，遂正以爲商紂之亂，微子即持祭器以降于周[八]。果可實乎？夫微子之去也，豈苟然哉！其謀之箕、比也熟矣，故其言曰：“我其發出狂？吾家耄、遜于荒〔九〕？”而父師之詔亦曰：“王子出迪！”〔一〇〕則微子之去志決，已久矣。其所以遲吾行者，特欲二子之一言鍵其決爾〔一一〕。所謂去之者，特不在其朝；而其所謂“遜於荒”者，直亦盤庚之出遜荒野以自免于刑戮而已矣〔一二〕。何至挾祭器降周哉？

抑嘗稽之，箕、比、微子，皆紂之懿親，位尊地近，而與紂同休戚者也〔一三〕。紂之不道，固不得而苟去。今也即其自靖之語觀之，則知三子固恐一旦溘先修夜，則無以縠先王，而欲各盡其忠以自獻者，顧忍以先王重器適他人乎〔一四〕？紂雖暴虐，吾之天屬；宗國雖危，猶未泯也〔一五〕。孰有宗國未泯，遽倍天屬，挾彝器而屬之異姓之仇者〔一六〕？覘成敗，賣宗戚，此項伯之所以爲利，鄉里自好者有所不爲，而謂仁人爲之乎〔一七〕？且微子之辱身而急歸周，將有益於國乎？抑無益乎？使周而成，果行王政，則成湯且不廢禹之祀，武王其肯絕湯祀乎？使其不有存繼之心，而遽挾此危亂不詳之器以趣新造之邦，祇以蒙詬而貽戮，曷補於國〔一八〕？辱其身，無益宗國，雖甚戀有不爲，而謂微子爲之乎〔一九〕？方商阽危，微爲重親，使潔身以去之，則爲仁；若棄商而歸周，則爲叛〔二〇〕。謂仁人者，決不叛君親於危迫之際；而叛君親於危迫之際者，決非仁人。二者甚冰炭也。況以重器歸他人乎？僖公之六年，楚人克許，許子面縛，啣璧，衰絰，輿櫬，見楚子〔二一〕。楚子問焉，逢伯對曰：“昔武王克商，微子啓如是。武王親釋其縛，受其璧而祓之，焚其櫬，禮而命之，使復其所〔二二〕。”是則微子之歸周，在商之既滅而祿父已封之後；其去商也，蓋當邦之未喪，箕、比無恙之時矣〔二三〕。其遜去者，特以跧伏隱晦，以俟紂之改若宗國之復存爾〔二四〕。及紂不悛，箕奴比死，武一舉而踣之，當此之時，微子在野，俱無一毫豫於間也〔二五〕。何以覘之〔二六〕，微子、武庚尊卑賢否正相遜也，使商未亡，微子先降于周，則已在武王之側矣，以武王之賢而呂望、周公實相之，二子在側，詎肯捨長立幼，弃賢而植不肖,以遺後世之憂哉？蓋武克商,急於大義,未及下車而亟求商後,故即武庚而立之,未暇於微子也。及夫武庚已國,微子始見,於乃袚而復之微[二七]。暨武王崩,成王幼,管蔡挾武庚以叛周,周公誅之,然後訪微子而立之。其始終去就正如是也。面縛啣璧,曷嘗有祭器之抱持哉[二八]？

雖然,史遷本紀以爲微子去而後比干死,比干死而後箕子奴,於是太師、少師始奔[二九]。宋世家則謂箕子不忍彰君之惡,徉狂爲奴;比干見其奴,乃諫而死;於是太師、少師乃諫,微子乃去[三○]。其先後正衡決。與孔子之言,學者固折衷於孔子[三一]。然而賢者之去就,有未大明,則將有以資亂,故併覈[三二]。

【校注】

〔一〕迹:依循,根據。吳本作“迏”。

〔二〕其去商也,蓋以紂錯天命,墊亡將至而將不免者,於是不忍坐視其壓:商,喬本、洪本作“適”誤,今據餘本訂正。錯,亂。書微子序:“殷既錯天命,微子作誥父師、少師。”墊亡,猶淪亡。壓,崩壞,垮臺。說文土部:“壓,壞也。”

〔三〕論語微子:“微子去之,箕子爲之奴,比干諫而死。孔子曰:‘殷有三仁焉。’”

〔四〕商本紀:即史記殷本紀。

〔五〕東伐于商:四庫本如此,是,今從之。餘諸本“于”均譌“二”。

〔六〕太師庇、少師强:今史記周本紀“庇”作“疵”,“强”作“彊”。

〔七〕軍門:軍營之門。史記宋微子世家:“周武王伐紂克殷,微子乃持其祭器造於軍門,肉袒面縛,左牽羊,右把茅,膝行而前以告。”

〔八〕見宋蘇轍古史卷十五宋微子世家第八。　遂正以爲商紂之亂:吳本“正以爲”作“以正爲”誤。

〔九〕我其發出狂？吾家耄、遜于荒:見書微子,爲微子微詢父師(箕子)、少師(比干)語。屈萬里注:“發,行。狂,應依史記作往。耄,老。遜,遁。荒,荒野。”

〔一○〕詔:告,勸告。　出迪:出行,離去。

〔一一〕鍵其決：鎖定自己的決心，確立自己的決定。

〔一二〕直亦盤庚之出避荒野以自免于刑戮而已矣：彥按：未聞盤庚有“出避荒野以自免于刑戮”事，此“盤庚之”三字疑爲衍文。

〔一三〕休戚：憂樂，悲歡。戚，“慼”之古字。

〔一四〕自靖之語：指書微子載父師（箕子）答微子徵詢之語：“商今其有災，我興受其敗。商其淪喪，我罔爲臣僕。詔王子出迪，我舊云刻子；王子弗出，我乃顛隮。自靖，人自獻于先王。我不顧行遯。”孔氏傳釋“自靖”句云：“各自謀行其志，人人自獻達于先王，以不失道。”爾雅釋詁：“靖，謀也。”　溘先修夜：溘，謂溘死，忽然死去。修夜，長夜。喻指黑暗政治。　穀先王：穀，養，食，謂奉祀。先王，洪本、吳本譌“先生”。

〔一五〕天屬：父子、兄弟、姊妹等有血緣關係之親屬。

〔一六〕者：四庫本作“乎”。

〔一七〕覬成敗：覬，企求，希圖。成敗，複詞偏義，謂成功。　項伯：見後紀十高辛紀下注〔三九一〕。

〔一八〕存繼：指存亡國，繼絶世。　不詳：不祥。“詳”通“祥”，四庫本、備要本作“祥”。　蒙詬而貽戮：蒙恥受辱。廣雅釋詁三：“戮，辱也。”

〔一九〕雖甚戇有不爲，而謂微子爲之乎：甚，吳本作“其”非。而，你。

〔二〇〕阽危：危險。廣雅釋詁一：“阽，危也。”備要本如此，是，今從之。餘本“阽”均作“占”。

〔二一〕僖公之六年，楚人克許，許子面縛，啣璧，衰絰，輿櫬，見楚子：見是年左傳，而頗有出入。彥按：左傳文作：“秋，楚子圍許以救鄭，諸侯救許，乃還。冬，蔡穆侯將許僖公以見楚子於武城。許男面縛，銜璧，大夫衰絰，士輿櫬。”杜預注云：“楚子退舍武城，猶有忿志，而諸侯各罷兵，故蔡將許君歸楚。”是路史“楚人克許”之説並不準確。又春秋、左傳稱許君皆作許男，路史改稱“許子”，亦未妥。面縛，反綁雙手。“面”通“偭”，背。啣璧，“啣”同“銜”，“璧”洪本、吳本作“壁”。楊伯峻春秋左傳注：“古人死多含珠玉，此所以示不生。……楚王受璧，示許其生。”衰絰（cuī dié），穿喪服。洪本“絰”譌“經”。輿櫬，車載棺材。洪本、吳本“櫬”譌“襯”。

〔二二〕克商：左傳“商”作“殷”。　祓之：祓，除凶去邪之禮。　焚其櫬：

喬本、洪本、備要本"槪"譌"襯"。此據吳本、四庫本訂正。

〔二三〕其去商也：喬本、洪本"商"作"適"誤。今據餘本訂正。

〔二四〕跧伏：同蜷伏。謂屈體隱伏。喬本"跧"作"全"非，此從餘諸本。　若宗國之復存爾：若，與。

〔二五〕悛：悔改。　武一舉而蹳之：吳本、四庫本、備要本"武一舉"作"武王舉"。蹳（bó），打倒，推翻。

〔二六〕覸：音 jiān，見。

〔二七〕於乃被而復之微：四庫本"於"作"王"。微，地名，在今山西潞城市微子鎮。

〔二八〕彥按：羅氏以上所論，大抵本於宋林之奇尚書全解之説而有所發揮。今摘録林氏之説於下以資參照。尚書全解卷二一微子（商書）云："微子之歸周，蓋武王克商之後。當其去商也，姑欲遯迹于荒野以避禍自全，而待紂之改過，猶冀其宗廟社稷之復存，此其行遯之本心也。至於紂之惡不悛，爲武王之所滅而其國亡矣，於是不忍商祀之顛隮，出而抱先王之祭器以歸周，而爲商請後。此蓋出於無可奈何之計爾，非其本心也。若如或者之論，以抱祭器而歸周爲微子之遯，則是其紂之時不忍其國之亡而竊其祭器之他人之國，豈微子之所忍爲者哉？故論微子之行遯者，未可以抱祭器而爲言也。"又卷二七微子之命（周書）云："微子之篇曰：'詔王子出迪。'孔子曰：'微子去之。'則微子當紂之時蓋處可疑之地，不可以諫而去商矣。雖其去商，然亦遯于荒野而已，未適他國也。及武王既克紂，痛社稷之無主，於是始抱祭器以歸周。"

〔二九〕史遷本紀：吳本、四庫本、備要本如此，於義爲長，今從之。喬本、洪本"史遷"作"遷史"。本紀，指史記殷本紀。

〔三〇〕宋世家：即史記宋微子世家。各本"宋"均譌"周"，今訂正。　詳狂："詳"通"佯"，假裝。吳本譌"狋"。　於是太師、少師乃諫，微子乃去：史記文作："於是太師、少師乃勸微子去，遂行。"路史之説走樣。

〔三一〕孔子之言：指論語微子所載者，見上注〔三〕。

〔三二〕故併覈：吳本、四庫本"併"作"并"。吳本、備要本此下有"柳柳州曰"云云一段文字，另起一行、低一格書。蓋非羅苹注路史原書所有，今不取。

氏姓之諜〔一〕

古者有史官，左史記言，右史記事〔二〕。而氏族之諜，別自一家也。是故有内傳，有外傳，而又有世本之書，不可節也〔三〕。太史公作史記，乃以其族舊之逐國與人，天下謂之紀傳〔四〕。於是事類始有弃大而録小〔五〕。太史公可也。而自固以下，不之能改，是爲得與〔六〕？歐陽子之紀唐氏也，爰表世系，蓋欲景文之爲臣〔七〕。而世不之知，遂使宰相、宗室至今異傳，諒可嘆也〔八〕。

予述路史，既歸天下之氏姓，而特異高辛氏族姓之多〔九〕。及爲之紀，而復歎後世氏族之不講也〔一〇〕。夫氏姓之著，人倫之所繇敍，風俗之所繇篤，亦政教之甚急也，而世咸忽之，使不明焉〔一一〕。然則俗之澆惡，豈惟民之罪哉〔一二〕？古者司商以協民姓，民庶之家無妄改也〔一三〕。後世官曆之書，反著天老乞姓之文，此何爲邪〔一四〕？若是而欲氏族之不亂，不可得矣。武爲蝮，楊爲梟，蕭爲蛸，孫爲屬，此惡號也，亦必有繇焉〔一五〕。王爲可頻，李爲徒何，楊爲普陋如，而蔡爲大利稽，此夷語也，然而猶可稽也〔一六〕。奈何氏姓之書，不知其繇，乃復妄爲之説，——如以雙姓爲出蒙雙，奇姓爲出伯奇，愚出愚公，度出度支，軍本冠軍，皇本三皇，兒因語兒，終由六終，春則自於春申，有則自於有巢，居本於先且居，西本於西門豹，謂爲匠麗之變謂，冷爲泠倫之訛，芻因於牛哀之食芻，兹因於才子之宣兹，審出於面勢之審曲，此何典故〔一七〕？又若以童爲出老童，而洪出於共工，箕出商紂，伊繇唐堯，昌繇昌意，累出累祖，聃出於聃叔季載，而卑本於卑耳之國，其妄繆可勝檗邪〔一八〕？

上世書必同文，而後世儒流視爲小伎，漫不之習，無惑乎氏姓之失其統也。且以山名非必從山，鳥名非必從鳥，草木之名豈皆傍施草木,蚩魚之字奚必側設蚩魚〔一九〕。是則國邑之名,古之從邑者甚少,今也不原其始,而謂邾、郔、酄、邞、邾、邛、鄿、郜、郞、郎、鄣、鄃、鄟、郶、邤、郖、邡、酁、邠、邵、郹、廊、邴、郹、鄂、鄄、郎、鄃、邗、郶、郮、郏、鄭、鄍、郖、郜之類,皆因失國避難而去“邑”,不知從“邑”者乃後世之俗制,古希有也。張納碑言張本張星,柳敏碣言柳因柳宿,果何據邪〔二〇〕?盧、雷、陳、甄,既云聲轉;仇、求,棘、棗則謂仇改:惟不學之過哉〔二一〕!亦不識字之所致也。

　　往予嘗謂王羲之弄筆,寫“林禽”爲“來禽”,而世亦千年弗知,反爲説曰:果孰禽來,而以爲名〔二二〕。俗儒之可笑,類如此。東方生曰“來來爲棗”,而棗陽本棘陽也,予以是知文士傳棘祗“棘”據之改爲“棗”,非避仇也〔二三〕。世之避翼祖諱者,析其字以爲文、苟二氏,而不知翼祖之諱不從“苟”、不從“文”也〔二四〕。昔者魯之公索氏將祭而忘其姓,人以是龜其必亡〔二五〕。而隨之文帝惡“隨”之從“辵”,乃去其“辵”以爲“隋”〔二六〕。不知隋自音妥,隋者尸祭鬼神之物也,守祧“既祭,則藏其隋”〔二七〕。亦云“隋釁”,殺裂落肉之名也〔二八〕。卒之,國以隋裂而終。則書名之讖,其禍如是,然則君子可不知所戒哉〔二九〕?

　　今夫百齡之木,柯十而枝百,條十同葉萬,同一根柢也〔三〇〕。使盼其葉,而曰是云本遠,是不繇於其幹,可乎〔三一〕?是故循其枝而求其本則易,從其本而求其末則難。三代之君,獨商、周爲長世,故其爲氏姓也尤繁,此不得不紀也。予述路史,又綴國名記,而後天下之氏姓始大定〔三二〕。循而索之,則民德歸厚矣,豈徒區區之虛文哉〔三三〕!

【校注】

〔一〕氏姓之諜:諜,通“牒”,譜録。四庫本作“牒”,下“而氏族之諜”之“諜”同。

〔二〕漢書藝文志:“古之王者,世有史官,君舉必書,所以慎言行,昭法式也。左史記言,右史記事,事爲春秋,言爲尚書,帝王靡不同之。"

〔三〕此以內傳屬記言之書,外傳屬記事之書,世本之書屬氏族之牒。

〔四〕族舊:世族勳舊,泛稱世家大族及功勳舊臣。

〔五〕事類:引用古事故實以類比事理之撰述。

〔六〕固:謂班固。

〔七〕歐陽子之紀唐氏也,爰表世系,蓋欲景文之爲臣:歐陽子,指宋歐陽修。景文,指宋宋祁(謚景文)。新唐書之紀、志、表舊題歐陽修撰,列傳則宋祁撰。歐陽氏主撰之表,屬世系者有宗室世系表(分上、下二表)及宰相世系表(分十二表)。爲臣,謂居於次要地位。彥按:羅氏以爲歐陽氏撰新唐書之世系表,有與宋祁爭勝之意,純屬臆測,並無根據。

〔八〕諒:誠然,實在。

〔九〕既歸:喬本、洪本誤倒作"歸既",今據餘本訂正。

〔一〇〕及爲之紀:吳本、四庫本"及"作"乃"非。

〔一一〕人倫之所繇敍:四庫本"繇"作"由"。下諸"繇"字同。　而世咸忽之:洪本、吳本"咸"作"或"。

〔一二〕澆惡:澆薄醜陋。

〔一三〕古者司商以協民姓:國語周語上:"司商協民姓。"韋昭注:"司商,掌賜族受姓之官。"

〔一四〕天老乞姓:其事未詳。天老,黃帝輔臣。

〔一五〕武爲螝:見後紀十高辛紀下注〔四三〇〕。　楊爲梟:各本"楊"均譌"揚",今訂正。見後紀十高辛紀下注〔三三七〕。　蕭爲蛸:喬本、洪本、備要本"蕭"譌"簫",此從吳本及四庫本。見後紀十高辛紀下注〔六〇四〕。　孫爲屬:見後紀十高辛紀下注〔一〇七〕。

〔一六〕王爲可頻:見後紀十高辛紀下注〔三五七〕。　李爲徒何:見後紀七小昊青陽氏注〔三六三〕。　楊爲普陋如:見後紀十高辛紀下注〔三三八〕。　而蔡爲大利稽:見後紀十高辛紀下注〔五三〕。

〔一七〕以雙姓爲出蒙雙:喬本"蒙"譌"家",今據餘諸本訂正。參見國名紀三高陽氏後注〔二六六〕。　奇姓爲出伯奇:見後紀十高辛紀下注〔三八一〕。　愚出愚公:元和姓纂卷二虞韻愚云:"愚公之後,今無聞。"　度出度支:元和姓纂卷八暮韻度云:"古掌度支之官,因以命氏。" 軍本冠軍:元和姓纂卷三文軍云:"冠軍侯之後,因以爲姓。"冠軍侯,指西漢驃騎將軍霍去病。霍氏於地節三年以擊匈奴有功封冠軍侯。 皇本三皇:古今姓氏書辯證卷一五唐韻皇:"風俗通云三皇之後,非也。謹按:皇氏出自子姓。宋戴公子充石,字皇父,爲宋司徒,其孫南雍缺,以王父字爲皇父氏。或去'父'稱皇氏。蓋古者冠字,而六十稱父,別爲兩氏,於理有稽。" 兒因語兒:通志卷二八氏族略四以事爲氏兒氏云:"吳郡有語兒,生而能語,子孫氏焉。" 終由六終:洪本、吳本、四庫本"由"作"因"。六終,即陸終。古今姓氏書辯證卷一東韻上終云:"何文通姓苑曰:'出自顓帝裔孫陸終,其後以王父字爲氏。'"而春秋隱公元年"公及邾儀父盟于蔑"孔穎達疏云:"顓頊之後有六終。"亦見於新唐書宰相世系表四下。 春則自於春申:元和姓纂卷三諄韻春:"風俗通云:楚相黃歇,號春申君,子孫氏焉。" 有則自於有巢:元和姓纂卷七有韻有:"風俗通,有巢氏之後。" 居本於先且居:喬本"居本"之"居"譌"由"。元和姓纂卷二魚韻居:"晉大夫先且居之後,以王父字爲氏。" 西本於西門豹:元和姓纂卷三齊韻西:"姓苑云:西門豹之後,改爲西氏。" 謂爲匠麗之變謂:匠麗,春秋晉大夫。吳本、四庫本、備要本"匠"作"象"非。彥按:此説可疑,查無出處。疑首"謂"字當作"麗"。宋章定名賢氏族言行類稿卷四三麗云:"晉匠麗氏之後。"是也。又末"謂"字疑爲衍文。 泠爲泠倫之訛:泠,喬本、備要本作"泠"誤,今從洪本、吳本、四庫本訂作"泠"。泠倫,備要本如此,是,今從之。餘本均作"冷倫"。見國名紀六三皇之世注〔六九〕。元和姓纂卷五青韻泠云:"音零,泠淪氏之後,音訛爲冷氏。" 芻因於牛哀之食芻:牛哀,即公牛哀,見淮南子俶真篇:"昔公牛哀轉病也,七日化爲虎。其兄掩戶而入覘之,則虎搏而殺之。"芻,喂牲口的草料。元和姓纂卷二虞韻芻云:"牛(衰)〔哀〕食芻,改姓芻氏。見姓苑。" 兹因於才子之宣兹:不詳,待考。 審出於面勢之審曲:之,猶"而"。面勢之審曲,借指匠人。典出周禮考工記序:"或審曲面埶,以飭五材,以辨民器。"鄭玄注引鄭司農云:"審曲面埶,審察五材曲直、方面形埶之宜以治之,及陰陽之面背是也。"

〔一八〕以童爲出老童:見國名紀六夏世侯伯注〔五〕。 而洪出於共工:元和姓纂卷一東韻洪云:"共工氏之後。本姓共氏,因避仇,改洪氏。" 箕出商紂:此說出處不詳,待考。 伊繇唐堯:元和姓纂卷二脂韻伊云:"帝堯伊祁氏之(允)[胤]。" 昌繇昌意:彦按:本書國名紀一黄帝後姬姓國亦云:"昌,昌意後。"而此以爲妄繆,自相牴牾,其中必有一誤。 累出累祖:吴本"出"譌"世"。累祖,即嫘祖。古今姓氏書辯證卷三脂韻纍云:"風俗通曰:嫘祖之後,或爲纍氏。" 聃出於聃叔季載:"聃"字喬本、洪本、四庫本作"聃",吴本作"聃",此從備要本訂作"聃"。"聃叔"之"聃"同。史記字作"冄"(同"冉"),王引之春秋名字解詁下以爲:"冄,讀爲聃。冄、聃古字通。"備要本"於聃叔"作"聃於叔"誤。古今姓氏書辯證卷二八琰韻冉云:"元和姓纂曰:'大夫叔山冉之後。'按此本無明據。而周文王子封於聃,太史公省聃爲冉,則冉出於聃,最爲有理。今宜曰:魯國冉氏,出自姬姓。周文王子聃季載以國爲氏,後人去'耳'爲冉氏。" 而卑本於卑耳之國:元和姓纂卷二支韻卑云:"卑耳國人之後。" 其妄繆可勝椉邪:吴本、四庫本"可勝"作"何可"。椉,量,衡量。

〔一九〕且以山名非必從山,鳥名非必從鳥:吴本、四庫本"山名"作"名山",四庫本"鳥名"作"名鳥"。 蚰魚之字奚必側設蚰魚:首出"蚰魚"之"魚"字,除四庫本外,餘皆作"鳥"。彦按:作"鳥"則與下"奚必側設蚰魚"不能相應,其誤顯然,今改從四庫本。側,喬本、洪本作"則"誤,此從餘本。"側設"與前句"傍施"爲對文。

〔二〇〕張納碑言張本張星:張納,東漢巴郡太守。張星,指二十八宿之張宿。洪适隸釋卷五巴郡太守張納碑:"君諱納,……其先□□之冑。立姓定氏應天文像。"洪氏跋語曰:"碑云'立姓定氏應天文像',蓋謂二十八舍有張宿。其不經與柳敏碑同。" 柳敏碣言柳因柳宿:柳敏,東漢孝廉、五官功曹守宕渠令。吴本"因"作"目",蓋欲作"曰"而譌者。柳宿,二十八宿之一。隸釋卷八孝廉柳敏碑云:"故孝廉柳君諱敏,字愚卿。其先蓋五行星仲廿八舍柳宿之精也。"

〔二一〕盧、雷,陳、甄,既云聲轉:元和姓纂卷三模韻盧云:"唐瀛州刺史祖尚,自云本范陽人,本姓雷氏,後周初,以'雷''盧'聲相近,改姓盧氏。"陳、甄聲轉改姓之説不詳。 仇、求,棗、棘則謂仇改:古今姓氏書辯證卷一八尤韻上求引姓苑云:"本仇氏,避難改焉。"棗、棘謂仇改,見後紀八帝顓頊高陽氏注〔三九三〕。

〔二二〕往予嘗謂王羲之弄筆,寫林禽爲"來禽":弄筆,執筆以書。林禽,即林檎,水果名。來禽,吴本、四庫本"禽"作"禽"。下"禽來"之"禽"同。王氏此書,見其青李來禽帖。　果孰禽來:孰,"熟"之古字。

〔二三〕東方生曰"來來爲棗":東方生,指漢東方朔。藝文類聚卷八七菓部下棗引東方朔傳曰:"武帝時,上林獻棗。上以枝擊未央前殿檻,呼朔曰:'叱,來!叱,來!先生知此篋中何物?'朔曰:'上林獻棗四十九枚。'上曰:'何以知之?'朔曰:'呼朔者,上也。以枝擊檻,兩木,林也。曰"朔來朔來"者,棗也。"叱叱"者,四十九。'上大笑,賜帛十疋。"　而棗陽本棘陽也:宋朱熹資治通鑑綱目卷八上新莽地皇三年"漢宗室劉縯及弟秀起兵春陵興復帝室,新市、平林兵皆附之"集覽云:"棘陽,本漢蔡陽縣地,屬南陽郡。隋改棗陽縣,宋陞爲棗陽軍。"　文士傳棘祗"棘"據之改爲"棗":文士傳,書名。晉張隱撰。各本"傳"均作"士",誤。今訂作"傳"。棘祗,東漢羽林監。備要本"祗"作"祇"。三國志魏志任峻傳"軍國之饒,起於棗祗而成於峻"裴松之注引文士傳曰:"祗本姓棘,先人避難,易爲棗。"

〔二四〕世之避翼祖諱者,析其字以爲文、苟二氏,而不知翼祖之諱不從"苟"、不從"文"也:吴本、四庫本、備要本未見此三十字。翼祖,宋太祖趙匡胤祖趙敬廟號。宋邵博聞見後錄卷二一云:"文潞公本姓敬,其曾大父避石晉高祖諱,更姓文。至漢,復姓敬。入本朝,其大父避翼祖諱,又更姓文。初,敬氏避諱,各用其一偏,或爲文氏,或爲苟氏。然敬字從苟(己力切,音棘),非苟也;從攴,非文也:俱非其一偏也。"

〔二五〕昔者魯之公索氏將祭而忘其姓,人以是龜其必亡:姓,孔子家語好生、説苑權謀均作"牲"。彦按:蓋羅氏所見典籍有作"姓"者,然當屬譌字也,今引以論姓氏,甚誤。卜,預知。孔子家語云:"魯公索氏將祭而亡其牲。孔子聞之,曰:'公索氏不及二年將亡。'後一年而亡。門人問曰:'昔公索氏亡其祭牲,而夫子曰不及二年必亡,今過期而亡,夫子何以知其然?'孔子曰:'夫祭者,孝子所以自盡於其親。將祭而亡其牲,則其餘所亡者多矣。若此而不亡者,未之有也。'"説苑"二年"作"三年",餘大同。

〔二六〕宋郭忠恕佩觿卷上"文帝之'隨'中去'辵'"注:"隨文以周、齊不遑寧處,故去'辵',言'辵,走也',遂作'隋'。"亦見諸宋吴曾能改齋漫録卷二事始古無隋字、宋王楙野客叢書卷二一字文增減,説法大同。

〔二七〕隋自音妥:廣韻果韻:“隋,裂肉。”音同“妥”,他果切。　隋者尸祭鬼神之物也,守祧“既祭,則藏其隋”:守祧,古官名。掌守先王先公之廟。各本“祧”均譌“褅”,今訂正。周禮春官守祧:“既祭,則藏其隋與其服。”鄭玄注:“隋,尸所祭肺脊黍稷之屬。”

〔二八〕亦云“隋釁”,殺裂落肉之名也:隋釁,各本均無“隋”字。彦按:當作“隋釁”。下“殺裂落肉之名也”乃釋此“隋釁”之“隋”字也。蓋偶脱“隋”字耳,今訂補。周禮春官大祝“隋釁”,鄭玄注:“隋釁,謂薦血也。凡血祭曰釁。”殺裂,撕裂。落,謂脱離。彦按:説文肉部云:“隋,裂肉也。”玉篇阜部云:“隋,落也。”羅氏“殺裂落肉”之解釋恰到好處地彌合了二書之詁。

〔二九〕則書名之讖:喬本、洪本“讖”作“講”誤,今據餘本訂正。

〔三〇〕柯:樹木之主枝。　條:細長之樹枝。　根柢:吴本、四庫本“柢”譌“抵”。

〔三一〕是云本遠:云,猶“于”。

〔三二〕國名記:四庫本“記”作“紀”。

〔三三〕吴本、備要本此下有關於“棗棘辨”一段文字,另起一行、低一格書。蓋非羅苹注路史原書所有,今不取。

路史卷三十六

發揮五

堯舜禹非謚辨〔一〕

學者必自見，不有所見，而惟一隅以求經，天下之通患也〔二〕。夷、益、弃、契，皆名也，而夷、弃獨以官稱〔三〕。稷，弃。益稷。虞伯、后稷、司徒，皆官也，而契洎益何爲以名著邪〔四〕？古之人，要不爲是拘也〔五〕。名分之際，要不可亂。非此，則惟取其辭之順而已。書曰"咨，伯"，謂宗伯也，即秩宗爾。伯，爵也，亦非字，周"五十以伯仲"〔六〕。

予述路史，既推堯、舜、禹爲之名矣，復以放勳、重華、文命爲之名〔七〕。學者疑焉，謂放勳、重華、文命，昔之人或以爲名，而堯及舜、禹在昔俱以爲謚，鮮有以爲名者。曰：否。皆名也。謚不出于古。書傳雖云謚出黃帝，然實出于周公。何以言之？予觀夏、商帝王皆非謚法知之也〔八〕。夏世帝王猶以名紀，至商始以甲乙爲號，故湯名履而號天乙，外丙、沃丁、太庚、小甲皆别有名，世不知也〔九〕。世本云湯名天乙，妄矣。惟湯名履，而又曰，舉世不知也〔一〇〕。説張晏、顔師古等以爲禹、湯皆字，亦非〔一一〕。特商國中一邑名爾〔一二〕。故潛夫論商後有湯氏，今相之湯陰，古北殷之地，昔秦伐湯是也〔一三〕。曰成湯者，猶成周然。死謚，周道也〔一四〕。古者生無爵，死無謚，故始皇之制曰："朕聞太古有號無謚，中古有號，死而以行爲謚。"〔一五〕是以秦秀謂："昔周公吊二季之陵遲，哀大道之不行，於是作謚以紀其終。"〔一六〕非古有之。而穀梁子亦曰："武王崩，周公制謚法,大行受大名,小行受小名,所以懲惡而勸善也。"〔一七〕世有謚法,輒悉文致,堯、舜、禹、湯、桀、紂之類而屬入之,蓋始於白虎羣儒,斯最荒唐者也〔一八〕。夫堯、舜、禹之爲名,固自章也〔一九〕。堯曰:"格汝舜",舜曰:"格汝禹","汝弃","汝契",是果名也〔二〇〕。若以爲謚,則弃、契、垂、益、夔、龍一皆爲謚而後可〔二一〕。"有鰥在下,曰虞舜",是豈鰥而在下,已有謚乎〔二二〕?

彼則又曰:此後世之追志。斯亦罔矣。夫書之於名分,法最嚴密,世莫稽也。方舜未嗣,每書以"舜",蓋未始一稱"帝"。逮其既立,則惟書"帝"而弗復書以"舜"。此則上古記史之法如是,抑豈先謚而後帝乎? 按舜典,未受禪命,則惟稱舜;其稱帝者,皆堯也〔二三〕。及文祖之後,始稱以帝,惟首咨四岳一稱舜,蓋方承代之初,所以別于堯爾〔二四〕。且堯典所稱帝皆爲堯,三謨所稱帝皆爲舜,亦宜審取〔二五〕。昔魏周訴謂魏君曰:"吾所賢者堯、舜,而堯、舜名",是古未嘗以爲謚也〔二六〕。然則其説謬於漢儒可知矣。雖然,堯、舜、禹之爲名,其受命於尊者,而放勳、重華之與文命則其號,謂之名,人之所以名之者也。放勳者,極功也;推而放之,無所至極者也〔二七〕。重華者,繼明也;紹堯之後,惟有光華〔二八〕。而文命,則特文德之命,若贊舜之格苗者是也〔二九〕。孟子曰:"放勳乃徂落","放勳曰:'勞之來之!'"〔三〇〕屈原曰:"嗟重華之不可迕","就重華而陳辭"〔三一〕。而書中候亦曰:"文命德盛,俊乂在官,而朱草生。"夫攷古之迹,必求古之無意於言者推之。屈、孟之書,此無意於言而又出於秦漢之前者也〔三二〕。然則史記、大戴、世本不爲無所本矣。王肅淺陋,其家語全取大戴禮五帝德,惟去其"放勳"、"重華"、"文命"與"赤帝"——爲"炎帝"——之語,且易其"秋乘龍"與"教熊羆"——爲"猛獸"——之説,特未達厥指爾〔三三〕。

説者又曰:放勳、重華,第言其德;乃若文命,而以爲之號名,則"敷于四海"者,爲何事邪〔三四〕? 以類言之,則"允迪"當爲皋陶之號,而下文亦不相侔〔三五〕。斯又繆矣〔三六〕。夫禹、皋兩謨,其文正異。其云“大禹謨曰”者，此敍書者之曰也；云“若稽古，大禹曰文命”者，此史官之曰；而“祗承于帝，曰”者，乃禹言也[三七]。蓋所謂“敷于四海”者，敷土也，禹既敷土，而後敬承于帝而言之也[三八]。是故，禹謨首三“曰”，而用各異。皋謨則不然。其云“皋陶曰：‘允迪厥德’”者，是直皋陶之言尒，故禹復之曰“俞”，斯可質矣[三九]。惟協于帝者舜之德，而敷于四海者禹之德然也。猶曰：其名如是，其德亦如是。若劉寬之寬，班固之固，申屠剛之能剛，謝安之能安，皆名象其德也[四〇]。若以是爲不侔，則重華之下，尤不侔矣，正不可若是其拘也[四一]。舜、禹帝者，故世有號以尊其名。皋陶人臣，自不應有，兹益可知。大抵陋儒敢于爲妄，章句之學雖不可泥，然亦有不可改[四二]。夫經指之久晦，正以章句之不明也。鄭少梅云：放勳、重華、文命，史官以此稱堯、舜、禹之功德[四三]。後世因史有是稱，遂以爲之號。如子貢稱孔子“天縱將聖”，後世因謂孔子爲將聖。然“允迪”不可爲皋陶之號，故不可以爲稱[四四]。程子云：放勳，猶言仲尼或曰“夫子”云[四五]。

　　或曰：孟子爲信，則“謀蓋都君”皇父謐既以爲舜之字矣，奚爲廢之[四六]？則又非也。楊雄、韓愈、李翱既有辨，蓋都鄙之君云尒[四七]。“一徙成市，再徙成都”，都之有君，自昔然也[四八]。雄、翺云，都鄙之都。愈云：張以都爲於，非也；君於都爾[四九]。

　　抑又論之：名以制義[五〇]。以義，則堯，遜也；舜，運也；禹，舉也[五一]。名有五，以德命爲義，斯之謂矣[五二]。堯，遜也。本只作垚，從三士，後下加兀；云“壘土而高”，非也[五三]。舜，轉也，變也，從舛，中戽捄轉之意[五四]。後加大——奕字，赫盛兒，故蕣華蔓蓐蕁，槿華翩反，皆有舜名[五五]。禹，舉也，從禸、九[五六]。禹，豸也，外柔而强[五七]。禹、禼同意，若夒、龍類，古人名多有此[五八]。廣雅云：“堯，嶢也[五九]。”鄭禮記云：舜，充也[六〇]。玉篇云[六一]：“禹，舒也。”是亦一義。翼善傳聖曰“堯”，仁聖盛明曰“舜”，受禪成功曰“禹”，後世影意之論[六二]。各詳紀注。嗟乎！堯、舜、禹之名一無所隱，而人之所以言之，亦惟如此而已。後世從文制爲號謐，緣天以諜之，曰“文”曰“武”，斯已矣[六三]。至唐天皇，事不師古，於是始取祖宗號謐而悉變之[六四]。天寶之後,加增重複,遂至繁不可紀[六五]。是則以爲過三聖邪？夫祖宗之功德果足以超世歟,則惟曰“放勳”,曰“重華”,一二言已足矣；苟無其實,是厚誣之,而誘後世之訕毁也。故孝子仁孫之欲顯其親,則莫若使名副其實,曷聞以號諡繁多之爲貴哉！莊生曰：“夫海不辭東流,大之至也。聖人并包天地,澤及天下,而不知其誰氏。是故生無爵,没無諡,實不聚,名不立。此之謂大人[六六]。”予以是益知堯、舜、禹之非諡。而後之學士,指言堯、舜、禹者,其爲不遜,昧去就甚矣[六七]！

景德元秊,命知制李宗諤等詳定正辭録[六八]。自今祝板先代帝王有言商王湯之類,今正辭録堯、舜並稱陶唐氏、有虞氏,其禹、湯並稱夏王、商王之類,斯爲得體[六九]。

【校注】

〔一〕辨：通“辯”。吴本、四庫本作“辯”。

〔二〕而惟一隅以求經：惟,通“唯”。喬本、洪本作“惟一”,當衍“一”字,此從餘本。吴本、四庫本作“唯”,下諸“惟”字同。一隅,謂片面。

〔三〕而夷、弃獨以官稱：夷,即伯夷。彦按：書舜典載舜命官,其於伯夷,曰：“俞咨！伯,汝作秩宗。”羅氏以此“伯”爲官稱也(見下羅苹注)。而屈萬里尚書今注今譯則曰：“史記‘伯’下有‘夷’字,是。”蓋疑書脱“夷”字。屈説似勝。弃,即后稷。“后稷”本爲古代農官之稱。

〔四〕虞伯、后稷、司徒,皆官也：虞伯,彦按：“伯”字不當有。書舜典云：“帝曰：‘俞咨！益,汝作朕虞！’”孔氏傳：“虞,掌山澤之官。”書舜典又云：“帝曰：‘棄！黎民阻飢,汝后稷,播時百穀！’”又云：“帝曰：‘契！百姓不親,五品不遜,汝作司徒,敬敷五教,在寬！’”是虞、后稷、司徒分别爲舜授益、弃、契之官也。今路史作“虞伯”者,疑其本據資治通鑑外紀卷一包犧以來紀帝舜“舜以棄爲后稷,契爲司徒,益作虞,伯夷作秩宗”云云爲説,而匆遽誤斷“伯夷”之“伯”屬上讀也。　而契泊益何爲以名著邪：泊,及,與。邪,吴本、四庫本作“耶”。

〔五〕拘：束縛。洪本譌“抱”。

〔六〕亦非字、周"五十以伯仲"：謂此處之"伯"，既不是表字，亦非稱排行。禮記檀弓上："幼名，冠字，五十以伯仲，死諡，周道也。"伯仲，指排行。

〔七〕既推堯、舜、禹爲之名矣：吳本、四庫本"爲之"作"之爲"。

〔八〕非諡法：不合諡法。

〔九〕外丙、沃丁、太庚、小甲皆別有名：外丙，名勝，商湯子，繼湯而爲商王。沃丁，名絢，商朝第五任君主。太庚，名辨，沃丁弟，商朝第六任君主。吳本、四庫本作"大庚"同，洪本作"大唐"誤。小甲，名高，太庚子，商朝第七任君主。

〔一〇〕而又曰：謂而又曰天乙也。

〔一一〕説張晏、顏師古等以爲禹、湯皆字："説"字疑爲衍文。史記殷本紀"子天乙立，是爲成湯"裴駰集解引張晏曰："禹，湯，皆字也。"又漢書古今人表"帝湯殷商氏"顏師古注亦曰："禹、湯皆字。"

〔一二〕特：吳本譌"持"。

〔一三〕故潛夫論商後有湯氏：潛夫論，吳本"夫"譌"大"。湯氏，各本均作"湯户"。彦按："湯户"費解。尋繹文義，酌酌字形，"户"當"氏"字之譌，今姑訂作"湯氏"。唯今本潛夫論未見有有此，或佚文也。　今相之湯陰，古北殷之地：相，州名。湯陰，縣名，今屬河南省。北殷，吳本、四庫本作"北陰"；地，吳本作"也"：俱誤。　秦伐湯：見前紀八尊盧氏注〔二九〕。

〔一四〕見上注〔六〕。

〔一五〕古者生無爵，死無諡：見儀禮士冠禮。　朕聞太古有號無諡，中古有號，死而以行爲諡：見史記秦始皇本紀，"無"作"毋"。

〔一六〕秦秀：晉博士。　昔周公吊二季之陵遲，哀大道之不行，於是作諡以紀其終：見晉書秦秀傳。晉書無"昔"字，"大道"作"大教"。二季，指夏、商兩代之末世。

〔一七〕穀梁子：彦按：下所引語，出自穀梁傳桓公十八年"諡所以成德也，於卒事乎加之矣"晉范甯集解。此謂穀梁子，誤。　武王崩，周公制諡法，大行受大名，小行受小名，所以懲惡而勸善也：范氏原文"懲惡而勸善也"作"勸善而懲惡"。洪本、吳本路史"勸"譌"觀"。

〔一八〕文致：文飾。　白虎羣儒：見前紀八祝誦氏注〔三二〕。

〔一九〕自章：自我標示。

〔二〇〕堯曰:“格汝舜”:見書舜典,“堯曰”作“帝曰”。屈萬里今注:“格,告;吳氏尚書故説。”路史各本“格”均譌“咨”,今訂正。　　舜曰:“格汝禹”:見書大禹謨,“舜曰”作“帝曰”。路史各本“格”均譌“咨”,今訂正。　　“汝弃”、“汝契”:見書舜典,書文本無“汝”字。　　是果名也:吳本“果”譌“杲”。

〔二一〕若以爲謚,則弃、契、垂、益、夔、龍一皆爲謚而後可:書舜典又有:“帝曰:‘俞咨!垂,汝共工。’”“帝曰:‘夔,命汝典樂,教胄子。’”“帝曰:‘龍,朕……命汝作納言,夙夜出納朕命,惟允。’”云云。故有此言。

〔二二〕有鰥在下,曰虞舜:書堯典載衆告堯語。鰥,單身漢。洪本、吳本作“鰥”,通。下“鰥”字同。虞舜,喬本、洪本、吳本作“禹舜”誤,今據四庫本、備要本訂正。

〔二三〕未受禪命:受禪前之告語、告誡。

〔二四〕及文祖之後:指書舜典“月正元日,舜格于文祖”後。　　承代:各本均作“求代”。彦按:“求代”之義於文不協,當有誤。疑“求”爲“承”字之譌。“求”“承”二字形既略近,且作“承”則於義無礙,今姑訂作“承”。承代者,謂舜承堯而代之也。

〔二五〕堯典所稱帝皆爲堯:堯典,各本均作“舜典”。彦按:舜典及文祖後,大抵稱舜爲“帝”,已見上文。今乃謂舜典“所稱帝皆爲堯”,顯然有誤。“舜典”當作“堯典”,今訂正。　　三謨:指書之大禹謨、皋陶謨及益稷三篇。

〔二六〕昔魏周訢謂魏君曰:“吾所賢者堯、舜,而堯、舜名”:周訢,喬本、洪本作“周訴”,此從餘本。而堯,吳本誤倒作“堯而”。參見後紀十一帝堯陶唐氏注〔三〇〕。

〔二七〕推而放之:放,擴展。

〔二八〕繼明也:喬本“明”譌“名”。今從餘諸本訂正。

〔二九〕舜之格苗:書大禹謨:“帝乃誕敷文德,舞干羽于兩階。七旬,有苗格。”

〔三〇〕放勳乃徂落:見孟子萬章上。　　放勳曰:‘勞之來之’:見孟子滕文公上。

〔三一〕嗟重華之不可迁:此當引楚辭九章懷沙“重華不可遌兮”而誤記。遌,一作“遻”。宋洪興祖補注:“遌、遻,當作遌。音仵,與迁同。”彦按:玉篇辵部:"迚,遇也。"　就重華而陳辭:見楚辭離騷,"辭"作"詞"。

〔三二〕此無意於言:吳本、四庫本"於言"作"之言"。

〔三三〕惟去其"放勳"、"重華"、"文命"與"赤帝"——爲"炎帝"——之語:惟,洪本譌"椎"。爲,猶"作"。大戴禮記、孔子家語二書皆有五帝德一篇。大戴禮記云:"(帝堯,)高辛之子也,曰放勳。"孔子家語則曰:"(帝堯,)高辛氏之子,曰陶唐。"大戴禮記云:"(帝舜,)蟜牛之孫,瞽叟之子也,曰重華。"孔子家語則曰:"(帝舜,)蟜牛之孫,瞽叟之子也,曰有虞。"大戴禮記云:"(禹,)高陽之孫、鯀之子也,曰文命。"孔子家語則曰:"(禹,)高陽之孫、鯀之子也,曰夏后。"又大戴禮記云:"(黃帝)教熊羆貔豹虎,以與赤帝戰于版泉之野。"孔子家語則曰:"(黃帝)服牛乘馬,擾馴猛獸,以與炎帝戰于阪泉之野。"　且易其"秋乘龍"與"教熊羆"——爲"猛獸"——之説:彥按:秋乘龍,當作"春夏乘龍"。大戴禮記云:"(帝嚳)春夏乘龍,秋冬乘馬,黃黼黻衣,執中而獲天下。"孔子家語則曰:"(帝嚳)春夏秋冬,育護天下。"　特未達厥指爾:吳本"爾"下衍一"説"字。

〔三四〕則"敷于四海"者,爲何事邪:此針對書大禹謨"曰若稽古,大禹曰文命,敷於四海,祗承于帝"中"敷于四海"之語而言之。

〔三五〕以類言之,則"允迪"當爲皋陶之號:此類比書皋陶謨"曰若稽古,皋陶曰:'允迪厥德,謨明弼諧'"之語而言。(彥按:書大禹謨與皋陶謨二篇首句句式相類,而後人句讀、理解大不相同,此姑從今人一般理解而作標點。)允,誠,果真。迪,行,履行。

〔三六〕繆:四庫本作"謬"。

〔三七〕此就大禹謨一篇起句作分析者。　祗承于帝曰:吳本、四庫本"祗"譌"祇"。

〔三八〕敷土:書禹貢"禹敷土"孔穎達正義:"言禹分布治此九州之土。"

〔三九〕是直皋陶之言尒:尒,同"爾"。喬本、洪本譌"余",吳本、四庫本作"爾",此姑從備要本。　斯可質矣:質,對證。四庫本如此,是,今從之。餘本均作"哲",蓋音譌。

〔四〇〕劉寬之寬:劉寬,東漢官員,歷任尚書令、侍中、太尉等職。後漢書本傳稱寬:"典歷三郡,溫仁多恕,雖在倉卒,未嘗疾言遽色。常以爲'齊之以

刑,民免而無耻’。吏人有過,但用蒲鞭罸之,示辱而已,終不加苦。……嘗坐
客,遣蒼頭市酒,迁久,大醉而還。客不堪之,罵曰:‘畜産。’寬須臾遣人視奴,
疑必自殺。顧左右曰:‘此人也,罵言畜産,辱孰甚焉! 故吾懼其死也。’夫人欲
試寬令恚,伺當朝會,裝嚴已訖,使侍婢奉肉羹飜汙朝衣。婢遽收之,寬神色不
異,乃徐言曰:‘羹爛汝手?’其性度如此。海内稱爲長者。” 　班固之固:“固”
謂堅持。班氏撰漢書,自永平元年(公元58年)至建初七年(公元82年),前後
歷25春秋,終於基本上完成了這一歷史巨著,正可謂固。 　申屠剛之能剛:申
屠剛,東漢尚書令。後漢書本傳稱:“剛質性方直,常慕史鰌、汲黯之爲
人。……光武嘗欲出游,剛以隴蜀未平,不宜宴安逸豫。諫不見聽,遂以頭軔
乘輿輪,帝遂爲止。” 　謝安之能安:謝安,東晉宰相。晉書本傳稱安:“嘗與孫
綽等汎海,風起浪湧,諸人並懼,安吟嘯自若。……及(簡文)帝崩,(桓)溫入
赴山陵,止新亭,大陳兵衛,將移晉室,呼安及王坦之,欲於坐害。坦之甚懼,
問計於安。安神色不變,曰:‘晉祚存亡,在此一行。’既見溫,坦之流汗沾衣,倒
執手版。安從容就席,坐定,謂溫曰:‘安聞諸侯有道,守在四鄰,明公何須壁後
置人邪?’溫笑曰:‘正自不能不爾耳。’遂笑語移日。……(苻)堅後率衆,號百
萬,次于淮肥,京師震恐。加安征討大都督。(兄子)玄入問計,安夷然無懼色,
答曰:‘已別有旨。’既而寂然。玄不敢復言,乃令張玄重請。……安遂游涉,至
夜乃還,指授將帥,各當其任。玄等既破堅,有驛書至,安方對客圍棊,看書既
竟,便攝放牀上,了無喜色,棊如故。客問之,徐答云:‘小兒輩遂已破賊。’”

　　〔四一〕重華之下:指書舜典“曰若稽古,帝舜曰重華,協于帝”云云,自“協
于帝”而下之文。 　正不可若是其拘也:洪本“拘”譌“拘”。

　　〔四二〕泹:“泥”俗字。吳本、四庫本、備要本作“泥”。 　攴:洪本、吳本譌
“後”。

　　〔四三〕鄭少梅云:放勳、重華、文命,史官以此稱堯、舜、禹之功德:鄭少梅,
即南宋易學家鄭東卿(字少梅)。彦按:自此而下至“故不可以爲稱”,實撮取
自宋林之奇尚書全解卷一堯典“曰若稽古,帝堯曰放勳”下林氏解語,羅苹以
爲鄭少梅説,非也。今録林氏全解之文于下,以見其誤:“孟子以放勳爲堯號,
‘放勳曰:勞之來之,匡之直之,輔之翼之’,又曰:‘二十有八載,放勳乃徂落’。
屈原曰:‘(爲)〔就〕重華而陳詞。’孟子、屈原既以放勳、重華爲堯、舜之號,而後

世以類推之,遂以文命爲禹之號。然'允迪'不可爲皋陶之號,其説不通,世人多疑之,諸家之説皆不然。某嘗謂鄭少梅曰:史官作史之時,蓋以是稱堯、舜、禹之功德,後人因史官有是稱,遂以放勳、重華、文命爲堯、舜、禹之號,然'允迪'不可爲皋陶之號,故不可以爲稱。正如子貢之稱夫子曰'固天縱之將聖,又多能也',蓋稱夫子之德如此,後世遂稱夫子爲'將聖',與此正同。"是其説原出林氏謂鄭少梅語,而非鄭氏語也。

〔四四〕允迪:洪本"迪"譌"迪"。

〔四五〕程子云:放勳,猶言仲尼或曰"夫子"云:程子説見宋程頤程氏經説卷二書解堯典"曰放勳"説,其文曰:"(放勳,)功迹之著也。……前儒見云'放勳',遂以爲堯之名,因而又以'重華'、'文命'爲舜、禹之名。——若以其文同,則亦當以'允迪'爲皋陶之名,而獨不謂之名者。——故或稱堯,或稱放勳,互稱之。如孟子曰堯事,而傳録誤作'放勳';亦如傳記中言仲尼,或作'夫子',或作'孔子'之類。但舉其人耳,誤不足怪也。"

〔四六〕孟子爲信:爲信,若可信。　謀蓋都君:見孟子萬章上,"謀"作"謨",其文爲:"象曰:'謨蓋都君咸我績。'"蓋,通"害"。孫奭孟子疏:"都君,即象稱舜也。然謂之都君者,蓋以舜在側微之時,漁雷澤,一年所居成聚,二年成邑,三年成都,故以此遂因爲之都君矣。"

〔四七〕楊雄、韓愈、李翱既有辨:彦按:此説不詳,待考。楊雄,即揚雄。四庫本、備要本"楊"作"揚"。辨,通"辯",吴本作"辯"。　云介:吴本、四庫本"介"作"爾"。

〔四八〕一徙成市,再徙成都:藝文類聚卷一一引尸子曰:"舜一徙成邑,再徙成都,三徙成國。"亦見於吕氏春秋貴因。

〔四九〕張以都爲於:彦按:"張"疑當作"趙"。孟子萬章上"謨蓋都君咸我績"漢趙岐注:"都,於也。"是也。

〔五〇〕名以制義:左傳桓公二年:"夫名以制義"。楊伯峻注:"名必有義,且必合於義。"

〔五一〕堯,遶也:本書後紀十一帝堯陶唐氏"曰堯"羅苹注:"本只作垚,三士爲堯,讓也。惟士能讓,即爲優饒。"

〔五二〕名有五,以德命爲義:左傳桓公六年,魯大夫申繻對桓公曰:"名有五:有信,有義,有象,有假,有類。以名生爲信,以德名爲義,以類命爲象,取於物爲假,取於父爲類。"

〔五三〕後下加兀:兀,喬本、備要本作"几",洪本、吴本、四庫本作"凡",俱誤,今訂作"兀"。　云"壘土而高":説文垚部:"堯,高也。从垚在兀上,高遠也。"又宋鄭樵通志謚略謚上序論第五云:"堯取累土以命名。"

〔五四〕从舛,中戻拚轉之意:舛,各本均作"中"。彦按:舜字不含構件"中",當誤。今據"中戻拚轉之意"並參照説文"舜"之字形分析("从舛,舛亦聲"),訂作"舛"。戻,彎曲,扭曲。拚轉,翻轉。拚(fān),用同"翻"。洪本、四庫本、備要本作"拚",通。吴本作"枌",誤。

〔五五〕後加夰——奕字,赫盛兒:夰,吴本作"太",四庫本作"夳"。盛,備要本譌"威"。　蕍華蔓蘩蓐、槿華翩反,皆有舜名:蕍華,一種多年生草本植物,又稱旋花。蘩蓐,繁密茂盛。槿,木槿(一種灌木類花種)。翩反,飛舞,飄動。説文舜部:"舜,艸也。楚謂之葍。秦謂之蕍。蔓地連華。象形。"詩鄭風有女同車:"有女同車,顏如舜華。"毛亨傳:"舜,木槿也。"

〔五六〕禹,舉也,从亢、九:亢,喬本、洪本作"宂",吴本、四庫本作"宄",備要本作"亢"。彦按:从"宂"、从"宄"費解。而"亢"有"舉"義,今從之。

〔五七〕禹,豸也:豸,即"豸"字俗體。備要本作"象"非。爾雅釋蟲:"有足謂之蟲,無足謂之豸。"郝懿行義疏:"凡蟲無足者,身恒橢長,行而穹隆其脊,如蜸蠶、蚯蚓之類是也。"彦按:説文内部:"禹,蟲也。"與釋"豸也"義無二致。

〔五八〕禹、卨同意,若夒,龍類:禹,各本均作"禺"。彦按:説文由部:"禺,母猴屬,頭似鬼。"與"卨"並不同意,當誤,蓋即"禹"字形譌也。説文内部:"卨,蟲也。"正與"禹"之義同。今訂正。又説文夊部:"夒,神魖也。如龍。"是則禹、卨(即契)、夒、龍四人取名之義,兩兩同意也。

〔五九〕堯,嶢也:見廣雅釋言。路史各本"嶢"均譌"曉",今訂正。

〔六○〕鄭禮記云:當作"鄭禮記注云"或"鄭注禮記云",疑脱"注"字。舜,充也:禮記中庸"其斯以爲舜乎"鄭玄注:"'舜'之言,'充'也。"

〔六一〕玉篇:四庫本"玉"字闕文。

〔六二〕翼善傳聖曰"堯",仁聖盛明曰"舜":白虎通謚引禮謚法記曰:"翼善傳聖謚曰堯,仁聖盛明謚曰舜。"又蔡邕獨斷卷下帝謚云:"翼善傳聖曰堯,

仁聖盛明曰舜。”盛明,昌明,盛美。　　受禪成功曰“禹”:史記夏本紀“夏禹”裴

駰集解引謚法曰:“受禪成功曰禹。”　　影意:謂其意由捕風捉影得來。

〔六三〕緣天以誄之:禮記曾子問:“賤不誄貴,幼不誄長,禮也。唯天子稱

天以誄之。”鄭玄注上一句云:“誄,累也,累列生時行迹讀之以作謚。謚當由尊

者成。”又注下一句云:“以其無尊焉。春秋公羊説,以爲讀誄制謚於南郊,若云

受之於天然。”　　曰“文”曰“武”:如周文王、周武王、漢文帝、漢武帝之類。

〔六四〕至唐天皇,事不師古,於是始取祖宗號謚而悉變之:唐天皇,指唐

武則天。彦按:新唐書則天順聖武皇后紀光宅元年十月丙申載:“追謚五代祖

魯國公曰靖,高祖北平郡王曰恭肅,曾祖金城郡王曰義康,祖太原郡王曰安成,

考魏王曰忠孝。”又禮樂志三云:“宣宗已復河、湟三州七關,歸其功順宗、憲宗

而加謚號。博士李稠請改作神主,易書新謚。右司郎中楊發等議,以謂:‘古者

已祔之主無改作,加謚追尊,非禮也,始於則天,然猶不改主易書,宜以新謚寶

册告于陵廟可也。’”是則天有加謚追尊祖宗之事(原無謚號而追加之),然路

史謂“取祖宗號謚而悉變之”(原有謚號而變更之),則似不確。

〔六五〕天寶之後,加增重複,遂至繁不可紀:新唐書玄宗紀天寶八載六

月:“閏月丙寅,……增祖宗帝后謚。”又天寶十三載二月:“癸酉,朝享于太廟,

增祖宗謚。”舊唐書玄宗紀下天寶十三載二月:“甲戌,親饗太廟,上高祖謚曰

神堯大聖大光孝皇帝,太宗謚曰太宗文武大聖大廣孝皇帝,高宗謚曰高宗天皇

大聖大弘孝皇帝,中宗謚曰中宗太和大聖大昭孝皇帝,睿宗謚曰睿宗玄真大聖

大興孝皇帝。”

〔六六〕見莊子徐无鬼。　　夫海不辭東流:今莊子“夫”作“故”。　　没無

謚:今莊子“没”作“死”。　　實不聚:王叔岷莊子校詮:“案廣雅釋詁二:‘聚,居

也。’‘實不聚’,謂有其實而不居也。”

〔六七〕去就:指應遵循之行爲規範。

〔六八〕自此“景德元季”至下“斯爲得體”一段文字,爲四庫本所無。　　知

制:即知制誥。官名,主管起草誥命。宋李燾續資治通鑑長編卷五八真宗景德

元年十二月云:“癸卯,命知制誥李宗諤楊億、直史館陳彭年詳定正辭録,因令

自今祝板當進署者,並祕閣史書寫。上覩先代帝王祝文有言‘商王湯’者,以

問,宗諤等上言:‘經典之内,堯、舜、禹、湯,或以名,或以謚。今正辭録堯、舜並

稱陶唐、有虞氏,若從改避,足表致虔。其禹、湯,望止曰夏王、商王;中宗太戊、高宗武丁,並止稱廟號。'奏可。"

　　〔六九〕自今:自此。　　祝板:亦作"祝版"。書寫祝文之版、紙版等,爲祭祀時所用。

論謚法_{書蘇洵謚法}

　　古之法,行於今者惟謚行,然二千餘季而靡有定法〔一〕。大戴氏曰:昔周公旦、太公望相嗣王以制謚法〔二〕。周書之説亦然〔三〕。故今周書有謚法一篇,頗爲簡要。至杜預取而納之釋例,而世遂重出之,謂春秋謚法,蓋不知也〔四〕。異時有廣謚者,沈約、賀琛皆嘗本之〔五〕。約又撰著謚例,事頗該備。而琛之書特少去取,且復强爲君、臣、婦女之别,亦無取焉〔六〕。太宗皇帝爰命扈蒙裁著新書,然而亦莫究明。太平興國八季八月,詔增周公謚法五十五字:美謚七十一字爲百字,平謚七字爲二十,惡謚十七字爲三十〔七〕。仍令翰林學士承旨扈蒙、中書舍人王祐同詳定〔八〕。蒙等奏:廣增五十五字皆可用,沈約、賀琛、續廣謚請廢不行〔九〕。蘇洵於是究定古今,斷以書傳,刊其重複,以爲法。雖其或得或違,時亦有合聖人之意,惟其必欲以堯、舜、禹、湯等入謚,而謂其法起於三皇五帝之時,則大謬矣〔一〇〕。

　　夫謚者,原其號者也。其不出於周公之前,予嘗論之。彼號近古而好牽合者,無過漢儒,而漢儒亦自謂堯、舜、禹、湯不入謚法,則其説可概見矣。且在周書,初無堯、舜、禹、湯、桀、紂之文,至預而後增之以湯、益——無所據——,商之太宗、中宗、高宗——本非謚法,特以其一時功行推而崇之尒——,乃若"甲丙庚壬乙辛丁癸",何繇而爲謚哉〔一一〕?若古論謚,爲法最簡。故賈山云:古聖作謚,不過三四十世〔一二〕。而蔡邕之書纔四十六〔一三〕。然猶不見世本、大戴之所載者,洵乃以爲二書邕無不見,見則無不載矣〔一四〕。周書之篇,乃周公之法,而春秋之謚,乃出于此〔一五〕。

今洵反謂周公者爲最繁雜,而春秋者爲簡而不亂,又謂周書謚法以鄙野而不傳,則知三書,洵亦未嘗見也[一六]。按洵書云:匹夫之有謚,始東漢之隱者;婦人之有謚,始景王之穆后[一七]。夫婦人之典,周三母其著者也,而穆王之盛姬亦有哀淑人之謚,見於穆天子傳[一八]。匹夫之典,夷齊其著者也,而齊之黔婁已謚曰康,見於高士傳[一九]。二者其來久矣。比楊侃爲職林書,謂公主之有謚,自唐之唐安始,乃不知高祖之平陽昭公主與齊高帝之女義興憲公主謚也[二〇]。邕之言,漢母無謚,至明帝始建光烈之稱,於是請正和熹之號,而乃不知元帝之母許恭哀,而高帝之母媼已有昭靈之號,又何邪[二一]? 五年二月甲午曰昭靈夫人,五月辛未曰昭靈后,見之後書紀論,邕不攷見,而獨於和熹以爲當然,豈禮也哉[二二]? 婦人,無外行者也[二三]。是故生也,姓配其國;没也,謚從其夫:明有屬也。秦嬴、鄧曼、陳嬀、燕姞,以姓配國者也[二四]。秦穆姬、宋共姬、晉文嬴與夫共、宣、莊之三姜,此以謚從其夫者也[二五]。惟死先夫則異其謚,景之穆后,桓之文姜,莊之哀姜之類是也[二六]。後死而殊謚,抑何典邪? 今不知攷,而更請正和熹"光烈"之稱,豈先王之典哉[二七]?

嗟夫! 禮不下庶人,而謚者非下之所造也[二八]。顏、閔至德,不聞有謚[二九]。而蔡暉子穆輒正加以貞宣;及穆之死,邕復以文忠被之[三〇]。穆則廢典,邕亦不知禮邪? 其貽譏于荀爽而見誚於張璠也宜矣[三一]。

抑嘗言之:謚者,正先王之所謂名教也。然古之謚爲名教,而後世之謚也爲辱典[三二]。東漢莎車以蠻夷而膺茂典,此何爲邪[三三]? 然則邕之違禮,豈惟邕之罪哉! 德又不衰,其流及於藝術與緇黃矣[三四]。名器之失,孰甚於是,顧不謂辱典邪[三五]?

國朝四祖暨太祖、太宗六后,俱同廟謚[三六]。獨章聖三后節惠曰"莊",呂公綽以爲非,謂古者婦人無謐,漢晉以來后謐多因于帝,今與謐典不合,乞追正前失[三七]。從之。非也。三母遠矣。魯惠繼室以聲子;聲子,謐也,豈惟後世哉[三八]?

【校注】

〔一〕古之法,行於今者惟謐行:洪本"法"作"發",當由音譌。吳本、四庫本"惟"作"唯"。下諸"惟"字同。

〔二〕昔周公旦、太公望相嗣王以制謐法:今大戴禮記未見有此,蓋佚文。

〔三〕逸周書謐法解:"維周公旦、太公望開嗣王業,攻于牧野之中,終葬乃制謐敍法。"

〔四〕釋例:即春秋釋例。

〔五〕異時有廣謐者,沈約、賀琛皆嘗本之:廣謐,即廣謐法,晉張靖撰。賀琛,南朝梁太府卿。沈、賀二氏所撰皆稱謐法(俱見隋書經籍志一,唯賀琛譌作"賀瑒")。

〔六〕蘇洵謐法總論稱:"賀琛之法有君謐、臣謐、婦人謐,離而爲三。"又云:"琛好加以己意,務爲多而無窮。"

〔七〕事備載於續資治通鑑長編卷二四太宗太平興國八年八月辛亥。八年:洪本"八"譌"人"。

〔八〕中書舍人王祐同詳定:舍人,吳本"舍"譌"合"。王祐,續資治通鑑長編作"王祐"。彥按:宋史王氏本傳原亦作"祐",中華書局1977年版標點校勘本校訂作"祐"。詳定,審定。

〔九〕續廣謐:指續古今謐法(唐太常博士王彥威撰)及廣謐法。

〔一〇〕謬:四庫本作"繆"。

〔一一〕且在周書,初無堯、舜、禹、湯、桀、紂之文:此謂周書謐法解中並未以堯、舜等爲謐號。 繇:四庫本作"由"。

〔一二〕賈山:西漢潁陰侯灌嬰騎從。漢書賈山傳載山上書文帝云:"古者聖王作謐,三四十世耳,雖堯舜禹湯文武象世廣德以爲子孫基業,無過二三十世者也。"

〔一三〕蘇洵謐法總論:"賈山有言:'古者聖王作謐,不過三四十字。'而蔡邕獨斷所載,亦不過四十有六。"

〔一四〕然猶不見世本、大戴之所載者,洵乃以爲二書邕無不見,見則無不載矣:彦按:此説不知何據。今考蘇洵謚法總論,中云:論謚之書,諸儒所傳者有六家,“六書之中,稍近古而可據者,莫如沈約。然亦非古之謚法,約言之詳矣。其最舊者見於世本、大戴禮,而約之時已不見于其書,約徒得劉熙乘奥之所增廣。”疑此路史所言之邕,乃當作約,而“無不見”之説亦或有誤。姑存疑待考。

〔一五〕周書之篇,乃周公之法,而春秋之謚,乃出于此:周公,指周公謚法。春秋,指春秋謚法。蘇洵謚法總論云:論謚之書,“諸儒所傳,只有周公、春秋、廣謚、沈約、賀琛、扈蒙六家之書。”

〔一六〕今洵反謂周公者爲最繁雜,而春秋者爲簡而不亂,又謂周書謚法以鄙野而不傳:蘇洵論諸家謚法云:“周公之書,文尤繁雜不經。春秋次之,比周公甚簡,而微爲不亂。”又謚法總論云:“按始論謚者,起於今文周書謚法之篇。今文既以鄙野不傳,其謚法之上篇獨存,又簡略不備。”彦按:路史稱“(洵)謂周書謚法以鄙野而不傳”,與蘇氏原意有出入。

〔一七〕穆后:漢書五行志中之上:“(魯)昭公十五年,晉籍談如周葬穆后。”顏師古注:“穆后,周景王之后,謚穆也。”

〔一八〕夫婦人之典,周三母其著者也:周三母,見後紀二女皇氏題注〔二五〕。彦按:路史以周三母已有謚,其説不詳,頗可疑。　穆王之盛姬亦有哀淑人之謚:穆天子傳卷六:“爲盛姬謚,曰哀淑人。”

〔一九〕匹夫之典,夷齊其著者也:論語公冶長:“伯夷、叔齊不念舊惡,怨是用希。”邢昺疏引春秋少陽篇云:“伯夷姓墨,名允,字公信。伯,長也;夷,謚。叔齊名智,字公達,伯夷之弟,齊亦謚也。”　而齊之黔婁已謚曰康,見於高士傳:黔婁,戰國齊(一説魯)隱士。彦按:高士傳當作列女傳,蓋羅氏誤記。今考皇甫謐高士傳,卷中雖有黔婁先生之傳,然未言及其謚。而劉向列女傳賢明傳魯黔婁妻云:“(黔婁)先生死,曾子與門人往弔之。……(曾子)哭之曰:‘嗟乎! 先生之終也,何以爲謚?’其妻曰:‘以康爲謚。’曾子曰:‘先生在時,食不充虛,衣不蓋形,死則手足不斂,旁無酒肉。生不得其美,死不得其榮,何樂於此,而謚爲康乎?’其妻曰:‘昔先生君嘗欲授之政以爲國相,辭而不爲,是有餘貴也;君嘗賜之粟三十鍾,先生辭而不受,是有餘富也。彼先生者,甘天下之淡味,安天下之卑位;不戚戚於貧賤,不忻忻於富貴;求仁而得仁,求義而得義,其謚曰康,不亦宜乎?'"正相合拍。

〔二〇〕比楊侃爲職林書,謂公主之有謚,自唐之唐安始,乃不知高祖之平陽昭公主與齊高帝之女義興憲公主謚也:比,近,近來。楊侃,宋集賢院學士。唐安,唐德宗皇帝長女。高祖,吳本作"世主",餘本作"世祖",俱誤,當作"高祖",今訂正。平陽昭公主,各本均作"平陽昭文公主","文"字衍,今删去。公主乃唐高祖第三女,封平陽公主,而死後謚昭(見新舊唐書公主本傳)。彦按:路史此説,實本宋高承事物紀原。高書卷九吉凶典制部第四十七主謚云:"楊侃職林曰:唐貞元十五年,故唐安公主賜謚曰莊穆。謚自唐安始也。唐會要曰:貞元十五年七月十五日,追册故唐安主爲韓國貞穆,故義章公主爲莊穆。唐書公主傳亦云爾。按唐平陽公主,高祖之女,起兵参佐命,已謚爲昭。又南史沈攸之傳言齊高帝女義興憲公主妻攸之子文和,'憲'亦謚爾。不審侃何以言自唐安公主始也。"

〔二一〕至明帝始建光烈之稱:漢明帝生母陰麗華,死後謚號光烈。 於是請正和熹之號:和熹,漢和帝皇后鄧綏謚號。後漢書皇后紀下論"初平中,蔡邕始追正和熹之謚"李賢注引蔡邕集謚議曰:"漢世母氏無謚,至于明帝始建光烈之稱,是後轉因帝號加之以'德',上下優劣,混而爲一,違禮'大行受大名,小行受小名'之制。謚法'有功安人曰熹'。帝后一體,禮亦宜同。大行皇太后謚宜爲和熹。" 而乃不知元帝之母許恭哀,而高帝之母媪已有昭靈之號:許恭哀,漢宣帝皇后、漢元帝生母許平君,謚恭哀。各本"哀"均譌"忠",今訂正。昭靈,漢高帝母劉媪謚號昭靈夫人。彦按:路史此説,亦實本宋高承事物紀原。高書卷九吉凶典制部第四十七后謚云:"謚所以易名也,事雖起於周,而王后亦無其禮。漢初,高祖之母始有昭靈之號。'諸后皆因帝謚以爲稱,雖吕氏專政,上官臨制,亦無殊號。東京明帝始建光烈之名。'後漢皇后紀論云爾。按漢高祖五年二月甲午,漢王即皇帝位,尊先媪曰昭靈夫人。高后五年(彦按:'五年'當作'七年')五月辛未,尊曰昭靈后。元紀:元帝母曰恭哀許皇后。……則后謚自漢祖始也。"

〔二二〕五年二月甲午曰昭靈夫人,五月辛未曰昭靈后,見之後書紀論,邕不攷見,而獨於和熹以爲當然,豈禮也哉:彦按:五年二月甲午曰昭靈夫人,見漢書高帝紀，“五年”指高帝五年。五月辛未曰昭靈后，見漢書高后紀，“五月”
指高后七年之五月。俱不見於後漢書皇后紀論。且蔡邕漢人，又怎得見後漢
書乎？羅氏蓋誤斷、誤解高氏事物紀原文意，本身錯得一塌糊塗，竟亦批評“邕
不攷見”，真正是荒謬至極！

〔二三〕婦人，無外行者也：外行，見諸外事之操行。春秋釋例卷四書諡例
第二十七：“婦人無外行，于禮當繫夫之諡以明所屬。詩稱莊姜、宣姜，即其
義也。”

〔二四〕秦嬴：春秋秦景公妹，楚共王夫人。　鄧曼：春秋鄧侯之女，楚武
王夫人。　陳媯：春秋陳國公主，周惠王王后。　燕姞：春秋鄭文公妾，娶自南
燕姞姓。

〔二五〕秦穆姬：春秋秦穆公夫人。　宋共姬：春秋宋共公夫人。　晉文
嬴：春秋晉文公夫人。各本“晉”均作“魯”。彥按：史未見有魯文嬴，“魯”當
“晉”字之譌，今訂正。　共、宣、莊之三姜：即共姜（春秋衛世子共伯妻）、宣姜
（春秋衛宣公夫人）、莊姜（春秋衛莊公夫人）。

〔二六〕惟死先夫則異其諡，景之穆后，桓之文姜，莊之哀姜之類是也：景之
穆后，春秋時周景王王后。桓之文姜，春秋魯桓公夫人。莊之哀姜，春秋魯莊
公夫人。彥按：路史此説與事實不符。景之穆后誠死於夫前，至於桓之文姜、
莊之哀姜，則皆死於夫後（備載于春秋左傳），不意羅氏妄語竟至於此！

〔二七〕今不知攷，而更請正和熹“光烈”之稱，豈先王之典哉：彥按：此又
羅氏在没有讀懂文獻，弄錯史實情況下所作之妄語。光烈乃漢明帝生母陰麗
華之諡，何干於漢和帝皇后鄧綏事？蔡邕之正和熹諡者，乃因此前之后諡采取
“帝號加之以‘德’，上下優劣，混而爲一，違禮‘大行受大名，小行受小名’之
制”也。所謂“帝號加之以‘德’”者，如漢明帝皇后馬氏，稱明德皇后；漢章帝
皇后竇氏，稱章德皇后：皆于帝之諡號後加一“德”字以爲皇后之諡號。羅氏以
其昏昏欲人昭昭，癡人妄語，貽人笑柄。參見上注〔二一〕。

〔二八〕禮不下庶人：見禮記曲禮上。

〔二九〕顔、閔：孔子學生顔回、閔損。

〔三〇〕而蔡暉子穆輒正加以貞宣；及穆之死，邕復以文忠被之：彥按：蔡暉
當作“朱頡”。此所述事見後漢書朱穆傳。穆父頡，頡父暉，貞宣乃朱穆予父

之謚。後漢書朱穆傳：“初，穆父卒，穆與諸儒考依古義，謚曰貞宣先生。及穆卒，蔡邕復與門人共述其體行，謚爲文忠先生。”

〔三一〕其貽譏于荀爽而見誚於張璠也宜矣：荀爽，東漢經學家。張璠，西晉史學家。後漢書朱穆傳“及穆卒，蔡邕復與門人共述其體行，謚爲文忠先生”李賢注引袁山松書曰：“蔡邕議曰：‘魯季文子，君子以爲忠，而謚曰文子。又傳曰：“忠，文之實也。”忠以爲實，文以彰之。’遂共謚穆。荀爽聞而非之。故張璠論曰：‘夫謚者，上之所贈，非下之所造，故顔、閔至德，不聞有謚。朱、蔡各以衰世臧否不立，故私謚之。’”

〔三二〕辱典：恥辱之典制。

〔三三〕東漢莎車以蠻夷而膺茂典：莎車，西域國名。膺，謂服膺。茂典，美好之典制，此指漢朝典制。後漢書西域傳莎車國稱：莎車王延“元帝時，嘗爲侍子，長於京師，慕樂中國，亦復參其典法。常勑諸子，當世奉漢家，不可負也。”

〔三四〕德又不衰，其流及於藝術與緇黄矣：不，通“丕”，大。四庫本、備要本作“下”。藝術，指經術。緇黄，借代僧道。僧尼緇服，道士黄冠，故稱。

〔三五〕孰甚於是，顧不謂辱典邪：吴本、四庫本“是”作“此”，“邪”作“耶”。

〔三六〕國朝四祖暨太祖、太宗六后，俱同廟謚：自此而下至“豈惟後世哉”整段文字，爲四庫本所無。國朝四祖，指趙匡胤高祖追尊僖祖文獻皇帝趙朓、曾祖追尊順祖惠元皇帝趙珽、祖追尊翼祖簡恭皇帝趙敬、父追尊宣祖武昭皇帝趙弘殷。俱同廟謚，即宋史後妃傳上真宗章懷潘皇后傳所稱：“舊制，后謚冠以帝謚。”亦即后謚因帝謚爲稱。

〔三七〕獨章聖三后節惠曰“莊”：章聖，指宋真宗。宋真宗謚號爲應符稽古神功讓德文明武定章聖元孝皇帝。三后，指章懷潘皇后、章穆郭皇后、章獻明肅劉皇后（見宋史后妃傳上）。節惠，猶擇善。禮記表記：“子曰：先王謚以尊名，節以壹惠。”鄭玄注：“惠猶善也。”孔穎達疏：“‘節以壹惠’者，言爲謚之時，善行雖多，但限節以一箇善惠以爲謚也。”　吕公綽以爲非，謂古者婦人無謚，漢晉以來后謚多因于帝，今與謚典不合，乞追正前失：吕公綽，宋臣，官同判太常寺。吴本“與”譌“以”，“正”譌“三”。宋王珪吕諫議公綽墓誌銘云：“又謂古者婦人無謚,自漢晉以來皇后多因帝謚爲稱,國家順、僖、翼、宣四帝暨太祖、太宗皇后悉同廟謚,獨章聖皇帝五后節惠曰'莊',與謚典不合,願易名爲'章',追正前失。上曰:'恭依。'明年,天子遂詣廟行改謚禮。"(見宋杜大珪編名臣碑傳琬琰之集中卷一五)

〔三八〕魯惠繼室以聲子;聲子,謚也:左傳隱公元年:"惠公元妃孟子。孟子卒,繼室以聲子。"杜預注:"聲,謚也。"　豈惟後世哉:吴本、備要本此下有"按史記謚法解"云云及"蘇老泉曰"云云二段文字,均另起一行、低一格書。蓋非羅苹注路史原書所有,今不取。

九錫備物霸者之盛禮_{臣瓚}

大宗伯以九命正邦國之位^{〔一〕}。九命者,一受職,再受服,三受位,四受器,五賜則,六賜官,七賜國,八作牧,而九作伯也^{〔二〕}。王制,制:三公一命衮,有加則賜^{〔三〕}。夫三公八命,更加一命,則服衮龍,與王者之服同矣^{〔四〕}。春秋書錫命者三,此侯伯之命^{〔五〕}。公羊以爲加衮服者,非^{〔六〕}。左氏説爲命珪,使執以朝^{〔七〕}。晉羊玄云:珪者,諸侯朝覲所執^{〔八〕}。成公八年乃錫,則三季如晉,何執哉^{〔九〕}?是知命者,策書教令也^{〔一〇〕}。然覲禮"諸侯奉篋服,加命書其上",而文侯之命亦有秬鬯之類,則命者所以將之尒,非專教令也^{〔一一〕}。故子思子曰:王季以九命作伯,而文王因之^{〔一二〕}。記有九錫,蓋九命之外有加賜者。或以爲九命者,非也。鄭司農、許異義以九命與九錫爲一,蓋以禮言人子三賜不及車馬,而九錫有車馬,遂以爲三命受位則賜車馬,不知九錫車馬,牧伯有功始賜^{〔一三〕}。宗伯"八命作牧"注:侯伯德者加命,得專征^{〔一四〕}。傳,晉文侯受賜,皆九命之外,故康成知與九錫不同^{〔一五〕}。在春秋説,以車馬^{〔一六〕}、大輅一,玄牡二駟^{〔一七〕}。衣服、衮冕。赤舄副之。樂器^{〔一八〕}、軒垂六^{〔一九〕}。朱户、彤其扉。納階^{〔二〇〕}、納,入也。鑿堂對陛,入爲小階。虎賁、三百。夫虎賁三十可也,云三百者,蓋因牧誓有此文,譏之^{〔二一〕}。鈇鉞^{〔二二〕}、各一。弓矢、彤弓一,矢百;旅弓十,矢千^{〔二三〕}。秬鬯一卣^{〔二四〕}。圭瓚副之^{〔二五〕}。爲之九錫,後世不能改。張華記同^{〔二六〕}。亦見禮含文嘉^{〔二七〕}。禮外傳以朱户在虎賁下;韓詩外傳以虎賁第三,樂器第四,朱户第六,弓矢第七,鈇鉞第八;穀梁傳亦以七弓矢,八鈇鉞:非是,皆後世遷就之説^{〔二八〕}。

若昔先王,以德詔爵,以功制禄,其功大者其禄厚,其德盛者其禮豐[二九]。叔旦有夾輔之勳,師望有鷹揚之烈,是故並啓土宇,并受備物[三〇]。宣王中興,召虎是資,是故釐以圭瓚,告于文人[三一]。皆所以表元勳,異賢哲也。彤弓之詩,天子之所以錫有功諸侯者也[三二]。平王有犬戎之難,文侯是保,是以有弓矢、秬鬯、圭瓚之錫[三三]。爰及襄王,楚人不供,而文公是賴,是以有輅服、虎賁、弓矢、秬鬯之錫[三四]。出於曠典,俱匪常秩[三五]。暨漢武帝詔議不舉者罪,議者乃謂古者諸侯貢士,一適謂之好德,再適謂之賢賢,三適謂之有功,乃加九錫[三六]。而應氏遂以九錫"天子制度,尊之,故事事錫予,但數少尒[三七]。"臣瓚乃云:"九錫備物,霸者之盛禮。齊桓、晉文且不能備,今三進賢而輒授之,此殆不然,當只受進賢之一錫尒[三八]。"

台竊求之,議者之説蓋出於虞夏傳[三九]。其爲説曰:有功,天子一賜車服、弓矢,再賜秬鬯,三賜虎賁百人,曰命諸侯。命諸侯者,鄰國有臣弑其君、孼賊其宗者,弗請于天子征之,而歸其地于天子可也[四〇]。一不適謂之過,再不適謂之敖,三不適謂之誣[四一]。誣則黜之,一黜少以爵,再黜少以地,三黜而爵地畢。此之是矣。禮:"賜弓矢然後征,賜鈇鉞然後煞,賜圭瓚然後爲鬯。未賜圭瓚,則資鬯於天子[四二]。"未賜弓矢,則不得專征。未賜鈇鉞,則不敢專煞[四三]。大傳云:諸侯賜以車服、弓矢者,得以祭。不得專征者,以兵屬於得專征之國[四四]。不得專煞者,以獄屬于得專煞之國[四五]。不得賜鬯者,資鬯於天子之國然後祭[四六]。此晉文公所以執衛侯則歸之京師也[四七]。平王錫晉而書紀文侯之命者,聖人於此見征伐自諸侯出[四八]。錫也者,賜也。上公九命,數已崇極,勳業更茂,蔑以加矣[四九]。是故制之褒錫,以寵綏之。車馬以代其勞,衣服以章其德,樂器以頤其神,納陛以節其陞,虎賁以衛其軀,朱户以表其居,鈇鉞以重其威,弓矢以資其權,圭瓚以廣其孝,蓋有之矣[五〇]。其數比之九命,所以尊有功,崇有德也。宗均禮含文嘉注云:"進退有節,行步有度,賜以車馬以代其步;

言成文章,行成法則,賜以衣服以表其德;周旋可觀,動作有禮,賜之納陛以佚其體;長于教訓,內懷至仁,賜之樂則以化其民;居處修理,閨房不媟,賜之朱戶以明其別;勇猛勁疾,執誼堅強,賜之虎賁以備非常;抗揚威武,志在宿衛,賜以鈇鉞使得專煞;內懷仁德,執義不傾,賜以弓矢使得專征;親睦九族,慈孝父母,賜以秬鬯以祀先祖[五一]。"其義蓋有備矣,然書傳亦自有異。禮外傳云:車馬以適遠代勞,衣服以飾體象德,樂器以和情,朱戶以表飾,納陛以升降,鈇鉞以飾威,虎賁以禦衛,弓矢以征伐,秬鬯以享宗廟[五二]。按:衛音越[五三]。餘見白虎通義[五四]。然事於經無有明文,厥自後世顧亦多有受其典者,而大率非家事,是以劉頌梗趙倫之事云:"漢之錫魏,與夫魏之錫晉,俱非可以通行。周勃誅諸呂而尊孝文,霍光廢昌邑而奉宣帝,悉無是舉。亂舊典,習權變,非先王之制也[五五]。"九錫之議,竊謂無所施之文,若固惜於曹操、安石,祕吝於桓溫,是皆深達國體者也[五六]。通典,一衣服,二朱戶,三納陛,四輿馬,五樂則,六武賁之士,七鈇鉞,八弓矢,九秬鬯[五七]。此本之公羊說,非也[五八]。又云"大國不過於九,次國七,小國五",尤非[五九]。公羊說,"一加服",餘同。

瓚駁漢儒之議,當矣。世莫知其誰氏,蓋薛瓚云。崇文書目及漢書序攷皆不知為誰氏,或云于瓚,史記索隱以為傅瓚,皆非[六〇]。乃薛瓚也。瓚有集注漢書,極愽通云[六一]。

【校注】

〔一〕大宗伯以九命正邦國之位:自篇題而下至"彤弓之詩,天",所據天津圖書館藏洪本掃描圖片闕,蓋二頁。周禮春官大宗伯:"以九儀之命正邦國之位。"林尹今註今譯:"按古者官爵九命以定其貴賤,各有禮儀以正其位次也。"

〔二〕一受職,再受服,三受位,四受器,五賜則,六賜官,七賜國,八作牧,而九作伯也:見周禮春官大宗伯,文字不盡相同。職,職事。服,指玄冕,為助祭時穿之禮服。位,指朝臣之位。鄭玄周禮注以為"三命受位"者,"此列國之卿,始有列位於王,為王之臣也。"器,指祭器。則,采邑。鄭玄周禮注:"則,地未成國之名。"賜官,鄭玄周禮注:"此王六命之卿,賜官者,使得自置其臣,治家邑如諸侯。"賜國,謂賜土為諸侯。作牧,林尹周禮今註今譯:"謂可為一州之長。天下有九州,州各有長。"伯,林尹周禮今註今譯:"諸侯之長,以上公有功德者加命而任之。周制有東西二伯,分陝而治。"

〔三〕三公一命衮,有加則賜:今本禮記文作:“三公一命卷,若有加則賜也。”鄭玄注:“卷,俗讀也,其通則曰衮。三公八命矣,復加一命,則服龍衮,與王者之後同。”龍衮,繡有卷龍之禮服。

〔四〕與王者之服同矣:吳本“服”作“後”。

〔五〕春秋書錫命者三:分別見:春秋莊公元年:“王使榮叔來錫桓公命。”文公元年:“天王使毛伯來錫公命。”成公八年:“秋七月,天子使召伯來賜公命。”

〔六〕公羊以爲加衮服者:公羊傳莊公元年、文公元年並云:“錫者何? 賜也。命者何? 加我服也。”

〔七〕左氏説爲命珪,使執以朝:彥按:左氏不曾“説爲命珪”,“説爲命珪”者,乃杜預也。春秋文公元年“天王使毛伯來錫公命”杜預注:“諸侯即位,天子賜以命圭,合瑞爲信。”又成公八年“天子使召伯來賜公命”杜預注:“諸侯即位,天子賜以命圭,與之合瑞。”羅氏説有誤。

〔八〕晉羊玄云:珪者,諸侯朝覲所執:羊玄,其人不詳。自此“珪者”至下“非專教令也”,撮取自通典卷七一禮三十一錫命引東晉羊玄語。

〔九〕成公八年乃錫,則三季如晉,何執哉:季,四庫本作“年”,同。喬本、備要本作“季”,誤。此從吳本。通典作:“按魯成公即位八年,乃得命珪。三年夏,公如晉,此朝也,未有珪,朝何執也?”

〔一○〕是知命者,策書教令也:通典作:“凡命者,謂方策之書也,猶今教令耳。”

〔一一〕然觀禮“諸侯奉篋服,加命書其上”,而文侯之命亦有秬鬯之類,則命者所以將之尒,非專教令也:諸侯,儀禮及通典作“諸公”。篋服,置於篋中之衣服。各本“篋”均譌“策”,不可解,今據儀禮及通典訂正。文侯,指晉文侯姬仇。以輔助周平王東遷及誅殺攜王功,受到王室之褒獎賜命。將,持。通典作:“觀禮曰:‘諸公奉篋服,加命書於其上。’尚書文侯之命云:‘平王錫晉文侯秬鬯珪瓚,作文侯之命。命者,王之教令,其事非一策而已。”

〔一二〕子思子外篇魯繆公:“子思曰:‘吾聞諸子夏,殷王帝乙之時,(王)季以功九命作伯,受珪瓚、秬鬯之賜。故文王因之得專征伐,以此諸侯爲伯,猶周召之君爲伯也。”

〔一三〕鄭司農：即東漢經學家鄭衆。因曾官大司農，故稱。　許異義：指許慎五經異義。　禮言人子三賜不及車馬：禮記曲禮上：“夫爲人子者，三賜不及車馬。”鄭玄注：“三賜，三命也。凡仕者，一命而受爵，再命而受衣服，三命而受車馬。車馬，而身所以尊者備矣。卿、大夫、士之子不受，不敢以成尊比踰於父。天子、諸侯之子不受，自卑遠於君。”

〔一四〕侯伯德者加命，得專征：周禮春官大宗伯“八命作牧”鄭注原文作：“謂侯伯有功德者，加命得專征伐於諸侯。”

〔一五〕禮記曲禮上“夫爲人子者，三賜不及車馬”鄭玄注：“三賜，三命也。”孔穎達疏：“此三賜，鄭康成知非九賜之第三，而云三命之賜者，康成以九命與九賜不同，九賜謂‘八命作牧，九命作伯’之後始加九賜。知者，王制云‘三公一命卷，若有加則賜。二曰衣服之屬’是也。又宗伯‘八命作牧’注云：‘侯伯有功德，加命得專征伐。’王制云：‘賜弓矢，然後征。’詩云：‘瑟彼玉瓚，黃流在中。’傳曰：‘九命然後賜以圭瓚。’又尚書文侯仇受弓矢、秬鬯，左傳晉文公受大路、戎路、弓矢、秬鬯、虎賁，此皆九命之外，始有衣服、弓矢、秬鬯等之賜，故知九賜不與九命同也。且此云‘三賜不及車馬’，其九賜‘一曰車馬’，何由三賜不及車馬乎？故知此三賜非九賜之三賜也。若是九賜之三賜，即是身八命、九命之尊，禮絶凡庶，何得下文云州閭、鄉黨、僚友、交遊也？故康成以爲諸侯及卿大夫之子三命者。”

〔一六〕在春秋説：九錫之説，見公羊傳莊公元年“錫者何？賜也。命者何？加我服也”何休解詁及穀梁春秋莊公元年“王使榮叔來錫桓公命”范甯集解。

〔一七〕大輅一，玄牡二駟：玄牡，指黑色公馬。喬本、吳本作“元壯”，備要本作“元牡”，俱非。此從四庫本訂正。彥按：此下羅苹關於九錫品物之注文，大抵根據三國志魏志武帝紀所載漢獻帝建安十八年策命曹操爲魏公所加九錫。而彼文云：“是用錫君大輅、戎輅各一，玄牡二駟。”疑此“大輅一”亦當作“大輅、戎輅各一”。

〔一八〕樂器：何休、范甯釋九錫，均作“樂則”，蓋指鍾磬之類樂器，以於衆樂中具有準則之作用，故稱。

〔一九〕軒垂六：軒垂，即軒縣。周禮春官小胥：“正樂縣之位，王宮縣，諸侯軒縣。"鄭玄注:"鄭司農云:'宮縣,四面縣。軒縣,去其一面……。'玄謂軒縣,去南面辟王也。"彦按:三國志魏志武帝紀云:"是用錫君軒縣之樂,六佾之舞。"疑此羅氏所謂"軒垂六"者,乃誤斷其句。

〔二〇〕納陛:何休、范甯釋九錫,均作"納陛"。納陛者,謂鑿殿基爲登升之階級,納之於檐下,以免尊者升階於露天,故名。

〔二一〕蓋因牧誓有此文,譏之:彦按:"譏"字費解,存疑待考。書牧誓序:"武王戎車三百兩,虎賁三百人,與受戰于牧野,作牧誓。"

〔二二〕鈇鉞:鍘刀與大斧。分別爲腰斬、砍頭用之刑具。

〔二三〕旅弓:黑弓。旅(lú),黑色。

〔二四〕卣:古代專門用以盛放祭祀用香酒(秬鬯)的青銅器。

〔二五〕圭瓚:古代一種玉制禮器,形狀如勺,以圭爲柄,用以舀鬯酒行灌祭之禮。

〔二六〕張華記:見張華博物志卷六典禮考。

〔二七〕禮含文嘉:喬本"嘉"譌"加",今據餘本訂正。

〔二八〕穀梁傳亦以七弓矢,八鈇鉞:彦按:穀梁傳文不及此。此乃晉范甯集解之文。

〔二九〕以德詔爵,以功制禄:語出周禮夏官司士,"制"作"詔"。賈公彦疏:"云'以德詔爵,以功詔禄'者,據賢者試功之後,其德堪用,乃詔王授之以正爵;有功,乃詔王授之以正禄也。"詔,告,告知。

〔三〇〕叔旦有夾輔之勳,師望有鷹揚之烈,是故並啓土宇,并受備物:叔旦,即周公旦。師望,即太公望(吕尚)。鷹揚,喻勇武。烈,功業。備物,即服物,泛指車服、儀仗、祭器等物。三國志吳志吳主孫權傳載魏文帝策命孫權九錫文曰:"蓋聖王之法,以德設爵,以功制禄;勞大者禄厚,德盛者禮豐。故叔旦有夾輔之勳,太公有鷹揚之功,並啓土宇,并受備物,所以表章元功,殊異賢哲也。"

〔三一〕宣王中興,召虎是資,是故釐以圭瓚,告于文人:召虎,見國名紀五周氏注〔五三二〕。資,憑藉,借助。釐,通"賚",賞賜。圭瓚,吳本"圭"譌"玉"。文人,稱有文德之先祖。詩大雅江漢:"釐爾圭瓚,秬鬯一卣,告于文人。"鄭玄箋:"王賜召虎以鬯酒一罇,使以祭其宗廟,告其先祖諸有德美見記者。”

〔三二〕彤弓:詩小雅篇名。毛詩序云:“彤弓,天子錫有功諸侯也。”

〔三三〕見後紀十高辛紀下注〔一八〇〕。

〔三四〕爰及襄王,楚人不供,而文公是賴:爰,洪本譌“爱”。楚人不供,蓋襲取左傳僖公四年齊師伐楚,管仲責楚“爾貢包茅不入,王祭不共,無以縮酒”之言,然管仲此語但伐楚之借詞耳,且其時襄王尚未爲天子也。文公,指晉文公。周襄王因胞弟王子帶之亂逃亡鄭國,告難諸侯,晉文公發兵入襄王於周,殺王子帶。　是以有輅服、虎賁、弓矢、秬鬯之錫:左傳僖公二十八年:“王命尹氏及王子虎、内史叔興父策命晉侯爲侯伯,賜之大輅之服、戎輅之服,彤弓一、彤矢百,玈弓矢千,秬鬯一卣,虎賁三百人。”

〔三五〕曠典:前所未有之典制。

〔三六〕漢書武帝紀:“元朔元年冬十一月,詔曰:‘……進賢受上賞,蔽賢蒙顯戮,古之道也。其與中二千石、禮官、博士議不舉者罪。’有司奏議曰:‘古者,諸侯貢士,壹適謂之好德,再適謂之賢賢,三適謂之有功,乃加九錫。’”顏師古注引服虔曰:“適,得其人。”

〔三七〕天子制度,尊之,故事事錫予,但數少尒:見同上顏師古注引應劭曰,“予”作“與”,“尒”作“耳”。事事,路史各本均但作“事”,脱一字,今訂補。

〔三八〕見同上顏師古注引臣瓚曰,文字不盡相同。

〔三九〕台:音 yí,我。吴本、備要本譌“殆”。

〔四〇〕孽賊其宗:孽,庶子。賊,殺害。宗,宗子,即嫡長子。

〔四一〕敖:“傲”之古字,傲慢。　誣:欺罔。

〔四二〕賜弓矢然後征,賜鈇鉞然後煞,賜圭瓚然後爲鬯。未賜圭瓚則資鬯於天子:見禮記王制,“煞”作“殺”,通。四庫本亦作“殺”,而喬本、洪本、吴本作“毅”,此從備要本。下除吴本外餘諸“煞”字同。爲鬯,吴本“爲”譌“弓”。

〔四三〕則不敢專煞:吴本“煞”譌“鬯”。

〔四四〕以兵屬於得專征之國:屬(zhǔ),託付,交給。國,喬本、洪本作“用”誤,此從餘本。

〔四五〕以獄屬于得專煞之國:吴本“煞”譌“征”。

〔四六〕資:取用。

〔四七〕春秋僖公二十八年:"晉人執衛侯,歸之于京師。"杜預注:"諸侯不得相治,故歸之京師。"

〔四八〕平王:洪本"王"字爲墨丁。

〔四九〕勳業:洪本"勳"譌"動"。

〔五〇〕納陛以節其陞:節,謂"使……省力"。　弓矢以資其權:資,助,增加。　圭瓚以廣其孝:廣,顯揚。

〔五一〕宗均禮含文嘉注:吳本"禮含"譌"含念"。喬本、洪本"嘉"作"加"誤,今據餘本訂正。禮記曲禮上孔穎達疏、詩大雅旱麓孔穎達疏亦引該文,"宗均"作"宋均",其下文字亦不盡相同。　周旋可觀:孔疏無此四字,疑爲脱文。周旋,指行禮時進退揖讓的動作。可觀,謂得體。　閨房不媟:媟(xiè),淫穢。吳本作"媒"。禮記孔疏作"房内不泄",旱麓孔疏作"房内不渫","泄"、"渫"宜讀爲"媟"。　勇猛勁疾,執誼堅强,賜之虎賁以備非常:吳本"猛"譌"猛","備"譌"脩"。誼,"義"之古字。孔疏作"義"。　抗揚威武,志在宿衛:抗揚,昂揚,奮發。宿衛,守護,保衛。　親睦九族,慈孝父母,賜以秬鬯以祀先祖:孔疏無"親睦九族"四字,疑爲脱文;又禮記孔疏"以祀先祖"作"以歸祭祀"。

〔五二〕弓矢:吳本"矢"譌"夫"。

〔五三〕按:衛音越:此連下文"餘見白虎通義"凡十字,吳本、四庫本所無。

〔五四〕餘見白虎通義:指白虎通義攷黜篇。洪本"見"譌"有"。

〔五五〕非家事:不是家族或家庭之事,意謂乃爲國家大事。　劉頌:西晉吏部尚書。　趙倫:即趙王倫。晉宗室司馬倫,封趙王。　周勃誅諸呂而尊孝文:諸呂,指漢高帝皇后呂雉侄子呂産、呂禄等。漢惠帝死後,呂后臨朝稱制,重用諸呂。呂后死,諸呂謀叛,太尉周勃與丞相陳平定計,誅殺諸呂,迎立文帝。　霍光廢昌邑而奉宣帝:參見後紀二女皇氏題注〔四一〕。晉書劉頌傳:"孫秀等推崇倫功,宜加九錫,百僚莫敢異議。頌獨曰:'昔漢之錫魏,魏之錫晉,皆一時之用,非可通行。今宗廟乂安,雖嬖后被退,勢臣受誅,周勃誅諸呂而尊孝文,霍光廢昌邑而奉孝宣,並無九錫之命。違舊典而習權變,非先王之制。九錫之議,請無所施。'"

〔五六〕若固惜於曹操、安石,祕吝於桓温:若,猶"乃"。固惜,吝惜,謂未施行。安石,指北宋宰相王安石。祕吝,義同“固惜”。吴本“吝”作“依”誤。
桓温,東晉大司馬,專擅朝政,圖謀受禪,未成而死。晉書桓温傳:“諷朝廷加己
九錫,累相催促。謝安、王坦之聞其病篤,密緩其事。錫文未及成而薨。”

〔五七〕見通典卷七一禮三十一錫命。

〔五八〕此本之公羊説:禮記曲禮上“三賜不及車馬”孔穎達疏稱:“其公羊
説九賜之次,與含文嘉不同,一曰加服,二曰朱户,三曰納陛,四曰輿馬,五曰樂
則,六曰虎賁,七曰斧鉞,八曰弓矢,九曰秬鬯。異人之説,故文有參差,大略
同也。”

〔五九〕又云“大國不過於九,次國七,小國五”:通典原文爲:“賞賜者陽,
數極於九,賜大國不過九,次國七,小國五。”

〔六○〕崇文書目及漢書序攷皆不知爲誰氏:崇文書目,吴本“目”譌“曰”。
漢書序,即漢書敍例,唐顏師古撰。攷,吴本譌“放”。顏敍例稱:“有臣瓚者,
莫知氏族,考其時代,亦在晉初。”　或云于瓚,史記索隱以爲傅瓚:于瓚,喬本、
洪本“于”作“干”誤,此從餘本。裴駰史記集解序“漢書音義稱臣瓚者,莫知氏
姓”司馬貞索隱:“案:即傅瓚,而劉孝標以爲于瓚,非也。據何法盛晉書,于瓚
以穆帝時爲大將軍,誅死,不言有注漢書之事。又其注漢書有引禄秩令及茂陵
書,然彼二書亡于西晉,非于所見也。必知是傅瓚者,案穆天子傳目録云傅瓚
爲校書郎,與荀勗同校定穆天子傳,即當西晉之朝,在于之前,尚見茂陵等書。
又稱‘臣’者,以其職典祕書故也。”

〔六一〕瓚有集注漢書,極博通云:集注,吴本“注”譌“江”。博,喬本、洪本
譌“傳”,今據餘本訂正。吴本、備要本此下有“按潘(最)〔勗〕册魏公九錫文”
云云一段文字,另起一行、低一格書。蓋非羅苹注路史原書所有,今不取。

巽禪非求爲異

聖人之事,一不幸而庸儒以爲美談,重不幸而姦人搴以藉
口[一]。堯爲天下七十載,其明於憂患世故,可謂悉矣[二]。見丹
朱之不肖,不可以爲天下,於是謀賢而巽之。巽于四岳,四岳不
受,然後明揚側陋,始得舜而庇位焉[三]。舜之來也,堯蓋不勝其
喜也。嬪以二女,賓于四門,賨之百揆,納于大麓,凡可以試其更

變而應世者,索爲之矣[四]。方是時,堯非固難之也;天下重器,授之不得而輕也[五]。及夫典職數載,績用既成,于是舉天下而付之[六]。其付之也,特不異於寄器其鄰,顔色不變,又非其易之也,得其人則不得而不授也[七]。昔之試,今之授,皆堯之所不得已也。夫以四岳之賢,付之以天下,皆能以朝諸侯而不斷以予之,以四岳之親,首膺異命,皆可以承重器而亦斷不自受,乃皆屬之四海在下之一窮人,然則重華之登,舉而付之,堯何心於其間哉[八]?囂訟、嫚游,天方廢之,堯顧能違之乎[九]?特亦不過行所無事,在賢予賢,在子予子,惟天所命而已矣[一○]。夫天之所予,豈偶然哉,必其有德見於天下者也!天之所廢,亦豈偶然哉,必其有罪見於天下者也!是故君薨而世子生,且猶不廢,以世子爲不得罪於天下也。不可予而予,與可予而不予,俱廢命也。

　黄帝而來,皆予其子,而武王不以予周公,然則堯舜豈求爲異也邪?借使朱足以授天下,吾知其不以授之舜;使其時而不得舜,吾亦知其必不授朱也。舜之授禹,亦若是而已矣。至於後世,不求其故,見争傾之患作而堯舜之道愈隆,則以爲有所矯爲,乃諄諄以爲説,而詭特之行行矣[一一]。中材之主,循其名而昧其致,不知德之不足,事之獲已,而額額行之,反道飾情,以冀一時之名,幾何而不亂邪[一二]?吴季札廢遺言而立王僚,亂者四世[一三]。宋宣公舍與夷而立穆公,亂者三世[一四]。隱、桓之胥賊,子噲之失國,可以監矣[一五]。是皆樂爲堯舜之禪,而不知其所以禪之所致也。宋襄公將遜目夷,目夷不聽;鄭穆公將遜去疾,去疾不聽;及楚昭欲遜公子閭,而子閭亦不之聽:後皆無亂[一六]。是三子者,非貪於名而爲辭也,非惡其富而不爲也,誠知一避之爲重,而國爲輕也[一七]。使三子者從而利之,則亦頻此亂矣[一八]。

　蓋嘗言之:虚静者可以集事,而無欲者惟可爲君[一九]。世有得道之士，能化黄金：丹砂一銖，成金一銖；成白鑞一斤，得金四兩〔二〇〕。及耄，求其人而授之，寓其神于風，監者數十載矣，其所閲者幾千人矣，莫予叶也〔二一〕。一旦得無欲者，然後誓而授之；不得其人，則寧没而不授，——何也？懼其黷貨妄作而將及禍，失吾知人之監也〔二二〕。夫以燒金之術而受之者必無欲，而欲之者必不得而受，則巽襌之事，從可知矣。是故巽以天下，非難也；得其人，之爲難。以天下巽，非貴也；合於義，之爲貴。

堯舜之事，豈求於異而可爲哉？德又下衰，亂臣賊子盗竊名器，乃至矯飾詐僞，致惡聲于聖人。曹丕之攘漢也，登壇而顯言曰：堯舜之事，吾知之矣〔二三〕。爰詆孟軻、荀況，以爲不通襌代之變；而自比于嬀汭，納漢二女，明勒麗石〔二四〕。其襲僞業姦以偷竊天下，非惟無耻，乃有源流，復以盗賊之行加之聖人，何聖人之不幸邪〔二五〕！嗚呼！世無聖人，使堯舜之道不尊，爲此曹玷褻者，庸儒之罪也〔二六〕。昔姚萇固嘗令尹緯馳説苻堅，求爲堯舜之事矣，堅且持之曰：“姚萇叛賊，奈何擬之聖人〔二七〕？”夫以苻堅一介妄人，猶知守此，顧儒名而反惑之邪？

或曰：若子之誨，則巽襌之事其不可行歟？曰：否，不然也。襌者，聖人之事也。自非得乎聖人，則亂不止也。堯爲父，舜爲子，則巽襌爲可行矣。台嘗十復風雷之事，感世之賢君尚慕美談，多以襌而召亂，而亂臣賊子售其姦者，交援此以自蔽〔二八〕。恐世之君子因以襌爲德也，勉爲之道〔二九〕。

【校注】

〔一〕聖人之事：此謂巽襌爲聖人之事。　搴：取，引用。

〔二〕世故：世變，變亂。　悉：詳盡，透徹。

〔三〕明揚側陋：洪本、吴本作“明明揚側”。彦按：當以作“明明揚側陋”，意思方爲完整。參見後紀十二帝舜有虞氏注〔一四二〕。　庇位：託付帝位。庇，寄託。方言卷二：“庇，寄也。”

〔四〕嬪以二女,賓于四門,實之百揆,納于大麓:參見後紀十二帝舜有虞氏。 索:悉,盡。

〔五〕固難:故意爲難,"固"通"故"。 輕:輕易。

〔六〕績用:功效。

〔七〕特:竟。 易:不看重。

〔八〕皆能以朝諸侯而不斷以予之:洪本"皆"譌"昔"。斷,斷然,堅決。乃皆屬之四海在下之一窮人:屬(zhǔ),注目,專注。四海,天下。窮人,僻遠地方的人。

〔九〕嚚訟、嫚游:本書後紀十一帝堯陶唐氏云:"帝初取富宜氏曰皇,生朱。驁很媢克,兄弟爲鬩,嚚訟,嫚游,而朋淫。"

〔一〇〕行所無事:謂順其自然,循理而行,不無事生事。孟子離婁下:"禹之行水也,行其所無事也。如智者亦行其所無事,則智亦大矣。"趙岐注:"如用智者不妄改作,但循理若禹之行水於無事,則爲大智也。" 惟天所命:吳本、四庫本"惟"作"唯"。下諸"惟"字同。

〔一一〕爭傾:爭權傾軋。 矯爲:糾正,匡正。 詭特:怪異。

〔一二〕循其名而昧其致:循,尋求。致,事理。 獲已:得已,即用不着如此,並不是非如此不可。 頟頟,同"頜頜",猶言無休無止。 飾情:猶矯情。 冀:吳本譌"異"。

〔一三〕參見國名紀四商氏後注〔四四五〕。

〔一四〕宋宣公舍與夷而立穆公,亂者三世:參見發揮二夷齊子南注〔二六〕。彥按:據史記宋微子世家所載,宋之亂,似無關乎宣公舍子而立弟。

〔一五〕隱、桓之胥賊:胥,相。見發揮四魯用王者禮樂注〔三六〕。 子噲之失國:子噲,各本均作"之噲",誤,今訂正。見後紀十三帝禹夏后氏注〔九三七〕。 可以監矣:吳本"以"譌"與"。監,鑑戒。

〔一六〕宋襄公將遜目夷,目夷不聽:左傳僖公八年:"宋(桓)公疾,大子茲父固請曰:'目夷長且仁,君其立之!'公命子魚。子魚辭,曰:'能以國讓,仁孰大焉? 臣不及也,且又不順。'遂走而退。"杜預注:"茲父,襄公也。目夷,茲父庶兄子魚也。" 鄭穆公將遜去疾,去疾不聽:彥按:此説與史實不符。左傳宣公四年云:"夏,弒(鄭)靈公。……鄭人立子良。辭曰:'以賢,則去疾不足;以順,則公子堅長。'乃立襄公。"杜預注:"(子良,)穆公庶子。去疾,子良名。襄公,堅也。"是則欲立去疾者鄭人,既非鄭穆公,亦非鄭靈公,更與"遜"扯不上邊。　及楚昭欲遜公子閭,而子閭亦不之聽:史記楚世家:"昭王病甚,乃召諸公子大夫曰:'孤不佞,再辱楚國之師,今乃得以天壽終,孤之幸也。'讓其弟公子申爲王,不可。又讓次弟公子結,亦不可。乃又讓次弟公子閭,五讓,乃後許爲王。將戰,庚寅,昭王卒於軍中。子閭曰:'王病甚,舍其子讓羣臣,臣所以許王,以廣王意也。今君王卒,臣豈敢忘君王之意乎!'乃與子西、子綦謀,伏師閉塗,迎越女之子章立之,是爲惠王。"

〔一七〕避:喬本、洪本作"臂"誤,今據餘本訂正。

〔一八〕頻:近,接近。

〔一九〕集事:成事,成就功業。

〔二〇〕鋝:古重量單位,當六兩。　成白鑞:成,疑"或"字形譌。白鑞(là),錫和鉛的合金。

〔二一〕叶:音 xié,合,符合。

〔二二〕黷貨:貪財。　監:察,考察。

〔二三〕曹丕之攘漢也,登壇而顯言:曹丕,吳本"丕"譌"不"。攘,盜竊,竊取。壇,洪本譌"牆"。

〔二四〕嬀汭:嬀水隈曲處。傳說舜初居此,此因借代舜。晉書段灼傳:"魏文帝率萬乘之衆,受禪於壖陂,而自以德同唐虞,以爲漢獻即是古之堯,自謂即是今之舜,乃謂孟軻、孫卿不通禪代之變,遂作禪代之文,刻石垂戒,班示天下,傳之後世,亦安能使將來君子皆曉然心服其義乎!"又隸釋卷一九魏公卿上尊號奏:"漢朝雖承季末陵遲之餘,猶務奉天命以則堯道,是以願禪帝位而歸二女。"洪适後跋云:"右公卿將軍上尊號奏篆額在潁昌,相傳爲鍾繇書。……曹氏父子睥睨漢祚非一朝夕,勢極事就,乃欲追大麓之蹤,竊箕山之節,後世果可欺乎? 又自比嬀汭,納漢二女。豐碑至今不磨,所以播其惡於無窮也。"

〔二五〕襲僞業姦以傯囊天下:襲僞業姦,承襲詐僞,從事姦邪。傯囊,擾亂。亦作"搶攘"。說文木部:"槍,……一曰槍攘也。"段玉裁注:"攘,各本從木,誤,今正。莊子在宥'傯囊',崔譔作'戕囊',云:'戕囊,猶搶攘。'晉灼注漢書曰:'搶攘,亂皃也。'按:許無從手之搶,凡'槍攘',上從木,下從手。"

〔二六〕玷黷:玷污黷瀆。喬本、洪本、四庫本"黷"作"瀆"誤,此從吳本、備要本。

〔二七〕昔姚萇固嘗令令尹緯馳説苻堅:尹緯,姚萇右司馬。各本均作"尹偉"誤,今據晉書訂正。苻堅,洪本、吳本"苻"譌"符",下"苻堅"之"苻"同。 奈何擬之聖人:擬,比。聖人,晉書苻堅傳下作"古人",云:"(姚)萇又遣尹緯説堅,求爲堯舜禪代之事。堅責緯曰:'禪代者,聖賢之事。姚萇叛賊,奈何擬之古人!'堅既不許萇以禪代,罵而求死,萇乃縊堅於新平佛寺中。"

〔二八〕台嘗十復風雷之事:台,余,我。十復,多次考求,"復"通"覆"。風雷之事,借指上天示警的災異現象。典出書金縢:"秋,大熟,未穫,天大雷電以風,禾盡偃,大木斯拔,邦人大恐。" 尚慕:喜歡、羨慕。 自蔽:掩飾自己。

〔二九〕勉爲之道:之道,此説。吳本、備要本此下有"蘇老泉曰"云云一段文字,另起一行、低一格書。蓋非羅苹注路史原書所有,今不取。

辨帝堯冢明舜禹事〔一〕

古今之事緒無窮,而地理之差尤爲難於究竟〔二〕。堯之冢在濟陰成陽〔三〕。堯母靈臺在南〔四〕。漢章帝元和二年使奉太牢祠堯于成陽靈臺,是其處也〔五〕。今皆在濮之雷澤東南。元和郡縣志:堯母廟,縣東南四里;堯陵,縣西三里〔六〕。堯即位至永嘉三年,二千七百二十一年〔七〕,紀載于碑。正觀十一年,禁樵採,春秋奠酹〔八〕。而王充乃云葬崇山;墨子則謂北教八狄,道死南己之市,而葬蛩山之陰〔九〕。蓋儀墓尒。論衡曰:堯葬冀州,或云葬崇山〔一〇〕。儀墓,如漢世遠郡園陵與蒼梧舜墓之類,非實葬所〔一一〕。山海經云堯葬狄山之陽,酈善長以爲非,亦此類〔一二〕。按歐陽文忠公集古録言靈臺碑,以爲史記、地志、水經諸書皆無堯母葬處,粵稽地志及范曄志,則云成陽有堯冢、靈臺,而此碑云堯母葬兹,"欲人莫知名,曰靈臺"〔一三〕。又郭緣生述征記,成陽城東南九里有堯陵,陵東有中山夫人祠,在城南二里,蓋堯妃也〔一四〕。東南六里有慶都冢。上有祠廟。而水經注言成陽城西二里有堯陵,陵南一里有慶都陵,於城爲西南,稱曰靈臺,鄉曰崇仁,邑號修義〔一五〕。其葬處明白若此,惡得云無言邪? 然述征記在成陽東,而今之所識乃在成陽西北四十里穀林,則古今壇場相出入有不同者〔一六〕。郭氏所記,乃小成陽,小成陽在成陽西北五十里,隸于河南,有山曰成陽,穀林在其下。高誘注呂春秋,云"成陽山下有穀林",是〔一七〕。小成陽以山得名,乃堯葬所在,有堯之故名焉,即庸俗所謂囚堯城者。鄄城東北五里有堯城。竹書紀年以爲堯之末年德衰,爲舜所囚,在是。演義,囚堯城在相之湯陰〔一八〕。又濮陽有偃朱城,在鄄城西北十五里,竹書謂舜既囚堯,偃塞丹朱於此,使不得見〔一九〕。寰宇記以載言所錄,不欲去〔二〇〕。蘇鶚爲是丹朱息沐之所,非塞之〔二一〕。瑣語云"舜放堯於平陽",而山海經放勛之子爲帝丹朱,故劉知幾疑舜既廢堯,仍立其子,俄又奪之;而又謂任昉記,朝歌有獄基,爲禹囚虞舜之宮,竹書而謂讓國爲虛語〔二二〕。荒矣。

　　抑嘗訂之,蓋其遜位之後,作游于此。此宵人所以得迹其近似而誣焉〔二三〕。漢志:"堯作游成陽"〔二四〕。游,都也,蓋武王之牧宮,漢祖之沛宮,周禮所謂"囿游"者〔二五〕。三齊略云:廣固南有堯山,巡狩之所登者,頂有堯祠〔二六〕。豈其所囚哉? 何以龜之〔二七〕? 莊周之書,極天下之譎者也,其讓王之說,至有"堯不慈,舜不孝"等語,而未嘗有篡竊之一言,使差有之,周肯不言哉〔二八〕? 韓非,戰國之從橫自賈者也,其說疑曰:姦人之事其君,"其諷一而語同"〔二九〕。世主說其言而不之辨,則姦人愈反而說之,曰:古之明王,非長幼弱也,皆聚族偪上而求其利也〔三〇〕。因曰:舜偪堯,禹偪舜,而自顯其名也〔三一〕。田成子、宋子罕,皆是物也〔三二〕。嗟乎! 以韓非之輩,猶能破其說於處士橫議之時,而今之學士乃不能毆其惑於聖哲清明之代,可謂智乎〔三三〕?

　　因三思之,是蓋魏晉之事,而竹書又出於魏晉之間,則其當時逢君之臣爲主分謗而附益之,不言而諭〔三四〕。爰復偵之,燕之慕容盛,晉之傖囊奸義者也,嘗稱商之太甲,而以伊尹事同夷羿,郎敷之徒雖能初與之較,而終以屈聽,更譽其言之當〔三五〕。而今竹書果有伊尹放太甲，太甲潛出殺伊尹之言，乃知逼於一時，雷同詭隨、謂白爲黑者衆矣〔三六〕。韓非子之説甚明，蓋戰國時已有此妄。竹紀年云：仲壬即位，居亳，其卿士伊尹〔三七〕。仲壬崩而立太甲，伊尹放太甲于桐，乃自立。伊尹即位。太甲七年，太甲潛出自桐，殺伊尹，乃立其子伊陟、伊奮，命復其父之田宅而中分之〔三八〕。夫太甲之事，見於尚書、孟子，此爲可信，故左氏曰：“伊尹放太甲而相之，卒無怨色〔三九〕。”兹足明矣。杜預猶以竹書而疑伏生之昏妄，況知幾者〔四〇〕。按書，太甲三年已復政，乃陳戒而作咸有一德；伊尹没，太甲子沃丁葬之，復命咎單訓尹事作沃丁；伊陟相太戊，作咸乂：烏有甲立其子與七年太甲出殺之事〔四一〕？高宗亦云：“先正保衡，作我先王〔四二〕。”又曰：“格于皇天。爾尚明保予，罔俾阿衡專美有商〔四三〕。”皆賢之之辭也。夫以後王極誦休烈如此，何有如是之妄説哉〔四四〕？此太宗皇帝所以稱其特立疑義，而謂之不可訓也〔四五〕。

　　夫治古之事，曲引而説之，何不可哉〔四六〕？知幾之妄，泌請得以佐其説而盡破之，毋俾世迷，得以引戈而議其後〔四七〕。伯禹曰：毋若丹朱，“朋淫于家，用殄厥世。予創若是〔四八〕。”而史記亦曰朱絶厥世〔四九〕。摭此附會，則知幾之説牢矣。鄉使知幾援此自證，則將遂信之乎？我無是也。夫殄世者，不繼世以有天下也，豈絶滅云乎哉？方堯之遜位也，將遜之語先聞於岳薦之前，而使嗣之誠已見于側微之日，及其出也，然後女于畎畝，試以百爲，如慈親之育其子，含飴福葆，繇小以高大，豈若凶殘鬼類，愒日玩歲，處高擄勢，怙寵冒權，而爲偪邪〔五〇〕？舜之事官也，以之徽典則必使其從，以之賓門則必使其穆，逮其底績，然後致自大麓，格于文祖〔五一〕。若蒲輪而赴京，緩轡取程，自邇而之遠〔五二〕。非若輕狷少年，不召自至，衝尹突踶，蹶坑墜塹，而後息也〔五三〕。雖然，犬豚梟鵰之徒，智不足以知聖人，污自昔然矣〔五四〕。先聖垂教，不俾世疑；堯舜之事，二典自備，顧學者自昧。舜之聰明，堯實聞之，及將使嗣位，時尚在側微，何有偪挾之事？且舜之未舉也，堯先以其事咨于四岳，四岳不受，然後舉舜，則是未得舜之時，堯已有巽禪之意，足見堯心本不爲舜而巽也〔五五〕。知此，則知聖人已知天下後世之有妄學，而必存其始末；稍疑者，不以之垂世矣。

而文忠公之跋亦何足邪〔五六〕？謂俗本多作城陽，獨此碑爲成陽〔五七〕。夫成陽與城陽，正自二所〔五八〕。成隸濟陰，乃古之成。昔武王封母弟于成，後遷於成之陽，遂曰成陽〔五九〕。十道志引左傳“衛師入郕”，即成也〔六〇〕。寰宇記并史記，武王封季載於成之陽〔六一〕。漢於此置雷澤縣〔六二〕。而城陽乃漢齊悼惠之子章所食之國，今之兗州是矣。不得爲一也。趙明誠、黃伯思、洪丞相皆有説〔六三〕。其云廷尉某，“姓名磨滅”，據漢廷尉仲定碑云“遷廷尉卿，託病乞歸，修堯靈臺黃屋三十餘”，而靈臺碑言濟陰太守、成陽令各遣大掾輔仲君，則知爲仲定矣〔六四〕。至言“漢受濡期”，則又以爲不知何語，此蓋指言漢氏承秦之水運而已〔六五〕。夫君子耻一物之不知，而病聖賢之失世〔六六〕。而公以爲久遠難明之事，不知不害爲君子〔六七〕。君子博學而反約，今也畫〔六八〕。

【校注】

〔一〕辨帝堯冢：辨，吳本、四庫本作“辯”。

〔二〕差：吳本作“羌”。下“差”字同。

〔三〕參見後紀十一帝堯陶唐氏。

〔四〕靈臺：堯母慶都墓名。

〔五〕漢章帝元和二年使奉太牢祠堯于成陽靈臺：見後漢書祭祀志中。太牢，四庫本“太”作“大”。成陽，吳本“陽”譌“湯”。

〔六〕堯母廟，縣東南四里；堯陵，縣西三里：自此而下至“春秋奠酹”，見元和郡縣圖志卷一一濮州雷澤縣，今本“東南”作“西南”。三里，吳本“里”譌“望”。

〔七〕即位：吳本“位”作“立”。　永嘉：晉懷帝司馬熾年號，公元307—313年。

〔八〕正觀：即貞觀，蓋避宋仁宗趙禎嫌名諱改之遺留。十一年，備要本作“十年”誤。　奠酹：祭奠。

〔九〕墨子則謂北教八狄，道死南己之市，而葬蛩山之陰：彥按：墨子節葬下云：“昔者堯北教乎八狄，道死，葬蛩山之陰。……舜西教乎七戎，道死，葬南己之市。”是則南己爲舜葬地,無關乎堯,路史“南己之市”四字實不當有。

〔一〇〕見論衡書虚篇。

〔一一〕舜墓:洪本“墓”譌“基”。

〔一二〕山海經云堯葬狄山之陽,酈善長以爲非:水經注卷二四瓠子河:“帝王世紀曰:堯葬濟陰成陽西北四十里,是爲穀林。墨子以爲堯……北教八狄,道死,葬蛩山之陰。山海經曰:堯葬狄山之陽,一名崇山。二説各殊,以爲成陽近是堯冢也。”

〔一三〕見歐陽修集古録卷二後漢堯母碑。　靈臺碑:即堯母碑。　粤稽地志及范曄志,則云成陽有堯冢、靈臺:彦按:今查集古録,並無此文。

〔一四〕郭緣生:各本均譌作“郭緣之”,今訂正。參見前紀八尊盧氏注〔一二〕。　成陽城東南九里有堯陵:本書後紀十一帝堯陶唐氏“塋濟陰成陽西北四十里,是爲穀林,通樹之”羅苹注引述征記,則云:“小成陽南九里。”今考水經注卷二四瓠子河亦云:“按郭緣生述征記,……又言堯陵在(成陽)城南九里。”而後漢書孝安帝紀“遣使者祠唐堯於成陽”李賢注引述征記,則云:“成陽東南有堯冢。”通典卷一八〇古兗州濮陽郡雷澤云:“漢成陽縣。郭緣生述征記曰:‘堯冢在縣東南。’”亦以爲堯冢在成陽東南。又史記五帝本紀“堯辟位凡二十八年而崩”張守節正義引括地志,稱:“郭緣生述征記云‘城陽縣東有堯冢,亦曰堯陵,有碑’是也。”則更以堯冢在城陽縣(晉之城陽縣,漢稱成陽縣)東。諸家同引述征記而所述堯冢方位互異,此蓋路史正文與羅苹注文不相一致之因。

〔一五〕見水經注卷二四瓠子河。

〔一六〕然述征記在成陽東:參見上注〔一四〕。

〔一七〕成陽山下有穀林:見吕氏春秋安死“堯葬於穀林”注。

〔一八〕演義,囚堯城在相之湯陰:演義,指唐蘇鶚蘇氏演義。今蘇氏演義“囚堯城”作“堯城”。

〔一九〕鄆城西北:洪本、吴本“北”譌“比”。　偃塞:禁閉。史記五帝本紀“舜讓辟丹朱於南河之南”張守節正義引括地志云:“故堯城在濮州鄆城縣東北十五里。竹書云昔堯德衰,爲舜所囚也。又有偃朱故城,在縣西北十五里。竹書云舜囚堯,復偃塞丹朱,使不與父相見也。”

〔二〇〕寰宇記以載言所録，不欲去：見太平寰記卷十四濮州鄄城縣，原文爲：“偃朱城在縣西北十五里。竹書紀年云：舜囚堯，偃塞丹朱，使不得與父堯相見。蓋此城也。十道志已録，今不欲去之。”

〔二一〕蘇鶚爲是丹朱息沐之所：爲，通“謂”。四庫本作“謂”。

〔二二〕山海經放勛之子爲帝丹朱：山海經海内南經云：“蒼梧之山，帝舜葬于陽，帝丹朱葬于陰。”又海内北經云：“帝堯臺、帝嚳臺、帝丹朱臺、帝舜臺，各二臺，臺四方，在昆侖東北。”　故劉知幾疑舜既廢堯，仍立其子，俄又奪之：史通外篇疑古：“按汲冢瑣語云：‘舜放堯於平陽。’而書云其地有城，以‘囚堯’爲號。識者憑斯異説，頗以禪授爲疑。然則觀此二書，已足爲證者矣，而猶有所未覩也。何者？據山海經謂放勛之子爲帝丹朱，而列君於帝者，得非舜雖廢堯，仍立堯子，俄又奪其帝者乎？觀近有姦雄奮發，自號勤王，或廢父而立其子，或黜兄而奉其弟，始則示相推戴，終亦成其篡奪。求諸歷代，往往而有。必以古方今，千載一揆。斯則堯之授舜，其事難明，謂之讓國，徒虛語耳。”　而又謂任昉記，朝歌有獄基，爲禹囚虞舜之宮，竹書而謂讓國爲虛語：任昉，喬本、洪本、備要本譌“伍昉”，今據吳本、四庫本訂正。虛語，吳本“虛”譌“戾”。彦按：劉氏史通並未言及任昉，所謂“任昉記”云云，實出蘇氏演義也。演義云：“汲冢竹書乃云……舜禪位後，爲禹王之。而任昉云：朝歌有獄基，爲禹置虞舜之宮。劉子玄引竹書以爲摭，實非也。”羅氏不查劉氏史通，僅據蘇氏演義，且又没有弄清演義所述内容之間關係，遂不免犯無中生有之錯誤。又，“竹書而謂”亦於文義不通，或“竹書”上宜有“引”字。

〔二三〕此宵人所以得迹其近似而誣焉：宵人，小人，壞人。迹，追尋。誣，欺。

〔二四〕堯作游成陽：見漢書地理志下。游，行宫。

〔二五〕武王之牧宮：彦按：牧宮見孟子萬章：“天誅造攻自牧宮。”趙岐注：“牧宮，桀宮。”又任啓運四書約旨以爲：“牧宮，湯祖廟。湯爲牧伯，故祖廟稱牧宮。古者大征伐必告廟而出，反亦必告廟。此‘造攻自牧宮，是告而出。’”（轉引自楊伯峻孟子譯注）羅氏以爲武王之宮，不知何據。　周禮所謂“囿游”者：囿游，各本均作“國游”。彦按：周禮未見有“國游”語，“國”當“囿”字之譌，今訂正。周禮地官囿人：“掌囿游之獸禁。”鄭玄注：“囿游，囿之離宫小苑觀處也。"

〔二六〕三齊略:即三齊略記。晉伏琛撰。 廣固南有堯山,巡狩之所登者,頂有堯祠:彥按:"廣固南"疑當作"廣固西"。藝文類聚卷三九、太平御覽卷五三七引三齊略記,並曰:"堯山在廣固城西七里。堯巡狩所登,遂以爲名。山頂立祠。"

〔二七〕䯝:猶"占",驗證。

〔二八〕其讓王之説,至有"堯不慈,舜不孝"等語:彥按:"讓王"當作"盜跖",二篇相鄰,羅氏誤認。 差:稍微。

〔二九〕從橫自賈:從橫,喬本"從"譌"後",今據餘本訂正。自賈,自我標榜。 姦人之事其君,"其諷一而語同":自此而下至"皆是物也",乃撮取韓非子説疑大意。諷,寓意。

〔三〇〕世主説其言而不之辨:説,讀爲"悦"。辨,吳本、備要本作"辯"。則姦人愈反而説之:反,反轉,回過頭來。説,勸説。 非長幼弱也,皆聚族偪上而求其利也:長幼弱,謂年長于幼弱者。偪上,吳本、四庫本"上"譌"土"。韓非子原文作:"夫姦人之爵禄重而黨與彌衆,又有姦邪之意,則姦臣愈反而説之,曰:'古之所謂聖君明王者,非長幼世及以次序也;以其搆黨與,聚巷族,偪上弒君而求其利也。'"

〔三一〕舜偪堯,禹偪舜,而自顯其名也:韓非子原文爲:"舜偪堯,禹偪舜,湯放桀,武王伐紂。此四王者,人臣弒其君者也,而天下譽之。……四王自廣措也,而天下稱大焉;自顯名也,而天下稱明焉。"

〔三二〕田成子、宋子罕,皆是物也:田成子,即田恒。因家族出自陳國,也稱陳恒。春秋齊國相,殺齊簡公,立齊平公,又盡殺公族中之强者,擴大封邑,從此齊國由陳氏專政。三傳至田和(齊太公)而終代齊。宋子罕,戰國宋執政之卿,姓戴,名樂喜。官司城,故又稱司城子罕。劫殺宋桓侯而奪取君位。物,人。韓非子文云:"以今時之所聞,田成子取齊,司城子罕取宋,太宰欣取鄭,單氏取周,易牙之取衛,韓、魏、趙三子分晉,此(六)[八]人,臣之弒其君者也。"

〔三三〕處士橫議:處士,不出仕之士人。橫議,恣意議論。

〔三四〕逢君之臣爲主分謗而附益之:逢,迎合。分謗,分擔別人受到的指責。附益,附會杜撰。

〔三五〕爰復偵之：偵，猶“察”。　　燕之慕容盛，晉之儈囊奸義者也，嘗稱商之太甲，而以伊尹事同夷羿，郎敷之徒雖能初與之較，而終以屈聽，更譽其言之當：慕容盛，十六國時後燕國君，公元 398—401 年在位。郎敷，後燕祕書監。晉書慕容盛載記載：慕容盛曾與羣臣論伊尹與周公孰賢，“盛曰：‘伊尹以舊臣之重，顯阿衡之任，太甲嗣位，君道未洽，不能竭忠輔導，而放黜桐宫，事同夷羿，何周公之可擬乎！’郎敷曰：‘伊尹處人臣之位，不能匡制其君，恐成湯之道墜而莫就，是以居之桐宫，與小人從事，使知稼穡之艱難，然後返之天位，此其忠也。’盛曰：‘伊尹能廢而立之，何不能輔之以至於善乎？若太甲性同桀紂，則三載之間未應便成賢后。如其性本休明，義心易發，當務盡匡規之理以弼成君德，安有人臣幽主而據其位哉！且臣之事君，惟力是視，奈何挾智藏仁以成君惡！夫太甲之事，朕已鑒之矣。太甲，至賢之主也，以伊尹歷奉三朝，績無異稱，將失顯祖委授之功，故匿其日月之明，受伊尹之黜，所以濟其忠貞之美。夫非常之人，然後能立非常之事，非常人之所見也，亦猶太伯之三讓，人無德而稱焉。’敷曰：‘太伯三以天下讓，至仲尼而後顯其至德。太甲受謗於天下，遭陛下乃申其美。’”

〔三六〕雷同詭隨：雷同，附聲附和。詭隨，不顧是非而妄隨人意。

〔三七〕竹紀年：四庫本作“竹書紀年”。　　仲壬：商朝第三任君主。商湯子，太甲叔父。

〔三八〕太甲七年：各本“七年”均作“三年”。彦按：今本竹書紀年作“七年”。又羅注下文稱“烏有甲立其子與七年太甲出殺之事”，亦作“七年”。是此作“三年”者誤，今訂正。又“太甲”上宜有“放”字。參見下注〔四〇〕。

〔三九〕見左傳襄公二十一年。

〔四〇〕杜預猶以竹書而疑伏生之昏妄：杜氏春秋左氏經傳集解後序云：“紀年又稱殷仲壬即位，居亳，其卿士伊尹。仲壬崩，伊尹放大甲于桐，乃自立也。伊尹即位，放大甲七年，大甲潛出自桐，殺伊尹，乃立其子伊陟、伊奮，命復其父之田宅而中分之。左氏傳‘伊尹放大甲而相之，卒無怨色’，然則大甲雖見放，還殺伊尹，而猶以其子爲相也。此爲大與尚書敍説大甲事乖異，不知老叟之伏生或致昏忘，將此古書亦當時雜記，未足以取審也？”

〔四一〕按書，太甲三年已復政，乃陳戒而作咸有一德：彦按：書咸有一德云:"伊尹既復政厥辟,將告歸,乃陳戒于德。"書序亦但稱:"伊尹作咸有一德。"均未言"太甲三年已復政"也。　伊尹没,太甲子沃丁葬之,復命咎單訓尹事作沃丁:書沃丁序:"沃丁既葬伊尹于亳,咎單遂訓伊尹事,作沃丁。"孔氏傳:"咎單,忠臣名。"　伊陟相太戊,作咸乂:吴本"乂"譌"又"。書咸乂序:"伊陟相大戊,亳有祥,桑穀共生于朝。伊陟贊于巫咸,作咸乂四篇。"孔氏傳:"贊,告也。"

〔四二〕高宗:指殷高宗。　先正保衡,作我先王:見書説命下。孔氏傳:"保衡,伊尹也。作,起。"先正,先世長官。保衡,四庫本如此,今從之。餘本"衡"譌"予"。

〔四三〕格于皇天。爾尚明保予,罔俾阿衡專美有商:格,感動。尚,猶"望",表示希冀。明,通"勉",盡力。保,維護。俾,通"俾"。今書説命下作"俾"。

〔四四〕夫以後王極誦休烈如此,何有如是之妄説哉:誦,通"頌",稱頌。休烈,盛美的事業。吴本"休"作"佅",同;"説"作"訧",誤。

〔四五〕此太宗皇帝所以稱其特立疑義,而謂之不可訓也:不可訓,猶言不足爲典要。各本"疑義而謂"均作"而謂疑義"。彦按:"稱其特立,而謂疑義之不可訓",於義費解,於文不暢,"特立"與"而謂"當屬誤倒,今訂正。宋曹彦約經幄管見卷二:"太平興國九年,太宗謂侍臣曰:'朕讀書必究微旨。尚書云:伊尹放太甲於桐宫,三年,以冕服奉嗣王歸於亳,作書三篇,以訓太甲。此伊尹忠於太甲,其理明矣。杜預春秋後序云:'伊尹放太甲於桐宫,乃自立也。七年,太甲潛出自桐,殺伊尹,立其子陟。又左氏傳云'伊尹放太甲而相之,卒無怨色',然則太甲雖見放,還殺伊尹,猶以其子爲相,此與尚書序説太甲事不同,不知伏生昏忘,將此古書乃當時雜記,未足審也?'豈有殺其父而復相其子者乎?且伊尹著書訓君,具在方册,必無自立之意,杜預通博,不當憑汲冢雜説特立疑義,使伊尹忠節疑於後人。'"

〔四六〕治古:指古之治世。

〔四七〕佐其説:吴本"佐"作"佑"。　毋俾世迷:喬本、洪本"俾"作"裨"誤。此從餘本。　引戈:拿起武器。

〔四八〕朋淫于家,用殄厥世。予創若是:見書益稷。孔氏傳:"朋,羣也。……羣淫於家,妻妾亂。用是絕其世,不得嗣。創,懲也。”于,喬本、洪本作“子”;創,喬本、洪本、吳本作“槍”:俱誤。今並從四庫本、備要本訂正。

〔四九〕而史記亦曰朱絕厥世:彦按:史記未言及丹朱後,然無“朱絕厥世”一類言語。

〔五〇〕岳薦:指四岳推薦舜。　側微之日:指舜在民間之時。　畎畂:吳本“畂”作“畆”,四庫本作“畆”,備要本作“畝”,同。　褔葆:褔(ōu),小兒帽。葆,通“褓”,嬰兒被。　繇:四庫本作“由”。　愒日玩歲:荒廢光陰。　冒權:冒犯權威。

〔五一〕舜之事官也,以之徽典則必使其從,以之賓門則必使其穆:事官,猶任職。以之,猶用於。徽典,盛美之典禮。從,順當。穆,謂穆穆,端莊恭敬貌。四庫本如此,是,今從之。餘本作“睦”,蓋音譌。　大麓:喬本、洪本、吳本“大”作“太”,此從四庫本及備要本。

〔五二〕蒲輪:用蒲草裹輪以減少震動的車子。古時常用於封禪或迎接賢士,以示禮敬。　緩轡取程:緩轡,放鬆繮繩,讓馬緩行。取程,登程。

〔五三〕輕狷:輕佻躁急。　衝尹突躍:衝擊官員,突破警躍(古代帝王出行時,沿途侍衛警戒,清道止行)。

〔五四〕犬豚梟鴟之徒:禽獸之徒,比喻不知禮義或行為卑劣的人。

〔五五〕舜之未舉也:洪本“舉”作“牽”。下“然後舉舜”之“舉”同。

〔五六〕何足:足,蛇足。

〔五七〕謂俗本多作城陽,獨此碑為成陽:集古錄卷二後漢堯母碑文作:“(堯母葬處)惟見於此碑,蓋亦葬成陽也。而諸書俗本多為城陽,獨此碑為成陽,當以碑為正。”

〔五八〕夫成陽與城陽:洪本“城陽”譌“成陽”。

〔五九〕昔武王封母弟于成:吳本、四庫本“武王”作“成王”誤。

〔六〇〕左傳“衛師入郕”:見隱公五年。左傳,喬本、洪本、吳本“左”譌“在”。今據四庫本、備要本訂正。

〔六一〕寰宇記并史記,武王封季載於成之陽:彦按:寰宇記見卷一四濮州雷澤縣,文作:“史記曰‘周武王封弟季載於郕’,今縣北三十里郕都故城是也。”而史記實無其文。按史記管蔡世家云:“武王已克殷紂,平天下,封功臣昆弟。於是……封叔武於成，封叔處於霍。康叔封、冉季載皆少，未得封。”是則武王時封成者，乃弟叔武，非季載也。季載封於冉，且在成王時（見管蔡世家）。又司馬貞索隱曰：“後漢郡國志以爲成本國。又地理志廩丘縣南有成故城。應劭云‘武王封弟季載於成’，是古之成邑，應仲遠誤云季載封耳。”是諸書或稱“史記云武王封弟季載於成”者，大抵誤自應氏。羅氏父子書中多有道聽塗説、以訛傳訛者，此又一例。

〔六二〕漢於此置雷澤縣：彥按：此説誤。寰宇記卷一四濮州雷澤縣云：“本漢郕陽縣也。古郕伯，姬姓之國。……漢以爲縣，屬濟陰郡。……隋開皇十六年一此置雷澤縣，因縣北雷夏澤以爲名，屬濮州。”是則縣名雷澤，乃始於隋。疑羅氏嘗讀寰宇此文，至“漢以爲縣”而匆遽判定即雷澤縣，其實“以爲縣”者，以爲郕陽縣也。

〔六三〕趙明誠：宋代金石學家，撰有金石録三十卷。

〔六四〕其云廷尉某，“姓名磨滅”：集古録稱：“故廷尉（原注：姓名磨滅，不可讀矣。）惟大漢堯之苗胄，當修堯祠，追遠復舊，前後奏上。帝納其謀，歲以春秋，奉大牢祠。時濟陰太守魏郡審晃、成陽令博陵管遵，各遣大掾輔助。（原注：闕一字。）君經之營之，不日成之。此其大槩也。”　漢廷尉仲定碑：見隸釋卷二五。　黃屋：黃色的房屋。此指堯母慶都祠廟之屋。集古録稱：“慶都僊没，蓋葬于兹。欲人莫知名，曰靈臺。上立黃屋，堯所奉祠。”　各遣大掾輔仲君：大掾，高級別的屬官。喬本、洪本、吳本“掾”作“椽”非。此從四庫本及備要本。彥按：集古録原文並無“仲”字，唯於“君”字上注“闕一字”耳。

〔六五〕至言“漢受濡期”，則又以爲不知何語：堯母碑云：“漢受濡期，興滅繼絶。”歐陽修跋尾稱：“又云‘漢受濡期’，莫曉其義也。”

〔六六〕失世：没有繼承之人。世，嗣，繼承。

〔六七〕歐陽修帝王世次圖序云：“其久遠難明之事後世不必知，不知不害爲君子者，孔子皆不道也。”

〔六八〕君子博學而反約，今也畫：喬本“而”作“於”誤。今據餘諸本訂正。畫，謂劃分界限，自我限制。

論舜不出黃帝

道有所謂經，亦有所謂權〔一〕。法有所謂正，亦有所謂義〔二〕。

經與正者,常也。權與義,尤不得而廢焉。

舜之有天下,受之堯也。受之於堯,於是祖堯之祖,而不自致其祖。方其攝也,受終文祖;文祖者,堯之太祖也。及其立也,則復格于文祖。皆不自致其祖而祖堯之祖,以其受之堯也:權也。虞書曰:"祖考來格〔三〕。"夫所謂考者,瞽目之叟,而祖者叟之父,非可易也〔四〕。然則,祖顓頊者,特推其位之所自傳者祖之,非祖也;其宗堯也,亦惟推本帝業之所從受而取之以爲配也:義也〔五〕。禘於員丘,黃帝非虞氏在廟之帝也;郊於國之陽,帝嚳非虞氏在廟之主也〔六〕。繇是言之,顓頊豈虞氏之祖哉〔七〕?顓頊傳之帝嚳,嚳傳之摯,傳之堯〔八〕。是知堯亦祖顓頊矣。然則堯舜之所祖爲傳位者,信也。降及夏后,天下爲家,於是而始祖其祖矣。祖其祖,常也,故康成云:有虞氏尚德,其禘、郊、祖、宗之人,配用有德而已,皆非虞氏之親也;自夏而後,稍以其姓代之,郊鯀是也〔九〕。是鄭亦以舜爲不出高陽矣。然云尚德,是不知權與義之説也。蘇軾亦云:受天下於人,必告其人之所從受者〔一○〕。虞祖顓頊而宗堯,則神宗當爲堯,而文祖當爲顓頊〔一一〕。舜、禹之受天下也,及堯、舜之存,而受命于其祖宗矣〔一二〕。至有天下,從而宗祖之謿〔一三〕。以是知顓頊、帝堯爲虞氏明堂禘郊之祖宗,而幕洎瞽則祖宗于廟〔一四〕。蓋自幕以來,微在匹庶,等禮亦無得而豫大祀〔一五〕。祖宗于廟,禮亦宜之。此記禮者所以惟識其禘郊之祖宗而遺其幕與瞽,於其禮之盛者著之,是經權之説也。

抑固攷之,舜非顓頊之後,有數驗〔一六〕。史云:自窮蟬以來,微在庶人〔一七〕。夫窮蟬既云帝子,何得未幾微爲匹庶?一也。男女辨姓,禮之大司,而綴食之禮,雖百世而婚姻不通,舜既堯之五世從玄孫,豈得御堯之女〔一八〕?況以玄孫而尚高祖姑,昭穆失當,無是若者〔一九〕。二也。夫源流之最可攷者,惟氏姓也,故昔者帝王之姓各有所循,非賜不改。少昊、青陽、高陽、玄囂、高辛之姓,皆累世不易,惟舜之姓,非先王之姓。三也。且以所言,舜爲堯之從孫,禹乃舜之從祖;堯授天下於從孫,舜授天下於從祖[二〇],——自其家人,烏得謂之至公,而能以天下予人哉? 顓頊之傳帝嚳,何以不謂之傳賢[二一]? 不降之授帝扃,何以不謂之異位[二二]? 商、周、漢、唐,若此者亦衆矣,胡得獨稱堯舜乎? 惟堯能以至公之天下授之異姓在下之鰥夫,故得爲傳賢之帝。惟舜能以所受之天下傳之外姓有功之賢臣,故得稱異位之君。四也。八元、八凱,堯帝固多用之,然不云堯舉者,以其親也[二三]。至舜則非其親,而能用,故於是美其能舉。五也。舜苟堯親,非大相遠也,顧豈不知而必資夫岳薦然後舉之,歷試諸難如此之艱而後授之? 若曰出於側微,則舜之德聞非若顓頊之出若水,帝嚳之出江水,特出而授之,蓋堯以爲非所當授而授之,則天下必將駁其爲者,故必歷試使攝,及我存而俾之爲政,逮夫厭世而天下已安之矣,是以堯假舜立而朝不易位,國不更制,天下晏然與鄉無以異者,此其必不然[二四]。六也。是皆經傳明證,顯驗可得信者。

　　或曰:裨竈之言,“陳,水族也”,故昔史趙謂陳爲顓頊之族,是則舜爲水帝後矣[二五]。曰:不然。此假類之言也[二六]。竈知陳之將作而假類以驗之尒。舜,土屬也,豈有近舍舜土而遠攀顓帝之水哉? 且昔帝王之裔多矣,孰有與其所承之類終同者邪[二七]? 楚先火正,故火爲楚,然吳回之父,其王木也,曷又舍祖而依宗哉[二八]? 此皆賢哲有以知之,宜不可以攺世者。雖然,隋之崔仲方亦嘗申史趙之説,謂天時、人事,隨當滅陳[二九]。陳既滅于隨矣,然陳之必毀,隨之必興,亦人事之必然者也[三〇]。若曰楚、隨火屬,則自古以來水必克火,曷嘗有火克水邪[三一]? 且陳承土,隨火且猶生之,己酉土歲,而顧反爲殃乎[三二]? 其不繇此,明矣[三三]。泌以是知子羔子所以有“虞、夏禘郊祖宗,或乃異代”之問,而孔子有召伯甘棠之答,不獨爲子羔發也〔三四〕。

【校注】

〔一〕經:謂常則。玉篇糸部:“經,常也。” 權:謂權變、變通。

〔二〕正:謂循正塗。 義:通“俄”,衺,謂走捷徑或權宜做法。

〔三〕見書益稷。

〔四〕瞽目之叟:指舜父瞽叟。以盲,故稱。

〔五〕祖顓頊:禮記祭法:“有虞氏禘黄帝而郊嚳,祖顓頊而宗堯。”鄭玄注:“禘、郊、祖、宗,謂祭祀以配食也。” 惟推本帝業之所從受:吴本、四庫本“惟”作“唯”。下諸“惟”字同。

〔六〕禘於員丘:四庫本如此,是,今從之。餘本“禘”作“帝”非。 郊於國之陽:國,國都。陽,南方。

〔七〕繇:四庫本作“由”。

〔八〕摯:洪本譌“執”。

〔九〕見禮記祭法注。原文作:“有虞氏以上尚德,禘、郊、祖、宗配用有德者而已。自夏已下,稍用其姓代之。”

〔一〇〕受天下於人,必告其人之所從受者:自此而下至“而受命于其祖宗矣”,撮取自蘇軾書傳卷三大禹謨“正月朔旦,受命于神宗”傳。

〔一一〕蘇氏原文作:“堯之所從受天下者曰文祖,舜之所從受天下者曰神宗。……禮曰:‘有虞氏禘黄帝而郊嚳,祖顓頊而宗堯。’則神宗爲堯明矣。”

〔一二〕舜、禹之受天下也:各本“舜、禹”之前有“帝嚳”二字,乃衍文,今删去。蘇氏此句原作:“舜、禹之受天下於堯、舜也”。

〔一三〕宗祖之謖:宗祖,此指在廟之宗祖。之,猶“乃”。謖,起,確立。

〔一四〕以是知顓頊、帝堯爲虞氏明堂禘郊之祖宗,而幕泪瞽則祖宗于廟:幕泪瞽,指自舜之曾祖幕、祖喬牛,至父瞽叟。泪,至。各本“祖宗而幕泪瞽則”均作“祖幕而宗泪瞽則”。彦按:各本原文無法讀通,乃有倒文也,今訂正。

〔一五〕等禮:謂按照禮之規定。等,衡量。

〔一六〕抑固攷之:抑,猶“又”。固,通“故”,因而。

〔一七〕見後紀十二帝舜有虞氏注〔一三〕。

〔一八〕男女辨姓,禮之大司:左傳昭公元年:“男女辨姓,禮之大司也。”鄭玄注:"辨,別也。"楊伯峻注:"司,主也。" 綴食之禮,雖百世而婚姻不通:禮記大傳:"其庶姓別於上而戚單於下,昏姻可以通乎? 繫之以姓而弗別,綴之以食而弗殊,雖百世而昏姻不通者,周道然也。"孔穎達疏:"'繫之以姓而弗別'者,周法雖庶姓別於上,而有世繫連繫之以本姓而不分別,若姬氏、姜氏,大宗百世不改也。'綴之以食而弗殊'者,連綴族人以飲食之禮,而不殊異也。"御堯之女:御,謂娶爲后妃。

〔一九〕尚:娶帝王之女爲妻。

〔二〇〕舜爲堯之從孫,禹乃舜之從祖;堯授天下於從孫,舜授天下於從祖:舜授,洪本、吳本、四庫本"授"作"受",非。彦按:據史記五帝本紀,舜當爲堯之從玄孫,上文稱"舜既堯之五世從玄孫"不誤,此"從孫"當作"從玄孫"。又禹當舜之從高祖,此作"從祖"亦不準確。

〔二一〕顓頊之傳帝嚳:乃伯父傳位侄子。

〔二二〕不降之授帝扃:乃兄傳位於弟。

〔二三〕八元:見後紀十高辛紀下。 八凱:見後紀八帝顓頊高陽氏。吳本"凱"作"愷"。

〔二四〕德聞:道德、名聲。 堯假舜立:假,給予,授予。立,通"位",指帝位。 天下晏然與鄉無以異者:晏然,安定貌,安寧貌。四庫本如此,是,今從之。吳本"晏"作"猒",餘本皆作"厭",當由音近且受上文"厭世"影響而譌。鄉(xiàng),從前,往時。

〔二五〕裨竈之言,"陳,水族也":見左傳昭公九年,"族"作"屬"。杜預注:"陳,顓頊之後,故爲水屬。" 故昔史趙謂陳爲顓頊之族:見左傳昭公八年。杜預注:"陳祖舜,舜出顓頊。" 水帝:即顓頊。舊説顓頊以水德王,死後祀爲北方水德之帝。

〔二六〕假類:借喻。

〔二七〕類:種類。此指五德屬性。

〔二八〕楚先火正:楚先,此指吳回。 吳回之父,其王木也:彦按:吳回之父爲卷章(見史記楚世家),然典籍中未見有稱卷章王木者,此説疑有誤。今考史記楚世家"卷章生重黎"司馬貞索隱曰:"重氏、黎氏二官代司天地,重爲木正,黎爲火正。案左氏傳,少昊氏之子曰重,顓頊氏之子曰黎。今以重黎爲一人,仍是顓頊之子孫者,劉氏云'少昊氏之後曰重,顓頊氏之後曰重黎,對彼重則單稱黎,若自言當家則稱重黎。故楚及司馬氏皆重黎之後,非關少昊之重'。愚謂此解爲當。"所稱爲木正之重,乃少昊氏之後,非吴回父也。豈羅氏誤以此重爲重黎邪? 然重黎爲吴回兄,既非其父,且楚世家明言"重黎爲帝嚳高辛居火正"(後獲誅,弟吴回代其職,復居火正),亦非木正也。

〔二九〕崔仲方:隋虢州刺史。隋書崔仲方傳載其上書論取陳之策,中云:"昔史趙有言曰:'陳,顓頊之族,爲水,故歲在鶉火以滅。'"

〔三〇〕隨之必興:吴本"隨"作"隋"。

〔三一〕若曰楚、隨火屬:崔氏上書之策,中又云:"楚,祝融之後也,爲火正,故復滅陳。……皇朝五運相承,感火德而王,國號爲隋,與楚同分。楚是火正,午爲鶉火,未爲鶉首,申爲實沈,酉爲大梁,既當周、秦、晉、趙之分,若當此分發兵,將得歲之助,以今量古,陳滅不疑。"

〔三二〕且陳承土:上文稱"舜,土屬也",而陳爲舜後(見史記陳杞世家),故有此言。　隨火且猶生之:吴本"隨"作"隋"。自五行生剋關係言,火生土。　己酉土歲:陳滅於後主禎明三年(公元589年)正月,是年於干支爲己酉。

〔三三〕繇:四庫本作"由"。

〔三四〕子羔子所以有"虞、夏禘郊祖宗,或乃異代"之問,而孔子有召伯甘棠之答:甘棠,木名。即棠梨。孔子家語廟制:"子羔問曰:'祭典云:"昔有虞氏祖顓頊而宗堯,夏后氏亦祖顓頊而宗禹,殷人祖契而宗湯,周人祖文王而宗武王。"此四祖四宗,或乃異代,或其考祖之有功德,其廟可也。若有虞宗堯,夏祖顓頊,皆異代之有功德者也,亦可以存其廟乎?'孔子曰:'……詩云:"蔽芾甘棠,勿翦勿伐","召伯所憩"。周人之於召公也,愛其人,猶敬其所舍之樹,況祖宗有功德而可以不尊奉其廟焉?'"　不獨爲子羔發也:吴本、備要本此下有"金仁山曰"云云一段文字,另起一行、低一格書。蓋非羅苹注路史原書所有,今不取。

舜不幸以孝名井廩事

孝道之難言,久矣。公西之養親,若朋友處;曾參之養親,若對嚴主〔一〕。參之矜矜，固不如損油油也〔二〕。父兄不淑，孝悌乃章〔三〕。奇有吉，參有晢，而後孝之名始著〔四〕。龍逄、比干忠著後世，桀、紂惡也〔五〕。伯夷、后稷忠曀當日，堯、舜賢也〔六〕。忠臣不顯聖君之代，孝子豈聞慈父之家哉？舜之大孝，此舜帝之不幸也。

　　韓忠獻言：“古者聖帝明王爲不少矣，而獨舜稱大孝，豈其餘盡不孝哉？父母慈而子孝，此事之常，不足道也〔七〕。”昔者齊景公問於晏子曰：“忠臣之事其君，如之何〔八〕？”對曰：“有難不死，出亡不送。”公曰：“列地以處之，疏爵以榮之，難不死，亡不送，可謂忠乎〔九〕？”對曰：“言而見用，終身無難，臣奚死焉？諫而見聽，終身不亡，臣奚送焉？言不用而難死之，是妄死也。諫不聽而亡送之，是僞送也。故忠臣者，能盡善於君，不能與陷於禍。”死事而立忠，不爲全矣。是故大賢寡可書之節，衰亂見易名之行〔一〇〕。世不危亂，奇行不見。主不悖惑，忠節不立。父兄必慈良，則孝悌之名無所見矣。

　　帝舜不幸，而以孝名後世，豈其所欲哉？而論者每無節〔一一〕。自孟軻氏唱井廩之事，而列女傳首著鳥工、龍工之説，且以爲瞽叟速舜飲，二女與藥，浴汪遂往，終日不醉，而史記亦有“匿空旁出”之語〔一二〕。故史通子非之，謂使如是，特左慈之爲羊，劉根之入壁者，豈拘羑厄陳之事〔一三〕？而柳璨且辨之，謂聖人受命，必有天祐〔一四〕。高帝匿井，脱項羽之追；光武乘冰，免王郎之逐〔一五〕。或飛鳥，或詐言，人謀天箕，世固有其傳矣〔一六〕。抑嘗訊之，親之於子，既惡之而無道，殺之可也，又何井廩完浚之迂哉〔一七〕？豈凶人之爲不善，亦猶有所愛歟？晉獻公之欲殺申生也，計誠決矣，然且數年，而先戮其傅，則無道之心，雖父子間有不得以直肆者〔一八〕。

　　聖人之事，固可理攷，而不可以迹求也。夫堯之所以舉舜者，正以其父頑、母嚚、象傲，而獨能諧以孝，俾不格於姦尒〔一九〕。既不格姦，則瞽叟已底豫矣〔二○〕。叟既底豫，則井廩之事何自而舉乎？凡此一皆未試用之前也。逮其試用，則有二女、百官而奉之，又復躬爲井廩之事乎哉〔二一〕？妻帝女，備百官，其貴勢亦大矣，象縱不仁，可得施其志乎？茲皆坦然可理曉者，抑何至遴遴如萬子之云哉〔二二〕？程氏訓井廩，謂孟子方明"象憂亦憂，象喜亦喜"，而不暇井廩是非之辨，斯亦黨矣〔二三〕。夫軻固曰"奚爲不知"，則是以爲有是事矣〔二四〕。雖然，匪軻志也。"惟兹臣庶，汝其于予治"，舜告皋陶語也〔二五〕。"'鬱陶乎思君爾'，忸怩"，五子戒太康語也〔二六〕。而牽合之，以爲舜、象之言，此漢人之蔽也〔二七〕。

昔者孫盛録曹公平素之語，而裴少期且譏之，以其全作夫差亡國之辭也；言以春秋，事殊乖越〔二八〕。然則規前矞後，代有之矣，奚獨於此而疑之哉〔二九〕？且渠、乞伏，儒雅並之元封；拓跋、宇文，德音同乎正始：僞脩混沌，何代無有〔三○〕？"不吊昊天"，節南山也；"不憖遺一老，俾守我王"，十月之交也；"嬛嬛在疚"，閔予小子也：而乃以爲譖孔之辭，哀公顧亦集詩言而譖之乎〔三一〕？故曰："稱'予一人'，非名也"；變"仲"言"父"，非字謚也〔三二〕。"盡信書，不如無書"，信矣〔三三〕。

【校注】

〔一〕公西：指孔子學生公西赤（字子華，故又稱公西華）。淮南子齊俗："故公西華之養親也，若與朋友處；曾參之養親也，若事嚴主烈君：其于養，一也。"高誘注："'公西華之養親，若與朋友處'，睦而少敬也。烈，酷也。曾子事親，其敬多。"

〔二〕參之矜矜，固不如損油油也：矜矜，小心謹慎貌。油油，和悅恭敬貌。彥按："損"當作"赤"。損爲孔子另一學生閔子騫名，蓋羅氏一時誤記公西華名矣。

〔三〕淑：善，和善。

〔四〕奇有吉：奇，伯奇。吉，周宣王重臣尹吉甫，伯奇父。世說新語言語

"尹吉甫放孝子伯奇"劉孝標注引琴操曰:"尹吉甫,周卿也,有子伯奇,母死更娶。後妻生子曰伯邦。乃譖伯奇於吉甫,於是放伯奇於野。宣王出遊,吉甫從,伯奇乃作歌,以言感之。宣王聞之,曰:'此孝子之辭也。'吉甫乃求伯奇於野,而射殺後妻。"　參有晢:參,曾參。晢,曾參父曾點(字晢)。喬本、洪本、吳本作"晢"非。此從四庫本、備要本。

〔五〕龍逢:關龍逢。洪本、備要本"逢"作"逢"。參見後紀四諸帝贊語帝魁注〔一○〕。

〔六〕曀:音yì,暗淡。

〔七〕韓忠獻:即北宋宰相韓琦(謚忠獻)。續資治通鑑長編卷一九九仁宗嘉祐八年十一月:"他日琦等見帝,帝曰:'太后待我無恩。'對曰:'自古聖帝明王,不爲少矣,然獨稱舜爲大孝。豈其餘盡不孝也? 父母慈愛而子孝,此常事,不足道;惟父母不慈愛而子不失孝,乃可稱爾。政恐陛下事太后未至,父母豈有不慈愛者!'帝大悟,自是亦不復言太后短矣。"

〔八〕昔者齊景公問於晏子曰:自此而下至"不能與陷於禍",見晏子春秋內篇問上,亦見於説苑臣術、新序雜事五、論衡定賢,文字不盡相同。

〔九〕列地以處之,疏爵以榮之:列,"裂"之古字。晏子春秋、説苑作"裂"。疏,分。

〔一○〕衰亂見易名之行:彥按:"易名"費解。疑"易"乃"易"字之譌,"易"通"揚"。

〔一一〕而論者每無節:吳本、四庫本無此六字。節,猶言分寸。

〔一二〕孟軻氏唱井廩之事:見後紀十二帝舜有虞氏注〔八○〕。　列女傳首著鳥工、龍工之説,且以爲瞽叟速舜飲,二女與藥,浴汪遂往,終日不醉:速,召,招來。二女,舜之二妃。浴汪,洗澡于水池。汪,池。遂,各本均譌"豕",今據列女傳訂正。宋曾慥類説卷一列女傳有鳥工往一條,云:"瞽瞍使舜塗廩,舜告二女曰:'我其往哉。'二女曰:'往哉! 鵲汝裳衣,鳥工往!'反。使舜浚井,舜告二女曰:'我其往哉。'二女曰:'去汝衣裳,龍工往。'"注:"鵲,錯也。"又列女傳母儀傳有虞二妃云:"瞽叟與象謀殺舜,使塗廩。舜歸告二女曰:'父母使我塗廩,我其往。'二女曰:'往哉!'舜既治廩,乃捐階,瞽叟焚廩,舜往飛出。象復與父母謀,使舜浚井。舜乃告二女,二女曰:'俞,往哉!'舜往浚井,格其出入,從掩,舜潛出。時既不能殺舜,瞽叟又速舜飲酒,醉將殺之。舜告二女,二女乃與舜藥,浴汪遂往,舜終日飲酒不醉。”　史記亦有“匿空旁出”之語:史記五帝本紀:“後瞽叟又使舜穿井,舜穿井爲匿空旁出。”張守節正義:“言舜潛匿穿孔,旁從他井而出也。”

〔一三〕故史通子非之,謂使如是,特左慈之爲羊,劉根之入壁者,豈拘羑厄陳之事:壁,喬本、洪本譌“璧”,今據餘本訂正。羑,吳本譌“姜”。史通子,即史通。舊唐書劉子玄傳稱“時知幾又著史通子二十卷,備論史策之體”,是也。左慈,東漢末方士。後漢書本傳稱曹操欲捕慈,慈入走羊羣而化爲羊,人莫知所取。劉根,亦東漢方士。後漢書方術列傳有其事迹。史通外篇暗惑:“夫杳冥不測,變化無恒,兵革所不能傷,網羅所不能制,若左慈易質爲羊,劉根竄引入壁是也。時無可移,禍有必至,雖大聖所不能免,若姬伯拘於羑里,孔父厄於陳、蔡是也。然俗之愚者,皆謂彼幻化,是爲聖人。豈知聖人智周萬物,才兼百行,若斯而已,與夫方内之士有何異哉? 如史記云重華入於井中,匿空出去,此則其意以舜是左慈、劉根之類,非姬伯、孔父之徒。”

〔一四〕而柳璨且辨之:柳璨,唐末宰相。舊唐書柳璨傳稱:“璨以劉子玄所撰史通譏駁經史過當,璨紀子玄之失,別爲十卷,號柳氏釋史,學者伏其優贍。”柳氏釋史一名史通析微,書已佚。路史各本“璨”均譌“粲”,今據新、舊唐書本傳訂正。辨,吳本作“辯”。

〔一五〕高帝匿井,脱項羽之追:明一統志卷三真定府山川鵁鵁井云:“在臨城縣西北二十里。按碑記云:沛公避難井中,有雙鵁集井上,追者不疑,遂得免。”　光武乘冰,免王郎之逐:王郎,又稱王昌。新莽末相士,冒稱漢成帝子劉子輿,被漢宗室劉林、大豪李育等立爲漢帝,都邯鄲。光武破邯鄲,敗死。後漢書光武帝紀上更始二年正月:“王郎移檄購光武十萬户,……於是光武趣駕南轅,晨夜不敢入城邑,舍食道傍。至饒陽,官屬皆乏食。光武乃自稱邯鄲使者,入傳舍。傳吏方進食,從者饑,爭奪之。傳吏疑其僞,乃椎鼓數十通,紿言邯鄲將軍至,官屬皆失色。光武升車欲馳;既而懼不免,徐還坐,曰:‘請邯鄲將軍入。’久乃駕去。傳中人遙語門者閉之。門長曰:‘天下詎可知,而閉長者乎?’遂得南出。晨夜兼行,蒙犯霜雪,天時寒,面皆破裂。至呼沱河,無船,適遇冰合,得過,未畢數車而陷。”

〔一六〕或飛鳥,或詐言:"飛鳥",指<u>漢高帝</u>匿井逃<u>項羽</u>之追,因鴿集井上
得免事。"詐言",指<u>光武</u>逃亡途中假冒<u>邯鄲</u>使者事。並詳上注。

〔一七〕訊:求。　又何井廪完浚之逅哉:井廪完浚,謂使<u>舜</u>完廪浚井。此
針對<u>孟子萬章上</u>"父母使<u>舜</u>完廪,捐階,<u>瞽瞍</u>焚廪。使浚井,出,從而揜之"而
言。逅,同"迂",迂曲,不直截了當。

〔一八〕<u>晉獻公</u>之欲殺<u>申生</u>也,計誠決矣,然且數年,而先戮其傅:<u>彥</u>按:據
<u>春秋左傳</u>及<u>史記晉世家</u>,<u>晉獻公</u>因寵<u>驪姬</u>,欲立<u>驪姬</u>之子<u>奚齊</u>,早有廢<u>太子申
生</u>意,然謂欲殺<u>申生</u>之計定于數年之前,則絶無之。<u>羅氏</u>述史,未免出入過大。
　直肆:謂直接而肆意爲之。

〔一九〕格:至。參見<u>後紀十二帝舜有虞氏</u>注〔一八六〕。

〔二〇〕底豫:得到歡樂。<u>孟子離婁上</u>:"<u>舜</u>盡事親之道,而<u>瞽瞍</u>底豫。"<u>趙
岐</u>注:"底,致也。豫,樂也。"

〔二一〕又復躬爲:四庫本"復"作"何"。

〔二二〕兹皆坦然可理曉者,抑何至遽遽如<u>萬子</u>之云哉:坦然,顯然。遽遽,
粗俗貌,"遽"通"嗺"。<u>萬子</u>,指<u>孟子</u>學生<u>萬章</u>。<u>萬子</u>之云,見<u>後紀十二帝舜有
虞氏</u>注〔八〇〕。

〔二三〕<u>程氏</u>:蓋指<u>宋程頤</u>。<u>頤</u>有<u>孟子解</u>。　黨:偏袒。

〔二四〕夫<u>軻</u>固曰"<u>奚</u>爲不知":見<u>孟子萬章上</u>,"<u>奚</u>爲不知"作"<u>奚</u>而不知
也"。此乃<u>孟子</u>針對<u>萬章</u>"不識<u>舜</u>不知<u>象</u>之將殺己與"之間所作的回答。

〔二五〕<u>書大禹謨</u>:"帝曰:'<u>皋陶</u>,惟兹臣庶,罔或干予正。汝作士,明于五
刑,以弼五教,期于予治。'"

〔二六〕'鬱陶思君爾',忸怩:各本均作"鬱陶乎思君,顔厚爾,忸怩",誤。
今據<u>孟子萬章上</u>訂正。　五子戒<u>太康</u>語也:<u>書五子之歌</u>載其歌之五云:"鬱陶
乎予心,顔厚有忸怩。"<u>孔氏</u>傳:"鬱陶,言哀思也。顔厚,色愧。忸怩,心慙。
慙愧於仁人賢士。"

〔二七〕蔽:蒙蔽,作弊。

〔二八〕昔者<u>孫盛</u>録<u>曹公</u>平素之語,而<u>裴少期</u>且譏之,以其全作<u>夫差</u>亡國之
辭也;言以春秋,事殊乖越:<u>孫盛</u>,<u>東晉</u>史學家。<u>曹公</u>,指<u>曹操</u>。<u>裴少期</u>,即<u>南朝
宋裴松</u>之。<u>松</u>之字<u>世期</u>,<u>唐</u>人避<u>李世民</u>諱,改之爲"少期"。以,通"似"。乖

越,不相稱。三國志魏志武帝紀"夫劉備,人傑也,今不擊,必爲後患"裴松之注:"孫盛魏氏春秋云:答諸將曰:'劉備,人傑也,將生憂寡人。'臣松之以爲……凡孫盛製書,多用左氏以易舊文,如此者非一。……且魏武方以天下勵志,而用夫差分死之言,尤非其類。"史通內篇言語:"故裴少期譏孫盛録曹公平素之語,而全作夫差亡滅之詞。雖言似春秋,而事殊乖越者矣。"

〔二九〕規前孱後:規,模仿。孱(chàn),攙雜。

〔三〇〕且渠、乞伏,儒雅並之元封;拓跋、宇文,德音同乎正始:且渠,即沮渠,十六國北涼君主姓。乞伏,十六國西秦君主姓。元封,漢武帝年號,借代漢武帝。拓跋,北魏君主本姓(孝文帝後改姓元)。宇文,北周君主姓。德音,指詔書。正始,三國魏齊王曹芳年號。史通內篇言語:"彦鸞修僞國諸史,收、弘撰魏、周二書,必諱彼夷音,變成華語,等楊由之聽雀,如介葛之聞牛,斯亦可矣。而於其間,則有妄益文彩,虛加風物,援引詩、書,憲章史、漢。遂使且渠、乞伏,儒雅比於元封;拓跋、宇文,德音同於正始。"　僞脩混沌:僞脩,矯情造作。混沌,天地開闢前元氣未分、模糊一團的狀態。借喻原始古樸。史通內篇言語:"而僞修混沌,失彼天然,今古以之不純,真僞由其相亂。"

〔三一〕"不吊昊天",節南山也:不吊,不善,不祥。節南山,詩小雅篇名。　"不憖遺一老,俾守我王",十月之交也:憖,同"慭"。音 yìn,肯,願意。十月之交,詩小雅篇名。　"嬛嬛在疚",閔予小子也:閔予小子,詩周頌篇名。鄭玄箋釋"嬛嬛在疚"作:"嬛嬛然孤特,在憂病之中。"　而乃以爲謳孔之辭,哀公顧亦集詩言而謳之乎:謳,同"誄"。孔,指孔子。左傳哀公十六年:"夏四月己丑,孔丘卒。公誄之曰:'旻天不弔,不憖遺一老,俾屏余一人以在位,煢煢余在疚。嗚呼哀哉尼父!'"

〔三二〕故曰:舊説。　稱'予一人',非名也:左傳哀公十六年載子贛曰:"生不能用,死而誄之,非禮也;稱'一人',非名也。君兩失之。"楊伯峻注:"失禮又失名也。"　變"仲"言"父",非字謚也:變"仲"言"父",謂不稱仲尼而稱尼父。字謚,謂以字爲謚。左傳哀公十六年"嗚呼哀哉尼父"孔穎達疏:"鄭玄禮注云:'尼父,因且字以爲之謚。'謂謚孔子爲尼父。鄭玄錯讀左傳,云以字爲謚,遂復妄爲此解。"

〔三三〕盡信書,不如無書:見孟子盡心下載孟子語,"不如"作"則不如"。

大麓説

執謂説經之誤，其禍小哉？大麓之事，自孔安國以爲“大録萬機之政”，而桓譚新論以謂麓者，領録天下之事，若今之尚書然〔一〕。蓋自漢以來有是説矣，是以章帝置太傅録尚書事，而魏晉而下權臣之將奪者一以命之。肇亂于此。嗟乎！六經之不明，漢儒害之也。

唐虞之際，内有百揆、四岳，外有州牧、侯伯。執事之臣，無踰於百揆矣，豈復有領録之長職哉？録尚書事，自東漢牟融始〔二〕。宋百官志云〔三〕：“成帝初，王鳳録尚書事。”章懷注蕭宗紀云：“武帝初，以張子孺領尚書事，録尚書事緜此始〔四〕。”誤也。西京無録尚書，止有領尚書、平尚書事〔五〕。鳳止領尚書事尒〔六〕。夫所謂“納于大麓”者，歷試諸難之謂。而其所謂“烈風雷雨弗迷”者，是天有烈風雷雨而舜不迷尒〔七〕。陰陽之和，則風柔而雨順，今也風烈而雷且雨，非大動威，則陰陽之不和者也，乃更以爲“陰陽和，風雨時”邪？聖人之立言，無是若也〔八〕。云大録萬機之政，故陰陽和諧，烈風雷雨各以其應，而不迷錯愆伏，此孔鮒所記，以爲孔子答宰我之言〔九〕。安國附會之，非聖人意也。夫以納麓爲領録，烈風爲陰陽和，不迷爲不愆，易、春秋、論語無此類也。風之烈，雷而雨，豈得謂和且時哉？

竊以太史公之記觀之，謂不然矣。其言：“堯使舜入山林川澤，暴風雷雨，舜行不迷〔一〇〕。”而王充亦謂堯使舜入大麓之野，虎狼不搏，蝮虵不噬，逢烈風疾雨而行不迷惑〔一一〕。其與劉子政列女傳“選于林木，入於大麓”之言，俱其實迹如是，豈領録云乎哉〔一二〕？以大麓爲三公之位，王充已非之〔一三〕。李文叔乃以子長爲不知經，而蘇氏書解與古史皆論如子長，先達多不能決〔一四〕。張九成云：處之深林大澤之間。凡學聖人，若當自其難堪處觀之也。

按攷，大麓則大陸也，故趙之臨城隆平鎮之大陸澤也，一曰沃洲，是爲廣阿澤〔一五〕。漢之鉅鹿廣阿縣，隨爲大陸，即今邢之鉅鹿，密邇于趙。故酈元注水經，引古書云：堯將禪舜，納之大麓之野,烈風雷雨不迷,乃致以昭華之玉;故鉅鹿縣取名焉[一六]。澤在今鉅鹿縣西北五里地,即廣阿澤。東西二十里,南北三十里。寰宇記在昭慶,一名大鹿,一曰鉅鹿,一名大麓,一名沃洲[一七]。隋圖經云:"大陸、大鹿、廣阿,一澤而異名。"[一八]"麓"、"鹿"通用也。淮南子九藪,趙有鉅鹿;而尒雅"晉有大陸"[一九]。吕春秋云:"晉之大陸縣趙之鉅鹿[二〇]。"則爲二矣。統之,則一也。十三州志云:"鉅鹿,唐虞時大麓也。堯試舜百揆,納于大麓。麓者,林之大也。堯欲使天下皆見之,故置諸侯,合羣臣與百姓,納之大麓之野,然後以天下授之,明己禪之公也[二一]。"大陸縣,今有堯臺,高與城等,乃堯禪舜之處[二二]。始皇二十五年滅趙,爲鉅鹿郡縣,即唐之昭慶矣。禹貢:大河北過降水,至大陸[二三]。然今大陸與河遠,不相涉。康成書傳引地説:"大河東北流,過降水,千里至大陸,爲地腹[二四]。"按降在信都,密近鉅鹿,豈容千里[二五]? 宜此謂絳[二六]。然鄭音爲下江切,謂即共縣之淇[二七]。酈氏非之[二八]。今柏人城之東北有孤山者,世謂麓山,所謂巏嵍山也[二九]。記者以爲堯之納舜,在是。十三州志云:上有堯祠,俗呼宣務山,謂舜昔宣務焉[三〇]。或曰虚無,訛也。寰宇記云:邢州堯山縣有宣務山,一曰虚無山,在西北四里,高一千五百五十尺[三一]。城冢記:堯登此山,東瞻洪水,務訪賢人者也[三二]。巏嵍,王喬所仚[三三]。顔之推與王邵見之,以示魏收,收大驚歎,及作莊嚴寺碑,用之;而之推遂以入廣韻,音爲權務[三四]。然嵍本音旄,故亦用旄。字林乃爲亡付、亡夫二切。故玉篇止音蘆旄[三五]。瑣言載:馬郁贈韓定辭云:"别後巏嵍山上望,羨君無語對王喬[三六]。"蘇子瞻愛之,不知爲平聲矣[三七]。仙傳:王喬爲柏人令,於東北巏嵍山得道。故詩銘及之[三八]。虞夏傳曰:"堯推尊舜,屬諸侯,致天下於大麓之野。"應劭以謂"麓者,林之大也"[三九]。故康成云:"山足曰麓。麓者,録也。古者天子命大事,命諸侯,則爲壇國之外。堯聚諸侯,命舜陟位居攝,致天下之事使大録之[四〇]。"因地譬意,斯得其指。而孔説乃如彼。夫子長受經於安國,顧豈不知,而故倍其師哉[四一]? 蓋有以知其説,而當時之有見如此也。遷受書於安國[四二]。

嘗竊語之,爲其難則易斯至矣。堯之試舜,亦可謂多術哉!震雷號號,且喪匕鬯,以烈風雷雨而行乎茂林欝薄之中,孰不禽驚麏怖,恐懼而失常者[四三]。而舜方此泰然不迷,豈惟度越尋常哉,亦天地鬼神之實相也[四四]。歷踐至此,天下無難者矣。

　　或曰泰山之麓，禪代之所，易姓受代，故於此乎告之。夫堯之觀舜也，試之者三年矣，於人民則五典從，於朝廷則百揆序，於賓客則四門穆，夫然後納之大麓，以觀夫天意之從不。既已烈風雷雨之弗迷，然後授之。而舜方此謙遜，未遑受也。既未受禪，豈有先告代於泰山者乎？雖然，其所以納之，亦必有其禮矣。其不禋柴寅告而遂納之，未可也〔四五〕。惜乎其不傳尒。封則於其家，禪則於其麓，封禪告代之禮也。納之之禮，蓋可知矣。

　　抑又訊之，舜之授禹，亦有納麓、烈風雷雨之事。然則堯舜之事，斷可識矣。蓋天下大器，王者大統，授受之際，得不歷試諸難而決之天哉〔四六〕？虞傳云：“惟五祀，興韶樂于大麓之野。十四祀，笙管變，天大雷雨疾風〔四七〕。”爲遜禹之事也。詳著紀中。嗚呼！禪以天下，事有大於此者乎？周公遭謗，天且動威，以章周公之德，況舜禹之事邪〔四八〕？然則堯舜之所以納之大麓者，豈惟使之主祭哉？實亦薦之天。其所以薦之天者，抑以盡其命而已矣〔四九〕。命者，安亂禦安之正理也。論語二十篇，終之以“不知命”〔五〇〕。而今之君子，皆曰孔不言命。夫命，孔子之所與也，曷不言哉〔五一〕？“與命與仁”，豈不言仁？后稷之生，鳥翼羊腓〔五二〕。齊頃之誕，貍乳鷶嫗〔五三〕。后稷之事，詳見生民。名之曰弃，其事明甚。齊惠之妾蕭桐子有身，賤不敢言，生頃公，弃之野，貍乳之，鷶覆之，故長名無野〔五四〕。昆莫之弃，野烏銜肉〔五五〕。東明之擲，豕嘔馬噓〔五六〕。是豈人爲之哉？昆莫生，弃于野，烏銜肉飼之，凶奴收養，後王烏孫〔五七〕。橐離生東明，弃之溷，豕嘔之；弃之廐，馬噓之〔五八〕。後王扶餘。小白中鉤，弃疾厭紐，俱本天命〔五九〕。漢高帝、唐太宗，夫豈項羽、范增、建成、元吉之所能謀邪〔六〇〕？陳橋之歸，契丹自退〔六一〕；報退與受禪同日。澶淵之役，絞車闇發〔六二〕。中夜射殺撻覽。是與淳風之不肯去武氏，肅宗之不能圖禄山，皆若有鬼神陰沮於其間者〔六三〕。肅宗嘗召禄山過東宮，傳酡將飲，飛鷰落泥其中，自此不至〔六四〕。而況河圖、洛書，生民、玄鳥之類，卓然見於書、詩者，多矣，焉可誣哉〔六五〕？奈何鉛槧之夫,諱言符命,遂使小人不知天命,皆自謂智角,立黨與,相擠以傾人之家,危人之朝者,不勝舉〔六六〕。至有因夫一夢一讖以訌國而速殭者〔六七〕。其視大麓之事爲如何邪〔六八〕? 然則符命之説,其可廢哉? 彼以或者推言太過,流入讖緯,如孔熙先、眭孟以速禍,王莽、公孫述之徒沿以篡竊,而隋煬帝、唐太宗、武韋之流又因之以濫殺,於是歸罪三代受命之符,舉而廢去者,亦矯枉過直矣〔六九〕。不知聖人未嘗廢也〔七○〕。

【校注】

〔一〕大麓之事:指書舜典所載堯欲禪位於舜,乃先試之,“納于大麓,烈風雷雨弗迷。” 自孔安國以爲“大録萬機之政”:見後紀十二帝舜有虞氏注〔二○二〕。 而桓譚新論以謂麓者,領録天下之事,若今之尚書然:四庫本“以謂”作“以爲”。吳本“若”譌“然”。領録,總領,全面掌管。桓氏説見新論求輔篇,文作:“昔堯試舜於大麓者,領録天下事,如今之尚書官矣。”

〔二〕後漢書章帝紀,帝於永平十八年即位,即詔曰:“行太尉事節鄉侯憙三世在位,爲國元老;司空(牟)融典職六年,勤勞不怠。其以憙爲太傅,融爲太尉,並録尚書事。”

〔三〕宋百官志:即宋書百官志。

〔四〕肅宗紀:指後漢書肅宗紀。 張子孺:即西漢大臣張安世(字子孺)。絲此始:章懷注原文“絲”作“由”,四庫本路史亦作“由”,吳本譌“絲”。

〔五〕西京:西漢都長安,東漢都洛陽,長安在西,因稱西京。此借代西漢。

〔六〕鳳止領尚書事尒:四庫本“鳳”作“王鳳”。漢書成帝紀:竟寧元年帝即位,“以元舅侍中衛尉陽平侯王鳳爲大司馬大將軍,領尚書事。”

〔七〕不迷:四庫本“不”作“弗”。

〔八〕無是若也:吳本、四庫本“是若”作“若是”。

〔九〕云大録萬機之政:洪本“大”譌“犬”。孔叢子論書:“宰我問:‘書云“納于大麓,烈風雷雨弗迷”,何謂也?’孔子曰:‘此言人事之應乎天也。堯既得舜,歷試諸難,已而納之于尊顯之官,使大録萬機之政,是故陰陽清和,五星不悖,烈風雷雨各以其應,不有迷錯愆伏,明舜之行合于天也。”

〔一〇〕見史記五帝本紀。

〔一一〕見論衡吉驗。　蝮蚰:吴本"蚰"譌"地"。

〔一二〕選于林木,入於大麓:見列女傳母儀傳有虞二妃。選,入也(見廣雅釋詁三)。路史各本均譌"遜",今據列女傳訂正。

〔一三〕見論衡正説。

〔一四〕李文叔乃以子長爲不知經:李文叔,即宋代著名女詞人李清照之父、提點京東刑獄李格非(字文叔)。子長,指司馬遷(字子長)。　蘇氏書解與古史皆論如子長:見蘇軾書傳卷二虞書舜典"納于大麓,烈風雷雨弗迷"傳及蘇轍古史卷二五帝本紀。路史本篇多襲取蘇軾書傳之説。

〔一五〕故趙之臨城隆平鎮之大陸澤也,一曰沃洲,是爲廣阿澤:趙,州名。臨城,縣名。隆平鎮,治所在今河北隆堯縣牛家橋鄉。沃洲,太平寰宇記卷五九邢州鉅鹿縣作"沃川"(中華書局 2007 年版王文楚等點校本訂如此,別本或作"沃州"),云:"廣阿澤,一名大陸,一名鉅鹿,一名大麓,一名沃川,在縣西北五里。"

〔一六〕見水經注卷一〇濁漳水,原文作:"尚書曰:堯將禪舜,納之大麓之野,烈風雷雨不迷,致之以昭華之玉。而縣取目焉。"　昭華之玉:美玉名。

〔一七〕寰宇記在昭慶:彦按:此説誤,蓋誤記。寰宇記廣阿澤在鉅鹿縣(見上注〔一五〕)。元和郡縣圖志方在昭慶縣(見元和志卷一七趙州昭慶縣)。　一名大鹿,一曰鉅鹿,一名大麓,一名沃洲:大鹿,四庫本作"大麓"。一曰,四庫本作"一名"。大麓,四庫本作"大鹿"。沃洲,今寰宇記作"沃川"(見上注〔一五〕)。

〔一八〕隋圖經:各本"圖"均譌"國",今訂正。　大陸、大鹿、廣阿,一澤而異名:太平寰宇記卷六〇趙州昭慶縣引隋圖經,作:"大陸,大鹿,廣阿,即一澤而異名也。"

〔一九〕淮南子九藪,趙有鉅鹿:見淮南子墜形。　尒雅"晉有大陸":見爾雅釋地十藪。尒,喬本、洪本譌"今",餘本皆作"爾",今訂作"尒"。晉,吴本、備要本譌"皆"。有,吴本譌"存"。

〔二〇〕晉之大陸繇之鉅鹿:繇,通"猶"。四庫本作"由"。彦按:"繇"(由)字實不當有。此所引吕氏春秋,見有始篇,原文爲:"何謂九藪? 吴之具

區,楚之雲夢,秦之陽華,晉之大陸,梁之圃田,宋之孟諸,齊之海隅,趙之鉅鹿,
燕之大昭。”本無兩相比照之意。羅氏所以有此錯誤,蓋未直接查閱呂氏春秋,
而間接從太平寰宇記卷六〇趙州昭慶縣引文得來,其文曰:“呂氏春秋云:‘晉
之大陸,趙之鉅鹿。’”而又誤會其間關係,以致錯添“縣”字。

〔二一〕太平寰宇記卷五九邢州平鄉縣亦引十三州志此段文字,不盡相
同。　堯欲使天下皆見之:吳本“欲”譌“亦”。

〔二二〕太平寰宇記卷六〇趙州昭慶縣:“堯臺。隋圖經云:‘大陸縣有堯
臺,高與縣城等。今置樓其上,世謂堯禪位于舜處。”

〔二三〕大河北過降水,至大陸:屈萬里尚書今注今譯:“降水,即漳水,在
今河北曲周、肥鄉二縣(彦按:肥鄉今爲邯鄲市肥鄉區)之間。”吳本、四庫本
“降水”作“洚水”。大陸,大陸澤。

〔二四〕康成書傳引地説:水經注卷一〇濁漳水作“鄭玄注尚書引地説
云”。各本“康成”均譌“唐成”,今據水經注訂正。　地腹:腹地。

〔二五〕按降在信都,密近鉅鹿,豈容千里:信都,縣名,治所在今河北衡水
市冀州區。水經注卷一〇濁漳水:“如志之言,大陸在鉅鹿。地理志曰:水在安
平信都。鉅鹿與信都相去不容此數也。”

〔二六〕絳:在今山西絳縣、新絳縣一帶。

〔二七〕然鄭音爲下江切,謂即共縣之淇:鄭,指鄭玄。音,吳本譌“旨”。
共縣,治所在今河南輝縣市。尚書禹貢“北過降水”孔穎達疏:“鄭以‘降讀爲
降,下江反,聲轉爲共。河內共縣,淇水出焉,東至魏郡黎陽縣入河,北近降水
也。周時國于此地者惡言降水,改謂之共’。”

〔二八〕水經注卷一〇濁漳水云:“余按:鄭玄據尚書有‘東過洛汭,至于大
伾;北過降水,至于大陸’,推次言之,故以淇水爲降水,共城爲降城,所未詳也。
稽之羣書,共縣本共和之故國,是有共名,不因惡降而更稱。禹著山經,淇出沮
洳;淇澳衞詩,列目又遠:當非改絳,革爲今號。但是水導源共北山,玄欲成降
義,故以淇水爲降水耳。”

〔二九〕柏人城:在今河北隆堯縣雙碑鄉。

〔三〇〕俗呼宣務山:喬本“呼”譌“平”,今據餘諸本訂正。　昔宣務焉:宣
務,宣布政務。

〔三一〕見太平寰宇記卷五九邢州堯山縣。　堯山縣:治所在今河北隆堯縣西南。　在西北四里,高一千五百五十尺:西北,洪本"北"譌"比"。五百,四庫本作"一百"誤。尺,今本寰宇記作"丈"。

〔三二〕城冢記:洪本"冢"作"家",乃俗體。同樣情況,以下不煩一一指出。　洪水:吳本"洪"譌"其"。

〔三三〕仚:同"仙",謂登仙。

〔三四〕顏之推與王邵見之,以示魏收,收大驚歎,及作莊嚴寺碑,用之:王邵,各本均作"王劭",誤。今據顏氏家訓訂正。"魏收"、"收大驚歎"之"收",四庫本作"収"。驚歎,顏氏家訓作"嘉歎"。其書證篇云:"余嘗爲趙州佐,共太原王邵讀柏人城西門内碑。碑是漢桓帝時柏人縣民爲縣令徐整所立,銘曰:'山有巏嵍,王喬所仙。'方知此巏嵍山也。巏字遂無所出。嵍字依諸字書,即旄丘之旄也;旄字,字林一音亡付反。今依附俗名,當音權務耳。入鄴,爲魏收説之,收大嘉歎。值其爲趙州莊嚴寺碑銘,因云:'權務之精。'即用此也。"而之推遂以入廣韻:廣韻,此實指切韻。宋人或稱切韻爲廣韻。如郡齋讀書志卷一下小學類著録廣韻五卷,而稱"隋陸法言撰"。直齋書録解題卷三小學類同。又宋史藝文志一經類小學類有"陸法言廣韻五卷",亦其例。　音爲權務:四庫本"務"譌"嵍"。

〔三五〕故玉篇止音蘿旄:玉篇,吳本"玉"譌"王"。彦按:今考玉篇,巏字音"古亂切",嵍字音"亡刀切",蓋羅氏讀"古亂切""亡刀切"之音爲蘿旄也。

〔三六〕瑣言:指北夢瑣言,宋孫光憲撰。　馬郁贈韓定辭:馬郁,宋張淏雲谷雜紀卷三、宋章定名賢氏族言行類稿卷一五韓定辭同。明周嬰卮林卷八諗胡王僑王子喬、清徐文靖管城碩記卷二〇史類三引北夢瑣言,俱作"馬或"。太平廣記卷二〇〇文章三韓定辭又作"馬或"。"郁""或"音同,未知孰是。"或"則當"彧"之譌。韓定辭爲唐鎮州節度使王鎔書記,奉命聘燕,燕帥劉仁恭使幕客馬郁(或?)延接,馬作此詩贈定辭,有試其學問之意。　別後巏嵍山上望,羨君無語對王喬:下句費解,蓋誤,諸書多作"羨君時復見王喬",當是。

〔三七〕蘇子瞻愛之,不知爲平聲矣:蘇氏之説不詳,待考。管城碩記卷二十史類三云:"巏嵍,嵍字作平聲,玉篇音蘿旄是也。"

〔三八〕銘:記。

〔三九〕應劭以謂“麓者，林之大也”：吳本、四庫本“劭”作“邵”非。應劭語見水經注卷一〇濁漳水，文作：“衡水又北逕鉅鹿縣故城東，應劭曰：‘鹿者，林之大者也。’”

〔四〇〕見鄭玄尚書大傳注。

〔四一〕安國：洪本、吳本作“子國”。彥按：孔安國字子國。羅氏喜標新立異，疑路史原作“子國”。后人但知孔氏名安國，未必知其字爲子國，故改之。

〔四二〕史記孔安國傳：“孔氏有古文尚書，孔安國以今文字讀之，因以起其家逸書，得十餘篇，蓋尚書茲多於是矣。……安國爲諫大夫，授都尉朝，而司馬遷亦從安國問故。”

〔四三〕震雷虩虩，且喪匕鬯：虩虩（xì xì），恐懼貌。喪，失，謂失手掉下。匕鬯，四庫本如此，是，今從之。餘本“匕”均謁“七”。易震云：“震來虩虩，笑言啞啞，震驚百里，不喪匕鬯。”高亨大傳今注：“用黑黍與香草釀成之香酒名鬯，盛鬯酒之器亦名鬯，此用後義。匕、鬯皆祭祀之器。”彥按：路史此乃反易之意而用之。　蘙薄：茂密的草叢。　禽驚麛怖：麛，同“麋”，獐子。

〔四四〕度越：超過。　相：佑助。

〔四五〕寅告：謂敬告於天。寅，恭敬。

〔四六〕蓋天下大器，王者大統：大器，喻指帝位。莊子讓王：“故天下，大器也。”成玄英疏：“夫帝王之位，重大之器也。”大統，喻指帝業。

〔四七〕參見後紀十二帝舜有虞氏注〔八三二〕。

〔四八〕周公遭謗，天且動威，以章周公之德：見書金縢。

〔四九〕其所以薦之天者：洪本、吳本“其”作“有”。

〔五〇〕論語二十篇，終之以“不知命”：論語二十篇，最後一篇爲堯曰，其最後一章云：“孔子曰：‘不知命，無以爲君子也；不知禮，無以立也；不知言，無以知人也。’”

〔五一〕夫命，孔子之所與也：與，贊許。論語子罕：“子罕言利與命與仁。”彥按：羅氏蓋讀爲“子罕言利，與命與仁”，故有此言。

〔五二〕后稷之生，鳥翼羊腓：腓，避也（見廣雅釋詁三）。詩大雅生民敍説后稷之生，云：“誕寘之隘巷，牛羊腓字之。誕寘之平林，會伐平林。誕寘之寒冰，鳥覆翼之。鳥乃去矣，后稷呱矣。”

〔五三〕齊頃之誕,貍乳鸇嫗:齊頃,指春秋齊頃公。貍,山貓。鸇(zhān),鷂類猛禽,又稱晨風。各本均譌"鸇",今訂正。下羅苹注"鸇"字同。嫗(yǔ),以體相温。晉干寶搜神記卷一四:"齊惠公之妾蕭同叔子見御有身,以其賤,不敢言也。取薪而生頃公于野,又不敢舉也。有貍乳而鸇覆之。人見而收,因名曰無野,是爲頃公。"

〔五四〕蕭桐子:當作"蕭同叔子"。齊頃公母蕭同叔子,見於左傳成公二年。然太平御覽卷三六二引搜神記,即作"蕭桐子",則其誤有自矣。

〔五五〕昆莫之弃,野烏銜肉:昆莫,漢時西域烏孫國國王。吴本、四庫本"烏"譌"鳥"。又吴本"肉"譌"内"。史記大宛列傳:"昆莫之父,匈奴西邊小國也。匈奴攻殺其父,而昆莫生,弃於野。烏嗛肉蜚其上,狼往乳之。單于怪以爲神,而收長之。及壯,使將兵,數有功,單于復以其父之民予昆莫,令長守於西(城)〔域〕。"亦見於漢書張騫傳、論衡吉驗篇,文字不盡相同。

〔五六〕東明之擲,豕嘔馬噓:東明,漢時夫餘國(在今東北地區)國王。嘔(xū),通"煦",呵氣使温暖。噓,呵氣。論衡吉驗:"北夷橐離國王侍婢有娠,王欲殺之。婢對曰:'有氣大如雞子,從天而下我,故有娠。'後産子,捐於豬溷中,豬以口氣噓之,不死;復徙置馬欄中,欲使馬藉殺之,馬復以口氣噓之,不死。王疑以爲天子,令其母收取,奴畜之,名東明,令牧牛馬。東明善射,王恐奪其國也,欲殺之。東明走,南至掩(淲)〔淲〕水,以弓擊水,魚鼈浮爲橋,東明得渡。魚鼈解散,追兵不得渡。因都王夫餘,故北夷有夫餘國焉。"亦見於搜神記、後漢書東夷列傳等書篇,文字不盡相同。

〔五七〕烏銜肉飼之,凶奴收養:烏,吴本、四庫本譌"鳥"。凶奴,備要本"凶"作"匈"。收養,吴本"收"譌"牧"。

〔五八〕弃之溷:溷,牲口圈。論衡作"豬溷",搜神記作"豬圈",後漢書作"豕牢"。

〔五九〕小白中鉤:參見後紀二共工氏傳注〔四四〕。 弃疾厭紐:弃疾,即春秋楚平王,初名弃疾,即位後改名居。厭,"壓"之古字。紐,印、璧等物上面隆起如鼻以繫繩帶之部分。左傳昭公十三年:"初,共王無冢適,有寵子五人,無適立焉。乃大有事于羣望,而祈曰:'請神擇於五人者,使主社稷。'乃徧以璧見於羣望,曰:'當璧而拜者,神所立也,誰敢違之?'既,乃與巴姬密埋璧於大室之庭,使五人齊,而長入拜。康王跨之,靈王肘加焉,子干、子晳皆遠之。平王弱,抱而入,再拜,皆厭紐。”

〔六〇〕范增:見國名紀四夏后氏後注〔一八七〕。　建成、元吉:見國名紀三高辛氏後注〔二八二〕。

〔六一〕陳橋之歸,契丹自退:陳橋,即陳橋驛,在今河南封丘縣陳橋鎮。此指陳橋兵變事:後周顯德七年(公元 960 年),北漢勾結契丹入侵,趙匡胤出師御之,兵次陳橋驛,授意將士給他披上黄袍,擁立爲帝,乃定國號爲宋,是爲宋太祖。歸,結果,終局。宋史世家五北漢劉氏:“(天會)六年冬,(劉)鈞結契丹侵周。明年正月,周恭帝命太祖北征,至陳橋驛,衆推戴太祖即位。鈞與契丹兵皆遁去。”

〔六二〕澶淵之役,絞車闒發:澶淵,地名,在今河南濮陽縣西。北宋景德元年(公元 1004 年),遼軍大舉南下,深入宋境。宋真宗御駕親征,遂至澶州。遼主將蕭撻覽誤觸宋軍伏弩而死,遼軍士氣大挫。隨後宋、遼議和,訂立和約,史稱“澶淵之盟”,從而使宋、遼之間維持了 120 年的和平局面。絞車,弩名。通典卷一四九兵二附法制云:“弩,……今有絞車弩,中七百步,攻城拔壘用之。”宋史真宗紀二景德元年十一月甲戌:“契丹兵至澶州北,直犯前軍西陣,其大帥撻覽耀兵出陣,俄中伏弩死。”

〔六三〕淳風之不肯去武氏:舊唐書李淳風傳:“初,太宗之世有祕記云:‘唐三世之後,則女主武王代有天下。’太宗嘗密召淳風以訪其事,淳風曰:‘臣據象推算,其兆已成。然其人已生,在陛下宫内,從今不踰三十年,當有天下,誅殺唐氏子孫殲盡。’帝曰:‘疑似者盡殺之,如何?’淳風曰:‘天之所命,必無禳避之理。王者不死,多恐枉及無辜。且據上象,今已成,復在宫内,已是陛下眷屬。更三十年,又當衰老,老則仁慈,雖受終易姓,其於陛下子孫,或不甚損。今若殺之,即當復生,少壯嚴毒,殺之立讎。若如此,即殺戮陛下子孫,必無遺類。’太宗善其言而止。”　肅宗之不能圖禄山:宋曾慥類説卷三四摭遺安禄山:“唐明皇召安禄山,用矮金裹脚杌子賜坐。肅宗伏青蒲諫。帝曰:‘此胡有奇相,吾以此厭之。’肅宗曰:‘何不殺之?’帝曰:‘殺假恐生真。’肅宗乃召禄山飲,教宫人進鴆杯。禄山將飲,適會燕衎泥墮杯中,禄山疑,乃不飲。”　陰沮:暗中阻止。

〔六四〕飛鶩落泥其中：鶩，吳本、備要本譌"鶩"。泥，四庫本如此，是，今從之。餘本皆譌"伲"。

〔六五〕河圖、洛書：洛書，各本均作"洛奧"。彥按："奧"當"書"字之譌。典籍中"河圖"、"洛書"往往並稱，此無容作"洛奧"。今訂正。　生民、玄鳥：皆詩經篇名。二詩之中分別追述了周始祖后稷及商始祖契誕生之神奇傳説，古人以之爲受命之符。　書、詩：吳本、四庫本作"詩書"。

〔六六〕鉛槧之夫：指文士，書生。鉛槧，鉛指鉛粉筆，槧爲木板片，乃古人書寫文字的工具。　智角：鬭智角力。　相擠：吳本"擠"譌"濟"。

〔六七〕訌：音 hòng，敗亂。　速殰：招致滅亡。

〔六八〕如何：吳本、四庫本作"何如"。

〔六九〕孔熙先、眭孟以速禍：各本均作"孔熙、眭孟先以速禍"。彥按：此孔氏名當爲熙先，非單字"熙"；而"先以速禍"之"先"又頗費解，其由上倒文至此，必矣。今訂正。孔熙先，南朝宋員外散騎侍郎。博學有縱橫才志，不爲時知，久不得調。而素善天文，云："太祖必以非道晏駕，當由骨肉相殘。江州應出天子。"以爲彭城王劉義康當之。乃結范曄等謀逆，事泄被殺。事備載于宋書孔氏本傳。眭孟，即眭弘（字孟），西漢符節令。漢書眭弘傳："孝昭元鳳三年正月，泰山萊蕪山南匈匈有數千人聲。民視之，有大石自立，高丈五尺，大四十八圍，入地深八尺，三石爲足。石立後有白烏數千下集其旁。是時昌邑有枯社木臥復生，又上林苑中大柳樹斷枯臥地，亦自立生，有蟲食樹葉成文字，曰'公孫病已立'。孟推春秋之意，以爲'石柳皆陰類，下民之象；泰山者岱宗之嶽，王者易姓告代之處。今大石自立，僵柳復起，非人力所爲，此當有從匹夫爲天子者。枯社木復生，故廢之家公孫氏當復興者也。'孟意亦不知其所在，即説曰：'先師董仲舒有言，雖有繼體守文之君，不害聖人之受命。漢家堯後，有傳國之運。漢帝宜誰差天下，求索賢人，禪以帝位，而退自封百里，如殷周二王後，以承順天命。'孟使友人内官長賜上此書。時昭帝幼，大將軍霍光秉政，惡之，下其書廷尉。奏賜、孟妄設祅言惑衆，大逆不道，皆伏誅。"速，招致。　王莽、公孫述之徒沿以簒竊：王莽簒漢，頗多利用符命圖讖。事備載於漢書王莽傳。公孫述，新莽導江卒正（相當于蜀郡太守）。後起兵，據益州稱帝，國號成家。東漢建武十二年（公元 36 年）爲漢軍所破，死。後漢書公孫述傳：新莽滅亡,公孫述"自立爲蜀王,都成都。……述夢有人語之曰:'八厶子系,十二爲期。'覺,謂其妻曰:'雖貴而祚短,若何?'妻對曰:'朝聞道,夕死尚可,況十二乎!'會有龍出其府殿中,夜有光耀,述以爲符瑞,因刻其掌,文曰'公孫帝'。建武元年四月,遂自立爲天子,號成家。"　而隋煬帝、唐太宗、武韋之流又因之以濫殺:武韋,唐高宗皇后武曌(武則天)、唐中宗皇后韋氏之合稱。隋書魚俱羅傳:隋煬帝有驍將魚俱羅,多有戰功。後被疑有異志,朝廷發使案驗,"前後察問,不得其罪。帝復令大理司直梁敬真就鎖將詣東都。俱羅相表異人,目有重瞳,陰爲帝之所忌。敬真希旨,奏俱羅師徒敗衂,於是斬東都市,家口籍没。"此隋煬帝因符命以濫殺也。史記項羽本紀太史公曰:"吾聞之周生曰'舜目蓋重瞳子',又聞項羽亦重瞳子。羽豈其苗裔邪?何興之暴也!"蓋古人以重瞳爲帝王之相,故煬帝有是舉。資治通鑑卷一九九唐太宗貞觀二十二年六月:"初,左武衛將軍武連縣公武安李君羨直玄武門,時太白屢晝見,太史占云:'女主昌。'民間又傳祕記云:'唐三世之後,女主武王代有天下。'上惡之。會與諸武臣宴宮中,行酒令,使各言小名。君羨自言名五娘,上愕然,因笑曰:'何物女子,乃爾勇健!'又以君羨官稱封邑皆有'武'字,深惡之,後出爲華州刺史。有布衣員道信,自言能絕粒,曉佛法,君羨深敬信之,數相從,屏人語。御史奏君羨與妖人交通,謀不軌。壬辰,君羨坐誅,籍没其家。"此唐太宗因符命以濫殺也。新唐書裴炎傳:"補闕李秦授爲武后謀曰:'讖言"代武者劉",劉無彊姓,殆流人乎?今大臣流放者數萬族,使之叶亂,社稷憂也。'后謂然,夜拜秦授考功員外郎,分走使者,賜墨詔,慰安流人,實命殺之。"此武后因符命以濫殺也。韋氏因符命而濫殺,其事不詳。疑此所謂"武韋",實乃偏指武后,韋后但連及耳。韋后於中宗復位後,勾結武三思等,專擅朝政;又於中宗死後立十多歲的溫王李重茂爲帝(殤帝),而己則臨朝稱制。其行事與武后相類,故後世合稱二后專權之歷史事件爲"武韋之亂"。　矯枉過直:吳本"直"譌"真"。

　　〔七〇〕吳本、備要本此下有"孔叢子宰我問書"云云一段文字,另起一行、低一格書。蓋非羅苹注路史原書所有,今不取。

韶説

　　子曰:"韶,盡美矣,又盡善也〔一〕。"及在齊而聞韶,則三月不知肉味〔二〕。抑不知韶簫之音何如其和,而其爲感之至於斯邪〔三〕?予既紀虞帝,觀唐書,見后夔之論樂,然後解矣,寤曰:韶至矣乎〔四〕!一代之治,至於樂而極矣,而韶者又今古樂之獨隆者也。今夫黨巷之聲,有不可常理詰,堯舜之事,固難於鄙見俗情測也〔五〕。且書,小藝也,能草者不能爲行,能隸者不能爲真〔六〕。真、行既得,則或能今,不能古。其或極真、行,備今古矣,而胷中無千卷之資、日用乏忠恕之行以涵養之,則筆下自然無千歲之韻,故雖銀鈎蠆尾,八法具備,特墨客之一長尒,求其所謂落玉垂金、流奕清舉者,一點不可得也〔七〕。此虞帝簫韶之樂所以俟孔子而後知歟?

夔之言曰:“戛擊鳴球、搏拊琴瑟以詠,祖考來格,虞賓在位,羣后德遜。下管鼗鼓,合止柷敔,笙鏞以間,鳥獸蹌蹌。簫韶九成,鳳皇來儀〔八〕。”“擊石拊石,百獸率舞,庶尹允諧。”于有以見其音之能合天,而幽明飛走無一物之失其情也〔九〕。兩大之間,理固有是〔一〇〕。而宋子京乃以爲推美舜德而侈言之,謂鳳未始來,獸未始感;且樂作之朝廷郊廟,朝有宮室之嚴,廟有垣墉之護,郊有營衛之禁,百獸何自而至〔一一〕?使自山林,林林戢戢,而參乎百工之間,何其怪邪〔一二〕!又如“祖考來格”,則見其上世闖然坐堂上乎〔一三〕?吁!兹亦挾兩厓之見度聖人矣〔一四〕。夫孝弟之至者通神明,而仁聲之感,入人也深〔一五〕。故一極其和,則天地爲之格,鬼神爲之感,而况於百物之顯者乎〔一六〕!聲律氣臭,先王之所以通物類而交神明者也〔一七〕。視之而弗見,聽之而弗聞,於是有蕭鬱以達其氣〔一八〕。化之而弗至,喻之而弗及,於是有鍾鼓以達其聲〔一九〕。至其昐蠁潛通,沖虚軮軋,而于于悒悒,或接乎其左右,氤氲紗緆幽遠畢,而鳥獸百物亦且咸得其樂〔二〇〕。是故九變八變,而天神地示舉爲降出〔二一〕。幽明之理,默然相契,若祝而雞集,呼而虵至,有不可以言語詰者[二二]。蓋樂也者,通倫類之鑰,而致神明之軺也[二三]。周禮:六變而天神降,八變而地示出,九變而人鬼享[二四]。說者以爲大者易感,小者難格[二五]。此何語邪?或曰:六,水數;八,木數。水者,物之始;而木成乎地。乾知大始,坤作成物,故天用六而地用八[二六]。宗廟以九,所以法天之終數[二七]。斯亦妄矣。天下之物,孰不成於地哉?且六變所致之物,以羽物配川澤,臝物配山林,鱗物配丘陵,毛物配墳衍,介物配土祇,與大司徒土地所宜之物皆不同焉,又何邪[二八]?聖人之於禮樂也,惟致其至而已。樂作於此,物應於彼,雖聖人亦安能必限其至於一變二變之時哉[二九]?惟致其至,斯有以知其必降而必出[三〇]。蓋所謂降出者,非必如是,而有時乎如是尒。詩云“先祖是聽”,而禮“齋三日,必見其所爲齋者”,又豈若釋氏之徒,以或見齊其不見,而以不見歸之於必見[三一]。

　　昔者秦漢垂情祠祀,數著光怪[三二]。悉漢前朝,陳寶一祠,高、文、武、宣之代,百三十有一見;初元以後,亦二十至[三三]。此則陽氣舊祠,劉更生之所列者[三四]。高帝時五來,文帝二十六,武帝七十五,宣帝二十五。比武帝之爲樂,采詩夜誦,文必爾雅,而猶聞者興起;用事甘泉,僮聲一奏,而神光集壇[三五]。師曠之作清角,一奏輒有玄鶴二八棲門之危,再奏而列,三奏於是延脰長鳴,舒翮迅舞[三六]。杜鴻漸罷蜀副帥,月夜率燕綿谷郵亭,奏羯鼓數曲,四山猨鳥皆翔飛忻鳴[三七]。又於別野登閣奏之,羣羊與犬忽皆躑躅變旋,如其疾徐高下之節[三八]。此則自然之聲,有以感召,非必牽挽而後獲其應也。且均奏鶴舞,歷代亦已多矣[三九]。宣帝世,宗廟告,白鶴集庭[四〇]。孝昭寢祠,鴈五色集[四一]。西河廟,赤鶴下,燭起房[四二]。廣川廟殿,鍾聲,光明夜徧[四三]。厥類非一。皇甫政之爲越,泛月鏡湖,有吹笛者,俄而細浪旋湧,二龍輔舟如聽[四四]。夏仲御之刺水也,折旋中流,爲鯔鱙之躍、鱐鮮之引,而風濤震駭,雲霧窅冥,白魚之躍舡者八九[四五]。遽作土曲,扣舷引轉,而大風應至,含水漱空,雲雨響集,逮其集氣長嘯,則煙塵頓起[四六]。蓋樂自内作,苟一氣之英合乎其内,而中聲之和駿發其外,則空穴爲之來風,丘岑爲之出雨,草木魚鼈翹搖咸若,亦自然

之理也〔四七〕。變四時,暖北方,固有不得而不然者。魚出聽,馬仰
秣,顧常人有能之,而況聖人御天,賢者攷樂,熙孝治以媲仁聲,則
其致神靈之格,飛走之感,理宜然者〔四八〕。且鳥獸之喜聲,性與人
同;而鬼神之情,亦樂音也〔四九〕。樂,五教反〔五〇〕。而況笙管有鳥之
聲,鍾鼓柷敔有獸之音,苟得其中,則頑空跙實之等,搶搶乎四海
之内,而率舞乎椒薄之間矣〔五一〕。亦奚必蹁躚虞氏之庭,而曷止
盤辟夔之目前邪〔五二〕?

　　火木相感而然,金水相際而流,孰匪自然〔五三〕? 如必一爲之
説,則事有不得而言者〔五四〕。故孔子曰:“其功善者其樂和。樂和
則天地且猶應之,況百獸乎〔五五〕!”李後主演樂記曰:“鳥歌嚶嚶,以其彙征。
鹿鳴麌麌,以其類聚。情發於聲而流於音,則感動之理迨於鳥獸,而況於人乎! 夫以人
而不知夫樂,是同芻人,具質而無心者也,豈足言哉〔五六〕?”方鴻漸之作樂於利州望喜
驛,見援鳥之感,乃大歎曰:“若某於此,稍致其功,猶能及此,況聖人御天而賢者攷樂
乎!”〔五七〕王充云:鳥獸好怨聲,其耳與人同;何爲而不樂〔五八〕? 然以率舞爲可信而風雨
癘病爲虚言,謂樂能亂陰陽,則必能調陰陽,如是則王者奚必修身正行,惟鼓陰陽之曲,
則和氣自至,太平自立矣〔五九〕。彼蓋以爲一物一事,即可以致其和。夫亦豈知道德仁
義政教爲大,樂之本也!

　　大抵溺於人者不可與言天,狃於俗者不足以知聖。夏王戀
德,山川鬼神以莫不寧,而鳥獸魚鼈亦復咸若〔六〇〕。“周王在囿,
麀鹿攸伏”,“王在靈沼,於牣魚躍”,而説者亦以爲是夸美之
辭〔六一〕。是則先聖仁人,莫非誑矣。聞易水之歌者,至於怒髮衝
冠;聆房陵之謳者,至於流泣沾衣:則遜羣后,諧庶尹,非汎辭
矣〔六二〕。劉琨清嘯,而羣胡爲之長嘆罷圍;劉疇吹笳,而羣胡爲之
倚泣卻去:則格有苗,馴虞賓,非溢語矣〔六三〕。棠梨之花,羯鼓而
綻;美人之草,度曲而舞:而況有情之鳥獸乎〔六四〕? 唐之園陵,王
晨衣舉;漢之祠室,房户夜開:而況流光之祖考乎〔六五〕? 宮樂一奏
而黄鵠下籞,中吕一叶而黄鶯繞林,然則鳳之差差,又何足異
邪〔六六〕? 雖然,是特類之相召,烏足上窮虞帝之妙哉? 若夫南風

報德之絃,其所以皁財而解慍者,雖目窮乎所欲逐,耳窮乎所欲聞,有不可得而及矣〔六七〕。且時聞之:子之如齊也,遇童子郭門之外,挈壺而俱,其視精,其行端〔六八〕。子謂御者趣驅之,曰:"韶樂作矣。"比至,果聞韶焉,三月不知肉味。故樂非獨自樂也,又以樂人;非獨自正也,又以正人。不圖爲樂之至於斯。兹其所以悠然不覺發也。嗚呼,卒爵而樂闋,孔子屢嘆之〔六九〕。寢夢而見周公,學琴而見文王,神交氣合,千載一日〔七〇〕。其聞韶也,其身固已揖遜乎虞氏之廷,際九官之肅穆,而泮合止之宜矣〔七一〕。此所以一爲感悦于至,彌時猶口爽也〔七二〕。憪然忘味,夫又烏知耳目口鼻之在我,而聲色臭味之在彼哉〔七三〕?啜醢而口爽,嗿梅而齒齼,固有兼旬不能飯者〔七四〕。而未嘗知梅與醢者,猶莫展也〔七五〕。傳曰:"人莫不飲食,鮮能知味〔七六〕。"以"三月"之字爲"音",豈達聖人之口耳哉〔七七〕?

【校注】

〔一〕見論語八佾,文作:"子謂韶,'盡美矣,又盡善也。'"

〔二〕論語述而:"子在齊聞韶,三月不知肉味,曰:'不圖爲樂之至於斯也。'"

〔三〕韶簫:即韶,亦稱簫韶。"簫"字亦作"箾"。

〔四〕唐書:即尚書之虞書。　然後解矣:喬本、洪本"解"譌"鮮",今據餘本訂正。

〔五〕黨巷:鄉黨里巷,借指民間。　詰:責問,究問。

〔六〕書:指書法。

〔七〕日用乏忠恕之行:吳本、備要本"乏"譌"之"。　銀鈎蠆尾:比喻書法遒勁。蠆(chài),蝎子。　八法:指漢字筆畫側(點)、勒(橫)、努(直)、趯(鈎)、策(斜畫繞上)、掠(撇)、啄(右邊短撇)、磔(捺)的書法。喬本、洪本"八"譌"人",今據餘本訂正。　墨客:文士。　流奕清舉:形容書法瀟灑俊逸。世説新語文學"人以比王苟子"劉孝標注引王愔文字志:"脩明秀有美稱,善隸行書,號曰流奕清舉。"廣韻昔韻:"奕,輕麗兒。"

〔八〕見書益稷，“羣后德遜”作“羣后德讓”，四庫本路史亦作“德讓”；“鳥獸牄牄”作“鳥獸蹌蹌”，四庫本路史亦作“蹌蹌”。參見後紀十二帝舜有虞氏。

〔九〕幽明飛走：幽明，謂神鬼與人。飛走，飛禽走獸。

〔一〇〕兩大：指天地。

〔一一〕垣壖：壖垣。宫、廟外之矮圍牆。壖（ruán），宫、廟内牆與外圍牆之間空地。　　營衛：護衛。此所引宋子京語，見宋景文公筆記卷中考古。其文曰：“鳳未始來也，獸未始感也。且樂作之朝，作之廟，作之郊，乎朝有宫室之嚴，廟有垣壖之護，郊有營衛之禁，則獸何自而至焉？”

〔一二〕林林戢戢：衆多貌。　　邪：吴本作“耶”。宋景文公筆記作：“自山林來，則必凌突淮河，戢戢林林，躩跙躑躅，然連頓足掉首，騰踏盤宛，何其怪也！羣瞽在廷，百工鴈行，而獸參其間，吾以爲怪而不祥。”

〔一三〕闖然：形容突如其來。宋景文公筆記作：“有如‘祖考來格’，又將見顓頊、堯、瞽叟闖然於堂上耶？”

〔一四〕挾兩厓之見度聖人：挾，持。兩厓之見，蓋指不明事理之見。疑典出莊子秋水：“秋水時至，百川灌河，涇流之大，兩涘渚崖之間，不辯牛馬。”兩厓，即“兩涘渚崖”；“厓”、“崖”古今字。兩厓之見，即“不辯（辨）牛馬”之見。

〔一五〕仁聲：指具有教化作用，能使風俗淳厚的音樂。

〔一六〕故一極其和，則天地爲之格：一極，古稱天、地、人三才爲“三極”，此“一極”指人。格，感通，感動。

〔一七〕氣臭：氣味。臭，音 xiù。

〔一八〕蕭鬱：蕭，一種蒿類植物，又稱艾蒿。古代祀神時焚之以散發馨香。鬱，鬱金香草。古人用它調製成一種稱爲鬱鬯的香酒以供祭祀。

〔一九〕喻：開導，教育。

〔二〇〕肦響潛通，沖虛軮軋：此謂聲氣之傳播潛通，平静而寬廣。肦響（xī xiǎng）傳播。響，通“響”。沖虛，恬淡虛静。軮軋（yǎng yà），廣大貌。　　而于于愗愗，或接乎其左右：此謂或使人得意，或令人惶恐，有時而生。于于，自得貌。愗愗（xǐ xǐ），不安貌，恐懼貌。　　氤氲紗緆幽遠畢：氤氲，常指彌漫的煙氣或濃烈的氣味。此引申指鍾鼓之聲氣。紗緆（yāo yì），縈繞。吴本、四庫本“紗”譌“妙”。幽遠畢，無論多隱僻多遥遠的地方都能到達。畢，謂畢至。

〔二一〕是故九變八變，而天神地示舉爲降出：見下注〔二四〕。變，林尹周禮今註今譯云：“按變謂一曲終了從頭更奏一番，一曲終了亦謂之一成，猶今俗謂一遍也。”（見周禮春官大司樂“一變而致羽物及川澤之示”今注）

〔二二〕祝：唤雞之聲。

〔二三〕通倫類之鑰，而致神明之軺：倫類，同類。指人與人之間。致，招致，引來。各本均作“置”。彦按：“置神明之軺”費解，“置”當“致”字音誨，今訂正。軺（yáo），古代一種輕便小車。

〔二四〕周禮春官大司樂：“若樂六變，則天神皆降，可得而禮矣。……若樂八變，則地示皆出，可得而禮矣。……若樂九變，則人鬼可得而禮矣。”

〔二五〕説者以爲大者易感，小者難格：宋聶崇義三禮圖集注卷四方丘樂云：“上言天神六變，此地祇言八變，下人鬼言九變者，皆據靈異而言。但靈異大者易感，小者難致故也。”

〔二六〕乾知大始，坤作成物：見易繫辭上。高亨大傳今注：“‘乾知大始’，謂天之所爲是創始萬物。‘坤作成物’，謂地之所作是養成萬物。”洪本、吳本、四庫本“大”作“太”。

〔二七〕天之終數：古稱一、三、五、七、九諸奇數爲天數，故天之終數爲九。

〔二八〕六變所致之物，以羽物配川澤，臝物配山林，鱗物配丘陵，毛物配墳衍，介物配土祇：羽物，指鳥類。臝物，虎、豹等短毛的獸類。“臝”洪本作“蠃”，吳本作“臝”，俱誤。鱗物，魚類。毛物，貂、狐等長有細毛的獸類。墳衍，指水邊和低下平坦之地。介物，長有甲殼的動物。土祇，地神，“祇”通“祇”。周禮春官大司樂：“凡六樂者，一變而致羽物及川澤之示，再變而致臝物及山林之示，三變而致鱗物及丘陵之示，四變而致毛物及墳衍之示，五變而致介物及土示，六變而致象物及天神。”　大司徒土地所宜之物：周禮地官大司徒：“以土會之灋辨五地之物生：一曰山林，其動物宜毛物。……二曰川澤，其動物宜鱗物。……三曰丘陵，其動物宜羽物。……四曰墳衍，其動物宜介物。……五曰原隰，其動物宜臝物。”

〔二九〕於一變二變之時：吳本“於”作“然”誤。

〔三〇〕惟：吳本作“唯”。　必降而必出：而，與。

〔三一〕先祖是聽：見詩周頌有瞽，文曰：“既備乃奏，簫管備舉。喤喤厥聲,肅雝和鳴,先祖是聽。”　齋三日,必見其所爲齋者:見禮記祭義,原文作:“齊三日,乃見其所爲齊者。”　以或見齊其不見:齊,齊一,統一。

〔三二〕垂情:猶傾心。　數著光怪:數著,屢屢出現。光怪,神奇怪異的現象。

〔三三〕陳寶一祠:陳寶,傳説中神名。史記秦本紀:“(文公)十九年,得陳寶。”司馬貞索隱:“按:漢書郊祀志云‘文公獲若石云,於陳倉北阪城祠之,其神來,若雄雉,其聲殷殷云,野雞夜鳴,以一牢祠之,號曰陳寶’。”祠,祭祀。初元:漢元帝年號(公元前48—前44年)。

〔三四〕此則陽氣舊祠,劉更生之所列者:陽氣舊祠,此謂陳寶祠是一所充滿生氣的舊祠廟。劉更生,即漢劉向。向原名更生。漢書郊祀志下載劉向答漢成帝語曰:“及陳寶祠,自秦文公至今七百餘歲矣,漢興世世常來,光色赤黄,長四五丈,直祠而息,音聲砰隱,野雞皆雊。每見雍太祝祠以太牢,遣候者乘一乘傳馳詣行在所,以爲福祥。高祖時五來,文帝二十六來,武帝七十五來,宣帝二十五來,初元元年以來亦二十來。此陽氣舊祠也。”

〔三五〕比武帝之爲樂,采詩夜誦,文必爾雅,而猶聞者興起;用事甘泉,僮聲一奏,而神光集壇:比,及,及至。爾雅,雅正。猶,可以。玉篇犬部:“猶,可也。”興起,振作。用事,謂行祭祀之事。漢書禮樂志二:“(武帝)乃立樂府,采詩夜誦,有趙、代、秦、楚之謳。以李延年爲協律都尉,多舉司馬相如等數十人造爲詩賦,略論律吕,以合八音之調,作十九章之歌。以正月上辛用事甘泉圜丘,使童男女七十人俱歌,昏祠至明。夜常有神光如流星止集于祠壇。”顔師古注:“采詩,依古遒人徇路,采取百姓謳謡,以知政教得失也。”

〔三六〕師曠之作清角,一奏輒有玄鶴二八棲門之危,再奏而列,三奏於是延脰長鳴,舒翮迅舞:棲,洪本作“捿”。危,屋脊。列,謂排成行列。延脰,伸長頸項。翮,翅膀。論衡感虚:“或言:師曠鼓清角,一奏之,有玄鶴二八,自南方來,集於廊門之危;再奏之而列;三奏之,延頸而鳴,舒翼而舞。”黄暉校釋:“‘清角’當作‘清徵’,涉上下文‘清角’而誤。……韓非子十過篇、風俗通聲音篇、本書紀妖篇並云師曠爲平公奏清徵之曲,有玄鶴來也,是其切證。”彦按:黄氏説是。路史所引,蓋據論衡誤本。

〔三七〕杜鴻漸罷蜀副帥,月夜率燕綿谷郵亭,奏羯鼓數曲,四山猨鳥皆翔飛忻鳴:杜鴻漸,唐代宗朝宰相。副帥,喬本"帥"譌"師",今據餘諸本訂正。率,通常。燕,通"宴",宴飲。綿谷,縣名,治所在今四川廣元市利州區。吳本、四庫本作"錦谷"誤。郵亭,驛館。羯鼓,古代打擊樂器。狀如漆桶,兩頭蒙皮,下以小牙牀承之,擊用兩杖。猨,吳本譌"猴"。下文羅苹注"猨鳥"之"猨"同。唐南卓羯鼓録:"及鴻漸出蜀,至利州西界,望嘉陵驛路入漢州矣,自西南來,始臨嘉陵江,頗有山水景致,其夜月色又佳,乃與從事楊炎、杜亞輩登驛樓,望江月,行觴讌話。……遂命家僮取鼓與板笛,以前所得杖,酣奏數曲,四山猨鳥皆驚,飛鳴嗷嗷。"

〔三八〕又於別野登閣奏之,羣羊與犬忽皆蹣蹋變旋,如其疾徐高下之節:別野,別墅。"野"、"墅"古今字。蹣蹋,以足擊地。變旋,即"便旋"。輕盈舞動貌。"變"通"便"。羯鼓録:"(鴻漸)因言某有別墅,近華嚴閣,每遇風景晴朗,時或登閣奏此,初見羣羊牧於山下,忽數舉頭蹣蹋不已,某不謂以鼓然也。及止鼓,羊亦止;某復鼓,亦復然。遂以疾、徐、高、下而節之,無不應之而變。旋有二犬自其家走而吠之,及羣羊側,遂漸止聲,仰首若有所聽。少選,即復宛頸搖尾,亦從而變態,是知率舞固不難矣。"

〔三九〕均:通"韻",和諧的聲音,樂音。洪本、吳本、四庫本作"鈞"。

〔四〇〕宣帝:指漢宣帝。漢書郊祀志下:"(宣帝)告祠世宗廟日,有白鶴集後庭。"

〔四一〕孝昭:指漢昭帝。　寢:陵寢,即陵上正殿。漢書郊祀志下:"(宣帝)以立世宗廟告祠孝昭寢,有鴈五色集殿前。"

〔四二〕西河廟,赤鶴下,燭起房:漢書郊祀志下:"西河築世宗廟,神光興於殿旁,有鳥如白鶴,前赤後青。神光又興於房中,如燭狀。"

〔四三〕廣川廟殿,鍾聲,光明夜徧:漢書郊祀志下:"廣川國世宗廟殿上有鍾音,門户大開,夜有光,殿上盡明。"

〔四四〕皇甫政:唐德宗朝越州刺史、浙東觀察使。宋曾慥類説卷一六樂府雜録李牟吹笛:"越州刺史皇甫政月夜泛鏡湖,命牟吹笛。有老父泛小舟來,曰:'某少善於此。'政以牟笛授之。老父始奏一聲,波浪搖動;數疊之後,笛遂中裂。即探懷中一笛,以畢其曲。舟下二龍,翼舟而聽。頃刻,老父入小舟,遂失所在。"

〔四五〕夏仲御之刺水也,折旋中流,爲鰦鵐之躍、鯆鮄之引,而風濤震駭,雲霧宵冥,白魚之躍舫者八九:夏仲御,即西晉隱士夏統(字仲御)。刺水,撐船於水。折旋,來回奔逐。鰦鵐(zī wū),魚名。各本"鵐"均譌"鵐",今訂正。鯆鮄(pū fū),即江豚。各本"鯆"均作"附",誤,今據晉書訂"鯆"。引,謂前竄。宵冥,幽暗貌。吳本"冥"譌"實"。晉書夏統傳:"太尉賈充……問(統):'卿居海濱,頗能隨水戲乎?'答曰:'可。'統乃操柁正櫓,折旋中流,初作鰦鵐躍,後作鯆鮄引,飛鷗首,掇獸尾,奮長梢而船直逝者三焉。於是風波振駭,雲霧杳冥,俄而白魚跳入船者有八九。"

〔四六〕遽作土曲,扣舷引轉,而大風應至,含水漱空,雲雨響集,逮其集氣長嘯,則煙塵頓起:遽,猶"乃"。作,發出,此謂唱出。土曲,鄉土歌曲。各本"作土曲"均作"土作曲",當屬誤倒,今訂正。引轉,引聲囀喉。拉長聲音,婉轉動聽地歌唱。"轉"通"囀"。含水漱空,謂捲起水來灑嚮天空。各本"水"均譌"冰",今訂正。晉書夏統傳:"統於是以足叩船,引聲喉囀,清激慷慨,大風應至,含水噀天,雲雨響集,叱咤讙呼,雷電晝冥,集氣長嘯,沙塵烟起。"

〔四七〕一氣之英合乎其内:英,精華。合,猶"含"。　駿發:強烈發出。草木魚鼇翹搖咸若:翹謂翹秀(茂盛),就草木言。搖謂逍遙(優游自得),就魚鼇言;"搖"通"遙"。咸若,吳本"咸"譌"成"。

〔四八〕魚出聽,馬仰秣:洪本、吳本"秣"譌"抹"。參見前紀九朱襄氏注〔一七〕。　顧常人有能之,而況聖人御天,賢者攷樂,熙孝治以媲仁聲,則其致神靈之格,飛走之感,理宜然者:御天,統治天下。攷樂,研究樂理。熙,興,興行。孝治,謂以孝道治理天下,教育百姓。媲,匹配。神靈,各本均作"神響"。彦按:"神響"不辭,"響"蓋"靈"字之譌。今姑訂作"靈"。羯鼓録載杜鴻漸語:"若某於此,稍曾致功,未臻尤妙,尚能及此,況至聖御天,賢臣考樂,飛走之類,何有不感?"

〔四九〕樂:喜好。

〔五〇〕五教反:今音 yào。

〔五一〕則頑空跖實之等,牄牄乎四海之内,而率舞乎椒薄之間矣:頑空,指飛禽。頑,飛。四庫本如此,是,今從之。餘本均譌"頑"。跖實,足踏實地,指走獸。跖,踩,踏。牄牄,四庫本作"蹌蹌",通。椒薄,椒房帷薄,指帝王之内宫。

〔五二〕蹁躚:旋轉的舞姿。　盤辟:盤旋進退。

〔五三〕然:"燃"之古字。　相際:相交會,發生關係。

〔五四〕如必一爲之説,則事有不得而言者:一,一概,皆。言,吴本作"然"非。

〔五五〕見孔叢子論書。

〔五六〕李後主:即南唐後主李煜。　演樂記:洪本"演"作"濱"。　以其彙征:猶以類相從。典出易泰初九:"拔茅茹,以其彙,征吉。"孔穎達疏:"彙,類也,以類相從。……征,行也。"　情發於聲而流於音:聲,耳所聽到者皆爲聲。吴本作"殼"。音,動聽之聲。禮記樂記:"情動於中,故形於聲。聲成文謂之音。"　芻人:草扎的人。

〔五七〕方鴻漸之作樂於利州望喜驛:鴻漸,吴本"鴻"譌"鳴"。望喜驛,彦按:羯鼓録載其事,則稱"及鴻漸出蜀,至利州西界,望嘉陵驛路入漢州矣"云云,不言望喜驛,未知孰是。參見上注〔三七〕。　若某於此:各本"某"均譌"其",今據羯鼓録訂正。見上注〔四八〕。　賢者攷樂:洪本"攷"譌"故"。

〔五八〕鳥獸好怨聲,其耳與人同;何爲而不樂:怨,猶"悲"。論衡感虚:"鳥獸好悲聲,耳與人耳同也。禽獸見人欲食,亦欲食之,聞人之樂,何爲不樂?"

〔五九〕惟:吴本、四庫本作"唯"。論衡感虚:"然而'魚聽'、'仰秣','玄鶴延頸','百獸率舞',蓋且其實;風雨之至,晉國大旱,赤地三年,平公癃病,殆虚言也。或時奏清角時,天偶風雨,風雨之後,晉國適旱;平公好樂,喜笑過度,偶發癃病。傳書之家,信以爲然,世人觀見,遂以爲實。實者樂聲不能致此。何以驗之? 風雨暴至,是陰陽亂也。樂能亂陰陽,則亦能調陰陽也,王者何須脩身正行,擴施善政? 使皷調陰陽之曲,和氣自至,太平自立矣。"

〔六〇〕懋德:盛德。

〔六一〕"周王在囿,麀鹿攸伏","王在靈沼,於牣魚躍":見詩大雅靈臺,"周王在囿"作"王在靈囿"。麀鹿,母鹿。麀音yōu。攸,自得貌(見正字通)。伏,臥。靈沼,池沼名。於(wū),歎美聲(據高亨詩經今注)。牣,滿。洪本、吴本作"牣"。

〔六二〕易水之歌：其詞曰：“風蕭蕭兮易水寒，壯士一去兮不復還！”（見戰國策燕策三）　房陵之謳：房陵，古地名，在今湖北房縣境内。淮南子泰族：“趙王遷流於房陵，思故鄉，作爲山（水）〔木〕之謳，聞者莫不殞涕。荆軻西刺秦王，高漸離、宋意爲擊筑，而謌於易水之上，聞者莫不瞋目裂眦，髮植穿冠。”高誘注：“秦滅趙，王遷之漢中房陵。”　流泣沾衣：洪本、吳本、四庫本“沾衣”作“沾水”誤。　汎辭：浮泛之詞，不切合實際的話。

〔六三〕劉琨清嘯，而羣胡爲之長嘆罷圍：劉琨，晉并州刺史。清嘯，清越悠長的口哨聲。晉書劉琨傳：“在晉陽，嘗爲胡騎所圍數重，城中窘迫無計，琨乃乘月登樓清嘯，賊聞之，皆悽然長歎。中夜奏胡笳，賊又流涕歔欷，有懷土之切。向曉復吹之，賊並棄圍而走。”　劉疇吹笳，而羣胡爲之倚泣卻去：劉疇，晉司徒左長史。笳，即胡笳，古管樂器名。晉書劉隗傳：“子疇，……曾避亂塢壁，賈胡百數欲害之，疇無懼色，援笳而吹之，爲出塞、入塞之聲以動其游客之思。於是羣胡皆垂泣而去之。”　馴：順服。此謂使……順服。　溢語：過頭話。

〔六四〕棠梨之花，羯鼓而綻：彦按：其事不詳。然羯鼓録載一事，與此相類。其文曰：“（唐明皇）尤愛羯鼓玉笛，常云八音之領袖，諸樂不可爲比。嘗遇二月初，詰旦巾櫛方畢，時當宿雨初晴，景色明麗，小殿内庭，柳杏將吐，覩而嘆曰：‘對此景物，豈得不爲他判斷之乎！’左右相目，將命備酒，獨高力士遣取羯鼓。上旋命之臨軒縱擊一曲，曲名春光好。神思自得。及顧柳杏，皆已發拆。上指而笑謂嬪御曰：‘此一事不唤我作天公，可乎？’嬪御侍官，皆呼萬歲。”疑即一事，而異傳或誤記也。　美人之草，度曲而舞：度，考量。宋王灼碧雞漫志卷四：“按益州草木記：‘雅州名山縣出虞美人草，如雞冠花，葉兩相對，爲唱虞美人曲，應拍而舞，他曲則否。’賈氏談録：‘褒斜山谷中有虞美人草，狀如雞冠大，葉相對，或唱虞美人，則兩葉如人拊掌之狀，頗中節拍。’西陽雜俎云：‘舞草出雅州，獨莖三葉，葉如決明，一葉在莖端，兩葉居莖之半相對，人或近之歌，及抵掌謳曲，葉動如舞。’益部方物圖贊改‘虞’作‘娱’，云：‘今世所傳虞美人曲，下音俚調，非楚虞姬作。意其草纖柔，爲歌氣所動，故其莖至小者或若動搖，美人以爲娱耳。’筆談云：‘高郵桑景舒，性知音，舊聞虞美人草遇人唱虞美人曲，枝葉皆動，他曲不然，試之如所傳，詳其曲，皆吳音也。他日取琴，試用吳音製一曲，對草鼓之，枝葉亦動，乃目曰虞美人操，其聲調與舊曲始末不相近，而草輒應之者，律法同管也，今盛行江湖間，人亦莫知其如何爲吳音。’東齋記事云：‘虞美人草，唱他曲亦動，傳者過矣。’予攷六家説，各有異同，方物圖贊最穿鑿，無所稽據。”

〔六五〕唐之園陵，王晨衣舉：其事不詳，待考。　漢之祠室，房户夜開：見上注〔四三〕。　流光：謂德澤遠播，“光”通“廣”。穀梁傳僖公十五年：“德厚者流光。”

〔六六〕宮樂一奏而黃鵠下籞：籞，古代帝王的禁苑。彦按：漢書昭帝紀始元元年：“春二月，黃鵠下建章宮太液池中。”西京雜記亦記其事，云：“始元元年，黃鵠下太液池。上爲歌曰：‘黃鵠飛兮下建章，羽肅肅兮行蹌蹌，金爲衣兮菊爲裳。唼喋荷荇，出入蒹葭。自顧菲薄，愧爾嘉祥。’”路史所言，當即指此，唯本不稱及奏宮樂事，蓋羅氏想當然耳。　中吕一叶而黃鶯繞林：李白侍從宜春苑奉詔賦龍池柳色初青聽新鶯百囀歌：“新鶯飛繞上林苑，願入簫韶雜鳳笙。”彦按：路史所言，蓋即據李白此詩生發。　鳳之差差：吳本、四庫本“差”字作“羌”。差差，讀爲“嗟嗟”，義猶“喈喈”，象禽鳥鳴聲。詩大雅卷阿：“鳳凰鳴矣，于彼高岡。梧桐生矣，于彼朝陽。菶菶萋萋，雝雝喈喈。”鄭玄箋：“雝雝喈喈，喻民臣和協。”孔穎達疏：“由臣竭其力，故使天下和洽，故使鳳皇樂德而來，其鳴雝雝喈喈也。”

〔六七〕南風報德之絃：南風，舜所作樂曲名。絃，借代琴。此指琴曲。禮記樂記：“昔者舜作五弦之琴，以歌南風。”孔子家語辯樂解：“昔者舜彈五弦之琴，造南風之詩。其詩曰：‘南風之熏兮，可以解吾民之愠兮；南風之時兮，可以阜吾民之財兮。’”

〔六八〕子之如齊也：自此而下至“不圖爲樂之至於斯”，見説苑修文，文字不盡相同。　挈壺而俱：喬本、洪本“壺”字譌“壺”，此從餘本。

〔六九〕卒爵而樂闋，孔子屢嘆之：見禮記郊特牲。鄭玄注：“美此禮也。”卒爵，乾完杯。樂闋，音樂停止。

〔七〇〕寢夢而見周公：論語述而：“子曰：‘甚矣吾衰也！久矣吾不復夢見周公！’”何晏集解引孔安國曰：“孔子衰老，不復夢見周公，明盛時夢見周公，欲行其道也。”　學琴而見文王：孔子家語辯樂解：“孔子學琴於師襄子。襄子曰：‘吾雖以擊磬爲官，然能於琴。今子於琴已習，可以益矣。’孔子曰：‘丘未得其數也。’有間,曰:‘已習其數,可以益矣。’孔子曰:‘丘未得其志也。’有間,曰:‘已習其志,可以益矣。’孔子曰:‘丘未得其爲人也。’有間,(曰)孔子有所繆然思焉,有所睪然高望而遠眺,曰:‘丘迨得其爲人矣。黯而黑,頎然長,曠如望羊,掩有四方,非文王其孰能爲此?’師襄子避席葉拱而對曰:‘君子聖人也,其傳曰文王操。’”

〔七一〕際九官之肅穆:置身於九官之肅穆氛圍之中。九官,見後紀十二帝舜有虞氏注〔六一〇〕。　而泮合止之宜矣:泮合,配合。各本均作“評合”。彥按:“評合”不詞。“評”疑“泮”字形譌。“泮合”見諸南齊書禮志上:“既崇尚質之理,又象泮合之義。”今姑訂“評”作“泮”。

〔七二〕一爲感悦于至,彌時猶口爽也:感悦,感動喜悦。于至,至極。彌時,歷時彌久。口爽,口舌失去辨味能力。即所謂“三月不知肉味”。

〔七三〕惆然:愉悦貌。

〔七四〕醯(xī):醋。　齼(chǔ):牙齒酸軟。

〔七五〕展:彥按:方言卷一七:“展,信也。”錢繹箋疏:“此信字兼屈伸、誠信二義。”蓋是。路史此“展”字則當爲“相信”義,當亦以方言爲依據,然其用法是否符合方言本意,則頗可疑。

〔七六〕禮記中庸,子曰:“人莫不飲食也,鮮能知味也。”

〔七七〕以“三月”之字爲“音”,豈達聖人之口耳哉:達,懂得,明白。彥按:此針對程頤之説言之。二程遺書卷九少日所聞諸師友説:“‘子在齊聞韶,三月不知肉味,曰:“不圖爲樂之至於斯也。”’曰:聖人不凝滯於物,安有聞韶雖美,直至三月不知肉味者乎?‘三月’字誤,當作‘音’字。此聖人聞韶音之美,當食不知肉味,乃歎曰:‘不圖爲樂之至於斯也。’門人因以記之。”朱熹論語精義卷四上述而稱爲“伊川解曰”,則程頤也。

夔論

自知審者,言有所不憖,而非矜〔一〕。喜得其君者,智無隱,而必期有以自效。蓋士君子之生世,必期有以自見,肯與區區草木同炎而共盡哉〔二〕?

方虞帝之命九官也,八官皆遜,而夔獨無所遜,且復昌言于帝前曰："於！予擊石拊石，百獸率舞〔三〕。"於讀如烏。及益、稷之論功也，則又贊夫韶曰"戛擊"云云〔四〕。"擊石拊石，百獸率舞"〔五〕。蓋前之語，夔之喜得其君而所以自期者；後之語，則夔之所以敍其樂之成果如其所期者，有以見其收功必效，而無言之不酬也〔六〕。夫以舜之樂，得夫夔而益和；夔之道，遭夫舜而益章。此夔之所以屢道其功而不遜者，誠所不慼故也〔七〕。

昔在先朝，李照欲下其律，乃自言曰："異日聽吾樂，當令人物舒長。"〔八〕夫以照之爲樂而自許已如此，則夔之樂爲可知矣！李照鍾見長編嘉祐元年八月〔九〕。以仁聖之君而得夫夔臣，以孝悌之治而媲之仁聲，則其崇德象成，參偕造化，與天地八荒之氣相流通而無間，不爲難者〔一〇〕。此夔之所以自嘉其遇，遽許其君而不疑也。

劉、薛、王、蘇、林、梅、胡、李乃以前語十字爲益稷篇之脱簡複出，亦何妄削聖人之經也邪〔一一〕？大抵學者患在矜管蠡，而不識聖賢之事業，眾之所難，以聖人處之爲甚易；聖之所就，以眾人覘之爲甚疑〔一二〕。遺屨失箸之徒，夫亦豈知聖人之語，凡出自然，而非以游言赫也〔一三〕。子曰："我戰則克，祭則受福〔一四〕。""如有用我者，期月已可，三年有成〔一五〕。"繇學者億之，爲果然邪〔一六〕？以小人腹度君子心，不既指以夸誕之辭哉〔一七〕？明乎此，則知夔之所以自期，爲自信矣。

嗟夫！夔、龍、稷、契，等人也〔一八〕。始帝命夔以典樂，教胄子，蓋是以典樂之官兼教事者，其賢爲可知矣。而記禮者乃以爲夔不達禮，其知言歟〔一九〕？方帝之命夷秩宗，典三禮也，夷巽之夔，則夔固非不達禮也，惟其禮樂兼備，特在當時知樂優於禮介〔二〇〕。教國胄子直寬剛簡，不達於禮者能之乎〔二一〕？惟直、惟寬、惟剛、惟簡，則知教之所繇興矣；而温而栗，無戲無傲，則又知教之所繇廢：而師道亦裕矣〔二二〕。孰謂夔其窮歟〔二三〕？且昔重黎之舉夔爲樂正也，重黎欲益求人以佐，帝曰："樂者，天地之精，得失之節也。夔能和之,以平天下,一而足矣〔二四〕。"故荀子曰:"知樂者衆矣,而夔獨傳,一也〔二五〕。"豈爲不達禮哉?

　　嗚嘻! 人之好樂也,甚矣其不可奪也。先王之時,以樂合天下之情,是故必命大賢,深窮情致,而後聞者日興起。末世之君,視爲一技,畢付庸瞽,啁啾嘈囋,惟以取玼,是以無益於智,又何有於物類之感,而啓人之信喜哉〔二六〕? 人之化感,尤在觀聽,樂缺至此,此釋之徒所以得竊其鼓舞之權,取西俗戎蠻之樂,而附之慈悲不忍之聲,以感動夫人之良能者,而人樂之〔二七〕。死復之家,禮律所禁,則又比其鐃鉢八音者,而易其爲樂之名,度以鄙猥辛酸之語,而叶之曲破,以施之服舍之側〔二八〕。於是乃有倀倀辟經而品校精否者,果何爲耶〔二九〕? 情實之相變,理固至是。故予嘗謂:洒其金碧,則釋者萎;制其鐃鉢,則釋者寂矣〔三〇〕。於是引而歸之先王之聲教,以動化於天下,則移風易俗,吾知其不難矣〔三一〕。又何俟於異世之夔邪?

【校注】

　　〔一〕自知審者:清楚認識自己的人。審,明白,清楚。四庫本"審者"作"審音者",衍"音"字。　　不慊:不覺得不好意思,不客氣。　　矜:驕傲。

　　〔二〕炎:玉篇炎部:"焚也。"

　　〔三〕見書舜典。參見國名紀三高辛氏後注〔二四四〕。

　　〔四〕"戛擊"云云:即書益稷夔曰"戛擊鳴球、搏拊琴瑟以詠,祖考來格"云云。

　　〔五〕見書益稷。

　　〔六〕收功:獲取。　　酬:實現。

　　〔七〕不慊:無愧于心。

　　〔八〕見宋李攸宋朝事實卷一四樂律,亦見宋史樂志四。　　李照:宋仁宗朝集賢院校理。吳本、四庫本"照"作"炤"。下"李照"之"照"同。　　人物舒長:人物,偏指人。舒長,心情舒暢而長壽。

　　〔九〕長編:指宋李燾續資治通鑑長編。

〔一〇〕崇德象成:崇尚道德,預示成功。　　參偕造化:符合天道。

〔一一〕劉、薛、王、蘇、林、梅、胡、李乃以前語十字爲益稷篇之脱簡複出:上引諸人皆宋代人。劉,指劉敞。薛,蓋指薛肇朗(據顧頡剛、劉起釪尚書校釋譯論)。蘇,指蘇軾。林,指林之奇。王、梅、胡、李,所指何人不詳,待考。前語十字,指書舜典之"於! 予擊石拊石,百獸率舞"。宋林之奇尚書全解於其下云:"薛氏、劉氏皆以爲益稷脱簡重出,蓋方命夔典樂,而夔遽言其擊石拊石,致百獸率舞之效,非事辭之序也。而益稷篇又有此文。故二公疑其差誤。以理觀之,義或然也。然筆削聖人之經以就己意,此風亦不可長。孔子曰:'多聞闕疑,慎言其餘,則寡尤。'此實治經之法也。"

〔一二〕矜管蠡:自恃淺見,以管蠡之見自誇。管蠡,"管窺蠡測"之縮略語。比喻狹小的見識。

〔一三〕遺屨失箸之徒:指遇到生氣的事怒不可遏、遇到害怕的事驚惶失措的平常人。箸,筷子。備要本如此,是,今從之。餘本均譌"著"。遺屨典出左傳宣公十四年:楚子使申舟聘于齊,過宋而爲華元所殺,"楚子聞之,投袂而起,屨及於窒皇,劍及於寢門之外,車及於蒲胥之市。"楊伯峻注:"此時楚莊在路寢,古人在室内不穿鞋。屨即後代之履,今之鞋。聞申舟被殺,怒而起,起而走。不及納屨。及者,送屨者追而及之也。"宋書毛脩之傳及其事,作:"昔宋害申(丹)〔舟〕,楚莊有遺履之憤。"失箸典出三國志蜀志先主傳:"是時曹公從容謂先主曰:'今天下英雄,惟使君與操耳。本初之徒,不足數也。'先主方食,失匕箸。"　夫:吳本譌"天"。　　凡:吳本、備要本譌"几"。　游言:浮誇不實之言。　　赫:顯擺,炫耀。

〔一四〕見禮記禮器。

〔一五〕如有用我者,期月已可,三年有成:見論語述而,原文作:"苟有用我者,期月而已可也,三年有成。"期月,一年。已可,喬本、洪本、吳本、備要本均作"而已",偏離論語本意。此從四庫本。

〔一六〕繇:四庫本作"由"。下"所繇"之"繇"同。　億:臆測,揣度。

〔一七〕夸諴(hàn):浮誇虛妄。

〔一八〕等人:合格的受聘官員。資治通鑑卷六一漢獻帝興平元年胡三省注:"等人者,立等以募人,及等者,謂之等人。"

〔一九〕記禮者乃以爲夔不達禮：禮記仲尼燕居載孔子語：“達於禮而不達於樂謂之素，達於樂而不達於禮謂之偏。夫夔達於樂而不達於禮，是以傳於此名也。”楊天宇注：“案夔本是古代傳說中的一種奇異的動物，一足而似龍。孔子這裏的意思是說，夔這個人之所以名夔，就因爲他達于樂而不達于禮，偏于一個方面，如同秖有一足的夔一樣，所以傳說中就給他取了夔這個名字。”

〔二〇〕方帝之命夷秩宗，典三禮也，夷巽之夔：書舜典：“帝曰：‘咨，四岳！有能典朕三禮？’僉曰：‘伯夷。’帝曰：‘俞咨！伯，汝作秩宗。夙夜惟寅，直哉惟清。’伯拜稽首，讓于夔、龍。” 惟其禮樂兼備，特在當時知樂優於禮尒：惟，吳本、四庫本作“唯”。下諸“惟”字多同。優，多，超過。

〔二一〕教國胄子直寬剛簡：書舜典：“帝曰：‘夔，命汝典樂，教胄子。直而溫，寬而栗，剛而無虐，簡而無傲。’”孔穎達疏：“正直者失於太嚴，故令正直而溫和。寬弘者失於緩慢，故令寬弘而莊栗，謂矜莊嚴栗。栗者，謹敬也。剛彊之失，入於苛虐，故令人剛而無虐。簡易之失，入於傲慢，故令簡而無傲。”

〔二二〕而師道亦裕矣：師道，爲師之道。指教育之方法、内容等。裕，豐富。

〔二三〕孰謂夔其窮歟：禮記仲尼燕居：“子貢越席而對曰：‘敢問夔其窮與？’”鄭玄注：“見其不達於禮。”

〔二四〕吕氏春秋察傳引孔子曰：“昔者舜欲以樂傳教於天下，乃令重黎舉夔於草莽之中而進之，舜以爲樂正。夔於是正六律，和五聲，以通八風，而天下大服。重黎又欲益求人，舜曰：‘夫樂，天地之精也，得失之節也，故唯聖人爲能和。樂之本也。夔能和之，以平天下。若夔者一而足矣。’”

〔二五〕知樂者衆矣，而夔獨傳，一也：見荀子解蔽，原文“知樂”作“好樂”。一，謂用心專一。

〔二六〕庸瞽：平庸的樂師。上古樂師以盲人爲之，故瞽可借代樂師。 啁啾嘈囋(zá)：形容衆聲嘈雜。 取聒(guō)：受到煩擾。 信喜：真正的喜悦。

〔二七〕竊其鼓舞之權：竊，“取”之貶義詞。鼓舞，煽動。權，謀略，手段。慈悲：吳本作“悲悲”誤。 良能：天性，本能。

〔二八〕死復：死人而爲之招魂。復，招魂。 則又比其鐃鉢八音者：又，吳本譌“父”。比，調和。廣韻脂韻：“比，和也。”鐃鉢，即鐃鈸。八音，泛稱樂音。　　度:通“鍍”,裝飾。　　曲破:唐宋樂舞名。大曲的第三段稱“破”,單演唱此段稱“曲破”。其樂繁聲促節,破其悠長,轉入繁碎,故名。　　服舍:即倚廬。古代居父母喪未葬時住的簡陋棚屋(既葬則居廬墓)。

〔二九〕悵悵:無所適從貌。　　辟經:背離常道。辟,“避”之古字。　　品校:品味比較。　　耶:四庫本作“邪”。

〔三○〕洒:“洗”之古字,謂洗去。　　萎:萎靡,黯然無神。　　制:限制,禁止。

〔三一〕動化:感化。

申都

虞帝之末嗣也,職爲司徒,故其後有司徒氏。司徒之轉,又爲申屠、勝徒、申都之氏。按漢功臣侯表,張良“以廄將從起下邳,以韓申都下韓”〔一〕。楚漢春秋則作“信都”。信、申古同音也。然在史記,作“韓申徒”,而良傳復作“韓司徒”,一也〔二〕。云“項梁使良求韓成,立爲韓王。以張良爲韓司徒”云云〔三〕。蓋申屠、勝徒者,司徒之聲轉〔四〕。申都者,申徒之聲轉〔五〕。而信都者,又申都之轉也。劉敞博聞强記,亦意申都爲是司徒,而不得其證,不知王符言之詳矣。潛夫論志氏姓篇云:“沛公之起,良往屬焉。沛公使與韓信略定韓地,立横陽君成爲韓王,而拜良爲信都〔六〕。”又曰:“信都者,司徒也。或曰司徒,或爲勝徒,然其本共一司徒也。後作傳者不知‘信都’何,因妄生事意,以爲是乃代王爲信都也〔七〕。”繇此觀之〔八〕,則知當時已自疑誤,然申都之爲司徒,固也。顏籀不知乎此,直以韓申都爲韓王信〔九〕。劉知幾直又以爲韓名信都,謂子長繆去“都”而留“信”,疎妄又甚〔一○〕。

【校注】

〔一〕漢功臣侯表:指漢書高惠高后文功臣表。　　廄將:官名。是主管軍隊車馬後勤工作的武官。

〔二〕然在史記,作“韓申徒”:見史記高祖功臣侯者年表及留侯世家。而良傳復作“韓司徒”:良傳,指漢書張良傳。

〔三〕項梁使良求韓成,立爲韓王。以張良爲韓司徒:韓成,戰國末韓國宗室。立,吳本譌“王”。

〔四〕申屠:四庫本如此,當是,今從之。餘本作“申徒”,則上文提及之申屠,於後文一無呼應,當誤。

〔五〕申都者,申徒之聲轉:各本“申都者”上尚有“申徒”二字。彦按:二字當爲衍文。否則“申徒……者,申徒之聲轉”費解,今删去。

〔六〕沛公之起,良往屬焉:潛夫論原文作:“及沛公之起也,良往屬焉。”路史各本“往”均譌“生”,今訂正。 沛公使與韓信略定韓地:各本均無“與”字。彦按:此字關鍵,必不可無。今據潛夫論訂補。 立橫陽君成爲韓王:今本潛夫論“成”作“城”。 而拜良爲信都:潛夫論“信都”作“韓信都”。

〔七〕或曰司徒,或爲勝徒,然其本共一司徒也:今潛夫論作:“俗前音不正,曰信都,或曰申徒,或勝屠,然其本共一司徒耳。” 因妄生事意,以爲是乃代王爲信都也:今潛夫論作:“因彊妄生意,以爲此乃代王爲信都也。”

〔八〕繇:吳本、四庫本作“由”。

〔九〕顔籀:吳本“顔”譌“頮”。漢書高惠高后文功臣表“以韓申都下韓”顔師古注:“韓申都,即韓王信也。”

〔一〇〕劉知幾直又以爲韓名信都,謂子長繆去“都”而留“信”:四庫本“繆”作“謬”。史通外篇雜説上諸漢史十條之三:“又韓王名信都,而輒去‘都’留‘信’,用使稱其名姓,全與淮陰不別。班氏一準太史,曾無弛張。静言思之,深所未了。”

辨帝舜冢〔一〕

孟子曰:“舜生於諸馮,即春秋之諸浮,冀州之地〔二〕。遷于負夏,衛地。卒於鳴條,東夷之人也〔三〕。”在河中府安邑。或云陳留平丘有鳴條亭〔四〕。然湯伐桀與三朡、昆吾同時,三朡在定陶,鳴條義不得在陳留〔五〕。又安邑有昆吾亭,顯其非是也。諸馮、負夏、鳴條,皆在河南北。故葬于紀,所謂紀市也。詳紀中〔六〕。紀在河中府皮氏。今帝墓在安邑,而安邑有鳴條陌,其去紀才兩舍[七]。帝記言河中又舜冢，信矣[八]。亦見廣川家學[九]。而竹書、郡國志等皆言帝葬蒼梧，則自漢失之[一〇]。禮記是[一一]。至鄭康成遂以鳴條爲南夷之地，不已踈乎[一二]！孟子言諸馮、負夏、鳴條，伊訓言亳、鳴條、三朡，皆衞、晉之地，豈得越在南夷哉？故寶苹云：舜卒鳴條，去所都蒲阪七十里，無緣葬於蒼梧四千里外[一三]。而司馬攷異乃謂蒼梧爲在中國，非必江南[一四]。然無明文，且謂江南，抑又踈矣。夫蒼梧自非五服，人風媒劃，地氣歊癉，在虞夏乃無人之境，豈巡狩之所至邪[一五]？方堯老舜攝也，於是乎有巡狩之事。今舜既已耄期，勮劇形神，告勞釋負而付禹，則巡狩之事禹爲之矣，豈復躬巡狩於要荒之外也哉[一六]？云唐、虞、三代以五嶺百粵[一七]。五嶺，二在桂，三在道[一八]。是以劉知幾之徒得以摭厲王流彘，楚帝遷郴，及夏桀、趙嘉之事，而疑舜、禹之明德[一九]。

泌嘗攷之，象封有鼻，今道州。故墓在於始興[二〇]。幽明錄云，始興有鼻天子冢、鼻天子城[二一]。即南康記南康縣鼻天子城者[二二]。亦見寰賓錄[二三]。蓋地後貫南康[二四]。昔人不明爲何人，乃象冢也。義均封于商，故女英之冢在商[二五]。事見劉禹錫嘉話、廣記等[二六]。世紀云：舜三妃，娥皇無子，女英生商均。女英蓋隨子均徙于封所，而死葬焉。有説別見。其餘支庶，或封巴陵，或食上虞，采西城，邑池陽，與夫懷戎、衡山、長沙、無錫，故其墓或在江華，或在巴陵、上虞[二七]。荊湖之㳂，虞帝之迹徧所在[二八]。有風土記，上虞有舜冢[二九]。郡國志云，上虞東有姚丘，舜葬之所[三〇]。東又有谷林，云舜生之地。復有歷山，云舜耕於此，而嘉禾降之[三一]。又越之餘姚，餘姚山記以爲舜父所封，而風土記乃云舜支庶之所封[三二]。又會稽山有虞舜巡狩臺，臺下有望陵祠，云民思之而立。風土記云：“舜，東夷之人，生於姚丘，嬀水之汭，揖石之東[三三]。”今姚丘山在餘姚西六十，上虞縣之東。本作桃丘。又始寧界有舜所耕田。始寧乃故上虞之南鄉也。今有吳北亭、虞濱，皆在小江裏，去縣五十[三四]。對小江，北岸臨江山上有立石，謂之揖石，俗呼蔦公巘。又餘姚有漁浦湖，興地、寰宇記以爲舜漁於此[三五]。沈櫻謂湖今在上虞[三六]。而今㴂道乃有舜廟，徐儉碑謂是舜之所都[三七]。而營浦南亦記有舜巡宿處。而道州學西有虞帝廟。營其它蓋不勝紀[三八]。如營道廟舊在太陽溪，溪今不知處〔三九〕。漢以來廟九疑山下，至唐不存，元結建之州西，置廟户，刻表勑并狀〔四〇〕。僖宗時士胡曾權延唐，始復之九疑〔四一〕。國初王繼勳奉詔修，歲春秋降祠版〔四二〕。蓋皆其後祠之。禹爲天子，帝之諸子分適它國，其之巴陵者，登北氏蓋從之，故其墓在於巴陵〔四三〕。黃陵也。登北氏，帝之第三妃。帝之三妃不得皆後于帝死，盲既葬于陳倉，則其先死矣〔四四〕。盲即娥皇。漢志陳倉有黃帝孫、舜妻盲冢〔四五〕。既皇、英各自有墓，則黃陵爲登北之墓，審矣〔四六〕。世以湘陰黃陵爲舜妃墓，而臨桂縣城北十餘里有雙女冢，高十餘丈，周二里，亦云二妃之葬，俱繆〔四七〕。今江華太平鄉有舜女寺；湘陰有大小哀洲，圖經以爲二妃哭舜而名，亦妄，特舜女也〔四八〕。惟登北氏從徙巴陵，則其二女理應在焉，故得爲湘之神，而其光照於百里〔四九〕。是皆可得而攷者，胡自氛氛而爭爲堯之二女乎〔五〇〕？舜之二女，一曰霄明，一曰燭光，登北氏之所生。有辨別見。

　　雖然，虞帝之墳在在有之，何邪？海内南經：蒼梧山，帝舜葬其陽〔五一〕。大荒南經：帝舜葬岳山〔五二〕。又海内北經有帝舜臺之類。有陵臺説，別見〔五三〕。蓋古聖王久于其位，恩霑于倮禹，澤及於牛馬，赴格之日，殊方異域無不爲位而墳土，以致其哀敬而承其奉，是以非一所也〔五四〕。顓、嚳、堯、湯之墓，傳皆數出，漢遠郡國皆起國廟，亦是若也〔五五〕。是則九疑之陵，或弟象之國所封崇介。漢惠帝元年，令郡國諸侯王立高廟。今山陽縣西四十五，高廟也〔五六〕。至元、成時，郡國祖宗園廟百六十七所，自高祖至悼皇考各居陵旁立廟，并京百七十六，園中各有寢、便殿〔五七〕。不然，商均窆也。大荒南經云：赤水之東，蒼梧之野，舜子叔均之所葬也〔五八〕。而九疑山記亦謂商均窆其陰〔五九〕。豈非商均徙此，因葬之，後世遂以爲虞帝之墳邪？山海經，古書也，第首尾多衡決，後世不攷〔六〇〕。按海内朝鮮記云：南方蒼梧之泉，其中有九疑山，舜之所葬，在長沙零陵界中〔六一〕。此世所憑信者，蓋後人所增。長沙零陵，名出秦漢，非古明矣。

　　嘗又訊之大傳、符子之書，虞帝遜禹於洞庭，張樂成于洞庭之野，於是望韶石而九奏〔六二〕。則帝蓋嘗履洞庭而樂韶石，亦既遜位而歸國矣。遜禹後十八載，乃崩。九山皆石，峻聳特立，亦謂之韶石〔六三〕。故集僊録言：帝得修身之道、治國之要，瞑目端坐，冉冉乘空而至南方之國，入十龍之門，泛昭回之河，其中有九疑山焉〔六四〕。歷數既往，歸理玆山〔六五〕。是則九疑之游，特夢想之所屆者。是以蔡雝九疑碑辭乃云“解體而升”，而胡曾九疑碑圖且謂今無復墓〔六六〕。然則蒼梧之藏，有其語而已矣〔六七〕。真源賦云：因南狩，走馬逐鹿，同飛蒼梧，莫知所去。蓋誕。河中之壠，焉可誣也？世遠論略，而諸生若信蒼梧之言爲出于經，而予之言亦難乎爲信也。李白云：“重瞳孤墳竟何是？”〔六八〕則虞帝之冢不明，自昔以爲恨也〔六九〕。王充謂舜、禹皆以治水死，葬于外〔七〇〕。按：是時水平已久，柳璨闢劉知幾之説，當矣〔七一〕。然謂舜因天下無事肆觀，南巡零陵、桂林，不期奄化，而因葬之，至比始皇、孝武、章帝之崩，載歸路寢，而後成禮，又大妄矣〔七二〕。

　　書云：“陟方乃死〔七三〕。”説者以陟方爲巡狩。孔氏謂升道南方以死，韓愈非其説，曰：“地傾東南，南巡，巡非陟也。陟者，升也。‘方乃死’者，所以釋‘陟’爲死也。”〔七四〕蘇軾亦謂：“陟方”猶升遐，“乃死”爲章句，後學誤以爲經文〔七五〕。書云：“商禮陟配天”，“惟新陟王”〔七六〕。故汲紀年帝王之没皆曰“陟”〔七七〕。然則“在位五十載，陟”者，爲紀帝之没，明矣。蘇謂“陟方”猶升遐，誤矣〔七八〕。蓋未見紀年尒。解者又何必區區以非五服之地，巡狩所不至言哉？傳又謂伐苗民而崩于蒼梧〔七九〕。伐苗乃禹也〔八〇〕。穎達云：時苗民已竄三危〔八一〕。

　　韓非曰：“商、周七百餘歲，虞、夏千餘歲，而不能定儒、墨之真，今欲審堯舜之道於三千歲之前，意者其不可必乎！無參驗而必之，愚也；非能必而據之，誣也。故明據先王，必定堯舜者，非愚即誣也〔八二〕。”予既考定有虞若三妃、有鼻諸孤之墓，一旦明白，歷歷可知如此〔八三〕。抑不知予之愚誣邪？韓子之愚誣邪〔八四〕？

【校注】

　　〔一〕辨帝舜冢：辨，吴本、四庫本作“辯”。帝，吴本譌“宰”。

　　〔二〕即春秋之諸浮：諸浮見左傳文公十三年。

〔三〕見孟子離婁下。楊伯峻注:"諸馮、負夏、鳴條——舜是傳説中的人物,此三處地名更無法確指。依據孟子文意,當在東方。………諸馮,傳説在今山東菏澤縣(彦按:即今菏澤市牡丹區)南五十里。"

〔四〕陳留平丘:陳留,舊郡名。平丘,漢縣名,治所在今河南封丘縣東南。

〔五〕然湯伐桀與三朡、昆吾同時,三朡在定陶:三朡(jiè),古國名。定陶,吴本"定"作"𡉚"。書典寶序:"夏師敗績,湯遂從之,遂伐三朡,俘厥寶玉。"孔氏傳:"三朡,國名,桀走保之,今定陶也。"

〔六〕紀:指本書後紀十二帝舜有虞氏。

〔七〕舍:古以軍行三十里爲一舍。

〔八〕帝記言河中又舜冢:帝記,疑即姚恭年歷帝紀。又,通"有"。

〔九〕廣川家學:宋董弅撰。

〔一〇〕而竹書、郡國志等皆言帝葬蒼梧:彦按:今本竹書紀年不言舜葬蒼梧,唯舊題沈約注於帝舜有虞氏"五十年,帝陟"下云:"鳴條有蒼梧之山,帝崩,遂葬焉,今海州。"王國維疏證更云:"案隋書地理志:'東海郡,梁置南、北二青州,東魏改爲海州。'此附注如出沈約,不當有'今海州'語。考困學紀聞五云:'蒼梧山在海州界。'此作僞者所本。"又今考後漢書郡國志,亦未見言舜葬蒼梧,而後漢書趙咨傳倒有"昔舜葬蒼梧,二妃不從"語。路史所言,皆不得其實。

〔一一〕禮記檀弓上:"舜葬於蒼梧之野。"

〔一二〕至鄭康成遂以鳴條爲南夷之地:書湯誓序"遂與桀戰于鳴條之野"孔穎達疏:"鄭玄云:鳴條,南夷地名。"

〔一三〕七十里:洪本、吴本作"七千里"誤。

〔一四〕司馬攷異:所指不詳,待考。　乃謂:四庫本如此,於義爲長,今從之。餘本"謂"作"爲"。

〔一五〕人風娸劃,地氣歊瘴:娸劃,即"悝嫮",勇悍。娸音 guǒ。歊瘴,溽熱瘴癘。歊(xiāo),各本均作"高"。彦按:"人風"二句出劉知幾史通疑古,路史當是套用成語,"高"當作"歊",蓋偶脱右旁耳。今訂正。

〔一六〕耄期:高齡。　勌劇:疲憊,倦怠。"劇"通"㦬"。　告勞:嚮別人訴説自己的勞苦。

〔一七〕云唐、虞、三代以五嶺百粤：自此“云唐”至下“三在道”凡十八字，不見於吳本及四庫本。

〔一八〕二在桂，三在道：桂，指桂州（治所在今廣西桂林市）。道，指道州（治所在今湖南道縣）。

〔一九〕是以劉知幾之徒得以摭屬王流堯，楚帝遷郴，及夏桀、趙嘉之事，而疑舜、禹之明德：楚帝遷郴，見國名紀三高陽氏後注〔二三一〕。史通疑古：“虞書舜典又云：‘五十載，陟方乃死。’注云：‘死蒼梧之野，因葬焉。’按蒼梧者，於楚則川號汨羅，在漢則邑稱零桂。地總百越，山連五嶺。人風媒劃，地氣熇瘴。雖使百金之子，猶憚經履其途；況以萬乘之君，而堪巡幸其國？且舜必以精華既竭，形神告勞，捨茲寶位，如釋重負。何得以垂殁之年，更踐不毛之地？兼復二妃不從，怨曠生離，萬里無依，孤魂溘盡，讓王高蹈，豈其若是者乎？歷觀自古人君廢逐，若夏桀放於南巢，趙嘉遷於房陵，周王流彘，楚帝徙郴，語其艱棘，未有如斯之甚者也。斯則陟方之死，其殆文命之志乎？”明郭孔延評釋：“淮南子云，趙王遷流於房陵，思故鄉，則爲作山水之謳，聞者莫不隕涕。括地志云，趙王遷墓在房州房陵縣西九里。太史公云，趙悼襄王廢嫡子嘉而立遷，秦既虜遷，趙之亡大夫共立嘉，六歲，秦破嘉，滅趙爲郡。由是以談，遷房陵者趙王遷也，非嘉也。”

〔二〇〕始興：縣名，今屬廣東省。

〔二一〕幽明録：南朝宋劉義慶撰。

〔二二〕南康記：南朝宋鄧德明撰。吳本“記”譌“語”。　　南康縣：即今江西贛州市南康區。

〔二三〕實賓録：宋馬永易撰。吳本、四庫本、備要本“實”作“虞”誤。

〔二四〕貫：入籍，歸屬。

〔二五〕義均：即義鈞。　　女英：即女瑩。參見後紀十二帝舜有虞氏。

〔二六〕劉禹錫嘉話：又稱劉公嘉話録。唐韋絢録。　　廣記：不詳所指，待考。

〔二七〕江華：縣名，今屬湖南省。

〔二八〕荆湖之浙：之，至。

〔二九〕有風土記：有，通“又”。

〔三〇〕葬:吳本作"奀"。

〔三一〕上引郡國志云,亦見於太平寰宇記卷九六越州上虞縣,文字略有異同。

〔三二〕餘姚山記:作者不詳,待考。

〔三三〕生於姚丘:太平御覽卷八一引風土記,"姚丘"作"桃丘"。

〔三四〕吳北亭:吳本"吳"作"呈"。

〔三五〕輿地:蓋指南朝梁顧野王輿地志。

〔三六〕沈稷:其人不詳。

〔三七〕泠道:縣名,治所有今湖南寧遠縣東南。各本"泠"均譌"冷",今訂正。水經注卷三八湘水:"(九疑)山之東北泠道縣界又有舜廟,縣南有舜碑,碑是零陵太守徐儉立。"

〔三八〕營其它蓋不勝紀:營,營州,治所在今湖南道縣西。它,吳本譌"宝",備要本譌"宅"。紀,四庫本作"記"。

〔三九〕營道:縣名,治所在今湖南道縣。

〔四〇〕元結建之州西,置廟户,刻表勑并狀:元結時爲道州刺史。表,指臣下奏章。勑,指皇帝詔書。狀,指記述建廟始末情狀之文。

〔四一〕僖宗時士胡曾權延唐,始復之九疑:僖宗,指唐僖宗。權,代理(官職)。延唐,縣名,治所在今湖南寧遠縣。吳本"延"作"延"。始,吳本譌"姶"。

〔四二〕王繼勳:宋道州刺史。 祠版:牌位。

〔四三〕禹爲天子,帝之諸子分適它國:天子,四庫本如此,於義爲長,今從之。餘本均作"天下"。它,吳本、四庫本作"他"。

〔四四〕肻:吳本、備要本譌"育"。下羅苹注"肻"同。

〔四五〕見漢書地理志上右扶風。

〔四六〕皇、英:娥皇、女英。四庫本如此,是,今從之。餘本"皇"均作"黃",當由音譌。

〔四七〕臨桂縣城:在今廣西桂林市市區。 高十餘丈:吳本"丈"譌"大"。

〔四八〕舜女寺:各本均作"舜寺"。彥按:此一節言舜女抑舜妃,寺不當以舜名。本書餘論七歷山云"江華太平鄉有舜女寺",是也。今據以補"女"字。

哭:吳本作"哭"。

〔四九〕惟:吳本、四庫本作"唯"。下"惟新陟王"之"惟"同。　照:吳本、四庫本作"炤"。

〔五〇〕氛氛:紛紛,亂貌。

〔五一〕山海經原文作:"蒼梧之山,帝舜葬于陽。"

〔五二〕山海經原文作:"帝堯、帝嚳、帝舜葬于岳山。"郭璞注:"即狄山也。"彦按:山海經海外南經"狄山,帝堯葬于陽,帝嚳葬于陰。"袁珂校注引畢沅云:"墨子(節葬篇下)云:'堯北教八狄,道死,葬蛩山之陰。'則此云狄山者,狄中之山也。"

〔五三〕見餘論七。

〔五四〕恩霑于倮禹:霑,浸潤,謂惠及。四庫本作"沾",通。倮禹,猶倮蟲,謂人。以身無羽毛鱗甲,故稱。説文内部:"禹,蟲也。"王充論衡遭虎:"人,倮蟲。"吳本、四庫本、備要本"禹"譌"隅"。　赴格:猶言升天,"死"之婉語。爾雅釋詁下:"格,陟也。"　承其奉:承,承擔。奉,供奉,祭祀。

〔五五〕亦是若也:吳本、四庫本"是若"作"若是"。

〔五六〕今山陽縣西四十五,高廟也:四庫本"四十五"作"四十里"誤。太平寰宇記卷一二四楚州山陽縣亦云:"漢高祖廟,在縣西四十五里。"

〔五七〕悼皇考:漢宣帝父劉進。吳本"悼"譌"倬"。漢書韋玄成傳:"初,高祖時,令諸侯王都皆立太上皇廟。至惠帝尊高帝廟爲太祖廟,景帝尊孝文廟爲太宗廟,行所嘗幸郡國各立太祖、太宗廟。至宣帝本始二年,復尊孝武廟爲世宗廟,行所巡狩亦立焉。凡祖宗廟在郡國六十八,合百六十七所。而京師自高祖下至宣帝,與太上皇、悼皇考各自居陵旁立廟,并爲百七十六。又園中各有寢、便殿。"顔師古注:"寢者,陵上正殿,若平生露寢矣。便殿者,寢側之别殿耳。"

〔五八〕山海經原文作:"赤水之東,有蒼梧之野,舜與叔均之所葬也。"

〔五九〕而九疑山記亦謂商均窆其陰:彦按:九疑山記,舊題明陳士元撰江漢叢談舜陵亦引此説,作"元次山(結)九疑山圖記"。然今查文苑英華卷八三二及清夏力恕等纂修湖廣通志卷一〇四所載元結九疑山圖記文,並不見言及商均事,頗疑個中有誤也。

〔六〇〕第:但。洪本作"弟",四庫本作"苐"。

〔六一〕南方蒼梧之泉,其中有九疑山:史記太史公自序"闢九疑"司馬貞索隱引山海經云:"南方蒼梧之丘,蒼梧之泉,在營道南,其山九峯皆相似,故曰九疑。"　長沙零陵:長沙,郡名。零陵,縣名,治所在今廣西全州縣西南。

〔六二〕韶石:山巖名,在今廣東韶關市曲江區。相傳舜曾遊登此石,奏韶樂,因名。

〔六三〕峻:喬本、洪本作"嵕",當即"峻"字俗體。今姑從餘本作"峻"。

〔六四〕冉冉:漸進貌。　入十龍之門,泛昭回之河:吴本、四庫本"入"譌"八"。宋朱勝非紺珠集卷六引劉向列仙傳有昭回之河一條,云:"舜遊南方,有國曰揚州,入十龍之門,涉昭回之河,有玉城瑤闕,曰九嶷之都。"

〔六五〕歷數:歷運。

〔六六〕解體而升:道教指人死後留下形骸,魂魄散去成仙。　今無復墓:無復,不再有。

〔六七〕蒼梧之藏,有其語而已矣:藏(zàng),葬。有,吴本譌"不"。

〔六八〕見李白遠別離詩。　重瞳:喬本、洪本"瞳"譌"瞳",此從餘本。

〔六九〕恨:遺憾。

〔七〇〕論衡書虛:"舜南治水,死於蒼梧;禹東治水,死於會稽。賢聖家天下,故因葬焉。"

〔七一〕闢:駁斥。

〔七二〕肆覲:指接見諸侯。典出書舜典:"歲二月,東巡守,至于岱宗,柴。望秩于山川,肆覲東后。"　奄化:突然去世。　路寢:古代天子、諸侯的正殿、正廳。

〔七三〕見書舜典。

〔七四〕孔氏謂升道南方以死:見書舜典"五十載,陟方乃死"孔傳,原文爲:"方,道也。舜即位五十年,升道南方巡守,死於蒼梧之野而葬焉。"　地傾東南,南巡,巡非陟也。陟者,升也。'方乃死'者,所以釋'陟'爲死也:見韓愈黃陵廟碑,原文爲:"書曰'舜陟方乃死',傳謂舜昇道南方以死。或又曰舜死葬蒼梧,二妃從之不及,溺死沅湘之間。余謂竹書紀年帝王之没皆曰陟。陟,昇也,謂昇天也。書曰:'殷禮陟配天。'言以道終,其德協天也。書紀舜之没云'陟'者,與竹書、周書同文也。其下言'方乃死'者,所以釋'陟'爲死也。地之勢,東南下,如言舜南巡而死,宜言'下方',不得言'陟方'也。以此謂舜死葬蒼梧,於時二妃從之不及而溺者,皆不可信。"所以釋'陟'爲死也,喬本"也"作"者"非,此從餘諸本。

〔七五〕蘇軾書傳卷二虞書舜典"在位五十載陟方乃死"傳:"説者以爲舜巡守南方,死於蒼梧之野。韓愈以爲非,其説曰:'地傾東南,巡非陟也。"陟方"者,猶曰"升遐"爾,書曰:"惟新陟王"是也。傳書者以"乃死"爲"陟方"之訓,蓋其章句。而後之學者誤以爲經文。'此説爲得之。"

〔七六〕商禮陟配天:見書君奭,"商"作"殷"。屈萬里今注今譯:"陟,升也;謂帝王之歿:義見竹書紀年。配天,謂祭天而以先王配之。"　惟新陟王:見書康王之誥。周秉鈞注:"陟:終,逝世。新終王,指成王。"

〔七七〕陟:吳本譌"涉"。

〔七八〕蘇謂"陟方"猶升遐,誤矣:彥按:升遐即"死"之婉辭,與"没"同義。羅氏乃輕斥爲非,正可謂"以其昏昏使人昭昭"者。

〔七九〕傳又謂伐苗民而崩于蒼梧:吳本"梧"譌"悟"。淮南子脩務:"(舜)南征三苗,道死蒼梧。"

〔八〇〕伐苗乃禹也:彥按:竹書紀年卷上帝舜有虞氏三十五年:"帝命夏后征有苗,有苗氏來朝。"又墨子非攻下云:"昔者有(三)苗大亂,天命殛之,……禹親把天之瑞令,以征有苗。"蓋即羅氏所本。然古書所載,堯、舜、禹皆曾伐有苗。藝文類聚卷一一引帝王世紀曰:"諸侯有苗氏處南蠻而不服,堯征而克之于丹水之浦。"戰國策秦策一:"舜伐三苗。"孟子萬章上:"(舜)殺三苗于三危。"淮南子兵略云:"舜伐有苗。"是也。似未可據此而非彼。

〔八一〕穎達云:時苗民已竄三危:禮記檀弓上"舜葬於蒼梧之野"鄭玄注:"舜征有苗而死,因留葬焉。"孔穎達疏:"案尚書'竄三苗于三危',在西裔,今舜征有苗,乃死於蒼梧者,張逸荅焦氏問云:'初竄西裔,後分之在南野。'"

〔八二〕見韓非子顯學,文字不盡相同。　虞、夏千餘歲:今本韓非子"千餘歲"作"二千餘歲"。

〔八三〕孤:泛稱君主、王侯。

〔八四〕吳本、備要本此下有"元次山九疑山圖記云"云云一段文字,另起一行、低一格書。蓋非羅苹注路史原書所有,今不取。